Die Qualifikation der Aufsichtsratsmitglieder

Europäische Hochschulschriften

European University Studies

Publications Universitaires Européennes

Reihe II	**Rechtswissenschaft**
Series II	Law
Série II	Droit

Band/ Volume **6020**

Johannes Porsch

Die Qualifikation der Aufsichtsratsmitglieder

Allgemeine Anforderungen im Lichte der Ausstrahlung branchenspezifischer Regelungen

PETER LANG

Bibliografische Information der Deutschen Nationalbibliothek
Die Deutsche Nationalbibliothek verzeichnet diese Publikation in der Deutschen Nationalbibliografie; detaillierte bibliografische Daten sind im Internet über http://dnb.d-nb.de abrufbar.

Zugl.: Freiburg (Breisgau), Univ., Diss., 2017

D 25
ISSN 0531-7312
ISBN 978-3-631-76552-4 (Print)
E-ISBN 978-3-631-76564-7 (E-PDF)
E-ISBN 978-3-631-76565-4 (EPUB)
E-ISBN 978-3-631-76566-1 (MOBI)
DOI 10.3726/b14570

Peter Lang – Berlin · Bern · Bruxelles · New York · Oxford · Warszawa · Wien

Diese Publikation wurde begutachtet.

www.peterlang.com

Meiner Familie

Vorwort

Die Rechtswissenschaftliche Fakultät der Albert-Ludwigs-Universität Freiburg hat die vorliegende Arbeit im Frühjahr 2017 als Dissertation angenommen.

Die Arbeit geht zurück auf eine Anregung meines Doktorvaters Prof. Dr. Hanno Merkt, LL.M. (University of Chicago), dem ich ganz besonders für die Anregung und Betreuung meiner Arbeit danken möchte. Er hat mich bei der Vorbereitung sowie der Durchführung des Dissertationsvorhabens stets mit der schnellen und unkomplizierten Beantwortung von Fragen sowie der zügigen Erstellung des Erstgutachtens unterstützt und gefördert. Danken möchte ich auch Herrn Prof. Dr. Jan Lieder, LL.M. (Harvard) für die zügige Erstellung des Zweitgutachtens.

Von Herzen bedanken möchte ich mich bei meiner Familie sowie bei allen Menschen, die mich während meiner juristischen Ausbildung und insbesondere während meiner Promotion stets tatkräftig und liebevoll unterstützt und gefördert haben. Ohne sie wäre diese Arbeit nicht möglich gewesen.

Frankfurt am Main im Frühjahr 2018
Johannes Porsch

Inhaltsverzeichnis

Abkürzungsverzeichnis 19

Kapitel 1 Einleitung, Ziele und Gang der Untersuchung 25

A) Einleitung 25

B) Eingrenzung des Untersuchungsgegenstandes und Ziele der Untersuchung 28

C) Gang der Untersuchung 28

Kapitel 2 Allgemeine Anforderungen an die Qualifikation von Mitgliedern des Aufsichtsrats 31

A) Anforderungen des AktG 31

I) Persönliche Voraussetzungen für Aufsichtsratsmitglieder (§ 100 AktG) 33

1) Natürliche Person (§ 100 Abs. 1 AktG) 33

2) Ausschlussgründe (§ 100 Abs. 2 AktG) 34

a) Höchstzahl der Aufsichtsratsmandate 34

b) Unabhängigkeitsgefährdende Gestaltungen 36

3) Mitbestimmungsrechtliche Anforderungen (§ 100 Abs. 3 AktG) 39

4) Satzungsmäßige Bestimmungen (§ 100 Abs. 4 AktG) 39

5) Unabhängiger Finanzexperte (§ 100 Abs. 5 AktG) 40

a) Unabhängigkeit 41

aa) Der Unabhängigkeitsbegriff der Kommissionsempfehlung 41

bb) Der Unabhängigkeitsbegriff des DCGK 43

b) Sachverstand 44

c) Ausblick 46

II) Besondere Voraussetzungen bei gerichtlicher Bestellung (§ 104 Abs. 4 S. 3 AktG) 47

III) Zeitliche Verfügbarkeit des Aufsichtsratsmitglieds (§ 110 Abs. 3 AktG) 48
IV) Zwischenfazit 50
V) Qualifikationsanforderungen aus den Aufgaben des Aufsichtsrats 50
1) Allgemeine Grundlagen zur Qualifikation von Aufsichtsratsmitgliedern 51
a) Einzelqualifikation und Gesamtqualifikation 51
b) Die Hertie-Entscheidung des BGH 53
c) Ansichten in der Literatur 54
d) Würdigung 56
e) Besonderheiten in Folge der Bildung von Aufsichtsratsausschüssen 60
aa) Besondere Qualifikationsanforderungen für Ausschussmitglieder 61
(1) Gründe für besondere Qualifikationsanforderungen 62
(2) Kritik 63
(3) Inhalt der besonderen Anforderungen 65
bb) Auswirkungen auf die Aufgaben und die Anforderungen an die Qualifikation der übrigen Aufsichtsratsmitglieder 66
(1) Abschließende Aufgabendelegation 66
(2) Vorbereitende Ausschüsse 68
f) „Soft-Skills“ 68
g) Aufsichtsratstätigkeit als Nebenamt 68
2) Allgemeiner Überwachungsauftrag (§ 111 AktG) 69
a) Die Überwachungsaufgabe des Aufsichtsrats und die dafür erforderliche Qualifikation (§ 111 Abs. 1 AktG) 70
aa) Inhalt der Überwachungsaufgabe 70
bb) Überwachungsmaßstab 75
cc) Erforderliche Qualifikation 77
(1) Auswerten der Berichte nach § 90 I AktG 78

(a) Jährlicher Bericht über die beabsichtigte Geschäftspolitik und die Unternehmensplanung 78
(b) Rentabilitätsbericht 80
(c) Quartalsbericht über den Gang der Geschäfte 81
(d) Berichte über Geschäfte von erheblicher Bedeutung 83
(2) Prüfung des Jahresabschlusses 84
(a) Anforderungen bei Beteiligung eines Abschlussprüfers 86
(b) Anforderungen bei ungeprüftem Jahresabschluss 88
(3) Beratung des Vorstands 90
b) Prüfung von Büchern, Schriften und Wertgegenständen der Gesellschaft 91
c) Höchstpersönliche Aufgabenwahrnehmung 92
3) Die Personalkompetenz des Aufsichtsrats – Erfordernis besonderer Fähigkeiten bezüglich der Auswahlentscheidung? 93
4) Weitere Aufgaben des Aufsichtsrats gemäß AktG und die dafür erforderliche Qualifikation 96
a) Beschlussvorschläge gemäß § 124 Abs. 3 S. 1 AktG 92
b) Abgabe der Entsprechenserklärung gemäß § 161 Abs. 1 AktG 96
5) Zwischenfazit 98
B) Anforderungen des DCGK 99
I) Adressaten des DCGK 99
II) Verbindlichkeit des DCGK 101
1) Der gesetzesbeschreibende Teil des DCGK 101
2) Die Empfehlungen des DCGK 102
a) Die Rechtsnatur der Empfehlungen des DCGK 102
b) Die Verbindlichkeit der Empfehlungen des DCGK auf Grund eines faktischen Befolgungsdrucks 106
aa) Sanktionierung durch den Kapitalmarkt 107

bb) Sanktionierung durch die Öffentlichkeit 108
cc) Sanktionierung durch Tätigwerden des Gesetzgebers 109
c) Zwischenergebnis 110
3) Die Anregungen des DCGK
III) Einzelne Anforderungen an Aufsichtsratsmitglieder 111
1) Qualifikation 112
2) Persönliche Voraussetzungen 114
a) Benennung von konkreten Zielen für die Zusammensetzung 114
b) Zu berücksichtigende Faktoren 115
c) Zuständigkeit für die Benennung der Ziele 118
d) Verhältnis zu den Anforderungen des Aktiengesetzes 120
3) Zeitliche Verfügbarkeit 121
4) Aus- und Fortbildung 122
IV) Zwischenfazit 123
C) Verlautbarungen der EU-Kommission 124

Kapitel 3 Branchenspezifische Anforderungen an Aufsichtsratsmitglieder 127
A) Begriffsbestimmung 127
B) Grundsätzliches Verhältnis zum allgemeinen Recht 128
I) Allgemeine und spezielle Normen 128
II) Die Erfassung eines Tatbestands nur durch die allgemeine Norm 130
C) Allgemeine Gründe für branchenspezifische Regelungen 131
I) Branchenspezifische Gefahren für öffentliche Interessen 132
1) Spezifische Gefahren der Geschäftstätigkeit von Banken ... 133
a) Schlüsselfunktion für die Gesamtwirtschaft 133
b) Besonderheiten des Geschäftsmodells von Banken 135
aa) Intransparenz 136
bb) Vertrauensabhängigkeit und Krisenanfälligkeit .. 137

cc) Agency-Konflikte ... 141
dd) Ergebnis ... 142
2) Spezifische Gefahren der Versicherungsbranche ... 143
3) Spezifische Gefahren der Kapitalanlagebranche ... 146
II) Ziele besonderer Regulierung ... 147
1) Ziele des KWG ... 147
2) Ziele des VAG ... 148
3) Ziele des KAGB ... 149
III) Lösung mittels Corporate Governance im Bereich Aufsichtsrat ... 150
1) Erforderlichkeit staatlichen Eingreifens ... 151
2) Umsetzung von Unionsrecht ... 153
3) Regulierung der Corporate Governance im Bereich Aufsichtsrat ... 154
D) Einzelne branchenspezifische Regelungen für den Aufsichtsrat ... 157
I) Anforderungen des KWG ... 157
1) Sachkunde ... 158
a) Regierungsbegründung und frühere Gesetzeslage ... 159
b) Merkblatt der BaFin ... 160
c) EBA Leitlinien ... 163
d) Schrifttum ... 165
e) Würdigung ... 166
2) Zuverlässigkeit ... 169
a) Merkblatt der BaFin ... 170
b) EBA Leitlinien ... 171
c) Gewerberechtlicher Zuverlässigkeitsbegriff ... 172
d) Zuverlässigkeit im AktG ... 173
e) Würdigung ... 174
3) Zeitliche Verfügbarkeit ... 175
4) Gesamtqualifikation des Aufsichtsrats ... 177
5) Mandatsobergrenzen und Inkompatibilitätsvorschriften ... 179
a) Aufsichtsratsmitglieder von CRR-Instituten von erheblicher Bedeutung ... 179

b) Aufsichtsratsmitglieder sonstiger Institute 180
c) Würdigung 181
6) Aus- und Weiterbildung von Aufsichtsratsmitgliedern 181
7) Besondere Überwachungsaufgabe 184
8) Qualifikation von Ausschussmitgliedern 186
a) Risikoausschuss 189
b) Prüfungsausschuss 190
c) Nominierungsausschuss 192
d) Vergütungskontrollausschuss 196
II) Anforderungen des VAG 198
1) Rechtslage vor dem 1. Januar 2016 199
2) Änderungen durch die Umsetzung von Solvency II 202
a) Anwendungsbereich der Regelung 202
b) Zuverlässigkeit 207
c) Fachliche Eignung 210
d) Zeitliche Verfügbarkeit 215
III) Anforderungen des KAGB 216
1) Sachkunde und persönliche Eignung 216
2) Unabhängigkeit 217
IV) Grünbuch der EU-Kommission 218

Kapitel 4 Dogmatik und Methodik der Ausstrahlung 221

A) Der Begriff der Ausstrahlung 221
I) Der Wortsinn des Begriffs Ausstrahlung 223
1) Der umgangssprachliche Wortsinn als taugliches Kriterium 223
2) Die Bestimmung des umgangssprachlichen Wortsinnes 225
II) Der Begriff der Ausstrahlung in Literatur und Rechtsprechung im Überblick 227
1) Die Ausstrahlungswirkung der Grundrechte 227
2) Ausstrahlung im Arbeits- und Sozialrecht 228
3) Ausstrahlungswirkungen des UmwG auf wirtschaftliche Umwandlungen? 229

4) Die Ausstrahlung der Verhaltensregeln der §§ 31ff. WpHG auf das Zivilrecht 233
5) Die Ausstrahlung des § 91 Abs. 2 AktG auf das Recht der GmbH 236
6) Die Ausstrahlungswirkung des Aufsichtsrechts auf das allgemeine Aktienrecht 239
7) Ausstrahlungswirkungen aufsichtsrechtlicher Regelungen untereinander 243
8) Ausstrahlungswirkungen des Deutschen Corporate Governance Kodex 245
9) Stellungnahme 245
III) Merkmale der Ausstrahlung 246
1) Gegenstand der Ausstrahlung 246
2) Betroffene Regelungen und Richtung der Ausstrahlung 248
3) Schutzzweck und geschützter Personenkreis 249
4) Folgen der Ausstrahlung 250
5) Zwischenergebnis 252
IV) Unterschiede und Gemeinsamkeiten von Ausstrahlung und anerkannten Instrumenten der Methodenlehre 252
1) Die Auslegung von Gesetzen 252
a) Grundlagen der Auslegung 253
aa) Das Ziel der Auslegung 254
bb) Die anerkannten Auslegungskriterien 256
(1) Der Wortlaut als Auslegungskriterium 256
(2) Die systematische Auslegung 257
(3) Die Berücksichtigung der Entstehungsgeschichte einer Norm 258
(4) Die Auslegung nach der ratio legis (teleologische Auslegung) 259
cc) Das innere Verhältnis der Auslegungskriterien 260
dd) Auslegung und Normenhierarchie 261
b) Vergleich der Auslegung mit der Ausstrahlung 262
2) Rechtsfortbildung 263
a) Grundlagen der Rechtsfortbildung 263

b) Die Konkretisierung unbestimmter Rechtsbegriffe 267
c) Die Analogie 268
d) Vergleich der Rechtsfortbildung mit der Ausstrahlung 269
3) Zwischenergebnis 270
B) Die Funktionsweisen der Ausstrahlung 270
I) Die Ausstrahlung de lege lata 271
II) Die Übernahme spezieller Regelungen oder der hinter solchen stehenden Rechtsgedanken in allgemeineres Recht als Ausstrahlung de lege ferenda 272
III) Positive und negative Ausstrahlungswirkung 273
IV) Ausstrahlung auf die juristische Diskussion 274
V) Übernahme branchenspezifischer Vorgaben durch Unternehmen anderer Branchen 275
C) Voraussetzungen der Ausstrahlung 277
I) Der Grundsatz der Vorfindlichkeit eines allgemeinen Prinzips 277
II) Die Vergleichbarkeit der Interessenlagen 279
III) Ausstrahlungsfähigkeit von Regelungen 281
D) Verfassungsrechtliche Aspekte der Ausstrahlung 285
I) Der Grundsatz der Gewaltenteilung 286
II) Erkennbarkeit des gesetzgeberischen Willens als Voraussetzung 288
III) Keine Rechtsfortbildung contra legem 288
IV) Grundrechtsbetroffenheit 289
E) Ergebnis 290

Kapitel 5 Ausstrahlungen branchenspezifischer Regelungen für den Aufsichtsrat auf das allgemeine Aktienrecht 293

A) Anknüpfungspunkte für Ausstrahlungswirkungen 293
I) Professionalisierung des Aufsichtsrats 294
1) Sachkunde 294
a) Anknüpfung an allgemeine Prinzipien im Aktienrecht 295

b) Methodische Vorgehensweise ... 298

aa) Regelungsplan des historischen Gesetzgebers ... 299

bb) Regelungsplan des zeitgenössischen Gesetzgebers ... 300

cc) Würdigung ... 302

c) Ausgestaltung der Prinzipien durch branchenspezifische Regelungen ... 302

2) Zuverlässigkeit ... 304

a) Regelungslücke im Aktiengesetz ... 304

b) Allgemeines aktienrechtliches Prinzip ... 306

c) Folgerung ... 307

II) Bildung von Fachausschüssen im Aufsichtsrat und Qualifikation der Ausschussmitglieder ... 307

1) Ausschussbildung ... 307

a) Anknüpfungspunkt im Aktienrecht ... 308

b) Branchenspezifische Regelungen ... 310

2) Qualifikation von Ausschussmitgliedern ... 312

III) Zeitliche Verfügbarkeit von Aufsichtsratsmitgliedern ... 314

IV) Aus- und Fortbildung von Aufsichtsratsmitgliedern ... 316

B) Prüfung der Ausstrahlungswirkungen der genannten Regelungen 320

I) Sachkunde ... 320

1) Vergleichbarkeit der Interessenlage ... 321

2) Wille des Gesetzgebers ... 325

3) Folgen der Ausstrahlung ... 326

II) Ausschüsse ... 329

1) Ausschussbildung ... 329

2) Qualifikation der Ausschussmitglieder ... 332

III) Aus- und Fortbildung ... 334

Kapitel 6 Zusammenfassung der Ergebnisse ... 337

Literaturverzeichnis ... 341

Abkürzungsverzeichnis

a.A.	anderer Auffassung
a.E.	am Ende
a.F.	alte Fassung
ABl.	Amtsblatt
Abs.	Absatz
ADHGB	Allgemeines Deutsches Handelsgesetzbuch
AEUV	Vertrag über die Arbeitsweise der Europäischen Union
AG	Aktiengesellschaft, auch Die Aktiengesellschaft (Zeitschrift)
AGG	Allgemeines Gleichbehandlungsgesetz
AKEIÜ	Arbeitskreis Externe und Interne Überwachung der Unternehmung der Schmalenbach-Gesellschaft für Betriebswirtschaftslehre e.V.
AktG	Aktiengesetz
Alt.	Alternative
Anh.	Anhang
Anm.	Anmerkung
AO	Abgabenordnung
AöR	Archiv des öffentlichen Rechts (Zeitschrift)
AR	Aufsichtsrat
ArbRAktuell	Arbeitsrecht Aktuell (Zeitschrift)
AReG	Abschlussprüfungsreformgesetz
Art.	Artikel
Aufl.	Auflage
BAGE	Entscheidungen des Bundesarbeitsgerichts
BAV	Bundesaufsichtsamt für das Versicherungs- und Bausparwesen
BaFin	Bundesanstalt für Finanzdienstleistungsaufsicht
BB	Betriebs-Berater (Zeitschrift)
BayOblG	Bayerisches Oberstes Landesgericht
BayOblGZ	Sammlung des BayObLG in Zivilsachen
Bd.	Band
Beschl.	Beschluss
BFuP	Betriebswirtschaftliche Forschung und Praxis (Zeitschrift)
BGB	Bürgerliches Gesetzbuch

BGBl.	Bundesgesetzblatt
BGH	Bundesgerichtshof
BGHZ	Entscheidungen des Bundesgerichtshofs in Zivilsachen
BilMoG	Bilanzrechtsmodernisierungsgesetz
BIZ	Bank für Internationalen Zahlungsausgleich
BKR	Zeitschrift für Bank- und Kapitalmarktrecht
BOARD	Zeitschrift für Aufsichtsräte
BR-Drs.	Bundesratsdrucksache
BT-Drs.	Bundestagsdrucksache
BVerfG	Bundesverfassungsgericht
BVerfGE	Entscheidungen des Bundesverfassungsgerichts
BVerwG	Bundesverwaltungsgericht
bzw.	beziehungsweise
ca.	circa
CCZ	Corporate Compliance Zeitschrift
CEIOPS	Committee of European Insurance and Occupational Pensions Supervisors
CG	Corporate Governance
CRD IV	Vierte Kapitaladäquanzrichtlinie (2013/36/EU)
CRR	Kapitaladäquanzverordnung (VO (EU) Nr. 575/2013)
d.h.	das heißt
DAV	Deutscher Anwaltverein
DAX	Deutscher Aktienindex
DB	Der Betrieb (Zeitschrift)
DBW	Die Betriebswirtschaft (Zeitschrift)
DCGK	Deutscher Corporate Governance Kodex
ders.	derselbe
dies.	dieselbe
Diss.	Dissertation
DJT	Deutscher Juristentag
DNotZ	Deutsche Notar-Zeitschrift
DÖV	Die Öffentliche Verwaltung (Zeitschrift)
DrittelbG	Gesetz über die Drittelbeteiligung der Arbeitnehmer im Aufsichtsrat
DStR	Deutsches Steuerrecht (Zeitschrift)
e.V.	eingetragener Verein
EBA	European Banking Authority
EBOR	European Business Organization Law Review (Zeitschrift)
ECGI	European Corporate Governance Institute

EG	Europäische Gemeinschaft
Einl.	Einleitung
EinSiG	Einlagensicherungsgesetz
EIOPA	European Insurance and Occupational Pensions Authority
endg.	endgültig
EU	Europäische Union
EuGH	Europäischer Gerichtshof
EUV	Vertrag über die Europäische Union
EuZW	Europäische Zeitschrift für Wirtschaftsrecht
f.	folgende
ff.	fortfolgende
FinDAG	Finanzdienstleistungsaufsichtsgesetz
FMVAStG	Gesetz zur Stärkung der Finanzmarkt- und der Versicherungsaufsicht
Fn.	Fußnote
FRUG	Finanzmarktrichtlinie-Umsetzungsgesetz
FS	Festschrift
gem.	gemäß
GewO	Gewerbeordnung
GG	Grundgesetz
ggf.	gegebenenfalls
GmbH	Gesellschaft mit beschränkter Haftung
GmbHG	Gesetz betreffend die Gesellschaften mit beschränkter Haftung
GmbHR	GmbH Rundschau (Zeitschrift)
GS	Gedächtnisschrift
GWR	Gesellschafts- und Wirtschaftsrecht (Zeitschrift)
h.M.	herrschende Meinung
Habil. Schr.	Habilitationsschrift
Hdb.	Handbuch
HGB	Handelsgesetzbuch
Hrsg.	Herausgeber
Hs.	Halbsatz
i.d.F.	in der Fassung
i.S.d.	im Sinne des/der
i.S.v.	im Sinne von
i.V.m.	in Verbindung mit
insb.	insbesondere
InstitutsVergV	Institutsvergütungsverordnung

InvG	Investmentgesetz
JFE	Journal of Financial Economics (Zeitschrift)
JoLEO	Journal of Law, Economics and Organization (Zeitschrift)
JuS	Juristische Schulung (Zeitschrift)
KAGB	Kapitalanlagegesetzbuch
Kap.	Kapitel
KG	Kommanditgesellschaft
KGaA	Kommanditgesellschaft auf Aktien
KonTraG	Gesetz zur Kontrolle und Transparenz im Unternehmensbereich
KSzW	Kölner Schrift zum Wirtschaftsrecht (Zeitschrift)
KWG	Kreditwesengesetz
LFMR	Law and Financial Markets Review (Zeitschrift)
LG	Landgericht
m.w.N.	mit weiteren Nachweisen
MaRisk	Mindestanforderungen an das Risikomanagement
MiFiD	Finanzmarktrichtlinie
MitbestG	Gesetz über die Mitbestimmung der Arbeitnehmer
MoMiG	Gesetz zur Modernisierung des GmbH-Rechts und zur Bekämpfung von Missbräuchen
MontanMitbestG	Gesetz über die Mitbestimmung der Arbeitnehmer in den Aufsichtsräten und Vorständen der Unternehmen des Bergbaus und der Eisen und Stahl erzeugenden Industrie
NJW	Neue Juristische Wochenschrift (Zeitschrift)
NJW-RR	Neue Juristische Wochenschrift – Rechtsprechungsreport (Zeitschrift)
Nr.	Nummer
NVersZ	Neue Zeitschrift für Versicherung und Recht
NZG	Neue Zeitschrift für Gesellschaftsrecht
o.ä.	oder ähnliches
OECD	Organization for Economic Corporation and Development
OLG	Oberlandesgericht
ÖOGH	Oberster Gerichtshof (Österreich)
OHG	Offene Handelsgesellschaft
RabelsZ	Rabels Zeitschrift für ausländisches und internationales Privatrecht
RdA	Recht der Arbeit (Zeitschrift)
RefE	Referentenentwurf
RegE	Regierungsentwurf

RL/RiL	Richtlinie
Rn.	Randnummer
S.	Seite, auch Satz
s.	siehe
sog.	sogenannte
Solvency II	Richtlinie 2009/138/EG des Europäischen Parlaments und des Rates vom 25. November 2009 betreffend die Aufnahme und Ausübung der Versicherungs- und der Rückversicherungstätigkeit (Solvabilität II)
TransPuG	Transparenz- und Publizitätsgesetz
u.a.	unter anderem
UMAG	Gesetz zur Unternehmensintegrität und Modernisierung des Anfechtungsrechts
UmwG	Umwandlungsgesetz
Urt.	Urteil
usw.	und so weiter
v.	vom
v.a.	vor allem
VAG	Gesetz über die Beaufsichtigung der Versicherungsunternehmen
VersR	Zeitschrift für Versicherungsrecht, Haftungs- und Schadensrecht
VG	Verwaltungsgericht
vgl.	vergleiche
Vorb./Vorbem.	Vorbemerkung
VorstAG	Gesetz zur Angemessenheit der Vorstandsvergütung
VorstOG	Gesetz über die Offenlegung der Vorstandsvergütungen
VVaG	Versicherungsverein auf Gegenseitigkeit
VVDStRL	Veröffentlichungen der Vereinigung der Deutschen Staatsrechtslehrer
WiSt	Wirtschaftswissenschaftliches Studium (Zeitschrift)
WISU	Das Wirtschaftsstudium (Zeitschrift)
WiVerw	Wirtschaft und Verwaltung, Beilage zur Zeitschrift Gewerbearchiv
WM	Zeitschrift für Wirtschafts- und Bankrecht
WpDRiL	Richtlinie 93/22/EWG über Wertpapierdienstleistungen
WPg	Die Wirtschaftsprüfung (Zeitschrift)
WpHG	Wertpapierhandelsgesetz
z.B.	zum Beispiel

ZCG	Zeitschrift für Corporate Governance
ZfB	Zeitschrift für Betriebswirtschaft
ZfgK	Zeitschrift für das gesamte Kreditwesen
ZGR	Zeitschrift für Unternehmens- und Gesellschaftsrecht
ZHR	Zeitschrift für das gesamte Handels- und Wirtschaftsrecht
ZIP	Zeitschrift für Wirtschaftsrecht und Insolvenzpraxis
Zit.	zitiert als
ZRP	Zeitschrift für Rechtspolitik
ZStW	Zeitschrift für die gesamte Strafrechtswissenschaft
ZVersWiss	Zeitschrift für die gesamte Versicherungswissenschaft

Kapitel 1 Einleitung, Ziele und Gang der Untersuchung

A) Einleitung

Mitglieder des Aufsichtsrats einer Aktiengesellschaft sehen sich immer weiter steigenden Anforderungen an ihre Person und ihre Fähigkeiten ausgesetzt[1]. Auch in der politischen Diskussion ist die Professionalisierung des Aufsichtsrats ein wiederkehrendes Thema[2].

Meist wird in diesem Zusammenhang die Unabhängigkeit der Aufsichtsratsmitglieder oder die Erhöhung der Diversität bei der Zusammensetzung des Gremiums diskutiert[3]. Daneben nimmt jedoch auch die Qualifikation der Aufsichtsratsmitglieder eine wichtige Rolle in der modernen Reformdiskussion ein, indem oftmals kritisiert wird, dass es den Aufsichtsratsmitgliedern vielfach an den nötigen Kenntnissen, Fähigkeiten und Erfahrungen fehlt, die für die Ausübung effektiver Unternehmensüberwachung unentbehrlich sind[4].

In der Aufarbeitung der Finanzmarktkrise wurden Mängel in der internen Corporate Governance als Mitursache und die Professionalisierung des Aufsichtsrats als ein Lösungsansatz identifiziert[5]. Dies hat in der Finanzbranche zu einer Flut von neuen Regelungen geführt, die auch neue Anforderungen an die Organisation und die Arbeit des Aufsichtsrats, sowie an dessen Mitglieder enthalten. Qualifikationsanforderungen ergeben sich längst nicht mehr nur aus dem Aktiengesetz, sondern finden sich ebenso in branchenspezifischen Spezialgesetzen, wie dem KWG, VAG oder KAGB, sowie in untergesetzlichen Regelungen, wie dem Deutschen Corporate Governance

---

1 Vgl. Börsen-Zeitung vom 17.9.2015, S. 178; *Lutter*, Der Betrieb 2009, 775ff.; *Merkelbach*, Der Konzern 2013, 227 (227); *Weber-Rey*, Referat DJT, N 51 (N 70ff.).

2 Vgl. z.B. den *Koalitionsvertrag 2009*, S. 23; im *Koalitionsvertrag 2013*, S. 72 wird zumindest noch die Einführung einer Geschlechterquote u.A. in Aufsichtsräten genannt.

3 *Habersack*, Gutachten DJT, E 72. Zum Zusammenhang von Diversität und Unternehmenserfolg *Stiglbauer/Rieg/Chung*, Der Aufsichtsrat 2015, 37.

4 Vgl. *Cahn*, in: Reformdiskussion, S. 139 (S. 150ff.); *Lieder*, AR im Wandel, S. 723.

5 *Weber-Rey*, Referat DJT, N 51, *dies.* In: Börsen-Zeitung vom 27.10.2012, S. 4.

Kodex, Verlautbarungen der BaFin[6] oder der EU-Kommission[7] und Leitlinien der EBA[8] oder der EIOPA[9]

Oftmals getrieben durch die Umsetzung von Unionsrecht, ist die Bildung von branchenspezifischem Gesellschaftsrecht auf unterschiedlichen Regelungsebenen zu beobachten. Dies macht es für den Rechtsanwender, insbesondere aber auch für die Mitglieder von Aufsichtsräten selbst, unübersichtlich und kompliziert, die für ein konkretes Aufsichtsratsmitglied relevanten Anforderungen zu identifizieren[10].

Eine Erweiterung der Aufgaben und der Verantwortung des Aufsichtsrats erfolgt jedoch auch außerhalb regulierter Branchen. Branchenübergreifend wird bereits seit längerem über die Forderung nach professionellen „Berufsaufsichtsräten" diskutiert[11]. Die Internationalisierung der Tätigkeit vieler, insbesondere börsennotierter Unternehmen, fordert von Aufsichtsräten eine immer umfangreichere Überwachung. So ist etwa die Überwachung eines international agierenden Automobil-, Pharma- oder Chemieunternehmens nicht weniger komplex als die Überwachung eines Finanzinstituts oder eines Versicherungsunternehmens[12].

---

6 Merkblatt zu den Mitgliedern von Verwaltungs- und Aufsichtsorganen gemäß KWG und KAGB vom 4.1.2016, abrufbar unter http://www.bafin.de/SharedDocs/Veroeffentlichungen/DE/Merkblatt/mb_160104_AR_KWG_ KAGB.html.

7 Vgl. z.B. Aktionsplan Europäisches Gesellschaftsrecht und Corporate Governance, KOM (2012) 740/2; Grünbuch Europäischer Corporate Governance Rahmen, KOM (2011) 164/3; Grünbuch Corporate Governance in Finanzinstituten und Vergütungspolitik, KOM (2010) 284; Empfehlung der Kommission zu den Aufgaben von nicht geschäftsführenden Direktoren/Aufsichtsratsmitgliedern börsennotierter Gesellschaften sowie zu den Ausschüssen des Verwaltungs-/Aufsichtsrats vom 15.02.2005, 2005/162/EG.

8 *Guidelines on the assessment of the suitability of members of the management body and key function holders,* EBA/GL/2012/06, abrufbar unter http://www.eba.europa.eu/regulation-and-policy/internal-governance/guidelines-on-the-assessment-of-the-suitability-of-members-of-the-management-body-and-key-function-holders; *Guidelines on internal governance*, GL44, abrufbar unter http://www.eba.europa.eu/regulation-and-policy/internal-governance/guidelines-on-internal-governance.

9 Leitlinien zum Governance-System (EIOPA-BoS-14/253), abrufbar unter https://eiopa.europa.eu/GuidelinesSII/EIOPA_Guidelines_on_System_of_Governance_DE.pdf.

10 Vgl. *Hölscher/Dähne*, in: Paetzmann/Schöning, S. 271 (S. 293). Zu Komplexitätssteigerungen durch die Pluralisierung von Rechtsquellen und die Privatisierung der Rechtsetzung *Merkt*, ZGR 2007, 532 (533f.).

11 Vgl. *Breuer*, in: Hdb. CG Banken, S. 525f.; *Ehren/Gros*, Der Konzern 2011, 277 (280f.); *Labbé/Bock*, ZCG 2013, 35 (35ff.); *Roth/Wörle*, ZGR 2004, 565 (628).

12 Vgl. *Breuer*, in: Hdb. CG Banken, S. 523.

Die damit einhergehende Erhöhung möglicher Haftungsrisiken für Aufsichtsratsmitglieder bedingt dabei auch steigende Erwartungen an die Qualifikation.

Ferner haben Skandale, wie derjenige um manipulierte Abgaswerte bei verschiedenen Automobilherstellern, die Corporate Governance von Unternehmen auch außerhalb der Finanzbranche in die öffentliche Wahrnehmung gerückt[13]. Auch bei solchen Unternehmen stellt sich die Frage nach der Professionalisierung der unternehmensinternen Überwachung durch den Aufsichtsrat, insbesondere vor dem Hintergrund der Folgen eines möglichen Zusammenbruchs. Auch wenn ein Automobilunternehmen nicht in demselben Maße systemrelevant ist, wie ein Finanzinstitut, so drohen hier angesichts der engen Verflechtungen mit der Zulieferindustrie sowie der hohen Anzahl an Beschäftigten volkswirtschaftlich erhebliche Konsequenzen[14].

Eine Schwierigkeit bei der Bestimmung des erforderlichen Qualifikationsniveaus der Aufsichtsratsmitglieder solcher Aktiengesellschaften liegt dabei im Schweigen des Aktiengesetzes. In diesem findet sich keine ausdrückliche Regelung der von Aufsichtsratsmitgliedern erwarteten Qualifikation. Hinweise liefern lediglich die Aufgaben im Zusammenhang mit der Haftung der Aufsichtsratsmitglieder.

Stellt man dies den weitreichenden aufsichtsrechtlichen Regelungen der Finanzbranche gegenüber, so drängt sich die Frage auf, ob die branchenspezifischen Regelungen derart auf das Aktienrecht ausstrahlen, dass aus ihnen auf einen strengeren gesetzlichen Rahmen auch für die Qualifikation von Aufsichtsratsmitgliedern allgemein geschlossen werden kann[15]. Die Untersuchungen von *Dreher* und *Weber-Rey* aus dem Jahr 2010 haben solche Ausstrahlungswirkungen hinsichtlich der Qualifikation von Aufsichtsratsmitgliedern noch verneint. Die tiefgreifenden Veränderungen durch die Umsetzung von CRD IV und Solvency II machen es jedoch erforderlich, erneut einen Blick auf die Thematik zu werfen. Überdies ist die methodische Einordnung des Phänomens Ausstrahlung bislang weitgehend ungeklärt.

---

13 Hier wurde beispielsweise der Aufsichtsrat für mit der Aufklärung des Skandals überfordert gehalten, vgl. Der Spiegel 41/2015 vom 2.10.2015, S. 72.

14 Nach Ansicht der Bundesregierung ist der Begriff „Systemrelevanz" nur auf Finanzinstitute anwendbar, vgl. BT-Drs. 16/13870, S. 2.

15 Vgl. *Bachmann*, AG 2011, 181 (183); *Dreher*, ZGR 2010, 496 (496ff.); *Hemeling*, Referat DJT, N 31 (N 39ff.); *Hopt*, ZIP 2013, 1793 (1797); *Leyens/Schmidt*, AG 2013, 533 (533ff.); *Weber-Rey*, ZGR 2010, 543 (543ff.). So für die „ausnahmsweise" Heranziehung der aufsichtsrechtlichen Regelungen zur Qualifikation von Vorstandsmitgliedern „in modifizierter Form" jedoch ohne dogmatische Begründung auch *Behme/Zickgraf*, AG 2015, 841 (848ff.)

B) Eingrenzung des Untersuchungsgegenstandes und Ziele der Untersuchung

Die Arbeit legt den Fokus auf die Qualifikation der Aufsichtsratsmitglieder von Aktiengesellschaften. Dabei steht die AG als solche im Vordergrund. Die Betrachtung sämtlicher konzern- oder gruppenspezifischer Besonderheiten würde den Rahmen dieser Untersuchung sprengen. Ausgenommen von der Untersuchung werden ferner die Aspekte der Unabhängigkeit, sowie der Diversität, auch wenn diese teilweise gestreift werden.

Die Untersuchung verfolgt im Wesentlichen zwei Ziele. Das erste Ziel besteht darin, zu klären, welche Anforderungen von Gesetzes wegen an die Qualifikation der Mitglieder des Aufsichtsrats gestellt werden. Dabei sollen einerseits die an alle Aufsichtsratsmitglieder adressierten Qualifikationsanforderungen des Aktienrechts, sowie andererseits branchenspezifische Regelungen betrachtet werden.

Als zweites soll geklärt werden, ob sich das Phänomen Ausstrahlung rechtsmethodisch begreifen und einordnen lässt. Hierzu muss untersucht werden, wann von einer Ausstrahlung gesprochen werden kann und welche Voraussetzungen hierzu erfüllt sein müssen.

Schließlich sollen beide Untersuchungsgegenstände zusammengeführt werden, indem versucht wird, Ausstrahlungen der branchenspezifischen Regelungen auf das allgemeine Aktienrecht zu identifizieren.

C) Gang der Untersuchung

Die Untersuchung erstreckt sich über sechs Kapitel. Nach dieser Einführung werden im zweiten Kapitel zunächst die allgemeinen Anforderungen an Aufsichtsratsmitglieder, die branchenunabhängig Geltung beanspruchen, beleuchtet. Hierzu werden die Anforderungen des Aktiengesetzes, insbesondere die sich aus den Aufgaben des Aufsichtsrats abgeleiteten Qualifikationsanforderungen (Kap. 2 A)), sowie die Anforderungen, die der DCGK enthält (Kap. 2 B)), näher betrachtet.

Das dritte Kapitel ist den branchenspezifischen Anforderungen gewidmet. Nach einer Einordnung des Begriffs des branchenspezifischen Rechts (Kap. 3 A) und B)) und einer Erörterung der Gründe für branchenspezifische Regelungen (Kap. 3 C)), werden Vorschriften des KWG (Kap. 3 D) I)), des VAG (Kap. 3 D) II)) sowie des KAGB (Kap. 3 D) III)) einer näheren Untersuchung im Hinblick auf die aus ihnen folgenden besonderen Anforderungen an die Qualifikation von Aufsichtsratsmitgliedern der dem jeweiligen Gesetz unterliegenden Unternehmen, unterzogen.

Der zweite Block der Untersuchung beginnt im vierten Kapitel mit einer rechtsmethodischen Untersuchung des Phänomens Ausstrahlung. Anhand von Beispielen aus Gesetz, Rechtsprechung und Literatur wird zunächst untersucht, was unter dem Begriff Ausstrahlung zu verstehen ist (Kap. 4 A) I) – IV)). Anschließend erfolgt eine Einordnung in den Kanon der anerkannten Instrumente der Methodenlehre (Kap. 4 A) V)). Ferner werden die Funktionsweise der Ausstrahlung (Kap. 4 B)) sowie deren Voraussetzungen (Kap. 4 C)) untersucht.

Im fünften Kapitel werden Ausstrahlungen der branchenspezifischen Regelungen auf das Aktienrecht erörtert. Hierzu werden zunächst Anknüpfungspunkte für Ausstrahlungen identifiziert (Kap. 5 A)). Anschließend wird untersucht, ob in diesen Bereichen Ausstrahlungen bestehen (Kap. 5 B)).

Die Untersuchung schließt im sechsten Kapitel mit einer Zusammenfassung der Ergebnisse.

Kapitel 2 Allgemeine Anforderungen an die Qualifikation von Mitgliedern des Aufsichtsrats

In diesem Kapitel sollen zunächst die allgemein und branchenunabhängig gültigen Anforderungen an die Qualifikation von Aufsichtsratsmitgliedern untersucht werden. Diese ergeben sich vor allem aus den Vorschriften des Aktiengesetzes, sowie aus den Empfehlungen des Deutschen Corporate Governance Kodex.

A) Anforderungen des AktG

Den Ausgangspunkt der Untersuchung bilden die im AktG enthaltenen Anforderungen an Aufsichtsratsmitglieder. Das AktG beansprucht gegenüber allen deutschen Aktiengesellschaften Gültigkeit und stellt somit im Vergleich zu den branchenspezifischen Regelungen allgemeineres Recht dar[16].

Dem Aufsichtsrat sind die §§ 95 – 116 AktG gewidmet. Durchsucht man diese Paragraphen nach Anforderungen, die Aufsichtsratsmitglieder erfüllen müssen, so finden sich jedoch nur wenige ausdrückliche Regelungen. Insbesondere zu der Frage, über welche Qualifikation ein Aufsichtsratsmitglied verfügen muss, schweigt das AktG. *Thaten* iderntifiziert das System der unternehmerischen Mitbestimmung als wesentlichen Grund für diese gesetzgeberische Zurückhaltung[17].

Einen Ansatzpunkt für den zu erwartenden Qualifikationsmaßstab bieten de lege lata die Regelungen der Haftung der Aufsichtsratsmitglieder[18]. Gemäß § 116 S. 1 i.V.m. § 93 Abs. 1 S. 1 AktG haben Aufsichtsratsmitglieder bei der Ausübung ihres Amtes die Sorgfalt eines ordentlichen und gewissenhaften Überwachers walten zu lassen. In Verbindung mit dem Grundsatz der höchstpersönlichen Aufgabenwahrnehmung[19] lässt sich daraus schließen, dass jedes Aufsichtsratsmitglied dazu in der Lage sein muss, seine Aufgaben mit der gebotenen Sorgfalt zu erfüllen. Zwar ist fehlende Sachkunde nach der in der Literatur herrschenden

16 Zu Einzelheiten der Unterscheidung von allgemeinen und speziellen Normen siehe Kapitel 3 A)I).

17 *Thaten*, Ausstrahlung, S. 271.

18 Vgl. *Habersack*, in: MüKo-AktG, § 116, Rn. 22; *Simons*, in: Hölters, AktG, § 100, Rn. 13; *Spindler*, in: Spindler/Stilz, AktG, § 100, Rn. 61

19 Dazu ausführlicher unten Kapitel 2 A)V)2)c).

Ansicht kein Bestellungshindernis[20]; fehlt jedoch die zur sorgfältigen Aufgabenwahrnehmung erforderliche Qualifikation, so fällt dem jeweiligen Aufsichtsratsmitglied ein Übernahmeverschulden zur Last[21]. Um dies zu vermeiden, muss ein Aufsichtsratsmitglied zumindest über eine allgemeine kaufmännische Vertrautheit mit Bilanz, GuV-Zahlen und Zahlen, mit denen kaufmännischer Erfolg und Misserfolg abgebildet wird, verfügen[22]. Somit gibt die das Aufsichtsratsmitglied treffende Sorgfaltspflicht faktisch die zur Übernahme eines Aufsichtsratsmandats erforderliche Qualifikation vor.

Daneben trifft die übrigen Aufsichtsratsmitglieder ein Auswahlverschulden, wenn sie der Hauptversammlung einen nicht ausreichend qualifizierten Kandidaten gemäß § 124 Abs. 3 S. 1 AktG zur Wahl vorschlagen[23]. Eine haftungsbegründende Pflichtverletzung der übrigen Aufsichtsratsmitglieder kann ferner darin liegen, dass sie trotz Erkennens der fehlenden Qualifikation eines Aufsichtsratsmitglieds als *ultima ratio* nicht dessen gerichtliche Abberufung gemäß § 103 Abs. 3 S. 1 AktG beantragen[24]. Auch wenn die Qualifikation keine Bestellungsvoraussetzung ist, kommt ihr somit dennoch erhebliche Relevanz zu.

Die aus der geforderten Sorgfalt folgenden Pflichten – und damit auch die erforderliche Qualifikation – ergeben sich aus den Aufgaben und Pflichten des

---

20 *Dreher*, in: FS-Boujong, S. 71 (S. 73); *Habersack*, in: MüKo-AktG, § 116, Rn. 22; *Hoffmann-Becking*, in: Münchener Hdb. AG, § 30, Rn. 2a; *Hopt/Roth*, in: Großkomm. AktG, § 100, Rn. 20; *Koch*, in: Hüffer, AktG, § 100, Rn. 2; *Vetter*, in: Marsch-Barner/Schäfer, § 25, Rn. 2. Ersichtlich a.A. wohl nur *Wardenbach*, Interessenkonflikte, S. 262ff., dessen Ausführungen in der Literatur jedoch auf keine größere Resonanz gestoßen sind.

21 *Drygala*, in: K. Schmidt/Lutter, AktG, § 116, Rn. 7; *Habersack*, in: MüKo-AktG, § 116, Rn. 22; *Spindler*, in: Spindler/Stilz, AktG, § 116, Rn. 15; *Thaten*, Ausstrahlung, S. 278.

22 Vgl. *Peltzer*, in: Wellhöfer/Peltzer/Müller, S. 562.

23 Die Aufgabe des Vorschlagens muss mit der von §§ 116, 93 AktG geforderten Sorgfalt erfüllt werden, insofern trifft die Aufsichtsratsmitglieder eine „Vorschlagsverantwortung", vgl. *Behme/Zickgraf*, AG 2015, 841 (843); *Dreher*, in: FS-Hoffmann-Becking, S. 313 (S. 323f.); *Habersack*, in: MüKo-AktG, § 101, Rn. 17 sowie § 116, Rn. 22; *Spindler*, in: Spindler/Stilz, AktG, § 101, Rn. 41; ablehnend *Wirth*, ZGR 2005, 327 (342f.). Faktisch wird sich die Hauptversammlung zumindest in Publikumsgesellschaften meist an die Vorschläge des Aufsichtsrats halten, vgl. *Behme/Zickgraf*, AG 2015, 841 (841); *Lutter*, in: Hdb. Corporate Governance, S. 321 (S. 325). In Gesellschaften mit einem Großaktionär stammt die Kandidatenliste meist von diesem, vgl. *Wirth*, ZGR 2005, 327 (343).

24 Hierzu *Habersack*, in: MüKo-AktG, § 103, Rn. 39; *Hopt-Roth*, in: Großkomm. AktG, § 116, Rn. 125; *Mertens/Cahn*, in: Köln. Komm. AktG, § 103, Rn. 33.

Aufsichtsrats als Organ[25]. Aus diesen Organpflichten leiten sich wiederum die Pflichten der einzelnen Aufsichtsratsmitglieder ab[26]. Dabei wird darauf verwiesen, dass es auf Grund der Heterogenität der Zusammensetzung der Aufsichtsräte verschiedener Unternehmen, sowie der Unterschiede in Größe, Geschäftsumfang und Tätigkeitsfeld verschiedener Gesellschaften, keinen objektiv bestimmbaren Typus eines ordentlichen und gewissenhaften Aufsichtsratsmitglieds gebe[27].

Neben diesen haftungsrechtlichen Konsequenzen kann mangelnde Sachkunde ferner zu einer gerichtlichen Abberufung des Aufsichtsratsmitglieds gemäß § 103 Abs. 3 AktG führen[28].

Somit zeigt sich, dass trotz der fehlenden ausdrücklichen Bestimmung der erforderlichen Qualifikation im Aktiengesetz umfangreiche Anforderungen an Aufsichtsratsmitglieder gestellt werden, deren Nichterfüllung weitreichende Konsequenzen mit sich bringen kann.

I) Persönliche Voraussetzungen für Aufsichtsratsmitglieder (§ 100 AktG)

Die zentrale Vorschrift betreffend die Anforderungen an Mitglieder des Aufsichtsrats ist § 100 AktG. Unter der Überschrift „Persönliche Voraussetzungen für Aufsichtsrats-mitglieder“ finden sich in fünf Absätzen die wesentlichen aktiengesetzlichen Anforderungen.

1) Natürliche Person (§ 100 Abs. 1 AktG)

Nach § 100 Abs. 1 AktG kommt als Aufsichtsratsmitglied nur eine natürliche unbeschränkt geschäftsfähige[29] Person, die keinem betreuungsrechtlichen Einwilligungsvorbehalt (§ 1903 BGB) unterliegt, in Betracht. Zunächst werden

25 *Hopt/Roth*, in: Großkomm. AktG, § 116, Rn. 31; *Spindler*, in: Spindler/Stilz, AktG, § 116, Rn. 15.

26 *Drygala*, in: K. Schmidt/Lutter, AktG, § 116, Rn. 3; *Hopt/Roth*, in: Großkomm. AktG, § 116, Rn. 31.

27 Vgl. *Geßler*, in: G/H/E/K, AktG, § 116, Rn. 10; *Habersack*, in: MüKo-AktG, § 116, Rn. 24; *Hambloch-Gesinn/Gesinn*, in: Hölters, AktG, § 116, Rn. 9; *Koch*, in: Hüffer, AktG, § 116, Rn. 4; *Schwark*, in: FS-Werner, S. 841 (S. 849); *Vetter*, in: Marsch-Barner/Schäfer, § 29, Rn. 58.

28 *Habersack*, in: MüKo-AktG, § 100, Rn. 13.

29 Ausgeschlossen sind damit Personen, die nach Maßgabe der §§ 104ff. BGB in ihrer Geschäftsfähigkeit beschränkt sind, z.B. Minderjährige oder Personen, die sich dauerhaft in einem die freie Willensbestimmung ausschließenden Zustand krankhafter Störung der Geistestätigkeit befinden, vgl. *Habersack*, in: MüKo-AktG, § 100, Rn. 10.

damit juristische Personen, andere Gesellschaften, Personenvereinigungen, Gremien, Körperschaften, Stiftungen, Anstalten und Behörden als Organwalter ausgeschlossen[30]. Ausweislich des klaren Wortlauts der Norm können beschränkt geschäftsfähige Personen auch nicht mit Zustimmung ihres gesetzlichen Vertreters oder nach Maßgabe der §§ 112, 113 BGB Aufsichtsratsmitglied sein[31]. Damit wird dem in § 111 Abs. 5 geregelten Gebot der höchstpersönlichen und weisungsfreien Amtsführung Rechnung getragen[32].

2) Ausschlussgründe (§ 100 Abs. 2 AktG)

§ 100 Abs. 2 AktG enthält Hinderungsgründe, bei denen die Erfüllung des jeweiligen Tatbestands durch eine Person diese vom Amt des Aufsichtsratsmitglieds ausschließt. Damit enthält die Norm negative Anforderungen an Aufsichtsratsmitglieder. Wird ein Aufsichtsratsmitglied unter Verstoß gegen die Ausschlussgründe des § 100 Abs. 2 AktG gewählt, so ist die Aufsichtsratswahl gemäß § 250 Abs. 1 Nr. 4 AktG nichtig.

a) Höchstzahl der Aufsichtsratsmandate

§ 100 Abs. 2 S. 1 Nr. 1 AktG legt die Höchstzahl der Mandate einer Person in gesetzlich zu bildenden Aufsichtsräten von Handelsgesellschaften auf zehn fest[33]. Diese Grenze wird jedoch durch das Konzernprivileg in § 100 Abs. 2 S. 2 AktG, nach dem bis zu fünf Aufsichtsratsmandate eines gesetzlichen Vertreters einer Konzernobergesellschaft bei zum Konzern gehörenden Gesellschaften, die

---

30 *Habersack*, in: MüKo-AktG, § 100 Rn. 9; zu der durch § 47 Abs. 1 SE-VO erneut aufgeworfenen Frage nach der Möglichkeit der Organschaft juristischer Personen *Brandes*, NZG 2004, 642.

31 *Habersack*, in: MüKo-AktG, § 100, Rn. 10; *Simons*, in Hölters, AktG, § 100, Rn. 7; vgl. bereits die Begründung zum RegE abgedruckt bei *Kropff*, AktG, S. 135.

32 *Habersack*, in: MüKo-AktG, § 100 Rn. 9; vgl. auch die Begründung zum RegE abgedruckt bei *Kropff*, AktG, S. 135.

33 Solche Gesellschaften sind neben der Aktiengesellschaft auch die KGaA, die GmbH, die nach dem Mitbestimmungsrecht oder nach § 18 Abs. 2 S. 1 KAGB einen Aufsichtsrat zu bilden hat, sowie die monistische oder dualistische SE (zur Berücksichtigung von Mandaten in der SE vgl. *Spindler*, in: Spindler/Stilz, AktG, § 100, Rn. 16). Nicht erfasst sind mangels ihrer Eigenschaft als Handelsgesellschaft somit die Genossenschaft, der VVaG und die SCE, auch wenn diese einen Aufsichtsrat zu bilden haben, vgl. *Habersack*, in: MüKo-AktG, § 100, Rn. 18f.

gesetzlich zur Bildung eines Aufsichtsrats verpflichtet sind, auf die Höchstzahl von zehn Mandaten nicht anzurechnen sind, relativiert[34].

Die Beschränkung der Anzahl der Mandate soll sicherstellen, dass Aufsichtsratsmitglieder ihrer Tätigkeit ausreichend Zeit und Arbeitskraft widmen[35]. Zahlreiche Bestrebungen, die Anzahl der parallel zulässigen Aufsichtsratsmandate weiter zu beschränken und damit das mögliche Engagement von Zeit und Arbeitskraft weiter zu erhöhen, wurden vom Gesetzgeber jedoch nicht umgesetzt[36]. Als Begründung wird dafür die unterschiedliche Gestaltung von Aktiengesellschaften genannt, die eine pauschale Regelung verbiete[37]. So findet nach der Regelung des AktG eine weitere Reduzierung nur im Falle von Mandaten als Aufsichtsratsvorsitzender statt, da gemäß dem durch das KonTraG eingefügten § 100 Abs. 2 S. 3 AktG solche Mandate bei der Bestimmung der Anzahl der Mandate doppelt anzurechnen sind[38]. Jedoch bleibt das Konzernprivileg von dieser Bestimmung unberührt, sodass die in Konzernunternehmen wahrgenommenen Mandate als Aufsichtsratsvorsitzender nicht angerechnet werden[39]. Ebenfalls anrechnungsfrei bleiben Mandate in Unternehmen, die keine Handelsgesellschaften sind, sowie in freiwillig gebildeten Gremien, da sich die Beschränkung in § 100 Abs. 2 S. 1 Nr. 1 AktG nur auf Handelsgesellschaften, die gesetzlich einen Aufsichtsrat zu bilden haben, bezieht[40]. Ob auch Mandate in ausländischen

---

34 Zum Begriff des gesetzlichen Vertreters vgl. *Hopt/Roth*, in: Großkomm. AktG, § 100, Rn. 42.

35 *Habersack*, in: MüKo-AktG, § 100 Rn. 17; *Meyer*, Finanzexperte, S. 46.

36 Vgl. *Drygala*, in: K. Schmidt/Lutter, AktG, § 100, Rn. 4; *Habersack*, in: MüKo-AktG, § 100, Rn. 17; *Lieder*, AR im Wandel, S. 495f.; *Weber-Rey*, WM 2009, 2255 (2262); derartige Forderungen kamen insbesondere von *Lutter*, AG 1994, 176 (177); *ders.*, ZHR 159 (1995), 287 (302); *Scheffler*, AG 1995, 207 (209); sowie aus der Politik, vgl. den Antrag von Mitgliedern der FDP-Fraktion des Bundestages BT-Drs. 16/10885, sowie den im Jahr 1998 abgelehnten Entwurf eines Gesetzes zur Steigerung der Effizienz von Aufsichtsräten und zur Begrenzung der Machtkonzentration bei Kreditinstituten infolge von Unternehmensbeteiligungen, BT-Drs. 13/9716.

37 Vgl. BT-Drs. 13/9712, S. 15.

38 Art. 1 Nr. 10 lit. b) des Gesetzes zur Kontrolle und Transparenz im Unternehmensbereich vom 27.4.1998, BGBL. I 1998, 786 (787).

39 *Drygala*, in: K. Schmidt/Lutter, AktG, § 100, Rn. 8; *Habersack*, in: MüKo-AktG, § 100, Rn. 25; vgl. auch die Begründung zum RegE KonTraG BT-Drs. 13/9712, S. 16.

40 Zum Begriff der Handelsgesellschaft vgl. Fn. 32. Erfasst sind davon sämtliche Gremien, die nicht obligatorisch zu bilden sind, auch wenn sie im konkreten Fall ähnliche Funktionen wie ein obligatorisch zu bildender Aufsichtsrat erfüllen, vgl. *Habersack*, in: MüKo-AktG, § 100, Rn. 18; kritisch unter Verweis auf „latente Umgehungsmöglichkeiten“: *Zwingmann*, Der Betrieb 2002, 231 (232).

Gesellschaften bei der Berechnung zu berücksichtigen sind, ist umstritten, wird aber inzwischen von einer beachtlichen Meinung in der Literatur bejaht[41].

b) Unabhängigkeitsgefährdende Gestaltungen

§ 100 Abs. 2 S. 1 Nr. 2 – 4 AktG zählt als weitere Hinderungsgründe unabhängigkeits-gefährdende Gestaltungen auf. Hierzu gehören die Tätigkeit als gesetzlicher Vertreter eines von der Gesellschaft abhängigen Unternehmens, Überkreuzverflechtungen sowie der Wechsel vom Vorstand in den Aufsichtsrat.

Das Verbot, zugleich gesetzlicher Vertreter eines abhängigen Unternehmens zu sein, dient dem Erhalt des natürlichen Organisationsgefälles im Konzern[42]. Gesetzliche Vertreter von abhängigen Unternehmen gelten auf Grund ihrer Abhängigkeit als ungeeignet für die Überwachung der Geschäftsleitung des herrschenden Unternehmens[43]. Im Gegensatz zu der oben dargestellten Berechnung der Höchstzahl gleichzeitig zulässiger Mandate ist die Einbeziehung von Mandaten bei ausländischen abhängigen Gesellschaften im Rahmen von § 100 Abs. 2 S. 1 Nr. 2 AktG allgemein anerkannt[44].

Das Verbot sogenannter Überkreuzverflechtungen meint die Konstellation, dass ein gesetzlicher Vertreter von Gesellschaft A nicht Aufsichtsrat von Gesellschaft B sein kann, wenn dem Aufsichtsrat der Gesellschaft A gesetzliche Vertreter der Gesellschaft B angehören. Damit würden die Überwacher einer

---

41 So von *Drygala*, in: K. Schmidt/Lutter, AktG, § 100, Rn. 6; *Habersack*, in: MüKo-AktG, § 100, Rn. 19; *Hopt/Roth*, in: Großkomm. AktG, § 100, Rn. 36ff.; *Spindler*, in: Spindler/Stilz, AktG, § 100, Rn. 15; tendenziell auch *Vetter*, in: Marsch-Barner/Schäfer, § 25, Rn. 5; dagegen noch *Hoffmann-Becking*, in: Münchener Hdb. AG, § 30, Rn. 7a; *Koch*, in: Hüffer, AktG, § 100, Rn. 10.; *Mertens/Cahn*, in: Köln. Komm. AktG, § 100, Rn. 29; *Roth/Wörle*, ZGR 2004, 565 (582); vgl. zu der Frage im Allgemeinen auch *Mickel/Fleischmann*, NZG 2010, 54.

42 Vgl. dazu den Ausschussbericht, abgedruckt bei *Kropff*, AktG, S. 136. Gesetzliche Vertreter sind nur Personen mit organschaftlicher Vertretungsbefugnis, wie Vorstandsmitglieder und Geschäftsführer, nicht jedoch Aufsichtsratsmitglieder oder leitende Angestellte, vgl. LG München I, AG 2006, 762; *Habersack*, in: MüKo-AktG, § 100, Rn. 28, 22; *Hoffmann-Becking*, in: Münchener Hdb. AG, § 30, Rn. 10; *Koch*, in: Hüffer, AktG, § 100, Rn. 13; *Spindler*, in: Spindler/Stilz, AktG, § 100, Rn. 23; der Begriff des gesetzlichen Vertreters entspricht somit nach einhelliger Ansicht dem des § 100 Abs. 2 S. 2 AktG, vgl. *Hopt/Roth*, in: Großkomm. AktG, § 100, Rn. 51.

43 *Habersack*, in: MüKo-AktG, § 100, Rn. 27; *Raiser/Veil*, § 15 Rn. 33.

44 *Drygala*, in: K. Schmidt/Lutter, AktG, § 100, Rn. 9; *Habersack*, in: MüKo-AktG, § 100, Rn. 28; *Hopt/Roth*, in: Großkomm. AktG, § 100, Rn. 54; *Koch*, in: Hüffer, AktG, § 100, Rn. 13.

Gesellschaft in einer anderen Gesellschaft von den durch sie überwachten Personen überwacht. Dies birgt die Gefahr, dass die Überwachung nicht frei und unvoreingenommen erfolgt. Mit dieser Regelung soll einerseits den Gefahren, die sich aus der Überkreuzverflechtung für die Überwachung des Vorstands durch den Aufsichtsrat ergeben, vorgebeugt, andererseits aber auch der für Aufsichtsratsmandate in Betracht kommende Personenkreis erweitert werden[45].

Die Cooling-off Periode für ehemalige Vorstandsmitglieder wurde erst durch das VorstAG im Jahr 2009 in das AktG eingefügt[46]. Ihr Regelungsgegenstand war jedoch ansatzweise bereits zuvor in Form einer Empfehlung im DCGK enthalten[47]. Nach der Regelung in § 100 Abs. 2 S. 1 Nr. 4 AktG müssen frühere Vorstandsmitglieder eine zweijährige Karenzzeit abwarten, bevor sie in den Aufsichtsrat der börsennotierten Aktiengesellschaft, deren Vorstand sie angehörten, wechseln dürfen[48]. Damit versucht die Vorschrift einen Kompromiss zwischen dem Erhalt von *Know-how* im Unternehmen einerseits und der Unabhängigkeit der Aufsichtsratsmitglieder sowie der Vermeidung von Auswirkungen auf die Arbeit der neuen Vorstandsmitglieder andererseits zu finden[49].

Unter dem Gesichtspunkt der Professionalisierung des Aufsichtsrats bietet es sich grundsätzlich an, ehemalige Vorstandsmitglieder in den Aufsichtsrat zu wählen, da diese über besonders gute Kenntnisse des Unternehmens, der

45 Vgl. den Ausschussbericht, abgedruckt bei *Kropff*, AktG, S. 136; *Habersack*, in: MüKo-AktG, § 100, Rn. 30; *Simons*, in: Hölters, AktG, § 100, Rn. 25.

46 Art. 1 Nr. 1 lit. c) des Gesetzes zur Angemessenheit der Vorstandsvergütung vom 31.7.2009, BGBl. I 2009, 2509.

47 Vgl. Ziff. 5.4.2 S. 3 DCGK i.d.F. v. 6. Juni 2008, nach der dem Aufsichtsrat generell nicht mehr als zwei ehemalige Vorstandsmitglieder angehören sollten. Damit verzichtete die Empfehlung auf eine zeitliche Bestimmung einer Karenzzeit, ließ dafür aber bis zu zwei Ausnahmen zu. Ferner sollte nach Ziff. 5.4.4 DCGK i.d.F. v. 6. Juni 2008, der Wechsel vom Vorstand in den Aufsichtsratsvorsitz oder den Vorsitz eines Aufsichtsratsausschusses „nicht die Regel" sein.

48 Ausweislich des klaren Wortlauts bezieht sich die Pflicht zur Einhaltung der Karenzzeit im Gegensatz zur früheren Kodexempfehlung auf jegliche Aufsichtsratstätigkeit. Da ursprünglich nur eine Karenzzeit für den Wechsel vom Vorstand in den Prüfungsausschuss vorgesehen war und die Erweiterung erst kurz vor der Anhörung des Rechtsausschusses erfolgte, löste die Regelung heftige Proteste in der Wirtschaft aus. Vgl. dazu *Fleischer*, NZG 2009, 801 (806); *Jahn*, GWR 2009, 135 (136f.).

49 Vgl. *Vetter*, in: FS-Maier-Reimer, S. 795 (S. 804); Zu den Vor- und Nachteilen eines unmittelbaren Wechsels vom Vorstand in den Aufsichtsrat *Bayer*, NZG 2013, 1 (13); *Drygala*, in: K. Schmidt/Lutter, AktG, § 100 Rn. 14f.; *Habersack*, in: MüKo-AktG, § 100, Rn. 35f.

Branche und des Marktes verfügen und mit diesem Wissen die Aufsichtstätigkeit des Aufsichtsrats verbessern können. Andererseits bezieht sich die Aufsichtstätigkeit nicht ausschließlich auf die Gegenwart und die Zukunft, sondern umfasst oftmals auch in der Vergangenheit liegende Sachverhalte[50]. Bei einem unmittelbaren Wechsel vom Vorstand in den Aufsichtsrat besteht die Gefahr, dass ehemalige Vorstandsmitglieder zu Kontrolleuren in eigener Sache werden, wenn sie Sachverhalte überwachen und kontrollieren sollen, für die sie selbst als Vorstand verantwortlich waren. Ferner besteht die Gefahr, dass die Arbeit der neuen Vorstandsmitglieder, insbesondere bei der Aufdeckung und Behebung von Missständen, die vor Beginn ihrer Amtszeit verursacht wurden, beeinflusst wird, wenn die Personen, die an der Entstehung solcher Missstände beteiligt waren, nunmehr die Vorstandstätigkeit kontrollieren.

Die Einhaltung der Karenzzeit kann umgangen werden, indem das ehemalige Vorstandsmitglied auf Vorschlag von Aktionären, die mindestens 25% des Grundkapitals der Gesellschaft halten, in den Aufsichtsrat gewählt wird. Damit wird dem Grundsatz der Eigentümerkontrolle Rechnung getragen[51]. Auch beschränkt sich der Anwendungsbereich von § 100 Abs. 2 S. 1 Nr. 4 AktG ausweislich seines Wortlauts auf börsennotierte Gesellschaften, da nur bei diesen ein systematisches Kontrolldefizit durch die Eigentümergemeinschaft bestehe[52].

Schließlich ist auch die in § 105 Abs. 1 AktG Inkompatibilität von Vorstands- und Aufsichtsratsmandat zu den unabhängigkeitsgefährdenden Gestaltungen zu zählen. Die Norm ist eine wesentliche Ausprägung des im deutschen Aktienrecht vorherrschenden dualistischen Systems[53]. Sie hat zum Ziel, Geschäftsführung und Kontrolle nicht bloß zwei getrennten Organen zuzuordnen, sondern darüber hinaus zu verhindern, dass beide Organe personenidentisch besetzt sind, um so eine effektive und unvoreingenommene Überwachung zu gewährleisten[54]. Komplettiert wird der Dualismus durch die in § 111 Abs. 4 S. 1 AktG

---

50 Zum Umfang der Überwachungstätigkeit des Aufsichtsrats *Hoffmann-Becking*, in: Münchener Hdb. AG, § 29, Rn. 22ff.; *Lutter/Krieger/Verse*, Rechte und Pflichten, Rn. 61ff.

51 *Habersack*, in: MüKo-AktG, § 100 Rn. 35; vgl. auch die Begründung der Beschlussempfehlung des Rechtsausschusses, BT-Drs. 16/13433, S. 11; ferner sollte mit der Abschwächung der Regelung den Protesten aus der Wirtschaft entgegengewirkt werden, vgl. Fn. 47.

52 BT-Drs. 16/13433, S. 11.

53 *Arnold*, in: Marsch-Barner/Schäfer, § 19, Rn. 4; *Hoffmann-Becking*, in: Münchener Hdb. AG, § 30, Rn. 5.

54 *Habersack*, in: MüKo-AktG, § 105, Rn. 1; *Raiser/Veil*, § 13, Rn. 11.

angeordnete Funktionstrennung, nach welcher dem Aufsichtsrat grundsätzlich keine Geschäftsführungsmaßnahmen übertragen werden dürfen.

3) Mitbestimmungsrechtliche Anforderungen (§ 100 Abs. 3 AktG)

Weitere persönliche Anforderungen und Hinderungsgründe ergeben sich gemäß § 100 Abs. 3 AktG aus den Mitbestimmungsgesetzen. Diese Regelungen ergänzen die Anforderungen und Hinderungsgründe des AktG und sind für ihre Adressaten auch aktienrechtlich verbindlich[55]. Jedoch beziehen sich diese Anforderungen nur auf die Vertreter der Arbeitnehmer im Aufsichtsrat sowie auf die weiteren Mitglieder, nicht jedoch auf die von den Aktionären gewählten Aufsichtsratsmitglieder.

4) Satzungsmäßige Bestimmungen (§ 100 Abs. 4 AktG)

§ 100 Abs. 4 AktG eröffnet die Möglichkeit, in der Satzung weitergehende Anforderungen an Aufsichtsratsmitglieder aufzustellen. Satzungsmäßige Anforderungen dürfen jedoch nur die von der Hauptversammlung ohne Bindung an einen Wahlvorschlag gewählten Aufsichtsratsmitglieder, also in erster Linie die Vertreter der Anteilsinhaber, nicht aber die Arbeitnehmervertreter im Aufsichtsrat betreffen[56]. Inhaltlich müssen sie grundsätzlich so ausgestaltet sein, dass das in § 119 Abs. 1 Nr. 1 AktG vorgesehene Wahlrecht der Hauptversammlung nicht faktisch beseitigt wird[57]. Daher darf die Satzung keine Bestimmungen enthalten, die so speziell sind, dass sie den Kreis der möglichen Kandidaten für ein Aufsichtsratsmandat unangemessen einschränken.

In der Praxis sind derartige Satzungsbestimmungen selten[58]. Ihr Nutzen für die Gesellschaft ist überdies fraglich, da mit der Aufnahme einer Satzungsbestimmung die Möglichkeit geschaffen wird, die Aufsichtsratswahl wegen einer Verletzung der Satzung gemäß § 251 Abs. 1 AktG anzufechten. Auch besteht die

---

55 *Habersack*, in: MüKo-AktG, § 100, Rn. 49; *Koch*, in: Hüffer, AktG, § 100, Rn. 19.

56 Vgl. bereits vor Erlass des AktG BGHZ 39, 116 (122f.); auch heute führt der Grundsatz der freien Wahl der Arbeitnehmervertreter im Aufsichtsrat zur Unzulässigkeit von Einschränkungen der Wählbarkeit, vgl. *Hopt/Roth*, in: Großkomm. AktG, § 100, Rn. 100.

57 RGZ 133, 90 (94); *Habersack*, in: MüKo-AktG, § 100, Rn. 53f.; *Hoffmann-Becking*, in: FS-Havermann, S. 229 (S. 233); vgl. auch *Raiser/Veil*, § 15 Rn. 36. Dies gilt nicht für entsendete Mitglieder, da die Einräumung des Entsendungsrechts im Ermessen der Gesellschaft steht.

58 *Krasberg*, Prüfungsausschuss, S. 79.

Gefahr, dass der Aufsichtsrat in Folge satzungsmäßiger Qualifikationsanforderungen einseitig besetzt wird, was zu Lasten einer breit aufgestellten effektiven Überwachung des Vorstands durch den Aufsichtsrat geht[59].

5) Unabhängiger Finanzexperte (§ 100 Abs. 5 AktG)

Schließlich muss gemäß § 100 Abs. 5 AktG bei kapitalmarktorientierten Gesellschaften im Sinne des § 264d HGB mindestens ein unabhängiges Aufsichtsratsmitglied über Sachverstand auf den Gebieten Rechnungslegung oder Abschlussprüfung verfügen. Hat eine solche Gesellschaft einen Prüfungsausschuss eingerichtet, muss der unabhängige Finanzexperte gemäß § 107 Abs. 4 AktG Mitglied des Prüfungsausschusses sein. Die Regelung geht auf Art. 41 der Abschlussprüferrichtlinie zurück und dient deren Umsetzung[60].

In § 100 Abs. 5 AktG werden die Elemente Unabhängigkeit und Sachverstand miteinander kombiniert. Interessant ist die Vorschrift für die hier anzustellende Untersuchung, da durch sie erstmals spezifische Anforderungen an die Fähigkeiten von Aufsichtsratsmitgliedern im Aktienrecht erscheinen, die in ihrer Rechtsverbindlichkeit über das comply-or-explain-Prinzip des DCGK hinausgehen[61].

Anders als die Absätze 1 – 4 richtet sich § 100 Abs. 5 AktG nicht an das einzelne Aufsichtsratsmitglied, sondern an den Aufsichtsrat als Organ. Dies hat zur Folge, dass es sich nicht um eine persönliche Anforderung, sondern um eine Vorgabe für die Besetzung des Gremiums Aufsichtsrat handelt[62]. Auswirkungen zeigen sich jedoch erst dann, wenn dem Aufsichtsrat kein unabhängiges und zugleich sachkundiges Mitglied angehört. Dabei sind die Rechtsfolgen des Fehlens eines unabhängigen Finanzexperten noch nicht abschließend geklärt[63]. Insbesondere ist die Frage, ob ein Wahlbeschluss bei Fehlen der Unabhängigkeit

---

59 Vgl. *Krasberg*, Prüfungsausschuss, S. 79.

60 Richtlinie 2006/43/EG vom 17.5.2006 über Abschlussprüfungen von Jahresabschlüssen und konsolidierten Abschlüssen (Abschlussprüferrichtlinie), ABl. Nr. L 157 S. 87, zuletzt geändert durch die Richtlinie 2014/56/EU vom 16.4.2014 (ABl. Nr. L 158 S. 196).

61 Vgl. *Kropff*, in: FS-K. Schmidt, S. 1023 (S. 1025); *Lutter/Krieger/Verse*, Rechte und Pflichten, Rn. 25.

62 Vgl. *Drygala*, in: K. Schmidt/Lutter, AktG, § 100 Rn. 42; *Gruber*, NZG 2008, 12 (14); *Staake*, ZIP 2010, 1013 (1018); *Wardenbach*, GWR 2010, 207 (208); vgl. auch *Hennrichs*, Stellungnahme zum RegE BilMoG v. 11.12.2008, S. 14.

63 Vgl. *Habersack*, in: MüKo-AktG, § 100, Rn. 71; *Weber-Rey*, in: Orth/Ruter/Schichold, S. 3 (S. 12); eingehend zu der Problematik *Meyer*, Finanzexperte, S. 392ff.

oder der Sachkunde anfechtbar ist, umstritten[64]. Weitgehende Einigkeit besteht aber insofern, als ein Verstoß gegen § 100 Abs. 5 AktG nicht zur Nichtigkeit einer Aufsichtsratswahl führt[65].

a) *Unabhängigkeit*

Was unter Unabhängigkeit zu verstehen ist, wird in § 100 Abs. 5 AktG nicht näher definiert. Jedoch nimmt die Gesetzesbegründung zum BilMoG[66] zum einen auf die Empfehlung der EU-Kommission vom 15.2.2005[67] und zum anderen auf Ziff. 5.4.2 S. 2 DCGK Bezug. Bei der Auslegung des Unabhängigkeitsbegriffs ist schließlich zu beachten, dass § 100 Abs. 5 AktG der Umsetzung von Art. 41 Abs. 1 der Abschlussprüferrichtlinie[68] dient. Die Auslegung muss daher richtlinienkonform erfolgen[69].

aa) Der Unabhängigkeitsbegriff der Kommissionsempfehlung

Nach der Gesetzesbegründung lassen sich der Kommissionsempfehlung Hinweise auf Aspekte, die für die Beurteilung der Unabhängigkeit eine Rolle spielen, entnehmen[70].

Grundsätzlich richten sich Empfehlungen an die Mitgliedsstaaten und sind gemäß Art. 288 Abs. 5 AEUV rechtlich nicht verbindlich[71]. Denkbar sind aber

---

64 Dafür *Diekmann/Bidmon*, NZG 2009, 1087 (1091); *Habersack*, in: MüKo-AktG, § 100, Rn. 71f.; *Staake*, ZIP 2010, 1013 (1020); dagegen *Drygala*, in: K. Schmidt/Lutter, AktG, § 100, Rn. 62; *Kropff*, in; FS K. Schmidt, S. 1023 (S. 1033); *Weber-Rey*, in: Orth/Ruter/Schichold, S. 3 (S. 12).

65 LG München I, AG 2010, 922; *Drygala*, in: K. Schmidt/Lutter, AktG, § 100, Rn. 60; *Habersack*, in: MüKo-AktG, § 100, Rn. 71; *Meyer*, Finanzexperte, S. 394f.; *Staake*, ZIP 2010, 1013 (1019); *Wardenbach*, GWR 2010, 207 (207f.).

66 BT-Drs. 16/10067, S. 101f.

67 Empfehlung der Kommission vom 15. Februar 2005 zu den Aufgaben von nicht geschäftsführenden Direktoren/Aufsichtsratsmitgliedern börsennotierter Gesellschaften sowie zu den Ausschüssen des Verwaltungs-/Aufsichtsrats (2005/162/EG), ABl. L 52 vom 25.2.2005, S. 51ff, im Folgenden „Kommissionsempfehlung".

68 Oben Fn. 59.

69 Zur richtlinienkonformen Auslegung allgemein EuGH, Urt. v. 13.9.1990 – C-106/89 Marleasing (Tz. 8).

70 BT-Drs. 16/10067, S. 102.

71 *Maul/Lanfermann*, Der Betrieb 2004, 2407; *Nettesheim*, in: Grabitz/Hilf/Nettesheim, Art. 288 AEUV, Rn. 204f.; *Ruffert*, in: Callies/Ruffert, EUV/AEUV, Art. 288 AEUV, Rn. 95. Zwar verweist der Gesetzgeber in der Begründung zum BilMoG auf die Kommissionsempfehlung, dies führt jedoch nicht zu einer Bindung an die dort genannten Kriterien, da zum einen in der Empfehlung selbst deren Charakter als bloße Leitlinien

faktische Wirkungen dergestalt, dass die Empfehlung für die Mitgliedsstaaten einen politischen Befolgungsdruck auslöst[72]. So könnten Mitgliedsstaaten den Empfehlungen der Kommission nachkommen, um zu verhindern, dass die Kommission auf die Nichtbefolgung einer Empfehlung mit einer Richtlinie oder Verordnung reagiert[73].

Darüber hinaus sind die Empfehlungen von nationalen Gerichten bei ihren Entscheidungen, insbesondere bei der Auslegung von nationalen oder unionsrechtlichen Bestimmungen, zu berücksichtigen[74].

In Erwägungsgrund 7 der Empfehlung heißt es, „Unabhängigkeit sollte verstanden werden als die Abwesenheit jeglicher signifikanter Interessenskonflikte"[75]. Konkretisiert wird diese offen gehaltene Definition durch die Generalklausel in Ziff. 13 sowie durch die Fallbeispiele[76] in Anh. II der Kommissionsempfehlung.

Nach der Generalklausel gilt ein Mitglied der Unternehmensleitung als unabhängig, wenn es in keiner geschäftlichen, familiären oder sonstigen Beziehung zu der Gesellschaft, ihrem Mehrheitsaktionär oder deren Geschäftsführung steht, die einen Interessenkonflikt begründet, der sein Urteilsvermögen beeinflussen könnte[77].

Um die nähere Beurteilung der Unabhängigkeit zu ermöglichen, sollen die Mitgliedsstaaten gemäß Ziff. 13.2 eigene Kriterien festlegen. Als Hilfe hierzu

---

herausgestellt wird und zum anderen auch sowohl die Abschlussprüferrichtlinie als auch die Begründung zum RegE BilMoG keine unmittelbare Bindung anordnen, vgl. BT-Drs. 16/10067, S. 102, a.A. wohl *Meyer*, Finanzexperte, S. 295f.; ähnlich i. Erg. *Gruber*, NZG 2008, 12 (13).

72 *Ruffert*, in: Callies/Ruffert, EUV/AEUV, Art. 288 AEUV, Rn. 95.

73 Vgl. *Spindler*, ZIP 2005, 2033 (2033f.), der in Fn. 8 m.w.N. die grenzüberschreitenden Banküberweisungen als Beispiel nennt, bei denen die Nichtumsetzung der Empfehlung der Kommission durch die Mitgliedsstaaten zum Erlass der VO Nr. 2560/2001 v. 19.12.2001, ABl. L 344 v. 28.12.2001, führte; vgl. auch *Hopt*, ZIP 2005, 461 (468); *Lutter*, EuZW 2009, 799; *Meyer*, Finanzexperte, S. 67; *Nettesheim*, in: Grabitz/Hilf/Nettesheim, Art. 288 AEUV, Rn. 208.

74 EuGH, Rs. C-322/88, Slg. 1989, 4407 (*Grimaldi/Fonds des Maladies Professionelles*); vgl. auch *Habersack*, in: FS-Goette, S. 121 (S. 127); *Nettesheim*, in: Grabitz/Hilf/Nettesheim, Art. 288 AEUV, Rn. 206; *Ruffert*, in: Callies/Ruffert, EUV/AEUV, Art. 288 AEUV, Rn. 95.

75 Erwägungsgrund 7 der Empfehlung 2005/162/EG der Kommission vom 15.2.2005.

76 Dieser Terminologie bedient sich auch *Spindler*, ZIP 2005, 2033 (2039).

77 Ziff. 13.1 der Empfehlung 2005/162/EG der Kommission vom 15.2.2005, vgl. zum Unabhängigkeitsbegriff der Generalklausel *Spindler*, ZIP 2005, 2033 (2039f.).

gibt die Kommission den Mitgliedsstaaten in Anh. II der Empfehlung Leitlinien an die Hand[78], stellt aber gleichzeitig fest, dass eine umfassende Auflistung aller Aspekte auf Grund der Unterschiede in den einzelnen Mitgliedsstaaten nicht möglich sei. Für die Auslegung der relativ unbestimmten Unabhängigkeitsdefinition ist daraus zu folgern, dass der Kreis der Indizien für eine Abhängigkeit weit zu ziehen ist[79] und im Ergebnis eine Abwesenheit jeglicher signifikanter Interessenkonflikte angestrebt wird[80]. Die Beurteilung der Unabhängigkeit soll dem Aufsichtsrat selbst obliegen[81].

Auch bei der Bestimmung der Unabhängigkeit des Finanzexperten nach § 100 Abs. 5 AktG soll zunächst der Aufsichtsrat selbst entscheiden können, ob ein Mitglied unabhängig ist[82]. Jedoch enthält § 100 Abs. 5 AktG – im Gegensatz zur Kommissionsempfehlung – verbindliche gesetzliche Anforderungen[83].

bb) Der Unabhängigkeitsbegriff des DCGK

Als zweite Hilfe zur Konkretisierung des Unabhängigkeitsbegriffs dient nach dem Willen des Gesetzgebers Ziffer 5.4.2 S. 2 des Deutschen Corporate Governance

---

78 Vgl. hierzu auch die zusammenfassenden Darstellungen von *Bröcker/Mosel*, GWR 2009, 132 (133); *Huwer*, Prüfungsausschuss, S. 222ff.; *Krasberg*, Prüfungsausschuss, S. 97f.; *Maul/Lanfermann*, Der Betrieb 2004, 2407; *Meyer*, Finanzexperte, S. 69 und *Staake*, ZIP 2010, 1013 (1015); zu einem Vergleich mit der Bestimmung der Unabhängigkeit im UK Corporate Governance Code vgl. *U.H. Schneider*, in: FS-Goette, S. 475 (S. 478f.).

79 Vgl. auch *Spindler*, ZIP 2005, 2033 (2040).

80 So auch *Meyer*, Finanzexperte, S. 73. Dieses Ziel enthält auch ausdrücklich Erwägungsgrund 7 der Kommissionsempfehlung; vgl. hierzu auch *Scholderer*, NZG 2012, 168 (170).

81 Ziff. 13.2 der Empfehlung 2005/162/EG der Kommission vom 15.2.2005. Dies hat zur Folge, dass von den Kriterien im Einzelfall abgewichen werden kann, vgl. Ziff. 13.2 S. 3 der Empfehlung 2005/162/EG der Kommission vom 15.2.2005; vgl. auch *Spindler*, ZIP 2005, 2033 (2039).

82 Vgl. die Begründung des RegE, BT-Drs. 16/10067, S. 102, die auf die Kommissionsempfehlung verweist; *Gruber*, NZG 2008, 12 (13); *Ziemons*, GWR 2009, 106 (108).

83 Diese unterliegen der vollen gerichtlichen Kontrolle, vgl. *Staake*, ZIP 2010, 1013 (1018); vgl. auch *Drygala*, in: K. Schmidt/Lutter, AktG, § 100, Rn. 58; *Habersack*, in: MüKo-AktG, § 100, Rn. 65; *Kropff*, in: FS-K. Schmidt, S. 1023 (S. 1025); *Meyer*, Finanzexperte, S. 298f. *Vetter*, in: FS-Maier-Reimer, S. 795 (S. 801); a.A. *Gruber*, NZG 2008, 12 (13), der jedoch übersieht, dass die Kommissionsempfehlung im Rahmen von § 100 Abs. 5 nicht unmittelbar herangezogen wird, sondern lediglich als Auslegungshilfe dient. So kann der Aufsichtsrat zwar selbst bestimmen, welches seiner Mitglieder er als unabhängigen Finanzexperten ansieht, rechtlich verbindlich ist diese Entscheidung jedoch nicht.

Kodex[84]. Maßgeblich ist hierbei die in der Begründung zum RegE BilMoG angesprochene Ziffer 5.4.2 S. 2 DCGK in der Fassung vom 14. Juni 2007, da diese dort ausdrücklich genannt wird[85]. Ein Aufsichtsratsmitglied war danach als unabhängig[86] anzusehen, wenn es in keiner geschäftlichen oder persönlichen Beziehung zu der Gesellschaft oder deren Vorstand stand, die einen Interessenkonflikt begründete[87]. Anders als nach der Kommissionsempfehlung muss der Interessenkonflikt tatsächlich vorliegen und nicht nur möglicherweise das Urteilsvermögen des Aufsichtsratsmitglieds einschränken[88].

b) Sachverstand

Als besonderes Qualifikationsmerkmal nennt § 100 Abs. 5 AktG Sachverstand auf den Gebieten Rechnungslegung oder Abschlussprüfung. Seinem Wortlaut nach verlangt die Norm Sachverstand lediglich alternativ auf einem der beiden Gebiete[89].

Inhaltlich wird der Begriff Sachverstand in § 100 Abs. 5 AktG nicht näher konkretisiert[90]. Auch Art. 41 der Abschlussprüferrichtlinie[91], auf der die Regelung basiert, enthält keine näheren Hinweise. Was im Kontext der Norm mit

---

84 Vgl. RegE BilMoG, BT-Drs. 16/10067, S. 101f., vgl. auch *Koch*, in: Hüffer, AktG, § 100, Rn. 24; *Simons*, in: Hölters, AktG, § 100, Rn. 9; *Stephanblome*, NZG 2013, 445 (446); kritisch *Jaspers*, AG 2009, 607 (610f.).

85 Praktisch zeigt dies freilich keine größeren Auswirkungen, da die im Kodex genannten Beispiele für Fälle fehlender Unabhängigkeit auch in der Kommissionsempfehlung enthalten sind.

86 Zur begrifflichen Unterscheidung von „unabhängig“ und „nicht abhängig“ vgl. *Hoffmann-Becking*, NZG 2014, 801 (802).

87 Vgl. Ziff. 5.4.2 S. 2 DCGK i.d.F. v. 14. Juni 2007; zum Einfluss der Kommissionsempfehlung auf Ziff. 5.4.2 DCGK *Lutter*, EuZW 2009, 799 (803f.).

88 So die Konzeption der Unabhängigkeitsdefinition in Ziff. 13.1 der Kommissionsempfehlung.

89 So die Begründung zum RegE BilMoG, BT-Drs. 16/10067, S. 102 mit der Begründung, die Formulierung der Abschlussprüferrichtlinie „und/oder“ erlaube es, den Gesetzestext auf „oder“ zu beschränken; vgl. auch *Meyer*, Finanzexperte, S. 277; kritisch *Habersack*, AG 2008, 98 (103); *Spindler*, in: Spindler/Stilz, AktG, § 100, Rn. 53, der anmerkt, dass angesichts der engen Verbindung der beiden Gebiete Fachkenntnisse auf nur einem Gebiet kaum genügen dürften.

90 Zu den gesetzlichen Anforderungen an den „audit committee financial expert“ im US-amerikanischen Recht vgl. *Huwer*, Prüfungsausschuss, S. 228f.

91 Richtlinie 2006/43/EG, nach der Änderung dieser Richtlinie durch die Richtlinie 2014/56/EU findet sich die entsprechende Regelung nunmehr in Art. 39 der Abschlussprüferrichtlinie.

Sachverstand gemeint ist, muss daher durch Auslegung ermittelt werden[92]. Das OLG München führt dazu aus, die Anforderungen an den Sachverstand des unabhängigen Finanzexperten seien anhand der Aufgaben des Prüfungsausschusses zu ermitteln[93]. In Übereinstimmung mit der Abschlussprüferrichtlinie bestehe die Aufgabe des Prüfungsausschusses[94] und damit auch die Aufgabe des unabhängigen Finanzexperten[95] in der Überwachung des Rechnungslegungsprozesses, der Wirksamkeit des internen Kontrollsystems, des Risikomanagements und des internen Revisionssystems sowie der Abschlussprüfung[96].

Grundsätzlich muss jedes Aufsichtsratsmitglied über einen gewissen Sachverstand verfügen, um seine Aufgaben erfüllen zu können[97]. Da § 100 Abs. 5 AktG den besonderen Sachverstand nur von einem Mitglied des Aufsichtsrats verlangt, muss diese Anforderung das allgemeine Maß an Sachverstand, welches von jedem Aufsichtsratsmitglied erwartet wird, übersteigen[98]. Die Tatsache, dass der unabhängige Finanzexperte dem Prüfungsausschuss angehören muss, wenn ein solcher eingerichtet wurde, zeigt dabei, dass dessen Sachverstand auch den der Ausschussmitglieder noch übersteigen muss[99].

Nach der Begründung des deutschen Gesetzgebers setzt der Begriff Sachverstand daher voraus, dass das Aufsichtsratsmitglied beruflich mit Rechnungslegung

---

92 Zur Auslegung des Begriffs Sachverstand im Rahmen des § 100 Abs. 5 AktG vgl. auch OLG München, NZG 2010, 784.

93 OLG München, NZG 2010, 784.

94 Zu den Aufgaben des Prüfungsausschusses vgl. auch *AKEIÜ*, Der Betrieb 2000, 2281; *Krasberg*, Prüfungsausschuss, S. 118ff.; *Pfitzer/Höreth*, in: Pfitzer/Oser/Orth, DCGK, S. 171ff.; vgl. ferner die empirische Erhebung bei *Peemöller/Warncke*, Der Betrieb 2005, 401 (403).

95 Vgl. Vetter, in: FS-Maier-Reimer, S. 795 (S. 797); Nach der Konzeption der Abschlussprüferrichtlinie ist der unabhängige Finanzexperte ein Mitglied des Prüfungsausschusses, vgl. Art. 41 Abs. 1 der Richtlinie 2006/43/EG. Jedoch hat Deutschland nicht zuletzt auf Grund des vorherrschenden dualistischen Systems von der Wahlmöglichkeit, die Aufgaben des Prüfungsausschusses dem Gesamtaufsichtsrat zu übertragen, Gebrauch gemacht; vgl. dazu *Habersack*, in: MüKo-AktG, § 107, Rn. 109.

96 Vgl. hierzu auch *Wolff*, in: Orth/Ruter/Schichold, S. 211 (S. 217f.)

97 BGH, Urt. v. 15.11.1982 – II ZR 27/82 (Hertie) = NJW 1983, 991; dazu unten Kapitel 2 A)V)1)b); für die Bereiche Rechnungslegung und Abschlussprüfung wird insoweit von *financial literacy* gesprochen, vgl. *Habersack*, AG 2008, 98 (103).

98 OLG München, NZG 2010, 784; so auch *Bröcker/Mosel*, GWR 2009, 132 (133); *Hennrichs*, in: FS-Hommelhoff, S. 383 (S. 396f.); *Hönsch*, Der Konzern 2009, 553 (557); *Vetter*, in; FS-Maier-Reimer, S. 795 (S. 796f.).

99 *Hennrichs*, in: FS-Hommelhoff, S. 383 (S. 396).

oder Abschlussprüfung befasst ist oder war[100]. Damit sind sowohl Angehörige der steuerberatenden oder wirtschaftsprüfenden Berufe als auch solche Personen, die sich ihre Fähigkeiten z.B. im Rahmen ihrer Tätigkeit als Finanzvorstand, Analyst oder Betriebsrat durch Weiterbildung angeeignet haben, gemeint[101]. All dies soll den unabhängigen Finanzexperten in die Lage versetzen, Fragen auf Augenhöhe mit dem Abschlussprüfer und dem Finanzvorstand zu besprechen[102]. Dies bedeutet, dass das Aufsichtsratsmitglied dazu in der Lage sein muss, die ihm gegebenen Informationen kritisch zu hinterfragen um gegebenenfalls weitere Auskünfte einholen zu können[103]. Zu diesem Zweck ist es hilfreich, wenn das Aufsichtsratsmitglied über spezifische Kenntnisse der jeweiligen Branche, in der das Unternehmen tätig ist, verfügt[104]. Eine dem Abschlussprüfer äquivalente Berufsausbildung mit einem entsprechenden Abschluss ist dazu jedoch nicht zwingend erforderlich[105].

c) Ausblick

Der durch § 100 Abs. 5 AktG umgesetzte Art. 41 der Abschlussprüferrichtlinie wurde durch die Richtlinie 2014/56/EU vom 16.4.2014 mit Wirkung vom 16.6.2014 aufgehoben und die Regelung in Art. 39 der so geänderten Abschlussprüferrichtlinie aufgenommen[106]. Auch in der geänderten Fassung der Richtlinie haben die Mitgliedsstaaten ein Wahlrecht, die Aufgaben des grundsätzlich einzurichtenden Prüfungsausschusses durch ein anderes Gremium, wie den Aufsichtsrat, erfüllen zu lassen. Für das einer dualistischen Konzeption folgende deutsche Aktienrecht ergibt sich insofern keine Änderung gegenüber der bisherigen Rechtslage.

---

100 Begr. RegE-BilMoG, BT-Drs. 16/10067, S. 102; dies ist insofern bedenklich, als dass nach Ansicht des BGH, NJW-RR 2011, 1670 (1673) ein Aufsichtsratsmitglied, welches über beruflich erworbene Spezialkenntnisse verfügt, einem höheren Sorgfaltsmaßstab und damit auch einem höheren Haftungsrisiko unterliegt.

101 Begr. RegE-BilMoG, BT-Drs. 16/10067, S. 102; vgl. auch OLG München, NZG 2010, 784; *Warncke*, Prüfungsausschuss, S. 124.

102 Vgl. OLG München, NZG 2010, 784; *Habersack*, AG 2008, 98, 103; *Hennrichs*, in: FS-Hommelhoff, S. 383 (S. 397); *Vetter*, in: FS-Maier-Reimer, S. 795 (S. 798); *Wolff*, in: Orth/Ruter/Schichold, S. 211 (S. 216); ähnlich *Krasberg*, Prüfungsausschuss, S. 89.

103 OLG München, NZG 2010, 784

104 *Hönsch*, Der Konzern 2009, 553 (557).

105 OLG München, NZG 2010, 784; *Hennrichs*, in: FS-Hommelhoff, S. 383 (S. 396f.).

106 In Deutschland ist eine „1:1 Umsetzung“ durch das AReG geplant, vgl. BT-Drs. 18/7219, S. 1.

Verschärft wurden jedoch die Anforderungen an die Sachkunde und Unabhängigkeit der Mitglieder des Prüfungsausschusses. Zwar muss auch nach der Neufassung nur ein Mitglied über Sachverstand im Bereich Abschlussprüfung und/oder Rechnungslegung verfügen[107]. Jedoch müssen nun die Ausschussmitglieder zusammen mit dem Sektor, in dem das geprüfte Unternehmen tätig ist, vertraut sein[108]. Auch wenn sich diese Erweiterung der fachlichen Kompetenz an den Ausschuss richtet, bedeutet dies zugleich eine Erhöhung der Anforderungen an das einzelne Mitglied, welches seinen Teil dazu beitragen muss, dass das Gesamtorgan die erforderlichen Kenntnisse besitzt.

Wesentlich strenger sind nach der Neufassung die Anforderungen an die Unabhängigkeit der Mitglieder. Das Unabhängigkeitserfordernis erstreckt sich nun auf die Mehrheit der Mitglieder des Prüfungsausschusses, unter ihnen auch der Ausschussvorsitzende[109]. Damit orientiert sich die Unabhängigkeitsanforderung wieder am Aktionsplan „Modernisierung des Gesellschaftsrechts und Verbesserung der Corporate Governance in der Europäischen Union“[110] sowie den Vorgaben der Kommissionsempfehlung für den Prüfungsausschuss[111]. Werden – wie im dualistischen System möglich – die Aufgaben des Prüfungsausschusses vom Gesamtaufsichtsrat wahrgenommen, so dürfte sich das Erfordernis einer Mehrheit unabhängiger Mitglieder auf den gesamten Aufsichtsrat beziehen.

II) Besondere Voraussetzungen bei gerichtlicher Bestellung (§ 104 Abs. 4 S. 3 AktG)

In Bezug auf die Qualifikation des Aufsichtsratsmitglieds regelt § 104 Abs. 4 S. 3 AktG eine Selbstverständlichkeit: Muss ein Aufsichtsratsmitglied, welches nach Gesetz oder Satzung besonderen Anforderungen an seine Person unterlag, durch gerichtliche Bestellung ersetzt werden, so muss das vom Gericht bestellte Mitglied diese Anforderungen ebenfalls erfüllen.

Das Gericht wählt das zu bestellende Aufsichtsratsmitglied nach pflichtgemäßem Ermessen unter Berücksichtigung der Interessen der Gesellschaft aus,

---

107 Art. 39 Abs. 1 Unterabs. 2 der Richtlinie 2006/43/EG i.d.F. d. Änderung durch die Richtlinie 2014/56/EU.

108 Art. 39 Abs. 1 Unterabs. 3 der Richtlinie 2006/43/EG i.d.F. d. Änderung durch die Richtlinie 2014/56/EU.

109 Art. 39 Abs. 1 Unterabs. 4 der Richtlinie 2006/43/EG i.d.F. d. Änderung durch die Richtlinie 2014/56/EU.

110 KOM (2003) 284, S. 17.

111 Vgl. Anhang I Ziff. 4.1 der Empfehlung 2005/162/EG der Kommission vom 15.2.2005.

ohne dabei an den Antrag des Antragstellers gebunden zu sein[112]. Die Entscheidung ist im Wege der Beschwerde nur auf Ermessensfehler, insbesondere die Frage ob sich das Gericht bei der Auswahl der zu bestellenden Aufsichtsratsmitglieder von sachfremden Erwägungen hat leiten lassen, überprüfbar[113]. Bis zur Grenze der Sachfremdheit kann das Gericht daher auch Erwägungen zu seiner Entscheidung heranziehen, die nicht unmittelbar dem Aktienrecht entspringen, wie beispielsweise solche aus Empfehlungen des DCGK. In einer jüngeren Entscheidung hat das OLG Hamm, nachdem es festgestellt hat, dass Empfehlungen des DCGK die Gerichte nicht binden, seine Argumentation bezüglich der Unabhängigkeit vorgeschlagener Kandidaten ganz maßgeblich auf Ziffer 5.4.2 DCGK gestützt[114]. Zwar behandelte der konkrete Fall die gerichtliche Bestellung von Aufsichtsratsmitgliedern einer börsennotierten Aktiengesellschaft, die als solche unmittelbarer Adressat des DCGK ist, jedoch sind auch für solche Aktiengesellschaften die Kodexempfehlungen nicht bindend sondern führen nur zur Pflicht, eine Entsprechenserklärung i.S.v. § 161 Abs. 1 AktG abzugeben. Es ist daher denkbar, dass Gerichte in Zukunft auch solche Erwägungen in ihre Auswahlentscheidungen einfließen lassen, die für die Gesellschaft gesetzlich nicht bindend sind oder für die (noch) keine gesetzliche Grundlage besteht.

III) Zeitliche Verfügbarkeit des Aufsichtsratsmitglieds (§ 110 Abs. 3 AktG)

Zumindest mittelbar befasst sich § 110 Abs. 3 AktG mit der zeitlichen Verfügbarkeit der Aufsichtsratsmitglieder. Im Interesse einer effektiven Überwachung des Vorstands[115] hat der Aufsichtsrat in jedem Kalenderhalbjahr zwei Sitzungen abzuhalten[116]. In nicht börsennotierten Gesellschaften steht es dem Aufsichtsrat

112 OLG Bamberg, NZG 2014, 497; OLG Hamm, NZG 2013, 1099; OLG Köln, NZG 2011, 508 (510); OLG München, NZG 2009, 1149; OLG München, OLG-Report 2005, 292; OLG Schleswig, NZG 2004, 669; *Habersack*, in: MüKo-AktG, § 104, Rn. 31; *Koch*, in: Hüffer, AktG, § 104, Rn. 5; *Simons*, in: Hölters, AktG, § 104, Rn. 27.

113 OLG Hamm, NZG 2013, 1099; *Habersack*, in: MüKo-AktG, § 104, Rn. 31.

114 OLG Hamm, NZG 2013, 1099 (1100); siehe dazu die Anmerkung von *Ogorek*, GWR 2013, 463; allgemein zu dieser Thematik *Paudtke/Glauer*, NJW-Spezial 2013, 719.

115 RegE TransPuG, BT-Drs. 14/8769.

116 „Sitzung" meint nicht nur das räumliche Zusammentreffen, in begründeten Einzelfällen ist auch eine Telefon- oder Videokonferenz ausreichend, vgl. RegE TransPuG, BT-Drs. 14/8769; vgl. auch Ziff. 5.4.7. S. 2 DCGK; zur Aufsichtsratssitzung in Form der Videokonferenz vgl. ferner *Götz*, NZG 2002, 599 (601f.); *Schmidt*, Videokonferenzen als Aufsichtsratssitzungen, passim; für die Bilanzsitzung ablehnend *Neuling*, AG 2002, 610 (612f.).

jedoch frei, die Mindestanzahl durch Beschluss auf eine Sitzung pro Kalenderhalbjahr zu senken[117]. Damit statuiert § 110 Abs. 3 AktG jedoch nur einen Mindestturnus. Die Satzung oder die Geschäftsordnung des Aufsichtsrats können eine höhere Sitzungsfrequenz bestimmen[118]. Ferner ist der Aufsichtsratsvorsitzende verpflichtet, eine außerordentliche Sitzung einzuberufen, wenn dies notwendig ist[119]. Ebenso unberührt bleibt die Kompetenz jedes Aufsichtsratsmitglieds sowie des Vorstands, die Einberufung des Aufsichtsrats zu verlangen[120] bzw. den Aufsichtsrat gemäß § 110 Abs. 2 AktG selbst einzuberufen[121].

Durch die Festlegung einer Mindestzahl an Sitzungen regelt § 110 Abs. 3 AktG zugleich auch den Zeiteinsatz, den ein Aufsichtsratsmitglied mindestens für die Ausübung seines Mandats aufwenden muss, da Aufsichtsratsmitglieder zur Teilnahme an den Sitzungen nicht nur berechtigt, sondern grundsätzlich auch verpflichtet sind[122]. Zu der reinen Sitzungszeit muss jedoch noch die für die Vorbereitung sowie die für An- und Abreise benötigte Zeit addiert werden. Die erforderliche Vorbereitungszeit variiert je nach Beschlussgegenständen und behandelten Fragen[123]. Dabei wird es einem qualifizierten Aufsichtsratsmitglied leichter fallen, Tagesordnungspunkte die in seinen Kompetenzbereich fallen vorzubereiten als einem weniger qualifizierten Mitglied.

Auch das Tätigkeitsfeld und der Geschäftsumfang des überwachten Unternehmens können sich auf die erforderliche Vorbereitung auswirken. So ist es zeitlich aufwändiger und fachlich schwieriger, den Jahresabschluss eines DAX-Konzerns zu beurteilen, als den eines mittelständischen Unternehmens.

---

117 § 110 Abs. 3 S. 2 AktG.

118 *Habersack*, in: MüKo-AktG, § 110, Rn. 42; *Hambloch-Gesinn/Gesinn*, in: Hölters, AktG, § 110, Rn. 4; *Hoffmann-Becking*, in: Münchener Hdb. AG, § 31, Rn. 35; *Koch*, in: Hüffer, AktG, § 110, Rn. 1; *Lutter/Krieger/Verse*, Rechte und Pflichten, Rn. 689; *Spindler*, in: Spindler/Stilz, AktG, § 110, Rn. 5.

119 *Habersack*, in: MüKo-AktG, § 110, Rn. 42; *Lutter/Krieger/Verse*, Rechte und Pflichten, Rn. 691; *Vetter*, in: Marsch-Barner/Schäfer, § 27, Rn. 29.

120 § 110 Abs. 1 S. 1 AktG.

121 *Lutter/Krieger/Verse*, Rechte und Pflichten, Rn. 689.

122 *Drygala*, in: K. Schmidt/Lutter, AktG, § 109, Rn. 3; *Habersack*, in: MüKo-AktG, § 109, Rn. 7; *Lutter/Krieger/Verse*, Rechte und Pflichten, Rn. 700; *Vetter*, in: Marsch-Barner/Schäfer, § 27, Rn. 40.

123 *Hoffmann/Preu*, Aufsichtsrat, Rn. 140f.; zur Vorbereitungsmöglichkeit vgl. auch *Baums*, ZGR 1983, 300 (315f.).

Insgesamt soll ein einzelnes professionell ausgeübtes Aufsichtsratsmandat einen Arbeitsaufwand von jährlich zwölf Arbeitstagen erfordern[124]. Damit ist natürlich nur ein grober Rahmen abgesteckt. Vielmehr ist es im Sinne guter Corporate Governance wünschenswert, dass nicht lediglich eine periodische, sondern eine laufende Überwachung des Vorstands durch den Aufsichtsrat erfolgt. Insbesondere in Krisenzeiten kann eine engmaschigere und intensivere Überwachung erforderlich sein, um schneller auf die Entwicklung des Unternehmens reagieren zu können[125].

IV) Zwischenfazit

Das Aktiengesetz enthält vor allem technische Regelungen. Zwar wirken sich einige Regelungen, wie beispielsweise die Ausschlussgründe des § 100 Abs. 2 AktG mittelbar auf die Unabhängigkeit oder die zeitliche Verfügbarkeit der Aufsichtsratsmitglieder und damit letztlich auf die Auswahl der Kandidaten aus, ausdrückliche Regelungen zur Qualifikation, insbesondere zu Ausbildung, Fähigkeiten oder Kenntnissen der Aufsichtsratsmitglieder finden sich jedoch nicht.

Eine Ausnahme stellt das Erfordernis eines unabhängigen Finanzexperten in § 100 Abs. 5 AktG dar. Hier fordert das Aktiengesetz erstmals ausdrücklich den besonderen Sachverstand eines Aufsichtsratsmitglieds. Freilich sind diese Anforderungen wie gezeigt wenig präzise formuliert und daher in hohem Maße auslegungsbedürftig. Dennoch ist der Grundgedanke von Qualifikationsanforderungen an einzelne Aufsichtsratsmitglieder dem Aktiengesetz zumindest nicht mehr fremd.

V) Qualifikationsanforderungen aus den Aufgaben des Aufsichtsrats

Das Erfordernis einer Mindestqualifikation lässt sich jedoch auch ohne ausdrückliche Regelung im Gesetz aus den Aufgaben des Aufsichtsrats herleiten[126]. Eine Erfüllung der im Gesetz bestimmten Aufgaben durch einen Aufsichtsrat,

---

124 *AKEIÜ*, Der Betrieb 2006, 1625 (1626f.); *Säcker*, AG 2004, 180 (184). Für den Aufsichtsratsvorsitz veranschlagt *Breuer*, in: Hdb. CG Banken, S. 525 hingegen einen „100-Tage-Job".

125 Dazu sogleich unten Kapitel 2 A)V)2)a); Vgl. auch *Koch*, in: Hüffer, AktG, § 111, Rn. 15; *Lutter/Krieger/Verse*, Rechte und Pflichten, Rn. 95; *Raiser/Veil*, § 15, Rn. 3; *Scheffler*, AG 1995, 207 (210); *Semler*, NZG 2013, 771 (776).

126 Zur Präzisierung der erforderlichen Qualifikation anhand der Aufgaben des Aufsichtsrats *v. Werder*, in: Hdb. Corporate Governance, S. 331 (S. 334ff.).

dem lediglich Personen ohne kaufmännischen Sachverstand und ohne Erfahrung mit der Geschäftstätigkeit einer Aktiengesellschaft in der jeweiligen Branche angehören, insbesondere die Überwachung des Vorstandshandelns durch Personen ohne jeglichen unternehmerischen Sachverstand, erscheint unmöglich[127].

Bereits unter dem Aspekt der Haftung muss jedes Aufsichtsratsmitglied seine Aufgaben mit der gebotenen Sorgfalt erfüllen können[128]. Bei der Herleitung einer Mindestqualifikation für jedes Aufsichtsratsmitglied muss jedoch bedacht werden, dass sich die im Aktiengesetz genannten Aufgaben meist an den Aufsichtsrat als solchen oder zumindest an einen Ausschuss als Untergliederung des Aufsichtsratsplenums, nicht aber an individuelle Mitglieder richten[129]. Dennoch erfordert die Mitwirkung des einzelnen Mitglieds an Entscheidungen des Plenums, dass es über eine gewisse Mindestqualifikation verfügt. Daraus folgt, dass es Kenntnisse und Fähigkeiten geben muss, die von jedem Aufsichtsratsmitglied zu verlangen sind.

1) Allgemeine Grundlagen zur Qualifikation von Aufsichtsratsmitgliedern

Wer sich in einen Aufsichtsrat wählen lässt, muss in der Lage sein, das Wesentliche der dort behandelten Themen zu überblicken und zu beurteilen[130]. Es ist daher erforderlich, dass der Aufsichtsrat allgemein dazu in der Lage ist, die Rechtmäßigkeit, Ordnungsmäßigkeit, Wirtschaftlichkeit und Zweckmäßigkeit von Führungsentscheidungen zu beurteilen. Der Umfang und die Art der zu erledigenden Aufgaben legen somit den Rahmen für die erforderliche Mindestqualifikation fest[131].

a) Einzelqualifikation und Gesamtqualifikation

Zunächst muss zwischen der Einzelqualifikation eines jeden Aufsichtsratsmitglieds und der Gesamtqualifikation des Aufsichtsrats als Gremium unterschieden werden[132].

---

127 So auch *Huthmacher*, Pflichten und Haftung, S. 118.

128 Zur Bedeutung der Haftung für die Qualifikation bereits oben unter Kapitel 2 A).

129 Vgl. *Hoffmann/Preu*, Aufsichtsrat, Rn. 107; Wardenbach, Interessenkonflikte, S. 184.

130 *Hoffmann/Preu*, Aufsichtsrat, Rn. 107.

131 Vgl. *Dreher*, in: FS-Hoffmann-Becking, S. 313 (S. 317).

132 *Dreher*, in: FS-Hoffmann-Becking, S. 313 (S. 315); *Wagner*, in: Semler/v. Schenck, § 2, Rn. 85ff.; vgl. hierzu auch *Deckert*, NZG 1998, 710 (711f.); *Schneider*, Erfolgsfaktoren, S. 258f.; *Weber-Rey*, NZG 2013, 766 (766ff.).

Im Sinne guter Corporate Governance ist es wünschenswert, dass jedes Aufsichtsratsmitglied über die gleichen hohen Qualifikationen und Fähigkeiten verfügt[133]. Neben den allgemeinen wirtschaftlichen, organisatorischen und rechtlichen Grundkenntnissen sind aus betriebswirtschaftlicher Sicht, in Abhängigkeit von Art, Größe und Branchenzugehörigkeit des jeweiligen Unternehmens, im Aufsichtsrat Fachkenntnisse auf den Gebieten Rechnungslegung, Finanzierung, Investition, Organisation und Planung, Produkte und Märkte, Produktion, Leistungserstellung, Logistik, Forschung und Entwicklung, sowie Managementkenntnisse und Managementerfahrung, Kenntnisse und Erfahrungen im Umgang mit Personal, Grundkenntnisse über gesamtwirtschaftliche Zusammenhänge, soziale, politische, technologische und ökologische Veränderungen, steuerrechtliche Grundkenntnisse, Kenntnisse der allgemeinen Prüfungslehre sowie Kenntnisse der Formen und Techniken der Überwachung zu fordern[134]. Die erforderliche Gesamtqualifikation des Aufsichtsrats lässt sich damit ebenfalls aus den Aufgaben des Aufsichtsrats ableiten[135]. Bedenkt man jedoch den Umfang dieser Bereiche, beispielsweise in einem DAX-Unternehmen, so erscheint es in der Praxis kaum vorstellbar, dass jedes Aufsichtsratsmitglied auf all diesen Gebieten über Detailkenntnisse verfügt, die es ihm erlauben das Unternehmen in allen Bereichen effektiv zu überwachen[136]. Daher sollte der Aufsichtsrat aus Spezialisten auf jeweils einem oder mehreren Gebieten, die sich in der Summe so ergänzen, dass alle Bereiche des Unternehmens abgedeckt sind, bestehen[137]. Jedes einzelne Mitglied muss dabei eine bestimmte Mindestqualifikation vorweisen können. Darüber hinaus müssen im Aufsichtsrat insgesamt alle Kenntnisse, Fähigkeiten und Erfahrungen vorhanden sein, um alle Bereiche, in denen Aufgaben anfallen können, abzudecken. Die Gesamtheit dieser

---

133 *v. Werder*, in: Hdb. Corporate Governance, S. 331 (S. 339). Eine hohe fachliche Qualifikation wirkt sich positiv auf die Überwachungstätigkeit aus und liegt daher sowohl im Interesse der Anleger als auch im Interesse der Allgemeinheit, vgl. *Jung*, WM 2013, 2110 (2112); *v. Werder*, in: Hdb. Corporate Governance, S. 331 (S. 344f.). Freilich soll dies nicht bedeuten, dass der Aufsichtsrat ausschließlich mit Spezialisten zu besetzen wäre, vielmehr sind auch Aspekte der Diversität zu beachten.

134 In diese Richtung *Lieder*, AR im Wandel, S. 726; *Lutter*, in: Hdb. Corporate Governance, S. 321 (S. 326f.).

135 *Dreher*, in: FS-Hoffmann-Becking, S. 313 (S. 315, S. 316ff.).

136 Vgl. *Habersack*, in: MüKo-AktG, § 116, Rn. 24; *Lutter*, DB 2009, 775 (778).

137 *Säcker*, AG 2004, 180 (182) fordert diesbezüglich eine Orientierung an den Anforderungsprofilen für Vorstandsmitglieder.

besonderen Qualifikationen kann als Gesamtqualifikation des Aufsichtsrats bezeichnet werden[138].

Ferner ist auch die Größe des Aufsichtsrats bedeutsam. Ein mit lediglich drei Mitgliedern besetzter Aufsichtsrat kann typischerweise nicht über Experten auf allen genannten Gebieten verfügen. Meist wird dies jedoch auch nicht nötig sein, da sich die Größe des Aufsichtsrats oft nach Größe und Komplexität des Unternehmens richtet[139].

Schließlich stellt die erforderliche Gesamtqualifikation des Aufsichtsrats nur einen Mindestmaßstab dar, welcher eine sachgerechte Erfüllung aller Aufgaben des Aufsichtsrats gewährleisten soll. Allein die Tatsache, dass bestimmte Aufgaben bei Vorliegen eines höheren Qualifikationsniveaus besser erfüllt werden können, führt nicht dazu, dass für die Gesamtqualifikation des Aufsichtsrats ein Optimierungsgebot bestünde[140].

b) *Die Hertie-Entscheidung des BGH*

Aufgrund der fehlenden gesetzlichen Vorgaben verwundert es kaum, dass die Frage nach der erforderlichen Mindestqualifikation eines Aufsichtsratsmitglieds bereits den BGH beschäftigte. In dem als „Hertie-Entscheidung" bekannt gewordenen Urteil[141] hatte sich der zweite Zivilsenat mit der Frage zu befassen, ob ein Aufsichtsratsmitglied bei der Einsichtnahme in den Prüfungsbericht zum Jahresabschluss stets einen gesellschaftsexternen Sachverständigen zu Rate ziehen darf. Zwar handelte es sich in dem zu entscheidenden Fall um den Aufsichtsrat einer GmbH; auf diesen war § 111 AktG jedoch über § 25 Abs. 1 S. 1 Nr. 2 MitbestG unmittelbar und zwingend anwendbar. Die Entscheidung beansprucht daher gleichermaßen Gültigkeit für den Aufsichtsrat einer Aktiengesellschaft.

Aus dem Verbot, Aufgaben des Aufsichtsrats durch andere Personen wahrnehmen zu lassen[142], schloss der Senat, dass ein Aufsichtsratsmitglied, egal ob es

138 Vgl. *Dreher*, in: FS-Hoffmann-Becking, S. 313 (S. 313ff.). Ähnlich *Bronnert-Härle*, Aufsichtsratsausschüsse, S. 300 „Summe der jeweils zusammentreffenden Einzelqualifikationen".

139 Diese These stellt auch *Jung*, WM 2013, 2110 (2117) auf.

140 So auch *Dreher*, in: FS-Hoffmann-Becking, S. 313 (S. 318); von einer Idealbesetzung spricht hingegen *Lutter*, DB 2009, 775 (778); vgl. auch *Lutter/Krieger/Verse*, Rechte und Pflichten, Rn. 27; eine Pflicht zur Erstellung von Profilen für eine Idealbesetzung de lege ferenda erwägt *Langenbucher*, ZGR 2012, 314 (339ff.); ähnlich *Säcker*, AG 2004, 180 (182).

141 BGH, Urt. v. 15.11.1982 - II ZR 27/82 = BGHZ 85, 293 = NJW 1983, 991; s. dazu auch die Besprechung von *Hommelhoff*, ZGR 1983, 551.

142 Heute § 111 Abs. 6 AktG.

sich dabei um einen Vertreter der Anteilseigner oder der Arbeitnehmer handelt, *„diejenigen Mindestkenntnisse und -fähigkeiten besitzen oder sich aneignen muß, die es braucht, um alle normalerweise anfallenden Geschäftsvorgänge auch ohne fremde Hilfe verstehen und sachgerecht beurteilen zu können“*[143]. Allerdings sollen diese Anforderungen nicht übermäßig hoch angesetzt werden. So stellt der BGH ausdrücklich klar, dass andererseits nicht zu erwarten sei, *„daß jedes Aufsichtsratsmitglied auf sämtlichen Gebieten, auf denen der Aufsichtsrat tätig wird, umfassende Spezialkenntnisse besitzt. Auch können im Aufsichtsrat Fragen auftauchen oder Maßnahmen durchzuführen sein, die über die Fachkunde oder die zeitlichen und technischen Möglichkeiten seiner Mitglieder hinausgehen“*[144].

Ferner müssen nach Ansicht des BGH die dazu erforderlichen Kenntnisse und Fähigkeiten offenbar nicht bereits zum Zeitpunkt des Amtsantritts vorliegen. Nach der Formulierung des Senats genügt es, wenn sich das Aufsichtsratsmitglied fehlende Kenntnisse oder Fähigkeiten im Laufe seiner Tätigkeit aneignet[145].

c) Ansichten in der Literatur

Wagner[146] fasst die aus der Hertie-Entscheidung abzuleitende Mindestqualifikation sehr weit. So seien funktionsspezifische Anforderungen, die sich aus den Aufgaben des Aufsichtsrats, also dessen Pflichtenbindung ableiten und haftungsspezifische Anforderungen, die anhand der haftungsentscheidenden Sorgfaltspflicht zu bestimmen seien, zu unterscheiden. Darüber hinaus sei ein Mindestmaß an unternehmerischer Erfahrung erforderlich, da das Aufsichtsratsmitglied ansonsten nicht erkennen könne, wann es handeln muss.

Spindler konkretisiert die Mindestanforderungen hingegen etwas näher: Nach seiner Ansicht gehören zu den nötigen Kenntnissen jedes Aufsichtsratsmitglieds die grundlegenden Zusammenhänge der Finanzierung eines Unternehmens, die Berichte des Vorstandes und die Jahres- sowie Konzernabschlüsse, der Marktstellung des Unternehmens und der aktienrechtlichen Grundsätze im Verhältnis der Organe zueinander und im Aufsichtsrat selbst[147]. Auch müsse das Aufsichtsratsmitglied Personalentscheidungen treffen, sowie die Angemessenheit bei der

---

143 BGH, Urt. v. 15.11.1982 – II ZR 27/82 = BGHZ 85, 293 (295f.).

144 BGH, Urt. v. 15.11.1982 – II ZR 27/82 = BGHZ 85, 293 (295f.).

145 Vgl. BGH, Urt. v. 15.11.1982 – II ZR 27/82 = BGHZ 85, 293 (295f.); kritisch *Hommelhoff*, ZGR 1983, 551 (574f.); *Huthmacher*, Pflichten und Haftung, S. 157.

146 *Wagner*, in: Semler/v. Schenck, § 2, Rn. 82, 102ff., welche die Gedanken von *Semler* aus der Vorauflage fortführt.

147 *Spindler*, in: Spindler/Stilz, AktG, § 100, Rn. 62.

Vorstandsvergütung beurteilen können und über Erfahrung in der Wirtschaft verfügen[148].

In eine ähnliche Richtung geht auch die Ansicht von *Habersack*, der den Inhalt der erforderlichen Mindestqualifikation ebenfalls anhand der Aufgaben des Aufsichtsrats bestimmt und Grundkenntnisse fordert, die jedes Aufsichtsratsmitglied zumindest zu einer Plausibilitätsprüfung befähigen[149]. Unternehmerische Erfahrung hält *Habersack* im Gegensatz zu *Spindler* hingegen nicht für erforderlich[150].

Hommelhoff geht noch darüber hinaus und fordert, dass alle Aufsichtsratsmitglieder ohne Ausnahme imstande sein müssen, an den Maßnahmen und Entscheidungen verantwortlich mitzuwirken, die das Gesetz dem Gesamtaufsichtsrat zwingend zuweist, wozu insbesondere die Vorstandsbesetzung und die Überwachung der Geschäftsführung gehören[151]. Hierzu müsse sich jedes Aufsichtsratsmitglied ein eigenes Bild verschaffen und ein verantwortliches eigenes Urteil bilden können, wobei die Vorbereitung durch Spezialisten zwar zu berücksichtigen sei, durch sie aber die Pflicht aller Mitglieder zur sorgfältigen Prüfung nicht beseitigt werde[152].

Drygala merkt an, dass jedes Aufsichtsratsmitglied dazu fähig sein muss, sich auf Grund der Vorstandsberichte, des Geschäftsgangs und des Prüfberichts des Abschlussprüfers ein Bild von der wirtschaftlichen Lage der Gesellschaft zu machen, da es nur so beurteilen könne, ob die Geschäftsführung und Berichterstattung des Vorstands den gesetzlichen Anforderungen genügt und ob der Aufsichtsrat effektiv organisiert ist[153].

Deutlich zurückhaltender äußern sich hingegen *Hopt/Roth*, die ein allgemeines Grundwissen für ausreichend aber auch erforderlich und darüber hinausgehende Kenntnisse, Fähigkeiten und fachliche Erfahrungen de lege lata für einfache Aufsichtsratsmitglieder nicht für erforderlich halten[154].

Der kurze Überblick zeigt, dass die Ansichten in der Literatur einhellig davon ausgehen, dass die Mindestqualifikation anhand der Aufgaben des Aufsichtsrats

148 *Spindler*, in: Spindler/Stilz, AktG, § 100, Rn. 62.
149 Vgl. *Habersack*, in: MüKo-AktG, § 116, Rn. 25. Für ein „Grundverständnis“ auch *Drygala*, in: K. Schmidt/Lutter, AktG, § 100, Rn. 30; ähnlich *Vetter*, in: Marsch-Barner/Schäfer, § 25, Rn. 2.
150 Vgl. *Habersack*, in: MüKo-AktG, § 116, Rn. 25.
151 *Hommelhoff*, ZGR 1983, 551 (572).
152 *Hommelhoff*, ZGR 1983, 551 (572).
153 *Drygala*, in: K. Schmidt/Lutter, AktG, § 116, Rn. 7.
154 Vgl. *Hopt/Roth*, in: Großkomm. AktG, § 100, Rn. 26.

zu bestimmen ist. Dem ist zuzustimmen, da das Ziel einer effektiven Überwachung nur durch eine effektive und sachgerechte Erfüllung der Aufgaben des Aufsichtsrats und nicht durch abstrakte Qualifikationen erreicht werden kann. Deutliche Unterschiede zwischen den einzelnen Ansichten bestehen jedoch hinsichtlich der Frage nach Umfang und Tiefe der erforderlichen Qualifikation.

d) Würdigung

Die Grundsätze des Bundesgerichtshofs zur Mindestqualifikation können als in Literatur und Rechtsprechung gefestigt angesehen werden[155]. So wurden sie beispielsweise vom OLG Hamm in einer Entscheidung aus dem Jahr 2008 aufgegriffen und festgestellt, die Aufsichtsratsmitglieder einer kleinen Privatbrauerei könnten sich nicht darauf berufen, dass an ihre Kenntnisse und an ihr Handeln keine überspannten Anforderungen gestellt werden dürften und von ihnen keine vertieften Kenntnisse einzelner Rechtsfragen des Aktienrechts zu erwarten seien. Vielmehr könne und müsse von einem Aufsichtsrat auch einer Regionalbrauerei erwartet werden, dass er die Amtspflichten eines Aufsichtsrates in seinen Grundzügen kennt[156].

Auch wenn der BGH in der Hertie-Entscheidung Vorgaben zur Mindestqualifikation von Aufsichtsratsmitgliedern aufstellt, verbleibt ein erheblicher Interpretationsspielraum. In der Praxis ließe sich allein mit Hilfe der Ausführungen des Senats die Frage, welche Kenntnisse, Fähigkeiten und Erfahrungen ein Aufsichtsratsmitglied konkret vorweisen können muss, nicht rechtssicher beantworten. Dies wird auch durch die Ambivalenz der in der Literatur vertretenen Interpretationen der Mindestqualifikation deutlich. Auf Grund der Vielfalt an Aktiengesellschaften, die sich in ihren Geschäftsbereichen, der Größe, der Aktionärsstruktur, den geografischen Tätigkeitsbereichen und vielen weiteren Aspekten voneinander unterscheiden, ist es unmöglich, einen Katalog der Mindestqualifikation zu formulieren, der für jedes Aufsichtsratsmitglied gleichermaßen sinnvoll und wirksam ist[157]. Ein solcher Katalog wäre im Übrigen auch nicht zielführend, da er dazu verleiten würde, die Qualifikation eines Aufsichtsratsmitglieds anhand einer Checkliste zu beurteilen. Wichtiger ist es jedoch, dass ein Aufsichtsratsmitglied im konkreten Unternehmen zur wirksamen Überwachung

---

155 Aus der Rechtsprechung vgl. aus haftungsrechtlicher Sicht OLG Düsseldorf, Urt. v. 06.11.2014 – I-6 U 16/14; ausdrücklich OLG Frankfurt, Urt. v. 18.11.2010 - 5 U 110/08. Zur Literatur oben Kapitel 2 A)V)1)c).

156 OLG Hamm, Urt. v. 14.1.2008 – 8 U 19/06.

157 So im Ergebnis auch *Thaten*, Ausstrahlung, S. 274 sowie S. 280f.

des Vorstandshandelns fähig ist. Unternehmensspezifische Faktoren könnte ein allgemeingültiger Katalog nicht entsprechend gewichten.

Ausgehend von der Hertie-Entscheidung stellt sich zunächst die Frage, welche Geschäftsvorgänge „normalerweise" anfallen. Üblicherweise ergibt sich dies aus den durch das AktG zugeordneten Aufgaben, sodass die Auswahl und Anstellung von Vorstandsmitgliedern, die Kontrolle der Rechnungslegung, die Überwachung der Unternehmensplanung sowie die Kontrolle der Wirksamkeit der verschiedenen Überwachungs- und Warnsysteme des Unternehmens als normalerweise anfallende Geschäftsvorgänge angesehen werden können[158]. Insbesondere sind dies diejenigen Aufgaben, die zwingend – vor allem durch § 107 Abs. 3 S. 3 AktG – dem Aufsichtsratsplenum zugewiesen werden. Jedoch gehören hierzu auch weitere Aufgaben, wie die allgemeine Überwachung nach § 111 Abs. 1 AktG[159], da nicht einzusehen wäre, warum die zentrale Aufgabe des Aufsichtsrats auf einen beschließenden Ausschuss übertragen werden können sollte[160].

Bei der Erledigung dieser Aufgaben muss jedes Aufsichtsratsmitglied zur Mitwirkung an der Kollektiventscheidung in der Lage sein, es muss sie jedoch nicht im Zweifel alleine erfüllen können[161]. Dies wäre meist schon aus zeitlichen Gründen problematisch. Jedoch reicht es auch nicht aus, sich auf die Berichte vorbereitender Ausschüsse oder Experten aus dem jeweiligen Bereich zu verlassen. Um eine wirksame Überwachung zu gewährleisten bedarf es gerade bei problematischen Fragen einer Diskussion ambivalenter Ansichten im Plenum. Jedes Mitglied muss dazu in der Lage sein, Berichte und Vorschläge von Ausschüssen oder Experten nachzuvollziehen und einer kritischen Würdigung zu

---

158 Vgl. *Cahn*, in: Reformdiskussion, S. 139 (S. 150).

159 So auch OLG Frankfurt am Main, Beschl. v. 1.10.2007 – 20 W 141/07 = NZG 2008, 272 (273); *Habersack*, in: MüKo-AktG, § 107, Rn. 143 und § 111, Rn. 49; *Hambloch-Gesinn/Gesinn*, in: Hölters, AktG, § 111, Rn. 9; *Hopt/Roth*, in: Großkomm. AktG, § 107, Rn. 371; *Hommelhoff*, ZGR 1983, 551 (572); *Koch*, in: Hüffer, AktG, § 111, Rn. 17; *Spindler*, in: Spindler/Stilz, AktG, § 111, Rn. 30; laut Gesetzesbegründung verstehe sich dies von selbst, vgl. Begr. RegE § 107 AktG, abgedruckt bei Kropff, AktG, S. 149f.; vgl. auch *Semler*, NZG 2013, 771 (775) „Jedes Mitglied des Aufsichtsrats ist dafür verantwortlich, dass die notwendigen Überwachungs-Maßnahmen getroffen [...] werden".

160 Vgl. *Habersack*, in: MüKo-AktG, § 107, Rn. 143; *Wagner*, in: Semler/v. Schenck, § 2, Rn. 94.

161 *Mertens/Cahn*, in Köln. Komm. AktG, § 116, Rn. 5.

erscheint. Zwar könnte der Gesetzgeber typisierende Regelungen treffen. Zum einen würden solche „Fallgruppen" jedoch zu Problemen in den Randbereichen führen. Zum anderen stellt sich die Frage, ob das Aktiengesetz für derartige Regelungen den richtigen Rahmen bietet oder ob Regelungen zur Qualifikation von Aufsichtsratsmitgliedern nicht besser in branchenspezifischen Spezialgesetzen aufgehoben sind.

e) *Besonderheiten in Folge der Bildung von Aufsichtsratsausschüssen*

Die Einrichtung von Ausschüssen steht grundsätzlich im pflichtgemäßen Ermessen des Aufsichtsrats[170]. Gemäß § 107 Abs. 3 S. 1 AktG kann der Aufsichtsrat aus seiner Mitte einen oder mehrere Ausschüsse bestellen. Eine Pflicht zur Einrichtung von Ausschüssen folgt daraus nicht. Auch wenn sie in § 107 Abs. 3 S. 3 AktG nicht ausdrücklich genannt ist, so handelt es sich bei der Ausschussbildung um einen Teil der Selbstorganisation des Aufsichtsrats, die stets dem Plenum zugewiesen ist und nicht auf einen Ausschuss übertragen werden kann[171].

Um an der Plenumsentscheidung mitwirken zu können, muss jedes Aufsichtsratsmitglied einschätzen können, ob die Einrichtung eines Ausschusses rechtlich zulässig ist und nicht etwa ein Delegationsverbot entgegensteht[172]. Ferner muss es beurteilen können, ob die Einrichtung eines bestimmten Ausschusses vor dem Hintergrund der anfallenden Aufgaben sinnvoll und zweckmäßig ist und dazu in der Lage sein, sich ein Bild von den für einen Ausschuss vorgeschlagenen Kandidaten zu machen und sich ein Urteil darüber zu bilden, ob die vorgeschlagenen Kandidaten für die Arbeit im jeweiligen Ausschuss geeignet sind[173]. Hierbei kommt es nicht nur auf die fachliche Qualifikation an. Diese muss ein Aufsichtsratsmitglied nicht im Einzelnen beurteilen können. Vielmehr muss eine Einschätzung erfolgen, ob die Zusammensetzung des Ausschusses insgesamt sinnvoll erscheint.

---

170 BGH, Urt. v. 25.2.1982 – II ZR 123/81 = BGHZ 83, 106 = NJW 1982, 1525 (1527); *Dreher*, in: FS-Boujong, S. 71 (S. 86f.); *Hoffmann/Preu*, Aufsichtsrat, Rn. 153, 401; *Hoffmann-Becking*, in: Münchener Hdb. AG, § 32, Rn. 16; *Rellermeyer*, Ausschüsse, S. 14, S. 67ff.; *Vetter*, in: Marsch-Barner/Schäfer, § 28, Rn. 4; Eine Ausnahme bildet dabei freilich der nach § 27 Abs. 3 MitbestG für Gesellschaften die dem MitbestG unterliegen obligatorische Vermittlungsausschuss.

171 *Habersack*, in: MüKo-AktG, § 107, Rn. 144; *Hambloch-Gesinn/Gesinn*, in: Hölters, AktG, § 107, Rn. 169; *Hoffmann-Becking*, in Münchener Hdb. AG, § 32, Rn. 5; *Hoffmann/Preu*, Aufsichtsrat, Rn. 153.

172 Etwa aus § 107 Abs. 3 S. 3 AktG, vgl. *Wardenbach*, Interessenkonflikte, S. 209.

173 Vgl. *Wardenbach*, Interessenkonflikte, S. 209.

Entscheidet sich der Aufsichtsrat dazu, Ausschüsse einzurichten, so stellt sich die Frage, wie diese besetzt werden müssen und ob bzw. welche besonderen Qualifikationsanforderungen an Ausschussmitglieder zu stellen sind.

Darüber hinaus gilt es zu beantworten, welche Auswirkungen die Übertragung von Aufgaben auf Ausschüsse auf die Aufgaben und die Anforderungen an die Qualifikation der übrigen Aufsichtsratsmitglieder hat.

aa) Besondere Qualifikationsanforderungen für Ausschussmitglieder

In der Literatur ist weitgehend anerkannt, dass aus der Mitgliedschaft in einem Ausschuss erhöhte Anforderungen an die Mindestqualifikation eines Aufsichtsratsmitglieds folgen[174]. Demnach muss jedes Ausschussmitglied besondere Kenntnisse auf dem Arbeitsgebiet des jeweiligen Ausschusses haben[175]. Gegen diese Ansicht wird eingewandt, dass ein Ausschuss auch dann mit der erforderlichen Sachkunde entscheiden könne, wenn nicht alle Mitglieder sie besitzen und dass es darüber hinaus weder erforderlich noch erwünscht sei, dass Spezialisten in den Ausschüssen unter sich bleiben[176]. Jedoch wird weder hier noch in der Literatur

---

174 *Altmeppen*, ZGR 2004, 390 (409ff.); *Bronnert-Härle*, Aufsichtsratsausschüsse, S. 246; *Drygala*, in: K. Schmidt/Lutter, AktG, § 116, Rn. 44; *Feddersen*, AG 2000, 385 (389); *Habersack*, in; MüKo-AktG, § 116, Rn. 26; *Hoffmann-Becking*, in: Münchener Hdb. AG, § 33, Rn. 61; *Hoffmann/Preu*, Aufsichtsrat, Rn. 515; *Hommelhoff/Mattheus*, AG 1998, 249 (255f.); *Kirsten*, BB 2004, 173 (174); *Koch*, in: Hüffer, AktG, § 116, Rn. 4; *Lutter/Krieger/Verse*, Rechte und Pflichten, Rn. 1011; *Meyer*, Finanzexperte, S. 171; *Mutter/Gayk*, ZIP 2003, 1773 (1774f.); *Wagner*, in: Semler/v. Schenck, § 2, Rn. 100; *Spindler*, in: Spindler/Stilz, AktG, § 116, Rn. 15; einschränkend und differenzierend für verschiedene Ausschüsse *Dreher*, in: FS-Boujong, S. 71 (S. 86ff.); ähnlich *Vetter*, in: Marsch-Barner/Schäfer, § 29, Rn. 60; zurückhaltender auch *Hopt/Roth*, in: Großkomm. AktG, § 107, Rn. 273, nach deren Ansicht bei Fachausschüssen Spezialkenntnisse nur in eingeschränktem Umfang vorauszusetzen seien. Auch der BGH erkennt grundsätzlich an, dass zur sachgerechten Mitarbeit in Ausschüssen Spezialkenntnisse erforderlich sein können, vgl. BGH, Urt. v. 17.5.1993 - II ZR 89/92 = NJW 1993, 2307 (2311). A.A *Mertens/Cahn*, in: Köln. Komm. AktG, § 116, Rn. 8, die jedoch anerkennen, dass die Ausschussmitglieder ohne spezifische Sachkunde in der Lage sein müssen, die Argumente und Gesichtspunkte der mit der Materie vertrauten Ausschussmitglieder einzuschätzen. Gerade diese Fähigkeit geht jedoch schon über die allgemeine Mindestqualifikation hinaus. Im Ergebnis besteht daher kein Unterschied zu der hier vertretenen Ansicht.

175 *Hoffmann/Preu*, Aufsichtsrat, Rn. 515, 519.3; *Wagner*, in: Semler/v. Schenck, § 2, Rn. 100.

176 *Mertens/Cahn*, in: Köln. Komm AktG, § 116, Rn. 8; ähnlich *Drygala*, in: K. Schmidt/Lutter, AktG, § 107, Rn. 37, der die Besetzung nur mit Spezialisten als Gefahr ansieht.

die These vertreten, jedes Ausschussmitglied müsse über umfangreiche Spezialkenntnisse verfügen. Auch das Aktiengesetz liefert hierfür keinen Anhaltspunkt. Daher erscheint es plausibler, dass Ausschüsse gerade nicht nur aus Spezialisten, sondern darüber hinaus aus „normalen" Mitgliedern bestehen müssen, die jedoch ein gewisses Verständnis und eine Affinität zu den im Ausschuss behandelten Themen aufweisen und daher eine erhöhte Mindestqualifikation erfüllen müssen.

(1) Gründe für besondere Qualifikationsanforderungen

Der Befund, dass die Mitgliedschaft in einem Ausschuss eine erhöhte Qualifikation erfordert, wird auch durch den Zweck der Aufgabendelegation auf Ausschüsse getragen. Oftmals dienen Ausschüsse dazu, bestimmte Fragen in einem kleineren Kreis zu behandeln[177]. Dies kann aus Gründen der Spezialität der behandelten Fragen, der zeitlichen Straffung oder aus Gründen der Vertraulichkeit geschehen[178]. Es soll damit gewährleistet werden, dass bestimmte Aufgaben von Personen wahrgenommen werden, die dafür besonders geeignet sind und die Aufgaben daher besser oder zumindest in kürzerer Zeit erledigen können. Letztendlich dient die Bildung von Ausschüssen damit der Steigerung der Intensität und Effizienz der Aufsichtsratsarbeit[179]. Nimmt man die grundsätzliche Aussage, dass jedes Aufsichtsratsmitglied die notwendige Qualifikation aufweisen muss um alle normalerweise anfallenden Aufgaben erfüllen zu können[180], beim Wort, so müssen an die Mitglieder solcher Ausschüsse, die normalerweise besonders anspruchsvolle Fragen, beispielsweise Einzelfragen des Jahresabschlusses bearbeiten, besondere Qualifikationsanforderungen gestellt werden[181]. Die Unterschiede zu den allgemeinen Anforderungen an die Qualifikation aller Aufsichtsratsmitglieder rechtfertigen sich dabei durch die Übertragung besonderer Aufgaben an den jeweiligen Ausschuss, der diese Aufgaben an Stelle des Plenums wahrnimmt. Somit handelt es sich für die Ausschussmitglieder um im

177 Vgl. *Hoffmann/Preu*, Aufsichtsrat, Rn. 146ff.; *Lutter/Krieger/Verse*, Rechte und Pflichten, Rn. 743; *Spindler*, in: Spindler/Stilz, AktG, § 107, Rn. 81.

178 *Hoffmann/Preu*, Aufsichtsrat, Rn. 146ff.

179 *Dreher*, in: FS-Boujong, S. 71 (S. 87); *Hoffmann-Becking*, in: Münchener Hdb. AG, § 32, Rn. 1; *Hopt/Roth*, in: Großkomm. AktG, § 107, Rn. 229; *Lutter/Krieger/Verse*, Rechte und Pflichten, Rn. 743; *Spindler*, in: Spindler/Stilz, AktG, § 107, Rn. 81.

180 Oben Kapitel 2 A)I)5)b); dazu ferner auch unten Kapitel 2 A)V)1)b).

181 Insofern im Ergebnis übereinstimmend *Meyer*, Finanzexperte, S. 171f., der die Qualifikation jedoch unter dem Gesichtspunkt der Sorgfaltspflicht, für deren Erfüllung ein bestimmtes Maß an Qualifikation vorhanden sein muss, bespricht. Vgl. auch *Vetter*, ZGR 2010, 751 (786) für den Prüfungsausschuss.

jeweiligen Ausschuss normalerweise anfallende Aufgaben, für deren Erfüllung sie die nötigen Kenntnisse, Fähigkeiten und Erfahrungen aufweisen müssen.

(2) Kritik

Gegen die Annahme besonderer Qualifikationsanforderungen an Ausschussmitglieder ließe sich die Überlegung anstellen, dass es nicht darauf ankommen kann, ob ein Aufsichtsrat alle Aufgaben im Plenum behandelt oder einzelne Aufgaben freiwillig an einen Ausschuss delegiert[182]. Im Gesetz ist dieser Gedanke in den Regelungen der §§ 100 Abs. 5, 107 Abs. 4 AktG, nach denen der unabhängige Finanzexperte nur dann dem Prüfungsausschuss angehören muss, wenn ein solcher besteht, angelegt.

Ausschüsse sollten zwar möglichst mit solchen Mitgliedern besetzt werden, die auf dem jeweiligen Gebiet den größtmöglichen Sachverstand aufweisen[183]. Dies muss jedoch nicht dazu führen, dass an Ausschussmitglieder per se höhere Anforderungen zu stellen sind. Vielmehr muss auch in einem Aufsichtsrat ohne Ausschüsse die Erfüllung aller Aufgaben gewährleistet sein[184]. Soweit in der Literatur für Mitglieder eines Prüfungsausschusses eine besondere *financial literacy* gefordert wird[185] kann dies auch dahingehend verstanden werden, dass im Falle der Einrichtung eines Prüfungsausschusses solche Mitglieder in den Ausschuss bestellt werden sollen, die über die geforderte *financial literacy* verfügen. Darüber hinaus enthält § 107 AktG keine eigene Regelung zur Haftung von Ausschussmitgliedern, sodass auf den allgemeinen Haftungsmaßstab der §§ 116, 93 AktG zurückgegriffen werden muss. Wenn aber der Haftungsmaßstab für Ausschussmitglieder und die übrigen Aufsichtsratsmitglieder identisch ist, so könnte man annehmen, dass auch die Qualifikation als Voraussetzung zur Erfüllung der geforderten Sorgfalt identisch sein muss[186].

Bei näherer Betrachtung greift dieser Gedankengang aber zu kurz. Bei der Frage nach dem „ob" der Einrichtung von Ausschüssen ist der Aufsichtsrat nicht frei, sondern hat einem pflichtgemäßen Ermessen bezüglich der Erfüllung seiner

---

182 Schließlich sind auch die Ausschussmitglieder Aufsichtsratsmitglieder, vgl. § 107 Abs. 3 S. 1 AktG: „aus seiner Mitte".

183 Vgl. *Hoffmann/Preu*, Aufsichtsrat, Rn. 157; *Lutter/Krieger/Verse*, Rechte und Pflichten, Rn. 765.

184 Allein die Tatsache, dass eine Aufgabe an einen Ausschuss delegiert wird bedeutet nicht, dass sie nicht üblicherweise anfällt.

185 Vgl. *Habersack*, AG 2008, 98 (103).

186 *Mutter/Gayk*, ZIP 2003, 1773 (1774); zu dieser Überlegung auch *Meyer*, Finanzexperte, S. 171.

gesetzmäßigen Funktionen und seiner Allgemeinverantwortung gerecht zu werden[187]. Kommt der Aufsichtsrat in Ausübung seines Ermessens zu der Entscheidung, einen Ausschuss einzurichten, so erscheint es gerechtfertigt an dessen Mitglieder erhöhte Qualifikationsanforderungen zu stellen[188]. Andernfalls käme es gerade nicht zu der beabsichtigten Effizienzsteigerung, wenn Aufgaben, die auf Grund ihrer Komplexität auf einen Ausschuss delegiert werden, dort von Personen mit der gleichen Qualifikation wie sie auch alle einfachen Aufsichtsratsmitglieder aufweisen, wahrgenommen würden[189]. Die Ausschussbildung wäre also geradezu sinnlos.

Freilich sollten im Fall der Einrichtung von Ausschüssen diejenigen Mitglieder in den jeweiligen Ausschuss bestellt werden, die für dessen Aufgaben am besten geeignet sind. Jedoch besteht die Möglichkeit, dass besondere Aufgaben auf die Entscheidung über die Einrichtung eines Ausschusses zurückwirken: So wird sich ein Aufsichtsrat in der Regel nur dann für die Einrichtung eines Ausschusses entscheiden, wenn besondere Aufgaben dies zweckmäßig und erforderlich erscheinen lassen. Dies hat zur Folge, dass gerade nicht jedes beliebige Mitglied allein auf Grund seiner Mindestqualifikation[190] für die Ausschussarbeit hinreichend qualifiziert ist.

Dieser Befund steht auch im Einklang mit dem Grundsatz, dass jedes Aufsichtsratsmitglied dazu in der Lage sein muss, alle normalerweise anfallenden Geschäftsvorgänge verstehen und sachgerecht beurteilen zu können[191]. Damit ist nicht ausgeschlossen, dass besondere Aufgaben besondere Qualifikationsanforderungen mit sich bringen. Aufgaben, die an Ausschüsse delegiert werden gehen über den allgemeinen Umfang der Aufsichtsratstätigkeit hinaus und setzen daher auch besondere Fähigkeiten voraus, über die gerade nicht alle Aufsichtsratsmitglieder[192], sehr wohl aber alle Ausschussmitglieder verfügen müssen.

---

187 BGH, NJW 1982, 1525 (1527); *Dreher*, in: FS-Boujong, S. 71 (S. 86f.); *Habersack*, in: MüKo-AktG, § 107, Rn. 93.

188 So auch *Schwark*, in: FS-Werner, S: 841 (S. 848). Für gesteigerte Anforderungen an Mitglieder der gemäß § 25d KWG zu bildenden Ausschüsse *Velte/Buchholz*, ZBB 2013, 400 (403).

189 Daher bestehen nach ganz herrschender Meinung im Schrifttum erhöhte Anforderungen an Ausschussmitglieder, s. die Nachweise in Fn. 172.

190 Dazu bereits Kapitel 2 A)V)1)b).

191 BGH, NJW 1983, 991; *Meyer*, Finanzexperte, S. 171f.

192 Vgl. *Meyer*, Finanzexperte, S. 171f., der jedoch auf die Sorgfalt abstellt und die Qualifikation als Voraussetzung zur Erfüllung dieser Sorgfalt ansieht; für eine Differenzierung auch *Dreher*, in: FS-Boujong, S. 71 (S. 87ff.); *v. Werder/Wieczorek*, Der Betrieb 2007, 297 (298); an die Qualifikation als Auswahlkriterium bei der Ausschussbesetzung anknüpfend auch BGH, NJW 1993, 2307 (2312).

(3) Inhalt der besonderen Anforderungen

Mit der Feststellung, dass Ausschussmitglieder erhöhten Qualifikationsanforderungen unterliegen, ist jedoch noch nicht geklärt, wie diese Anforderungen inhaltlich ausgestaltet sind. Mangels eines *numerus clausus* möglicher Ausschüsse verbietet sich jedoch eine schematische und pauschale Antwort. Es muss daher jeweils im konkreten Einzelfall aufgabenbezogen geprüft werden, welche Qualifikation ein bestimmter Ausschuss voraussetzt[193]. Dabei kann zum einen zwischen beschließenden und vorbereitenden Ausschüssen[194], sowie zum anderen zwischen Ausschüssen mit allgemeinen Aufgaben, also Aufgaben die auch vom Plenum wahrgenommen werden könnten und solchen mit speziellen Aufgaben[195] unterschieden werden. Im Einzelfall können die Anforderungen jedoch auch je nach Art, Größe und Branche des überwachten Unternehmens variieren[196].

Grundsätzlich sind auch die Aufsichtsratsausschüsse als kollegiales Gremium konzipiert. Die Aufgaben, welche der Aufsichtsrat auf seine Ausschüsse überträgt, sind dem Ausschuss als solches und nicht den ihm angehörenden individuellen Mitgliedern zugewiesen. Daher muss auch nur der Ausschuss als Ganzes über die zur Erledigung der Aufgaben erforderliche Qualifikation verfügen. Das einzelne Mitglied hingegen muss nicht in der Lage sein, die Aufgaben des Ausschusses alleine zu bewältigen. Wie auch bei der Erledigung von Aufgaben des Aufsichtsratsplenums ist es ausreichend aber auch erforderlich, dass jedes Aufsichtsratsmitglied über die notwendigen Kenntnisse, Fähigkeiten und Erfahrungen verfügt, um sich sachgerecht an der Kollektiventscheidung des Ausschusses zu beteiligen. Dies setzt voraus, dass jedes Ausschussmitglied die ihm gegebenen Informationen kritisch hinterfragen und insbesondere Risiken einschätzen

---

193 Vgl. BGH, NJW 1982, 1525 (1527); *Bronnert-Härle*, Aufsichtsratsausschüsse, S. 246f.; *Dreher*, in: FS-Boujong, S. 71 (S. 87f.); zu den speziellen Anforderungen an Mitglieder des Prüfungsausschusses vgl. *Huwer*, Prüfungsausschuss, S. 217.

194 Wobei jedoch zu bedenken ist, dass auch in vorbereitenden Ausschüssen, insbesondere wenn diese sich mit speziellen Fachfragen befassen um anschließend dem Plenum zu berichten, besondere Kenntnisse erforderlich sein können, vgl. *Dreher*, in: FS-Boujong, S. 71 (S. 89); gegen eine solche Differenzierung *Krasberg*, Prüfungsausschuss, S. 83.

195 Vgl. *Dreher*, in: FS-Boujong, S. 71 (S. 90f.).

196 *Hennrichs*, in: FS-Hommelhoff, S. 383 (S. 397); *Schwark*, in: FS-Werner, S: 841 (S. 849); vgl. auch *Dreher*, in: FS-Boujong, S. 71 (S. 76f.), der jedoch anmerkt, dass es sich bei dieser Differenzierung um Unterschiede zwischen mehreren Aktiengesellschaften, nicht aber zwischen Aufsichtsratsmitgliedern innerhalb einer Aktiengesellschaft handele. Der Sache nach gehe es daher lediglich um eine Bestimmung der jeweils erforderlichen Mindestqualifikation.

kann[197]. Somit ist das Konzept der Mindestqualifikation auch auf Aufsichtsratsausschüsse anwendbar. Durch die Art der dem jeweiligen Ausschuss übertragenen Aufgaben ist die Mindestqualifikation der Ausschussmitglieder gegenüber den übrigen Aufsichtsratsmitgliedern erhöht. Dies zeigt auch die Tatsache, dass Ausschüsse aus der Mitte des Aufsichtsrats gebildet werden und die Ausschussmitglieder sich daher auch an der Arbeit des Aufsichtsratsplenums beteiligen müssen.

bb) Auswirkungen auf die Aufgaben und die Anforderungen an die Qualifikation der übrigen Aufsichtsratsmitglieder

Für die übrigen Aufsichtsratsmitglieder sind einerseits die abschließende Erledigung von Aufgaben durch einen Ausschuss, und andererseits Vorbereitung einer Entscheidung des Plenums durch einen Ausschuss zu unterscheiden[198].

(1) Abschließende Aufgabendelegation

Im Fall der abschließenden Aufgabendelegation geht mit der Erledigung der Aufgabe durch einen Ausschuss für die übrigen Aufsichtsratsmitglieder eine Entlastung sowohl hinsichtlich ihrer Aufgaben als auch ihrer Haftung einher[199]. Ihre Aufgabe ist es nunmehr, die Ausschussmitglieder sorgfältig auszuwählen und zu überwachen[200]. Inhaltlich werden die übertragenen Aufgaben hingegen ausschließlich von den Ausschussmitgliedern erledigt.

Die Überwachung erfolgt in Form einer Plausibilitätsprüfung der Ergebnisse des beschließenden Ausschusses[201]. Hierfür ist nicht die gleiche, höhere Qualifikation wie für die Aufgabenerledigung selbst erforderlich.

Diese Haftungsentlastung gilt nicht bereits dann, wenn eine Aufgabe zwar rechtlich einem Ausschuss zugewiesen werden könnte, der Aufsichtsrat sich aber im Rahmen seines Ermessens gegen die Einrichtung eines Ausschusses entscheidet und die Aufgabenerledigung daher beim Plenum verbleibt. Vielmehr ist entscheidend, ob tatsächlich eine Aufgabendelegation erfolgt ist. Die in der Literatur vertretene

---

197 Vgl. *Wagner*, in: Semler/v. Schenck, § 2 Rn. 100.

198 So auch *Drygala*, in: K. Schmidt/Lutter, AktG, § 116, Rn. 5.

199 Ohne Differenzierung zwischen vorbereitenden Ausschüssen und der abschließenden Aufgabendelegation auf einen Ausschuss, im Ergebnis jedoch übereinstimmend *Bronnert-Härle*, Aufsichtsratsausschüsse, S. 272f.

200 *Behme/Zickgraf*, AG 2015, 841 (843); *Habersack*, in: MüKo-AktG, § 107, Rn. 169; *Spindler*, in: Spindler/Stilz, AktG, § 116, Rn. 55.

201 Vgl. *Wardenbach*, Interessenkonflikte, S. 195f.

entgegengesetzte Ansicht[202], nach der es nicht darauf ankomme, ob eine Aufgabe tatsächlich einem Ausschuss zugewiesen wird und von jedem Aufsichtsratsmitglied grundsätzlich nur die verminderte Mitwirkung in Form der Überwachung anderer Aufsichtsratsmitglieder verlangt werden könne, übersieht drei entscheidende Faktoren:

Erstens würde die genannte Ansicht dazu führen, dass es Aufsichtsräte geben könnte, in denen kein Mitglied dazu in der Lage ist, diejenigen Aufgaben zu erledigen, die rechtlich auf einen Ausschuss übertragen werden können. Jedes Mitglied könnte sich auf den Standpunkt stellen, nicht zur Ausschussarbeit gezwungen werden zu können und daher nur zur Überwachung der anderen Aufsichtsratsmitglieder in der Lage sein zu müssen. Zwar könnte man dieser Argumentation die Unterscheidung von Einzel- und Gesamtqualifikation[203] entgegenhalten und argumentieren, die Gesamtqualifikation müsse ohne Rücksicht auf die Einzelqualifikation der Mitglieder jedenfalls im Aufsichtsrat vorhanden sein. Jedoch müsste dann ein Weg gefunden werden um zu differenzieren, bei welchem Aufsichtsratsmitglied umfangreichere Kenntnisse, Fähigkeiten und Erfahrungen gefordert werden können um die erforderliche Gesamtqualifikation sicherzustellen.

Zweitens lässt sich einwenden, dass Aufsichtsratsmitglieder, die über Kenntnisse, Fähigkeiten und Erfahrungen verfügen welche über die Mindestqualifikation hinausgehen, dazu verpflichtet sind, diese auch einzusetzen[204].

Drittens macht die Forderung, dass im Fall des Verzichts auf die Ausschussbildung das Plenum zur Erledigung der delegierbaren Aufgaben fähig sein muss, die Einrichtung von Ausschüssen nicht von vornherein sinnlos[205]. Die Einrichtung von Ausschüssen hat auch in diesem Fall den Sinn einer Entlastung der übrigen Aufsichtsratsmitglieder und damit einer effektiveren Aufsichtsratsarbeit[206]. Die vom BGH in der Hertie-Entscheidung angesprochenen im Aufsichtsratsplenum normalerweise anfallenden Aufgaben sind dann andere als ohne die Einrichtung des Ausschusses. Entsprechend verändert sich die erforderliche Mindestqualifikation aller Aufsichtsratsmitglieder. Für den Fall dass

---

202 Vertreten von *Wardenbach*, Interessenkonflikte, S. 196ff.; ähnlich, jedoch ohne Differenzierung bezüglich der abschließenden oder vorbereitenden Aufgabendelegation *Hommelhoff*, ZHR 143 (1979), 288 (300).

203 Hierzu bereits oben Kapitel 2 A)V)1)a).

204 BGH, Urt. v. 20.9.2011 – II ZR 234/09 = NJW 2011, 1271 (1274); *Merkt/Mylich*, NZG 2011, 525 (530).

205 So aber *Wardenbach*, Interessenkonflikte, S. 198.

206 Vgl. *Cahn*, WM 2013, 1293 (1300).

kein Ausschuss eingerichtet wurde, obwohl die Delegation einer Aufgabe rechtlich möglich wäre folgt daraus, dass jedes Aufsichtsratsmitglied zur Mitwirkung an der Erledigung dieser Aufgaben im Plenum fähig sein muss.

(2) Vorbereitende Ausschüsse

Anders fallen die Aufgaben der Nicht-Ausschussmitglieder bei der bloß vorbereitenden Tätigkeit eines Ausschusses aus. In diesem Fall müssen sie die Vorschläge des Ausschusses prüfen, sie einer Plausibilitätskontrolle unterziehen und sich auf deren Grundlage ein eigenes Urteil bilden, wobei sie sich ohne konkrete Anhaltspunkte grundsätzlich auf die vorbereitende Tätigkeit des Ausschusses verlassen dürfen[207]. Im Rahmen der Mindestqualifikation muss jedes Aufsichtsratsmitglied in der Lage sein, sich ein eigenes Urteil zu bilden und entsprechend abzustimmen. Wurde kein vorbereitender Ausschuss eingerichtet, so muss jedes Aufsichtsratsmitglied dazu in der Lage sein, an der Entscheidungsvorbereitung durch das Plenum mitzuwirken. Insofern kann auch hier von einer veränderlichen Mindestqualifikation gesprochen werden.

f) „Soft-Skills“

Neben der fachlichen Qualifikation erfordert die Arbeit im Aufsichtsrat weitere nicht-fachliche Qualifikationen. Diese können unter dem Oberbegriff *Soft-Skills* zusammengefasst werden. Zu ihnen zählen neben Kommunikations- und Teamfähigkeit auch Aspekte wie Lösungsorientierung in Form von Durchsetzungsfähigkeit, Beharrlichkeit und Standfestigkeit sowie Integrität[208]. Im Sinne einer effektiven Überwachung sind solche Fähigkeiten erforderlich, um eine aktive Zusammenarbeit und zielführende Diskussionen zu gewährleisten.

g) Aufsichtsratstätigkeit als Nebenamt

Bei der Bestimmung der erforderlichen Qualifikation für Aufsichtsratsmitglieder muss stets der grundsätzliche Nebenamtscharakter des Mandats berücksichtigt werden[209]. Zwar gibt es durchaus Bestrebungen zur Einführung eines

207 Vgl. OLG Hamburg, Urt. v. 29.9.1995 – 11 U 20/95; *Bronnert-Härle*, Aufsichtsratsausschüsse, S. 270f.; *Habersack*, in: MüKo-AktG, § 107, Rn. 169; *Hambloch-Gesinn/Gesinn*, in: Hölters, AktG, § 107, Rn. 179f.; *Rellermeyer*, Aufsichtsratsausschüsse, S. 62f.; *Spindler*, in: Spindler/Stilz, AktG, § 116, Rn. 55; *Wardenbach*, Interessenkonflikte, S. 190.

208 Vgl. *Thaten*, Ausstrahlung, S. 273; *v. Werder*, in: Hdb. Corporate Governance, S. 331 (S. 336); *Weber-Rey*, NZG 2013, 766 (768).

209 *Habersack*, in: MüKo-AktG, § 100, Rn. 75; *Koch*, in: Hüffer, AktG, § 116 Rn. 7; *Lutter*, NJW 1995, 1133 (1133); *Lutter/Krieger/Verse*, Rechte und Pflichten, Rn. 894; *Potthoff/*

Berufsbildes des Berufsaufsichtsrats[210], an der gesetzlichen Konzeption de lege lata ändert dies jedoch nichts. Der Nebenamtscharakter zeigt sich unter anderem an der in § 100 Abs. 2 S. 1 Nr. 1 AktG geregelten Möglichkeit zehn Aufsichtsratsmandate parallel auszuüben[211]. Darüber hinaus verdeutlicht die Tatsache, dass sich der Aufsichtsrat primär nicht selbst um die Informationsversorgung bemühen muss, sondern diese Aufgabe dem Vorstand zugeschrieben ist, diesen Charakter[212]. Schließlich zeigt auch die gesetzlich vorgeschriebene niedrige Sitzungsfrequenz von lediglich mindestens zwei Sitzungen im Kalenderhalbjahr diese Konzeption.

Mit der Berücksichtigung des Nebenamtscharakters des Aufsichtsratsmandats ist jedoch nicht gemeint, dass daraus zwingend geringere Qualifikationsanforderungen zu folgern sind. Vielmehr gilt es zu bedenken, dass Aufsichtsratsmitglieder neben ihrem Mandat meist noch mindestens eine weitere Tätigkeit ausüben, die ihre Arbeitskraft und Zeit mindestens in gleichem Maße beansprucht.

2) Allgemeiner Überwachungsauftrag (§ 111 AktG)

Die zentrale Aufgabe des Aufsichtsrats ist die Überwachung des Vorstands der Aktiengesellschaft[213]. Sie hat zum Ziel, fehlerhaftes oder gesellschaftsschädigendes Verhalten der Verwaltung zu verhindern[214]. Der Aufsichtsrat muss daher ein Qualifikationsniveau aufweisen, welches es ihm ermöglicht, diese Überwachungstätigkeit effektiv auszuüben.

Im Folgenden sollen zunächst Inhalt und Umfang der Überwachung näher beleuchtet werden, um anschließend zu untersuchen, welche konkreten

---

Trescher/Theisen, Rn. 790ff.; *Rubner/Fischer*, NJW 2015, 782 (787). Kritisch *Ehren/Gros*, Der Konzern 2011, 277 (280).

210 Vgl. hierzu etwa *Bihr/Philippsen*, DStR 2011, 1133 (1135); *Breuer*, in: Hdb. CG Banken, S. 525f.

211 *Habersack*, in: MüKo-AktG, § 100, Rn. 17; *Spindler*, in: Spindler/Stilz, AktG, § 100, Rn. 12. Durch das Konzernprivileg des § 100 Abs. 2 S. 2 AktG kann diese Zahl sogar auf fünfzehn Mandate erhöht werden.

212 *Potthoff/Trescher/Theisen*, Rn. 792.

213 *Feil*, Basiswissen, S. 99; *Habersack*, in: MüKo-AktG, § 111, Rn. 1; *Hambloch-Gesinn/Gesinn*, in: Hölters, AktG, § 111, Rn. 1; *Hopt/Roth*, in: Großkomm. AktG, § 111, Rn. 24; *Koch*, in: Hüffer AktG, § 111, Rn. 1 „funktionale Charakterisierung des Gesellschaftsorgans"; *Lutter/Krieger/Verse*, Rechte und Pflichten, Rn. 61; *Scheffler*, AG 1995, 207; *Vetter*, in: Marsch-Barner/Schäfer, § 26, Rn. 1; *Wolff*, in: Henn/Frodermann/Jannott, Kap. 8, Rn. 2.

214 BGH, NJW 1980, 1629; vgl. auch *Vetter*, in: Marsch-Barner/Schäfer, 3 26, Rn. 1.

Qualifikationsmerkmale im Aufsichtsrat vorhanden sein müssen, um dieser Aufgabe gerecht zu werden.

a) *Die Überwachungsaufgabe des Aufsichtsrats und die dafür erforderliche Qualifikation (§ 111 Abs. 1 AktG)*

§ 111 Abs. 1 AktG weist dem Aufsichtsrat die Aufgabe zu, die Geschäftsführung zu überwachen. Diese Formulierung ist freilich zu unbestimmt, um daraus bereits konkrete Handlungsanweisungen abzuleiten, die wiederum eine bestimmte Qualifikation voraussetzen. Der Wortlaut der Norm macht jedoch deutlich, dass die Überwachungsaufgabe dem gesamten Organ Aufsichtsrat zugewiesen ist[215]. Grundsätzlich sind daher alle Mitglieder zur sachgerechten Mitarbeit verpflichtet[216].

Gegenstand der Überwachung ist die Geschäftsführung des Vorstands im Rahmen der Leitung des von der Gesellschaft betriebenen Unternehmens[217]. Damit ist der Aufgabenbereich angesprochen, den der Aufsichtsrat gemäß § 111 Abs. 4 S. 1 AktG nicht selbst wahrnehmen darf[218]. So wird gewährleistet, dass die Geschäftsführung des Vorstands von einem Organ überwacht wird, welches selbst nicht mit Geschäftsführungsaufgaben betraut ist. Um herauszuarbeiten, welche Qualifikation erforderlich ist, um den Vorstand und seine Tätigkeit zu überwachen, bedarf es zunächst einer näheren Beleuchtung des Inhalts der Überwachungsaufgabe sowie des Überwachungsmaßstabs.

aa) Inhalt der Überwachungsaufgabe

Gegenstand der Überwachung durch den Aufsichtsrat ist gemäß § 111 Abs. 1 AktG die Geschäftsführung. Der in dieser Norm verwendete Begriff der Geschäftsführung ist nicht mit dem Geschäftsführungsbegriff des § 77 Abs. 1 AktG gleichzusetzen[219]. Er umfasst aber jedenfalls die von § 76 Abs. 1 AktG

---

215 *Habersack*, in: MüKo-AktG, § 111, Rn. 18; *Koch*, in: Hüffer, AktG, 3 111, Rn. 17; *Spindler*, in: Spindler/Stilz, AktG, § 111, Rn. 30; *Vetter*, in: Marsch-Barner/Schäfer, § 26, Rn. 2.

216 *Drygala*, in: K. Schmidt/Lutter, AktG, § 116, Rn. 3; *Habersack*, in: MüKo-AktG, § 111, Rn. 18; *Huthmacher*, Pflichten und Haftung, S. 123; *Huwer*, Prüfungsausschuss, S. 216; *Mertens/Cahn*, in: Köln. Komm, AktG, § 116, Rn. 11; *Vetter*, in: Marsch-Barner/Schäfer, § 29, Rn. 10. Zur Mitarbeits- und Urteilsbildungspflicht s. *Lutter/Krieger/Verse*, Rechte und Pflichten, Rn. 886ff.

217 *Vetter*, in: Marsch-Barner/Schäfer, § 26, Rn. 3

218 *Habersack*, in: MüKo-AktG, § 100, Rn. 18.

219 *Koch*, in: Hüffer, AktG, § 111, Rn. 2; *Spindler*, in: Spindler/Stilz, AktG, § 111, Rn. 7; *Wolff*, in: Henn/Frodermann/Jannott, Kap. 8, Rn. 2.

erfassten Leitungsmaßnahmen wie Unternehmensplanung, Unternehmenskoordinierung und Unternehmenskontrolle sowie die Besetzung der dem Vorstand nachgeordneten Führungspositionen[220]. Zugleich stellen diese vier Bereiche den unveräußerlichen Kern der Geschäftsführungszuständigkeit des Vorstands dar, sodass sich die Aufgabe des Aufsichtsrats ausschließlich auf die Überwachung beschränkt und Eingriffe oder die Übertragung solcher Aufgaben auf den Aufsichtsrat nicht in Frage kommen[221].

Eine Orientierungshilfe zur Bestimmung der zu überwachenden Maßnahmen stellen die Berichtspflichten nach § 90 AktG dar. Die Vorstandsberichte sollen den Aufsichtsrat mit den für die Überwachung erforderlichen Informationen versorgen und konkretisieren somit die vom Aufsichtsrat geschuldete Überwachung[222]. Daher fallen auch wesentliche Einzelmaßnahmen, die Grundlage für die Berichtspflichten gemäß § 90 Abs. 1 AktG sein können, unter den Begriff der Geschäftsführung i.S.v. § 111 Abs. 1 AktG[223].

Überwachung bedeutet in diesem Zusammenhang folglich zunächst Ausübung der Informationsrechte aus § 90 AktG. Nach § 90 Abs. 1 AktG hat der Vorstand dem Aufsichtsrat über die beabsichtigte Geschäftspolitik, die Rentabilität der Gesellschaft, den Gang der Geschäfte sowie bestimmte besonders bedeutsame Geschäfte Bericht zu erstatten[224]. § 90 Abs. 2 AktG bestimmt zeitliche Mindestabstände, in denen die Berichte zu erstatten sind[225].

---

220 *Henze*, NJW 1998, 3309; in diese Richtung auch *Habersack*, in: MüKo-AktG, § 111, Rn. 19f., der eine Konzentration auf die Leitungsaufgaben des Vorstands befürwortet; *Hoffmann-Becking*, in: Münchener Hdb. AG, § 29, Rn. 22; *Raiser/Veil*, § 15, Rn. 2; *Scheffler*, AG 1995, 207 (208); *Semler*, Leitung und Überwachung, Rn. 111; *Spindler*, in: Spindler/Stilz, AktG, § 111, Rn. 7.

221 § 111 Abs. 4 S. 1 AktG, vgl. auch *Wolff*, in: Henn/Frodermann/Jannott, Kap. 8, Rn. 2.

222 *Habersack*, in: MüKo-AktG, § 111, Rn. 22; *Henze*, NJW 1998, 3309 (3309); *Hoffmann-Becking*, in: Münchener Hdb. AG, § 29, Rn. 27; *Koch*, in: Hüffer, AktG, § 111, Rn. 3; *Spindler*, in: Spindler/Stilz, AktG, § 111, Rn. 8.

223 *Henze*, NJW 1998, 3309; *Koch*, in: Hüffer, AktG, § 111, Rn. 3; Explizit nicht erfasst sind aber solche Einzelmaßnahmen, die nicht wesentlich sind, vgl. *Vetter*, in: Marsch-Barner-Schäfer, § 26, Rn. 3

224 Da der Inhalt der Berichte in einem engen Zusammenhang mit der für ihr Verständnis erforderlichen Qualifikation steht, werden Einzelheiten hierzu an späterer Stelle in Kapitel 2 A)V)2)a)cc)(1) eingegangen.

225 *Bea/Scheurer*, Der Betrieb 1994, 2145 (2147).

Was dem Aufsichtsrat zu berichten ist, ist zugleich Gegenstand seiner Prüfung[226]. Neben den Vorstandsberichten hat der Aufsichtsrat daher auch gemäß § 171 Abs. 1 S. 1 AktG den Jahresabschluss, den Lagebericht und den Vorschlag über die Verwendung des Bilanzgewinns sowie gegebenenfalls gemäß § 314 Abs. 2 S. 1 AktG den Abhängigkeitsbericht zu prüfen[227]. Für den Aufsichtsrat einer Konzernmuttergesellschaft erweitert sich die Prüfungspflicht auch auf den Konzernabschluss und den Konzernlagebericht.

Jedoch darf sich der Aufsichtsrat nicht allein auf die Vorstandsberichte verlassen. Im Zweifelsfall muss er weitere Informationen beschaffen, etwa durch die Anforderung weiterer Berichte gemäß § 90 Abs. 3 AktG oder indem er von seinem Einsichtnahme- und Prüfungsrecht gemäß § 111 Abs. 2 AktG[228] Gebrauch macht. Nach der Rechtsprechung des BGH im Fall Piëch muss sich der Aufsichtsrat ferner über mögliche erhebliche Risiken, die der Vorstand mit einem Geschäft eingeht, selbst kundig machen und das Ausmaß dieser Risiken unabhängig vom Vorstand bewerten, wenn er sich nicht dem Vorwurf pflichtwidrigen Handelns und damit einem Haftungsrisiko aussetzen will[229]. Die Verpflichtung, bei risikoreichen Geschäften selbst eine Risikoanalyse durchzuführen und sich ein eigenes Urteil zu bilden, trifft dabei jedes einzelne Aufsichtsratsmitglied[230].

Weitere Überwachungspflichten des Aufsichtsrats lassen sich aus den in § 107 Abs. 3 S. 2 AktG beschriebenen Aufgaben des Prüfungsausschusses ableiten. Da Ausschüsse lediglich Untergliederungen des Aufsichtsrats darstellen und deren Einrichtung zur Disposition des Aufsichtsrats steht, hat die Einrichtung oder Nicht-Einrichtung eines Ausschusses keine Auswirkungen auf den Umfang des Aufgabenkreises des Gesamtaufsichtsrats. Die Aufgaben, die durch einen Ausschuss erfüllt werden, sind originär Aufgaben des Gesamtaufsichtsrats[231]. Daher müssen die in § 107 Abs. 3 S. 2 AktG genannten Aufgaben in § 111 Abs. 1 AktG hineingelesen werden[232]. Somit hat grundsätzlich der gesamte Aufsichtsrat auch

---

226 *Gernoth*, DStR 2001, 299 (301); *Krasberg*, Prüfungsausschuss, S. 114; *Semler*, Leitung und Überwachung, Rn. 103; ähnlich *Hoffmann-Becking*, in: Münchener Hdb. AG, § 29, Rn. 23.

227 Hierzu unten Kapitel 2 A)V)2)a)cc)(2).

228 Dazu unten Kapitel 2 A)V)2)b).

229 Vgl. BGH, Beschl. v. 6.11.2012 – II ZR 111/12 „Piëch" = NZG 2013, 339; s. dazu die Anm. von *Schubert*, CCZ 2013, 175.

230 So bereits die Vorinstanz im Fall Piëch, OLG Stuttgart, Urt. v. 29.2.2012 – 20 U 3/11. Ferner *Hommelhoff*, ZGR 1983, 551 (572).

231 Ähnlich *Zieske/Zenkic*, Der Konzern 2011, 163 (164).

232 *Drygala*, in: K. Schmidt/Lutter, AktG, § 107, Rn. 60; *Staake*, ZIP 2010, 1013 (1014).

den Rechnungslegungsprozess, die Wirksamkeit des internen Kontrollsystems, des Risikomanagementsystems und des internen Revisionssystems sowie die Abschlussprüfung zu überwachen, wenn auf die Einrichtung eines Prüfungsausschusses verzichtet wird[233].

Die erforderliche Intensität der Überwachung korrespondiert schließlich auch mit der wirtschaftlichen Lage des Unternehmens[234]. So hat der Aufsichtsrat den Vorstand in der Krise intensiver und zukunftsgerichteter zu überwachen. Aus einer sonst bloß „begleitenden" Überwachung wird in der Krise eine „unterstützende" Überwachung[235].

Zeitlich lässt sich die Überwachung in drei Bereiche unterteilen. Diese sind die retrospektive Überprüfung bereits abgeschlossener Vorgänge auf deren Recht- und Zweckmäßigkeit, die begleitende und vorbeugende Überwachung sowie die Beratung des Vorstands. Die Überwachung ist damit zeitlich sowohl in die Zukunft als auch auf abgeschlossene Handlungen in der Vergangenheit gerichtet[236].

Die retrospektive Überwachung erfolgt primär durch die Kenntnisnahme und Prüfung der Vorstandsberichte sowie des Jahresabschlusses und der dazugehörigen Berichte und Unterlagen[237]. Diese dienen dem Aufsichtsrat als Gradmesser für die Beurteilung der Vorstandsarbeit in der Vergangenheit. Treten hier Unregelmäßigkeiten zu Tage, so kann der Aufsichtsrat auf sie reagieren, etwa

---

233 Vgl. Begr. RegE BilMoG, BT-Drs. 16/10067, S. 102; *Drygala*, in: K. Schmidt/Lutter, AktG, § 107, Rn. 60; *Krasberg*, Prüfungsausschuss, S. 115 Fn. 10; *Kropff*, in: FS-K. Schmidt, S. 1023 (S. 1024); *Lanfermann/Röhricht*, BB 2009, 887 (889); *Staake*, ZIP 2010, 1013 (1014).

234 *Drygala*, in: K. Schmidt/Lutter, AktG, § 111, Rn. 22ff.; *Goerdeler*, WPg 1982, 33 (34); *Habersack*, in: MüKo-AktG, § 111, Rn. 44ff.; *Henze*, BB 2000, 209 (214); *Hoffmann/Preu*, Aufsichtsrat, Rn. 105; *Lutter/Krieger/Verse*, Rechte und Pflichten, Rn. 92ff.; *Potthoff/Trescher/Theisen*, Rn. 1290ff.; *Schneider*, Erfolgsfaktoren, S. 78; *Semler*, Leitung und Überwachung, Rn. 231ff.; *Spindler*, in: Spindler/Stilz, AktG, § 111, Rn. 25.

235 *Drygala*, in: K. Schmidt/Lutter, AktG, § 111, Rn. 25; *Lutter/Krieger/Verse*, Rechte und Pflichten, Rn. 95; teilweise wird in der Krise auch eine Pflicht zur „gestaltenden" Überwachung in Form der Abberufung des Vorstands angenommen, vgl. *Semler*, Leitung und Überwachung, Rn. 234.

236 *Habersack*, in: MüKo, AktG, § 111, Rn. 29ff., 39ff.; *Henze*, BB 2005, 165; *Hoffmann/Preu*, Aufsichtsrat, Rn. 247.1; *Koch*, in: Hüffer, AktG, § 111, Rn. 5ff.; *Meyer*, Finanzexperte, S. 176; *Semler*, Leitung und Überwachung; Rn. 85; *Spindler*, in: Spindler/Stilz, AktG, § 111, Rn. 10; *Vetter*, Aufsichtsrat 2015, 82 (82); aus betriebswirtschaftlicher Sicht *Theisen*, Überwachung, S. 66f.

237 *Hölscher/Dähne*, in: Paetzmann/Schöning, S. 271 (S. 281).

indem er für bestimmte Arten von Geschäften Zustimmungsvorbehalte gemäß § 111 Abs. 4 S. 2 AktG bestimmt, im Namen der Gesellschaft Schadenersatz geltend macht[238] oder als *ultima ratio* die Abberufung von Vorstandsmitgliedern beschließt.

Daneben erfolgt eine begleitende und vorbeugende Überwachung. Hierzu ist etwa die Beurteilung der Unternehmensplanung und der geplanten Unternehmenspolitik anhand der Vorstandsberichte zu zählen. Mit Hilfe der Vorstandsberichte sowie des Jahresabschlusses muss sich der Aufsichtsrat ein Bild von der gegenwärtigen Lage und der geplanten Entwicklung der Gesellschaft machen und etwaige Risiken erkennen. In diese Kategorie lassen sich auch die Zustimmungsvorbehalte gemäß § 111 Abs. 4 S. 2 AktG einordnen. Durch sie hat der Aufsichtsrat die Möglichkeit, besonders bedeutsame Geschäfte während ihrer Verhandlung und vor ihrem Abschluss zu prüfen und Risiken aufzudecken.

Ferner hat der Aufsichtsrat nach herrschender Ansicht die Aufgabe, den Vorstand zu beraten[239]. Die Beratung ist eng mit der begleitenden, zukunftsgerichteten Überwachung verbunden und lässt sich von dieser nicht trennscharf unterscheiden[240]. Der BGH sieht sie daher als das vorrangige Mittel der zukunftsgerichteten Überwachung an[241].

Primär erfolgt die Beratung im Rahmen des Dialoges zwischen Vorstand und Aufsichtsrat und der gemeinsamen Erörterung der Vorstandsberichte. Sie ist jedoch nicht auf die von der Berichterstattungspflicht des § 90 Abs. 1 AktG erfassten Bereiche beschränkt sondern erstreckt sich auf alle Bereiche der Unternehmenspolitik und -planung. Ihre äußerste Grenze liegt in der eigenständigen Wahrnehmung der Leitungsaufgaben durch den Vorstand: Der Aufsichtsrat darf den Vorstand zwar hinsichtlich der strategischen Ausrichtung des Unternehmens beraten, konkrete Einzelmaßnahmen bleiben aber dem Vorstand vorbehalten. Vielmehr bezieht sich die Beratung nur auf wesentliche Entscheidungen und Vorgänge von grundsätzlicher Bedeutung, während das Tagesgeschäft ausgeklammert bleibt[242]. Die Rolle des Aufsichtsrats ist hierbei die eines

---

238 Gemäß § 112 AktG wird die Gesellschaft hierbei durch den Aufsichtsrat vertreten

239 BGH, Urt. v. 25.3.1991 - II ZR 188/89 = NJW 1991, 1830; *Habersack*, in: MüKo-AktG, § 111, Rn. 39; *Henze*, BB 2005, 165; *Hoffmann/Preu*, Aufsichtsrat, Rn. 104; *Raiser/Veil*, § 15, Rn. 1f.

240 Vgl. *Hoffmann/Preu*, Aufsichtsrat, Rn. 105, die Überwachen und Beraten als verschiedene Aspekte derselben Sache ansehen.

241 BGH, Urt. v. 25.3.1991 – II ZR 188/89 = NJW 1991, 1830 (1831); kritisch hierzu *Hoffmann/Preu*, Aufsichtsrat, Rn. 104.

242 *Potthoff/Trescher/Theisen*, Rn. 1260.

verständigen Diskussionspartners, der Strategieentwürfe des Vorstands kompetent-kritisch hinterfragt[243].

bb) Überwachungsmaßstab

Den Maßstab der Überwachung bilden nach der in Rechtsprechung und Literatur herrschenden Ansicht neben einer Prüfung der Recht- und Ordnungsmäßigkeit des Vorstandshandelns auch Zweckmäßigkeits- und Wirtschaftlichkeitsaspekte[244]. Dabei stellt die Wahrung des Unternehmensinteresses den übergeordneten Leitaspekt der Urteilsbildung des Aufsichtsrats dar[245]. Ferner hat der Aufsichtsrat sicherzustellen, dass sich der Vorstand in dem durch § 93 Abs. 3 AktG abgesteckten Rahmen der Sorgfalt eines ordentlichen und gewissenhaften Geschäftsleiters hält[246].

Die vier Kategorien des Überwachungsmaßstabs lassen sich nicht trennscharf voneinander abgrenzen. Jedoch handelt es sich hierbei wohl um ein rein begriffliches Problem. Inhaltliche Unterschiede für den Überwachungsmaßstab folgen daraus nicht.

Die Überwachung der Rechtmäßigkeit des Vorstandshandelns bedeutet zunächst, dass der Aufsichtsrat die Leitungshandlungen des Vorstands im Hinblick auf die Einhaltung von Recht und Gesetz sowie der Satzung überwacht[247]. Ferner überwacht der Aufsichtsrat, ob der Vorstand die Einhaltung aller Rechtsvorschriften durch die Mitarbeiter des Unternehmens sicherstellt. Dazu gehört auch die Überwachung der Einrichtung und der Funktionsfähigkeit eines Compliance-Systems[248].

---

243 *v. Werder*, in: Hdb. Corporate Governance, S. 331 (S. 337).

244 BGH, Urt. v. 25.3.1991 – II ZR 188/89 = BGHZ 114, 127 (129f.) = NJW 1991, 1830 (1831); *Habersack*, in: MüKo-AktG, § 111, Rn. 42; *Hoffmann-Becking*, in: Münchener Hdb. AG, § 29, Rn. 26; *Krasberg*, Prüfungsausschuss, S. 115f.; *Lutter/Krieger/Verse*, Rechte und Pflichten, Rn. 73ff.; *Scheffler*, AG 1995, 207 (208); *Semler*, Leitung und Überwachung, Rn. 183ff.; *Vetter*, Aufsichtsrat 2015, 82 (82); einschränkend *Drygala*, in: K. Schmidt/Lutter, AktG, § 111, Rn. 20f.; Die Zuordnung bestimmter Aspekte zu den genannten Kategorien erfolgt in der Literatur nicht einheitlich, s. z.B. Fn. 245.

245 Vgl. *Hoffmann/Preu*, Aufsichtsrat, Rn. 108; *Semler*, Leitung und Überwachung, Rn. 182.

246 Vgl. *Scheffler*, AG 1995, 207 (208).

247 *Henze*, BB 2000, 209 (214); *Lutter/Krieger/Verse*, Rechte und Pflichten, Rn. 74; *Krasberg*, Prüfungsausschuss, S. 115; *Semler*, Leitung und Überwachung, Rn. 186.

248 *Lutter/Krieger/Verse*, Rechte und Pflichten, Rn. 75.

Ordnungsgemäß ist die Leitung des Unternehmens, wenn eine der Größe, Struktur und Eigenart der Gesellschaft entsprechende und angemessene Organisation des Unternehmens und der Gesellschaft unter Beachtung betriebswirtschaftlicher Erkenntnisse und Erfahrungen vorliegt, die es dem Vorstand ermöglicht, trotz der Delegation von Aufgaben die Gesellschaft tatsächlich leiten und steuern zu können[249]. Eine solche liegt vor, wenn die rechtlich maßgeblichen Verfahrensregeln, die sich auch den Gesetzen, der Satzung oder einer Geschäftsordnung ergeben können, und die kaufmännischen Sorgfaltsregeln eingehalten werden[250]. In diesen Bereich gehören ferner die Existenz einer angemessenen Unternehmensplanung, der ausreichende und ständige Fluss von Informationen aus dem Unternehmen an den Vorstand, sowie ein effektives Rechnungs- und Berichtswesen[251].

Die Überwachung der Zweckmäßigkeit des Leitungshandelns umfasst die Überprüfung, ob und inwieweit die eingesetzten Mittel zum Erreichen des anvisierten Ziels angemessen sind[252]. Darüber hinaus muss der Aufsichtsrat sicherstellen, dass die beabsichtigten Vorhaben in der konkreten Situation des Unternehmens den langfristig größten Erfolg versprechen[253]. Dies darf jedoch nicht im Sinne einer Prüfung einzelner Maßnahmen des Vorstands missverstanden werden[254]. Sofern sich der Vorstand mit seinen Leitungsentscheidungen in den Grenzen des ihm eingeräumten Beurteilungs- und Ermessensspielraumes[255] hält, muss der Aufsichtsrat die Entscheidung des Vorstandes akzeptieren und darf nicht seine eigene Auffassung an die Stelle des Vorstands setzen[256].

Schließlich hat der Aufsichtsrat im Rahmen seiner Überwachung die Wirtschaftlichkeit der Leitungsmaßnahmen des Vorstands sicherzustellen. Der Aufsichtsrat muss sich zu diesem Zweck einen Überblick über die mit einer Maßnahme verbundenen Erträge und Aufwendungen verschaffen, um die Wirtschaftlichkeit nach betriebswirtschaftlichen Grundsätzen einschätzen zu

---

249 *Lutter/Krieger/Verse*, Rechte und Pflichten, Rn. 79; vgl. auch *Henze*, BB 2000, 209 (214f.); *Semler*, Leitung und Überwachung, Rn. 184.

250 *Potthoff/Trescher/Theisen*, Rn. 491.

251 Vgl. *Lutter/Krieger/Verse*, Rechte und Pflichten, Rn. 84; *Semler*, Leitung und Überwachung, Rn. 184.

252 *Potthoff/Trescher/Theisen*, Rn. 493; *Semler*, Leitung und Überwachung, Rn. 192.

253 *Henze*, BB 2000, 209 (215); *Semler*, Leitung und Überwachung, Rn. 192; vgl. auch *Koch*, in: Hüffer, AktG, § 111, Rn. 14.

254 *Lutter/Krieger/Verse*, Rechte und Pflichten, Rn. 90.

255 Vgl. § 93 Abs. 1 S. 2 AktG.

256 *Spindler*, in: Spindler/Stilz, AktG, § 111, Rn. 16.

können[257]. Er muss ferner darauf achten, dass der Vorstand die Wirtschaftlichkeit seines Handelns im Blick behält und durch entsprechende Maßnahmen sichert[258]

cc) Erforderliche Qualifikation

Inhaltlich umfasst die Überwachung des Vorstands durch den Aufsichtsrat primär die Auswertung und Erörterung der Vorstandsberichte sowie die Beratung des Vorstands. Da die Überwachung des Vorstands eine Aufgabe des Plenums ist, muss jedes Aufsichtsratsmitglied die Kenntnisse, Fähigkeiten und Erfahrungen besitzen, die erforderlich sind um sich ein eigenes Bild verschaffen und an der Entscheidung im Plenum mitwirken zu können[259]. Die hierfür erforderliche Qualifikation geht damit über die zur Erledigung von Aufgaben, welche vollständig auf einen Ausschuss delegiert werden können, erforderliche Qualifikation hinaus[260].

Zur Beurteilung der Zweckmäßigkeit und der Wirtschaftlichkeit der Leitungsmaßnahmen des Vorstands sind zunächst insbesondere betriebswirtschaftliche Kenntnisse und Fähigkeiten erforderlich[261]. Da der Aufsichtsrat jedoch auch die Rechtmäßigkeit der Leitungsmaßnahmen zu überwachen hat, müssen jedem Aufsichtsratsmitglied auch zumindest die wichtigsten einschlägigen Gesetze sowie die Satzung der Aktiengesellschaft bekannt sein[262]. Darüber hinaus sind Kenntnisse über das zu überwachende Unternehmen unabdingbar. So muss der Aufsichtsrat wissen, was der genaue Gegenstand des Unternehmens ist, welche Ziele das Unternehmen verfolgt und auf welchem Weg es dies tut, welche Risiken bestehen, wie das Unternehmen und seine Produkte im Markt positioniert sind und auf welchen Märkten das Unternehmen tätig ist, um die Leitung des Unternehmens durch den Vorstand überwachen zu können[263].

---

257 *Semler*, Leitung und Überwachung, Rn. 191; vgl. auch *Potthoff/Trescher/Theisen*, Rn. 494.

258 *Lutter/Krieger/Verse*, Rechte und Pflichten, Rn. 89.

259 Vgl. OLG Stuttgart, Urt. v. 29.2.2012 – 20 U 3/11.

260 Zu dieser Unterscheidung bereits oben Kapitel 2 A)V)1)e)bb).

261 Vgl. *Habersack*, in: MüKo-AktG, § 116, Rn. 25; *Meyer*, Finanzexperte, S. 177; *Semler*, in: FS-K. Schmidt, S. 1489 (S. 1501).

262 *Habersack*, in: MüKo-AktG, § 116, Rn. 25; *Hopt/Roth*, in: Großkomm. AktG, § 111, Rn. 121; *Potthoff/Trescher/Theisen*, Rn. 805; *Semler*, in: FS-K. Schmidt, S. 1489 (S. 1501); *Spindler*, in: Spindler/Stilz, AktG, § 116, Rn. 14.

263 *Lutter/Krieger/Verse*, Rechte und Pflichten, Rn. 64.

(1) Auswerten der Berichte nach § 90 I AktG

Die Hauptinformationsquelle für den Aufsichtsrat stellen die gemäß § 90 Abs. 1 AktG vom Vorstand zu erstattenden Berichte dar[264]. Ihr Inhalt bildet die Grundlage und den Rahmen der Überwachung[265]. Jedes Aufsichtsratsmitglied muss daher zunächst wissen, welche Sachverhalte von den jeweiligen Berichten umfasst sein sollen und welche Berichte zu welchem Zeitpunkt zu erstatten sind[266]. Um den Vorstand effektiv zu überwachen und sich ein eigenes Bild von der Lage der Gesellschaft machen zu können, um an Entscheidungen des Aufsichtsratsplenums mitzuwirken, muss jedes Aufsichtsratsmitglied die Berichte lesen, verstehen und beurteilen. Daraus folgt, dass jedes Aufsichtsratsmitglied die dazu erforderlichen Kenntnisse, Fähigkeiten und Erfahrungen haben muss[267]. Es handelt sich damit um einen Teil der Mindestqualifikation, die von jedem Aufsichtsratsmitglied erwartet wird.

Welche Kenntnisse, Fähigkeiten und Erfahrungen hierzu im Einzelnen erforderlich sind, hängt vom Inhalt des jeweiligen Berichts ab.

(a) Jährlicher Bericht über die beabsichtigte Geschäftspolitik und die Unternehmensplanung

Der nach § 90 Abs. 1 S. 1 Nr. 1 AktG zu erstattende jährliche Bericht hat die beabsichtigte Geschäftspolitik sowie grundsätzliche Fragen der Unternehmensplanung zum Gegenstand.

Den Begriff geplante Geschäftspolitik erläutert das Gesetz nicht näher. Aus der Formulierung „und andere Grundsätzliche Fragen der Unternehmensplanung" könnte man schließen, die Geschäftspolitik sei ein Bestandteil der Unternehmensplanung, der gegenüber den anderen Elementen besonders hervorgehoben ist[268].

---

264 Vgl. *Habersack*, in: MüKo-AktG, § 111, Rn. 50; *Lutter/Krieger/Verse*, Rechte und Pflichten, Rn. 191; *Wardenbach*, Interessenkonflikte, S. 211f.; *Wiesner*, in: Münchener Hdb. AG, § 25, Rn. 68.

265 *Habersack*, in: MüKo-AktG, § 111, Rn. 22; *Hambloch-Gesinn/Gesinn*, in: Hölters, AktG, § 111, Rn. 12; *Hoffmann-Becking*, in; Münchener Hdb. AG, § 29, Rn. 27; *Hoffmann/Preu*, Aufsichtsrat, Rn. 247.1; *Koch*, in: Hüffer, AktG, § 111, Rn. 3; *Spindler*, in: Spindler/Stilz, AktG, § 111, Rn. 8.

266 *Potthoff/Trescher/Theisen*, Rn. 670.

267 *Habersack*, in: MüKo-AktG, § 116, Rn. 25; *Hopt/Roth*, in: Großkomm. AktG, § 116, Rn. 45; *Potthoff/Trescher/Theisen*, Rn. 805; *Raiser/Veil*, § 15, Rn. 114; *Semler*, in FS-K. Schmidt, S. 1489 (S. 1501); *v. Schenck*, in: Semler/v. Schenck, § 1, Rn. 30; *Wagner*, in: Semler/v. Schenck, § 2, Rn. 96.

268 *Kort*, in: Großkomm. AktG IV/1, § 90, Rn. 23.

Jedoch dürften damit eher in Anlehnung an § 76 Abs. . 1 AktG die grundlegenden Leitlinien gemeint sein, nach denen sich das Unternehmen ausrichtet[269].

Unternehmensplanung bezeichnet die konkrete operative Umsetzung der Unternehmenspolitik[270]. Grundsätzlich dürfte damit zumindest die im Gesetz genannte Finanz- Investitions- und Personalplanung gemeint sein[271], da diese es dem Aufsichtsrat am ehesten ermöglichen, die Lage des Unternehmens einzuschätzen. Je nach Situation des konkreten Unternehmens kann auch eine detaillierte Darstellung anderer Bereiche, wie etwa der Planung im Bereich Forschung und Entwicklung, erforderlich sein. Hier kommen branchen- bzw. unternehmensspezifische Besonderheiten zum Tragen[272]. Mit der Verwendung des Begriffs „insbesondere" macht der Gesetzgeber deutlich, dass die Liste der im Gesetz genannten Bereiche nicht abschließend sein soll.

Jedes Aufsichtsratsmitglied muss fachlich dazu in der Lage sein, die Planung des Vorstands nachzuvollziehen. Dazu muss es die Berichte nicht nur lesen, sondern auch durcharbeiten und reflektieren können[273]. Es muss einschätzen können, ob sich die Planung rechtlich zulässig innerhalb des Ermessensspielraums des Vorstands bewegt und wirtschaftlich plausibel erscheint. Hierzu sind grundlegende betriebswirtschaftliche Kenntnisse unabdingbar. Da lediglich grundsätzliche Fragen der Unternehmensplanung zu berichten sind, können an diese Kenntnisse jedoch keine allzu hohen Anforderungen gestellt werden. Erst recht muss nicht jedes Aufsichtsratsmitglied dazu in der Lage sein, eigene Berechnungen anzustellen oder gar eine solche Planung selbst vornehmen zu können.

---

269 Wie hier *Fleischer*, in: Spindler/Stilz, AktG, § 90, Rn. 17; *Spindler*, in: MüKo-AktG, § 90, Rn. 17; *Wiesner*, in; Münchener Hdb. AG, § 25, Rn. 73; wohl auch *Müller-Michaels*, in: Hölters, AktG, § 90, Rn. 5. Vgl. auch *Rieger/Rothenfußer*, NZG 2014, 1012 (1013), die hierunter „Grundsatzfragen der Organisation, Strukturierung und Finanzierung des Unternehmens" verstehen.

270 *Rieger/Rothenfußer*, NZG 2014, 1012 (1013).

271 *Koch*, in: Hüffer, AktG, § 90, Rn. 4b; *Müller-Michaels*, in: Hölters, AktG, § 90, Rn. 5; *Spindler*, in: MüKo-AktG, § 90, Rn. 18. Grundsätzlich müssen die Berichte so präzise sein, dass sich der Aufsichtsrat ein Bild von der Lage der Gesellschaft und ihrer voraussichtlichen Entwicklung machen kann, vgl. *Hoffmann/Preu*, Aufsichtsrat, Rn. 247.1; *Pentz*, in: Hdb. Vorstand, § 16, Rn. 63; *Potthoff/Trescher/Theisen*, Rn. 677. Weitergehend *Wardenbach*, Interessenkonflikte, S. 217, der die Grundzüge der Produkt-, Absatz-, Investitions-, Finanz- und Personalplanung sowie der Planung im Bereich Forschung und Entwicklung als Pflichtinhalt des Berichts zur Unternehmensplanung ansieht.

272 Vgl. *Pentz*, in: Hdb. Vorstand, § 16, Rn. 61.

273 *Reuter*, NZG 2015, 249 (253).

Ein besonderes Augenmerk legt das Gesetz auf die Darstellung und Begründung von Abweichungen der tatsächlichen Entwicklung von der früheren Planung[274]. Damit ist vorausgesetzt, dass jedes Aufsichtsratsmitglied solche Abweichungen nachvollziehen und die entsprechende Begründung verstehen und einordnen und sie so seiner Entscheidung, ob und welche Maßnahmen ergriffen werden müssen, zu Grunde legen kann.

Zum anderen gehört zum Aufgabengebiet des Aufsichtsrats auch die Beratung des Vorstands hinsichtlich der Strategie und Unternehmensplanung. Dies ist im Rahmen der Berichterstattung nach § 90 Abs. 1 AktG insofern relevant, als dass der Aufsichtsrat die Berichte des Vorstands nicht nur zur Kenntnis nehmen, sondern sie gemeinsam mit dem Vorstand diskutieren und etwaige Maßnahmen erörtern soll[275]. Um den Vorstand beraten zu können, muss ein Aufsichtsratsmitglied zunächst ebenso wie bei der Überwachung die Planung des Vorstands nachvollziehen und etwaige Risiken einschätzen sowie beurteilen können, ob die Planung wirtschaftlich sinnvoll ist. Auch die Beratung meint nicht, dass ein Aufsichtsratsmitglied in der Lage sein muss, dem Vorstand als Alternative eine vollständig eigene Planung vorzulegen. Vielmehr ist es ausreichend, wenn das Aufsichtsratsmitglied dem Vorstand etwaige Schwachstellen und Probleme in der Planung aufzeigen und Ideen zu deren Behebung diskutieren kann[276].

(b) Rentabilitätsbericht

Ferner hat der Vorstand dem Aufsichtsrat gemäß § 90 Abs. 1 S. 1 Nr. 2 AktG über die Rentabilität Bericht zu erstatten. Dies soll dem Aufsichtsrat bei der Entscheidung über die Billigung des Jahresabschlusses helfen[277]. Die Rentabilität ist eine Kennzahl, mit der sich aus dem Verhältnis des erzielten Gewinns zum eingesetzten (Eigen-)Kapital der wirtschaftliche Erfolg eines Unternehmens ausdrücken lässt[278]. Der Bericht soll insbesondere die Rentabilität des Eigenkapitals umfassen und muss ferner alle für die Beurteilung der wirtschaftlichen Lage und Entwicklung der Gesellschaft erforderlichen Kennzahlen enthalten. Daher müssen auch

---

274 Hierzu *Fleischer*, in: Spindler/Stilz, AktG, § 90, Rn. 23; *Lutter/Krieger/Verse*, Rechte und Pflichten, Rn. 202; *Spindler*, in: MüKo-AktG, § 90, Rn. 20f.

275 *Reuter*, NZG 2015, 249 (253); *Spindler*, in: MüKo-AktG, § 90, Rn. 25.

276 Ähnlich *v. Werder*, in: Hdb. Corporate Governance, S. 331 (S. 337), der den Aufsichtsrat die Aufgabe zuschreibt, die Strategieentwürfe des Vorstands kompetent-kritisch zu hinterfragen.

277 *Fleischer*, in: Spindler/Stilz, AktG, § 90, Rn. 26; *Spindler*, in: MüKo-AktG, § 90, Rn. 26; *Wiesner*, in: Münchener Hdb. AG, § 25, Rn. 76.

278 Vgl. *Fleischer*, in: Spindler/Stilz, AktG, § 90, Rn. 25; ausführlich *Potthoff/Trescher/Theisen*, Rn. 682f.

die Gesamtkapitalrentabilität, die Umsatzrendite, der Cash Flow, die Rentabilität wesentlicher Investitionen, sowie alle wesentlichen Faktoren, die das Betriebsergebnis beeinflussen, angegeben werden[279]. Bei börsennotierten Gesellschaften muss der Bericht zudem den Gewinn pro Aktie enthalten[280].

Um seiner Mitwirkungspflicht bei der Überwachungsaufgabe des Aufsichtsrats nachkommen zu können, muss jedes Aufsichtsratsmitglied die vom Vorstand berichteten Kennzahlen verstehen und sich mit ihrer Hilfe ein eigenes Urteil über die Rentabilität der Gesellschaft bilden können. Weiter muss es anhand der Kennzahlen die wirtschaftliche Entwicklung der Gesellschaft nachvollziehen und mit früher berichteten Zahlen vergleichen können. Dies setzt voraus, dass das Aufsichtsratsmitglied weiß, welche Kontrollfunktion die einzelnen Kennzahlen erfüllen, welche Informationen ihnen entnommen werden können und wie sie sich zusammensetzen[281]. Jedoch wird dem Aufsichtsrat seine Aufgabe erleichtert, indem der Vorstand ihm nicht lediglich die Kennzahlen vorlegen darf, sondern sie darüber hinaus erläutern und angeben muss, ob die Zahlen aus seiner Sicht zufriedenstellend sind[282], Erst diese Angaben ermöglichen es den Aufsichtsratsmitgliedern einzuschätzen, ob die Rentabilität den Vorstellungen des Vorstands entspricht und sind somit essentiell für die Überwachung der Vorstandstätigkeit.

(c) Quartalsbericht über den Gang der Geschäfte

Besonders bedeutsam für die Überwachung des Vorstands durch den Aufsichtsrat ist der Bericht über den Gang der Geschäfte gemäß § 90 Abs. 1 S. 1 Nr. 3 AktG. Nach dem Wortlaut der Norm muss dieser Bericht insbesondere Angaben zum Umsatz sowie zur Lage der Gesellschaft enthalten. Welche Punkte der Bericht im Einzelnen enthalten muss ist von der individuellen Situation der Gesellschaft abhängig. In jedem Fall muss der Vorstand jedoch neben Umsatzzahlen stets über die finanzielle Lage der Gesellschaft sowie ihre Liquidität berichten[283]. Darüber hinaus kann es erforderlich sein, auf die Markt- und Auftragslage,

---

279 *Fleischer*, in: Spindler/Stilz, AktG, § 90, Rn. 25; *Pentz*, in: Hdb. Vorstand, § 16, Rn. 68; *Lutter/Krieger/Verse*, Rechte und Pflichten, Rn. 204; *Spindler*, in: Spindler/Stilz, AktG, § 90, Rn. 26; ähnlich aber noch umfangreichere Angaben fordernd *Wardenbach*, Interessenkonflikte, S. 222.

280 *Fleischer*, in: Spindler/Stilz, AktG, § 90, Rn. 25; *Spindler*, in: MüKo-AktG, § 90, Rn. 26; hierzu *Potthoff/Trescher/Theisen*, Rn. 688.

281 *Wardenbach*, Interessenkonflikte, S. 223.

282 *Pentz*, in: Hdb. Vorstand, § 16, Rn. 69; *Potthoff/Trescher/Theisen*, Rn. 692.

283 *Fleischer*, in: Spindler/Stilz, AktG, § 90, Rn. 27; *Lutter/Krieger/Verse*, Rechte und Pflichten, Rn. 196f.; *Wardenbach*, Interessenkonflikte, S. 214. Weitergehend *Spindler*, in: MüKo-AktG, § 90, Rn. 28.

außergewöhnliche Risiken sowie Besonderheiten des Geschäftsverlaufs einzugehen[284].

Inhaltlich muss der Bericht detaillierte und sachgerecht gegliederte[285] Zahlen enthalten. Soweit dies zur Beurteilung von Geschäftsvorfällen erforderlich ist, müssen im Unterschied zum Bericht nach § 90 Abs. 1 S. 1 Nr. 1 AktG, auch detaillierte Planrechnungen mitgeteilt werden[286]. Eventuelle Abweichungen zwischen der Planung und dem tatsächlichen Gang der Geschäfte müssen erläutert und begründet werden[287]. Ferner müssen die Zahlen im Vergleich zu vorangegangenen Berichtszeiträumen dargestellt werden. Erst dieser Vergleich ermöglicht es den Aufsichtsratsmitgliedern, die Entwicklung der Gesellschaft einzuschätzen. Wie beim Bericht gemäß § 90 Abs. 1 S. 1 Nr. 1 AktG gilt daher hier nach in der Literatur verbreiteter Ansicht eine Pflicht zur follow up-Berichterstattung[288].

Um die Quartalsberichte zur Erfüllung der Überwachungsaufgabe nutzen zu können, muss jedes Aufsichtsratsmitglied in der Lage sein, die vom Vorstand berichteten Zahlen zu verstehen und ihren Informationsgehalt zu erfassen. Es muss wissen, was eine Veränderung einer Kennzahl im Vergleich zu vorangegangen Berichtsperioden für die wirtschaftliche Lage bedeutet. Darüber hinaus muss es beurteilen können, ob die berichteten Zahlen der Planung des Vorstands entsprechen[289]. Hier geht es darum Risiken und Fehlentwicklungen frühzeitig zu erkennen um den Vorstand darauf hinweisen oder Maßnahmen ergreifen zu können. Dies setzt wiederum grundlegende betriebswirtschaftliche Kenntnisse voraus.

---

284 *Fleischer*, in: Spindler/Stilz, AktG, § 90, Rn. 27.

285 *Spindler*, in: MüKo-AktG, § 90, Rn. 28; vorgeschlagen wird hier eine Aufschlüsselung nach Segmenten, vgl. *Fleischer*, in: Spindler/Stilz, AktG, § 90, Rn. 27; *Potthoff/Trescher/Theisen*, Rn. 695; *Wardenbach*, Interessenkonflikte, S. 214; *Wiesner*, in: Münchener Hdb. AG, § 25, Rn. 77. Weitergehend *Lutter/Krieger/Verse*, Rechte und Pflichten, Rn. 194, die eine Aufgliederung nach Produkten bzw. Produktgruppen befürworten.

286 *Fleischer*, in; Spindler/Stilz, AktG, § 90, Rn. 27; *Koch*, in: Hüffer, AktG, § 90, Rn. 6; *Spindler*, in: MüKo-AktG, § 90, Rn. 28.

287 *Fleischer*, in; Spindler/Stilz, AktG, § 90, Rn. 27.

288 Vgl. *Fleischer*, in: Spindler/Stilz, AktG, § 90, Rn. 27; *Götz*, NZG 2002, 599 (600); *Koch*, in: Hüffer, AktG, § 90, Rn. 6; *Lutter/Krieger/Verse*, Rechte und Pflichten, Rn. 194; *Potthoff/Trescher/Theisen*, Rn. 698.

289 *Wardenbach*, Interessenkonflikte, S. 215. Teilweise wird auch gefordert, dass der Bericht des Vorstands bereits einen Vergleich mit den Planzahlen enthält, vgl. *Fleischer*, in: Spindler/Stilz, AktG, § 90, Rn. 27; *Potthoff/Trescher/Theisen*, Rn. 695; *Wiesner*, in: Münchener Hdb. AG, § 25, Rn. 77. Jedenfalls muss jedes Aufsichtsratsmitglied jedoch unabhängig von der Art der Bereitstellung der Zahlen zu einem Vergleich in der Lage sein und aus dessen Ergebnis die richtigen Schlüsse ziehen können.

Ferner muss jedes Aufsichtsratsmitglied auch hier beurteilen können ob die Berichte vollständig sind. Dies erfordert einerseits Kenntnisse der rechtlichen Rahmenbedingungen der Berichterstattung. Andererseits muss das Aufsichtsratsmitglied hierfür auch über ein genaues Bild des Unternehmens verfügen um einzuschätzen, welche Kennzahlen zur Beurteilung der wirtschaftlichen Lage des konkreten Unternehmens erforderlich sind.

(d) Berichte über Geschäfte von erheblicher Bedeutung

Schließlich hat der Vorstand dem Aufsichtsrat gemäß § 90 Abs. 1 S. 1 Nr. 4 AktG über Geschäfte, die für die Rentabilität oder Liquidität der Gesellschaft von erheblicher Bedeutung sein können, zu berichten. Da es maßgeblich auf die potentielle erhebliche Bedeutung für die Rentabilität oder Liquidität der konkreten Gesellschaft ankommt, richtet sich die Frage, welche Geschäfte dies im Einzelnen sind, nach der Größe, dem Gegenstand und der wirtschaftlichen Lage der jeweiligen Gesellschaft[290]. Als Beispiele werden der Erwerb oder die Veräußerung eines Betriebs oder Betriebsteils oder einer Beteiligung, die Gründung von Zweigniederlassungen, Zusammenschlüsse, die Übernahme eines Großauftrags, ein langfristiger Liefervertrag oder eine erhebliche Investition im Ausland genannt[291].

Jedes Aufsichtsratsmitglied muss in der Lage sein, sich ein Urteil darüber zu bilden, ob und inwiefern ein Geschäft eine erhebliche Bedeutung für die Rentabilität oder Liquidität der Gesellschaft hat. Es muss folglich die sich aus dem jeweiligen Geschäft ergebenden Risiken beurteilen können. Dazu ist es erforderlich, dass jedes Aufsichtsratsmitglied die Bedeutung und den Informationsgehalt verschiedener Rentabilitätskennzahlen versteht und anhand der Kennzahlen die sich aus dem Geschäft ergebenden Risiken einschätzen kann.

Ein wesentlicher Faktor ist hierbei die Zeit. Oft stehen die genauen Bedingungen eines Geschäfts erst kurz vor seinem Abschluss fest, etwa wenn bei einem Unternehmenskauf bis zur letzten Sekunde über die Abgabe bestimmter Garantien verhandelt wird. Zwar soll der Bericht so rechtzeitig erfolgen, dass der Aufsichtsrat die Gelegenheit zur Stellungnahme hat bevor das Geschäft abgeschlossen wird[292];

---

290 Begründung zum Regierungsentwurf AktG 1965, BT-Drs. IV/171, S. 129.

291 Mit jeweils unterschiedlichen Nuancierungen Begründung zum Regierungsentwurf AktG 1965, BT-Drs. IV/171, S. 129; *Fleischer*, in: Spindler/Stilz, AktG, § 90, Rn. 28; *Koch*, in: Hüffer, AktG, § 90, Rn. 7; *Pentz*, in: Hdb. Vorstand, § 16, Rn. 73; *Potthoff/Trescher/Theisen*, Rn. 699; *Spindler*, in: MüKo-AktG, § 90, Rn. 29; *Wiesner*, in: Münchener Hdb. AG, § 25, Rn. 78.

292 *Pentz*, in: Hdb. Vorstand, § 16, Rn. 72; *Potthoff/Trescher/Theisen*, Rn. 699; *Spindler*, in: MüKo-AktG, § 90, Rn. 30.

die Formulierung „möglichst“ in § 90 Abs. 2 Nr. 4 AktG impliziert jedoch, dass ein Geschäftsabschluss ohne rechtzeitige Berichterstattung für die Wirksamkeit des Geschäfts ohne Folgen bleibt, sofern der Aufsichtsrat überhaupt unterrichtet wird[293]. Wird der Aufsichtsrat vor Abschluss des Geschäfts informiert, so ist es daher denkbar, dass ihm oft wenig Zeit für seine Stellungnahme verbleibt. Daher müssen die Aufsichtsratsmitglieder dazu in der Lage sein, ihre Einschätzung innerhalb kurzer Zeit vorzunehmen. Muss sich ein Aufsichtsratsmitglied zunächst noch über die Bedeutung bestimmter Kennzahlen informieren oder gar externe Hilfe anfordern, wird die Zeit oft nicht für eine Stellungnahme vor Geschäftsabschluss ausreichen. Deshalb müssen Aufsichtsratsmitglieder die erforderlichen grundlegenden betriebswirtschaftlichen Kenntnisse nicht nur theoretisch aufweisen, sondern diese auch präsent und abrufbar haben.

(2) Prüfung des Jahresabschlusses

Eine weitere bedeutsame Informationsquelle für den Aufsichtsrat ist der Jahresabschluss, der gemäß §§ 170, 171 AktG dem Aufsichtsrat zur Prüfung vorzulegen ist. § 171 AktG konkretisiert die Überwachungspflicht des Aufsichtsrats, sodass die Prüfung als wesentliches Element der Überwachung der Rechnungslegung unter die allgemeine Prüfungsaufgabe des Aufsichtsrats gefasst werden kann[294].

Die Prüfung der Vorlagen des Vorstands erstreckt sich sowohl auf die Rechtmäßigkeit, also die Vereinbarkeit mit Gesetz und Satzung, als auch auf die Zweckmäßigkeit der bilanzpolitischen Entscheidungen, wie beispielsweise die Ausübung von Bilanzierungs- und Bewertungswahlrechten[295].

---

293 Begründung zum Regierungsentwurf AktG 1965, BT-Drs. IV/171, S. 130. So auch *Pentz*, in: Hdb. Vorstand, § 16, Rn. 72. Hierzu auch *Rieger/Rothenfußer*, NZG 2014, 1012 (1013).

294 Vgl. *Krasberg*, Prüfungsausschuss, S. 114; *Lutter*, AG 2008, 1 (2); *Rürup*, in: FS-Budde, S. 543 (S. 546); *Schmalenbach/Kiefner*, DB 2007, 1068 (1069); *Schulze-Osterloh*, ZIP 1998, 2129 (2133); *Wardenbach*, Interessenkonflikte, S. 225. *Drygala*, in: K. Schmidt/Lutter, AktG, § 171, Rn. 3 bezeichnet die Prüfungspflicht hinsichtlich der Rechnungslegung als „Kernbestandteil der Aufsichtsratstätigkeit, soweit sich diese auf die Überwachung der Geschäftsführung bezieht“; *Hennrichs/Pöschke*, in: MüKo-AktG, § 171, Rn. 12 sprechen sogar von einem Schwerpunkt der Überwachungstätigkeit; ähnlich *Potthoff*, in: FS-Ludewig, S. 831 (S. 833).

295 *Buhleier/Krowas*, DB 2010, 1165 (1165); *Clemm*, ZGR 1980, 455 (457); *Drygala*, in: K. Schmidt/Lutter, AktG, § 171, Rn. 4; *Hennrichs/Pöschke*, in: MüKo-AktG, § 171, Rn. 31ff. (Jahresabschluss), 56ff. (Lagebericht), 63f. (Gewinnverwendungsvorschlag); *Hoffmann-Becking*, in: Münchener Hdb. AG, § 44, Rn. 14; *Koch*, in: Hüffer, AktG,

Um die zu prüfenden Unterlagen verstehen und analysieren zu können ist es unerlässlich, dass Aufsichtsratsmitglieder soweit mit der Rechnungslegung vertraut sind, dass sie die Prinzipien des Bilanzrechts verstehen[296]. § 107 Abs. 3 S. 3 AktG verbietet eine Delegation der Prüfung auf einen beschließenden Ausschuss. Daraus folgt, dass die Fähigkeit, an der Prüfung mitzuwirken, grundsätzlich bei jedem Aufsichtsratsmitglied vorhanden sein muss und damit einen Teil der Mindestqualifikation im Sinn der „Hertie-Formel"[297] darstellt, da sich jedes Aufsichtsratsmitglied ein eigenes Bild machen muss um seine Mitwirkungspflicht hinsichtlich der Entscheidung des Aufsichtsratsplenums erfüllen zu können[298]. Dennoch ist es ausreichend, wenn jedes Aufsichtsratsmitglied über Kenntnisse der grundlegenden Prinzipien und den Zweck der Bilanzierung verfügt. Weitergehende Fachkenntnisse müssen zwar im Rahmen der Gesamtqualifikation im Aufsichtsrat vorhanden sein, sie fallen jedoch nicht in den Bereich der von jedem Mitglied zu fordernden Einzelqualifikation[299]. Die Vorbereitung der Beschlussfassung kann auf einen Prüfungs- oder Bilanzausschuss übertragen werden[300]. Die übrigen Aufsichtsratsmitglieder müssen dann aber zumindest in

---

§ 171, Rn. 3; *Krasberg*, Prüfungsausschuss, S. 129ff. (Jahresabschluss), S. 133 (Lagebericht), S. 133f. (Dividendenvorschlag); *Lutter/Krieger/Verse*, Rechte und Pflichten, Rn. 485; *Potthoff*, in: FS-Ludewig, S: 831 (S. 836); *Potthoff/Trescher/Theisen*, Rn. 1374; *Schmalenbach/Kiefner*, DB 2007, 1068 (1069); *Vetter*, in: Marsch-Barner/Schäfer, § 26, Rn. 67; *Waczlawik*, in: Hölters, AktG, § 171, Rn. 6.

296 *Buhleier/Krowas*, DB 2010, 1165 (1166); *Euler/Klein*, in: Spindler/Stilz, AktG, § 171, Rn. 11; *Hennrichs/Pöschke*, in: MüKo-AktG, § 171, Rn. 94; einschränkend *Drygala*, in: K. Schmidt/Lutter, AktG, § 171, Rn. 6 „nicht die Kenntnisse und Fähigkeiten eines Abschlussprüfers" sowie *Hoffmann-Becking*, in: Münchener Hdb. AG, § 44, Rn. 16 „keine Spezialkenntnisse"; ähnlich *Hommelhoff*, ZGR 1983, 551 (575ff.); ähnlich auch *Koch*, in: Hüffer, AktG, § 171, Rn. 9 sowie *Waczlawik*, in: Hölters, AktG, § 171, Rn. 10: „keine zweite Abschlussprüfung". *Mutze*, AG 1966, 173 (173f.) hält die Verpflichtung des Aufsichtsrats zur Prüfung des Jahresabschlusses für problematisch, da die erforderlichen Fachkenntnisse allenfalls bei wenigen Aufsichtsratsmitgliedern vorhanden sein würden. Vgl. zu dieser Kritik auch *Kropff*, in G/H/E/K, AktG, § 171, Rn. 5.

297 Dazu oben Kapitel 2 A)V)1)b).

298 So auch *Clemm*, ZGR 1980, 455 (457f.); *Drygala*, in: K. Schmidt/Lutter, AktG, § 171, Rn. 5; *Lutter/Krieger/Verse*, Rechte und Pflichten, Rn. 485.

299 So auch *Hennrichs/Pöschke*, in: MüKo-AktG, § 171, Rn. 94; ähnlich *Buhleier/Krowas*, DB 2010, 1165 (1166). Zur Unterscheidung von Einzel- und Gesamtqualifikation oben Kapitel 2 A)V)1)a).

300 Vgl. *Buhleier/Krowas*, DB 2010, 1165 (1165); *Drygala*, in: K. Schmidt/Lutter, AktG, § 171, Rn. 3; *Hoffmann-Becking*, in: Münchener Hdb. AG, § 44, Rn. 13; *Vetter*, in: Marsch-Barner/Schäfer, § 28, Rn. 8.

der Lage sein, die durch den Ausschuss aufbereiteten Informationen zu verstehen und zu würdigen um sich so ihr eigenes Bild zu machen [301].

Die im Einzelnen vorzunehmende Prüfung – und damit auch die erforderliche Qualifikation des einzelnen Aufsichtsratsmitglieds – richtet sich vor allem danach, ob in der jeweiligen Gesellschaft ein Abschlussprüfer den Jahresabschluss prüft und wie das Ergebnis dieser Prüfung ausfällt[302].

(a) Anforderungen bei Beteiligung eines Abschlussprüfers

Grundsätzlich erstreckt sich die Prüfungspflicht auf den vollständigen Jahresabschluss, den Lagebericht und den Vorschlag für die Gewinnverwendung. Ein wichtiges Hilfsmittel stellt jedoch bei prüfungspflichtigen Gesellschaften[303] auch der Prüfungsbericht des Abschlussprüfers dar[304]. In diesem stellt der Abschlussprüfer seine Ergebnisse dar, nach dem er geprüft hat, ob der Jahresabschluss und der Lagebericht den gesetzlichen und satzungsmäßigen Vorschriften entsprechen[305] und ob der Lagebericht mit den bei der Prüfung gewonnenen Erkenntnissen in Einklang steht und insgesamt eine zutreffende Vorstellung von der Lage des Unternehmens vermittelt sowie die Chancen und Risiken der künftigen Entwicklung zutreffend darstellt[306]. Er ermöglicht es dem Aufsichtsrat, Prüfungsschwerpunkte zu identifizieren und Probleme zu erkennen[307]. Der Prüfungsbericht bildet damit den Ausgangspunkt und die Grundlage für die Prüfung durch den Aufsichtsrat[308]. Da der Abschlussprüfer jedoch nur die Gesetz- und

---

301 Vgl. *Hennrichs/Pöschke*, in: MüKo-AktG, § 171, Rn. 107; *Prühs*, AG 1970, 357 (351); *Rürup*, in: FS-Budde, S. 543 (S. 548).

302 Ähnlich *Lutter*, AG 2008, 1 (2); *Rürup*, in: FS-Budde, S. 543 (S. 549) *Schmalenbach/Kiefner*, DB 2007 1068 (1069); *Selter*, AG 2013, 14 (15).

303 Prüfungspflichtig sind gemäß § 316 Abs. 1 HGB grundsätzlich solche Kapitalgesellschaften, die nicht kleine Kapitalgesellschaften im Sinne von § 267 Abs. 1 HGB sind. Zu weiteren Prüfungspflichten und Ausnahmen vgl. *Schmidt/Küster*, in: Beck'scher Bilanzkommentar, § 316 HGB, Rn. 1ff.

304 *Hoffmann-Becking*, in: Münchener Hdb. AG, § 44, Rn. 13; *Lutter/Krieger/Verse*, Rechte und Pflichten, Rn. 485.

305 *Schmidt/Almeling*, in: Beck'scher Bilanzkommentar, § 317 HGB, Rn. 10, Rn. 51.

306 *Schmidt/Almeling*, in: Beck'scher Bilanzkommentar, § 317 HGB, Rn. 50.

307 *Buhleier/Krowas*, DB 2010, 1165 (1168).

308 Vgl. BGH, NJW 1983, 991 (992). Nach Ansicht von *Kropff*, in: G/H/E/K, AktG, § 171, Rn. 5 dient der Prüfungsbericht der Aufbereitung des Prüfungsstoffes für den Aufsichtsrat. Vgl. auch *Clemm*, ZGR 1980, 455 (459); *Forster*, in: FS-Kropff, S. 71 (S. 74); *Hennrichs/Pöschke*, in: MüKo-AktG, § 171, Rn. 33; *Hommelhoff*, ZGR 1983, 551 (552); *Koch*, in: Hüffer, AktG, § 171, Rn. 5.

Ordnungsmäßigkeit des Jahresabschlusses prüft[309], übersteigt der Umfang der Prüfung durch den Aufsichtsrat den Umfang der Prüfung durch den Abschlussprüfer. Jedes Aufsichtsratsmitglied muss dazu in der Lage sein, den Prüfungsbericht mit Verständnis zu lesen und den Abschlussprüfer bei Zweifeln um weitere Aufklärung zu bitten[310]. Die Prüfung durch den Abschlussprüfer ersetzt nicht die eigenständige Prüfung durch den Aufsichtsrat, auch wenn sich beide Prüfungen inhaltlich überschneiden. Erleichterungen ergeben sich aber im Rahmen der geforderten Intensität der Prüfung durch den Aufsichtsrat[311]. Hat der Abschlussprüfer den Bestätigungsvermerk uneingeschränkt erteilt und bestehen keine weiteren Zweifel, etwa auf Grund von Risiken, die zwar dem Aufsichtsrat aus seiner Überwachungstätigkeit bekannt sind, dem Abschlussprüfer als Außenstehendem jedoch nicht auffallen können[312], so darf sich der Aufsichtsrat auf die Prüfung verlassen[313]. In diesem Fall ist zu prüfen, ob dem Abschlussprüfer unbekannte,

309 Gemäß § 317 Abs. 1 S. 2 HGB hat sich die Prüfung des Jahresabschlusses darauf zu erstrecken, ob die gesetzlichen Vorschriften und sie ergänzende Bestimmungen des Gesellschaftsvertrags oder der Satzung beachtet worden sind. Eine Ausnahme für börsennotierte Gesellschaften bildet insofern § 317 Abs. 4 HGB, wonach die Geeignetheit der vom Vorstand gemäß § 91 Abs. 2 AktG getroffenen Maßnahmen durch den Abschlussprüfer zu beurteilen ist.

310 *Hennrichs/Pöschke*, in: MüKo-AktG, § 171, Rn. 97; *Rürup*, in: FS-Budde, S. 543 (S. 551).

311 A/D/S, § 171 AktG, Rn. 23. Eine zweite Abschlussprüfung soll gerade nicht erfolgen, vgl. *Buhleier/Krowas*, DB 2010, 1165 (1168); *Clemm*, ZGR 1980, 455 (457); *Hennrichs/Pöschke*, § 171, Rn. 35; *Hoffmann-Becking*, in: Münchener Hdb. AG, § 44, Rn. 15; *Koch*, in: Hüffer, AktG, § 171, Rn. 9; *Lutter*, AG 2008, 1 (2); *Selter*, AG 2013, 14 (16).

312 RGZ 161, 129 (140) „Der Aufsichtsrat würde den ihm obliegenden Aufgaben nicht gerecht werden, wenn er die ihm vorgelegten, von einem Bücherprüfer bescheinigten Bilanzen blindlings hinnehmen würde. Er hat sie vielmehr auf Grund seiner genaueren Kenntnis der gesamten Geschäftsverhältnisse einer sorgfältigen Prüfung zu unterziehen, und wenn diese Prüfung ihm Anlass zu Bedenken gibt, hat er diesen unbedingt nachzugehen." Vgl. auch A/D/S, § 171 AktG, Rn. 28.

313 A/D/S, § 171 AktG, Rn. 24ff.; *Drygala*, in: K. Schmidt/Lutter, AktG, § 171, Rn. 7. Dennoch sollte zumindest eine Plausibilitätsprüfung erfolgen, vgl. *Buhleier/Krowas*, DB 2010, 1165 (1168); *Hennrichs/Pöschke*, in: MüKo-AktG, § 171, Rn. 102; *Selter*, AG 2013, 14 (16). Enger *Schulze/Osterloh*, ZIP 1998, 2129 (2133f.), der darüber hinaus fordert, dass der Abschlussprüfer seine Entscheidungsgrundlagen benennt, damit der Aufsichtsrat sie mit Überzeugung nachvollziehen kann. Zu eng jedoch *Prühs*, AG 1970, 347 (351), der in jedem Fall Stichproben verlangt. Zu weit hingegen *Rürup*, in: FS-Budde, S. 543 (S. 549f.), der bei einem uneingeschränkten Bestätigungsvermerk keine weiteren Prüfungshandlungen für entbehrlich hält.

dem Aufsichtsrat aber bekannte Umstände Grund zu Zweifeln an der Richtigkeit des Prüfungsberichts geben[314]. Wurde der Bestätigungsvermerk hingegen nur eingeschränkt erteilt oder sogar versagt, so muss sich jedes Aufsichtsratsmitglied selbst ein Bild von Tragweite und Bedeutung der Beanstandungen machen und weitere Nachfragen und Nachforschungen tätigen[315].

(b) Anforderungen bei ungeprüftem Jahresabschluss

Ist hingegen keine Prüfung durch einen Abschlussprüfer erfolgt, so kann der Aufsichtsrat nicht auf einen Prüfungsbericht zurückgreifen, sondern muss die Prüfung selbst durchführen[316]. Die Prüfung orientiert sich dabei jedoch nicht an den Vorgaben der §§ 316ff. HGB, da die Gesellschaft gerade von einer solchen Prüfung befreit ist[317]. Zweck der Befreiung ist die Entlastung kleiner Gesellschaften[318]. Auch wenn der Aufsichtsrat insgesamt nicht über die Qualifikation eines Abschlussprüfers verfügen muss, erfordert dies faktisch ein höheres Maß an Sachverstand von jedem Aufsichtsratsmitglied. Zwar kann die Vorbereitung der Beschlussfassung über die Billigung des Jahresabschlusses einem Prüfungsausschuss als vorbereitendem Ausschuss übertragen werden, dem gemäß §§ 100 Abs. 5, 107 Abs. 4 AktG zumindest bei kapitalmarktorientierten Gesellschaften ein unabhängiger Finanzexperte angehören muss[319]. Jedoch dürfen die übrigen Aufsichtsratsmitglieder die Ergebnisse des Prüfungsausschusses nicht ohne eigene Sachprüfung übernehmen[320]. Dies bedeutet indes nicht, dass alle Aufsichtsratsmitglieder über bilanzielle Fachkenntnisse verfügen müssen. Wie im

314 Vgl. RGZ 161, 129 (140), dazu bereits Fn. 309.

315 A/D/S, § 171 AktG, Rn. 27; *Drygala*, in: K. Schmidt/Lutter, AktG, § 171, Rn. 7; *Hennrichs/Pöschke*, in: MüKo-AktG, § 171, Rn. 108; *Rürup*, in: FS-Budde, S. 543 (S. 550); *Schulze-Osterloh*, ZIP 1998, 2129 (2134).

316 *Hennrichs/Pöschke*, in: MüKo-AktG, § 171, Rn. 109; *Schmalenbach/Kiefner*, DB 2007, 1068 (1070).

317 A.A. *Potthoff/Trescher/Theisen*, Rn. 1376, nach deren Ansicht im Aufsichtsrat kleiner Kapitalgesellschaften sachkundige Mitglieder vertreten sein müssen, die sich bei einer stichprobenartigen Prüfung an den Maßstäben für eine Prüfung durch einen Abschlussprüfer orientieren sollen. Ähnlich wohl auch *Forster*, ZfB 58 (1988), 789 (801): „[...] was bisher weitgehend vom Abschlußprüfer geleistet wurde, ist nunmehr, wie schon vor 1931, Sache des Aufsichtsrats.

318 Vgl. *Selter*, AG 2013, 14 (18).

319 Zu den Anforderungen an Unabhängigkeit und Sachkunde dieses Experten s. oben Kapitel 2 A)I)5).

320 *Koch*, in: Hüffer, AktG, § 171, Rn. 12; *Waczlawik*, in: Hölters, AktG, § 171, Rn. 12. Der Prüfungsausschuss soll den Gesamtaufsichtsrat entlasten, nicht aber dessen Prüfungsaufgabe vollständig übernehmen, vgl. *Kuhner*, ZGR 2010, 980 (1000).

Falle der Prüfung durch einen Abschlussprüfer ist auch hier die Fähigkeit zur Durchsicht und kritischen Würdigung der Unterlagen ausreichend[321]. Der Prüfungsumfang unterscheidet sich insofern nicht von der bei einem geprüften Jahresabschluss erwarteten Prüfung.

Höhere Anforderungen an die Aufsichtsratsmitglieder ergeben sich jedoch daraus, dass die Aufsichtsratsmitglieder die Prüfungsschwerpunkte mangels Prüfungsberichts selbst identifizieren müssen. Hierzu muss jedes Mitglied fähig sein. Dafür spricht auch, dass die eigenständige Prüfungspflicht des Aufsichtsrats auch dann wieder auflebt, wenn im Fall einer Prüfung des Jahresabschlusses der Abschlussprüfer den Bestätigungsvermerk nicht oder nur eingeschränkt erteilt[322]. Wie bereits ausgeführt bleibt die Pflicht, auch die übrigen Unterlagen, also den Jahresabschluss, den Lagebericht sowie den Vorschlag zur Gewinnverwendung kritisch durchzusehen unberührt[323]. Nichts anderes kann gelten wenn keine Prüfung durch einen Abschlussprüfer erfolgt. Da das Aktiengesetz die Prüfung und Billigung des Jahresabschlusses dem Aufsichtsrat unmittelbar als Aufgabe zuweist, handelt es sich um eine typischerweise anfallende Aufgabe im Sinne der Hertie-Rechtsprechung des BGH[324]. Für kleine Aktiengesellschaften ist wiederum typisch, dass gerade kein Prüfungsbericht eines Abschlussprüfers zur Verfügung steht und die Prüfung daher alleine durch den Aufsichtsrat erfolgt.

Die Anforderungen an die Fähigkeiten zur Prüfung durch den Aufsichtsrat dürfen jedoch nicht überspannt werden[325]. Insbesondere die von der Prüfungspflicht befreiten kleinen Kapitalgesellschaften i.S.d. § 267 Abs. 1 HGB werden oftmals nur über einen mit der aktiengesetzlichen Mindestzahl von drei Personen besetzten Aufsichtsrat verfügen[326]. Diese können bereits faktisch eine Prüfung nicht in demselben Umfang vornehmen wie dies ein größerer Aufsichtsrat könnte. Darüber hinaus ist auch die Einrichtung eines Prüfungsausschusses

321 A/D/S, § 171 AktG, Rn. 31; *Schmalenbach/Kiefner*, DB 2007, 1068 (1070): „eine an den Maßstäben der gesetzlichen Prüfungsvorschriften orientierte „Quasi-Abschlussprüfung“ durch den Aufsichtsrat ist jedenfalls nicht erforderlich“; *Waczlawik*, in: Hölters, AktG, § 171, Rn. 11.

322 Dazu bereits oben Kapitel 2 A)V)2)a)cc)(2)(a); vgl. auch *Hennrichs/Pöschke*, in: MüKo-AktG, § 171, Rn. 108; *Kuhner*, ZGR 2010, 980 (1000).

323 Oben Kapitel 2 A)V)2)a)cc)(2)(a).

324 Dazu bereits oben Kapitel 2 A)V)1)b).

325 *Schmalenbach/Kiefner*, DB 2007, 1068 (1069); insofern zu eng *Lutter/Krieger/Verse*, Rechte und Pflichten, Rn. 188, die eine „energische“ Steigerung der Verantwortlichkeit des Aufsichtsrats annehmen. Dazu kritisch *Selter*, AG 2013, 14 (16ff.).

326 *Selter*, AG 2013, 14 (20).

für einen mit lediglich drei Mitgliedern besetzten Aufsichtsrat praktisch kein gangbarer Weg. In Betracht kommt aber die Aufbereitung des Prüfungsstoffes durch ein einzelnes besonders fachkundiges Mitglied[327]. Andererseits ist zu bedenken, dass auch in größeren Gesellschaften mitnichten sämtliche Aufsichtsratsmitglieder über bilanzielle Fachkenntnisse verfügen. Vielmehr ist die Größe des Aufsichtsrats in größeren Aktiengesellschaften oft durch die breitere Geschäftstätigkeit und das damit einhergehende Erfordernis, Spezialisten für unterschiedliche Bereiche in den Aufsichtsrat zu berufen, bedingt. Bei vielen Aufsichtsratsmitgliedern übersteigt die *financial literacy* daher auch hier nicht die von allen Aufsichtsratsmitgliedern geforderten Grundkenntnisse[328]. Auch unterscheiden sich Prüfung und Rechnungslegung von ihrem Umfang her in einer kleinen Kapitalgesellschaft deutlich von dem in größeren Gesellschaften[329]. Es ist daher ausreichend, wenn die Aufsichtsratsmitglieder die ihnen zur Verfügung gestellten Unterlagen aufmerksam lesen und kritisch würdigen. Dabei können sie insbesondere die in den Vorstandsberichten gemäß § 90 AktG enthaltenen Informationen zu Grunde legen und mit deren Hilfe die Lage der Gesellschaft im Vergleich zu der in den Jahresabschlüssen der vorangegangenen Jahre abgebildeten Lage einschätzen[330]. Eine umfangreiche, alle eventuellen oder versteckten Risiken aufdeckende Prüfung kann hingegen nicht erwartet werden[331].

(3) Beratung des Vorstands

Schließlich erfordert auch die Rolle des Aufsichtsrats als Berater des Vorstands bei der strategischen Ausrichtung des Unternehmens ein gewisses Maß an unternehmerischem Sachverstand, unternehmerische Erfahrung sowie Kenntnisse der Branche, des Marktes und des eigenen Unternehmens. Um geplante Entscheidungen des Vorstands sachgerecht beurteilen und eine eigene Einschätzung oder Handlungsempfehlung abgeben zu können, muss der Aufsichtsrat dazu in der Lage sein, die Vorschläge des Vorstands kritisch zu hinterfragen. Dies erfordert es, die Auswirkungen einer vorgeschlagenen Maßnahme auf das Unternehmen einzuschätzen und zu bewerten.

Zwar muss das einzelne Aufsichtsratsmitglied auch hier eine solche Einschätzung und Bewertung unter sämtlichen Gesichtspunkten nicht alleine vornehmen

327 A/D/S, § 171 AktG, Rn. 31.

328 Dazu bereits oben Kapitel 2 A)V)2)a)cc)(2).

329 *Selter*, AG 2013, 14 (20).

330 Vgl. *Selter*, AG 2013, 14 (22).

331 Nichts anderes ist – entgegen der Ansicht von *Selter*, AG 2013, 14 (22) – von denjenigen, die eine stichprobenartige Prüfung fordern, gemeint.

können. Um an der Entscheidung, Einschätzung und Bewertung des Plenums teilnehmen zu können, muss sich jedes Aufsichtsratsmitglied jedoch auch hier eine fundierte eigene Meinung bilden und diese in die Diskussion im Plenum einbringen können. Hierzu muss es über ein Grundverständnis für Fragen der Unternehmensplanung und Strategie verfügen.

b) *Prüfung von Büchern, Schriften und Wertgegenständen der Gesellschaft*

Gemäß § 111 Abs. 2 S. 1 AktG ist der Aufsichtsrat berechtigt, Bücher, Schriften und Wertgegenstände der Gesellschaft einzusehen und zu prüfen. Damit wird dem Aufsichtsrat ein weiteres Mittel zur Informationsgewinnung neben den Vorstandsberichten an die Hand gegeben[332]. Jedoch kann aus § 111 Abs. 2 S. 1 AktG auch eine Umschreibung der für den Aufsichtsrat geforderten Mindestqualifikation herausgelesen werden. Zwar ist nach dieser Vorschrift der Aufsichtsrat lediglich berechtigt und nicht verpflichtet, Bücher und Schriften einzusehen oder Wertgegenstände zu prüfen. Die von ihm erwartete Sorgfalt gemäß §§ 116 S. 1, 93 Abs. 1 S. 1 AktG setzt jedoch voraus, dass der Aufsichtsrat bei begründeten Bedenken, Zweifeln oder Hinweisen bezüglich der Vorstandsberichte selbst Einsicht in die Bücher der Gesellschaft nimmt[333]. Dabei unterliegt jedes Aufsichtsratsmitglied diesen Sorgfaltsanforderungen. Das Einsichts- und Prüfungsrecht steht dem Aufsichtsrat als Ganzes, nicht aber einzelnen Mitgliedern zu[334]. Die Prüfung durch das Plenum wäre jedoch schwerfällig und damit unzweckmäßig, zumal sie meist in besonderen Situationen erfolgt, die ein schnelles und effizientes Handeln erfordern und kann daher im Einzelfall sogar dem Unternehmensinteresse zuwiderlaufen[335]. Aus diesem Grund berechtigt § 111 Abs. 2

332 Vgl. *Drygala*, in: K. Schmidt/Lutter, AktG, 3 111, Rn. 32; *Hopt/Roth*, in: Großkomm. AktG, § 111, Rn. 394; *Lutter/Krieger/Verse*, Rechte und Pflichten, Rn. 241; *Potthoff/Trescher/Theisen*, Rn. 643; *Semler*, Leitung und Überwachung, Rn. 92.

333 Vgl. *Drygala*, in: K. Schmidt/Lutter, AktG, § 111, Rn. 33; *Habersack*, in: MüKo-AktG, § 111, Rn. 61. Dies steht im Einklang mit der Linie des BGH, wonach der Aufsichtsrat zur selbstständigen Informationsbeschaffung und Risikoeinschätzung verpflichtet ist, vgl. BGH, Beschl. v. 6.11.2012 – II ZR 111/12 „Piëch“ = NZG 2013, 339; s. dazu die Anm. von *Schubert*, CCZ 2013, 175.

334 BGH, Beschl. v. 25.6.2008 – II ZR 141/07; BayOblG, Beschl. v. 25.4.1968 – BReg. 2 Z 56/67 = BayOblGZ 1968, 119 (121); *Drygala*, in: K. Schmidt/Lutter, AktG, § 111, Rn. 33; *Lutter/Krieger/Verse*, Rechte und Pflichten, Rn. 241; *Spindler*, in: Spindler/Stilz, AktG, § 111, Rn. 39.

335 *Drygala*, in: K. Schmidt/Lutter, AktG, § 111 Rn. 35; *Lutter/Krieger/Verse*, Rechte und Pflichten, Rn. 242.

S. 2 AktG das Plenum dazu, einzelne Mitglieder, einen Ausschuss[336] oder im Einzelfall externe Sachverständige mit der Prüfung zu beauftragen. Ausreichend, aber auch erforderlich, ist hierzu, dass das Plenum einen Beschluss fasst, der den Inhalt der Prüfung klar definiert[337].

Auch die Prüfung von Wertgegenständen der Gesellschaft erfordert erhöhten Sachverstand auf dem jeweiligen Gebiet. Geht es beispielsweise um die Bewertung des Wertes bestimmter Maschinen oder Rohstoffe, so muss sich das Aufsichtsratsmitglied in der Branche auskennen um den Wert bestimmen zu können.

Die Übertragbarkeit der Prüfung auf einzelne Aufsichtsratsmitglieder, Ausschüsse oder sogar externe Sachverständige macht deutlich, dass nicht jedes Aufsichtsratsmitglied individuell zur Prüfung in der Lage sein muss. Vielmehr reicht es aus, wenn im Aufsichtsrat einzelne Experten vorhanden sind, die eine solche Prüfung vornehmen können. Für besonders schwierige Prüfungen ist es darüber hinaus ausreichend, wenn der Aufsichtsrat erkennt, dass er selbst nicht über die erforderlichen Fähigkeiten verfügt und externe Hilfe erforderlich ist und er in diesen Fällen dazu in der Lage ist, einen konkreten Prüfungsauftrag zu formulieren und den entsprechenden Beschluss zu fassen. Somit gehört die Prüfung gemäß § 111 Abs. 2 AktG nicht zu der von jedem Aufsichtsratsmitglied erwarteten Mindestqualifikation.

c) Höchstpersönliche Aufgabenwahrnehmung

§ 111 Abs. 6 AktG enthält den Grundsatz der höchstpersönlichen Aufgabenwahrnehmung und bestimmt, dass Aufsichtsratsmitglieder ihre Aufgaben nicht durch andere Personen wahrnehmen lassen dürfen[338]. Für die Qualifikation von Aufsichtsratsmitgliedern ist diese Vorschrift in erster Linie unter dem Aspekt der Hinzuziehung von Beratern von Bedeutung.

Nach der Hertie-Entscheidung des BGH[339] ist geklärt, dass ein Aufsichtsratsmitglied sich bei originären und typischerweise anfallenden Aufgaben des Aufsichtsrats keiner dauernden externen Unterstützung bedienen darf. Die

---

336 *Drygala*, in: K. Schmidt/Lutter, AktG, § 111, Rn. 35; *Habersack*, in; MüKo-AktG, § 111, Rn. 71; *Koch*, in: Hüffer, AktG, § 111, Rn. 22; *Lutter/Krieger/Verse*, Rechte und Pflichten, Rn. 242.

337 *Habersack*, in: MüKo-AktG, § 111, Rn. 71; *Spindler*, in: Spindler/Stilz, AktG, § 111, Rn. 43.

338 Vgl. hierzu *Hoffmann-Becking*, in: Münchener Hdb. AG, § 33, Rn. 3ff.

339 BGH, Urt. v. 15.11.1982 II ZR 27/82 = BGHZ 85, 293 = NJW 1983, 991; dazu bereits oben Kapitel 2 A)V)1)b).

externe Beratung eines einzelnen Aufsichtsratsmitglieds ist nur dort zulässig, wo die anfallende Aufgabe die Mindestqualifikation des Aufsichtsratsmitglieds übersteigt[340]. Nur wenn es sich im Einzelfall zur Erfüllung gesetzlicher oder satzungsmäßiger, mit der gesetzlich vorausgesetzten Sachkompetenz allein nicht zu bewältigender Aufgaben als notwendig erweist, kann es angezeigt sein oder sogar zur Pflicht werden, zu einer konkreten Frage externen Rat einzuholen[341]. Ist diese Notwendigkeit gegeben, so muss die externe Beratung ausschließlich der Erfüllung gesetzlicher Aufgaben im Interesse des Unternehmens dienen, hierzu erforderlich und nicht durch eine gesellschaftsinterne Aufklärung ersetzbar sein sowie auf eine konkrete einzelfallbezogene Fragestellung beschränkt sein[342]. Daraus folgt, dass das Aufsichtsratsmitglied grundsätzlich selbst über die zur Erfüllung seiner Aufgaben erforderlichen Kompetenzen verfügen muss und die Hinzuziehung externer Berater eine Ausnahme bilden soll, was wiederum im Einklang mit den oben ausgeführten Anforderungen an die Mindestqualifikation steht.

Davon zu unterscheiden ist die Einholung von Rat durch das Plenum. §§ 111 Abs. 2 S. 2 und 109 Abs. 1 S. 2 AktG gestatten es dem Aufsichtsrat ausdrücklich, Sachverständige mit der Klärung einzelner Fragen zu betrauen[343]. Darüber hinaus wird auch eine entsprechende Befugnis auf Grund einer Annexkompetenz kraft Sachzusammenhangs zu den Aufgaben des Aufsichtsrats in diskutiert[344]

3) Die Personalkompetenz des Aufsichtsrats – Erfordernis besonderer Fähigkeiten bezüglich der Auswahlentscheidung?

Eine weitere wichtige Aufgabe des Aufsichtsrats ist die Bestellung des Vorstands[345]. Teilweise wurde und wird diese Aufgabe als die höchste und

---

340 *Breuer/Fraune*, in: Heidel, AktG, § 111, Rn. 35; *Habersack*, in: MüKo-AktG, § 111, Rn. 135; *Spindler*, in: Spindler/Stilz, AktG, § 111, Rn. 80.

341 BGHZ 85, 293 (296f.); in diesem Sinne kann auch BGH, CCZ 2013, 174 (175) verstanden werden. „Zu der Überwachungspflicht des Aufsichtsrats gehört es, dass er sich über erhebliche Risiken, die der Vorstand mit Geschäften eingeht, kundig macht und ihr Ausmaß unabhängig vom Vorstand selbständig abschätzt.".

342 BGHZ 85, 293 (300).

343 Hierzu eingehend *Hoffmann-Becking*, ZGR 2011, 136 (136ff.); *Hommelhoff*, ZGR 1983, 551 (551ff) sowie *Lutter*, Information und Vertraulichkeit, Rn. 298; siehe auch *Spindler*, in: Spindler/Stilz, AktG, § 111, Rn. 46.

344 *Hoffmann-Becking*, ZGR 2011, 136 (139ff.); *Fleischer/Wedemann*, GmbHR 2010, 449 (451, 455).

345 § 84 Abs. 1 S. 1 AktG.

verantwortungsvollste Aufgabe des Aufsichtsrats bezeichnet[346]. Gemäß § 107 Abs. 3 S. 3 AktG ist die Übertragung der Beschlussfassung hinsichtlich dieser Aufgabe auf einen Ausschuss unzulässig, sodass allein das Aufsichtsratsplenum für die Vorstandsbestellung zuständig ist[347]. Dem steht allerdings nicht entgegen, die Bestellung durch einen Ausschuss vorbereiten zu lassen[348]. Dennoch muss jedes einzelne Aufsichtsratsmitglied zumindest dazu in der Lage sein, an der Kollektiventscheidung mitzuwirken.

Um geeignete Vorstandsmitglieder auswählen zu können, muss der Aufsichtsrat dazu in der Lage sein, die grundlegenden Qualifikationsanforderungen an den Vorstand zu beurteilen[349]. Dazu muss er die Aufgabengebiete des Vorstands kennen und einschätzen können, ob ein Kandidat über die zur Wahrnehmung der Vorstandsaufgaben erforderlichen Kenntnisse und Fähigkeiten verfügt. Er muss dazu ferner mit dem Unternehmen vertraut sein. Um einen geeigneten Kandidaten zu finden muss der Aufsichtsrat genau wissen, auf welchen Märkten und in welchen Branchen das Unternehmen mit welchen Produkten tätig ist. Er muss dabei auch dazu in der Lage sein, die Zukunftsperspektiven des Unternehmens einzuschätzen[350]. Ein geeigneter Kandidat ist in diesem Zusammenhang nicht nur ein solcher, der über eine hohe allgemeine Qualifikation verfügt. Vielmehr muss der Aufsichtsrat beurteilen können, ob der Kandidat für das konkrete Unternehmen in seiner jeweiligen Situation und in Anbetracht der anstehenden Aufgaben geeignet ist[351]. Schließlich muss der Aufsichtsrat dazu im Stande sein, den Markt für mögliche Vorstandsmitglieder zu sondieren[352].

---

346 *Rathenau*, Vom Aktienwesen, S. 19; ähnlich *v. Schenck*, in: Semler/v. Schenck, § 1, Rn. 55 der diese Aufgabe als die wichtigste Aufgabe des Aufsichtsrats bezeichnet, da dieser Fehler bei der Auswahl des Vorstands bei seiner Überwachung auch mit noch so großer Sorgfalt nicht ausmerzen könne; ähnlich BGH, Urt. v. 17.5.1993 – II ZR 89/92 = NJW 1993, 2307 (2311) „eine der wichtigsten Aufgaben"; *Habersack*, in: MüKo-AktG, Vor § 95 AktG, Rn. 2 „wesentliche Aufgabe".

347 *Fleischer*, in: Spindler/Stilz, AktG, § 84, Rn. 9; *Koch*, in: Hüffer, AktG, § 84, Rn. 5; *Spindler*, in: MüKo-AktG, § 84, Rn. 12; *Weber*, in: Hölters, AktG, § 84, Rn. 5f.

348 Diese Möglichkeit sieht auch Ziff. 5.1.2 Abs. 1 S. 5 DCGK explizit vor. Vgl. auch *Habersack*, in: MüKo-AktG, § 107, Rn. 149; *Koch*, in: Hüffer, AktG, § 107, Rn. 27; *Lutter/Krieger/Verse*, Rechte und Pflichten, Rn. 337; *Spindler*, in: Spindler/Stilz, AktG, § 107, Rn. 91.

349 *Dreher*, in: FS-Hoffmann-Becking, S. 314 (S. 316).

350 Vgl. *Cahn*, in: Reformdiskussion, S. 139 (S. 143).

351 *Lutter/Krieger/Verse*, Rechte und Pflichten, Rn. 342.

352 Vgl. *Cahn*, in: Reformdiskussion, S. 139 (S. 143); *Lutter/Krieger/Verse*, Rechte und Pflichten, Rn. 342.

Über all diese Kenntnisse und Fähigkeiten muss jedoch nicht jedes Aufsichtsratsmitglied im Detail verfügen. Zur sachgerechten und pflichtgemäßen Mitwirkung an der Kollektiventscheidung des Plenums ist es jedoch erforderlich, dass sich jedes Aufsichtsratsmitglied eine eigene sachlich begründete Meinung bilden kann[353].

Hierzu muss jedes Aufsichtsratsmitglied zunächst die für die Bestellung von Vorstandsmitgliedern relevanten aktienrechtlichen Vorschriften kennen[354]. Ferner muss es über ein Grundverständnis der konkreten Aufgaben des Vorstands verfügen. Auch sollte jedes Aufsichtsratsmitglied verstehen, welche Fähigkeiten und Eigenschaften ein Vorstandsmitglied aufweisen muss um das Unternehmen in seiner konkreten wirtschaftlichen Situation bestmöglich zu leiten. Hierzu ist die Fähigkeit, die Qualifikation der vom Ausschuss vorgeschlagenen Kandidaten im Hinblick auf die zu erfüllenden Aufgaben zu beurteilen, erforderlich[355]. Schließlich muss jedes Mitglied dazu in der Lage sein, die Berichte und Vorschläge des die Beschlussfassung vorbereitenden Ausschusses im Hinblick auf die genannten Aspekte kritisch zu hinterfragen und zu würdigen. Besondere Sachkunde im Bereich des Personalwesens ist hingegen nicht Teil der Mindestqualifikation.

Daneben gehört gemäß § 84 Abs. 1 S. 5 AktG der Abschluss des Anstellungsvertrags mit den Vorstandsmitgliedern zu den Aufgaben des Aufsichtsrats. Hierbei handelt es sich jedoch um eine Aufgabe, die einem Ausschuss übertragen werden kann[356]. Auf Grund der Einschränkungen durch das Delegationsverbot hinsichtlich der Festsetzung der Vorstandsvergütung sowie hinsichtlich der Bestimmung einer Geschäftsordnung für den Vorstand verbleibt hier jedoch wenig Spielraum für einen Ausschuss[357]. Jedes Aufsichtsratsmitglied muss daher in der Lage sein, zu beurteilen, ob sich ein Anstellungsvertrag im gesetzlichen Rahmen und den für die Gesellschaft üblichen Bedingungen hält[358].

---

353 *Fonk*, in: Semler/v. Schenk, § 9 Rn. 2.

354 *Wardenbach*, Interessenkonflikte, S. 204.

355 Vgl. *Wardenbach*, Interessenkonflikte, S. 204.

356 BGH, Urt. v. 23.10.1975 – II ZR 90/73 = NJW 1976, 145 (146); *Hoffmann/Preu*, Aufsichtsrat, Rn. 222; *Koch*, in: Hüffer, AktG, § 84, Rn. 15; *Spindler*, in: MüKo-AktG, § 84, Rn. 69.

357 Aus diesem Grund werde in der Praxis empfohlen, den Gesamtvertrag dem Plenum vorzulegen. Näher hierzu *Fleischer*, in: Spindler/Stilz, AktG, § 84, Rn. 34; *Hoffmann-Becking/Krieger*, NZG 2009, Beilage zu Heft 26, Tz. 73f.; § 84, Rn. 34f.; *Spindler*, in: MüKo-AktG, § 84, Rn. 69.

358 Vgl. *Wardenbach*, Interessenkonflikte, S. 206.

4) *Weitere Aufgaben des Aufsichtsrats gemäß AktG und die dafür erforderliche Qualifikation*

Neben der allgemeinen Überwachungsaufgabe[359] und der Personalkompetenz[360] sind dem Aufsichtsrat weitere Aufgabenfelder und Mitwirkungsrechte und -pflichten zugewiesen.

a) *Beschlussvorschläge gemäß § 124 Abs. 3 S. 1 AktG*

Zu den weiteren wesentlichen Aufgaben die das Aktiengesetz dem Aufsichtsrat zuweist, gehört die Erarbeitung von Beschlussvorschlägen für die Hauptversammlung gemäß § 124 Abs. 3 S. 1 AktG. Ziel ist zum einen, den Aktionären eine sachgerechte Vorbereitung auf die Hauptversammlung zu ermöglichen und zum anderen, Aktionären, die nicht an der Hauptversammlung teilnehmen die Möglichkeit zu geben, ihren Vertretern eine eindeutige Weisung zur Ausübung des Stimmrechts geben zu können[361]. Jedoch kann die Aufgabe innerhalb des Aufsichtsrats auf einen Ausschuss delegiert werden[362]. Daher muss nicht jedes Aufsichtsratsmitglied über die zur Beurteilung eines jeden Beschlussgegenstands der Hauptversammlung erforderlichen Spezialkenntnisse verfügen. Vielmehr reicht es aus, wenn jedes Aufsichtsratsmitglied zur Überwachung der Ausschussarbeit in der Lage ist[363].

---

359 Dazu oben Kapitel 2 A)V)2).

360 Dazu oben Kapitel 2 A)V)3).

361 *Koch*, in: Hüffer, AktG, § 124, Rn. 16; *Kubis* in: MüKo-AktG, § 124, Rn. 26; *Ziemons*, in: K. Schmidt/Lutter, AktG, § 124, Rn. 1.

362 OLG Jena, ZIP 2006, 1989 (1990); *Koch*, in: Hüffer, AktG, § 124, Rn. 16; *Kubis*, in: MüKo-AktG, § 124, Rn. 33; a.A. *Hommelhoff*, BB 1998, 2567 (2570); *Mattheus*, ZGR 1999, 682 jeweils aber nur für den Vorschlag zur Wahl eines Abschlussprüfers. Zuzugeben ist dieser Ansicht, dass der Beschlussvorschlag zur Wahl des Abschlussprüfers gemäß § 124 Abs. 3 S. 2 AktG „auf die Empfehlung des Prüfungsausschusses zu stützen" ist. Dies impliziert, dass die Entscheidung selbst gerade nicht durch den Ausschuss getroffen werden soll (In diesem Sinne für die Auftragserteilung Velte, AG 2009, 102 (105f.). Angesichts der fehlenden Nennung von § 124 Abs. 3 AktG in § 107 Abs. 3 S. 3 AktG würde ein generelles Delegationsverbot für Wahlvorschläge aber zu weit führen. Andernfalls müssten von jedem Aufsichtsratsmitglied Spezialkenntnisse bezüglich eines jeden denkbaren Beschlussgegenstands der Hauptversammlung gefordert werden. Dies würde dem Konzept einer Mindestqualifikation zuwiderlaufen.

363 Vgl. *Habersack*, in: MüKo-AktG, § 107, Rn. 169.

b) Abgabe der Entsprechenserklärung gemäß § 161 Abs. 1 AktG

§ 161 Abs. 1 S. 1 AktG verpflichtet den Aufsichtsrat einer börsennotierten oder ihr im Sinne von § 161 Abs. 1 S. 2 AktG gleichgestellten Aktiengesellschaft[364] zusammen mit dem Vorstand jährlich zu erklären, dass den Empfehlungen des DCGK entsprochen wurde und wird oder welche Empfehlungen nicht angewendet wurden oder werden und warum nicht. Damit ist die dem Prinzip „comply or explain" folgende Erklärung sowohl auf die Vergangenheit als auch auf die Zukunft gerichtet.

Die Pflicht zur Abgabe der Entsprechenserklärung sorgt einerseits für Transparenz, andererseits zwingt sie Vorstand und Aufsichtsrat aber auch, sich eingehend mit den Empfehlungen des DCGK und deren Bedeutung für die eigene Gesellschaft zu befassen[365]. Für die erforderliche Qualifikation des Aufsichtsrats bedeutet dies, dass die Fähigkeit, die Empfehlungen des Kodex zu verstehen und deren Befolgung in der eigenen Gesellschaft zu überprüfen, vorhanden sein muss. Dies setzt zunächst Kenntnisse der aktuell gültigen Kodexempfehlungen voraus. Ferner muss der Aufsichtsrat derart mit der Organisation des Unternehmens vertraut sein, dass er die Befolgung überprüfen kann. Der retrospektive Teil der Entsprechenserklärung erfordert darüberhinaus eine Kontrolle, ob die Empfehlungen tatsächlich eingehalten sind, während der zukunftsorientierte Teil Einsicht in die Bedeutung der Erklärung voraussetzt[366]. Die auf die Zukunft gerichtete Erklärung führt außerdem zu einer Selbstbindung der Organe der Gesellschaft[367]. Daher muss der Aufsichtsrat bei der Abgabe dieser Erklärung einschätzen können, ob die Gesellschaft in der Lage ist, diese Selbstbindung tatsächlich einzuhalten.

Die Erklärungspflicht trifft den Aufsichtsrat als Organ. Die einzelnen Aufsichtsratsmitglieder sind daher nach den allgemeinen Regeln[368] zur Mitwirkung an der Beschlussfassung verpflichtet. Insofern fällt die Fähigkeit zur Abgabe der Entsprechenserklärung in den Bereich der Gesamtqualifikation[369].

Auch wenn § 161 AktG nicht in der Liste der Delegationsverbote des § 107 Abs. 3 S. 2 AktG aufgeführt ist, kann die Beschlussfassung nach herrschender und

---

364 Zu den einer börsennotierten Aktiengesellschaft gleichgestellten Gesellschaften *Goette*, in: MüKo-AktG, § 161, Rn. 61. Der praktische Anwendungsbereich dürfte verschwindend gering sein, vgl. RegE BilMoG, BT-Drs. 16/10067, S. 104.

365 *Goette*, in: MüKo-AktG, § 161, Rn. 1.

366 *Lutter*, in: Ringleb, DCGK, Rn. 1287.

367 *Lutter*, in: Ringleb, DCGK, Rn. 1377.

368 Vgl. *Koch*, in: Hüffer, AktG, § 161, Rn. 13.

369 Zur Unterscheidung von Einzel- und Gesamtqualifikation oben Kapitel 2 A)V)1)a).

zustimmungswürdiger Ansicht nicht auf einen Ausschuss übertragen werden[370]. Begründet wird dies damit, dass die Entsprechenserklärung in ihrer Bedeutung den in § 107 Abs. 3 S. 2 AktG aufgezählten Maßnahmen gleichstehe[371]. Dennoch darf ein Ausschuss mit der Vorbereitung der Beschlussfassung betraut werden[372]. Dabei verbleibt jedoch für jedes einzelne Aufsichtsratsmitglied die Pflicht, die durch den Ausschuss aufbereiteten Informationen kritisch zu prüfen und sich ein eigenes Urteil zu bilden.

Vorstand und Aufsichtsrat sind nach Ansicht des BGH dazu verpflichtet, ihre Erklärung umfassend, also auch bezüglich der andere Organe betreffenden Empfehlungen, abzugeben[373]. Daraus folgt für den Aufsichtsrat eine gesteigerte Verantwortung. Er muss zusätzlich zu den die eigene Arbeit betreffenden Empfehlungen des DCGK auch die Befolgung der an den Vorstand gerichteten Empfehlungen einschätzen und beurteilen, ob die Entsprechenserklärung hinsichtlich der vom Vorstand anerkannten Empfehlungen inhaltlich den Tatsachen entspricht und keine Fehler enthält[374]. Kennt ein Mitglied eines Organs die Unrichtigkeit der Erklärung oder musste es diese kennen, so fällt die Unrichtigkeit jedem der beteiligten Organe zur Last[375]. Es erfolgt mithin eine Zurechnung, die es erfordert, dass der Aufsichtsrat auch hinsichtlich der an den Vorstand gerichteten Empfehlungen zu einer besonders sorgfältigen Prüfung in der Lage ist.

5) *Zwischenfazit*

Trotz des weitgehenden Schweigens des Aktiengesetzes zur Qualifikation der Aufsichtsratsmitglieder lassen sich aus den Aufgaben des Aufsichtsrats umfangreiche Anforderungen ableiten. Diese bestehen vor allem in der Fähigkeit, sich an der Aufsichtsratsarbeit beteiligen zu können, sich ein eigenes Bild zu machen, eine eigene Meinung zu bilden und diese in die Diskussion im Plenum einzubringen. Dennoch beschränken sich die geforderten Kenntnisse, Fähigkeiten und Erfahrungen auf ein aufgabenbezogenes Mindestmaß. An zahlreichen

---

370 *Goette*, in: MüKo-AktG, § 161, Rn. 67; *Hölters*, in: Hölters, AktG, § 161, Rn. 19; *Koch*, in: Hüffer, AktG, § 161, Rn. 13; *Lutter*, in: Ringleb, DCGK, Rn. 1286.

371 *Koch*, in: Hüffer, AktG, § 161, Rn. 13.

372 *Hölters*, in: Hölters, AktG, § 161, Rn. 19; *Koch*, in: Hüffer, AktG, § 161, Rn. 13; *Lutter*, in: Ringleb, DCGK, Rn. 1286.

373 BGH, NZG 2009, 342 (346); *Vetter*, NZG 2009, 561 (563).

374 *Vetter*, NZG 2009, 561 (563).

375 BGH, NZG 2009, 342 (346); *Lutter*, in: Ringleb, DCGK, Rn. 1268 *Spindler*, LMK 2009, 283053; *Vetter*, NZG 2009, 561 (563).

Stellen bestehen somit Anknüpfungspunkte für Professionalisierungsbestrebungen.

B) Anforderungen des DCGK

Neben dem Aktiengesetz enthält der Deutsche Corporate Governance Kodex branchenunabhängige Anforderungen an Aufsichtsratsmitglieder. Zu unterscheiden sind hierbei der deskriptive Teil, die Empfehlungen sowie die Anregungen des DCGK.

Empfehlungen sind solche Bestimmungen des DCGK, die als „best practice" anerkannt sind und daher von allen Adressaten befolgt werden sollen[376]. Allein auf sie bezieht sich die Pflicht zum „comply or explain" aus § 161 Abs. 1 AktG[377]. Anregungen hingegen sind solche Bestimmungen, die noch nicht als „best practice" bezeichnet werden können, die aber ebenfalls Ausdruck guter Unternehmensführung sind[378].

Nach einer in Rechtsprechung und Literatur vertretenen Ansicht können Empfehlungen des DCGK zur Konkretisierung ausfüllungsbedürftiger Rechtsbegriffe des Aktiengesetzes herangezogen werden[379]. Voraussetzung dafür ist aber, dass sie gegenüber den Regelungen des Aktiengesetzes einen weiteren Erkenntnisgewinn liefern.

Im folgenden Abschnitt sollen daher die in den Empfehlungen und Anregungen des DCGK enthaltenen Anforderungen an Aufsichtsratsmitglieder erörtert werden. Zuvor bedarf es aber einer Klärung, wer Adressat dieser Anforderungen sein kann und welchen Grad der Verbindlichkeit sie aufweisen.

I) Adressaten des DCGK

Ausweislich seiner Präambel richtet sich der DCGK in erster Linie an börsennotierte Gesellschaften sowie an Gesellschaften mit Kapitalmarktzugang im Sinne des § 161 Abs. 1 S. 2 AktG. Der Begriff „börsennotierte Gesellschaft" wird

---

376 *Kirschbaum/Wittmann*, JuS 2005, 1062 (1064).

377 Vgl. den Wortlaut des § 161 Abs. 1 S. 1 AktG und ferner *Koch*, in: Hüffer, AktG, § 161, Rn. 8; *Raiser/Veil*, § 13, Rn. 35f.; *Spindler*, in: K. Schmidt/Lutter, AktG, § 161, Rn. 13; *v. Werder*, in: Ringleb, DCGK, Rn. 126; *Wittmann/Kirschbaum*, in: Heidel, AktG, § 161, Rn. 52.

378 *Kirschbaum/Wittmann*, JuS 2005, 1062 (1064); *v. Werder*, in: Ringleb, DCGK, Rn. 133.

379 OLG Schleswig, NZG 2003, 176 (179); implizit wohl auch die Folgeinstanz BGH NJW 2004, 1109 (1110); LG München I, BB 2004, 958 (961); *v. Werder*, in: Ringleb, DCGK, Rn. 146; *Weiß*, Regulierungsinstrumente, S. 87; *Wymeersch*, Enforcement, S. 4.

allgemein im Sinne von § 3 Abs. 2 AktG verstanden[380]. Damit besteht ein Gleichlauf zwischen der Pflicht zur Abgabe der Entsprechenserklärung nach § 161 Abs. 1 AktG[381] und dem Anwendungsbereich des Kodex.

Für die grundsätzliche Anwendbarkeit des DCGK spielen ebenso wie für die Erklärungspflicht nach § 161 Abs. 1 AktG weder die Branche noch die Größe oder Art der Gesellschaft eine Rolle. Zwar ist der DCGK dem Grunde nach auf große Unternehmen wie die DAX-Konzerne ausgerichtet[382]; die teils offen gehaltene Formulierung ermöglicht es aber, die Empfehlungen dem eigenen Unternehmen adäquat anzupassen[383].

Die Beachtung des Kodex wird daneben auch nicht börsennotierten bzw. nicht kapitalmarktorientierten Gesellschaften empfohlen[384]. Trotz der grundsätzlichen Anlehnung des DCGK an die Normen des Aktiengesetzes kommt es dabei nicht auf die Rechtsform der Gesellschaft an[385]. Neben nicht börsennotierten Aktiengesellschaften können insbesondere auch GmbHs die entweder freiwillig einen Aufsichtsrat einrichten oder nach dem Mitbestimmungsrecht über einen obligatorischen Aufsichtsrat verfügen[386] die Empfehlungen des DCGK bezüglich des Aufsichtsrats befolgen. Hierbei muss jedoch für jede Empfehlung gesondert geprüft werden, ob eine Anwendung im konkreten Fall möglich und sinnvoll ist[387].

Im Unterschied zu börsennotierten oder ihnen gleichgestellten Aktiengesellschaften unterliegen nicht börsennotierte Gesellschaften keiner Pflicht zur Abgabe einer Entsprechenserklärung. Es besteht für solche Gesellschaften damit

---

380 *Vetter*, DNotZ 2003, 748 (751); *v. Werder*, in: Ringleb, DCGK, Rn. 138.

381 Für die Bestimmung des Begriffs der „börsennotierten Gesellschaft“ in § 161 Abs. 1 S. 1 AktG ist die Legaldefinition des § 3 Abs. 2 AktG einschlägig, vgl. *Goette*, in: MüKo-AktG, § 161, Rn. 59.

382 *v. Werder*, in: Ringleb, DCGK, Rn. 141.

383 Vgl. nur Ziff. 5.4.1 Abs. 2 DCGK, wonach bei der Benennung von Zielen für die Zusammensetzung des Aufsichtsrats die unternehmensspezifische Situation beachtet werden soll. Vgl. ferner Ziff. 5.3.1 DCGK, wonach der Aufsichtsrat Ausschüsse abhängig von den spezifischen Gegebenheiten des Unternehmens und der Anzahl seiner Mitglieder bilden soll.

384 Vgl. Präambel, DCGK. Diese werden daher als sekundäre Adressaten des Kodex angesehen, vgl. *Just*, Anwendbarkeit, S 75ff.; *von der Linden*, in: Wilsing, DCGK, Präambel, Rn. 43.

385 Vgl. *von der Linden*, in: Wilsing, DCGK, Präambel, Rn. 43.

386 § 1 Abs. 1 Nr. 3 DrittelbG, § 1 Abs. 1 i.V.m. § 6 Abs. 1 MitbestG; vgl. hierzu *Zöllner/Noack*, in: Baumbach/Hueck, GmbHG, § 52, Rn. 2ff.

387 Vgl. hierzu eingehend *Just*, Anwendbarkeit, S. 107ff.

keine gesetzliche Verpflichtung, sich mit dem Inhalt des Kodex auseinanderzusetzen. Ein faktischer Befolgungsdruck kann allenfalls vom Markt sowie von Stakeholdern ausgehen[388].

II) Verbindlichkeit des DCGK

Mangels Mitwirkung des Gesetzgebers bei der Erarbeitung und Weiterentwicklung kommt dem Kodex nach herrschender Ansicht in Literatur und Rechtsprechung keine Gesetzesqualität zu[389]. Damit ist die Frage aufgeworfen, ob der Kodex für seine Adressaten überhaupt rechtlich verbindliche Regelungen trifft. Richtigerweise ist hierbei zwischen dem deskriptiven Teil des Kodex einerseits und den Empfehlungen und Anregungen andererseits zu differenzieren.

1) Der gesetzesbeschreibende Teil des DCGK

Soweit der Kodex lediglich geltendes Gesetzesrecht beschreibt, sind die beschriebenen Regelungsinhalte selbstverständlich rechtlich bindend. Dies folgt jedoch bereits aus ihrer Niederlegung im Gesetz und nicht aus ihrer Beschreibung im DCGK. Die Darstellung im Kodex selbst hat jedoch keine Normqualität, sondern soll lediglich die bestehenden Normen des Aktienrechts in leicht verständlicher Form darstellen[390].

---

388 *v. Werder*, in: Ringleb, DCGK, Rn. 146; näher zum faktischen Befolgungsdruck sogleich in Kapitel 2 B)II).

389 BGH, NZG 2009, 342 (346); OLG München, NZG 2009, 508 (509); KG, NZG 2008, 788 (789); *Claussen/Bröcker*, DB 2002, 1199 (1199); *Goette*, in: MüKo-AktG, § 161, Rn. 22; *Hölters*, in: Hölters, AktG, § 161, Rn. 3; *Koch*, in: Hüffer, AktG, § 161, Rn. 3; *Marsch-Barner*, in: Marsch-Barner/Schäfer, § 2, Rn. 45; *Raiser/Veil*, § 13, Rn. 39; *Ringleb*, in: Ringleb, DCGK, Rn. 54; *Spindler*, in: K. Schmidt/Lutter, AktG, § 161, Rn. 7; *ders.*, NZG 2011, 1007 (1008); *Thümmel*, CCZ 2008, 141 (142); *Ulmer*, ZHR 166 (2002), 150 (158ff.); *Vetter*, NZG 2008, 121 (123); *Wymeersch*, in: FS-Horn, S. 619 (S. 627ff.); a.A. wohl *Seidel*, ZIP 2004, 285 (289ff.) sowie *Wernsmann/Gatzka*, NZG 2011, 1001 (1003f.), die den DCGK als staatliche Regelung ansehen, die Empfehlungen des Kodex als in ihrer Wirkung gesetzesähnlich qualifizieren und den Kodex als der Exekutive zuzuordnenden Akt einordnen. Dabei wird jedoch übersehen, dass alleine durch Äußerungen von Regierungsvertretern nicht über die Tatsache hinweggeholfen werden kann, dass der Kodex letztendlich ohne Beteiligung demokratisch legitimierter Gesetzgebungsorgane zustande kommt.

390 *Huttner*, Auslegung des DCGK, S. 23; *Just*, Anwendbarkeit, S. 53; *Ringleb*, in; Ringleb, DCGK, Rn. 54.

2) Die Empfehlungen des DCGK

Anders sind hingegen die Empfehlungen und Anregungen des Kodex zu beurteilen. Aufgabe der Kodexkommission war und ist es nicht, Recht zu setzen oder geltendes Gesetzesrecht weiterzuentwickeln[391]. Ihre Aufgabe ist vielmehr, im Rahmen des geltenden Rechts gesetzlich eröffnete Handlungsspielräume zu konkretisieren und Vorschläge zu ihrer Ausfüllung zu machen. Dem kommt die Kodexkommission durch die Empfehlungen und Anregungen nach, die jedoch teilweise über die Erfüllung dieser Aufgabe hinausgehen, indem sie eigene Regelungen treffen. Um die Verbindlichkeit solcher Regelungen sowie der Ausfüllung des geltenden Rechts beurteilen zu können, bedarf es zunächst einer Analyse der Rechtsnatur der Empfehlungen.

a) Die Rechtsnatur der Empfehlungen des DCGK

Im juristischen Schrifttum ist die Rechtsnatur der Empfehlungen umstritten. Überwiegend abgelehnt wird dabei die Qualifizierung als Gesetz, da es an der Durchführung eines Gesetzgebungsverfahrens gemäß Art. 76ff. GG fehlt[392]. Vielmehr wurde der DCGK von der Regierungskommission Deutscher Corporate Governance Kodex, einer vom Bundesjustizministerium bestimmten Expertenkommission, ausgearbeitet[393]. Diese nimmt auch in jährlichen Abständen Anpassungen am Kodex vor[394]. Damit entstand und entsteht der Kodex

---

391 *Ringleb*, in: Ringleb, DCGK, Rn. 26.

392 *Ulmer*, ZHR 166 (2002), 150 (158f.); *Spindler*, in: K. Schmidt/Lutter, AktG, § 161, Rn. 7; *Weiß*, Regulierungsinstrumente, S. 89. Ohne Begründung die Gesetzeskraft ablehnend OLG Zweibrücken, NZG 2011, 433 (435); OLG München, NZG 2009, 508 (509); OLG Schleswig, NZG 2004, 669 (670); *Berg/Stöcker*, WM 2002, 1569 (1571); *Seibt*, AG 2002, 249 (250).

393 Zur Entstehung des DCGK *Kremer*, ZIP 2011, 1177 (1177); *Bayer/Scholz*, in: Spindler/Stilz, AktG, § 161, Rn. 8ff.

394 Ausführungen von Dr. Gerhard Cromme, Vorsitzender der Regierungskommission Deutscher Corporate Governance-Kodex anlässlich der Pressekonferenz nach Übergabe des Deutschen Corporate Governance-Kodex an die Bundesministerin der Justiz Frau Prof. Dr. Herta Däubler-Gmelin am 26 Februar 2002 in Berlin, S. 5, abrufbar unter http://www.dcgk.de/de/kommission/die-kommission-im-dialog/deteilansicht/ausfuehrungen-von-dr-gerhard-cromme.html?file=files/dcgk/usercontent/de/download/2002/RedeDrCromme-Uebergabe-de.pdf. Die Kodexkommission wird daher auch als „Standing Commission" bezeichnet, vgl. *Ringleb*, in: Ringleb, DCGK, Rn. 51.

ohne unmittelbare Mitwirkung des demokratisch legitimierten Gesetzgebers. Es erfolgt lediglich eine Prüfung und Veröffentlichung der Vorschläge der Kommission im Bundesanzeiger durch das Bundesjustizministerium[395].

Vorgeschlagen wird ferner eine Qualifizierung der Empfehlungen als Gewohnheitsrecht, richterliche Rechtsfortbildung, Handelsbräuche[396], Fachnormen[397] oder Vertragsrecht.

Voraussetzung für eine Einordnung der Empfehlungen als Gewohnheitsrecht wäre eine gleichmäßige Übung über einen längeren Zeitraum, der von den Beteiligten als rechtmäßig angesehen und von einem Rechtsgeltungswillen getragen wird[398]. Die im Kodex vorgesehene[399] und von den Unternehmen praktizierte Abweichung von Empfehlungen des Kodex zeigt jedoch, dass es an einer gleichmäßigen Übung fehlt[400].

Für eine Einordnung als Richterrecht fehlt es an einer Weiterentwicklung des geltenden Rechts durch die Rechtsprechung[401].

Ein Handelsbrauch setzt voraus, dass eine von den betreffenden Kreisen gehandhabte Übung vorliegt, die zwar allgemein anerkannt ist und über einen längeren Zeitraum praktiziert wird, jedoch anders als beim Gewohnheitsrecht freiwillig erfolgt[402]. Im Unterschied zu Handelsbräuchen beschreiben die Kodexempfehlungen jedoch keine freiwillige und gleichmäßige Befolgung bestimmter Standards über einen längeren Zeitraum, sondern enthalten einen – wie die erklärte Abweichung von manchen Empfehlungen zeigt – lediglich gewünschten Sollzustand[403]. Zweifelhaft ist damit zumindest die allgemeine Zustimmung

---

395 *Spindler*, in: K. Schmidt/Lutter, AktG, § 161, Rn. 7; vgl. auch die Gesetzesbegründung zum TransPuG, BT-Drs. 14/9079, S. 18.

396 Befürwortet von *Peltzer*, NZG 2002, 10 (11).

397 Dafür *Borges*, ZGR 2003, 508 (517f.).

398 *Hopt*, in: Baumbach/Hopt, HGB, Einl. vor § 1, Rn, 17; *K. Schmidt*, in: MüKo HGB, Vorb. zu § 1, Rn. 32.

399 Präambel, Abs. 10 DCGK.

400 *Claussen/Bröcker*, DB 2002, 1199 (1199); *Hommelhoff/Schwab*, in: Hdb. Corporate Governance, S. 71 (S. 77f.). *Huttner*, Auslegung des DCGK, S. 27.

401 *Just*, Anwendbarkeit, S. 53; *Weiß*, Regulierungsinstrumente, S. 89.

402 *Hopt*, in: Baumbach/Hopt, HGB, § 346, Rn. 1: *Kort*, in: FS-K. Schmidt, S. 945 (S. 956).

403 *Berg/Stöcker*, WM 2002, 1569 (1571); *Borges*, ZGR 2003, 508 (516f.); *Goette*, in: MüKo-AktG, § 161, Rn. 24; *Hommelhoff/Schwab*, in: Hdb. Corporate Governance, S. 71 (S. 77). *Just*, Anwendbarkeit, S. 54; *Weiß*, Regulierungsinstrumente, S. 92.

der Beteiligten[404] sowie das Vorhandensein einer längerfristigen freiwilligen Übung[405].

Soweit die Kodexempfehlungen in ihrer Rechtsnatur mit Fachnormen wie etwa den DIN-Normen gleichgesetzt werden[406] ist zwar zuzugeben, dass sowohl die Kodexempfehlungen als auch die DIN-Normen die sachlich angemessene Ausübung einer Tätigkeit bestimmen und vereinheitlichen sollen und dass beide Regelungstypen erst durch die freiwillige Anwendung durch ihre Adressaten oder durch die Bezugnahme in Gesetzen oder Verträgen oder durch die Rechtsprechung Bedeutung erlangen[407]. Im Unterschied zu den DIN-Normen erschöpfen sich die Kodexempfehlungen jedoch nicht in einer Ausfüllung des gesetzlich vorgegebenen Rahmens, sondern gehen darüber hinaus, indem sie auch eigene Regelungen treffen[408]. Ferner sind sie meist weiter gefasst und können daher an die spezifischen Gegebenheiten der unterschiedlichen Gesellschaften angepasst werden, während DIN-Normen meist detailliert und technisch formuliert sind[409]. Darüber hinaus besteht für die betreffenden Gesellschaften die Möglichkeit, von Kodexempfehlungen abzuweichen, was im Kodex auch explizit vorgesehen ist. DIN-Normen stehen hingegen nicht zur Disposition der Unternehmen.

Eine Zuordnung zum Vertragsrecht scheidet schließlich mangels eines Aushandelns der Empfehlungen des DCGK zwischen Vertragsparteien aus[410]. Darüber hinaus ist die Entsprechenserklärung der jeweiligen Gesellschaft keine

---

404 *Ulmer*, ZHR 166 (2002), 150 (159f.); zu diesem Erfordernis für die Annahme eines Handelsbrauches vgl. K. Schmidt, in: MüKo HGB, § 346, Rn. 14; allgemein zu den Voraussetzungen für die Anerkennung eines Handelsbrauches *Canaris*, Handelsrecht, § 22 I Rn. 5ff.

405 *Hommelhoff/Schwab*, in: Hdb. Corporate Governance, S. 71 (S. 77); *Huttner*, Auslegung des DCGK, S. 28; *Kort*, in: FS-K. Schmidt, S. 945 (S. 957); *Marsch-Barner*, in: Marsch-Barner/Schäfer, § 2, Rn. 45; *Spindler*, in: K. Schmidt/Lutter, AktG, § 161, Rn. 8. Die Einordnung der Empfehlungen als Handelsbrauch – wenn auch ohne Begründung – ablehnend auch OLG Zweibrücken, NZG 2011, 433 (435); OLG Schleswig, NZG 2004, 669 (670).

406 Dafür *Borges*, ZGR 2003, 508 (517f.); wohl auch *Kort*, in: FS-K. Schmidt, S. 945 (S. 958f.), der technische Regelwerke und die Empfehlungen des DCGK für vergleichbar hält.

407 *Borges*, ZGR 2003, 508 (518); *Huttner*, Auslegung des DCGK, S. 31; *Weiß*, Regulierungsinstrumente, S. 93.

408 *Weiß*, Regulierungsinstrumente, S. 93f.

409 *Huttner*, Auslegung des DCGK, S. 32.

410 *Weiß*, Regulierungsinstrumente, S. 90.

Willenserklärung, die einen Vertragsschluss mit der Kodexkommission oder dem Kapitalmarkt herbeiführen könnte[411].

Den in der Literatur geäußerten Bedenken gegenüber einer Zuordnung der Kodexempfehlungen zu einer der genannten Kategorien ist zuzustimmen. Tatsächlich überwiegen trotz der gefundenen Gemeinsamkeiten letztendlich die Unterschiede zwischen den Kodexempfehlungen und den genannten Instrumenten. Dass sich die Kodexempfehlungen keiner bekannten Kategorie zuordnen lassen ist vermutlich der Tatsache geschuldet, dass die Regelungstechnik des DCGK dem deutschen Recht vor der Einführung des DCGK fremd war[412].

Vereinzelt wird hieraus der Schluss gezogen, die Kodexempfehlungen seien schlicht dem außerrechtlichen Bereich zuzuordnen und daher nicht verbindlich[413]. Jedoch greift dieser Gedanke zu kurz: Auch wenn die Empfehlungen des DCGK nicht als Gesetze zu qualifizieren sind und trotz der misslingenden Einordnung in bekannte Kategorien, ist eine gewisse rechtliche Relevanz nicht von der Hand zu weisen[414]. Die Empfehlungen des DCGK sind mehr als bloße niedergeschriebene Corporate Governance-Grundsätze Privater. Die Beauftragung der Baums-Kommission durch die Bundesregierung, die Einsetzung der Kodexkommission durch das Bundesjustizministerium, die Prüfung des Kodex durch das Bundesjustizministerium, die Veröffentlichung des Kodex im Bundesanzeiger sowie die Verankerung in § 161 Abs. 1 AktG mit der Pflicht zur Abgabe der Entsprechenserklärung stellen deutliche Anhaltspunkte für eine gewisse rechtliche Relevanz der Empfehlungen dar.

Zwar besteht einerseits kein rechtlicher Zwang, die Empfehlungen des Kodex zu befolgen, andererseits führt die Pflicht zur Abgabe der Entsprechenserklärung gemäß § 161 Abs. 1 AktG jedoch dazu, dass sich die betreffenden Unternehmen zumindest mit den Empfehlungen befassen und prüfen müssen, welche Empfehlungen nicht eingehalten werden und warum dies der Fall ist[415]. Darüber

411 Eingehend hierzu *Huttner*, Auslegung des DCGK, S. 32f.

412 *Goette*, in: MüKo-AktG, § 161, Rn. 26; *Seidel*, ZIP 2004, 285 (289) „Der Deutsche Corporate Governance Kodex ist ein Novum des deutschen Rechts"; *Spindler*, in: K. Schmidt/Lutter, AktG, § 161, Rn. 6; *Ulmer*, ZHR 166 (2002), 150 (160).

413 *Claussen/Bröcker*, DB 2002, 1199 (1199) beschreiben den Kodex als „vertrauensbildendes privates Regelungswerk für Verhaltensweisen von aktienrechtlichen Organen".

414 *Mülbert/Wilhelm*, ZHR 176 (2012), 286 (313) attestieren den Kodexempfehlungen eine „gewisse quasi-normative Erheblichkeit".

415 *Spindler*, in: K. Schmidt/Lutter, AktG, § 161, Rn. 10; Statement of the European Corporate Governance Forum on the comply-or-explain principle vom 22.02.2006, abrufbar unter http://ec.europa.eu/internal_market/company/docs/ecgforum/ecgf-comply-explain_en.pdf.

hinaus führt auch die Veröffentlichung des DCGK im amtlichen Teil des Bundesanzeigers dazu, dass den Empfehlungen nicht bloß der Charakter einer freiwilligen Selbstverpflichtung zuzuschreiben ist.

Zur Verdeutlichung dieser rechtlichen Relevanz wird oft der Begriff *soft-law* bemüht[416]. Damit soll verdeutlicht werden, dass es sich bei den Empfehlungen des DCGK um Regelungen handelt, denen zwar keine normative Bindungswirkung zukommt, die aber dennoch rechtlich nicht unbeachtlich sind. *Weiß* wiederum bezeichnet die Empfehlungen als „hybride Regelungen" um das Zusammenwirken des Staates und Privater deutlich zu machen und der rechtlichen Relevanz der Kodexempfehlungen gerecht zu werden[417]. Allein mit der Schaffung neuer Kategorien ist jedoch, abgesehen von einer sprachlichen Unterscheidung für die Qualifizierung der Empfehlungen, nichts gewonnen[418]. Sie stellen nur fest, dass von den Empfehlungen rechtliche Wirkungen ausgehen, vermögen diese aber alleine durch die Einordnung in eine neue Kategorie nicht rechtlich zu begründen. Aus diesem Grund muss zunächst untersucht werden, wo die rechtliche Relevanz herrührt und wie sie sich begründen lässt.

b) Die Verbindlichkeit der Empfehlungen des DCGK auf Grund eines faktischen Befolgungsdrucks

Die angesprochene Relevanz der Empfehlungen des DCGK lässt sich primär auf den Druck zurückführen, den die Erklärungs- und Begründungspflicht des § 161 Abs. 1 AktG ausübt[419]. Die Pflicht für die betreffenden Unternehmen, sich für Abweichungen von den Empfehlungen des Kodex zu rechtfertigen kann dazu führen, dass Unternehmen es vorziehen alle Empfehlungen zu befolgen statt eine Abweichung zu erklären.

416 Vgl. *Semler/Wagner*, NZG 2003, 553 (554); *Vetter*, DNotZ 2003, 748 (754).

417 *Weiß*, Regulierungsinstrumente, S. 97.

418 Kritisch in diese Richtung auch *Kirschbaum/Wittmann*, JuS 2005, 1062 (1064); *Kort*, in: FS-K. Schmidt, S. 945 (S. 951); *Marsch-Barner*, in: Marsch-Barner/Schäfer, § 2, Rn. 45.

419 *Runte/Eckert*, in: Bürgers/Körber, AktG, § 161, Rn. 3; Wolf, ZRP 2002, 59 (60). Zur Anpassung an institutionalisierte Erwartungen aus der Perspektive des institutionellen Forschungsansatzes *Dutzi*, Aufsichtsrat als Instrument, S. 180ff.

aa) Sanktionierung durch den Kapitalmarkt

Zum einen kann dies damit begründet sein, dass die Unternehmen Sanktionen durch den Kapitalmarkt befürchten[420]. Solche Sanktionen können etwa Auswirkungen auf den Aktienkurs, der Rückzug potentieller um ihre eigene Reputation besorgter Investoren, steigende Kapitalkosten[421], eine negative Beurteilung durch Rating-Agenturen[422] oder eine negative Berichterstattung in der Presse sein. Zwar ist es gerade die ausdrückliche Intention des Kodex, eine Abweichungskultur zu schaffen um zu erkennen, welche Empfehlungen von den Unternehmen tatsächlich als Standard guter Unternehmensführung angesehen werden[423]. Überdies wird eine Sanktion seitens des Kapitalmarktes oder der Medien selten zu befürchten sein, wenn ein Unternehmen für eine Abweichung von einer Empfehlung eine verständliche, plausible und glaubhafte Begründung liefert[424]. Dennoch trägt durch die Konzeption der Erklärungs- und Begründungspflicht das Unternehmen das Risiko, dass die gelieferte Begründung vom Kapitalmarkt und den Medien nicht als ausreichend angesehen wird[425]. Dies dürfte viele Unternehmen dazu verleiten, von Abweichungen abzusehen.

Ein Zusammenhang zwischen dem Börsenkurs und der Erklärung einer Abweichung von Empfehlungen des Kodex konnte bislang nicht empirisch belegt werden. Zwar versuchen einige Studien einen Zusammenhang zwischen der Befolgung der Empfehlungen des DCGK bzw. anderer Corporate Governance Kodizes und dem Aktienkurs zu belegen[426]. Jedoch stammen diese sämtlich aus

---

420 Diese Befürchtung teilen etwa *Berg/Stöcker*, WM 2002, 1569 (1572); *Hoffmann-Becking*, in: FS-Hüffer, S. 337 (S. 343); *ders.*, ZIP 2011, 1173 (1174); *Jahn/Rapp/Strenger/Wolff*, ZCG 2011, 64 (65); *Mülbert/Wilhelm*, ZHR 176 (2012), 286 (313); *Schüppen*, ZIP 2002, 1269 (1271); *Seidel*, ZIP 2004, 285 (289); *Spindler*, in: K. Schmidt/Lutter, AktG, § 161, Rn. 10; *Vetter*, DNotZ 2003, 748 (755); *Wymeersch*, Enforcement, S. 5. Die Gefahr einer faktischen Verbindlichkeit aufgrund eines gewissen Drucks des Marktes erkennt auch bereits die Baums-Kommission, BT-Drs. 14/7515, S. 32.

421 So die Hypothese von *Nowak/Rott/Mahr*, ZGR 2005, 252 (271).

422 *Wymeersch*, Enforcement, S. 5.

423 Präambel, Abs. 10 DCGK.

424 *Berg/Stöcker*, WM 2002, 1569 (1572); *Seibert*, BB 2002, 581 (584).

425 *Heitmann*, Anforderungen, S. 86.

426 Siehe etwa die Studien von *Drobetz/Schillhofer/Zimmermann*, European Financial Management 2004, 267; *Gompers/Ishii/Metrick*, The Quarterly Journal of Economics, February 2003, 107; *Nowak/Rott/Mahr*, ZGR 2005, 252; siehe ferner die Investorenbefragungen von McKinsey & Company, dargestellt bei *Coombes/Watson*,

der Zeit vor der Finanzkrise. Die Studie von *Nowak/Rott/Mahr*[427] untersucht überdies lediglich kurzfristige Effekte der Veröffentlichung der Entsprechenserklärung, bleibt dabei aber eine Antwort auf die Frage, ob auch die Abweichung an sich, unabhängig vom Zeitpunkt ihrer Erklärung, Auswirkungen auf den Aktienkurs zeigt, schuldig. Ob der Kapitalmarkt langfristig die Befolgung der Empfehlungen des Kodex honoriert oder im Gegenzug Abweichungen sanktioniert wird damit nicht belegt[428]. Die empirische Untersuchung von *Gompers/Ishii/Metrick*[429] fokussiert sich auf den amerikanischen Kapitalmarkt. Die Unterschiede zwischen den verbreiteten Unternehmensstrukturen und Rechtssystemen in Deutschland und den USA machen es schwierig, die für amerikanische Unternehmen festgestellten Ergebnisse auf den deutschen Kapitalmarkt zu übertragen[430].

Somit ist es lediglich die Angst vor einer negativen Reaktion des Kapitalmarkts im Falle der Abweichung von Empfehlungen des DCGK, die dazu führen kann, dass sich ein Unternehmen faktisch zur Befolgung aller Empfehlungen verpflichtet fühlt[431].

bb) Sanktionierung durch die Öffentlichkeit

Zum anderen kann auch die Angst vor einer negativen Wahrnehmung in der Öffentlichkeit oder in den Medien eine treibende Kraft für einen faktischen Befolgungsdruck sein[432]. So kann der Kodex als anerkannter Standard das Meinungsbild der Akteure am Kapitalmarkt, wie z.B. Aktionärsdienstleister, Stimmrechtsvertreter, Investoren oder Banken in Bezug auf gute Corporate Governance derart prägen, dass sich auch die vom Kodex erfassten Gesellschaften diesem Bild anpassen

---

McKinsey Quarterly 2000 (Nr. 4), S. 74ff. Einen Zusammenhang zwischen der Befolgung der Empfehlungen des DCGK und dem Unternehmenserfolg ablehnend *Bassen/Kleinschmidt/Prigge/Zöllner*, DBW 2006, 375 (396).

427 *Nowak/Rott/Mahr*, ZGR 2005, 252.

428 *Weiß*, Regulierungsinstrumente, S. 116.

429 *Gompers/Ishii/Metrick*, The Quarterly Journal of Economics, February 2003, 107.

430 *Nowak/Rott/Mahr*, ZGR 2005, 252 (263f.).

431 *Goette*, in: MüKo-AktG, § 161, Rn. 30.

432 Vgl. *Borges*, ZGR 2003, 508 (538); *Huttner*, Auslegung des DCGK, S. 37; *Töller*, Der moderne Staat 2009, 293 (305); *Wymeersch*, Enforcement, S. 5. Vgl. auch Börsen-Zeitung v. 20.04.2012 „Die Firmen empfänden eine hohe Erwartungshaltung der Öffentlichkeit, wobei als stärkste Treiber die Aktionärsdienstleister und Stimmrechtsvertreter genannt werden, die Unternehmen oft relativ schematisch anhand von Corporate- Governance-Katalogen beurteilten".

müssen[433]. Insbesondere Aktionärsdienstleister und Stimmrechtsvertreter aber auch Investoren und Analysten beurteilen Unternehmen oft schematisch anhand von Corporate Governance Katalogen[434], sodass sich Abweichungen hier besonders intensiv auswirken. Ferner kann auch das Bild eines Unternehmens in der Öffentlichkeit durch die Abweichung von Empfehlungen des Kodex beeinflusst werden. Da ein Unternehmen ein komplexes Gebilde darstellt, dessen Bewertung auf zahlreiche Faktoren gestützt werden muss, Medien hingegen oft bestrebt sind Dinge vereinfacht und für ihre Adressaten verständlich darzustellen, besteht die Gefahr, dass eine Abweichung von den anerkannten Standards guter und verantwortungsvoller Unternehmensführung negativ aufgefasst wird. Darüber hinaus können auch kritische Nachfragen in Bezug auf die Abweichung von Empfehlungen, etwa auf der Hauptversammlung, einen negativen Eindruck hinterlassen[435].

cc) Sanktionierung durch Tätigwerden des Gesetzgebers

Schließlich kann ein faktischer Befolgungsdruck auch durch die Umsetzung von Empfehlungen in Gesetze entstehen. Wird eine Empfehlung des Kodex nicht in ausreichendem Maße befolgt, besteht für den Gesetzgeber – ungeachtet der mit einem Gesetzgebungsverfahren verbundenen rechtlichen und vor allem politischen Schwierigkeiten[436] – die Möglichkeit, die bislang rechtlich unverbindliche Empfehlung in zwingendes Gesetzesrecht zu überführen[437]. Ein jüngeres Beispiel für dieses Vorgehen ist die Regelung der individualisierten Offenlegung der Vorstandsvergütung im VorstOG.

Dass jedoch auch die weitgehende Befolgung einer Empfehlung eine gesetzliche Regelung nicht zwingend verhindert, wird am Beispiel der gesetzlichen Geschlechterquote deutlich[438]. Die angemessene Beteiligung von Frauen empfahl der DCGK vor Einführung der gesetzlichen Regelung in Ziffer 5.4.1 Abs. 2 S. 1 Hs. 5 (Diversity) und Satz 2. In der jüngsten Erhebung zur Befolgung des Kodex wurden für diese Empfehlungen Befolgungsquoten von insgesamt 71,2 % und 65,5 % festgestellt[439]. Unter den DAX-Unternehmen, die wohl die Hauptbetroffenen der neuen gesetzlichen Quotenregelung darstellen, wurde hingegen

433 Börsen-Zeitung v. 20.4.2012, S. 9; vgl. auch *Borges*, ZGR 2003, 508 (538).
434 Börsen-Zeitung v. 20.4.2012, S. 9; *Cromme*, Börsen-Zeitung v. 9.3.2012, S. B1.
435 Vgl. *Huttner*, Auslegung des DCGK, S. 37.
436 Kritisch zum Verhältnis von Kooperation und autoritativer Regelung *Töller*, Kooperation, S. 282ff.
437 *Seibert*, BB 2002, 581 (582).
438 Ausführlich zur gesetzlichen Geschlechterquote *Teichmann/Rüb*, BB 2015, 898 (898ff.).
439 Vgl. *v. Werder/Bartz*, DB 2014, 905 (910).

eine Befolgungsquote von jeweils 96,0 % festgestellt. Auch im TecDax (77,8 % bzw. 66,7 %) sowie im MDAX (jeweils 70,8 %) lag die Befolgungsquote über dem Durchschnitt aller befragten Unternehmen. Damit liegt die Befolgungsquote hier deutlich höher als diejenige bezüglich der Empfehlung zur individuellen Offenlegung der Vorstandsvergütung im Jahr der gesetzlichen Regelung durch das VorstOG. Damals wurde die Empfehlung von insgesamt nur 48,5 % aller Unternehmen befolgt[440]. Auch unter den DAX-Unternehmen konnte nur eine Befolgungsquote von 77,8 % festgestellt werden[441].

Aus diesem gravierenden Unterschied kann der Schluss gezogen werden, dass zwar ein Großteil der Unternehmen konkrete Ziele zu Diversity und einer angemessenen Beteiligung von Frauen im Unternehmen benannt hat, diese Ziele jedoch nicht dem entsprachen, was sich der Gesetzgeber unter einer angemessenen Beteiligung vorgestellt hat und daher zum Mittel einer gesetzlichen Regelung getroffen hat. Eine solche Entwicklung kann dazu führen, dass künftig der aus der Angst vor einer gesetzlichen Regelung entstehende Befolgungsdruck eher abnimmt, wenn Unternehmen damit rechnen müssen, dass auch wenn sie die Befolgung einer Empfehlung erklären, der Gesetzgeber regelnd tätig wird.

c) Zwischenergebnis

Die vorstehende Untersuchung hat gezeigt, dass die Empfehlungen des DCGK keine rechtliche Verbindlichkeit aufweisen. Weder sind sie als Gesetze zu qualifizieren, noch geht von ihnen auf Grund ihrer Vergleichbarkeit mit anderen Regelungsarten eine rechtliche Verbindlichkeit aus.

Dennoch führt die in § 161 AktG gesetzlich verankerte Erklärungs- und Begründungspflicht dazu, dass ein faktischer Befolgungsdruck entsteht. Treibende Kraft dafür ist die Befürchtung von Sanktionen seitens des Kapitalmarktes, der Öffentlichkeit oder auch des Gesetzgebers. Auch wenn ein Zusammenhang zwischen der Befolgung des Kodex und dem Börsenkurs bislang nicht empirisch nachgewiesen werden konnte, zeigt nicht zuletzt die insgesamt hohe Befolgungsquote der Empfehlungen[442], dass ein faktischer Befolgungsdruck bestehen kann,

---

440 Vgl. *v. Werder/Talaulicar*, DB 2006, 849 (851).

441 Vgl. *v. Werder/Talaulicar*, DB 2006, 849 (851).

442 Der Kodex Report 2014 stellt für die Empfehlungen des DCGK insgesamt eine Befolgungsquote von 79,8 % fest. Bei den DAX-Unternehmen beläuft sich diese Quote sogar auf 91,8%. Vgl. *v. Werder/Bartz*, DB 2014, 905 (907). Allein aus der hohen Befolgungsquote kann jedoch nicht darauf geschlossen werden, dass die Empfehlungen von den betreffenden Gesellschaften auch in diesem hohen Umfang akzeptiert werden; vgl. *Goette*, in: MüKo-AktG, § 161, Rn. 34.

der allein durch die Befürchtung eines solchen Zusammenhangs, sowie die Angst vor Sanktionen durch die Öffentlichkeit oder den Gesetzgeber, ausgelöst wird.

Zwar führt dieser faktische Befolgungsdruck nicht soweit, dass Vorstands- oder Aufsichtsratsmitglieder auf Grund der Erklärung einer Abweichung von einer Empfehlung haftbar gemacht werden könnten, doch sind die genannten Personen auf Grund ihrer Bindung an das Unternehmensinteresse an der Vermeidung von Sanktionen für das Unternehmen interessiert[443]. Dies führt dazu, dass auch die handelnden Personen ein persönliches Interesse an der Befolgung der Kodexempfehlungen haben.

Im Ergebnis können die Empfehlungen somit als allgemeine aktienrechtliche Anforderungen angesehen werden.

3) Die Anregungen des DCGK

Weniger problematisch stellt sich die Einordnung der Anregungen des Kodex dar. Sie sind rechtlich unverbindlich und unterliegen nicht der Erklärungspflicht des § 161 Abs. 1 AktG, sodass von ihnen ohne Erklärung und ohne Rechtsfolge abgewichen werden kann[444]. Auf Grund der fehlenden Erklärungspflicht entsteht auch kein faktischer Befolgungsdruck. Erhält der Kapitalmarkt keine Informationen über die Befolgung oder Nichtbefolgung von Anregungen, so unterliegen die Gesellschaften auch nicht der Gefahr, sich für die Nichtbefolgung einer Anregung vor dem Kapitalmarkt rechtfertigen zu müssen. Faktische Wirkungen können die Anregungen nur insoweit geben, als sie den Gesellschaften aufzeigen, in welche Richtung sich der Kodex entwickelt und welche Regelungen in Zukunft Gegenstand von Empfehlungen sein könnten, sodass sich die Gesellschaften bereits auf sie einstellen bzw. Kritik an ihnen üben können[445].

III) Einzelne Anforderungen an Aufsichtsratsmitglieder

Eine Durchsicht des Kodex offenbart vier Bereiche, in denen sich der DCGK mit der Qualifikation von Aufsichtsratsmitgliedern befasst: Qualifikation des Organs, persönliche Voraussetzungen, zeitliche Verfügbarkeit und Weiterbildung.

---

443 Vgl. *Huttner*, Auslegung des DCGK, S. 38.

444 Der Kodex regt zwar in Ziff. 3.10 selbst an, im Rahmen des jährlichen Corporate Governance-Berichts auch zu den Anregungen Stellung zu nehmen, rechtlich verbindlich ist diese Anregung jedoch freilich nicht.

445 Anders *Seidel*, ZIP 2004, 285 (291f.), der einen Grundrechtsverstoß annimmt und die Anregungen als Beschreibungen der „Best Practice“ sieht, die das Bundesjustizministerium nicht inhaltlich geprüft hätte, wenn es nicht deren Befolgung gewünscht hätte.

Daneben trifft der Kodex Bestimmungen zur Zusammenarbeit von Vorstand und Aufsichtsrat[446], zu Aufgaben und Zuständigkeiten des Aufsichtsrats[447], zur Bildung von Ausschüssen[448], zur Wahl der Aufsichtsratsmitglieder[449], zur Vergütung[450] sowie zu Interessenkonflikten von Aufsichtsratsmitgliedern[451]. Im Folgenden soll der Fokus auf die dem DCGK zu entnehmenden Anforderungen gelegt werden.

1) Qualifikation

Zentral für die Qualifikation der Aufsichtsratsmitglieder ist Ziffer 5.4.1 Abs. 1 DCGK. Danach ist der Aufsichtsrat so zusammenzusetzen, dass seine Mitglieder insgesamt über die zur ordnungsgemäßen Wahrnehmung der Aufgaben erforderlichen Kenntnisse, Fähigkeiten und fachlichen Erfahrungen verfügen.

Ziffer 5.4.1 Abs. 1 DCGK enthält dem Wortlaut nach auf Grund der Formulierung „ist" nach der Regelungstechnik des DCGK[452] eine Wiedergabe des geltenden Gesetzesrechts[453]. Die Kodexkommission geht offensichtlich selbst von einer gesetzlichen Mindestqualifikation aus: Vor der Neufassung im Jahr 2010 war Ziffer 5.4.1 deutlich als Empfehlung formuliert[454].

Im Aktiengesetz findet sich eine derartige Anforderung jedoch nicht. Teilweise wird in diesem Zusammenhang auf die vom BGH in der Hertie-Entscheidung[455] aufgestellten Grundsätze, nach denen jedes Aufsichtsratsmitglied über die für das Verständnis und die sachgerechte Beurteilung aller normalerweise anfallenden Geschäftsvorgänge erforderlichen Mindestkenntnisse und -fähigkeiten verfügen oder sich solche Kenntnisse und Fähigkeiten

---

446 Ziff. 3 DCGK.
447 Ziff. 5.1 DCGK bzw. bzgl. der Befugnisse des Aufsichtsratsvorsitzenden Ziff. 5.2 DCGK.
448 Ziff. 5.3 DCGK.
449 Ziff. 5.4.3 DCGK.
450 Ziff. 5.4.6 DCGK.
451 Ziff. 5.5 DCGK.
452 Zur Unterscheidung von deskriptivem Teil, Empfehlungen und Anregungen bereits oben Kapitel 2 B); vgl. ferner *v. Werder*, in: Ringleb, DCGK, Rn. 123ff.
453 So auch *Ehren/Gros*, Der Konzern 2011, 277 (277); *v. Werder/Böhme*, DB 2011, 1345 (1345); *Wilsing*, in: Wilsing, DCGK, Ziff. 5.4.1, Rn. 1; vgl. zur Einordnung von Ziff. 5.4.1 Abs. 1 DCGK auch *Hecker/Peters*, BB 2010, 2251 (2255f.).
454 Vgl. Ziff. 5.4.1 DCGK in der Fassung vom 18. Juni 2009.
455 BGHZ 85, 293; dazu bereits oben Kapitel 2 A)V)1)b).

aneignen muss, verwiesen[456]. Dabei handelt es sich jedoch nicht um eine ausdrückliche gesetzliche Regelung, sondern um eine richterliche Auslegung des Rechts. Als solche ist sie einer Änderung der gerichtlichen Rechtsauffassung zugänglich. Andere stellen darauf ab, dass die fachliche Eignung von Aufsichtsratsmitgliedern für eine effektive Überwachungstätigkeit unabdingbar sei und eine Mindestqualifikation daher gesetzlich vorausgesetzt werde, was Ziffer 5.4.1 Abs. 1 DCGK verdeutlichen wolle[457].

Auch inhaltlich zeigen sich Divergenzen zwischen der Bestimmung des Kodex und den Hertie-Grundsätzen. Während Ziffer 5.4.1 Abs. 1 DCGK nur fordert, dass die erforderliche Qualifikation insgesamt im Aufsichtsrat vorhanden ist[458], verlangt der BGH eine Mindestqualifikation individuell von jedem Aufsichtsratsmitglied und stellt lediglich fest, dass nicht zu erwarten sei, dass jedes Aufsichtsratsmitglied auf sämtlichen Gebieten der Aufsichtsratstätigkeit umfassende Spezialkenntnisse besitze[459].

Ferner geht Ziffer 5.4.1 Abs. 1 auch dem Umfang nach über die Grundsätze des BGH hinaus, indem zusätzlich zu den auch vom BGH geforderten Kenntnissen und Fähigkeiten fachliche Erfahrungen gefordert werden[460]. Nach alledem erscheint Ziffer 5.4.1 eher eine Empfehlung der Kodexkommission als eine deskriptive Wiedergabe des Gesetzes zu enthalten. Fest steht lediglich, dass Ziffer 5.4.1 Abs. 1 DCGK keine Mindestqualifikation für einzelne Aufsichtsratsmitglieder anordnet, sondern das Erfordernis einer Mindest-Gesamtqualifikaton statuiert.

Indem der Kodex die *erforderlichen* Kenntnisse, Fähigkeiten und Erfahrungen anspricht, soll der genaue Umfang der Mindestqualifikation aus der Perspektive des Aufsichtsrats bestimmt werden[461]. Demnach richtet sich hier die Mindestqualifikation, ebenso wie die aus dem Aktiengesetz ableitbare

---

456 Vgl. *Huttner*, Auslegung des DCGK, S. 135f.

457 *Wilsing*, in: Wilsing, DCGK, Ziff. 5.4.1, Rn. 2; ähnlich *Ringleb/Kremer/Lutter/v. Werder*, NZG 2010, 1161 (1165); in diese Richtung tendierend wohl auch *Strenger*, NZG 2010, 1401 (1402).

458 Vgl. *Keiluweit*, DStR 2010, 2251 (2251f.).

459 BGHZ 85, 293 (296); zum Verhältnis der Einzel- zur Gesamtqualifikation bereits oben Kapitel 2 A)V)1)a).

460 Zur begrifflichen Unterscheidung bereits oben Kapitel 2 A)V)1)d) sowie die Nachweise in Fn. 160. Nach der Ansicht von *Semler*, in: FS-K. Schmidt, S. 1489 (S. 1501f.) sind Kenntnisse, Fähigkeiten und Erfahrungen jedoch Bestandteile der von Rechtsprechung und Schrifttum geforderten Mindestqualifikation. Demnach dürften sich keine Unterschiede ergeben.

461 Vgl. *Kremer*, in: Ringleb, DCGK, Rn. 972.

Mindestqualifikation[462] und die Mindestqualifikation im Sinne der Hertie-Rechtsprechung[463], nach den Besonderheiten des jeweiligen Unternehmens.

Auf Grund der großen Vielfalt unterschiedlicher Aktiengesellschaften hinsichtlich ihrer Größe, Geschäftstätigkeit oder Ausrichtung nimmt auch der DCGK keine genauere Festlegung der Mindestqualifikation vor. Damit ergibt sich aus dem DCGK gegenüber dem Aktiengesetz kein weiterer Erkenntnisgewinn.

2) Persönliche Voraussetzungen

Eng verbunden mit den soeben dargestellten Bestimmungen über die Qualifikation sind die persönlichen Anforderungen, die der DCGK in Ziffer 5.4.1 Abs. 2 empfiehlt. Beide Bestimmungen finden sich im DCGK unter dem Aspekt der Zusammensetzung des Aufsichtsrats.

a) Benennung von konkreten Zielen für die Zusammensetzung

Nach Ziffer 5.4.1 Abs. 2 DCGK soll der Aufsichtsrat für seine Zusammensetzung konkrete Ziele benennen. Dabei handelt es sich nicht um Anforderungen an einzelne Aufsichtsratsmitglieder, sondern ein Element der „Gesamtqualifikation"[464]. Die zu benennenden Ziele enthalten nur Merkmale, die insgesamt im Aufsichtsrat vertreten sein sollen[465]. Ziel ist es, einen heterogen besetzten Aufsichtsrat zu gewährleisten und so die Qualität der Überwachung zu verbessern[466]. Konkrete Ziele dürfen sich nicht in allgemeinen Aussagen erschöpfen, müssen jedoch andererseits auch keine fixen Quoten festlegen[467]. Gefordert wird damit, dass sich der Aufsichtsrat ein Bild von der Lage im eigenen Unternehmen macht und

---

462 Dazu oben Kapitel 2 A)V).

463 Dazu oben Kapitel 2 A)V)1)b).

464 Vgl. nur den Wortlaut von Ziff. 5.4.1 Abs. 2 DCGK. Der Verweis auf die Zusammensetzung des Aufsichtsrats impliziert, dass nicht alle Mitglieder einheitliche Anforderungen erfüllen müssen.

465 Bericht der Regierungskommission DCGK an die Bundesregierung, November 2010, S. 26f., abrufbar unter http://www.dcgk.de/de/presse/deteilansicht/pressemitteilung-22.html?file=files/dcgk/usercontent/de/download/2010/Governance_Bericht_Nov_2010.pdf. Für einzelne Aufsichtsratsposten können dennoch besondere Anforderungsprofile festgelegt werden, vgl. *Kremer*, in: Ringleb, DCGK, Rn. 985; *Ringleb/Kremer/Lutter/v. Werder*, NZG 2010, 1161 (1165).

466 Vgl. *Weber-Rey/Handt*, NZG 2011, 1 (2); *Wilsing*, in: Wilsing, DCGK, Ziff. 5.4.1, Rn. 4.

467 *Kremer*, in: Ringleb, DCGK, Rn. 984; *Weber-Rey/Handt*, NZG 2011, 1 (3); *Wilsing*, in: Wilsing, DCGK, Ziff. 5.4.1, Rn. 4.

auf dieser Grundlage Ideen entwickelt, welche Maßnahmen zur Erfüllung der Ziele getroffen werden können. Welche Ziele im Einzelnen gesetzt werden, liegt im Ermessen des Aufsichtsrats[468]. Der DCGK gibt insofern jedoch vor, dass die unternehmensspezifische Situation des jeweiligen Unternehmens beachtet werden soll.

Die vom Aufsichtsrat festgelegten Ziele sollen gemäß Ziffer 5.4.1 Abs. 3 S. 1 DCGK im Rahmen der Wahlvorschläge des Aufsichtsrats an die Hauptversammlung berücksichtigt werden. Ferner können die Ziele aber auch bei der Wahl der Arbeitnehmervertreter beachtet werden. Dies bedeutet jedoch nicht, dass die Zusammensetzung des Aufsichtsrats allein an diesen Kriterien auszurichten, also den selbstbenannten Zielen bei der Unterbreitung von Wahlvorschlägen an die Hauptversammlung oder der Wahl von Aufsichtsratsmitgliedern durch die Arbeitnehmer Vorrang vor anderen Kriterien wie beispielsweise der Qualifikation einzuräumen wäre[469]. Vielmehr sind die Zielvorgaben als ein weiterer Aspekt bei der im Sinne des Unternehmensinteresses bestmöglichen Besetzung des Aufsichtsrats zu sehen.

b) Zu berücksichtigende Faktoren

Im Einzelnen sollen die Ziele unter Beachtung der unternehmensspezifischen Situation die internationale Tätigkeit des Unternehmens, potentielle Interessenkonflikte, die Anzahl der unabhängigen Aufsichtsratsmitglieder im Sinn von Ziffer 5.4.2 DCGK, eine festzulegende Altersgrenze für Aufsichtsratsmitglieder, eine Regelgrenze für die Zugehörigkeit zum Aufsichtsrat und Vielfalt (*Diversity*) berücksichtigen[470].

Berücksichtigen bedeutet nach dem Wortsinn im allgemeinen Sprachgebrauch[471] „etwas in seine Überlegungen einbeziehen“[472]. Daher muss der Aufsichtsrat zur Erfüllung der Empfehlung die genannten Punkte in seine Entscheidungsfindung über die Ziele einbeziehen[473]. Dabei hat er jedoch die „unternehmensspezifische Situation“ zu beachten, was eine unterschiedliche Gewichtung der einzelnen Kriterien und damit eine spezifische Anpassung der

---

468 *Weber-Rey/Handt*, NZG 2011, 1 (3).
469 *Sünner*, CCZ 2009, 185 (186).
470 Ziff. 5.4.1 Abs. 2 DCGK.
471 Zur Tauglichkeit des allgemeinen Sprachgebrauchs bei der Bestimmung der spezifischen juristischen Bedeutung eines Begriffs unten Kapitel 4 A)I)1)
472 Vgl. Duden, abrufbar unter http://www.duden.de/rechtschreibung/beruecksichtigen.
473 *Runte/Eckert*, in: Bürgers/Körber, AktG, Anh. § 161/DCGK, Rn. 44.

Ziele an Art und Größe des Unternehmens ermöglicht. Daraus folgt, dass sich nicht zwingend alle Punkte in den gesetzten Zielen widerspiegeln müssen[474].

Inhaltlich bedeutet die Berücksichtigung der internationalen Tätigkeit, dass Aufsichtsratsmitglieder international ausgerichteter Unternehmen über Erfahrungen in einem internationalen Umfeld, insbesondere mit Unternehmensmanagement in anderen Kulturen, aber auch über Sprachkenntnisse sowie Kenntnisse der Gepflogenheiten der internationalen Wirtschaft sowie kultureller Besonderheiten verfügen sollten[475].

Potentielle Interessenkonflikte stellen eine Gefahr für die unvoreingenommene Mandatsausübung im Sinne des Unternehmensinteresses dar[476]. Im Extremfall sollen Interessenkonflikte daher sogar die Beendigung des Mandats zur Folge haben[477].

Der Kodex definiert den Begriff Interessenkonflikt selbst nicht. Ein solcher soll jedoch in der Regel bestehen, wenn Umstände vorliegen, die in der konkreten Situation nicht mehr ohne Weiteres erwarten lassen, dass sich das Aufsichtsratsmitglied ausschließlich am Unternehmensinteresse orientiert[478]. Dies kann nach der Aufzählung in Ziffer 5.5.2 DCGK etwa der Fall sein, wenn ein

---

474 So auch *Huttner*, Auslegung des DCGK, S. 142f.

475 *Kremer*, in: Ringleb, DCGK, Rn. 943; *Müller*, Rede anlässlich der 8. Konferenz DCGK am 19.6.2009, S. 14; *Peltzer*, in: Wellhöfer/Peltzer/Müller, § 10, Rn. 15; *Wilsing*, in: Wilsing, DCGK, Ziff. 5.4.1, Rn. 7; zur Frage, ob die Berücksichtigung der internationalen Tätigkeit die ausländische Staatsbürgerschaft eines Aufsichtsratsmitglieds voraussetzt *Huttner*, Auslegung des DCGK, S. 143ff.; *Ihrig/Meder*, ZIP 2012, 1210 (1212); *Kocher*, BB 2010, 264 (265); *Kremer*, in: Ringleb, DCGK, Rn. 973; *Mense/Rosenhäger*, GWR 2010, 311 (311); *Strenger*, NZG 2010, 1401 (1403); *Wilsing*, in: Wilsing, DCGK, Ziff. 5.4.1, Rn. 7.

476 Vgl. *Deilmann/Albrecht*, AG 2010, 727 (729); *Kremer*, in: Ringleb, DCGK, Rn. 974. Der Kodex empfiehlt daher die Offenlegung von Interessenkonflikten gegenüber dem Aufsichtsrat (Ziff. 5.5.2 DCGK), sowie die Unterrichtung der Hauptversammlung (Ziff. 5.5.3 S. 1 DCGK).

477 Vgl. Ziff. 5.5.3 Satz 2 DCGK wonach „wesentliche und nicht nur vorübergehende Interessenkonflikte in der Person eines Aufsichtsratsmitglieds" zur Beendigung des Mandats führen sollen. Zum Begriff des „wesentlichen Interessenkonflikts" vgl. BGH, ZIP 2009, 460 (464).

478 *Butzke*, in: FS-Hoffmann-Becking, S. 229 (S 235); *Kremer* in: Ringleb, DCGK, Rn. 974; zum Begriff des Interessenkonflikts im DCGK ferner *Koch*, ZGR 2014, 697 (722ff.). Im Gegensatz zur Empfehlung in Ziff. 5.4.2 DCGK kommt es dabei nicht auf die Wesentlichkeit sowie die zeitliche Dauer des Interessenkonflikts an, vgl. *Hasselbach/Jakobs*, BB 2013, 643 (651).

Aufsichtsratsmitglied zugleich eine Beratungs- oder Organfunktion bei Kunden, Lieferanten, Kreditgebern oder sonstigen Dritten innehat.

Bezüglich der zu berücksichtigenden Unabhängigkeit verweist Ziff. 5.4.1 DCGK selbst auf die Definition in Ziff. 5.4.2 DCGK.

Ferner sollen die Ziele eine Altersgrenze bestimmen. Vor dem Hintergrund der steigenden Belastung durch immer weiter steigende Anforderungen dient diese der Sicherstellung, dass alle Aufsichtsratsmitglieder ihren Aufgaben gewachsen sind[479]. Eine Altersgrenze muss daher zunächst festgelegt werden[480]. Wo diese gezogen wird liegt im Ermessen des Aufsichtsrats und richtet sich nach den Umständen des jeweiligen Unternehmens[481]. In der Praxis finden sich üblicherweise Altersgrenzen zwischen 70 und 75 Jahren[482].

Die Regelgrenze zur Zugehörigkeitsdauer soll dazu beitragen eine Mischung zwischen langjährigen Mitgliedern mit großer Erfahrung und neuen Mitgliedern mit neuen Ideen zu schaffen um Betriebsblindheit vorzubeugen und durch stetige Erneuerung die Aufsichtsratsarbeit zu verbessern[483]. Auch diese Grenze muss zunächst durch den Aufsichtsrat festgelegt werden und wird sich an den Umständen des jeweiligen Unternehmens orientieren.

Ein wichtiger Punkt ist ferner die Vielfalt (*Diversity*). Sie ist etwa ein zentraler Baustein des Grünbuchs Europäischer Corporate Governance Rahmen der EU-Kommission[484]. Vielfalt wird oft auf die Aspekte Internationalität und Geschlechterrepräsentanz reduziert[485]. In den Sozial- und Wirtschaftswissenschaften wird

---

479 Vgl. *Deilmann/Albrecht*, AG 2010, 727 (729); *Ihrig/Meder*, ZIP 2012, 1211 (1214); *Kremer*, in: Ringleb, DCGK, Rn. 976; *Wilsing*, in: Wilsing, DCGK, Ziff. 5.4.1, Rn. 9.

480 *Deilmann/Albrecht*, AG 2010, 727 (729); *Huttner*, Auslegung des DCGK, S. 147; *Kremer*, in: Ringleb, DCGK, Rn. 976; *Wilsing*, in: Wilsing, DCGK, Ziff. 5.4.1, Rn. 9. Nach Ansicht der Rechtsprechung ist es ausreichend, dass eine Altersgrenze „in der Regel" gelten soll, BGH, Beschl. v. 9.11.2009 – II ZR 14/09, Bestätigung von OLG München, NZG 2009, 508; vgl. hierzu auch *Ihrig/Meder*, ZIP 2012, 1211 (1214f.).

481 *Kremer*, in: Ringleb, DCGK, Rn. 976. Zur Vereinbarkeit einer Altersgrenze mit dem AGG vgl. *Lutter*, BB 2007, 725 (730); *Thüsing/Stiebert*, NZG 2011, 641 (643ff.); *Wilsing/Meyer*, DB 2011, 341 (342ff.).

482 Vgl. *Kremer*, in: Ringleb, DCGK, Rn. 977; *Wilsing/Meyer*, Der Betrieb 2011, 341 (343).

483 Pressemitteilung der Regierungskommission DCGK vom 11.5.2015, abrufbar unter http://www.dcgk.de/de/ kommission/die-kommission-im-dialog/deteilansicht/kodexaenderungen-2015-beschlossen.html; *Mense/Klie*, GWR 2015, 92 (93); kritisch *Haarmann*, Börsen-Zeitung vom 13. Juni 2015, S. 9.

484 KOM(2012) 164 endg. S. 6ff.

485 Vgl. die Pressemitteilung der Regierungskommission DCGK vom 27.5.2010, abrufbar unter http://www.dcgk.de/de/presse/deteilansicht/pressemitteilung-25.html?file=files/dcgk/usercontent/de/download/2010/PM_Plenarsitzung_20100526.pdf; weiter

Vielfalt hingegen als Verschiedenartigkeit der Personen i.S. eines Facettenreichtums, ohne dass eingegrenzt wird, welche Eigenarten relevant sind, definiert[486]. Im juristischen Schrifttum werden als Kriterien die Aufzählungen in Art. 3 Abs. 3 GG oder § 1 AGG genannt[487]. Grundsätzlich ist der Begriff daher weit zu verstehen. Dabei ist zu bedenken, dass ein breites Meinungsspektrum die Gefahr einer zu einseitigen Sichtweise verringert und heterogen besetzte Aufsichtsräte kreativer und nachhaltiger arbeiten als homogen besetzte Kontrollorgane, wodurch eine bessere Überwachung des Vorstands ermöglicht wird[488]. Daher sollte *Diversity* im Sinne von Ziffer 5.4.1 Abs. 2 S. 1 DCGK als Vielfalt der Meinungen verstanden werden und nicht auf einzelne Aspekte wie Geschlecht oder Herkunft abgestellt werden. Letztlich ist jedoch auch hier das Unternehmensinteresse das maßgebliche Kriterium für die konkrete Ausgestaltung[489].

c) Zuständigkeit für die Benennung der Ziele

Insbesondere für Gesellschaften mit einem der Mitbestimmung unterliegenden Aufsichtsrat ist im Schrifttum umstritten, ob die Benennung der Ziele dem

---

jedoch die in der Stellungnahme der Regierungskommission DCGK zum Grünbuch „Europäischer Corporate Governance Rahmen" der EU-Kommission vom 6.7.2011, S. 6, abrufbar unter http://www.dcgk.de/de/presse.html?file=files/dcgk/usercontent/de/download/2011/Stellung nahme_Gruenbuch.pdf geäußerte Ansicht, wonach auch „berufliche Vielfalt" vom Begriffsverständnis der Kodexkommission umfasst ist; vgl. auch *Ihrig/Meder*, ZIP 2012, 1211 (1215); *Kocher*, BB 2010, 264 (264f.); *Kremer*, in: Ringleb, DCGK, Rn. 980; *Schubert/Jacobsen*, WM 2011, 726 (728); *Seibert*, DB 2009, 1167 (1170); *Weber-Rey*, WM 2009, 2255 (2262).

486 *Schubert/Jacobsen*, WM 2011, 726 (728); vgl. aus dem wirtschaftswissenschaftlichen Schrifttum ferner *Wagner/Sepehri*, Personalführung 5/99, S. 18 (S. 18) „Diversity bezieht sich auf all das, worin Menschen sich unterscheiden können, und dabei sowohl auf äußerlich wahrnehmbare als auch subjektive Unterschiede."; *Thomas/Ely*, Harvard Business Review 5/1996, S. 79 (S. 80) „Diversity should be understood as the *varied perspectives and approaches to work* that members of different identity groups bring." (Hervorhebungen im Original).

487 Vgl. *Kocher*, BB 2010, 264 (264). Zur Verwendung des Begriffs Diversity in der US-amerikanischen Praxis und Literatur *Sünner*, CCZ 2009, 185 (187). Zu Begriff und Anforderungen der Diversity im deutschen und US-amerikanischen Recht im Vergleich *Rieder/Holzmann*, AG 2010, 570 (572f.).

488 *Weber-Rey/Handt*, NZG 2011, 1 (3); vgl. auch *Dauner-Lieb*, Der Betrieb 2010, Standpunkte S. 45 (S. 46); *Kremer*, in: Ringleb, DCGK, Rn. 981; *Peltzer*, NZG 2009, 1041 (1041f.).

489 So auch *Weber-Rey/Handt*, NZG 2011, 1 (3).

Aufsichtsratsplenum obliegt oder allein den Vertretern der Anteilseigner vorbehalten ist. Damit eng verbunden ist die Frage, ob die Ziele nur die Vertreter der Aktionäre oder den gesamten Aufsichtsrat betreffen. Mehrheitlich wird eine Zuständigkeit des Plenums angenommen[490]. Andere hingegen sehen die Zielbenennung als ausschließliche Aufgabe der Aktionärsvertreter an[491]. Die Vertreter dieser Ansicht ziehen einen Vergleich zu der Beschlussfassung nach § 124 Abs. 3 S. 1 AktG[492]. Hinsichtlich der Zuständigkeit obliegt nach der Klarstellung des § 124 Abs. 3 S. 5 AktG die Beschlussfassung über Wahlvorschläge allein den Aktionärsvertretern im mitbestimmten Aufsichtsrat. Daraus wird geschlossen, der Gesetzgeber habe die Intention gehabt, jeglichen Einfluss der Arbeitnehmer auf die Wahl der Anteilseignervertreter auszuschließen[493]. Dagegen wird vorgeschlagen, einen derartigen Einfluss der Arbeitnehmer zu vermeiden, indem für beide Bänke getrennt über die Zielbenennung entschieden wird[494].

Ferner handelt es sich im Gegensatz zu § 124 Abs. 3 AktG bei Ziffer 5.4.1 Abs. 2 DCGK nicht um eine gesetzliche Pflicht. Nach der Kodexempfehlung soll der Aufsichtsrat, wenn auch mit der Pflicht zum „comply or explain", nur dazu angehalten werden, sich mit den Kriterien für seine optimale Besetzung zu befassen. Rechtlich zwingend ist jedoch weder die Befolgung der festgelegten Zielvorgaben[495], noch die Wahl des vorgeschlagenen Aufsichtsratsmitglieds durch die Hauptversammlung.

Auch wenn die Besetzungsziele gemäß Ziffer 5.4.1 Abs. 3 S. 1 DCGK bei den Wahlvorschlägen an die Hauptversammlung berücksichtigt werden sollen[496] bedeutet dies im Umkehrschluss nicht, dass nicht auch die Arbeitnehmer die ihnen zustehenden Aufsichtsratsposten entsprechend der Zielvorstellungen des Gesamtaufsichtsrats besetzen können. Die Pflicht, sich um eine Umsetzung der

490 Vgl. *Kremer*, in: Ringleb, DCGK, Rn. 982; *Mense/Rosenhäger*, GWR 2010, 311 (312); *Ringleb/Kremer/Lutter/v. Werder*, NZG 2010, 1161 (1165); *Runte/Eckert*, in: Bürgers/Körber, AktG, Anh. § 161/DCGK, Rn. 44; *Schulz*, BB 2010, 2390 (2392); *Weber-Rey/Handt*, NZG 2011, 1 (4); *Wilsing*, in: Wilsing, DCGK, Ziff. 5.4.1, Rn. 5.

491 *Ihrig/Meder*, ZIP 2010, 1577; *dies.*, ZIP 2012, 1210 (1210f.).

492 Vgl. *Ihrig/Meder*, ZIP 2012, 1210 (1210f.).

493 *Ihrig/Meder*, ZIP 2010, 1577 (1578).

494 *Huttner*, Auslegung des DCGK, S. 138.

495 *Huttner*, Auslegung des DCGK, S. 138.

496 Hier sind nur die Aktionärsvertreter angesprochen, da dem Aufsichtsrat im Zusammenhang mit der Wahl der Arbeitnehmervertrete und der Entsendung von Aufsichtsratsmitgliedern kein Vorschlagsrecht zusteht, vgl. *Ihrig/Meder*, ZIP 2010, 1577 (1578); *Mense/Rosenhäger*, GWR 2010, 311 (312); *Wilsing*, in: Wilsing, DCGK, Ziff. 5.4.1, Rn. 12.

Zielbenennungen zu bemühen, trifft vielmehr beide Bänke des Aufsichtsrats[497]. Bezüglich internationaler Erfahrung, potentieller Interessenkonflikte, Alter, Zugehörigkeitsdauer und Vielfalt steht einer (freiwilligen) Berücksichtigung der Ziele auch für die Bank der Arbeitnehmervertreter nichts im Wege.

Auch nimmt Ziffer 5.4.1 Abs. 2 DCGK nach dem Wortlaut keine Einschränkung auf Aktionärsvertreter vor, sodass die Zielbenennungen im Ergebnis die Besetzung des gesamten Aufsichtsrats betreffen[498]. Es würde widersinnig anmuten, wenn für die Benennung von Zielen für die Besetzung des gesamten Aufsichtsrats nur die Aktionärsvertreter zuständig wären.

Letztlich müssen Aufsichtsratsmitglieder daher in der Lage sein, sich ein Bild über die möglichen Inhalte solcher Ziele zu machen und sich eine Meinung zu bilden, wie die Ziele im Hinblick auf das konkrete Unternehmen ausgestaltet werden sollen.

d) Verhältnis zu den Anforderungen des Aktiengesetzes

Angesichts der spärlichen Regelungen zu Qualifikation und persönlichen Voraussetzungen von Aufsichtsratsmitgliedern im Aktiengesetz erscheint es verlockend, die vom Aufsichtsrat gesetzten Ziele zu seiner Zusammensetzung auf das Aktiengesetz zu übertragen. Zwar sollen die Ziele bei den Wahlvorschlägen an die Hauptversammlung berücksichtigt werden, jedoch ist der Aufsichtsrat rechtlich nicht an die Ziele gebunden und primär dem Unternehmensinteresse unterworfen[499]. Berücksichtigen bedeutet in diesem Zusammenhang nicht, dass ein Erfolg in dem Sinne, dass ein zur Wahl vorgeschlagener Kandidat eine unabhängige Frau mit internationaler Erfahrung und einem unterhalb der Grenze liegenden Alter, bei der keine potentiellen Interessenkonflikte bestehen, ist, eintreten muss. Vielmehr müssen die Ziele lediglich in die Entscheidungsfindung einbezogen werden[500]. Letztlich muss der Aufsichtsrat diejenigen Kandidaten zur Wahl vorschlagen, die fachlich und persönlich am

---

497 *Weber-Rey/Handt*, NZG 2011, 1 (4).

498 *Ringleb/Kremer/Lutter/v. Werder*, NZG 2010, 1161 (1165); *Wilsing*, in: Wilsing, DCGK, Ziff. 5.4.1, Rn. 5. Vgl. dagegen Ziff. 5.3.3 wo deutlich zwischen Anteilseigner- und Arbeitnehmervertretern unterschieden wird.

499 Vgl. *Wilsing*, in: Wilsing, DCGK, Ziff. 5.4.1, Rn. 12.

500 *Runte/Eckert*, in: Bürgers/Körber, AktG, Anh. § 161/DCGK, Rn. 46; *Wilsing*, in: Wilsing, DCGK, Ziff. 5.4.1, Rn. 12.

besten geeignet sind und zu diesem Zweck die eigenen Ziele gegebenenfalls zurückstellen[501].

Auch die Hauptversammlung ist bei ihrer Wahl der Aufsichtsratsmitglieder nicht an die Wahlvorschläge des Aufsichtsrats gemäß § 124 Abs. 3 AktG gebunden[502]. Daher würde selbst eine zwingende Übernahme der Ziele in den Wahlvorschlag nicht sicher dazu führen, dass der Aufsichtsrat auch gemäß der Ziele zusammengesetzt ist[503].

3) Zeitliche Verfügbarkeit

Die zeitliche Verfügbarkeit spricht der Kodex in Ziffer 5.4.5 an. Absatz 1 Satz 1 benennt zunächst die gesetzliche Verpflichtung der Aufsichtsratsmitglieder, die zur Wahrnehmung ihrer Aufgaben erforderliche Zeit aufzuwenden[504]. Zwar enthält das Aktiengesetz keine ausdrückliche Regelung bezüglich des zeitlichen Einsatzes von Aufsichtsratsmitgliedern. Das Erfordernis eines ausreichenden zeitlichen Einsatzes wird jedoch bereits aus der allgemeinen Sorgfaltspflicht gemäß §§ 116, 93 AktG abgeleitet[505]. Welcher zeitliche Aufwand als ausreichend anzusehen ist, variiert je nach Qualifikation und Erfahrung des jeweiligen Aufsichtsratsmitglieds, Art und Größe des jeweiligen Unternehmens sowie dessen wirtschaftlicher Lage[506]. Der DCGK verzichtet diesbezüglich auf eine nähere Spezifizierung und bürdet die Beurteilung der Angemessenheit dem einzelnen Aufsichtsratsmitglied auf.

Näher bezeichnet wird das Erfordernis eines angemessenen zeitlichen Engagements durch die Empfehlung, neben einem Vorstandsmandat in einer börsennotierten Gesellschaft nicht mehr als drei Aufsichtsratsmandate oder vergleichbare Posten in konzernexternen börsennotierten Gesellschaften wahrzunehmen[507].

501 *Henze/Rosch*, ArbRAktuell 2010, 573 (573f.) *Mense/Rosenhäger*, GWR 2010, 311 (312); *Weber-Rey*, WM 2009, 2255 (2262); *Weber-Rey/Handt*, NZG 2011, 1 (4); *Wilsing*, in: Wilsing, DCGK, Ziff. 5.4.1, Rn. 12.

502 *Habersack*, in: MüKo-AktG, § 101, Rn. 7f.; *Spindler*, in: Spindler/Stilz, AktG, § 101, Rn. 17.

503 In der Praxis folgt die Hauptversammlung jedoch meist dem Wahlvorschlag des Aufsichtsrats, vgl. *Kremer*, in: Ringleb, DCGK, Rn. 990.

504 *Kremer*, in: Ringleb, DCGK, Rn. 1049; *Wilsing*, in: Wilsing, DCGK, Ziff. 5.4.5, Rn. 1.

505 *Kremer*, in: Ringleb, DCGK, Rn. 1049; *Plagemann*, WM 2014, 2345 (2345); *Rubner/Granrath*, NJW-Spezial 2014, 719; *Wilsing*, in: Wilsing, DCGK, Ziff. 5.4.5, Rn. 3.

506 *Plagemann*, WM 2014, 2345 (2346f.).

507 Ziff. 5.4.5 Abs. 1 S. 2 DCGK.

Anders als die gesetzliche Regelung in § 100 Abs. 2 S. 1 Nr. 1 AktG, die bis zu 15 Aufsichtsratsmandate erlaubt[508], betrifft die Empfehlung nur Personen, die Vorstandsmitglied einer börsennotierten Aktiengesellschaft sind und zugleich Aufsichtsratsmandate in anderen börsennotierten Aktiengesellschaften ausüben. Hingegen äußert sich der Kodex nicht zur Anzahl zeitgleich maximal empfehlenswerter Aufsichtsratsmandate innerhalb des Konzerns. Bei Mandaten außerhalb des Konzerns besteht nach allgemeiner Erfahrung ein höherer Zeitbedarf[509]. Dieser ergibt sich daraus, dass bei Konzernunternehmen oftmals Ähnlichkeiten in der Corporate Governance Struktur bestehen und insoweit die Zeit für eine vertiefte Einarbeitung in Besonderheiten eines anderen Unternehmens entfällt. Ferner findet im Unterschied zur gesetzlichen Regelung keine doppelte Anrechnung des Aufsichtsratsvorsitzes statt[510].

4) Aus- und Fortbildung

Ergänzend zu der gesetzlichen Pflicht der Aufsichtsratsmitglieder, die Aus- und Fortbildungsmaßnahmen, die zur Erlangung derjenigen Mindestkenntnisse und Mindestfähigkeiten, die zum Verständnis und zur sachgerechten Beurteilung aller normalerweise anfallenden Geschäftsvorgänge erforderlich sind, eigenverantwortlich wahrzunehmen[511], empfiehlt Ziffer 5.4.5 Abs. 2 S. 2 DCGK eine angemessene Unterstützung der Aufsichtsratsmitglieder durch die Gesellschaft. In welcher Form diese Unterstützung erfolgen soll, lässt der Kodex jedoch offen. So ist es denkbar, dass der Vorstand der Gesellschaft den Aufsichtsratsmitgliedern bestimmte Kurse vorschlägt oder selbst Veranstaltungen organisiert[512]. Die Angemessenheit beurteilt sich nach Art und Umfang der die Fortbildung erfordernden Änderungen der tatsächlichen oder rechtlichen Umstände, den bereits bestehenden Qualifikationen der Aufsichtsratsmitglieder, den Anforderungen des Geschäftsbereichs des Unternehmens und nicht zuletzt den Besonderheiten

---

508 Hierzu bereits oben Kapitel 2 A)I)2)a).

509 *Kremer*, in: Ringleb, DCGK, Rn. 1057.

510 *Kremer*, in: Ringleb, DCGK, Rn. 1055.

511 Vgl. die Pressemitteilung der Regierungskommission DCGK v. 27.5.2010, abrufbar unter http://www.dcgk.de/de/presse/deteilansicht/pressemitteilung-25.html?file=files/dcgk/usercontent/de/download/2010/PM_Plenarsitzung_20100526.pdf, S. 2; *Kremer*, in: Ringleb, DCGK, Rn. 1058; *Ringleb/Kremer/Lutter/v. Werder*, NZG 2010, 1161 (1166). Diese Pflicht wird aus §§ 116, 93 AktG abgeleitet, vgl. *Opitz*, BKR 2013, 177 (180). Differenzierend zu Fortbildungspflichten *Bronnert-Härle*, Aufsichtsratsausschüsse, S. 313ff.

512 *Kremer*, in: Ringleb, DCGK, Rn. 1059.

des konkreten Einzelfalls. Der Begriff Unterstützung umfasst auch die Übernahme von Kosten durch die Gesellschaft, sofern und soweit die Aus- oder Fortbildungsmaßnahme für die Tätigkeit in der Gesellschaft erforderlich ist.

Die Empfehlung steht in einem Spannungsverhältnis zu der auf die Hertie-Entscheidung des BGH[513] zurückgehenden grundsätzlichen Pflicht eines Aufsichtsratsmitglieds, über die zur Aufgabenwahrnehmung erforderlichen Kenntnisse und Fähigkeiten zu verfügen oder sich diese selbst anzueignen. Wenn das Aufsichtsratsmitglied ein bestimmtes Qualifikationsniveau schuldet, so können die Kosten für eine Aus- bzw. Fortbildung, die lediglich dem Erreichen oder Halten dieses Niveaus dient, nicht von der Gesellschaft zu tragen sein[514]. Ziffer 5.4.5 Abs. 2 S. 2 DCGK wird daher meist restriktiv ausgelegt. Demnach kann die Gesellschaft nur die Kosten für Fortbildungsmaßnahmen, die einen spezifischen Bezug zur Gesellschaft aufweisen, erstatten[515]. Eine darüber hinausgehende Kostenübernahme durch die Gesellschaft ist als Vergütung an die Aufsichtsratsmitglieder zu werten, sodass sich Vorstandsmitglieder, die solche Vergütungen gewähren, der Gefahr einer Haftung gemäß § 93 Abs. 2, 3 Nr. 7 AktG aussetzen[516].

Somit muss Ziffer 5.4.5 Abs. 2 S. 2 DCGK so verstanden werden, dass die Aufsichtsratsmitglieder primär durch Organisation und Fortbildungsangebote, die für die Arbeit im Aufsichtsrat der jeweiligen Gesellschaft erforderlich sind, unterstützt werden sollen[517].

IV) Zwischenfazit

Der DCGK befasst sich weniger mit der fachlichen Qualifikation einzelner Mitglieder als mit der Gesamtqualifikation des Aufsichtsrats. Hinsichtlich individueller Anforderungen fordert er jedoch die Ausarbeitung eines Katalogs persönlicher Anforderungen, die ihrerseits in den Aufgabenbereich des

513 BGHZ 85, 293; dazu bereits oben Kapitel 2 A)V)1)b).

514 Vgl. *Habersack*, in: MüKo-AktG, § 113, Rn. 24.

515 *Bosse/Malchow*, NZG 2010, 972 (973); *Drygala*, in: K. Schmidt/Lutter, AktG, § 113, Rn. 14; *Habersack*, in: MüKo-AktG, § 113, Rn. 24; *Lutter/Krieger/Verse*, Rechte und Pflichten, Rn. 846.

516 *Bosse/Malchow*, NZG 2010, 972 (973). § 93 Abs. 3 Nr. 7 AktG erfasst jegliche gegen §§ 113, 114 AktG verstoßende Zahlung, vgl. *Spindler*, in: MüKo-AktG, § 93, Rn. 230.

517 Die Entwicklung eines breiten Angebots von qualifizierten Weiterbildungsmaßnahmen erhofft sich auch die Regierungskommission DCGK, vgl. Pressemitteilung v. 10.2.2010, abrufbar unter http://www.dcgk.de/de/presse.html?file=files/dcgk/usercontent/de/download/2010/Qualifizierung_von_Aufsichtsraeten_10_02_2010.pdf.

Aufsichtsrats fällt und daher von den Aufsichtsratsmitgliedern verlangt, sich mit der idealen Besetzung des Gremiums zu befassen.

Im Hinblick auf die zeitliche Verfügbarkeit sowie die Aus- und Fortbildung enthält der DCGK hingegen über das Aktiengesetz hinausgehende Empfehlungen.

C) Verlautbarungen der EU-Kommission

Auch die EU-Kommission hat sich mehrfach mit Möglichkeiten der Professionalisierung und damit verbundenen Anforderungen an Aufsichtsratsmitglieder befasst. Zu nennen sind hierbei Aktionspläne aus den Jahren 2003[518] und 2012[519], die Empfehlung der Kommission zu den Aufgaben von nicht geschäftsführenden Direktoren bzw. Aufsichtsratsmitgliedern börsennotierter Gesellschaften, sowie zu den Ausschüssen des Verwaltungs- bzw. Aufsichtsrats[520], sowie das Grünbuch Europäischer Corporate Governance-Rahmen aus dem Jahr 2011[521]. In den Aktionsplänen beschreibt die Kommission ihre eigenen Absichten für zukünftige Regelungen[522]. Die Grünbücher dienen hingegen lediglich dem Anstoß von Diskussionen zu den behandelten Themen[523]. Beide Instrumente sind damit rechtlich nicht verbindlich und enthalten auch keine konkreten Vorlagen für nationale Regelungen. Auch die Empfehlung der EU-Kommission ist gemäß Art. 288 Abs. 5 AEUV nicht rechtlich verbindlich.

Hinsichtlich der Qualifikation der Aufsichtsratsmitglieder beschränkt sich der Aktionsplan 2003 auf die Ankündigung der Empfehlung 2005, enthält jedoch selbst keine konkreten Aussagen[524]. Im Aktionsplan 2012 wird darauf

---

518 Modernisierung des Gesellschaftsrechts und Verbesserung der Corporate Governance in der Europäischen Union – Aktionsplan vom 21.5.2003, KOM(2003) 284 endg. (Im Folgenden „Aktionsplan 2003").

519 Aktionsplan: Europäisches Gesellschaftsrecht und Corporate Governance - ein moderner Rechtsrahmen für engagiertere Aktionäre und besser überlebensfähige Unternehmen vom 12.12.2012, KOM(2012) 740 endg. (Im Folgenden „Aktionsplan 2012").

520 Empfehlung der Kommission vom 15. Februar 2005, 2005/162/EG (Im Folgenden „Empfehlung 2005")

521 Grünbuch Europäischer Corporate Governance-Rahmen vom 5.4.2011, KOM(2011) 164 endg. (Im Folgenden „Grünbuch 2011")

522 Vgl. Aktionsplan 2003, S. 3.

523 Vgl. http://ec.europa.eu/green-papers/index_de.htm.

524 Aktionsplan 2003, S. 17ff.

hingewiesen, dass auch die Corporate Governance börsennotierter Unternehmen außerhalb des Finanzsektors Schwächen aufweist. Insbesondere wurde das mangelnde Interesse der Aktionäre, die Unternehmensführung zu kontrollieren, als Schwachpunkt identifiziert[525]. Zwar werden zur Abhilfe hauptsächlich Maßnahmen zur Einbeziehung der Aktionäre vorgeschlagen, das erkannte Problem lässt sich jedoch auch durch eine Stärkung der Rolle des Aufsichtsrats angehen.

Das Grünbuch 2011 schließt sich an das Grünbuch Corporate Governance in Finanzinstituten und Vergütungspolitik aus dem Jahr 2010 an, soll jedoch Lösungen enthalten, die nicht nur für Institute, sondern für Unternehmen im Allgemeinen relevant sind[526]. Als eine solche nennt das Grünbuch die Stärkung des Aufsichtsrats[527]. In erster Linie wird hierunter der Aspekt der Diversität verstanden, jedoch werden auch Sachkunde und ausreichende zeitliche Verfügbarkeit angesprochen[528].

Am detailliertesten äußert sich die Empfehlung 2005, indem die Festlegung einer Gesamtqualifikation des Aufsichtsrats sowie besondere Anforderungen an Mitglieder des Prüfungsausschusses und eine unternehmensspezifische Einführung neuer Mitglieder, sowie die Offenlegung der besonderen Kompetenzen vorgeschlagener Kandidaten empfohlen werden[529]. Darüber hinaus empfiehlt die Kommission den ausreichenden zeitlichen Einsatz sowie die Offenlegung von anderweitigen Verpflichtungen vorgeschlagener Kandidaten[530]. Schließlich wird die Einrichtung je eines vorbereitenden Nominierungs-, Prüfungs- sowie Vergütungsausschusses empfohlen, wobei die Größe des Aufsichtsrats beachtet werden soll und die Aufgabenzuweisung der Organisationsautonomie des Aufsichtsrats unterliegt[531]. Detaillierte Anforderungen an die Einrichtung, Aufgaben und Arbeitsweise der Ausschüsse finden sich in Anhang I der Empfehlung.

Auch wenn die Verlautbarungen der EU-Kommission rechtlich nicht verbindlich sind, können sie zumindest bei der Auslegung unionsrechtlicher Vorschriften herangezogen werden.

---

525 Aktionsplan 2012, S. 3.
526 Grünbuch 2011, S. 3.
527 Grünbuch 2011, S. 3.
528 Grünbuch 2011, S. 6f., 9, 12.
529 Empfehlung 2005, Ziff. 11.
530 Empfehlung 2005, Ziff. 12.
531 Empfehlung 2005, Ziff. 5 – 7.

Kapitel 3 Branchenspezifische Anforderungen an Aufsichtsratsmitglieder

Für einige Branchen werden die den Aufsichtsrat betreffenden allgemeinen Regeln des Aktiengesetzes, sowie die Empfehlungen des DCGK durch branchenspezifische Regelungen ergänzt oder überlagert[532]. Branchenspezifische Regelungen bestehen vor allem für die Banken- und die Versicherungsbranche. In kleinerem Umfang existieren branchenspezifische Regelungen auch für die Kapitalanlagebranche.

In diesem Kapitel soll zunächst geklärt werden, wann Regelungen als branchenspezifisch qualifiziert werden können. Ferner sollen die Gründe für branchenspezifische Regelungen untersucht werden. Schließlich werden branchenspezifische Regelungen, die den Aufsichtsrat betreffen, erörtert.

A) Begriffsbestimmung

Regelungen sind branchenspezifisch, wenn sie nur für solche Unternehmen gelten, die einer bestimmten Branche angehören. Der Begriff Branche ist eine Sammelbezeichnung für Unternehmen, die weitgehend substituierbare Produkte oder Dienstleistungen herstellen oder anbieten[533]. Zu einer Branche gehören Unternehmen, die demselben Wirtschaftszweig angehören, also eine ähnliche Geschäftstätigkeit ausüben. Die Abgrenzung einzelner Branchen voneinander kann dabei je nach Sichtweise unterschiedlich ausfallen. Auch finden sich Oberbegriffe, unter denen sich mehrere Einzelbranchen zu einer größeren Branche zusammenfassen lassen[534].

Oft erheben branchenspezifische Regelungen einen Geltungsanspruch für Unternehmen unterschiedlicher Rechtsform. In einigen Branchen ist die Geschäftstätigkeit hingegen nur Unternehmen in einer bestimmten Rechtsform gestattet. Beispielsweise dürfen Versicherungsunternehmen gemäß § 7 Abs. 1

---

532 Vgl. *Schneider/Schneider*, NZG 2016, 41 (41ff.). Zur Überlagerung des Aktienrechts durch Aufsichtsrecht am Beispiel der Haftung und Vergütung von Vorstandsmitgliedern siehe *Armbrüster*, KSzW 2013, 10.

533 Springer Gabler Verlag (Hrsg.), Gabler Wirtschaftslexikon, Stichwort: Branche, abrufbar unter: http://wirtschaftslexikon.gabler.de/Archiv/1210/branche-v9.html.

534 Vgl. § 1 Abs. 19 KWG, der die Banken- und Wertpapierdienstleistungsbranche und die Versicherungsbranche zur Finanzdienstleistungsbranche zusammenfasst.

VAG nur in der Rechtsform der Aktiengesellschaft, der SE, des Versicherungsvereins auf Gegenseitigkeit oder als Körperschaften und Anstalten des öffentlichen Rechts betrieben werden. Gemäß § 2b Abs. 1 KWG ist der Betrieb eines Kreditinstituts in der Rechtsform des Einzelkaufmanns unzulässig.

B) Grundsätzliches Verhältnis zum allgemeinen Recht

Soweit ein Tatbestand sowohl durch eine allgemeine als auch durch eine speziellere branchenspezifische Norm vollständig erfasst ist, wird nach dem Grundsatz *Lex specialis derogat legi generali* die allgemeinere Regelung durch die Spezialnorm überlagert oder verdrängt[535]. Relevant wird diese Verdrängung, wenn sich die Rechtsfolgen der speziellen Norm von denen der allgemeinen Norm unterscheiden und diese nicht bloß ergänzen oder modifizieren.

Für das Aufsichtsrecht wird teilweise eine Verdrängung des Aktienrechts angenommen[536]. Andere sehen hingegen eine Ergänzung des Aktienrechts durch das Aufsichtsrecht und schlagen aus diesem Grund andere Wege zur Konfliktlösung vor[537]. Für diese Untersuchung soll auf diesen Streit jedoch nicht weiter eingegangen werden, da hier lediglich die Fälle, in denen Aufsichtsrecht und Aktienrecht gerade nicht parallel anwendbar sind, von Interesse sind.

I) Allgemeine und spezielle Normen

Bei der Gesetzgebung bedient sich der Gesetzgeber oftmals unterschiedlicher Reichweiten von Regelungen. Dabei wird ein Gesetz in mehrere Abschnitte unterteilt. Der erste dieser Abschnitte stellt meist einen allgemeinen Teil dar,

535 *Larenz*, Methodenlehre, S. 267 mit Verweis auf *Dietz*, Anspruchskonkurrenz, S. 23. So für das Verhältnis von speziellerem Aufsichtsrecht zu allgemeinem Aktienrecht *Dreher*, ZGR 2010, 496 (502); *Lutter/Krieger/Verse*, Rechte und Pflichten, Rn. 1450; *Schneider/Schneider*, NZG 2016, 41 (42). Differenzierter mit dem Vorschlag einer „Kollisionsregel" aber grundsätzlich den Vorrang des spezielleren Aufsichtsrechts anerkennend *Binder*, ZGR 2013, 760 (784ff.). Zu unterschiedlichen Konzepten am Beispiel des Verhältnisses von Kapitalmarkt- und Gesellschaftsrecht *Merkt*, AG 2003, 126 (126ff.).

536 *Dreher*, ZGR 2010, 496 (502). Eingehend zum Verhältnis am Beispiel der Geschäftsleiterpflichten, *Binder*, ZGR 2013, 760 (766).

537 Vgl. *Michael*, Auflösung von Kollisionen, S. 15, S. 30ff., der Aktienrecht und Aufsichtsrecht als „wechselseitige Auffangordnungen" versteht, deren jeweils eigenständige und wichtige Zwecke es im Sinne einer „praktischen Konkordanz" zu optimieren gilt. Für eine Kollisionsregel auch *Binder*, ZGR 2012, 760 (784ff.)

dem ein besonderer Teil folgt. Der sinnbildlich vor die Klammer gezogene allgemeine Teil beinhaltet Normen, die für alle im anschließenden besonderen Teil enthaltenen Normen Geltung beanspruchen und gegebenenfalls durch Regelungen des besonderen Teils für einzelne Fälle modifiziert werden[538]. Enthält der besondere Teil zu einer bestimmten Rechtsfrage keine Regelung, ist subsidiär auf den allgemeinen Teil zurückzugreifen. Diese Einteilung in einen allgemeinen Teil und einen besonderen Teil zeigt sich beispielsweise im BGB, kommt aber in anderen Gesetzen ebenso zur Anwendung[539]. Der allgemeine Teil muss jedoch nicht zwingend dem besonderen Teil in demselben Gesetz vorangestellt sein, wie z.B. die in § 105 Abs. 3 HGB angeordnete subsidiäre Geltung der §§ 705ff. BGB im Fall des Fehlens besonderer Regelungen für die OHG oder auch der Rückgriff auf das allgemeine Vereinsrecht des BGB für den Fall, dass das AktG keine besondere Regelung für den Bereich der AG trifft, zeigt[540].

Normen dieser allgemeinen Teile können als allgemeine Normen eingeordnet werden. Ihnen kommt die Gemeinsamkeit zu, auf mehrere unterschiedliche Fälle Anwendung zu finden.

Doch ist damit der Begriff der allgemeinen Normen noch nicht abschließend bestimmt. Unter den Begriff sind darüber hinaus auch Normen zu fassen, die einen bestimmten Teilausschnitt einer anderen Regelung betreffen[541]. Verdeutlicht werden soll dies an einem Beispiel:

Im Vergleich zum Kapitalgesellschaftsrecht im Allgemeinen ist das Aktienrecht eine Spezialmaterie. Die als Urformen des Kapitalgesellschaftsrechts angesehenen Normen des Vereinsrechts des BGB[542] sind dabei als allgemeine Normen zu qualifizieren, während die Normen des AktG als spezielle Normen eingeordnet werden können. Verschiebt man nun den Blickwinkel auf eine andere Ebene, so stellen sich die Dinge jedoch anders dar. Beispielsweise enthält das KWG in § 25d Abs. 3 Nr. 4 eine Einschränkung der maximal zulässigen gleichzeitigen Aufsichtsratsmandate. Ausweislich des Anwendungsbereichs des

---

538 Vgl. *Boehmer*, Grundlagen, II/1, S. 72f.; *Kaiser*, Bürgerliches Recht, Rn. 31; *Rüthers/Fischer/Birk*, Rechtstheorie, Rn. 129. Zur Bedeutung des allgemeinen Teils für die Systembildung *Bydlinski*, System und Prinzipien, S. 119ff.

539 So bestehen beispielweise das 2., 3. Und 5. Buch des Umwandlungsgesetzes jeweils aus einem allgemeinen und einem besonderen Teil.

540 Zur Herausbildung allgemeiner Lehren im Gesellschaftsrecht im Sinne einer „Institutionenbildung" vgl. *K. Schmidt*, Gesellschaftsrecht, § 3 III 2.

541 Vgl. *Rüthers/Fischer/Birk*, Rechtstheorie, Rn. 194.

542 Vgl. *K. Schmidt*, Gesellschaftsrecht, § 23 I 1 b; vgl. auch *K. Schmidt*, Gesellschaftsrecht, § 26 I 2 zur Kategorisierung der AG als Verein

KWG gilt diese Einschränkung jedoch nur für Aufsichtsratsmitglieder von Kredit- und Finanzdienstleistungsinstituten. Auch das AktG enthält in § 100 Abs. 2 Nr. 1 eine solche Einschränkung. Für Kredit- oder Finanzdienstleistungsinstitute in der Form der Aktiengesellschaft finden demnach beide Einschränkungen Anwendung. Dabei regelt § 25d Abs. 3 Nr. 4 KWG jedoch einen Teilausschnitt von § 100 Abs. 2 Nr. 1 AktG, nämlich die Frage der zulässigen Höchstzahl von Aufsichtsratsmitgliedern in bestimmten Aktiengesellschaften und ist somit als speziellere Norm anzusehen, während die Norm des AktG als allgemeine Norm einzuordnen ist[543].

Diesem Beispiel – welches sich bezogen auf andere Normen beliebig wiederholen lässt – kann die Erkenntnis entnommen werden, dass das Verhältnis von allgemeiner und spezieller Norm relativ ist. Ist eine Norm in einem Kontext als allgemein zu qualifizieren, so bedeutet dies nicht, dass sie in allen anderen denkbaren Kontexten ebenfalls als allgemeine Norm anzusehen ist. Vielmehr muss immer der konkrete Kontext berücksichtigt werden, um eine Unterscheidung vornehmen zu können.

II) Die Erfassung eines Tatbestands nur durch die allgemeine Norm

Wird ein Tatbestand nur durch eine allgemeine, nicht aber durch eine spezielle Norm erfasst, stellt sich die Frage, ob die spezielle Norm die allgemeine Norm beeinflusst, sei es im Rahmen der Auslegung ihres Tatbestands oder ihrer Rechtsfolge. Dagegen lässt sich einwenden, der Gesetzgeber habe mit der speziellen Regelung gerade zum Ausdruck bringen wollen, dass nur deren Normadressaten der zusätzlichen Rechtsbindung unterliegen sollen[544]. Dieser Gedanke greift jedoch zu kurz um damit eine Ausstrahlungswirkung per se abzulehnen. Richtig ist dies, soweit es um die Anwendung der Norm an sich geht. Selbstverständlich entfaltet eine Norm ihre unmittelbare Bindungswirkung nur gegenüber ihren jeweiligen Adressaten. Etwas anderes wäre mit dem Bestimmtheitsgebot als Ausprägung des Rechtsstaatsprinzips aus Art. 20 Abs. 3 GG unvereinbar[545]. Im

---

543 Ebenso ist § 25d Abs. 11 KWG – wonach der Nominierungsausschuss der Kreditinstitute und Finanzdienstleistungsinstitute eine Zielsetzung zur Förderung und Vertretung des unterrepräsentierten Geschlechts im Verwaltungs- oder Aufsichtsorgan erarbeitet – lex specialis im Verhältnis zu der Zielgrößenfestlegung gemäß § 111 Abs. 5 AktG, vgl. Stüber, CCZ 2015, 38 (40).

544 Z.B. für den Fall der Ausstrahlungswirkung des Aufsichtsrechts *Dreher*, ZGR 2010, 469 (502).

545 Zum Bestimmtheitsgebot siehe *Grzeszick*, in: Maunz/Dürig, GG, Art. 20 GG VII Rn. 58ff.

Rahmen der Ausstrahlung geht es jedoch nicht um eine unmittelbare Bindung, sondern lediglich um eine Beeinflussung. Dass dabei auch solche Normen, die sich nur an einen eng umgrenzten Adressatenkreis richten, Einfluss auf allgemeine Normen haben können, erscheint nicht von vornherein ausgeschlossen. Überdies muss dieser Einfluss nicht zwingend positiver Natur sein. Denkbar sind vielmehr auch negative Ausstrahlungswirkungen in dem Sinne, dass sich einer speziellen, nur an einen bestimmten Adressatenkreis gerichtete Regelung die Aussage entnehmen lässt, dass bei allen anderen Adressaten die geregelte Einschränkung gerade nicht zum Zuge kommen soll.

C) Allgemeine Gründe für branchenspezifische Regelungen

Branchenspezifische Regelungen verfolgen einen besonderen Zweck, der meist in der Verringerung oder Beseitigung besonderer Gefahrenlagen, welche die jeweilige Branche besonders betreffen, besteht. Aus diesem Grund finden sich branchenspezifische Regelungen vor allem im Aufsichtsrecht, welches ganze Branchen unter staatliche Aufsicht stellt. Gründe dafür können sein, dass bestimmten Branchen ein erhebliches Gefahrenpotential für die Bevölkerung innewohnt, welches durch staatliche Kontrolle verringert oder beseitigt werden soll. Darüber hinaus kommt staatliche Aufsicht zum Tragen, wo einzelne Branchen für das Wirtschaftssystem von herausragender Bedeutung und damit systemrelevant sind. In diesen Fällen hält es der Staat für erforderlich, solche Branchen gewissermaßen vor sich selbst zu schützen, um die Funktionsfähigkeit der Branche und damit das Funktionieren des gesamten Wirtschaftssystems sicherzustellen. Welche Gründe im konkreten Fall eine staatliche Aufsicht begründen, ist je nach Branche unterschiedlich zu beurteilen und richtet sich nach den branchenspezifischen Gefahrenlagen.

Zu unterscheiden sind die Gründe für eine staatliche Aufsicht von den Gründen für eine branchenspezifische Regulierung im Bereich Corporate Governance. Regulierung beschreibt die Gesamtheit aller für Unternehmen einer Branche geltenden Vorschriften und Standards, während Aufsicht die Ausübung von Kontrolle über die Unternehmen einer Branche bezeichnet, um zu gewährleisten, dass die Vorschriften und Standards auch eingehalten und richtig angewandt werden[546]. Zwar mag es Überschneidungen geben[547]. Oftmals wird jedoch

546 Vgl. *De Larosière-Report*, abrufbar unter http://ec.europa.eu/internal_market/finances/docs/ de_larosiere_report_de.pdf, S. 15 (Rn. 38).

547 Vgl. *Hafke*, in: FS-Hadding, S. 863 (S. 866).

die Beaufsichtigung einer Branche als Grund für das Bestehen besonderer Corporate Governance-Vorschriften genannt[548].

Branchenspezifische Regulierung stellt ebenso wie die staatliche Beaufsichtigung einen Eingriff in die Gewerbefreiheit der betroffenen Unternehmen dar und ist daher besonders rechtfertigungsbedürftig[549]. Sie darf kein Selbstzweck sein, sondern ist im Einzelfall[550] und durch übergeordnete öffentliche Interessen, die durch die Geschäftstätigkeit von Unternehmen der regulierten oder beaufsichtigten Branche nicht unerheblich gefährdet sind und daher der Gewerbefreiheit dieser Unternehmen vorgehen, zu begründen.

Branchenspezifische Regelungen können darüber hinaus unionsrechtlich determiniert sein. Zahlreiche Branchen spielen nicht mehr nur für das Funktionieren eines nationalen Wirtschaftssystems eine entscheidende Rolle, sondern sind vielmehr für die Wirtschaft der gesamten europäischen Union von erheblicher Bedeutung. In diesen Fällen wird ebenfalls das Ziel der Verringerung oder Beseitigung branchenspezifischer Gefahren, hier jedoch zur Gewährleistung des Funktionierens des gesamten europäischen Wirtschaftssystems, verfolgt. Der einzelne Staat hat die in Form von Richtlinien erlassenen Vorschriften in nationales Recht zu transferieren. Dies kann entweder im Rahmen einer Vollharmonisierung oder in Form von Mindeststandards geschehen.

Ferner verfolgen solche unionsrechtlichen Regelungen den Zweck, Vertrauen in den Binnenmarkt zu schaffen und Risiken effektiver bekämpfen zu können.

I) Branchenspezifische Gefahren für öffentliche Interessen

Eine Rechtfertigung für branchenspezifische Regelungen besteht in den besonderen Gefahrenlagen, die in bestimmten Branchen bestehen und die aus der für die jeweilige Branche typischen Geschäftstätigkeit resultieren. Dies können Gefahren jeglicher Art sein.

---

548 So etwa *Mülbert*, EBOR Vol. 10 (2009), S. 411 (S. 422).

549 Vgl. etwa für das Bankaufsichtsrecht bereits die Regierungsbegründung zum KWG aus dem Jahr 1959, BT-Drs. 3/1114, S. 19 sowie *Waschbusch*, Bankenaufsicht, S. 10. Grundsätzlich zum Grundrechtsschutz wirtschaftlicher Tätigkeit *Huber*, in: Schmidt-Aßmann/Schoch, BVR, 3. Kap., Rn. 37ff.

550 Der Staat kann sich prinzipiell aller Aufgaben annehmen, solange die verfassungsmäßigen Grenzen eingehalten werden. Rechtfertigungsbedürftig sind daher jeweils die einzelnen regulatorischen Maßnahmen, nicht die Regulierung als solche; vgl. *Eifert*, in: GVwR I, § 19, Rn. 16.

1) *Spezifische Gefahren der Geschäftstätigkeit von Banken*

Zunächst sollen die besonderen Gefahren der Geschäftstätigkeit von Banken näher betrachtet werden.

a) *Schlüsselfunktion für die Gesamtwirtschaft*

Banken erfüllen eine Schlüsselfunktion für die gesamte Wirtschaft. Sie sind essentiell für das Funktionieren einer modernen Volkswirtschaft, indem sie anlagesuchendes Kapital an die kreditsuchende Wirtschaft oder Private vermitteln und so für eine Optimierung der Kapitalallokation sorgen[551]. Darüber hinaus leisten Banken eine Vielzahl unterschiedlicher Transformationen, die für das Funktionieren der Wirtschaft von Bedeutung sind[552]. In der Regel werden – mit zahlreichen Schattierungen – vier grundlegende Transformationsarten unterschieden. So ermöglichen es Banken den Kreditnehmern, andere Kapitalbeträge nachzufragen als angeboten werden, indem beispielsweise aus vielen kleinen Anlagebeträgen größere Kredite entstehen (Losgrößentransformation[553]). Ferner werden auch die Laufzeiten von angebotenem und nachgefragtem Kapital voneinander entkoppelt (Fristentransformation[554]). Schließlich können Banken Risiken diversifizieren, mittels einer bewussten Risikoselektion und Risikostreuung eine Reduzierung des Gesamtrisikos verglichen mit der Summe der Einzelrisiken erzielen[555] und Kapitalgebern so Verträge anbieten, die ihren individuellen Risikopräferenzen entsprechen (Risikotransformation[556]). Eine weitere

---

551 *Fischer*, in: Schimanski/Bunte/Lwowski, § 125, Rn. 15; *Hafke*, in: FS-Hadding, S. 863 (S. 866); *Köhler*, in: Schwintowski, Bankrecht, § 4, Rn. 1; *Ludwig*, Wirtschaftsaufsicht, S. 202; *Mullineux*, Journal of Financial Regulation and Compliance, Vol. 14 (2006), S. 375 (S. 375); *Wohlmannstetter* in: Hdb. Corporate Governance, S. 905 (S. 908). Siehe auch Basel Committee on Banking Supervision, Corporate governance principles for banks, 2015, S. 3, abrufbar unter http://www.bis.org/bcbs/publ/d328.pdf.

552 *Bieg/Krämer/Waschbusch*, Bankenaufsicht, S. 60; Zu den einzelnen Transformationsleistungen *Bitz/Stark*, Finanzdienstleistungen, S. 7ff.; *Köhler*, in: Schwintowski, Bankrecht, § 4, Rn. 3. *Baxmann*, WISU 1993, 112 (114) erklärt die Übernahme von Transformationsleistungen zum wesensbestimmenden Merkmal von Kreditinstituten.

553 Hierzu *Baxmann*, WISU 1993, 112 (113); *Bitz/Stark*, Finanzdienstleistungen, S. 8; *Burghof/Rudolph*, Bankenaufsicht, S. 6.

554 Hierzu *Baxmann*, WISU 1993, 112 (113); *Bitz/Stark*, Finanzdienstleistungen, S. 8; Weiter differenzierend zwischen der Fristentransformation und einer Liquiditätstransformation *Burghof/Rudolph*, Bankenaufsicht, S. 5.

555 *Baxmann* WISU 1993, 112 (113f.).

556 Hierzu *Bitz/Stark*, Finanzdienstleistungen, S. 9f.; *Burghof/Rudolph*, Bankenaufsicht, S. 5; *Neus*, in: Luz, KWG, Einführung, Rn. 16.

wichtige Rolle der Banken ist die Verringerung von Informationsasymmetrien. Sie übernehmen die Risikobewertung und die Überwachung der Kapitalgeber bzw. -nehmer (Informationstransformation), so dass diese die Überwachung nicht mehr selbst durchführen müssen (*Delegated Monitoring*), was Ressourcen und Kosten spart[557]. Dem Kapitalgeber verbleibt lediglich die Überwachung des Finanzintermediärs[558]. Darüber hinaus können Banken hierbei Skalen- und Verbundeffekte erzielen, da sie neben Expertenwissen oft auch über Erfahrungen mit den konkreten Kapitalnehmern aus einer laufenden Geschäftsbeziehung verfügen[559].

Auch außerhalb der Kapitalallokation spielen Banken eine wichtige Rolle für die Gesamtwirtschaft[560]. Ein Beispiel hierfür ist etwa das Investieren in Unternehmen und das daraus resultierende Halten von Anteilen[561]. Durch die Ausübung ihrer Gesellschafterrechte haben Banken die Möglichkeit, auf die Corporate Governance von Wirtschaftsunternehmen unmittelbar Einfluss zu nehmen. Diese Möglichkeit besteht überdies durch die Ausübung von Depotstimmrechten[562]. Hier unterbreiten Banken den durch sie vertretenen Aktionären in der Regel Abstimmungsempfehlungen und können unter Umständen so das Stimmverhalten der Aktionäre beeinflussen. Darüber hinaus haben sie durch das Vertreten einer Vielzahl von Aktionären eine bedeutende Rolle in der Hauptversammlung inne. Des Weiteren ist denkbar, dass Banken, die einem Unternehmen Fremd- oder Eigenkapital zur Verfügung stellen, im Aufsichtsrat des Unternehmens vertreten sind und ihnen somit Einflussmöglichkeiten auf das Unternehmen offenstehen[563]. Ferner verfügen viele Banken über eigene

557 Vgl. *Neus*, in: Luz, KWG, Einführung, Rn. 12ff.; zum *Delegated Monitoring* eingehend *Burghof/Rudolph*, Bankenaufsicht, S. 14ff.

558 *Bitz/Stark*, Finanzdienstleistungen, S. 7; zum Problem der Informationsasymmetrie zwischen Finanzintermediär und Kapitalgeber und dem daraus resultierenden Erfordernis staatlicher Regulierung unten Kapitel 3 C)I)1)b)bb).

559 *Köhler*, in: Schwintowski, Bankrecht, § 4, Rn. 2.

560 Hierzu *Friedrich-Ebert-Stiftung*, Macht der Banken, S. 13.

561 *Friedrich-Ebert-Stiftung*, Macht der Banken, S. 19ff.; *Mullineux*, Journal of Financial Regulation and Compliance, Vol. 14 (2006), S. 375 (S. 376). Nach der Studie „The network of global corporate control" von Stefania Vitali, James B. Glattfelder und Stefano Battiston aus dem Jahr 2011, abrufbar unter http://arxiv.org/pdf/1107.5728v2.pdf, kontrollieren lediglich 147 Konzerne große Teile der Weltwirtschaft. Unter den Top-50 dieser Liste finden sich fast ausschließlich Unternehmen aus dem Finanzbereich.

562 *Friedrich-Ebert-Stiftung*, Macht der Banken, S. 26ff.; *Mullineux*, Journal of Financial Regulation and Compliance, Vol. 14 (2006), S. 375 (S. 376).

563 Hierzu *Friedrich-Ebert-Stiftung*, Macht der Banken, S. 36ff.

Kapitalanlagegesellschaften und beherrschen darüber den für Wirtschaftsunternehmen bedeutenden Investmentmarkt sowie das Emissionsgeschäft[564].

Auf Grund dieser herausragenden Bedeutung ist die Verantwortung des Staates für die Bankenbranche besonders groß[565]. Dies führt dazu, dass diese einerseits staatlich beaufsichtigt und andererseits besonderen Regeln unterworfen wird, insbesondere im Bereich der Corporate Governance.

Ein funktionierendes Kreditwesen ist auch für den Staat von besonderem Interesse. Durch die Beeinflussung der Geldpolitik und des Zinsniveaus kann die Kreditwirtschaft als Instrument staatlicher Wirtschaftspolitik genutzt werden[566].

Allein die herausragende Bedeutung der Banken für die Gesamtwirtschaft vermag jedoch noch nicht zu begründen, warum für Banken eine Einschränkung der unternehmerischen Freiheit in Form einer strengeren Regulierung der Corporate Governance gerechtfertigt sein soll und Unternehmen dieser Branche nicht wie in vielen anderen Bereichen den Kräften des Marktes überlassen werden[567]. Es stellt sich die Frage, warum nicht auch beispielsweise große Automobilhersteller, die selbst hunderttausende Arbeitnehmer beschäftigen und von deren Existenz und Wohlergehen abermals hunderttausende Arbeitsplätze bei Zulieferbetrieben abhängen, einer ähnlichen Regulierung unterliegen. Der Zusammenbruch eines solchen Unternehmens würde die sozialen Sicherungssysteme vor gewaltige Herausforderungen stellen. Dennoch kommen bei solchen Unternehmen die allgemeinen rechtlichen Rahmenbedingungen ohne weitere Modifikationen zum tragen. Ein Sonderrecht in Form strengerer Regulierung existiert hier nicht.

b) Besonderheiten des Geschäftsmodells von Banken

Im Vergleich zur Geschäftstätigkeit von Wirtschaftsunternehmen sind dem Geschäftsmodell von Banken zahlreiche Besonderheiten immanent.

---

564 Hierzu *Friedrich-Ebert-Stiftung*, Macht der Banken, S. 39ff.

565 Diese Überzeugung der Öffentlichkeit sowie der Politik wurde durch die Finanzkrise abermals bestärkt, vgl. *Merkt*, in: Hdb. CG Banken, S. 120.

566 *Fischer*, in: Schimanski/Bunte/Lwowski, § 125, Rn. 16; *Köhler*, in: Schwintowski, Bankrecht, § 4, Rn. 10ff.

567 So auch *Ludwig*, Wirtschaftsaufsicht, S. 203f.

aa) Intransparenz

Die Komplexität des Geschäftsmodells von Banken erzeugt eine besondere Intransparenz[568]. Insbesondere sind die von Banken bilanzierten Wertgegenstände nicht so einfach zu bewerten, wie etwa eine Maschine als Wertgegenstand eines Industrieunternehmens[569]. Auch hängt die Bewertung beispielsweise von Krediten und Risiken von weiteren, außerhalb des Instituts liegenden Faktoren ab.

Darüber hinaus entsteht Intransparenz in Folge der Informationsasymmetrie zwischen den Kunden und der Bank. Den Kunden verbleibt in der Regel nur die Konsultation der auf Grund gesetzlicher Verpflichtungen publizierten Informationen[570]. Doch selbst bei einer transparenteren Darstellung der wirtschaftlichen Situation einer Bank, sowie der Risiken der von ihr betriebenen Geschäfte, würden eine tragfähige Risikoeinschätzung und eine wirksame Überwachung durch die Bankkunden an zwei Faktoren scheitern: Erstens fehlt es den Bankkunden in der Regel an der erforderlichen wirtschaftlichen Sachkunde und Erfahrung[571]. Kapitalgeber bedienen sich Banken als Intermediäre gerade weil sie die Risiken des Kreditgeschäfts nicht selbst einschätzen können[572]. Ebenso wenig können Bankkunden das Ausfallrisiko einschätzen, wenn sie ihr Kapital einer Bank zur Verfügung stellen. In diesem Kontext wird eingewandt, Banken bedürften nur einer geringen Überwachung, da in Folge ausgeprägt diversifizierter Kreditportefeuilles das Ausfallrisiko gering sei und überdies durch die Einlagensicherung aufgefangen werde[573]. Jedoch begünstigt gerade die Kombination von schwacher Überwachung durch die Gläubiger und geringem Risiko für

---

568 Dieses Phänomen wird häufig als *Opaqueness* bezeichnet. Eine Übersicht zu den verschiedenen Ansätzen findet sich bei *Wohlmannstetter*, in: Hdb. Corporate Governance, S. 905 (S. 910f.). Eingehend zur Transparenz von Banken und Bankgeschäften als Element der Corporate Governance *Merkt*, in: Hdb. CG Banken, S. 117ff.

569 *Heremans*, CG, S. 4; *Mülbert*, EBOR Vol. 10 (2009), S. 411 (S. 420); kritisch hingegen *Flannery/Kwan/Nimalendran*, JFE 71 (2004), 419 (420f.). Vgl. auch *Andriowsky*, in: Hdb. CG Banken, S. 737, der in aggressivem „financial engineering" eine wesentliche Herausforderung bei der Bewertung von Finanzprodukten sieht.

570 Speziell für Kreditinstitute etwa § 340l HGB. Zur Branchenpublizität *Merkt*, Unternehmenspublizität, S. 369.

571 *Bieg/Krämer/Waschbusch*, Bankenaufsicht, S. 59; *Blumer*, Bankenaufsicht, S. 48; *Waschbusch*, Bankenaufsicht, S. 13.

572 *Wohlmannstätter*, in: Hdb. CG Banken, S. 39.

573 *Neus*, in: Luz, KWG, Einführung, Rn. 13.

ebendiese den *moral hazard* der Geschäftsleiter, höhere Risiken einzugehen[574]. Darüber hinaus verfügen Bankkunden nicht über die erforderlichen Ressourcen, sodass eine Überwachung durch jeden einzelnen von ihnen ineffizient wäre. Zweitens befinden sich Bankkunden gegenüber der Bank in einer schwachen Verhandlungsposition[575]. Selbst wenn ein Kunde dazu im Stande wäre, Risiken einzuschätzen, bliebe ihm letztlich dennoch nur die Möglichkeit, die von der Bank vorgegebenen Konditionen zu akzeptieren oder auf das Geschäft und den möglichen Zinsertrag zu verzichten[576]. Aus diesem Grund ist die Finanzierung der Banken in hohem Maße vom Vertrauen der Kapitaleinleger abhängig[577].

Die Intransparenz des Bankgeschäftes führt wiederum zu Fehlanreizen für das Management, die es durch besondere Corporate Governance Regelungen zu verhindern gilt. Zunächst kann ein solcher Fehlanreiz in Folge der kaum transparent darstellbaren Risiken entstehen. Geschäftsleiter können versucht sein, Erträge mit Risiken zu erwirtschaften, deren Eintrittswahrscheinlichkeit zwar als gering eingeschätzt wird, die jedoch im Schadensfall zu erheblichen Verlusten führen können[578]. Der *moral hazard* wird noch dadurch verstärkt, dass bei Banken – anders als bei Wirtschaftsunternehmen, bei denen in der Regel zuerst konkrete Kosten und anschließend (unsichere) Erträge anfallen – die Zinserträge bereits vor dem Eintritt eines Risikos und damit der Konkretisierung der Kosten für die Realisierung eines Risikos, verbucht werden[579]. Geschäftsleiter können daher versucht sein, höhere Risiken einzugehen, um die Erträge zu maximieren oder Verluste aus anderen Geschäften auszugleichen.

bb) Vertrauensabhängigkeit und Krisenanfälligkeit

Ferner sind Banken in hohem Maße risikoanfällig. Ein Grund dafür ist ihre besondere Vertrauensempfindlichkeit. So sind Banken auf das Vertrauen der Kapitalgeber und -nehmer angewiesen. Insbesondere die Kapitalbereitstellung durch private Einleger und die langfristige Bindung in Dauerschuldverhältnissen auch der Kreditnehmer sind als Gründe hierfür zu nennen[580].

574 Hierzu sogleich Kapitel 3 C)I)1)b)cc). Gleiches gilt für eine Rettung von Banken mit öffentlichen Geldern, vgl. *Waschbusch*, Bankenaufsicht, S. 23.

575 *Bieg/Krämer/Waschbusch*, Bankenaufsicht, S. 59.

576 *Waschbusch*, Bankenaufsicht, S. 13.

577 Hierzu sogleich Kapitel 3 C)I)1)b)bb).

578 Vgl. *Wohlmannstätter*, in: Hdb. CG Banken, S. 40.

579 *Wohlmannstätter*, in: Hdb. CG Banken, S. 40.

580 *Fischer*, in: Boos/Fischer/Schulte-Mattler, KWG, Einführung, Rn. 122; *ders*, in: Schimansky/Bunte/Lwowski, § 125, Rn. 17; *Paul*, in: Hdb. CG Banken, S. 95.

Zahlungsschwierigkeiten einzelner Banken können – im Fall des Fehlens eines wirksamen Einlegerschutzes – schnell zu einer starken Verunsicherung oder einem Vertrauensverlust der Kapitaleinleger führen, was wiederum einen massiven Einlagenabzug (*bank run*) zur Folge haben kann[581]. Da Bankkunden in der Regel eher risikoavers sind und ihnen in Folge der geringen Eigenkapitalquote von Banken im Insolvenzfall ein hoher Verlust droht[582], können bereits Hinweise auf Zahlungsschwierigkeiten eines Instituts hierfür ausreichend sein[583]. Auf Grund der Informationsasymmetrie zwischen Bank und Bankkunde kann Letzterer das Verlustrisiko nicht abschließend beurteilen, weshalb letztlich nur der Abzug der Einlagen einen Verlust ausschließt. Ein *bank run* kann zunächst auf die Gläubiger eines Instituts beschränkt sein. Jedoch besteht die Gefahr einer Kettenreaktion, wenn die Einleger anderer Institute ebenfalls wirtschaftliche Schwierigkeiten ihrer Bank oder Ansteckungseffekte und somit Gefahren für die gesamte Kreditwirtschaft befürchten, die sie auf Grund der Informationsasymmetrie nicht selbst abschließend beurteilen können.

Ein *bank run* kann zunächst zu einer Liquiditätskrise führen. In deren Folge kann sich die Bank zur Aufrechterhaltung der Zahlungsfähigkeit gezwungen sehen Aktiva zu veräußern (*fire sale*). Auf Grund des zeitlichen Drucks muss sie hierbei in der Regel Liquidationsverluste in Kauf nehmen. Stehen der Bank nicht ausreichend Eigenkapitalreserven zur Verfügung um diese Verluste auszugleichen, verschärft sich die Liquiditätskrise zu einer Solvenzkrise[584].

Auch das Verhalten anderer Banken auf dem Interbankenmarkt kann finanzielle Schwierigkeiten eines Instituts auslösen oder vertiefen[585]. Institute, die in vertraglichen Beziehungen zu einer anderen Bank stehen, sind von finanziellen Schwierigkeiten der anderen Bank unmittelbar betroffen[586].

Ferner können die finanziellen Schwierigkeiten einer Bank auf andere Banken übergreifen (*spill-over*) und diese ebenfalls in Schwierigkeiten bringen[587].

---

581 Vgl. *Fischer*, in: Schimansky/Bunte/Lwowski, § 125, Rn. 17; *Köhler*, in: Schwintowski, Bankrecht, § 4, Rn. 6.

582 Freilich greifen hiergegen Einlagensicherungssysteme. Jedoch sind diese für jeden Einleger auf einen Betrag von 100.000 € je Institut begrenzt, § 8 Abs. 1 EinSiG.

583 Vgl. *Waschbusch*, Bankenaufsicht, S. 20.

584 Zu diesem Mechanismus *Paul*, in: Hdb. CG Banken, S. 94ff.

585 *Heremans*, CG, S. 5; *Mülbert*, EBOR Vol. 10 (2009), S. 411 (S. 421).

586 Vgl. *Andriowsky*, in: Hdb. CG Banken, S. 737.

587 *Andriowsky*, in: Hdb. CG Banken, S. 737f.; *Heremans*, CG, S. 5; *Köhler*, in: Schwintowski, Bankrecht, § 4, Rn. 7; *Röhl*, in: Fehling/Ruffert, § 18, Rn. 11. Hierzu auch die EU-Kommission in ihrem Grünbuch aus dem Jahr 2010, KOM(2010) 284, S. 4.

Der *fire sale* einer Bank verursacht einen Kursrückgang bei den veräußerten Finanzinstrumenten, sodass andere Banken Abschreibungen auf ihren Bestand dieser Instrumente hinnehmen müssen und somit selbst einen Verlust erleiden[588]. Überdies schwächen solche Schwierigkeiten das Vertrauen der Marktteilnehmer in die Stabilität des Finanzsystems insgesamt, was zu einem erhöhten Einlagenabzug auch bei anderen Instituten führen kann[589]. Es besteht folglich ein hohes systemisches Risiko, also die Gefahr, dass der finanzielle Zusammenbruch einer Bank auf andere, rechtlich und wirtschaftlich unabhängige Banken übergreift und letztlich den funktionellen Zusammenbruch des gesamten Finanzsystems bewirken kann (*Domino-Effekt*)[590]. Dabei bleiben die Ansteckungseffekte oft nicht auf die Bankbranche beschränkt: Da alle wesentlichen Zweige der Volkswirtschaft auf das Kreditgewerbe als Kreditgeber und Geldsammelstelle angewiesen sind, greifen Störungen in diesem Wirtschaftszweig leicht auf die gesamte Volkswirtschaft über[591]. Banken, die auf Grund ihrer Größe so stark mit der Wirtschaft verflochten sind, dass ihr Zusammenbruch untragbare Auswirkungen auf die Gesamtwirtschaft hätte, werden daher als „too big to fail" oder „systemrelevant" klassifiziert. Ist den Geschäftsleitern einer Bank bewusst, dass ihr Institut systemrelevant ist, so kann die Versuchung entstehen, noch höhere Risiken zu Gunsten größerer Gewinnchancen einzugehen[592]. Die hohe Systemrelevanz einiger Institute, sowie die möglichen Auswirkungen des Fehlverhaltens eines einzelnen Instituts für die gesamte Volkswirtschaft, sind somit weitere Indizien für das Erfordernis einer besonderen Regulierung der Finanzbranche[593].

Ein weiterer Grund für die Krisenanfälligkeit von Banken ist ihr hoher Verschuldungsgrad[594]. Banken finanzieren ihre Geschäftstätigkeit hauptsächlich mit Fremdkapital, welches ihnen von den Kapitaleinlegern zur Verfügung

---

588 *Andriowsky*, in: Hdb. CG Banken, S. 738.

589 Vgl. *Waschbusch*, Bankenaufsicht, S. 20f.

590 *Röhl*, in: Fehling/Ruffert, § 18, Rn. 11. Zum Begriff des systemischen Risikos *Köhler*, in: Schwintowski, Bankrecht, § 4, Rn. 7. Zum „Domino-Effekt" *Neus*, in: Luz, KWG, Einführung, Rn. 33f.

591 Bericht des Wirtschaftsausschusses des Deutschen Bundestages über den Regierungsentwurf des KWG, Bericht des Abgeordneten Ruland, zu BT-Drs. 3/2563, S. 2; *Bieg/Krämer/Waschbusch*, Bankenaufsicht, S. 60; *Blumer*, Bankenaufsicht, S. 49; *Fischer*, in: Schimanski/Bunte/Lwowski, § 125, Rn. 15; *Röhl*, in: Fehling/Ruffert, § 18, Rn. 14; *Waschbusch*, Bankenaufsicht, S. 19.

592 *Mullineux*, Journal of Financial Regulation and Compliance, Vol. 14 (2006), S. 375 (S. 378).

593 Vgl. *Andriowsky*, in: Hdb. CG Banken, S. 738; *Waschbusch*, Bankenaufsicht, S. 21ff.

594 Vgl. *Bieg/Krämer/Waschbusch*, Bankenaufsicht, S. 59f.; *Heremans*, CG, S. 4.

gestellt wird[595]. Der Eigenkapitalanteil ist hingegen vergleichsweise niedrig. Im Krisenfall reicht daher bereits ein verhältnismäßig geringer Vermögensverlust aus, um finanzielle Schwierigkeiten hervorzurufen und ein Institut in Schieflage zu bringen. Auch hier bleiben finanzielle Schwierigkeiten nicht auf Banken beschränkt: Da die Kreditinstitute vorwiegend mit fremdem Geld arbeiten, treffen Schwierigkeiten bei ihnen einen viel größeren Gläubigerkreis, als wenn ein anderes Wirtschaftsunternehmen illiquide wird[596].

An dieser Stelle setzen daher die in Umsetzung des Basel III-Rahmenwerks[597] verschärften Eigenkapitalanforderungen des CRD IV-Pakets an. Danach müssen Banken über mehr Eigenkapital verfügen, welches darüber hinaus von besserer Qualität sein muss[598]. Quantitativ müssen Institute mindestens 8% ihres Gesamtrisikobetrages gemäß Art. 92 Abs. 3 CRR[599] mit Eigenmitteln unterlegen, wobei mindestens 4,5% aus hartem Kernkapital bestehen müssen[600]. Der verbleibende Rest setzt sich aus zusätzlichem Kernkapital (1,5%) sowie Ergänzungskapital[601] (2%) zusammen. Ferner müssen gemäß §§ 10c ff. KWG verschiedene Kapitalpuffer in unterschiedlicher Höhe gebildet werden. Sie dienen dazu, im Krisenfall Verluste auffangen zu können. Teilweise werden ihre Einrichtung oder zumindest ihre Höhe durch die BaFin bestimmt[602]. Allen Kapitalpuffern gemein

---

595 *Blumer*, Bankenaufsicht, S. 47f.; *Ludwig*, Wirtschaftsaufsicht, S. 204; vgl. *Waschbusch*, Bankenaufsicht, S. 14f.

596 Bericht des Wirtschaftsausschusses des Deutschen Bundestages über den Regierungsentwurf des KWG, Bericht des Abgeordneten Ruland, zu BT-Drs. 3/2563, S. 2; *Fischer*, in: Schimanski/Bunte/Lwowski, § 125, Rn. 15.

597 *Baseler Ausschuss für Bankenaufsicht*, Basel III: Ein globaler Regulierungsrahmen für widerstandsfähigere Banken und Bankensysteme, abrufbar unter http://www.bis.org/publ/bcbs189_de.pdf. Die Eigenkapitalanforderungen finden sich auf S. 13ff. Eingehend zu den Eigenkapitalanforderungen nach Basel III *Grol/Meyer-Ramloch/Eicke*, in: Finanzmarktkrise, S. 39.

598 *Bundesbank*, Die Umsetzung von Basel III in europäisches und nationales Recht, Monatsbericht Juni 2013, S. 57 (S. 57), abrufbar unter https://www.bundesbank.de/Redaktion/DE/Downloads/Veroeffentlichungen/Monatsberichtsaufsaetze/2013/2013_06_umsetzung_basel_3.pdf.

599 Verordnung (EU) Nr. 575/2013 des Europäischen Parlaments und des Rates vom 26. Juni 2013 über Aufsichtsanforderungen an Kreditinstitute und Wertpapierfirmen und zur Änderung der Verordnung EU Nr. 646/2012, ABl. L 176/1 vom 27.6.2013.

600 Art. 92 Abs. 1 CRR.

601 Die Posten des Ergänzungskapitals sind in Art. 62 CRR genannt.

602 Vgl. https://www.bafin.de/SharedDocs/Veroeffentlichungen/DE/Fachartikel/2014/fa_bj_1401_start_ crd_iv_crr.html.

ist jedoch, dass sie aus hartem Eigenkapital gebildet werden müssen, wodurch die Krisenfestigkeit der Institute weiter erhöht wird.

Darüber hinaus soll durch die Einführung einer Höchstverschuldungsquote (*Leverage Ratio*) das mögliche Geschäftsvolumen am jeweils vorhandenen Eigenkapital ausgerichtet werden[603]. Schließlich dient eine Mindestliquiditätsquote (*Liquidity Coverage Ratio*) der Sicherstellung der Liquidität einer Bank für einen Zeitraum von 30 Tagen während eines Stressszenarios[604].

cc) Agency-Konflikte

Dem Geschäftsmodell von Banken ist ferner ein doppelter[605] Interessenkonflikt immanent. Unterschiedliche Interessenlagen bestehen erstens – wie bei jedem Unternehmen denkbar – im Verhältnis zwischen Geschäftsleitern und Anteilsinhabern einer Bank, die aus der Trennung von Eigentum und Kontrolle resultieren. Hier sind zwei Richtungen denkbar. Einerseits besteht ein Agency-Konflikt in der Gefahr, dass Geschäftsleiter bei der Verwaltung fremden Vermögens nicht die optimale Leistung erbringen, die sie bei der Verwaltung ihres eigenen Vermögens erbringen würden[606]. Andererseits sind Geschäftsleiter, deren Einkommen und damit deren wirtschaftliche Existenz vom Unternehmen abhängt, seltener bereit ein Risiko einzugehen, als Anteilsinhaber, die über ein diversifiziertes Portfolio verfügen[607].

Darüber hinaus führt die Delegation der internen Unternehmensüberwachung von der Hauptversammlung an den Aufsichtsrat dazu, dass dieser

---

603 *Waschbusch/Krämer/Rolle*, in; Finanzmarktkrise, S. 139 (S. 141f.).

604 *Waschbusch/Krämer/Rolle*, in: Finanzmarktkrise, S. 139 (S. 146); hierzu ferner http://www.bafin.de/SharedDocs/Veroeffentlichungen/DE/Fachartikel/2014/fa_bj_1412_liquiditaet_lcr_mindeststandard_fuer_europa.html.

605 In der Literatur wird meist noch eine dritte Kategorie, der Konflikt zwischen Block- und Einzelaktionären, genannt, vgl. *Heremans*, CG, S. 5ff.; *Mülbert*, EBOR Vol. 10 (2009), S. 411 (S. 423). Da dieser Konflikt jedoch gleichermaßen in Unternehmen anderer Branchen auftreten kann und daher nicht bankenspezifisch ist, wird er an dieser Stelle ausgeblendet.

606 Solche Konflikte entstehen, wenn ein Agent gegenüber dem Prinzipal über einen Informationsvorsprung verfügt und die Wirtschaftsgüter des Prinzipals nicht vollständig in dessen Sinne, sondern zur Erzielung eines eigenen Vorteils einsetzt, vgl. *Dutzi*, Aufsichtsrat als Instrument, S. 138. Zur Principal-Agent-Theorie *Ludwig*, Wirtschaftsaufsicht, S. 42ff.

607 Zu beiden Kategorien *Mülbert*, EBOR Vol. 10 (2009), S. 411 (S. 423).

gegenüber dem Vorstand als Prinzipal angesehen werden kann[608]. Gleichzeitig kommt auf Grund der Delegation dem Aufsichtsrat gegenüber der Hauptversammlung die Rolle eines Agenten zu. Eine Konvergenz der Ziele von Hauptversammlung und Aufsichtsrat ist dabei jedoch nicht zwingend, vielmehr besteht die Gefahr, dass der Aufsichtsrat etwa auf Grund seines Informationsvorsprungs Fehlanreizen erliegt[609].

Zweitens besteht ein Zielkonflikt zwischen den Interessen der Anteilsinhaber und denen der Kapitaleinleger. Letzteren kommt es primär darauf an, dass ihre Einlagen während der Vertragslaufzeit verzinst und nach Ende der Laufzeit in voller Höhe pünktlich zurückgezahlt werden[610]. Sie verfügen nur über fixe Zahlungsansprüche und partizipieren nicht an den Gewinnchancen einer risikoreichen Geschäftsstrategie. Hingegen bestehen für Anteilsinhaber bei einem auf die Höhe ihrer Kapitalbeteiligung begrenzten Verlustrisiko nahezu unbegrenzte Gewinnchancen. Daher verfolgen Anteilsinhaber eher das Ziel eines hohen Ertrags, sodass für sie risikoreichere Strategien eher in Frage kommen als für Kapitaleinleger[611].

Auf Grund der großen Bedeutung eines funktionierenden Bankwesens für die Gesamtwirtschaft ist es erforderlich, die Kapitaleinleger besonders zu schützen. Zum einen geschieht dies durch Einlagensicherungssysteme. Jedoch wird durch sie der *moral hazard*, zum Nachteil der Kapitaleinleger eine risikoreiche Geschäftsstrategie zu verfolgen, nur verstärkt, was eine Gefahr für das Bankensystem als solches darstellt. Aus diesem Grund verfolgt die Beaufsichtigung und Regulierung von Banken gleichermaßen den Schutz der Kapitaleinleger wie den des gesamten Bankensystems[612].

dd) Ergebnis

Zusammenfassend lässt sich festhalten, dass für Banken besondere branchenspezifische Gefahrenlagen bestehen. Insbesondere die Schlüsselfunktion der

608 Zur sog. Zweistufigen Principal-Agent-Theorie grundlegend *Tirole*, JoLEO Vol. 2 (1986), S. 181; vgl. auch *Velte/Buchholz*, in: Paetzmann/Schöning, S. 297 (S. 299ff.).

609 *Velte/Buchholz*, in: Paetzmann/Schöning, S. 297 (S. 300).

610 Vgl. *Hopt*, Better Governance of Financial Institutions, ECGI Law Working Paper No. 207/2013, S. 54. Hierzu auch die EU-Kommission in ihrem Grünbuch aus dem Jahr 2010, KOM(2010) 284 endg., S. 4.

611 *Gann/Rudolph*, in: Hdb. CG Banken, S. 602; *Mullineux*, Journal of Financial Regulation and Compliance, Vol. 14 (2006), S. 375 (S. 377).

612 *Hopt*, Better Governance of Financial Institutions, ECGI Law Working Paper No. 207/2013, S. 55.

Banken für das gesamte Wirtschaftssystem, die besonderen Interessen der Kapitaleinleger und die mit ihnen einhergehenden Agency-Konflikte, sowie die Systemrelevanz einiger Institute machen deutlich, dass sich die Corporate Governance von Banken von der Corporate Governance anderer Wirtschaftsunternehmen abhebt[613].

Hinzu kommt, dass zu den Kapitaleinlegern auch wirtschaftlich schwache Personen, die nur über ein geringes Vermögen verfügen, gehören, für die dieses Vermögen jedoch als Altersvorsorge eine große Bedeutung hat[614].

Somit rechtfertigen es die Besonderheiten der Bankbranche, besondere branchenspezifische Regelungen zu treffen, um den branchenspezifischen Gefahren zu begegnen.

2) Spezifische Gefahren der Versicherungsbranche

Ebenso wie Banken kommt Versicherungsunternehmen eine bedeutsame Rolle für die gesamte Volkswirtschaft zu. Ihre wesentliche Funktion besteht darin, Einzelne vor Risiken zu schützen, indem Risiken übernommen und gepoolt werden[615]. Sie tragen damit zu einer effizienten Risikoallokation und somit zu einer Stärkung der Volkswirtschaft bei[616]. Darüber hinaus sammeln Versicherungsunternehmen im Rahmen ihrer Geschäftstätigkeit Informationen und tragen zu einer adäquaten Risikobewertung bei[617], was wiederum für Kapitalmarktteilnehmer von Interesse ist.

Neben der Absicherung von Risiken ist auch die Tätigkeit von Versicherungsunternehmen auf den Finanzmärkten ein bedeutender Faktor. Indem private Versicherungsunternehmen Produkte, wie etwa Kapitallebensversicherungen oder Rentenversicherungen, anbieten, fungieren sie – ebenso wie Banken – als Kapitalsammelstellen und Finanzintermediäre und spielen so eine bedeutsame

---

613 So auch die Ansicht in der Literatur, vgl. *Hopt*, Better Governance of Financial Institutions, ECGI Law Working Paper No. 207/2013, S. 9 und S. 50; *Mehran/Morrison/Shapiro*, Corporate Governance and Banks: What Have We Learned from the Financial Crisis?, abrufbar unter http://ssrn.com/abstract=1880009, S. 3ff.; ähnlich auch der Basler Ausschuss für Bankenaufsicht in seinen Leitlinien zur "Verbesserung der Unternehmensführung in Banken" aus dem Jahr 2006, S. 1, abrufbar unter http://www.bis.org/publ/bcbs122de.pdf.

614 *Waschbusch*, Bankenaufsicht, S. 12.

615 Vgl. *Bundesbank*, Monatsbericht Juli 2014, S. 72.

616 *Bundesbank*, Monatsbericht Juli 2014, S. 72; *Wolgast/Theis*, WiSt 2013, 29 (32).

617 *Bundesbank*, Monatsbericht Juli 2014, S. 72; *Wolgast/Theis*, WiSt 2013, 29 (32).

Rolle bei der privaten Vermögensbildung[618]. Auf der anderen Seite investieren sie das verwaltete Kapital in Anlageprodukte von Banken oder in Unternehmen der Realwirtschaft. Dadurch ist die Versicherungsbranche eng mit der Finanzbranche, aber auch mit der Realwirtschaft verflochten. Im Jahr 2014 beliefen sich die Investitionen von Einzel-Versicherungsunternehmen in Kapitalanlagen bei Banken auf rund 474 Mrd. € bzw. rund 41% der gesamten Kapitalanlagen solcher Unternehmen. Umgekehrt entsprachen die Forderungen von Versicherungsunternehmen rund 5,5% der gesamten Verbindlichkeiten der deutschen Bankenbranche[619]. Die enge Verknüpfung beider Branchen führt ferner zu einer gegenseitigen Abhängigkeit bezüglich des Vertrauens der Kunden. Probleme im Versicherungsbereich können das Vertrauen in das Finanzsystem insgesamt gefährden und so dessen Stabilität und damit auch die Stabilität des Bankensystems beeinflussen[620]. Marktturbulenzen können dazu führen, dass Versicherungsunternehmen zum Erhalt ihrer Liquidität zu *fire sales* gezwungen werden, welche adverse Marktpreiseffekte haben können und sich damit negativ auf andere Investoren auswirken und Ansteckungseffekte auslösen[621].

Die Aktivität an den Finanzmärkten bedingt aber auch, dass Versicherungsunternehmen zunehmend vergleichbaren Risiken wie Banken ausgesetzt sind[622]. Noch deutlicher treten diese bei Finanzkonglomeraten, die innerhalb einer Unternehmensgruppe sowohl Bank- als auch Versicherungsgeschäfte betreiben, hervor. Hier kumulieren sich die Risiken aus Bank- und Versicherungsgeschäft.

Gefährdungen für Versicherungsunternehmen können ferner aus ihrer eigenen Geschäftstätigkeit entstehen, etwa durch die fehlerhafte Bewertung von Risiken. Beispiele hierfür sind hohe Zinsgarantien bei Lebensversicherungen oder die zu niedrige Bewertung von Risiken im Rahmen der Vergabe von Kreditausfallversicherungen vor der Finanzmarktkrise[623].

Versicherungsunternehmen sind auf Grund ihrer Bedeutung für die private Vermögensbildung in besonders hohem Maße auf das Vertrauen der Versicherungsnehmer angewiesen. In Deutschland halten private Haushalte als Versicherungsnehmer rund 1623 Mrd. € in Form von Ansprüchen aus Rückstellungen

618 Vgl. *Greve*, in: 100 Jahre materielle Versicherungsaufsicht, S. 283 (S. 283); *Weber-Rey*, ZGR 543 (550).

619 *Bundesbank*, Monatsbericht Juli 2014, S. 73.

620 *Bundesbank*, Monatsbericht Juli 2014, S. 74. Zu Ansteckungseffekten im Bankenbereich bereits oben Kapitel 3 C)I)1)b)bb).

621 *Bundesbank*, Monatsbericht Juli 2014, S. 73.

622 *Weber-Rey*, ZGR 2010, 543 (550).

623 *Bundesbank*, Monatsbericht Juli 2014, S. 74.

und damit rund 76% der bilanziellen Verbindlichkeiten der Versicherungsbranche[624]. Insbesondere das Vertrauen der Kunden in die Sicherheit ihrer Forderungen gegen Versicherungsunternehmen spielt daher eine große Rolle für die Funktionsfähigkeit der Finanzbranche[625]. Besonders bedeutsam ist hierbei der Umstand, dass Versicherungsnehmer gegenüber dem Versicherungsunternehmen in Vorleistung treten und darauf vertrauen müssen, dass dieses beim Eintritt des Versicherungsfalles – oftmals erst nach Ablauf von vielen Jahren – in der Lage ist, die Forderung des Versicherungsnehmers zu erfüllen[626]. Gleichzeitig bestehen zwischen den Versicherungsnehmern auf der einen Seite und den Versicherungsunternehmen auf der anderen Seite erhebliche Informationsasymmetrien[627]. Auf Grund der Komplexität von Versicherungsprodukten ist kaum ein Versicherungsnehmer in der Lage, die Qualität des Produkts zu beurteilen und es etwa hinsichtlich seines Preis-/Leistungsverhältnisses mit anderen Produkten zu vergleichen[628]. So haben die Versicherungsnehmer nur sehr eingeschränkte Möglichkeiten, die Sicherheit der von Versicherungsunternehmen getätigten Geschäfte und damit die Sicherheit ihrer Forderungen zu beurteilen[629]. Insbesondere die Anlagestrategie der Versicherungsunternehmen kann hier zu vom Versicherungsnehmer nicht zu beeinflussenden Risiken führen[630]. Darüber hinaus wird insbesondere privaten Versicherungsnehmern häufig die Sachkunde für eine tragfähige Risikobeurteilung fehlen. Selbst beim Vorliegen der entsprechenden Sachkunde fehlt es schließlich an Kontroll- und Einwirkungsmöglichkeiten des Versicherungsnehmers[631]. Für die Unternehmensleitung und deren Überwachung ergibt sich daraus die Schwierigkeit, dass auch in der Versicherungsbranche ein Interessendreieck besteht, in welchem verschiedene

---

624 *Bundesbank*, Monatsbericht Juli 2014, S. 74.

625 *Weber-Rey*, ZGR 2010, 543 (550).

626 *Ludwig*, Wirtschaftsaufsicht, S. 213.

627 *Ludwig*, Wirtschaftsaufsicht, S. 213; *Probst*, in: Gründl/Kraft, Solvency II, S. 3. Zu Informationsasymmetrien bei Banken bereits oben Kapitel 3 C)I)1)b)aa).

628 Vgl. *Meyer*, in: 100 Jahre materielle Versicherungsaufsicht, S. 827 (S. 829ff.); *Zweifel/Eisen*, Versicherungsökonomie, S. 349f.; Winter, ZVersWiss 2005, 105, 114 der daher vom „unsichtbaren" Produkt Versicherung spricht; ebenso *Greve*, in: 100 Jahre materielle Versicherungsaufsicht, S. 283 (S. 283).

629 Neben den Verhaltenspflichten dienen vor allem die gesetzlichen Informations- und Publizitätspflichten der Beseitigung von Informationsasymmetrien. Zu den Funktionen der Publizität grundlegend *Merkt*, Unternehmenspublizität, S. 334ff.

630 *Winter*, ZVersWiss 2005, 105 (114). Dem setzt das VAG in § 124 Anlagegrundsätze nach dem Grundsatz unternehmerischer Vorsicht entgegen.

631 *Winter*, ZVersWiss 2005, 105 (114).

Principal-Agent-Konstellationen bestehen[632]. Bei der Corporate Governance im Versicherungsbereich spielt daher die Berücksichtigung der Interessen der Versicherungsnehmer gegenüber den Interessen der Anteilseigner eine besondere Rolle[633]. Anders als bei Banken besteht bei Versicherungen jedoch meist keine vergleichbare Gefahr eines *Runs*, da die Forderungen aus Versicherungsverträgen in der Regel nicht kurzfristig kündbar sind[634].

Schließlich sind Versicherungsunternehmen auch für die Staatsfinanzierung von Bedeutung. Die Investitionen der größten deutschen Versicherungskonzerne umfassten im Jahr 2014 rund 467 Mrd. € bzw. rund 27% der gesamten Kapitalanlagen dieser Konzerne[635]. Auch hier besteht im Krisenfall die Gefahr von Ansteckungseffekten.

Somit zeigen sich im Ergebnis auch für Versicherungsunternehmen Besonderheiten, die eine besondere rechtliche Behandlung und somit branchenspezifische Vorschriften rechtfertigen.

3) Spezifische Gefahren der Kapitalanlagebranche

Auch Kapitalanlagegesellschaften und Fonds haben eine große volkswirtschaftliche Bedeutung. Sie dienen ebenfalls als Kapitalsammelstellen, indem sie das Anlagekapital zahlreicher Anleger bündeln. Zum einen spielen sie damit eine wichtige Rolle im Bereich der privaten Vermögensbildung, insbesondere im Bereich der privaten Altersvorsorge. Zum anderen tragen sie mittels ihrer Investitionen zur Finanzierung der Gesamtwirtschaft bei.

Auch hier sind die Entscheidungen der Geschäftsleiter mangels ausreichender Sachkunde, sowie mangels ausreichender Ressourcen zur Kontrolle für die einzelnen Anleger intransparent. Dabei besteht die Gefahr, dass Geschäftsleiter ihre eigenen Interessen bzw. die der Unternehmensaktionäre über das Anlegerinteresse stellen und für die Anleger risikoreiche Entscheidungen treffen, etwa indem aus Gründen der Gewinnmaximierung risikoreiche Investitionen getätigt werden. Wie bei Banken besteht somit auch hier eine doppelte Principal-Agent-Problematik, deren Gefahren es durch staatliche Regulierung zu lösen gilt.

---

632 Zu Agency-Konflikten bei Banken bereits oben Kapitel 3 C)I)1)b)cc).

633 *Weber-Rey*, ZGR 2010, 543 (551).

634 Vgl. *Ludwig*, Wirtschaftsaufsicht, S. 212f.; *Zweifel/Eisen*, Versicherungsökonomie, S. 350f.

635 *Bundesbank*, Monatsbericht Juli 2014, S. 75.

II) Ziele besonderer Regulierung

Sowohl die Banken- als auch die Versicherungsbranche unterliegen auf Grund der herausgearbeiteten Gefahren einer besonderen Regulierung und Beaufsichtigung. Diese haben das Ziel, die Verwirklichung der beschriebenen Gefahren zu verhindern oder zumindest deren Folgen abzumildern. Auch die Vorschriften des KAGB dienen dem Schutz der Kapitalanleger und wirken somit der Verwirklichung der Gefahren entgegen.

KWG, VAG und KAGB enthalten jeweils sowohl Vorschriften der Regulierung als auch die Aufsicht betreffende Vorschriften. Beim Zweck muss jedoch unterschieden werden: KWG und VAG äußern sich ausdrücklich nur zum Zweck der Beaufsichtigung, nicht aber zum Zweck besonderer Regulierung[636]. Die Beaufsichtigung verfolgt dabei stets das Ziel, die Einhaltung der besonderen Vorschriften sicherzustellen. Hingegen dient die Regulierung als Vorstufe der Aufsicht der Bestimmung eines Rechtsrahmens zur Verhinderung der Verwirklichung der Gefahren. Soweit also als Ziel der Aufsicht beispielsweise der Schutz von Versicherungsnehmern oder Einlegern genannt wird, erfolgt dieser Schutz dadurch, dass die Aufsicht die Einhaltung der zu diesem Zweck erlassenen Normen überwacht und bei Verstößen Maßnahmen ergreift. Die Aufsicht dient damit der Sicherstellung der Schutzzwecke der Regulierung. Vom Begründungsansatz her greifen die Ziele beider Regelungsbereiche eng ineinander, sodass von den im Gesetz genannten Zielen der Aufsicht auf die Ziele der Regulierung geschlossen werden kann.

1) Ziele des KWG

Die Regelungen des KWG sollen vor den Risiken des Bankgeschäfts schützen. Ausdrücklich nennt das KWG nur die Ziele der Aufsicht. Gemäß § 6 Abs. 2 KWG soll sie Missständen entgegenwirken, welche die Sicherheit der Einlagen gefährden, die ordnungsgemäße Durchführung der Bankgeschäfte beeinträchtigen oder erhebliche Nachteile für die Gesamtwirtschaft herbeiführen können. Jedoch gehen die Regelungen des KWG über die bloße Aufsicht hinaus, sodass auch der Gesamtzweck des Gesetzes weiter ist.

Hauptzwecke sind nach herrschender Ansicht sowohl der Schutz der Kunden vor dem Verlust ihrer Einlagen als auch die Sicherung der Funktionsfähigkeit der Kreditwirtschaft[637]. Der Zweck des Einlegerschutzes ist auch in Erwägungsgrund

---

636 Vgl. § 6 KWG, § 294 Abs. 1 und 2 VAG.

637 Vgl. *Fischer*, in: Boos/Fischer/Schulte-Mattler, KWG, Einführung, Rn. 120f. Nach Ansicht des Basel Committee on Banking Supervision, Corporate governance

47 der CRD IV-Richtlinie angesprochen, die überwiegend durch Änderungen des KWG in deutsches Recht umgesetzt wurde. Hinzu kommt ferner der Zweck der Sicherung der Stabilität des europäischen Bankensystems. Nach den Erfahrungen aus der Finanzkrise legt die CRD IV-Richtlinie hierauf ein besonderes Augenmerk und nennt daher auch diesen Zweck in Erwägungsgrund 47. Der Schutzzweck des KWG ist folglich ein dreifacher: Neben den Individualschutz der Einleger treten der Funktionsschutz sowie der Systemschutz.

2) Ziele des VAG

Ziel des VAG ist es, den spezifischen Gefahren des Versicherungsgeschäfts zu begegnen. § 294 Abs. 1 VAG stellt hierzu klar, dass das Hauptziel der Beaufsichtigung im Schutz der Versicherungsnehmer und der Begünstigten von Versicherungsleistungen besteht. Die Aufsichtsbehörde achtet dabei gemäß § 294 Abs. 2 S. 2 und 3 VAG auf die ausreichende Wahrung der Belange der Versicherten und berücksichtigt in angemessener Weise die möglichen Auswirkungen ihrer Entscheidungen auf die Stabilität des Finanzsystems in den jeweils betroffenen Staaten des Europäischen Wirtschaftsraums. Damit steht das nationale Recht im Einklang mit der Solvency II-Richtlinie, die ebenso in Art. 27 den Schutz der Versicherungsnehmer und der Begünstigten von Versicherungsleistungen zum Hauptziel der Beaufsichtigung erklärt und in Art. 28 die Berücksichtigung der Auswirkungen von Entscheidungen auf die Stabilität der Finanzsysteme in der Europäischen Union, sowie die potentiellen prozyklischen Effekte von Maßnahmen fordert[638].

War vor der Einführung von Solvency II der Schutzzweck noch umstritten, so dürfte diese Diskussion durch die klaren Aussagen in der Richtlinie und im VAG erledigt sein[639].

---

principles for banks, 2015, S. 3, abrufbar unter http://www.bis.org/bcbs/publ/d328.pdf, ist der Einlegerschutz am schwersten zu gewichten. Grundlegend zu den Funktionen der Staatsaufsicht im Rahmen der Corporate Governance *Merkt*, in: Hdb. Corporate Governance, S. 683 (S. 698ff.).

638 Vgl. auch Erwägungsgrund 16 der Solvency II-Richtlinie, der den Schutz der Versicherten zum Hauptziel erklärt und ferner bestimmt, dass die Berücksichtigung der Finanzstabilität sowie fairer und stabiler Märkte das primäre Ziel des Versichertenschutzes nicht beeinträchtigen darf. Zu den Zielen von Solvency II auch *Probst*, in: Gründl/Kraft, Solvency II, S. 3f.

639 Diese Annahme teilt auch *Hersch*, Anforderungen, S. 22f. Ein Überblick über den Meinungsstand findet sich bei *Ernst*, Rechtsstaatlichkeit, S. 25ff.

Der Schutzzweck der Aufsicht über Versicherungsunternehmen ist mithin ebenfalls ein dreifacher: Zum einen sollen die Interessen bzw. Belange der Versicherungsnehmer, insbesondere die Erfüllbarkeit der Verpflichtungen aus den Versicherungsverträgen, geschützt werden (*Individualschutz*)[640]. Darüber hinaus gewinnen jedoch auch der Schutz einer funktionierenden Versicherungswirtschaft (*Funktionsschutz*) und die Sicherung der Stabilität der Finanzmärkte (*Systemschutz*) verstärkt an Bedeutung[641]. Deutlich wird dies zuletzt auch an den Zielen der Omnibus II-Richtlinie. Gemäß deren Erwägungsgrund 65 hat die Richtlinie neben dem Schutz der Versicherungsnehmer und Begünstigten und somit der Unternehmen und Verbraucher auch die Sicherung der Integrität, Effizienz und geordneten Funktionsweise von Finanzmärkten sowie die Erhaltung der Stabilität des Finanzsystems zum Ziel.

3) *Ziele des KAGB*

Auch wenn im KAGB nicht ausdrücklich ein Ziel definiert wird, machen die Vorschriften des Gesetzes deutlich, dass übergeordnetes Ziel der Schutz der Anleger ist. Insbesondere die hier interessierenden Regelungen zum Aufsichtsrat[642] dienen einzig dem Schutz der Anleger, die auf Grund ihrer gesellschaftsrechtlichen Stellung in der Regel keine Möglichkeit zur Einwirkung auf die Vermögensverwaltung sowie die Auswahl der Aufsichtsratsmitglieder haben[643].

---

640 *Kaulbach*, in: FKBP, VAG, Vor § 1, Rn. 5; *Weber-Rey*, ZGR 2010, 543 (550); *Winter*, ZVersWiss 2005, 105 (111). Für Solvency II auch *Bürkle*, in: Bähr, Hdb. Versicherungsaufsicht, § 9, Rn. 134; *Probst*, in: Gründl/Kraft, Solvency II, S. 3.

641 *Bürkle*, in: Bähr, Hdb. Versicherungsaufsicht, § 9, Rn. 134; *Dreher/Häußler*, ZGR 2011, 471 (483f.); *Ernst*, Rechtsstaatlichkeit, S. 35ff.; *Wandt/Sehrbrock*, ZVersWiss 2011, 193 (195ff.). Bereits vor Solvency II *Kaulbach*, in: FKBP, VAG, Vor § 1, Rn. 5; *Weber-Rey*, ZGR 2010, 543 (550); *Winter*, ZVersWiss 2005, 105 (143). Diesen Schutzzweck deutete bereits die Begründung zum Entwurf eines Gesetzes über die privaten Versicherungsunternehmungen vom 12. Mai 1901, abgedruckt bei *BAV*, Motive zum VAG, S. 24, an. Zu den Zielen der Regulierung der Versicherungswirtschaft aus versicherungsökonomischer Sicht *Zweifel/Eisen*, Versicherungsökonomie, S. 347ff. Grundlegend zu den Funktionen der Staatsaufsicht im Rahmen der Corporate Governance *Merkt*, in: Hdb. Corporate Governance, S. 683 (S. 698ff.).

642 Hierzu unten Kapitel 3 D)III).

643 *Lorenz*, in: WBA, KAGB, § 119, Rn. 12; *Winterhalder*, in: WBA, KAGB, § 18, Rn. 13. Sowie für die jeweiligen Vorgängerregelungen *Fischer/Steck*, in: BSL, InvG, § 106a, Rn. 1; *Steck/Gringel*, in: BSL, InvG, § 6 Rn. 11 und Rn. 26.

III) Lösung mittels Corporate Governance im Bereich Aufsichtsrat

Die Verwirklichung der Ziele von KWG, VAG und KAGB und damit der Ziele der besonderen Regulierung und Beaufsichtigung von Unternehmen der Finanz- und Versicherungsbranche beantwortet jedoch noch nicht die Frage, auf welchem Weg diese erfolgen kann, insbesondere warum es hierzu Regelungen der Corporate Governance im Bereich des Aufsichtsrats bedarf. Um zu verhindern, dass die beschriebenen Gefahrenlagen in einen Schaden umschlagen, sowie zur Verwirklichung der genannten Regelungsziele bestehen grundsätzlich verschiedene Ansatzpunkte. Die Regulierung des Aufsichtsrats ist bei Weitem nicht das einzige Thema. So bestimmt das Gesetz beispielsweise quantitative und qualitative Anforderung an die Kapitalausstattung der Unternehmen[644], um die negativen Folgen von Verlusten zu begrenzen und den Ausfall einzelner Institute zu vermeiden und so eine Gefährdung des gesamten Finanzsystems zu verhindern[645]. Darüber hinaus bestehen weitreichende Offenlegungs- und Publizitätspflichten, um den Kunden sowie dem Markt eine Beurteilung der wirtschaftlichen Verhältnisse der Unternehmen zu ermöglichen[646]. Sie dienen außerdem dem Erhalt einer Marktdisziplin[647]. Ferner sorgen Regelungen der Corporate Governance und des Risikomanagements für Standards bei der Organisation von Unternehmen und internen Prozessen[648]. Auch bildet das Governance-System den Rahmen für das Risikomanagement[649]. Gute Corporate Governance ist daher eine Voraussetzung für ein funktionierendes Risikomanagement. Schließlich dient eine Aufsicht durch staatliche Stellen mit entsprechenden Sanktionsmöglichkeiten der Einhaltung der gesetzlichen Bestimmungen[650].

---

644 Vgl. Art. 92ff. CRR sowie §§ 89ff. VAG.

645 Vgl. Erwägungsgrund 32 CRR.

646 Vgl. Art. 431ff. CRR sowie §§ 35ff. VAG. Zu den Transparenz- und Berichtspflichten nach Solvency II auch *Probst*, in: Gründl/Kraft, Solvency II, S. 99ff. Zum Individualschutz durch Publizität *Merkt*, Unternehmenspublizität, S. 332ff.

647 BIS, "Verbesserung der Unternehmensführung in Banken", S. 17; *Probst*, in: Gründl/Kraft, Solvency II, S. 100. Zur Publizität als Marktschutz *Merkt*, Unternehmenspublizität, S. 345ff.

648 *Kaulbach*, in: FKBP, VAG, § 7a, Rn. 2 führt aus dass grobe Missstände in einem Versicherungsunternehmen auf mangelnde Qualifikation hinweisen können. Umgekehrt können Missstände dann aber zu Risiken oder Verlusten führen. BT-Drs. 17/10974, S. 63, wonach die in Folge der Umsetzung der CRD IV-Richtlinie neu geschaffenen Governance-Regeln der stärkeren Überwachung der internen Entscheidungsprozesse der Geschäftsleitung dienen.

649 *Pelzer*, in: Gründl/Kraft, Solvency II, S. 76.

650 Vgl. § 6 Abs. 3 S. 1 KWG sowie § 294 Abs. 2 S. 2 VAG.

Bevor jedoch auf die Frage nach der Notwendigkeit von Regelungen im Bereich Aufsichtsrat eingegangen werden kann[651], muss geklärt werden, warum ein staatliches Eingreifen überhaupt erforderlich ist.

1) Erforderlichkeit staatlichen Eingreifens

Die aufgezeigten Konfliktlagen und Probleme ließen sich auf den ersten Blick durch die betroffenen Unternehmen selbst lösen. Im Bereich der Banken wird dies durch die Einlagensicherung des Bankenverbandes auch praktiziert[652]. Darüber hinaus könnten Selbstverpflichtungen in Bezug auf die Unterlegung von Risiken mit Eigenkapital oder der Verzicht auf besonders risikoreiche Geschäfte vertrauensfördernd wirken und somit die Gefahren für Einleger und das Bankensystem minimieren.

Die besondere Bedeutung der Banken-, Versicherungs- und Kapitalanlagebranche für das Funktionieren der Volkswirtschaft, sowohl im unternehmerischen als auch im individuellen Bereich, macht jedoch ein staatliches Eingreifen aus verschiedenen Gründen erforderlich:

Erstens führt die besondere Rolle der genannten Unternehmen dazu, dass sich der Staat einen Versuch, die Branchen der Selbstregulierung zu überlassen, schlichtweg nicht leisten kann. Gerade die Finanzmarktkrise hat deutlich gemacht, dass die zu diesem Zeitpunkt bestehende Regulierung nicht ausreichend war[653]. Somit hat der Gesetzgeber ein gewisses Versagen der Marktkräfte identifiziert. Ein Minus an Regulierung der Branchen hätte weit schlimmere Folgen haben können. Die besondere Bedeutung der Unternehmen für die Gesamtwirtschaft, aber auch für die einzelnen Kunden, fordert den Staat daher geradezu auf, regulierend tätig zu werden.

Darüber hinaus begründen die Rückzahlungsforderungen bezüglich Bankeinlagen ebenso wie Ansprüche aus Versicherungsverträgen eine schutzwürdige Rechtsposition im Sinne von Art. 14 GG. Insofern besteht für den Staat eine Pflicht, hinsichtlich der durch die Grundrechte geschützten Rechtsgüter einen Mindestschutz vor Beeinträchtigungen zu gewährleisten[654]. Die Regulierung und Beaufsichtigung der Banken- und Versicherungsbranche dient daher auch der Verwirklichung des Sozialstaatsprinzips aus Art. 20 Abs. 1 GG[655].

---

651 Dazu in Kapitel 3 C)III)3).

652 Hierzu *Fischer*, in: Boos/Fischer/Schulte-Mattler, KWG, § 23a, Rn. 17ff.

653 BT-Drs. 17/10974, S. 63.

654 Vgl. BVerfGE 39, 1 (46); 46, 160 (164); 65, 1 (45f.); 81, 242 (255); 88, 203 (252ff., 261). Hierzu auch *Winter*, ZVersWiss 2005, 105 (112ff.).

655 *Winter*, ZVersWiss 2005, 105 (118).

Zweitens wird das Vertrauen der Kapitaleinleger, Anleger und Versicherungsnehmer durch staatliche Maßnahmen besonders gestärkt[656]. Bei wichtigen Fragen, wie der privaten Kapitalbildung, etwa zur Altersvorsorge oder der Absicherung von Risiken in ferner Zukunft, vermittelt es dem Kunden ein anderes Gefühl, wenn der Staat als unabhängiger Schiedsrichter, der einerseits die Rechtspositionen des Kunden schützen, andererseits aber den Unternehmen die Möglichkeit zur Ausübung ihres Geschäfts gewährleisten muss[657], eingreift und gewisse Spielregeln vorgibt, auf die sich beide Seiten verlassen können. Dieses Vertrauen wird in erster Linie durch die strenge Zulassungsaufsicht nach §§ 32ff. KWG und §§ 8ff. VAG, aber auch durch die laufende Aufsicht erzeugt und gestützt[658]. Ferner tragen Einlagensicherungssysteme sowie Publizitätspflichten zum Vertrauenserhalt bei[659].

Drittens ist es einigen der genannten Gefahrenlagen immanent, dass sie sich nicht durch Selbstregulierung auflösen lassen. Bedeutendstes Beispiel hierfür ist der *moral hazard* der Geschäftsleiter, höhere Risiken zu Lasten der risikoaversen Kapitaleinleger und zu Gunsten höherer Gewinnchancen einzugehen. Ohne staatliche Regulierung müsste ein Bankensystem allein auf dem Vertrauen, welches die Kapitaleinleger den Banken entgegenbringen, aufgebaut sein. Lassen sich mit höherem Risiko höhere Gewinne erzielen, so könnten Geschäftsleiter versucht sein, die Grenzen des Vertrauens der Kapitaleinleger immer weiter auszureizen und die Bank somit der Gefahr des Überschreitens der Akzeptanzschwelle und dem daraus resultierenden Vertrauensverlust der Kapitaleinleger auszusetzen. Eine solche Entwicklung kann insbesondere durch eigene finanzielle Interessen der Geschäftsleiter, wie beispielsweise ergebnisabhängige Vergütungsbestandteile oder den Wettbewerb mit anderen Instituten, getrieben sein. Durch Letzteren können sich Geschäftsleiter gezwungen sehen, selbst an der Ausdehnung der Grenzen des Vertrauens der Kunden teilzunehmen, um das eigene Institut am Markt behaupten zu können.

---

656 Als etwa die Deutsche Bank am 7. Oktober 2015 einen Quartalsverlust in Höhe von rund sechs Milliarden Euro meldete (https://www.db.com/ir/de/content/ir_informationen_2015_5045.htm) waren keine panischen Reaktionen von Kapitaleinlegern festzustellen. Wie deren Reaktion ohne die gesetzlichen Mindestkapitalanforderungen oder Einlagensicherungssysteme ausgesehen hätte kann nur vermutet werden.

657 Vgl. *Winter*, ZVersWiss 2005, 105 (116), der von Abwehrrechten der „Störer" spricht. Zum Grundrechtsschutz von Versicherungsunternehmen *Winter*, ZVersWiss 2005, 105 (134ff.)

658 In diese Richtung wohl *Winter*, ZVersWiss 2005, 105 (131f.).

659 Vgl. *Waschbusch*, Bankenaufsicht, S. 24 Fn. 96.

Viertens sorgt eine staatliche Regulierung für einheitliche Bedingungen im Wettbewerb[660]. In diesem Zusammenhang taucht auf europäischer Ebene oft der Begriff „*level playing field*" auf[661]. Damit wird die Bindung aller betroffenen Institute und Unternehmen in der Europäischen Union an harmonisierte Standards zur Schaffung einheitlicher Bedingungen im Wettbewerb beschrieben.

Sind alle Institute und Unternehmen an die gleichen regulatorischen Vorgaben gebunden, so verkleinern sich die Spielräume innerhalb derer Geschäftsleiter höhere Risiken eingehen, um beispielsweise höhere Zinsen bieten zu können und sich so im Wettbewerb um das Kapital einen Vorteil zu verschaffen.

Folgerichtig lässt sich festhalten, dass ein staatliches Eingreifen in Form von Regulierung und Beaufsichtigung auf Grund der Besonderheiten der Bank-, Versicherungs- und Kapitalanlagebranche erforderlich ist.

2) Umsetzung von Unionsrecht

Schließlich ist festzuhalten, dass sowohl die den Aufsichtsrat betreffenden Regelungen des KWG als auch des VAG sowie des KAGB in großen Teilen unionsrechtlich determiniert sind und in Umsetzung von Richtlinien in die Gesetze eingefügt wurden. Insofern blieb dem Gesetzgeber zumindest hinsichtlich des „ob" der Regelung kein Umsetzungsspielraum. Hinsichtlich des „wie" der Regelung muss zwischen der Schaffung von Mindeststandards durch CRD IV und der Vollharmonisierung durch Solvency II unterschieden werden. Bei Letzterer blieb dem Gesetzgeber auch kein Spielraum bezüglich der Art und Weise der Umsetzung. Im Rahmen der Umsetzung der CRD IV-Richtlinie hingegen konnte der Gesetzgeber strengere Regelungen treffen, was etwa im Bereich der Ausschussbildung auch geschehen ist[662].

Angesichts der immensen Bedeutung der Banken-, Versicherungs- und Kapitalanlagebranche für die gesamteuropäische Wirtschaft und der immer stärkeren internationalen Verflechtungen der Institute und Versicherungsunternehmen überrascht es nicht, dass auch einheitliche Standards im Bereich Corporate Governance geschaffen werden. Mithin kann zumindest aus nationaler Perspektive auch die Europäisierung der genannten Branchen als Grund für die Schaffung nationaler branchenspezifischer Regelungen angesehen werden.

---

660 Eingehend *Schäfer/Rolker*, in: Finanzmarktkrise, S. 3 (S. 3ff.). Zur Schaffung von Wettbewerb als Ziel staatlicher Aufsicht *Ruthig/Storr*, Öffentliches Wirtschaftsrecht, Rn. 504.

661 Etwa bei *Probst*, in: Gründl/Kraft, Solvency II, S. 4; *Schäfer/Rolker*, in: Finanzmarktkrise, S. 3 (S. 8ff.).

662 Zur Bildung von Ausschüssen nach dem KWG ausführlich unten Kapitel 3 D)I)8).

3) Regulierung der Corporate Governance im Bereich Aufsichtsrat

Eine besondere Rolle bei der Gefahrverhütung spielt auch die Regulierung des Governance-Systems der Unternehmen. In der Banken- wie auch in der Versicherungsbranche soll eine gute Corporate Governance die staatliche Aufsicht ergänzen[663]. Zu einer guten Corporate Governance gehört die Stärkung und Professionalisierung des Aufsichtsrats. Mit ihr wird eine Überwachung der Einhaltung der besonderen Regelungen von innen heraus bezweckt. Je mehr sich die Unternehmen ihrer besonderen Verantwortung für das eigene Tun und Handeln bewusst sind und durch Selbstdisziplin zur Gefahrverhütung beitragen, desto mehr kann sich der Staat mit seinen Eingriffen in Form von aufsichtsbehördlichem Handeln zurückhalten. So gesehen beginnt die beste Aufsicht letzten Endes in den Häusern der einzelnen Unternehmen[664].

Die Regulierung der Corporate Governance lässt sich ferner mit Erfahrungen aus der Finanzkrise erklären. In der Begründung zum CRD IV-Umsetzungsgesetz weist der Gesetzgeber darauf hin, dass bei einer Reihe von Instituten Mängel bei der Corporate Governance dazu beigetragen haben, dass übermäßige Risiken eingegangen wurden. Dies sei möglich gewesen, da die bisherigen Regeln der Corporate Governance zu allgemein gewesen seien und überwiegend auf freiwilligen Verhaltenskodizes beruhten[665]. Ferner wird aber auch die mangelnde Qualifikation als ein Grund für die Entstehung der Krise identifiziert[666]. Insbesondere der mangelnde Einsatz von Zeit und Ressourcen, die fehlende Fähigkeit mit omnipräsenten und teilweise autoritär auftretenden Geschäftsleitern auf Augenhöhe zu diskutieren, sowie das fehlende Verständnis für die systemischen Auswirkungen von Risiken und damit einhergehend die mangelhafte Weitergabe von Informationen an die Aufsichtsbehörde werden hierbei kritisiert[667]. Der De Larosière-Report geht noch darüber hinaus und stellt fest, dass im Bereich der Unternehmensführung die größten Schwachstellen zutage getreten seien[668].

---

663 *Weber-Rey*, ZGR 2010, 543 (551).

664 Vgl. *Waschbusch*, Bankenaufsicht, S. 28.

665 BT-Drs. 17/10974, S. 63.

666 So etwa von der EU-Kommission in ihrem Green Paper „*Corporate governance in financial institutions and remuneration policies*“ vom 2.6.2010, COM(2010) 284, S. 6: "[...] their failure to identify, understand and ultimately control the risks to which their financial institutions were exposed is at the heart of the origins of the crisis“. Hierzu auch *Wohlmannstetter*, in: Hdb. CG Banken, S. 60f.; *Wolff/Jochum*, in: Finanzmarktkrise, S. 363 (S. 365).

667 EU Kommission, COM(2010) 284, S. 6f.

668 De Larosière-Report, S. 33 (Rn. 110).

Auch die immer weiter steigende Bedeutung der Corporate Governance gebietet es den Unternehmen, sich selbst mit der Einhaltung von Gesetzen und Standards zu befassen und sich nicht mehr nur auf Behörden, die Abschlussprüfung oder die steuernde Funktion von Haftungsklagen zu verlassen[669].

Unter dem Stichwort Haftung wird noch ein weiterer Aspekt relevant. Durch die sich immer weiter ausdehnende unionsrechtlich getriebene Regulierung, insbesondere der Banken- sowie der Versicherungsbranche, steigt die Anzahl der Vorschriften, deren Einhaltung durch die Geschäftsleiter der Aufsichtsrat zu überwachen hat[670]. Damit steigt auch das Risiko, dass sich unqualifizierte Aufsichtsratsmitglieder Haftungsrisiken durch ihr Handeln oder durch die Übernahme des Amtes ohne ausreichende Qualifikation aussetzen. Somit ist es nur folgerichtig, auch die Anforderungen an Aufsichtsräte zu regulieren. Zum einen werden so Haftungsrisiken für die Aufsichtsratsmitglieder selbst minimiert. Zum anderen wird aber auch die professionelle Überwachung der Einhaltung der branchenspezifischen Vorschriften und Regeln sichergestellt.

Als gesellschaftsinternes Gremium ist der Aufsichtsrat vorstandsnäher, was sich vor allem durch kürzere und schnellere Informationswege auszeichnet. Der Aufsichtsrat kann somit früher und effektiver auf ein Fehlverhalten der Geschäftsleiter reagieren, als eine unternehmensexterne Institution, wie etwa die Aufsichtsbehörde. Ein funktionsfähiger, professioneller Aufsichtsrat ist daher für die frühe Erkennung von Gefahren für das Unternehmen von großer Bedeutung. Mittelbar dient ein professioneller Aufsichtsrat damit auch dem Schutz der Einleger, Anleger bzw. Versicherungsnehmer sowie der Sicherung einer funktionsfähigen Branche.

Teilweise wird der Aufsichtsrat auch als Hüter der *Risk-Governance* ins Spiel gebracht. Die Regulierung soll die *Risk-Governance* in der unternehmensinternen Corporate Governance-Struktur verankern und so ein Gegengewicht zu den Interessen der Anteilseigner, welche in erster Linie durch den Vorstand, der oftmals zumindest teilweise erfolgsabhängig vergütet wird[671], zur Geltung gebracht werden, bilden[672].

---

669 *Merkt*, NJW 2014, 2310 (2313).

670 Zur mediatisierten Auswirkung der Anforderungen an Geschäftsleiter auf Aufsichtsratsmitglieder am Beispiel von Solvency II *Dreher/Lange*, ZVersWiss 2011, 211(223).

671 Dies wurde als eine Ursache der Finanzkrise identifiziert, vgl. *De-Larosière-Report*, abrufbar unter http://ec.europa.eu/internal_market/finances/docs/de_larosiere_report_de.pdf, S. 6 (Rn. 24).

672 Hierzu *Wohlmannstetter*, in: Hdb. CG Banken, S. 58ff.

Trotz der Vorteile enthält die unternehmensinterne Überwachung jedoch auch das Risiko, dass bei Problemen – losgelöst von Fragen einer etwaigen Haftung der Aufsichtsratsmitglieder – nicht mit der gleichen Sorgfalt überwacht und kontrolliert wird, wie dies ein externer Überwacher tun würde. Als Organ der Gesellschaft ist der Aufsichtsrat nicht unabhängig[673]. Dieser Gefahr wird vor allem mit Regelungen zu Interessenkonflikten begegnet. Dennoch kann auch die Regulierung der Aufsichtsratstätigkeit, insbesondere der Anforderungen an die Qualifikation der Aufsichtsratsmitglieder, zu einer sorgfältigeren Überwachung beitragen. Da Aufsichtsratsmitglieder mit tieferen Spezialkenntnissen diese auch einsetzen müssen[674] und sich andernfalls Haftungsrisiken aussetzen, wird die Gefahr minimiert, dass sich Aufsichtsratsmitglieder auf ihre eigene Unfähigkeit berufen können, wenn Anforderungen bereits im Gesetz normiert sind.

Durch die Finanzkrise ist insbesondere die Bankenbranche aber auch die Versicherungsbranche in der öffentlichen Wahrnehmung in Verruf geraten. Das Vertrauen der Kunden in die Selbstregulierung der Branchen hat dadurch deutlichen Schaden genommen[675]. Eine gute und transparente Corporate Governance trägt nun wesentlich dazu bei, das Vertrauen der Öffentlichkeit in die Branchen zurückzugewinnen und zu erhalten[676]. Ein staatliches Eingreifen wird von der Öffentlichkeit als Garant für Seriosität und Sicherheit verstanden. Somit wirkt es vertrauensfördernd, wenn gesetzlich vorgeschrieben und aufsichtlich kontrolliert wird, dass verantwortliche Personen in Banken und Versicherungsunternehmen, die zum Verständnis der Märkte, Produkte, Instrumente und Methoden erforderliche Kompetenz verfügen müssen[677].

Die Regulierung der Corporate Governance ist somit ein wesentlicher Bestandteil der Sicherung der Funktionsfähigkeit des Banken- und Versicherungssystems[678].

---

673 Eine Ausnahme bildet der unabhängige Finanzexperte gemäß § 100 Abs. 5 AktG, hierzu oben Kapitel 2 A)I)5).

674 Für beruflich erworbene Spezialkenntnisse bereits BGH, NJW-RR 2011, 1670 (1673); *Habersack*, in: MüKo-AktG, § 116, Rn. 28; *Hambloch-Gesinn/Gesinn*, in: Hölters, AktG, § 116, Rn. 10; *Merkt/Mylich*, NZG 2012, 525 (529f.); *Spindler*, in: Spindler/Stilz, AktG, § 116, Rn. 18.

675 Vgl. *De Larosière-Report*, S. 6 (Rn. 23): „Finanzmärkte sind auf Vertrauen angewiesen. Doch dieses Vertrauen ist schwer erschüttert".

676 BIS, "Verbesserung der Unternehmensführung in Banken", S. 4.

677 Aus diesem Grund sah der *De Larosière-Report*, S. 21 (Rn. 64) in diesem Punkt „dringenden Handlungsbedarf".

678 BIS, "Verbesserung der Unternehmensführung in Banken", S. 4.

Eine besondere Stellung nimmt die Regulierung des Aufsichtsrats im KAGB ein. Da sowohl bei von Kapitalverwaltungsgesellschaften verwalteten Fonds als auch bei Investmentaktiengesellschaften mit veränderlichem Kapital die Anleger keine Möglichkeit der Einflussnahme auf die Auswahl der Aufsichtsratsmitglieder haben und ihnen auf Grund ihrer gesellschaftsrechtlichen Stellung[679] als Nicht- bzw. Anlageaktionär auch hinsichtlich der Geschäftsleiter keine Kontrollbefugnisse zustehen, ist hier die Regulierung des Aufsichtsrats die einzige Möglichkeit, unternehmensintern die Wahrung der Interessen der Anleger zu sichern[680].

D) Einzelne branchenspezifische Regelungen für den Aufsichtsrat

Ist damit herausgearbeitet, dass die Regulierung der Corporate Governance der Beseitigung branchenspezifischer Gefahren dienen kann, gilt es im Folgenden zu untersuchen, welche branchenspezifischen Regelungen für Aufsichtsräte und deren Mitglieder bestehen. Dies setzt voraus, dass in den jeweiligen Branchen die Geschäftstätigkeit in einer Rechtsform zulässig ist, die über ein Aufsichtsgremium verfügt. Zunächst sollen hierzu die Banken-, die Versicherungs-, sowie die Kapitalanlagebranche einer näheren Betrachtung unterzogen werden.

I) Anforderungen des KWG

Das KWG befasst sich ausführlich mit dem Aufsichtsrat von Kredit- und Finanzdienstleistungsinstituten sowie Finanzholding-Gesellschaften und gemischten Finanzholding-Gesellschaften[681]. § 2b Abs. 1 KWG verbietet lediglich den Betrieb eines Kreditinstituts in der Rechtsform des Einzelkaufmanns, sodass mit der AG, der KGaA, der SE, der GmbH und der eingetragenen Genossenschaft mehrere Rechtsformen zur Verfügung stehen, die über ein Aufsichtsorgan verfügen müssen oder verfügen können. Für Institute in anderen Rechtsformen

---

679 Anlageaktionäre sind – soweit die Satzung nichts anderes vorsieht – gemäß § 109 Abs. 3 KAGB nicht zur Teilnahme an der Hauptversammlung berechtigt.

680 Zur Einbeziehung der Gesellschafter als Eigenkapitalgeber in den Schutz der Aufsicht *Merkt*, in: Hdb. Corporate Governance, S. 683 (S. 699).

681 § 25d KWG; zu den einzelnen Begriffsbestimmungen s. § 1 Abs. 1, 1a, 1b, 35 KWG i.V.m. Art. 4 Abs. 1 Nr. 20, 21 der Verordnung (EU) 575/2013 des Europäischen Parlamentes und des Rates vom 26. Juni 2013 über Aufsichtsanforderungen an Kreditinstitute und Wertpapierfirmen und zur Änderung der Verordnung (EU) Nr. 646/2012. Soweit im Folgenden von "Instituten" gesprochen wird, sind damit Kreditinstitute und Finanzdienstleistungsinstitute gemeint, vgl. § 1 Abs. 1b KWG. Die Regelungen des KWG gelten auch für Rechtsformen, die an Stelle eines Aufsichtsrats über einen

schreibt das KWG hingegen die Bildung eines Aufsichtsorgans nicht vor. Vielmehr erfolgt die Überwachung der Geschäftsleitung bei solchen Instituten durch die Gesellschafter selbst[682]. Inhaltlich enthält das KWG Anforderungen an die einzelnen Aufsichtsratsmitglieder, die Gesamtqualifikation des Aufsichtsrats als Gremium, Inkompatibilitäten für Aufsichtsratsmitglieder, deren Weiterbildung und Vergütung, die Überwachungsaufgabe des Aufsichtsrats sowie die Einrichtung verschiedener Ausschüsse.

1) Sachkunde

Aufsichtsratsmitglieder von Kredit- und Finanzdienstleistungsinstituten sowie Finanzholding-Gesellschaften und gemischten Finanzholding-Gesellschaften müssen gemäß dem durch das CRD IV-Umsetzungsgesetz[683] eingefügten § 25d Abs. 1 S. 1 KWG die erforderliche Sachkunde zur Wahrnehmung der Kontrollfunktion sowie zur Beurteilung und Überwachung der Geschäfte, die das jeweilige Unternehmen betreibt, besitzen. Bei der Beurteilung des Umfangs der erforderlichen Sachkunde kommt es auch auf den Umfang und die Komplexität der von dem jeweiligen Institut betriebenen Geschäfte an. Anders ausgedrückt muss eine Betrachtung des konkreten Einzelfalls erfolgen.

Dieses Ergebnis erscheint unbefriedigend, wenn man sich die möglichen Folgen unzureichender Sachkunde vor Augen führt. Gemäß § 36 Abs. 3 S. 1 Nr. 2 KWG kann die BaFin die Abberufung des nicht sachkundigen Aufsichtsratsmitglieds verlangen und diesem die Tätigkeit untersagen. Vor diesem Hintergrund ist es für Aufsichtsratsmitglieder, ebenso wie für Institute und Finanzholding-Gesellschaften, von großem Interesse, möglichst detailliert zu erfahren, welche Kenntnisse, Fähigkeiten und Erfahrungen im Einzelfall erforderlich sind.

Auf Grund des unionsrechtlichen Hintergrunds muss bei der Auslegung der Regelungen des KWG stets darauf geachtet werden, dass diese richtlinienkonform erfolgt[684].

Verwaltungsrat verfügen. Zur Vereinfachung und da in dieser Arbeit die Auswirkungen auf das Aktienrecht im Fokus stehen, wird im Folgenden nur der Begriff Aufsichtsrat benutzt.

682 So ausdrücklich BT-Drs. 17/10974, S. 87.

683 Gesetz zur Umsetzung der Richtlinie 2013/36/EU über den Zugang zur Tätigkeit von Kreditinstituten und die Beaufsichtigung von Kreditinstituten und Wertpapierfirmen und zur Anpassung des Aufsichtsrechts an die Verordnung (EU) Nr. 575/2013 über Aufsichtsanforderungen an Kreditinstitute und Wertpapierfirmen vom 28. August 2013, BGBl. I 2013, S. 3395ff.

684 *Lutter/Krieger/Verse*, Rechte und Pflichten, Rn. 1454.

a) Regierungsbegründung und frühere Gesetzeslage

Bereits vor der Einfügung von § 25d KWG fand sich das Sachkundeerfordernis für Aufsichtsratsmitglieder in § 36 Abs. 3 S. 1 und 2 KWG. Die Begründung des Regierungsentwurfs zum CRD IV-Umsetzungsgesetz weist darauf hin, dass diese Regelung lediglich an eine andere Stelle im KWG überführt wurde, um die Anforderungsseite sauber von der Maßnahmenseite zu trennen[685]. Demnach sollte durch die Neupositionierung im Gesetz keine inhaltliche Änderung erfolgen. Auch wenn der deutsche Gesetzgeber die nunmehr in § 25d Abs. 1 KWG enthaltenen Regelungen bereits vor dem Inkrafttreten der CRD IV-Richtlinie erlassen hat, sind jedoch Abweichungen von der früheren Auslegung auf Grund der nun erforderlichen unionsrechtlich determinierten Auslegung des Sachkundebegriffs denkbar.

Das Sachkundeerfordernis wurde erstmals im Jahr 2009 durch das Gesetz zur Stärkung der Finanzmarkt- und Versicherungsaufsicht in das KWG aufgenommen und geht auf einen Änderungsvorschlag des Finanzausschusses zurück[686]. In der dazugehörigen Begründung wird Sachkunde als Geeignetheit, die von dem Institut oder der Finanzholding-Gesellschaft getätigten Geschäfte zu verstehen, deren Risiken für das Unternehmen zu beurteilen und nötigenfalls Änderungen in der Geschäftsführung durchzusetzen, umschrieben[687]. Dies bedeute, dass die fragliche Person im Zweifel nachweisen muss, dass sie über eine Eignung zum Verständnis der wirtschaftlichen und rechtlichen Abläufe im Tagesgeschehen eines Instituts oder einer Finanzholding-Gesellschaft verfügt[688]. Die erforderliche Sachkunde liege regelmäßig bei Personen vor, die über Erfahrungen im Bereich der Rechnungslegung oder Abschlussprüfung verfügen, die bereits selbst ein Institut oder Unternehmen geleitet haben bzw. in leitender Funktion tätig waren, die über entsprechende berufliche Erfahrungen verfügen oder sich die erforderlichen Kenntnisse durch berufsbezogene Weiterbildung angeeignet haben oder anzueignen gewillt sind, sowie bei Personen, die aufgrund persönlicher Erfahrung über die erforderlichen Kenntnisse verfügen[689].

---

685 BT-Drs. 17/10974, S. 87.

686 Vgl. Beschlussempfehlung und Bericht des Finanzausschusses, BT-Drs. 16/13684, S. 10f.

687 BT-Drs. 16/13684, S. 29.

688 BT-Drs. 16/13684, S. 29 mit Verweis auf die entsprechende Definition der Sachkunde in den Sparkassengesetzen der Länder.

689 BT-Drs. 16/13684, S. 41.

Bezüglich des Sachkundebegriffs ist die Begründung des Regierungsentwurfs zumindest missverständlich. In § 25d KWG findet sich der Begriff Sachkunde sowohl in Absatz 1 als auch in Absatz 2. Die Regierungsbegründung verweist bezüglich des Absatzes 1 auf die Vorgängerregelung in § 36 Abs. 3 KWG a.F., erklärt jedoch zu Absatz 2, dass die Sachkunde „bei den einzelnen Verwaltungs- und Aufsichtsorganmitgliedern" als Gesamtqualifikation des Aufsichtsrats und nicht eines jeden Mitglieds zu verstehen sei[690]. Der Gesetzeswortlaut unterscheidet eindeutig zwischen der Sachkundeanforderung für die einzelnen Aufsichtsratsmitglieder in Absatz 1 sowie den Anforderungen an das Aufsichtsorgan in seiner Gesamtheit in Abs. 2[691]. Dafür spricht, dass die Sachkunde in Absatz 1 zusammen mit der Zuverlässigkeit genannt wird, die ebenfalls in der Person jedes Aufsichtsratsmitglieds vorliegen muss. Auch Art. 91 CRD IV unterscheidet explizit zwischen den Anforderungen an das einzelne Mitglied (Abs. 1) und denen an das gesamte Organ (Abs. 7). Dies wird durch eine Betrachtung der Rechtsfolgenseite bestätigt, da die BaFin hier die Abberufung eines Aufsichtsratsmitglieds, dem die erforderliche Sachkunde fehlt, verlangen kann[692]. Vielmehr soll die Unterscheidung des KWG ausdrücken, dass nicht jedes Aufsichtsratsmitglied über alle im Aufsichtsrat notwendigen Kenntnisse, Fähigkeiten und Erfahrungen verfügen muss. Jedoch muss jedes Aufsichtsratsmitglied eigene anteilige Fachkenntnisse besitzen, um so zur Ausfüllung der erforderlichen Gesamtqualifikation beizutragen.

b) Merkblatt der BaFin

Eine über den Gesetzeswortlaut und die Gesetzesbegründung hinausgehende Auslegungshilfe stellt das Merkblatt zu den Mitgliedern von Verwaltungs- und Aufsichtsorganen gemäß KWG und KAGB der BaFin dar[693]. Darin erläutert die BaFin als Aufsichtsbehörde ihr Verständnis der Sachkundeanforderung. Danach bedeutet Sachkunde, dass ein Mitglied eines Verwaltungs- oder Aufsichtsorgans fachlich in der Lage ist, die Geschäftsleiter seines Instituts, seiner Finanzholding-Gesellschaft oder seiner gemischten Finanzholding-Gesellschaft angemessen zu kontrollieren, zu überwachen und die Entwicklung des Instituts, der

690 Vgl. BT-Drs. 17/10974, S. 87.

691 Ähnlich, allerdings in Bezug auf die durch § 25d Abs. 1 KWG umgesetzte entsprechende Regelung in der CRD IV-Richtlinie *Merkelbach*, Der Konzern 2013, 227 (229).

692 Vgl. § 36 Abs. 3 S. 1 Nr. 2 KWG.

693 Merkblatt zu den Mitgliedern von Verwaltungs- und Aufsichtsorganen gemäß KWG und KAGB vom 4.1.2016 (Im Folgenden „Merkblatt Aufsichtsorgan KWG und KAGB"), abrufbar unter http://www.bafin.de/SharedDocs/Veroeffentlichungen/DE/Merkblatt/mb_160104_AR_KWG_KAGB.html.

Finanzholding-Gesellschaft oder der gemischten Finanzholding-Gesellschaft aktiv zu begleiten[694]. Dazu muss die Person die vom Unternehmen getätigten Geschäfte verstehen und deren Risiken beurteilen können, wofür jedoch Spezialkenntnisse nicht zwingend sind, sondern es vielmehr ausreicht, dass sie im Fall mangelnder eigener Kenntnisse zumindest ihren Beratungsbedarf erkennt[695]. Maßgeblich ist auch hiernach eine Beurteilung im konkreten Einzelfall, welche den Umfang und die Komplexität der getätigten Geschäfte berücksichtigt[696]. Das Mitglied muss schließlich mit den für das Unternehmen wesentlichen gesetzlichen Regelungen vertraut sein[697]. Die Formulierungen orientieren sich damit an der Gesetzesbegründung, wobei das Merkblatt deutlich zwischen der Sachkunde des einzelnen Aufsichtsratsmitglieds und der Gesamtqualifikation des Aufsichtsrats unterscheidet[698]. Ferner nennt das Merkblatt über die Gesetzesbegründung hinaus Konstellationen, in denen das Vorliegen der Sachkunde regelmäßig angenommen werden kann und spezifiziert die bereits in der Gesetzesbegründung angesprochenen Fallgruppen. So kann nach Ansicht der BaFin auch ein politisches Mandat die erforderliche Sachkunde begründen, wenn die damit zusammenhängende Tätigkeit über einen längeren Zeitraum maßgeblich auf wirtschaftliche und rechtliche Fragestellungen ausgerichtet und nicht völlig nachgeordneter Natur war oder ist[699]. Auch bei Kaufleuten im Sinne von §§ 1ff. HGB, buchführungspflichtigen Land- und Forstwirten oder anderen Unternehmern im Sinne von § 141 AO liegt regelmäßig die erforderliche Sachkunde vor, wobei auch hier eine konkrete Einzelfallbetrachtung erforderlich ist[700]. Darüber hinaus werden im mitbestimmten Aufsichtsrat auch Beschäftigte der jeweiligen Unternehmensgruppe, die unmittelbar in die wirtschaftlichen und rechtlichen Abläufe des Tagesgeschäfts eingebunden sind, sowie freigestellte Mitglieder des Betriebs- oder Personalrats, sowie Arbeitnehmervertreter der Gewerkschaften, sofern sie mit diesen Abläufen vertraut sind, als ausreichend sachkundig angesehen[701]. Schließlich wird das Vorliegen der erforderlichen Sachkunde auch bei Bürgermeistern, Landräten, Kämmerern oder vergleichbaren Beschäftigten

694 *BaFin*, Merkblatt Aufsichtsorgan KWG und KAGB, S. 18.
695 *BaFin*, Merkblatt Aufsichtsorgan KWG und KAGB, S. 18.
696 *BaFin*, Merkblatt Aufsichtsorgan KWG und KAGB, S. 18.
697 *BaFin*, Merkblatt Aufsichtsorgan KWG und KAGB, S. 18.
698 *BaFin*, Merkblatt Aufsichtsorgan KWG und KAGB, S. 19.
699 *BaFin*, Merkblatt Aufsichtsorgan KWG und KAGB, S. 19.
700 *BaFin*, Merkblatt Aufsichtsorgan KWG und KAGB, S. 19.
701 *BaFin*, Merkblatt Aufsichtsorgan KWG und KAGB, S. 19.

einer Gebietskörperschaft angenommen, sofern diese Tätigkeiten ausgeübt haben oder ausüben, die entsprechende Erfahrungen vermitteln[702].

Deutlich werden zwei Dinge: Zum einen zeigt die BaFin als diejenige Behörde, die feststellt und entscheidet, ob die Sachkunde eines Aufsichtsratsmitglieds im Einzelfall ausreichend ist oder ob gegebenenfalls eine Abberufung gefordert wird, dass auch für sie die Berücksichtigung der Umstände des Einzelfalls das wesentliche Beurteilungskriterium ist. Es bedarf also bei der Auswahl von Aufsichtsratsmitgliedern einer einzelfallbezogenen Einschätzung durch das Institut oder die Finanzholding-Gesellschaft. Aus diesem Grund ist davon auszugehen, dass die BaFin derartige Einschätzungen lediglich daraufhin überprüft, dass sie nicht gänzlich unvertretbar sind. Den Instituten und Finanzholding-Gesellschaften wird damit ein Beurteilungsspielraum überlassen, sodass die Auswahlentscheidung nur darauf überprüft wurde, ob sie sich innerhalb dieses Spielraums bewegt. Somit dürfte die BaFin den Instituten und Finanzholding-Gesellschaften keine allzu hohen Hürden bei der Auswahl der Aufsichtsratsmitglieder in den Weg stellen[703]. Dies wird auch durch die Vermutung der Sachkunde von Bürgermeistern oder Arbeitnehmervertretern verdeutlicht, auch wenn diese Erleichterungen wohl den tatsächlichen Gegebenheiten in mitbestimmten Aufsichtsräten sowie in Sparkassen, bei denen lokalpolitische Funktionsträger geborene Mitglieder der Verwaltungsräte sind[704], geschuldet sind.

Zum anderen nennt die BaFin keine konkreten Fähigkeiten sondern belässt es bei allgemeinen Aussagen und Vermutungsregeln. So wird beispielsweise gefordert, dass ein Aufsichtsratsmitglied die vom Unternehmen getätigten Geschäfte verstehen und deren Risiken beurteilen können muss[705]. Was in diesem Kontext mit „verstehen" gemeint ist wird hingegen nicht erläutert, sodass hier von der bloßen Kenntnis der Geschäfte bis hin zum Durchdringen jedes Details und einer Beurteilung anhand der Lage des Unternehmens und des Marktes jede Auslegung denkbar erscheint. Kritisch zu beurteilen ist jedoch der Hinweis,

702 *BaFin*, Merkblatt Aufsichtsorgan KWG und KAGB, S. 19.

703 So für den Bereich der Versicherungsaufsicht, bei der von Aufsichtsratsmitgliedern beaufsichtigter Unternehmen ebenfalls Sachkunde gefordert wird, *Laars*, VAG, § 7a, Rn. 5.

704 Hierzu *Fischer*, in; Boos/Fischer/Schulte-Mattler, KWG, § 36, Rn. 108. *Ruhwedel*, BOARD 2014, 131 (132) bezweifelt im Hinblick auf die Anforderungen der Gesetzesbegründung dass diese beispielsweise von allen Verwaltungsratsmitgliedern einer Sparkasse erfüllt werden.

705 *BaFin*, Merkblatt Aufsichtsorgan KWG und KAGB, S. 18.

es sei ausreichend, dass ein Aufsichtsratsmitglied im Fall mangelnder eigener Kenntnisse seinen Beratungsbedarf erkennt[706]. Hier ist ein Widerspruch zu dem durch die Hertie-Entscheidung geprägten Grundsatz, dass jedes Aufsichtsratsmitglied grundsätzlich selbst in der Lage sein muss seine Aufgaben zu erfüllen und es dabei nicht unbeschränkt auf die Hilfe Dritter zurückgreifen darf, zu erkennen. Auch bei einem Institut, welches komplexe Geschäfte tätigt, muss ein Aufsichtsratsmitglied grundsätzlich in der Lage sein, die durch andere Mitglieder mit entsprechenden Fachkenntnissen oder Ausschüsse aufbereiteten Informationen zu verstehen und einzuordnen. Andernfalls liefe die Überwachung der Vorstandstätigkeit durch den Aufsichtsrat als Ganzes ins Leere.

c) *EBA Leitlinien*

Eine nähere Konkretisierung der kollektiven Sachkundeanforderungen des Art. 91 CRD IV wird durch die von der EBA gemäß Art. 91 Abs. 12 lit. b) CRD IV eigentlich im Jahr 2015 zu erlassenden und nun auf das Jahr 2016 verschobenen Leitlinien erfolgen[707]. Diese werden eine einheitliche Aufsichtspraxis ermöglichen und somit auch der BaFin die unionsrechtliche Auslegung der Sachkundeanforderungen vorgeben.

Bis dahin, sowie hinsichtlich der Anforderungen an die individuelle Sachkunde, können die bisherigen EBA Leitlinien zur Internen Governance Hinweise liefern, welches Qualifikationsverständnis die EBA ihren Entscheidungen zu Grunde legt. Die Leitlinien sind für die Institute selbst nicht unmittelbar verbindlich. Jedoch müssen die nationalen Aufsichtsbehörden sowie die Finanzmarktteilnehmer nach Art. 16 Abs. 3 der EBA-Verordnung[708] alle erforderlichen Anstrengungen unternehmen, um den Leitlinien nachzukommen. Die nationalen Aufsichtsbehörden müssen erklären, ob sie den Leitlinien nachkommen und eventuelle Abweichungen von ihnen begründen. Die BaFin hat erklärt, die Leitlinien vollumfänglich zu befolgen, sodass sie der deutschen Aufsichtspraxis zu Grunde gelegt werden.

---

706 Vgl. *BaFin*, Merkblatt Aufsichtsorgan KWG und KAGB, S. 18.

707 Revised EBA Work Programme 2015, S. 5, abrufbar unter https://www.eba.europa.eu/documents/10180/842038/30+09+2014+%28EBA+2015+Work+Programme+Annex%29.pdf/de36f4b0-80ee-4e26-af0c-86b99965b510.

708 Verordnung (EU) Nr. 1093/2010 des Europäischen Parlaments und des Rates vom 24. November 2010 zur Errichtung einer Europäischen Aufsichtsbehörde (Europäische Bankenaufsichtsbehörde), zur Änderung des Beschlusses Nr. 716/2009/EG und zur Aufhebung des Beschlusses 2009/78/EG der Kommission („EBA-Verordnung").

Hiernach soll das Leitungsorgan in seiner Aufsichtsfunktion, dem in Deutschland der Aufsichtsrat entspricht, willens und in der Lage sein, Vorschläge, Erläuterungen und Informationen, die von den Mitgliedern des Vorstands bereitgestellt werden, kritisch zu hinterfragen und zu überprüfen. Ferner soll der Aufsichtsrat überwachen, ob die Strategie, die Risikobereitschaft und Risikoneigung und die Richtlinien des Instituts konsequent umgesetzt und ob die Leistungsstandards im Einklang mit dessen langfristigen finanziellen Interessen und Solvenz eingehalten werden. Anhand dieser Standards soll der Aufsichtsrat schließlich die Leistung der Vorstandsmitglieder überwachen[709]. Ferner ergeben sich aus den Aufgaben des Leitungsorgans, zu denen auch die Überwachung der allgemeinen Geschäftsstrategie, der allgemeinen Risikostrategie und -politik des Instituts, der Risikoabsicherung, der Organisationsstruktur, der Besetzung von Schlüsselfunktionen, der Vergütung, der Governance Grundsätze sowie der internen Kontrolle gehört, weitere Anforderungen an die Sachkunde der Aufsichtsratsmitglieder[710]. Die einzelnen Mitglieder sollten sich aktiv mit den Geschäften eines Instituts beschäftigen und in der Lage sein, eigene fundierte, objektive und unabhängige Entscheidungen zu treffen und Urteile abzugeben[711]. Hierbei sollen sie in der Lage sein, objektiv, kritisch und unabhängig zu handeln[712].

Individuell und kollektiv sollen die Mitglieder über die für die ordnungsgemäße Wahrnehmung ihrer Aufgaben erforderliche Sachkenntnis, Erfahrung, Kompetenz, das Verständnis und die persönlichen Qualitäten einschließlich Professionalität und persönlicher Integrität verfügen[713]. Gemeinsam sollen sie die Art der Geschäftstätigkeit des Instituts und die damit verbundenen Risiken in vollem Umfang verstehen können und über ausreichende Fachkenntnisse und Erfahrung in allen wesentlichen, vom Institut beabsichtigten

709 EBA Leitlinien zur Internen Governance (GL 44) vom 27. September 2011, EBA BS 2011 116, S. 14.

710 EBA Leitlinien zur Internen Governance (GL 44) vom 27. September 2011, EBA BS 2011 116, S. 12.

711 EBA Leitlinien zur Internen Governance (GL 44) vom 27. September 2011, EBA BS 2011 116, S. 15.

712 EBA Leitlinien zur Internen Governance (GL 44) vom 27. September 2011, EBA BS 2011 116, S. 15.

713 EBA Leitlinien zur Internen Governance (GL 44) vom 27. September 2011, EBA BS 2011 116, S. 17.

Tätigkeiten verfügen, damit eine wirksame Governance und Aufsicht möglich sind[714].

Damit unterscheidet die EBA deutlich zwischen Einzel- und Gesamtqualifikation. Strenger als in der Hertie-Entscheidung ist hierbei, dass die Einzelqualifikation nicht lediglich auf das Verstehen und Bewerten von Geschäftsvorfällen beschränkt, sondern eine aktive und kritische Mitarbeit gefordert wird.

d) *Schrifttum*

Im Schrifttum ist die Auslegung des Sachkundebegriffs nur sehr spärlich und meist in Zusammenhang mit der Rechtslage vor der Umsetzung der CRD IV-Richtlinie zu finden. Teilweise wird dabei lediglich auf die Gesetzesbegründung verwiesen oder deren Wortlaut wiedergegeben[715]. Andere orientieren sich an dem Merkblatt der BaFin[716]. Einigkeit besteht insoweit, dass die Sachkunde im Vergleich zu der gemäß § 25c Abs. 1 KWG von Geschäftsleitern geforderten fachlichen Eignung[717] geringere Anforderungen enthält[718].

Für *Lehrl* bedeutet Sachkunde, dass idealerweise Erfahrungen im Bereich der Rechnungslegung oder der Abschlussprüfung vorliegen, die um wirtschaftliche Kenntnisse ergänzt sein sollten, wobei die genauen Anforderungen mit

---

714 EBA Leitlinien zur Internen Governance (GL 44) vom 27. September 2011, EBA BS 2011 116, S. 17.

715 So etwa *Brandi/Gieseler*, NZG 2012, 1321 (1325); *Kruchen*, ZCG 2011, 21 (21f.); *Ruhwedel*, BOARD 2014, 131 (132); *Schwennicke*, in: Schwennicke/Auerbach, KWG, § 36, Rn. 38ff.

716 *Behle*, in: Hdb. AR in Kreditinstituten, S. 575 (S. 577ff.); *Schneider/Schneider*, NZG 2016, 41 (43).

717 Nach der Regelung in § 25c Abs. 1 KWG erfordert die fachliche Eignung, dass die Geschäftsleiter in ausreichendem Maß theoretische und praktische Kenntnisse in den betreffenden Geschäften sowie Leitungserfahrung haben. Dabei besteht eine Vermutung für das Vorliegen einer ausreichenden fachlichen Eignung, wenn der fragliche Geschäftsleiter eine dreijährige Erfahrung in leitender Funktion in einem vergleichbaren Unternehmen nachweisen kann.

718 *Apfelbacher/Metzner*, AG 2013, 773 (775); *Behle*, in: Hdb. AR in Kreditinstituten, S. 575 (S. 577); *Hingst/Himmelreich/Krawinkel*, WM 2009, 2016 (2019); *Köhler*, in Schwintowski, Bankrecht, S. 129; *Merkelbach*, Der Konzern 2013, 227 (229); *Samm*, in: Beck/Samm/Kokemoor, KWG, § 36, Rn. 122; *Schneider/Schneider*, NZG 2016, 41 (43); *Velte/Buchholz*, ZBB 2013, 400 (402); wohl auch *Bronnert-Härle*, Aufsichtsratsausschüsse, S. 239; *Fischer*, in: Boos/Fischer/Schulte-Mattler, KWG, § 36, Rn. 99. Vgl. auch die Stellungnahme des Bundesrates zum Entwurf eines Gesetzes zur Stärkung der Finanzmarkt- und der Versicherungsaufsicht, BR-Drs. 277/09(B), S. 4.

der Größe des Instituts und dem Umfang und der Komplexität der von ihm betriebenen Geschäfte ansteigen[719]. Die Anforderungen seien ferner nicht auf ein abstraktes Expertenwissen ausgerichtet, sondern abhängig vom konkreten Geschäftsmodell des jeweiligen Instituts und der innerhalb des Verwaltungs- und Aufsichtsorgans wahrgenommenen Funktion[720].

Nach Ansicht von *Köhler* müssen Aufsichtsratsmitglieder fachlich imstande sein, die wirtschaftliche Wirkungsweise der vom Institut getätigten wesentlichen Geschäfte zu verstehen, deren Risiken eigenständig zu beurteilen und nötigenfalls Änderungen in der Geschäftsleitung durchzusetzen, sowie darüber hinaus nachweisbare Kenntnisse von den regulatorischen Anforderungen, insbesondere hinsichtlich der Rechnungslegung, den Mindestkapital- und Liquiditätsanforderungen sowie dem Gesamtrisikomanagement aufweisen und mit den grundlegenden wirtschaftlichen und rechtlichen Abläufen im Tagesgeschäft des Instituts vertraut sein[721].

Samm merkt hingegen an, dass die Sachkunde mit der Struktur des Instituts, bei dem die Organfunktion ausgeübt wird, konform gehen, also in dessen Gefüge passen müsse[722].

e) Würdigung

Die Formulierung der Sachkundeanforderung in § 25d Abs. 1 S. 1 KWG erinnert an die Anforderungen, die der Bundesgerichtshof in seiner Hertie-Entscheidung generell für Aufsichtsräte von Aktiengesellschaften aufgestellt hat[723]. Teilweise wird daher vertreten, das Sachkundeerfordernis aus § 25d KWG sei mit den Anforderungen aus der Hertie-Entscheidung gleichzusetzen[724]. Es stellt sich damit die Frage, ob die Regelung in § 25d Abs. 1 KWG lediglich klarstellender

---

719 *Lehrl*, BKR 2010, 485 (495).

720 So auch Beschlussempfehlung und Bericht des Finanzausschusses, BT-Drs. 16/13684, S. 30.

721 *Köhler*, in: Schwintowski, Bankrecht, S. 129 (S. 130).

722 *Samm*, in: Beck/Samm/Kokemoor, KWG, § 36, Rn. 123.

723 Vgl. *Brandi/Gieseler*, NZG 2012, 1321 (1326); *Lehrl*, BKR 2010, 485 (495) So auch die Begründung des Regierungsentwurfs zum CRD IV-Umsetzungsgesetz, BT-Drs. 17/10974, S. 87. Zu diesen Anforderungen bereits oben Kapitel 2 A)V)1)b).

724 *Brandi/Gieseler*, NZG 2012, 1321 (1325); *Bronnert-Härle*, Aufsichtsratsausschüsse, S. 241; *Dreher*, ZGR 2010, 496 (512); *Hingst/Himmelreich/Krawinkel*, WM 2009, 2016 (2019).

Natur ist oder einen über die Hertie-Entscheidung hinausgehenden Regelungsgehalt aufweist[725].

Zunächst ist festzuhalten, dass Institute im Anwendungsbereich des KWG verschiedene Rechtsformen aufweisen können[726]. Zwar erging die Hertie-Entscheidung zu einer Norm des Aktienrechts und betraf eine der paritätischen Mitbestimmung unterliegende GmbH, sodass bereits zwei wesentliche Rechtsformen abgedeckt sind. Jedoch werden viele – insbesondere kleinere und öffentliche – Institute in anderen Rechtsformen, wie z.B. der Genossenschaft, die gemäß §§ 9, 36 GenG über einen Aufsichtsrat verfügt, geführt. Die Regelung im KWG stellt somit sicher, dass Aufsichtsratsmitglieder unabhängig von der Rechtsform des jeweiligen Instituts über die erforderliche Sachkunde verfügen. Auf rechtsformspezifische Besonderheiten kann die aufsichtsrechtliche Regelung jedoch nicht eingehen[727].

Ferner ist zuzugeben, dass sowohl der Hertie-Entscheidung des BGH, als auch dem Sachkundeerfordernis des KWG eine unternehmensspezifische Betrachtungsweise zu Grunde liegt. Welche Sachkunde ein Aufsichtsratsmitglied im Einzelnen aufweisen muss, lässt sich nicht pauschal beantworten, sondern ist von den spezifischen Gegebenheiten des einzelnen Unternehmens bzw. Instituts abhängig.

Dennoch besteht ein Unterschied zwischen den allgemeinen Anforderungen an Aufsichtsratsmitglieder und den besonderen Anforderungen für Aufsichtsratsmitglieder von Instituten: Selbstverständlich müssen Letztere die in der Hertie-Entscheidung angesprochenen allgemeinen Anforderungen erfüllen, also zumindest das anfallende Tagesgeschäft des Aufsichtsrats bewältigen können[728]. Zusätzlich müssen sie jedoch über besondere bereichsspezifische bzw. institutsbezogene Mindestkenntnisse verfügen, die sich aus der Institutseigenschaft und den daraus folgenden besonderen Anforderungen an die zu überwachende Geschäftsleitung ergeben[729]. § 25d Abs. 1 S. 1 KWG fordert im

---

725 Für einen über die Vorgaben der Hertie-Entscheidung hinausgehenden Regelungsgehalt *Schneider/Schneider*, NZG 2016, 41 (43). Für strengere Anforderungen bereits auf Grundlage der alten Rechtslage *Bachmann*, AG 2011, 181 (187); *Hölscher/Dähne*, in: Paetzmann/Schöning, S. 271 (S. 286); *Lang/Balzer*, WM 2012, 1167 (1171f.); wohl auch *Langenbucher*, ZHR 176 (2012), 652 (654); *Lehrl*, BKR 2010, 485 (494ff.).

726 Vgl. § 2b Abs. 1 KWG, dazu bereits oben Kapitel 3 D)I).

727 Hierzu *Schneider/Schneider*, NZG 2016, 41 (42).

728 Dazu gehört eine allgemeine kaufmännische Vertrautheit mit Bilanz, GuV und Zahlen, mit denen kaufmännischer Erfolg und Misserfolg abgebildet wird, vgl. *Peltzer*, in: Wellhöfer/Peltzer/Müller, S. 562.

729 *Lehrl*, BKR 2010, 485 (496f.); vgl. auch *Köhler*, in: Schwintowski, Bankrecht, S. 129f.

Gegensatz zur Hertie-Entscheidung nicht lediglich die Fähigkeit, die normalerweise anfallenden Geschäftsvorgänge zu verstehen und sachgerecht beurteilen zu können, sondern darüber hinaus auch die zur Wahrnehmung der Kontrollfunktion erforderliche Sachkunde. Bereits vom Begriff her geht Sachkunde über die zur Erledigung der üblichen Aufgaben erforderlichen Kenntnisse, Fähigkeiten und Erfahrungen hinaus. Dies bedeutet, dass es mit dem bloßen Verstehen und Beurteilen nicht getan ist, sondern dass jedes Aufsichtsratsmitglied ferner in der Lage sein muss, daraus für sich selbst auf konkrete Handlungsanweisungen zu schließen, um sich aktiv an der Kontrolle zu beteiligen.

In diese Richtung zeigt auch die Formulierung in § 25d Abs. 6 S. 1 KWG, wonach der Aufsichtsrat die Geschäftsleiter auch im Hinblick auf die Einhaltung der einschlägigen bankaufsichtsrechtlichen Regelungen überwachen muss[730]. Damit wird vorausgesetzt, dass den Aufsichtsratsmitgliedern der gesetzliche Rahmen der Aufsicht bekannt ist und sie dazu in der Lage sind, die Einhaltung der für ihr Institut relevanten Regelungen zu überwachen.

Darüber hinaus zeigen auch die Fortbildungsangebote für Aufsichtsratsmitglieder von Instituten eine derartige Unterscheidung[731]. Zur grundlegenden Sachkunde jedes Aufsichtsratsmitglieds eines Instituts zählen demnach Themen wie Bankbilanzierung, Risikomanagement, Fragen der Kreditvergabe, Rechnungswesen, Bilanzierung und Bewertung sowie Erfolgs- und Risikosteuerung. Dies sind Themen, die bereits über die nach dem Aktiengesetz von allen Aufsichtsratsmitgliedern – auch eines Instituts – zu erwartenden Kenntnisse hinausgehen.

Einen wesentlichen Unterschied stellt zudem der Grad der Konkretisierung der Regelungen dar. Während sich der BGH in der Hertie-Entscheidung auf einen Grundsatz beschränkt und lediglich die Gestaltung des Falles zeigt, dass die Fähigkeit, den Prüfungsbericht zum Jahresabschluss lesen, verstehen und prüfen zu können, einen Teil der Mindestqualifikation darstellt, ist die aufsichtsrechtliche Regelung durch die Auslegung der BaFin[732] oder die zu erwartende Konkretisierung durch die Leitlinien der EBA[733] bedeutend detaillierter.

Schließlich handelt es sich bei der Hertie-Entscheidung lediglich um eine richterliche Konkretisierung allgemeiner aktienrechtlicher Grundsätze, während

---

730 Dazu noch unten Kapitel 3 D)I)7).

731 Vgl. etwa das Jahresprogramm 2016 der ADG, abrufbar unter https://www.adgonline.de/adg_online/Ueber-die-ADG/Jahresprogramme-Publikationen/.

732 Hierzu bereits oben Kapitel 3 D)I)1)b).

733 Hierzu bereits oben Kapitel 3 D)I)1)c).

das KWG tatsächlich in einem Gesetz kodifizierte Regelungen enthält. Die richterliche Konkretisierung unterliegt den Veränderungen des gesetzlichen Wandels. Die aufsichtsrechtliche Regelung bietet hingegen feste Anhaltspunkte, die zugleich den Rahmen für die Auslegung bestimmen.

Auch wenn der Gedanke der Rechtssicherheit dazu verleitet, Kataloge mit konkreten Anforderungen an Aufsichtsratsmitglieder aufzustellen und generell eine Tendenz zur Verrechtlichung der Tätigkeit des Aufsichtsrats auszumachen ist, darf nicht übersehen werden, dass sich auch Institute individuell voneinander unterscheiden und darüber hinaus in Zukunft Probleme entstehen können, die heute noch nicht absehbar sind[734]. Daher müssen die konkreten Anforderungen an die Sachkunde von Aufsichtsratsmitgliedern von Instituten auch stets dem konkreten Einzelfall angepasst werden[735].

Zusammenfassend lässt sich aber dennoch festhalten, dass ein Rahmen besteht, innerhalb dessen sich die Sachkunde bewegen muss. Dieser wird zum einen durch die Anforderungen der Hertie-Entscheidung des BGH und zum anderen durch die besonderen Anforderungen, die das Aufsichtsrecht an Institute und Finanzholding-Gesellschaften stellt, abgesteckt. Ein Aufsichtsratsmitglied eines Instituts oder einer Finanzholding-Gesellschaft muss daher in der Lage sein, die täglichen Aufgaben des Aufsichtsrats wahrzunehmen, bzw. sich zumindest an der Kollektiventscheidung beteiligen zu können, die Geschäfte des Instituts oder der Finanzholding-Gesellschaft zu verstehen, wirtschaftlich einzuordnen und deren Risiko beurteilen zu können sowie zu überwachen, dass das Institut bzw. die Finanzholding-Gesellschaft die Vorgaben des Aufsichtsrechts, etwa hinsichtlich Erteilung und Erhalt der Konzession, Qualifikation der Geschäftsleiter, Organisationspflichten, Kapitalausstattung und Liquidität, Kreditvergabe, Risikomanagement, Selbstkontrolle sowie Jahresabschluss[736], einhält.

2) *Zuverlässigkeit*

§ 25d Abs. 1 S. 1 KWG fordert von Aufsichtsratsmitgliedern von Instituten und Finanzholding-Gesellschaften ferner, dass diese zuverlässig sind. Was unter Zuverlässigkeit zu verstehen ist, wird im Gesetz nicht definiert. Die Gesetzesbegründung zu § 25d Abs. 1 KWG verweist hierzu – ebenso wie zur Sachkunde – auf

734 *Lehrl*, BKR 2010, 485 (492).

735 So auch Basel Committee on Banking Supervision, Corporate governance principles for banks, 2015, S. 6, abrufbar unter http://www.bis.org/bcbs/publ/d328.pdf.

736 Zu den Regelungsgegenständen des Aufsichtsrechts vgl. *Fischer*, in: Boos/Fischer/Schulte-Mattler, KWG, Einführung, Rn. 133ff.

den vormaligen § 36 Abs. 3 KWG a.F. Jedoch äußern sich weder diese Vorschrift selbst, noch deren Begründung[737] näher zum Zuverlässigkeitsbegriff. Festgestellt wird lediglich, dass mit § 36 Abs. 3 KWG a.F. die „bislang nach den hergebrachten kaufmännischen Grundsätzen anerkannten Anforderungen (wie sie etwa auch im Deutschen Corporate Governance Kodex enthalten sind) teilweise gesetzlich geregelt" wurden[738].

Zuverlässigkeit im Sinne des KWG ist daher ein unbestimmter Rechtsbegriff, welcher der Auslegung bedarf. Hierbei ist zu beachten, dass der Zuverlässigkeitsbegriff auf Grund des nunmehr unionsrechtlichen Hintergrunds von § 25d Abs. 1 KWG richtlinienkonform ausgelegt werden muss. Allerdings fordert Art. 91 CRD IV nur, dass jedes Aufsichtsratsmitglied ausreichend gut beleumundet ist und aufrichtig, integer und unvoreingenommen handelt. Der deutsche Zuverlässigkeitsbegriff kann, da es sich lediglich um eine Mindestharmonisierung handelt, durchaus darüber hinausgehen.

a) Merkblatt der BaFin

Eine Auslegungshilfe stellt erneut das Merkblatt zu den Mitgliedern von Verwaltungs- und Aufsichtsorganen gemäß KWG und KAGB der BaFin[739] dar. Demnach braucht die Zuverlässigkeit nicht positiv nachgewiesen werden, sondern wird unterstellt, wenn keine die Unzuverlässigkeit begründenden Tatsachen, wie etwa aufsichtliche Maßnahmen der BaFin gegen das Mitglied oder ein von ihm geleitetes Unternehmen, Straftaten im Vermögensbereich, Verstöße gegen Ordnungsvorschriften oder Interessenkonflikte erkennbar sind[740]. Die Unzuverlässigkeit sei folglich anzunehmen, wenn persönliche Umstände nach der allgemeinen Lebenserfahrung die Annahme rechtfertigen, dass diese die sorgfältige und ordnungsgemäße Wahrnehmung des Kontrollmandats beeinträchtigen können, wobei das persönliche Verhalten sowie das Geschäftsgebaren des Mitglieds hinsichtlich strafrechtlicher, finanzieller, vermögensrechtlicher und aufsichtsrechtlicher Aspekte zu berücksichtigen sei[741]. Nach Ansicht der BaFin setzt Unzuverlässigkeit ferner kein Verschulden voraus.

---

737 BT-Drs. 16/13684, S. 30.

738 BT-Drs. 16/12783, S. 16.

739 Oben Fn. 690.

740 *BaFin*, Merkblatt Aufsichtsorgan KWG und KAGB, S. 21f.

741 *BaFin*, Merkblatt Aufsichtsorgan KWG und KAGB, S. 21.

b) EBA Leitlinien

Das Konzept der Aufrichtigkeit, Integrität und Unvoreingenommenheit der Aufsichtsratsmitglieder wird durch die auf das Jahr 2016 verschobenen Leitlinien der EBA gemäß Art. 91 Abs. 12 lit. c) CRD IV näher konkretisiert werden.

Weitere Hinweise liefern die EBA Leitlinien zur Beurteilung der Eignung von Mitgliedern des Leitungsorgans und von Inhabern von Schlüsselfunktionen[742]. Hiernach sollte ein Aufsichtsratsmitglied als zuverlässig gelten, wenn es keine gegenteiligen Anhaltspunkte gibt und kein begründeter Zweifel an seiner Zuverlässigkeit besteht, wobei alle verfügbaren Informationen zu berücksichtigen sind[743]. Insbesondere sollen alle relevanten Strafregisterauszüge und Verwaltungsakten, sowie die Begleitumstände von Straftaten oder Aufsichts- bzw. Verwaltungsmaßnahmen berücksichtigt werden, wobei speziell Straftaten oder Gesetzesverstöße im Bereich des Finanzrechts, der Vermögensdelikte, Steuerdelikte oder des Insolvenzrechts relevant sein können[744]. Darüber hinaus fließen auch Untersuchungen und Vollzugsmaßnahmen von Behörden, Regulierungsstellen und Berufsverbänden, insbesondere wegen Verstößen gegen finanzrechtliche Vorschriften in die Beurteilung ein. Beachtet werden sollen ferner das frühere Verhalten des Mitglieds gegenüber den Aufsichtsbehörden, etwaige Verweigerungen von Eintragungen, Zulassungen o.ä., die Gründe für Entlassungen oder der behördliche Entzug der Geschäftsführungsbefugnis. Hierunter fällt auch die Ablehnung oder der Widerruf einer Gewerbeerlaubnis. Fehlende gewerberechtliche Zuverlässigkeit ist damit zumindest ein bei der Beurteilung der Zuverlässigkeit i.S.d. KWG zu berücksichtigender Aspekt. Schließlich ist auch die finanzielle Solidität eines Mitglieds zu berücksichtigen. Auswirken können sich hier etwa die Aufnahme in eine Liste unzuverlässiger Schuldner einer Auskunftei, die wirtschaftliche Lage von Unternehmen im Eigentum oder unter der Leitung des Mitglieds, Anträge auf Privatinsolvenz sowie weitere persönliche Aspekte.

Damit liefert die EBA sehr detaillierte aber auch sehr weitreichende Vorgaben zur Beurteilung der Zuverlässigkeit. Auffallend ist dabei, dass nicht zwischen Mitgliedern des Leitungsorgans in seiner Leitungsfunktion und in seiner Aufsichtsfunktion unterschieden wird, die Anforderungen daher im dualistischen

---

742 EBA/GL/2012/06 vom 22. November 2012. Zur Verbindlichkeit der Leitlinien oben Kapitel 3 D)I)1)c)

743 EBA/GL/2012/06 vom 22. November 2012, S. 9.

744 Ein detaillierter Katalog findet sich in den Leitlinien EBA/GL/2012/06 vom 22. November 2012, S. 10.

System für Vorstand und Aufsichtsrat gleichermaßen gelten. Dies widerstrebt dem deutschen System, wonach für den Aufsichtsrat keine derartigen Hinderungsgründe existieren. Da jedoch auch die BaFin, welche die vollständige Befolgung der EBA Leitlinien erklärt hat, in ihrem Merkblatt eine ähnlich strenge Auslegung verfolgt, muss sich die Praxis auf eine entsprechende Prüfung einstellen.

c) Gewerberechtlicher Zuverlässigkeitsbegriff

Weitere Anhaltspunkte lassen sich dem Gewerberecht entnehmen, welches der Gesetzgeber mit dem Verweis auf die „hergebrachten kaufmännischen Grundsätze" gemeint hat[745]. Zum Schutz vor Schäden im Kreditwesen bezweckt die Bankenaufsicht eine Einschränkung der in § 1 Abs. 1 GewO verbürgten Gewerbefreiheit[746].

Gemäß § 35 Abs. 1 GewO ist die Ausübung des Gewerbes zu untersagen, wenn der Gewerbetreibende unzuverlässig ist und die Untersagung zum Schutz der Allgemeinheit oder der im Betrieb Beschäftigten erforderlich ist. Dabei wird jedoch nicht positiv definiert, unter welchen Voraussetzungen eine Person als zuverlässig anzusehen ist, sondern es erfolgt eine Negativabgrenzung[747].

Im Sinne des Gewerberechts unzuverlässig ist, wer keine Gewähr dafür bietet, dass er in Zukunft sein Gewerbe ordnungsgemäß ausüben wird[748]. Übertragen auf die Tätigkeit der Aufsichtsratsmitglieder würde dies bedeuten, dass Unzuverlässigkeit anzunehmen ist, wenn persönliche Umstände nach der allgemeinen Lebenserfahrung die Annahme rechtfertigen, dass diese die sorgfältige und ordnungsgemäße Wahrnehmung des Kontrollmandats beeinträchtigen können[749].

---

745 Institute unterliegen grundsätzlich der allgemeinen Wirtschaftsaufsicht nach der GewO, die jedoch durch das KWG modifiziert und weitgehend verdrängt wird, vgl. *Ludwig*, Wirtschaftsaufsicht, S. 163. Das Bankaufsichtsrecht ist daher ein Ausschnitt des Gewerberechts, vgl. *Lutter/Krieger/Verse*, Rechte und Pflichten, Rn. 1450; *Weber-Rey*, ZGR 2010, 543 (547). *Thaten*, Ausstrahlung, S. 265 sieht den aufsichtsrechtlichen Zuverlässigkeitsbegriff als dem Gewerberecht entnommen an. Dies ist insofern unscharf, als das aufsichtsrechtliche Zuverlässigkeitserfordernis unionsrechtlichen Regelungen entspringt.

746 *Fischer*, in: Boos/Fischer/Schulte-Mattler, KWG, Einführung, Rn. 120.

747 Vgl. *Jura*, Betriebliche Altersversorgung 2013, 675 (675).

748 BVerwGE 65, 1 (1f.); *Ennuschat*, in: Tettinger/Wank/Ennuschat, GewO, § 35, Rn. 27; *Huber*, in: Schoch, 3. Kapitel, Rn. 318; *Marcks*, in: Landmann/Rohmer, GewO, § 35, Rn. 29; *Schaeffer*, WiVerw 1982, 100 (101f.).

749 So für Aufsichtsratsmitglieder von Versicherungsunternehmen *Bürkle/Scheel*, in: Bähr, Hdb. Versicherungsaufsicht, § 13, Rn. 36. In diese Richtung – allerdings für

Zur Beurteilung der Unzuverlässigkeit sind zunächst Tatsachen zu ermitteln, auf deren Grundlage einzuschätzen ist, ob der Gewerbetreibende seine Tätigkeit in Zukunft ordnungsgemäß ausüben wird[750]. Tatsachen sind Zustände der Vergangenheit oder Gegenwart, die einen Bezug zum ausgeübten Gewerbe aufweisen[751]. Dazu können Straftaten wie Eigentums- oder Vermögensdelikte, gewerberelevante Ordnungswidrigkeiten, nicht unerhebliche Rückstände gewerbebezogener Steuern, Verstöße gegen sozialversicherungsrechtliche Pflichten, das Unterlassen der Betriebsaufgabe trotz anhaltender wirtschaftlicher Leistungsunfähigkeit, mangelnde Sachkunde[752], persönliche Mängel oder Verstöße gegen die guten Sitten gehören[753]. Auf ein Verschulden des Gewerbetreibenden kommt es nicht an[754]. Die Entscheidung über die Zuverlässigkeit eines Aufsichtsratsmitglieds erfordert somit eine Prognoseentscheidung, bei der auf der Grundlage der vergangenheitsbezogenen Tatsachen beurteilt werden muss, ob auch in Zukunft die Gefahr der Unzuverlässigkeit des Aufsichtsratsmitglieds besteht.

d) Zuverlässigkeit im AktG

Lediglich für Geschäftsleiter finden sich auch im Aktiengesetz Regelungen zur Zuverlässigkeit. So bestimmt § 76 Abs. 3 S. 2 Nr. 2 AktG, dass eine Gewerbeuntersagung oder ein Berufsverbot einer Person im Bereich des Unternehmensgegenstands der Aktiengesellschaft ein die Vorstandsmitgliedschaft hindernder Grund ist. Darüber hinaus kann gemäß Nr. 3 nicht Vorstandsmitglied sein, wer wegen einer der dort aufgezählten Insolvenz- oder Vermögensdelikte verurteilt wurde. Für Aufsichtsratsmitglieder finden sich derartige Hinderungsgründe im Aktiengesetz hingegen nicht. De lege lata entfalten die für Vorstandsmitglieder

---

Geschäftsleiter von Finanzdienstleistungsunternehmen – auch VG Frankfurt a.M., Urt. v. 17.3.2005 - 1 E 686/04.

750 *Ennuschat*, in: Tettinger/Wank/Ennuschat, GewO, § 35, Rn. 27; *Marcks*, in: Landmann/Rohmer, GewO, § 35, Rn. 31.

751 *Ennuschat*, in: Tettinger/Wank/Ennuschat, GewO, § 35, Rn. 28f.; *Marcks*, in: Landmann/Rohmer, GewO, § 35, Rn. 34. Zur Gewerbebezogenheit vgl. auch BVerwG, NJW 1961, 1834 (1834).

752 Mangelnde Sachkunde kann für sich genommen jedoch nur in eklatanten Ausnahmefällen die Unzuverlässigkeit begründen, sofern nicht ausdrücklich eine besondere Sachkunde vorgeschrieben ist, vgl. *Ennuschat*, in: Tettinger/Wank/Ennuschat, GewO, § 35, Rn. 74.

753 Vgl. *Ennuschat*, in: Tettinger/Wank/Ennuschat, GewO, § 35, Rn. 36ff.; *Marcks*, in: Landmann/Rohmer, GewO, § 35, Rn. 35ff.; *Schaeffer*, WiVerw 1982, 100 (107ff.).

754 BVerwGE 65, 1 (4); *Ennuschat*, in: Tettinger/Wank/Ennuschat, GewO, § 35, Rn. 34; *Huber*, in: Schoch, 3. Kapitel, Rn. 319.

geltenden Hinderungsgründe keine Geltung für Mitglieder des Aufsichtsrats. Nach herrschender Ansicht im Schrifttum sind sie darüber hinaus auch nicht analog anwendbar[755].

e) Würdigung

Insgesamt zeigen sich Parallelen zwischen der gewerberechtlichen Zuverlässigkeitsdefinition und den Anforderungen der BaFin sowie der EBA an die Zuverlässigkeit der Aufsichtsratsmitglieder. Das besondere Verhältnis zwischen den Geschäftsleitern und dem Aufsichtsrat als Kontrollorgan erfordert es jedoch, weitere Kriterien in den gewerberechtlichen Zuverlässigkeitsbegriff einzubeziehen[756]. So erscheint die Zuverlässigkeit gefährdet, wenn ein Aufsichtsratsmitglied einem Interessenkonflikt unterliegt[757]. Dahinter steht die Überlegung, dass ein Aufsichtsratsmitglied bei einem drohenden persönlichen Verlust oder einem Verlust eines von ihm geleiteten Unternehmens Gefahr läuft, das Unternehmensinteresse seinem persönlichen Interesse unterzuordnen. Zwar bezwecken die Inkompatibilitätsvorschriften im KWG[758] sowie im AktG[759] eine Minimierung möglicher Interessenkonflikte; denkbar ist ein solcher Konflikt jedoch wenn ein Aufsichtsratsmitglied geschäftliche Beziehungen zum Institut unterhält oder zu diesem in einer wirtschaftlichen Abhängigkeit steht, etwa weil es ein ausfallgefährdeter Kreditnehmer des Instituts ist[760].

Ebenfalls kann die ausreichende zeitliche Verfügbarkeit unter das Zuverlässigkeitserfordernis subsumiert werden[761]. Ein Aufsichtsratsmitglied, welches der

755 Ohne nähere Begründung *Habersack*, in: MüKo-AktG, § 100, Rn. 47; *Hoffmann-Becking*, in: Münchener Hdb. AG, § 30, Rn. 3; *Simons*, in: Hölters, AktG, § 100, Rn. 36. Ebenfalls auf die herrschende Ansicht verweisend, jedoch rechtspolitisch kritisch *Hopt/Roth*, in: Großkomm. AktG, § 100, Rn. 19; *Spindler*, in: Spindler/Stilz, AktG, § 100, Rn. 42; *Wirth*, ZGR 2005, 327 (331).

756 *Lehrl*, BKR 2010, 485 (494); *Samm*, in: Beck/Samm/Kokemoor, KWG, § 36 Rn. 118.

757 *Wolff/Jochum*, in: Finanzmarktkrise, S. 363 (S. 374). So auch die Ansicht der BaFin in ihrem Merkblatt.

758 § 25d Abs. 3, 3a KWG.

759 § 100 Abs. 2 AktG.

760 Vgl. *Behle*, in: Hdb. AR in Kreditinstituten, S. 575 (S. 580f.); *Fischer*, in; Boos/Fischer/Schulte-Mattler, KWG, § 36, Rn. 105; *Jura*, Betriebliche Altersversorgung 2013, 675 (675); *Samm*, in: Beck/Samm/Kokemoor, KWG, § 36, Rn. 118; eingehend hierzu *Wollf/Jochum*, in: Finanzmarktkrise, S. 363 (S. 377ff.).

761 Zu den Anforderungen des KWG an die zeitliche Verfügbarkeit sogleich in Kapitel 3 D)I)3). Zu den diesbezüglichen Empfehlungen des DCGK bereits oben unter Kapitel 2 B)III)3).

Wahrnehmung seiner Aufgaben nicht ausreichend Zeit widmet, kann nicht als zuverlässig angesehen werden[762]. Da die zeitliche Verfügbarkeit im KWG jedoch separat angesprochen wird, dürfte ihre Bedeutung für die Frage der Zuverlässigkeit nicht übermäßig groß sein.

Die Auslegung des Zuverlässigkeitsbegriffs anhand der gewerberechtlichen Grundsätze führt damit im Ergebnis zu den gleichen Anforderungen, welche die BaFin in ihrem Merkblatt aufgestellt hat. Deutliche Unterschiede zeigen sich aber zum Aktiengesetz. Zwar enthält dieses Hinderungsgründe für die Tätigkeit als Aufsichtsratsmitglied[763] und fordert die in § 116 AktG geforderte Sorgfalt, dass ein Mitglied das Amt nur übernimmt, wenn es über die dafür erforderliche Sachkunde verfügt, keinen Interessenkonflikten unterliegt und den mit dem Amt verbundenen Aufgaben ausreichend Zeit widmen kann und will[764]. Jedoch findet sich an keiner Stelle ein allgemeines, für die Aufsichtsratsmitglieder aller Aktiengesellschaften gültiges Zuverlässigkeitserfordernis als Voraussetzung für die Ausübung des Mandats. Daraus folgt, dass Aufsichtsräte von Kreditinstituten und Finanzholding-Gesellschaften grundsätzlich eine höhere Zuverlässigkeit aufweisen müssen, als Aufsichtsratsmitglieder aus anderen Branchen. Auch wenn die Bankenbranche auf Grund ihrer überragenden Bedeutung für die Gesamtwirtschaft unter staatlicher Aufsicht steht, erfolgt die unmittelbarste und damit auch die am schnellsten reaktionsfähige Überwachung durch Organe der jeweiligen Gesellschaft selbst[765]. Unter anderem ist die Zuverlässigkeit der Aufsichtsratsmitglieder somit ein essentieller Baustein einer wirksamen Überwachung. Ferner kann Vertrauen in die Stabilität der Branche und die Sicherheit der Einlagen auch durch eine umfangreiche unternehmensinterne Überwachung des Vorstands durch Aufsichtsratsmitglieder, denen in der öffentlichen Wahrnehmung kein Makel der Unzuverlässigkeit anhaftet, geschaffen werden.

3) Zeitliche Verfügbarkeit

Eng verbunden mit dem Zuverlässigkeitserfordernis ist die Vorgabe, dass Mitglieder des Aufsichtsrats eines Instituts oder einer Finanzholding-Gesellschaft der Wahrnehmung ihrer Aufgaben ausreichend Zeit widmen müssen[766]. Andernfalls sind sie nicht als zuverlässig anzusehen. Die besondere Bedeutung

762 *Lehrl*, BKR 2010, 485 (494); *Samm*, in: Beck/Samm/Kokemoor, KWG, § 36, Rn. 119.
763 § 100 Abs. 2 AktG, dazu oben Kapitel 2 A)I)2).
764 Vgl. *Habersack*, in: MüKo-AktG, § 116, Rn. 16, 45ff.
765 Vgl. *Waschbusch*, Bankenaufsicht, S. 28.
766 Vgl. *Plagemann*, WM 2014, 2345 (2346).

eines ausreichenden Zeiteinsatzes betont das KWG jedoch indem § 25d Abs. 1 S. 1 ausdrücklich einen solchen Einsatz verlangt. Darüber hinaus zielen auch die Regelungen zu den Höchstzahlen von Mandaten auf die Sicherstellung einer ausreichenden zeitlichen Verfügbarkeit ab[767]. Das abstrakte Erfordernis ausreichender zeitlicher Verfügbarkeit ist jedoch separat zu betrachten, sodass ein Aufsichtsratsmitglied daran gehindert sein kann, die Höchstzahl von Mandaten vollständig auszuschöpfen wenn ihm nicht die dafür erforderliche Zeit zur Verfügung steht[768].

Ausreichende zeitliche Verfügbarkeit bedeutet nicht nur, dass dem Mitglied die entsprechende Zeit zur Verfügung steht, sondern dass es sie auch tatsächlich für das Mandat aufwendet[769].

Welchen zeitlichen Einsatz ein Mandat erfordert, hängt vom Umfang der wahrzunehmenden Aufgaben, der Rolle des Mitglieds im Aufsichtsrat, Art und Größe des jeweiligen Unternehmens, sowie dessen wirtschaftlicher Lage ab[770]. So ist etwa in wirtschaftlichen Krisensituationen von einem höheren Zeiterfordernis auszugehen[771]. Darüber hinaus wird der erforderliche Zeiteinsatz durch die Qualifikation und Erfahrung des jeweiligen Aufsichtsratsmitglieds beeinflusst. Ein erstmals in den Aufsichtsrat bestelltes Mitglied benötigt zur Orientierung und Erfüllung der Aufgaben in der Regel mehr Zeit als ein Mitglied mit langjähriger Erfahrung[772]. Die Beurteilungslast liegt damit beim Mitglied selbst.

Die Regelung im KWG setzt Art. 91 Abs. 2 der CRD IV-Richtlinie[773] um. Zur weiteren Orientierung soll die EBA gemäß Art. 91 Abs. 12 lit. a) CRD IV-Richtlinie bis Ende 2015 Leitlinien zu dem Konzept der ausreichenden zeitlichen

---

767 Vgl. *Behle*, in: Hdb. AR in Kreditinstituten, S. 575 (S. 582).

768 BaFin, Merkblatt zur Kontrolle der Mitglieder von Verwaltungs- und Aufsichtsorganen gemäß KWG und KAGB, Arbeitsstand 19.01.2015, S. 20, abrufbar unter http://www.bafin.de/SharedDocs/Downloads/DE/Konsultation/2015/dl_kon_0115_Merkblaetter-GL-AR_ba_va.zip.

769 BaFin, Merkblatt zur Kontrolle der Mitglieder von Verwaltungs- und Aufsichtsorganen gemäß KWG und KAGB, Arbeitsstand 19.01.2015, S. 20, abrufbar unter http://www.bafin.de/SharedDocs/Downloads/DE/Konsultation/2015/dl_kon_0115_Merkblaetter-GL-AR_ba_va.zip.

770 Vgl. *Merkelbach*, Der Konzern 2013, 227 (230); *Plagemann*, WM 2014, 2345 (2346f.).

771 *Plagemann*, WM 2014, 2345 (2346).

772 *Plagemann*, WM 2014, 2345 (2347).

773 Richtlinie 2013/36/EU des Europäischen Parlaments und des Rates vom 26. Juni 2013 über den Zugang zur Tätigkeit von Kreditinstituten und die Beaufsichtigung von Kreditinstituten und Wertpapierfirmen, zur Änderung der Richtlinie 2002/87/EG und zur Aufhebung der Richtlinien 2006/48/EG und 2006/49/EG.

Verfügbarkeit herausgeben[774]. Jedoch wurde die Erarbeitung der Leitlinien im EBA Arbeitsprogramm für das Jahr 2015 auf das Jahr 2016 verschoben[775]. Aufgrund der unterschiedlichen Voraussetzungen in verschiedenen Instituten ist nicht zu erwarten, dass die EBA konkrete Zeitvorgaben machen wird. Denkbar erscheint eher, dass die Institute dazu aufgefordert werden, den erforderlichen Zeitbedarf selbst zu bestimmen und eigene Richtlinien zu erlassen[776].

4) Gesamtqualifikation des Aufsichtsrats

Das KWG unterscheidet zwischen der Qualifikation des einzelnen Aufsichtsratsmitglieds und der Gesamtqualifikation des Gremiums. Gemäß § 25d Abs. 2 S. 1 KWG muss das Aufsichtsorgan in seiner Gesamtheit die Kenntnisse, Fähigkeiten und Erfahrungen haben, die zur Wahrnehmung der Kontrollfunktion sowie zur Beurteilung und Überwachung der Geschäftsleitung des Instituts oder der Institutsgruppe oder Finanzholding-Gruppe, der Finanzholding-Gesellschaft oder der gemischten Finanzholding-Gesellschaft notwendig sind. Zwar muss nicht jedes Mitglied über die für den Gesamtaufsichtsrat erforderlichen Kenntnisse, Fähigkeiten und Erfahrungen verfügen, insgesamt muss der Aufsichtsrat jedoch so besetzt sein, dass jedes Mitglied einen Teil zur Gesamtqualifikation beiträgt und im Ergebnis alle zur Bewältigung der Aufgaben erforderlichen Kenntnisse, Fähigkeiten und Erfahrungen vorhanden sind[777]. So ist etwa denkbar, dass Spezialkenntnisse im Bereich Risikomanagement, Compliance, Rechnungslegung oder in Bereichen komplexer vom Institut betriebener Geschäftsarten erforderlich sind, die jeweils von einem anderen Aufsichtsratsmitglied abgedeckt werden[778].

Eine derartige Trennung war in § 36 Abs. 3 KWG a.F. nicht enthalten. Dies erklärt sich jedoch durch die Tatsache, dass diese Vorschrift die Abberufung einzelner Mitglieder des Aufsichtsrats zum Gegenstand hatte und damit keine Aussagen zum Gremium als solches tätigte.

---

774 Vgl. zu Bedeutung und Verbindlichkeit solcher Leitlinien oben Kapitel 3 D)I)1)c).

775 Revised EBA Work Programme 2015, S. 5, abrufbar unter https://www.eba.europa.eu/documents/10180/842038/30+09+2014+%28EBA+2015+Work+Programme+Annex%29.pdf/de36f4b0-80ee-4e26-af0c-86b99965b510.

776 So bereits die EBA Leitlinien zur internen Governance (GL 44), S. 15, abrufbar unter http://www.eba.europa.eu/documents/10180/103861/EBA_2012_00210000_DE_COR.pdf.

777 So auch *Bronnert-Härle*, Aufsichtsratsausschüsse, S. 239f.

778 Vgl. *Apfelbacher/Metzner*, AG 2013, 773 (776).

§ 25d Abs. 2 S. 1 KWG setzt Art. 91 Abs. 7 der CRD IV-Richtlinie in deutsches Recht um[779]. Gemäß Art. 91 Abs. 12 lit. b) CRD IV gibt die EBA Leitlinien zur Konkretisierung der kollektiv geforderten Kenntnisse, Fähigkeiten und Erfahrungen heraus. Diese Leitlinien sollten ursprünglich bis Ende 2015 erarbeitet werden. Die Frist wurde jedoch im Arbeitsprogramm der EBA für das Jahr 2015 auf Ende 2016 verschoben[780].

Im Unterschied zu § 25d Abs. 1 S. 1 KWG fordert Abs. 2 S. 1 nicht pauschal die erforderliche Sachkunde sondern die notwendigen Kenntnisse, Fähigkeiten und Erfahrungen[781]. Diese müssen darüber hinaus zur Wahrnehmung der dem Aufsichtsrat übertragenen Aufgaben, nämlich Kontrolle sowie Beurteilung und Überwachung der Geschäftsleitung, notwendig sein.

Daraus folgen zwei Erkenntnisse: Zum einen könnte die Formulierung „notwendige Kenntnisse, Fähigkeiten und Erfahrungen" als Konkretisierung des Sachkundebegriffs verstanden werden. Dafür spricht, dass der Wortlaut der CRD IV-Richtlinie sowohl in Art. 91 Abs. 1 S. 1 als auch in Abs. 7 diese Formulierung verwendet und daher insofern nicht zwischen Einzel- und Gesamtqualifikation unterscheidet. In diese Richtung deutet auch die Regierungsbegründung zum CRD IV-Umsetzungsgesetz, wo es zu § 25d Abs. 2 KWG heißt, dass Sachkunde nur die Befähigung zur Mitwirkung an der Kollektiventscheidung voraussetze und nicht sämtliche Aufsichtsratsmitglieder über alle notwendigen Spezialkenntnisse verfügen müssen. Demnach ist der Gesetzgeber davon ausgegangen, dass auch § 25d Abs. 2 S. 1 KWG die Sachkunde betrifft.

Zum anderen wird deutlich, dass das KWG von Aufsichtsratsmitgliedern kein abstraktes Expertenwissen verlangt, sondern die Anforderungen an die Sachkunde an die Aufgaben des Aufsichtsrats anknüpfen und grundsätzlich auf diese zugeschnitten sind.

---

779 Vgl. BT-Drs. 17/10974, S. 87, dort allerdings Bezugnahme auf den Richtlinienvorschlag der Kommission.

780 Revised EBA Work Programme 2015, S. 5, abrufbar unter https://www.eba.europa.eu/documents/10180/842038/30+09+2014+%28EBA+2015+Work+Programme+Annex%29.pdf/de36f4b0-80ee-4e26-af0c-86b99965b510.

781 Diesen Dreiklang verwendet *Semler*, in: FS-K. Schmidt, S. 1489 (S. 1501f.) zur Beschreibung des Unterschieds zwischen der erforderlichen Qualifikation eines Kaufmanns zu der eines Aufsichtsratsmitglieds, dazu bereits oben Kapitel 2 A)V)1)d).

5) Mandatsobergrenzen und Inkompatibilitätsvorschriften

Die zeitliche Verfügbarkeit betreffen auch die in § 25d Abs. 3 und 3a KWG enthaltenen Bestimmungen zu Mandatsobergrenzen und Inkompatibilitätsvorschriften für Aufsichtsratsmitglieder bestimmter Institute[782]. Im Vergleich zu den aktienrechtlichen Vorschriften[783] erweisen sich diese als bedeutend strenger[784]. Grundsätzlich unterscheidet das KWG zwischen CRR-Instituten von erheblicher Bedeutung und sonstigen Instituten oder Finanzholding-Gesellschaften, wobei für CRR-Institute von erheblicher Bedeutung strengere Anforderungen gelten.

a) Aufsichtsratsmitglieder von CRR-Instituten von erheblicher Bedeutung

Für Aufsichtsratsmitglieder von CRR-Instituten von erheblicher Bedeutung wird in § 25d Abs. 3 S. 1 Nr. 1 KWG zunächst klargestellt, dass diese nicht gleichzeitig Geschäftsleiter desselben Unternehmens sein dürfen. Für Institute in der Rechtsform der Aktiengesellschaft ist dies keine Besonderheit, da § 105 Abs. 1 AktG ohnehin eine Funktionstrennung anordnet.

Zweitens bestimmt § 25d Abs. 3 S. 1 Nr. 2 KWG, dass dem Aufsichtsrat eines CRR-Instituts von erheblicher Bedeutung höchstens zwei ehemalige Geschäftsleiter des Instituts angehören dürfen. Nach dem AktG ist die Anzahl ehemaliger Geschäftsleiter grundsätzlich nicht begrenzt. Lediglich bei börsennotierten Gesellschaften ist eine Karenzzeit von zwei Jahren einzuhalten, sofern keine Befreiung durch eine Wahl nach Vorschlag von Aktionären mit mindestens 25% der Stimmrechte erfolgt[785]. Der DCGK empfiehlt hingegen eine Höchstzahl von zwei ehemaligen Vorstandsmitgliedern im Aufsichtsrat.

Ferner kann nach § 25d Abs. 3 S. 1 Nr. 3 KWG nicht Aufsichtsratsmitglied eines CRR-Instituts von erheblicher Bedeutung sein, wer in einem Unternehmen Geschäftsleiter und zugleich in zwei Unternehmen Aufsichtsratsmitglied ist. Schließlich kann nach Nr. 4 nicht Aufsichtsratsmitglied eines CRR-Instituts von erheblicher Bedeutung sein, wer bereits in mehr als vier Unternehmen Aufsichtsratsmitglied ist[786]. Derartige Mandatsbeschränkungen finden sich mit

782 Zu den Begriffen *Plagemann*, WM 2014, 2345 (2347).

783 § 100 Abs. 2 AktG, dazu bereits oben Kapitel 2 A)I)2).

784 Vgl. *Illert/Winter*, Börsen-Zeitung v. 3.8.2013, S. 13.

785 Dazu bereits oben Kapitel 2 A)I)2)b).

786 Dies gilt jedoch nicht für kommunale Hauptverwaltungsbeamte, die kraft kommunaler Satzung zur Wahrnehmung eines Mandats in einem kommunalen Unternehmen oder Zweckverband verpflichtet sind, § 25d Abs. 3 S. 6 KWG.

Unterschieden im konkreten Umfang auch im AktG[787] sowie entsprechende Empfehlungen im DCGK[788].

Ähnlich wie im Aktiengesetz finden sich auch in § 25d Abs. 3 S. 3 KWG Privilegierungen, nach denen mehrere Mandate als ein Mandat zu zählen sind, wenn sie bei Unternehmen wahrgenommen werden, die derselben Gruppe oder demselben institutsbezogenen Sicherungssystem angehören oder an denen das Institut eine bedeutende Beteiligung hält. Die Privilegierungen sind bereits in der CRD IV-Richtlinie vorgesehen[789]. Dabei werden jedoch nur jeweils Geschäftsleiter- und Aufsichtsratsmandate als ein Mandat gezählt, eine Überkreuz-Anrechnung findet nicht statt[790]. Darüber hinaus werden bei der Berechnung der Höchstzahl Mandate bei Unternehmen und Organisationen, die nicht überwiegend gewerbliche Ziele verfolgen, nicht berücksichtigt[791]. Schließlich kann die Aufsichtsbehörde über die nach § 25d Abs. 3 S. 1 Nr. 3 und 4 KWG zulässigen Mandate hinaus im Einzelfall die Wahrnehmung eines weiteren Mandats gestatten, wenn dies das Mitglied nicht daran hindert, der Ausübung seiner Mandate ausreichend Zeit zu widmen[792].

b) Aufsichtsratsmitglieder sonstiger Institute

Daneben enthält § 25d Abs. 3a KWG Mandatsobergrenzen und Inkompatibilitätsvorschriften für Aufsichtsratsmitglieder in Instituten, die weder CRR-Institut noch Institut von erheblicher Bedeutung sind sowie Finanzholding-Gesellschaften[793]. Bei diesen dürfen dem Aufsichtsrat ebenfalls höchstens zwei ehemalige Geschäftsleiter angehören[794]. Darüber hinaus kann nach § 25d Abs. 3a Nr. 2

---

787 § 100 Abs. 2 S. 1 Nr. 1 AktG, dazu bereits oben Kapitel 2 A)I)2)a).

788 Ziff. 5.4.5 Abs. 1 S. 2 DCGK, dazu bereits oben Kapitel 2 B)III)3).

789 Art. 91 Abs. 4 und 5.

790 BT-Drs. 17/10974, S. 87.

791 § 25d Abs. 3 S. 4 KWG.

792 § 25d Abs. 3 S. 3 KWG. Diese Einzelfallausnahme ist auch in der CRD IV-Richtlinie vorgesehen, vgl. Art. 91 Abs. 6, jedoch müssen die Aufsichtsbehörden die EBA über die gewährten Ausnahmen informieren.

793 Der Wortlaut ist diesbezüglich missverständlich, da die Formulierung „eines Instituts das weder CRR-Institut noch Institut von erheblicher Bedeutung [...] ist" in § 25d Abs. 3a KWG den Anschein erweckt, dass CRR-Institute, die nicht von erheblicher Bedeutung sind, nicht von § 25d Abs. 3a KWG erfasst sein sollen. Die BaFin hat in einem Schreiben vom 30.12.2014, abrufbar unter http://www.idw.de/idw/portal/d637850, klargestellt, dass es sich hierbei um einen redaktionellen Fehler handelt und § 25d Abs. 3a KWG auch CRR-Institute, die nicht von erheblicher Bedeutung sind, erfassen soll. Vgl. hierzu *Leuschner/Wolfgarten*, WPg 2015, 375 (376).

794 § 25d Abs. 3a Nr. 1 KWG.

KWG nicht Aufsichtsratsmitglied sein, wer in mehr als fünf unter der Aufsicht der BaFin stehenden Unternehmen Aufsichts- oder Verwaltungsratsmitglied ist, wenn diese Unternehmen nicht demselben institutsbezogenen Sicherungssystem angehören[795].

c) *Würdigung*

Hinter den Mandatsbeschränkungen steht das Konzept der Unabhängigkeit und der ausreichenden zeitlichen Verfügbarkeit sowie der Vermeidung einer Konzentration der Aufsichtsratsmandate bei wenigen Personen[796]. Dieses ist grundsätzlich unabhängig von der Branche, in der das jeweilige Unternehmen tätig ist. So ist eine Absenkung der Höchstzahl im Aktiengesetz regelmäßig Gegenstand der juristischen Diskussion[797]. Dennoch erscheint die Festlegung (niedriger) allgemeingültiger Grenzen zumindest unter dem Aspekt der zeitlichen Verfügbarkeit problematisch, da der konkrete Zeitbedarf eines Mandats von zahlreichen unternehmensspezifischen Faktoren wie Größe, Art und Umfang der Geschäftstätigkeit oder wirtschaftliche Lage, sowie persönlichen Faktoren wie der Erfahrung des Mitglieds abhängig ist[798].

Vor dem Hintergrund der anhaltenden Diskussion über die Unabhängigkeit von Aufsichtsratsmitgliedern erscheint eine Beschränkung der Anzahl ehemaliger Vorstandsmitglieder im Aufsichtsrat zumindest für börsennotierte Gesellschaften nicht ausgeschlossen. Da die Empfehlung bereits in der ersten Fassung des DCGK aus dem Jahr 2002 enthalten war, im KWG jedoch erst im Jahr 2009 Einzug fand, ist jedoch zu bezweifeln, dass eine denkbare Übernahme einer Höchstzahl ehemaliger Geschäftsleiter für alle börsennotierten Unternehmen nachweisbar auf eine Ausstrahlungswirkung der KWG-Vorschrift zurückzuführen wäre.

6) *Aus- und Weiterbildung von Aufsichtsratsmitgliedern*

Bezüglich der Aus- und Weiterbildung von Aufsichtsratsmitgliedern bestimmt § 25d Abs. 4 KWG, dass Institute und (gemischte) Finanzholding-Gesellschaften angemessene personelle und finanzielle Ressourcen einsetzen müssen, um

795 Zu dieser Ausnahme *Fischer*, in: Boos/Fischer/Schulte-Mattler, KWG, § 36, Rn. 140.

796 Erwägungsgrund 58 der Richtlinie 2013/36/EU; *Habersack*, in MüKo-AktG, § 100, Rn. 17; *Plagemann*, WM 2014, 2345 (2347); *Scholz*, in: Luz, KWG, § 25d, Rn. 20.

797 *Baums*, AG Sonderheft August 1997, S. 26f.; *Cahn*, in: Reformdiskussion, S. 139 (S. 154); *Habersack*, Gutachten-DJT, S. E 83.

798 Kritisch gegenüber pauschalen Regelungen daher auch Peltzer, NZG 2011, 961 (963).

den Aufsichtsratsmitgliedern die Einführung in ihr Amt zu erleichtern und die zur Aufrechterhaltung der erforderlichen Sachkunde notwendige Fortbildung zu ermöglichen. Mit dieser Vorschrift wird Art. 91 Abs. 9 der CRD IV-Richtlinie in deutsches Recht umgesetzt. Die Nennung personeller Ressourcen legt dabei nahe, dass die Institute gehalten sein sollen, selbst Aus- bzw. Fortbildungsveranstaltungen durchzuführen oder zumindest für die Aufsichtsratsmitglieder die Teilnahme an solchen Veranstaltungen zu organisieren. Die Kosten haben dabei die Institute zu tragen[799].

Die KWG-Regelung unterscheidet sich damit in mehreren Punkten deutlich von dem aktienrechtlichen Grundsatz, dass Aufsichtsratsmitglieder eigenverantwortlich für ihre Aus- und Weiterbildung sorgen müssen und nur Kosten für Fortbildungen, die einen spezifischen Bezug zur Aufsichtsratsarbeit im konkreten Unternehmen aufweisen, erstattet werden dürfen[800].

Durch die Verwendung des Wortes „ermöglichen" weist die KWG-Regelung den Instituten eine Mitverantwortung für die Fortbildung zu[801]. Jedoch geht diese Verantwortung in ihrem Umfang über die Erweiterung der Sachkunde über das erforderliche Mindestmaß hinaus, indem auch die Ermöglichung der Aufrechterhaltung des erforderlichen Mindestmaßes an Sachkunde den Instituten übertragen wird. Damit steht die KWG-Regelung im Widerspruch zu dem seit der Hertie-Entscheidung des BGH gültigen Grundsatz, dass Aufsichtsratsmitglieder eigenverantwortlich dafür sorgen müssen, dass sie von Beginn an über die erforderliche Qualifikation zur Wahrnehmung ihrer Aufgaben verfügen[802]. Zwar sollen die Unternehmen auch nach dem Aktienrecht die Aufsichtsratsmitglieder bei deren Weiterbildung angemessen unterstützen[803]. Jedoch ändert dies nichts an der Eigenverantwortlichkeit der Mitglieder selbst.

---

799 *Merkelbach*, Der Konzern 2013, 227 (231).

800 Dazu bereits oben Kapitel 2 B)III)4). Vgl. auch *Kremer*, in: Ringleb, DCGK, Rn. 1058. Anders *Bronnert-Härle*, Aufsichtsratsausschüsse, S. 311f., die die „allgemeinen Regeln" anwenden will. Allgemein zur Kostentragung *Leyendecker-Langner/Huthmacher*, NZG 2012, 1415.

801 Eine Mitverantwortung der Institute erkennen wohl auch *Illert/Winter*, Börsen-Zeitung vom 3.8.2013, S. 13; *Merkelbach*, Der Konzern 2013, 227 (231); *Quinten/Berger*, Revisionspraktiker 2013, 198 (199). Für eine vollständige Überleitung der Fortbildungsverantwortung *Ruhwedel*, BOARD 2014, 131 (133).

802 Kritisch hierzu *Opitz*, BKR 2013, 177 (178f.).

803 Ziff. 5.4.5 Abs. 2 S. 2 DCGK, dazu *Kremer*, in: Ringleb, DCGK, Rn. 1059; *Ruhwedel*, BOARD 2014, 131 (132f.).

Die Verantwortung des Instituts besteht nunmehr darin, ein Fortbildungsprogramm zu konzipieren, zu organisieren und die Kosten hierfür zu tragen[804]. Ein solches Programm muss alle wesentlichen Bereiche umfassen und individuell auf die Situation des konkreten Unternehmens zugeschnitten sein. Dies ähnelt der Empfehlung des DCGK in Ziff. 5.4.2[805].

Auch im Merkblatt zu den Mitgliedern von Verwaltungs- und Aufsichtsorganen gemäß KWG und KAGB der BaFin findet sich die ausdrückliche Weiterbildungsverpflichtung[806]. Einschränkend wird dort jedoch klargestellt, dass aus dieser Verpflichtung kein Anspruch einzelner Mitglieder auf die Bewilligung einer bestimmten Fortbildungsleistung folgt. Dies deutet darauf hin, dass die Beurteilung, welche Fortbildung konkret erforderlich ist, in der Verantwortung des Instituts liegt.

Die Mitverantwortung der Institute für die Fortbildung sorgt ebenso wie die geforderte Unterstützung bei der Amtseinführung dafür, dass sich die Institute mehr mit den fachlichen Kompetenzen der Aufsichtsratsmitglieder befassen und evaluieren müssen, welche Schwierigkeiten sich bei der Amtseinführung stellen und wie sich das Anforderungsprofil und damit die erforderliche Sachkunde verändern[807].

In der Literatur wird darin ein Anknüpfungspunkt für eine mögliche Ausstrahlungswirkung auf Aktiengesellschaften anderer Branchen gesehen. Da sich das Problem der Einführung und Schulung von Aufsichtsratsmitgliedern auch in anderen Branchen stelle, könnten die KWG-Regelungen als Vorlage dienen[808]. So könnte – sollte sich ein Ausbildungsdefizit nachweisen lassen oder vertiefen – die KWG-Regelung als Vorbild für eine aktiengesetzliche Regelung oder zumindest eine Kodexempfehlung genommen werden. Da eine solche Regelung im Aktiengesetz bislang fehlt, die Fortbildungsverpflichtung der Aufsichtsratsmitglieder jedoch anerkannt ist, erscheint es ferner denkbar, dass Rechtsprechung oder Literatur die KWG-Regelung aufgreifen und Fortbildungsmaßnahmen auf Kosten der Gesellschaft als verpflichtend ansehen[809].

---

804 Ausführlich *Opitz*, BKR 2013, 177 (182f.); *Ruhwedel*, BOARD 2014, 131 (133).

805 Hierzu bereits oben Kapitel 2 B)III)4).

806 BaFin, Merkblatt zu den Mitgliedern von Verwaltungs- und Aufsichtsorganen gemäß KWG und KAGB vom 4.1.2016 S. 20f., abrufbar unter http://www.bafin.de/SharedDocs/Veroeffentlichungen/DE/Merkblatt/mb_160104_AR_KWG_KAGB.html.

807 Vgl. *Apfelbacher/Metzner*, AG 2013, 773 (778); *Ruhwedel*, BOARD 2014, 131 (133).

808 *Lutter/Krieger/Verse*, Rechte und Pflichten, Rn. 940; *Ruhwedel*, BOARD 2014, 131 (133).

809 Vgl. *Lutter/Krieger/Verse*, Rechte und Pflichten, Rn. 940.

Unklar bleibt, welche Ressourcen als angemessen angesehen werden können. Abhilfe sollen hier von der EBA gemäß Art. 91 Abs. 12 lit. d) der CRD IV-Richtlinie zu erlassende Leitlinien schaffen[810].

Den Instituten dürfte daher ein weiter Beurteilungsspielraum zustehen, der es erlaubt, die Weiterbildungsangebote an die konkreten Erfordernisse des jeweiligen Instituts anzupassen. Die Entscheidung sollte dabei von Vorstand und Aufsichtsrat gemeinsam getroffen werden. So kann sichergestellt werden, dass einerseits solche Weiterbildungsangebote gemacht werden, die für den Aufsichtsrat tatsächlich hilfreich sind. Andererseits muss der Vorstand an der Entscheidung beteiligt werden, da die Bereitstellung unangemessener Ressourcen als Vergütung der Aufsichtsratsmitglieder im Sinne von § 93 Abs. 3 Nr. 7 AktG angesehen werden kann[811].

7) Besondere Überwachungsaufgabe

§ 25d Abs. 6 S. 1 KWG stellt klar, dass der Aufsichtsrat eines Instituts die Geschäftsleiter auch im Hinblick auf die Einhaltung der einschlägigen bankaufsichtsrechtlichen Regelungen zu überwachen hat. Daraus folgt, dass dem Aufsichtsrat die einschlägigen Regelungen bekannt sein müssen. Insgesamt ist damit zwar eine Erweiterung der für den Aufsichtsrat vorgeschriebenen Mindestkenntnisse verbunden, relativ gesehen geht die KWG-Regelung jedoch nicht über den allgemeinen Grundsatz, dass der Aufsichtsrat die für das konkrete Unternehmen maßgeblichen Vorschriften kennen muss, hinaus. Ferner bedeutet dies nicht, dass jedes Aufsichtsratsmitglied ein Experte im Bereich des Aufsichtsrechts sein muss.

Auch nach aktienrechtlichen Grundsätzen ist die Überwachung der Geschäftsleitung die zentrale Aufgabe des Aufsichtsrats[812]. Dazu gehört auch, dass der Aufsichtsrat das Vorstandshandeln auf dessen Recht- und Ordnungsmäßigkeit hin überwacht[813]. Daher kommt der KWG-Regelung vor allem ein klarstellender Charakter zu.

---

810 Der Erlass dieser Leitlinien war für das Jahr 2015 geplant, wurde aber auf das Jahr 2016 verschoben, s. Revised EBA Work Programme 2015, S. 5, abrufbar unter https://www.eba.europa.eu/documents/10180/842038/30+09+2014+%28EBA+2015+Work+Programme+Annex%29.pdf/de36f4b0-80ee-4e26-af0c-86b99965b510.

811 So für die „angemessene Unterstützung" gem. Ziff. 5.4.5 DCGK *Bosse/Malchow*, NZG 2010, 972 (974).

812 Statt vieler *Habersack*, in: MüKo-AktG, § 111, Rn. 1. Hierzu bereits oben Kapitel 2 A) V)2).

813 Oben Kapitel 2 A)V)2)a)bb).

Darüber hinaus muss der Aufsichtsrat eines Instituts gemäß § 25d Abs. 6 S. 2 KWG der Erörterung von Strategien, Risiken und Vergütungssystemen für Geschäftsleiter ausreichend Zeit widmen. Diese Vorschrift ist auf Erwägungsgrund 57 der CRD IV-Richtlinie zurückzuführen. Danach sollte es zu den Aufgaben der Aufsichtsratsmitglieder gehören, „die Strategie des Instituts konstruktiv zu kritisieren, um dadurch zu deren Weiterentwicklung beizutragen; sorgfältig zu prüfen, inwieweit die Geschäftsleitung vereinbarte Ziele verwirklicht; sich davon zu überzeugen, dass Finanzinformationen korrekt und die Finanzkontrollen und Risikomanagementsysteme solide und vertretbar sind; Gestaltung und Anwendung der Vergütungspolitik des Instituts sorgfältig zu prüfen und objektive Stellungnahmen zur Mittelausstattung, Einstellungen und Verhaltensregeln abzugeben". Erwägungsgrund 58 ergänzt, dass der Aufsichtsrat der Erfüllung seiner Aufgaben ausreichend Zeit widmen sollte, um die Maßnahmen und Entscheidungen der Geschäftsleitung wirksam überwachen und die Geschäfte des Instituts, seine Hauptrisiken und die Auswirkungen der Geschäfts- und Risikostrategie wirksam beurteilen zu können[814].

Allgemein für Aktiengesellschaften findet sich nur im DCGK die Empfehlung, dass Aufsichtsratsmitglieder der Ausübung ihrer Tätigkeit ausreichend Zeit widmen sollen[815]. Das Aktiengesetz enthält keine explizite Regelung, jedoch wird das Erfordernis eines ausreichenden Zeitaufwands allgemein aus der Sorgfaltspflicht aus §§ 116, 93 AktG gefolgert[816]. Sowohl im Aktiengesetz als auch im DCGK ist die Forderung nach einem ausreichendem Zeitaufwand damit sehr unbestimmt[817]. Da die im KWG genannten Aufgaben nicht ausschließlich bei Instituten anfallen, sondern die Erörterung von Strategien, Risiken und Vorstandsvergütung in allen Aktiengesellschaften ein Thema ist, wäre es denkbar, die KWG-Regelung zur Ausfüllung der auslegungsbedürftigen Begriffe im KWG bzw. des unbestimmten aus der allgemeinen Sorgfaltspflicht abgeleiteten aktienrechtlichen Grundsatzes heranzuziehen. Ferner kann die KWG-Regelung helfen, die genauen Aufgaben im Rahmen der sowohl auf die Vergangenheit als

814 Unklar insofern die deutschsprachige Fassung der CRD IV-Richtlinie, in der statt „um" das Wort „und" verwendet wird. Die englische sowie die Französische Fassung stützen jedoch das hier vertretene Verständnis. Wie hier *Scholz*, in: Luz, KWG, § 25d, Rn. 28.

815 Ziff. 5.4.5 Abs. 1 S. 1 DCGK, dazu bereits oben Kapitel 2 B)III)3).

816 *Merkelbach*, Der Konzern 2013, 227 (230); *Rubner/Granrath*, NJW-Spezial 2014, 719 (719).

817 *Rubner/Granrath*, NJW-Spezial 2014, 719 (719).

auch auf die Zukunft gerichteten allgemeinen Überwachungsaufgabe[818] des Aufsichtsrats zu konkretisieren.

8) *Qualifikation von Ausschussmitgliedern*

Ausdrücklich befasst sich § 25d Abs. 7 S. 3 KWG mit der Qualifikation von Ausschussmitgliedern. Diese müssen danach über die zur Erfüllung der jeweiligen Ausschussaufgaben erforderlichen Kenntnisse, Fähigkeiten und Erfahrungen verfügen. Nach einer in der Literatur verbreitet vertretenen Ansicht müssen diese besonderen Kenntnisse, Fähigkeiten und Erfahrungen, anders als bei den an alle Aufsichtsratsmitglieder eines Instituts zu stellenden Anforderungen, bei jedem einzelnen Mitglied vorhanden sein[819]. Deutlich werde dies durch die ausdrückliche Nennung dieser Punkte und den Verzicht auf ein generelles Sachkundeerfordernis[820]. Als Grund dafür wird angeführt, dass die Ausschüsse die Arbeit des Aufsichtsrats effizienter gestalten und erleichtern sollen[821].

Tatsächlich ist der Wortlaut in § 25d Abs. 7 S. 3 KWG nicht ganz eindeutig. Wenn dort davon die Rede ist, dass „die Mitglieder" der Ausschüsse die zur Erfüllung der jeweiligen Aufgaben erforderliche Qualifikation haben müssen, kann dies sowohl im Sinne von *alle Mitglieder kumulativ* als auch im Sinne von *jedes Mitglied individuell* verstanden werden. Da der BGH in der Hertie-Entscheidung[822] spezifisch das einzelne Aufsichtsratsmitglied in den Fokus nimmt, wäre hier ein eindeutigerer Wortlaut zu wünschen gewesen.

Bereits nach allgemeinem Aktienrecht müssen Ausschussmitglieder über eine höhere Qualifikation verfügen als einfache Aufsichtsratsmitglieder. Jedoch greift hier das Konzept der Mindestqualifikation, sodass nicht jedes Ausschussmitglied über alle für die jeweilige Ausschussarbeit erforderlichen Spezialkenntnisse verfügen muss[823]. Da das KWG besondere Regelungen für Institute enthält, ist

---

818 Dazu oben Kapitel 2 A)V)2)a)aa).

819 *Apfelbacher/Metzner*, AG 2013, 771 (776); *Quinten/Berger*, Revisionspraktiker 2013, 198 (200); *Scholz*, in: Luz, KWG, § 25d, Rn. 37. Gesteigerte Qualifikationsanforderungen für Ausschussmitglieder erkennen auch *Velte/Buchholz*, ZBB 2013, 400 (403) an.

820 *Scholz*, in; Luz, KWG, § 25d, Rn. 37.

821 *Leuschner/Wolfgarten*, WPg 2015, 375 (379); vgl. auch speziell zum Prüfungsausschuss die Regierungsbegründung zum BilMoG, BT-Drs. 16/10067, S. 102.

822 BGH, Urt. v. 15.11.1982 - II ZR 27/82 = BGHZ 85, 293 = NJW 1983, 991; dazu oben Kapitel 2 A)V)1)b).

823 Oben Kapitel 2 A)V)1)e). Hingegen wendet *Bronnert-Härle*, Aufsichtsratsausschüsse, S. 259f. das Konzept der Mindestqualifikation auch auf die nach § 25d Abs. 8 – 12 KWG zu bildenden Ausschüsse an, erkennt jedoch an, dass jedes Ausschussmitglied

denkbar, dass hier eine strengere Regelung beabsichtigt war. Zum einen wäre eine ausdrückliche Regelung im KWG nicht erforderlich gewesen, wenn der Gesetzgeber keine Abweichung von der allgemeinen aktienrechtlichen Rechtslage beabsichtigt hätte. Jedoch ist die Rechtslage im Aktienrecht nicht auf eine ausdrückliche gesetzliche Regelung, sondern auf allgemeine Prinzipien, sowie die Rechtsprechung zurückzuführen. Sie ist somit keineswegs eindeutig und unbestreitbar. Daher könnte die Regelung im KWG auch als schlichte Klarstellung durch den Gesetzgeber gelesen werden[824].

Die Regierungsbegründung zum CRD IV-Umsetzungsgesetz weist darauf hin, dass § 25d Abs. 7 KWG, neben Regelungen der CRD IV Richtlinie[825], auch Titel II, B.2 Nr. 14 Tz. 6ff. der EBA-Leitlinien zur Internen Governance[826] aufgreift. Danach sollte ein Ausschuss „über eine optimale Mischung aus Fachkenntnissen, Kompetenzen und Erfahrung verfügen, die es ihm in ihrer Kombination ermöglichen, relevante Fragen objektiv zu beurteilen und neue Ideen einzubringen“[827]. Die Leitlinie ist folglich dahingehend zu verstehen, dass gerade nicht jedes Ausschussmitglied über alle besonderen Fachkenntnisse, Kompetenzen und Erfahrungen verfügen muss, sondern sich die besondere Qualifikation des Ausschusses aus einer Kombination der Qualifikationen der einzelnen Ausschussmitglieder ergibt. In die gleiche Richtung geht eine in der Literatur vertretene Ansicht, nach welcher § 25d Abs. 1 S. 1 KWG erhöhte Anforderungen an die Gesamtqualifikation des Aufsichtsrats regelt[828]. Jedoch handelt es sich bei den Leitlinien nicht um zwingend umzusetzende Rechtsakte. Es stand dem Gesetzgeber daher frei, nur den Gedanken der Leitlinie aufzugreifen und eine strengere Regelung zu erlassen.

Sinn und Zweck der Regelung im KWG sprechen jedoch dafür, von jedem Aufsichtsratsmitglied die zur Wahrnehmung der Ausschussaufgaben erforderlichen Kenntnisse, Fähigkeiten und Erfahrungen zu fordern. So verfolgen die durch das CRD IV-Umsetzungsgesetz eingefügten Änderungen den Zweck, Mängel der Corporate Governance von Instituten, die zur Finanzmarktkrise

über die von § 25d Abs, 7 S. 3 KWG geforderte „ausschussspezifische Mindestqualifikation“ verfügen muss.

824 So wohl *Bronnert-Härle*, Aufsichtsratsausschüsse, S. 253f.

825 Art. 76 Abs. 3, Art. 88 Abs. 2, Art. 95 Abs. 1 der Richtlinie 2013/36/EU, die Regierungsbegründung verweist noch auf die Artikel der Entwurfsfassung der Richtlinie.

826 EBA-Leitlinien zur Internen Governance (GL 44) vom 27. September 2011.

827 EBA-Leitlinien zur Internen Governance (GL 44), Titel II, B.2, Nr. 14,Tz. 7; Hervorhebungen durch den Verfasser.

828 Vgl. *Bronnert-Härle*, Aufsichtsratsausschüsse, S. 302ff.

beigetragen haben, zu beheben, indem institutsinterne Kontrollen und die Entscheidungsprozesse der Geschäftsleitung stärker überwacht werden. Hierzu sollen Ausschüsse eingesetzt werden[829]. Diese besondere Überwachung kann jedoch nur erfolgreich sein, wenn die Ausschüsse mit entsprechend qualifizierten Mitgliedern besetzt sind.

Auch die Bedenken, ein nur mit Experten besetzter Ausschuss führe auf Grund der „Borniertheit des Spezialisten"[830] zu Problemen und einer mangelhaften Überwachung in der Breite, führen nicht zu einem anderen Ergebnis. Ein Ausschuss muss keineswegs ausschließlich mit Experten besetzt sein[831]. Dies wird an der Regelung in § 25d Abs. 9 S. 3 KWG deutlich, die ähnlich wie § 100 Abs. 5 AktG bzw. Ziffer 5.3.2 S. 2 DCGK von einem Mitglied des Prüfungsausschusses besonderen Sachverstand auf den Gebieten Rechnungslegung und Abschlussprüfung fordert. Einer solchen Regelung wäre der Anwendungsbereich entzogen, wenn jedes Mitglied auf allen Tätigkeitsgebieten des Ausschusses über umfangreiche Spezialkenntnisse verfügen müsste. § 25d Abs. 9 S. 3 KWG soll die besondere Rolle des Vorsitzenden des Prüfungsausschusses hervorheben. Dieser soll über besonderen Sachverstand verfügen, um im Einzelfall besondere Fragen der übrigen Ausschussmitglieder beantworten und mit dem Abschlussprüfer auf Augenhöhe diskutieren zu können[832]. Die übrigen Ausschussmitglieder entbindet dies jedoch nicht von dem Erfordernis spezieller Kenntnisse, Fähigkeiten und Erfahrungen.

Überdies fordert auch die CRD IV-Richtlinie zumindest für den Risikoausschuss, dass dessen Mitglieder die zur vollständigen Erfassung und Überwachung von Risikostrategie und Risikobereitschaft des Instituts erforderlichen Kenntnisse, Fähigkeiten und Erfahrung aufweisen[833]. Da der Gesetzgeber hinsichtlich der grundsätzlichen Sachkunde nicht zwischen den verschiedenen Ausschüssen differenziert, ist davon auszugehen, dass er die Vorgabe der Richtlinie für den Risikoausschuss sinngemäß auf alle Ausschüsse erstrecken wollte[834].

---

829 BT-Drs. 17/10974, S. 63.

830 *Mertens/Cahn*, in: Köln. Komm. AktG, § 116, Rn. 8; ähnlich *Drygala*, in: K. Schmidt/ Lutter, AktG, § 107, Rn. 37.

831 So auch *Bronnert-Härle*, Aufsichtsratsausschüsse, S. 248.

832 Vgl. *Krasberg*, Prüfungsausschuss, S. 89.

833 Art. 76 Abs. 1 S. 2 CRD IV-Richtlinie.

834 So auch *Bronnert-Härle*, Aufsichtsratsausschüsse, S. 250. Ausnahmen sind jedoch die besonderen Anforderungen an den Vorsitzenden des Prüfungsausschusses in § 25d Abs. 9 S. 3 KWG sowie an ein Mitglied des Vergütungskontrollausschusses in § 25d Abs. 12 S. 3 KWG.

Welche Kenntnisse, Fähigkeiten und Erfahrungen ein Ausschussmitglied konkret aufweisen muss, wird im KWG nicht näher spezifiziert. Anhaltspunkte lassen sich aber aus den im Gesetz beschriebenen Aufgaben des jeweiligen Ausschusses ableiten. Jedoch ist zu bedenken, dass die jeweiligen Ausschüsse nur abhängig von der Größe, der internen Organisation und der Art, des Umfangs, der Komplexität und dem Risikogehalt der Geschäfte des Unternehmens einzurichten sind[835]. Ob Ausschüsse einzurichten sind, unterliegt also der Einschätzung des Aufsichtsrats selbst. Jedoch kann die Aufsichtsbehörde die Bildung eines oder mehrerer Ausschüsse verlangen, wenn dies unter Berücksichtigung der oben genannten Kriterien oder zur ordnungsgemäßen Wahrnehmung der Kontrollfunktion des Aufsichtsrats erforderlich erscheint[836]. Verglichen mit § 107 Abs. 3 AktG bedeutet § 25d Abs. 7 KWG folglich eine Einschränkung der Organisationsautonomie[837].

a) *Risikoausschuss*

Mitglieder des nach § 25d Abs. 8 KWG zu bildenden Risikoausschusses müssen den Aufsichtsrat zur aktuellen und künftigen Gesamtrisikobereitschaft und -strategie des Unternehmens beraten und dabei unterstützen können, die Umsetzung dieser Strategie durch das Management zu überwachen. Ferner müssen sie in der Lage sein zu überwachen, dass die Konditionen im Kundengeschäft mit dem Geschäftsmodell und der Risikostruktur des Unternehmens im Einklang stehen und im Zweifelsfall von der Geschäftsleitung Vorschläge zur entsprechenden Ausgestaltung der Konditionen im Kundengeschäft verlangen und deren Umsetzung überwachen können. Schließlich müssen sie die Fähigkeit besitzen zu überprüfen, ob die durch das Vergütungssystem gesetzten Anreize die Risiko-, Kapital- und Liquiditätsstruktur des Unternehmens, sowie die Wahrscheinlichkeit und Fälligkeit von Einnahmen berücksichtigen[838]. Damit müssen die Mitglieder des Risikoausschusses über tiefgreifende Kenntnisse und Fähigkeiten im Bereich des Risikomanagements verfügen. Um die genannten Aufgaben erfüllen zu können, müssen sie die Risikostrategie des Instituts verstehen und beurteilen können. Darüber hinaus wird ein Verständnis der Zusammenhänge

835 Anders bei CRR-Instituten von erheblicher Bedeutung, die nicht von § 25d Abs. 7 S. 1 KWG erfasst sind und daher stets Ausschüsse einzurichten haben.

836 § 25d Abs. 7 S. 5 KWG.

837 Vgl. *Casper*, BB 2014, Nr. 47, Die erste Seite.

838 Ausführlich zu den aufsichtsrechtlichen Vorgaben für den Risikoausschuss *Bronnert-Härle*, Aufsichtsratsausschüsse, S. 186ff.

von Risikostrategie und Kundengeschäft sowie Vergütungssystem gefordert, was Kenntnisse auf diesen Gebieten voraussetzt. Somit übersteigen die Anforderungen an die Qualifikation der Mitglieder des Risikoausschusses deutlich die an alle Aufsichtsratsmitglieder eines Instituts zu stellenden Anforderungen.

Die in § 25d Abs. 8 KWG genannten Aufgaben beziehen sich auf spezifische Risiken in Instituten. Dies wird insbesondere durch die Einbeziehung der Konditionen des Kundengeschäfts, der Risiko-, Kapital- und Liquiditätsstruktur sowie der Wahrscheinlichkeit und Fälligkeit von Einnahmen der Institute deutlich[839]. Überdies sieht bereits § 107 Abs. 3 S. 2 AktG branchenunabhängig die Einrichtung eines Prüfungsausschusses vor, der unter anderem die Überwachung des Risikomanagements des Unternehmens zur Aufgabe haben kann. Eine Übertragung oder Übertragbarkeit der in § 25d Abs. 8 KWG genannten Aufgaben und damit der Anforderungen an die Qualifikation der Mitglieder von Aufsichtsräten anderer Branchen erscheint daher zweifelhaft[840].

Angesichts der besonderen Bedeutung des Risikomanagements auch in anderen Branchen ist es jedoch denkbar, dass die besondere Anordnung der Einrichtung eines Risikoausschusses für Institute auch Unternehmen anderer Branchen dazu inspiriert, einen Risikoausschuss einzurichten. Auf Grund der Anregung des § 107 Abs. 3 S. 2 AktG ist es jedoch unwahrscheinlich, einen Zusammenhang zwischen der Bildung eines derartigen Ausschusses und den Regelungen in § 25d Abs. 8 KWG nachweisen zu können.

b) Prüfungsausschuss

Die Mitgliedschaft im Prüfungsausschuss i.S.v. § 25d Abs. 9 KWG erfordert besondere Kenntnisse und Fähigkeiten auf den Gebieten Rechnungslegung, Risikomanagement und Abschlussprüfung. Die Ausschussmitglieder müssen in der Lage sein, den Aufsichtsrat bei der Überwachung des Rechnungslegungsprozesses, der Wirksamkeit des Risikomanagementsystems, der Durchführung der Abschlussprüfung sowie der Behebung der vom Prüfer festgestellten Mängel durch die Geschäftsleitung zu unterstützen[841]. Der Wortlaut der Vorschrift erinnert deutlich an den des § 107 Abs. 3 S. 2 AktG, der branchenunabhängig die Einrichtung eines Prüfungsausschusses anregt[842], Nr. 14 Tz. 9 der EBA-Leitlinien

---

839 *Casper*, BB 2014, Nr. 47, Die erste Seite.

840 Vgl. *Casper*, BB 2014, Nr. 47, Die erste Seite.

841 Ausführlich zu den aufsichtsrechtlichen Vorgaben für den Prüfungsausschuss *Bronnert-Härle*, Aufsichtsratsausschüsse, S. 194ff.

842 So auch die Gesetzesbegründung, vgl. BT-Drs. 17/10974, S. 88.

zur Internen Governance[843] sowie an Ziffer 5.3.2 S. 1 DCGK, welche börsennotierten Gesellschaften die Einrichtung eines Prüfungsausschusses empfiehlt.

Ein wesentlicher Unterschied zum Aktiengesetz besteht darin, dass die KWG-Vorschrift vom Vorsitzenden des Prüfungsausschusses kumulativ besonderen Sachverstand auf den Gebieten Rechnungslegung und Abschlussprüfung verlangt. Dies ist keineswegs dahingehend zu verstehen, dass es für die übrigen Mitglieder ausreichend wäre, wenn sie zur Mitwirkung an Kollektiventscheidungen befähigt sind[844]. Vielmehr wird hierdurch eine weitere Qualifikationsebene eingezogen. Die Regelung soll verdeutlichen, dass der Vorsitzende des Ausschusses über ein noch über das der übrigen Mitglieder hinausgehendes Qualifikationsniveau auf den genannten Gebieten verfügen muss. Er muss tatsächlich ein Experte bzw. Spezialist auf den genannten Gebieten sein, der auch komplexe Fragen im Detail beantworten können muss. Im Unterschied dazu muss der nach § 107 Abs. 4 i.V.m. § 100 Abs. 5 AktG im Prüfungsausschuss einer Aktiengesellschaft obligatorische unabhängige Finanzexperte nur alternativ besonderen Sachverstand im Bereich Rechnungslegung oder Abschlussprüfung aufweisen[845]. Die Anforderungen des KWG an den Vorsitzenden des Prüfungsausschusses gehen damit deutlich über die an den unabhängigen Finanzexperten gestellten Anforderungen hinaus[846].

Die übrigen Ausschussmitglieder müssen über die zur Erfüllung der Aufgaben des Prüfungsausschusses erforderlichen Kenntnisse, Fähigkeiten und Erfahrungen verfügen[847]. Dazu gehören zunächst Kenntnisse und Erfahrungen im Bereich Rechnungslegung[848]. Die Mitglieder müssen den Rechnungslegungsprozess nachvollziehen und verstehen, eventuelle Schwächen erkennen, sowie Gegenmaßnahmen vorschlagen können. Darüber hinaus müssen sie auch das Risikomanagement beurteilen können. Dies setzt voraus, dass sie in der Lage sind, die Effektivität der vorhandenen Risikomanagementstrukturen einzuschätzen, wofür praktische Erfahrung erforderlich sein dürfte. Ferner müssen die Ausschussmitglieder über Kenntnisse und Fähigkeiten im Bereich

---

843 EBA-Leitlinien zur Internen Governance (GL 44) vom 27. September 2011. Die Gesetzesbegründung zu § 25d Abs. 9 KWG weist dementsprechend darauf hin, dass die Vorschrift auf Grund der genannten EBA-Leitlinien eingefügt wurde, vgl. BT-Drs. 17/10974, S. 88.

844 Oben Kapitel 3 D)I)8).

845 Zum unabhängigen Finanzexperten bereits oben Kapitel 2 A)I)5).

846 So auch *Scholz*, in: Luz, KWG, § 25d, Rn. 50.

847 Vgl. § 25d Abs. 7 S. 3 KWG; hierzu bereits Kapitel 3 D)I)8).

848 *Huwer*, Prüfungsausschuss, S. 217.

Abschlussprüfung verfügen. Auch wenn die Prüfung des Jahresabschlusses gemäß §§ 107 Abs. 3 S. 3, 171 AktG nicht abschließend auf einen Ausschuss übertragen werden kann, ist dennoch die Vorbereitung der Prüfung und Aufbereitung der Unterlagen durch einen Ausschuss zulässig[849]. Die Mitglieder des Prüfungsausschusses müssen daher die Unterlagen selbst umfassend prüfen und so aufbereiten, dass einfache Aufsichtsratsmitglieder bei ihrer Prüfung auf die Vorarbeiten des Ausschusses Bezug nehmen können[850]. Die Prüfung muss dabei jedoch detaillierter und umfangreicher sein als die der einfachen Aufsichtsratsmitglieder[851]. Schließlich müssen die Mitglieder des Prüfungsausschusses dazu in der Lage sein, die Geschäftsleitung bei der Behebung der vom Prüfer festgestellten Mängel zu unterstützen. Dies bedeutet, dass sie die Ausführungen des Abschlussprüfers verstehen und selbst geeignete Maßnahmen zur Behebung der Mängel vorschlagen können müssen. Hierzu ist persönliche Erfahrung zumindest hilfreich, um einschätzen zu können, mit welchen Maßnahmen ein festgestellter Mangel am schnellsten und effektivsten behoben werden kann.

c) *Nominierungsausschuss*

Auch die Mitgliedschaft im Nominierungsausschuss eines Instituts[852] erfordert besondere Kenntnisse, Fähigkeiten und Erfahrungen, die aus den Aufgaben des Ausschusses abgeleitet werden können. Diese lassen sich im Wesentlichen in zwei Bereiche einteilen: Die Unterstützung des Aufsichtsratsplenums bei der Ermittlung von geeigneten Kandidaten für Vorstands- oder Aufsichtsratsposten sowie die Unterstützung des Plenums bei der Evaluierung von Vorstand und Aufsichtsrat[853].

Bei der Auswahl geeigneter Kandidaten für Vorstands- oder Aufsichtsratsposten stehen eher die Erfahrungen im Vordergrund. Mitglieder des Nominierungsausschusses müssen zunächst in der Lage sein, einzuschätzen, welche Kenntnisse, Fähigkeiten und Erfahrungen ein potentieller Kandidat für einen Vorstands- oder Aufsichtsratsposten haben muss. Hierbei ist insbesondere eigene Erfahrung als Mitglied im Vorstand eines Unternehmens hilfreich[854].

---

849 *Habersack*, in: MüKo-AktG, § 107, Rn. 152.

850 Vgl. *Huwer*, Prüfungsausschuss, S. 117f.; *Krasberg*, Prüfungsausschuss, S. 129.

851 *Krasberg*, Prüfungsausschuss, S. 129.

852 Ein solcher ist gemäß § 25d Abs. 11 S. 1 KWG zu bilden.

853 Ausführlich zu den aufsichtsrechtlichen Vorgaben für den Nominierungsausschuss, *Bronnert-Härle*, Aufsichtsratsausschüsse, S. 197ff. Dennoch sieht *Bronnert-Härle*, Aufsichtsratsausschüsse, S. 250 besonderen Sachverstand nicht als Voraussetzung für die Mitgliedschaft in einem Nominierungsausschuss an.

854 Dies freilich nur in den Grenzen des § 25d Abs. 3 KWG.

Ferner müssen die Ausschussmitglieder beurteilen können, welche Qualifikationen im entsprechenden Gremium vorhanden sein müssen und welche davon noch nicht durch andere Mitglieder abgedeckt werden[855]. Dies setzt voraus, dass ihnen alle relevanten rechtlichen Vorschriften für die Besetzung der Organe sowie diesbezügliche Satzungsbestimmungen bekannt sind und sie die Fähigkeit besitzen, zu prüfen, ob ein Kandidat den Vorgaben entspricht und auch außerhalb seiner fachlichen Qualifikation in das jeweilige Gremium passt. So spielen auch menschliche Faktoren wie Kommunikationsfähigkeit, Teamfähigkeit und Persönlichkeit des Kandidaten eine Rolle[856].

Die Suche nach Kandidaten beschränkt sich nicht nur auf das Ausscheiden eines Mitglieds sondern ist als laufender Prozess zu verstehen[857]. Der Nominierungsausschuss muss laufend im Blick behalten, welche Eigenschaften in den jeweiligen Gremien erforderlich sind. Hierzu muss eine laufende Bedarfsanalyse erfolgen, welche in der Erstellung von Besetzungsplänen einmündet[858].

Daneben müssen die Mitglieder des Nominierungsausschusses in der Lage sein, in Frage kommende Kandidaten gezielt anzusprechen. Dazu müssen sie zumindest in der Branche gut vernetzt sein und über die nötigen Kontakte verfügen. Auch müssen sie eine Gewähr für die Vertraulichkeit und Diskretion bei Gesprächen mit Kandidaten bieten, um vertrauensvoll mit potentiellen Kandidaten sprechen zu können[859]. Wieder sind hierbei eigene Erfahrungen im Umgang mit Vorstands- bzw. Aufsichtsratsmitgliedern hilfreich.

Das Gesetz stellt klar, dass sich der Nominierungsausschuss der Hilfe externer Berater bedienen darf und ihm dafür angemessene Finanzmittel zur Verfügung stehen müssen[860]. Insbesondere kann er einen externen Personalvermittler mit der Vermittlung und Kontaktaufnahme mit potentiellen Kandidaten beauftragen[861]. Dies entbindet die Ausschussmitglieder jedoch nicht von der Pflicht, die

---

855 *Scholz*, in Luz, KWG, § 25d, Rn. 60 mit Verweis auf die EBA-Leitlinien zur Internen Governance (GL 44), Titel 2, B.2, Nr. 11, Tz. 2. Vgl. auch *Hönsch/Kaspar*, AG 2014, 297 (302).

856 Zu verschiedenen Teamrollen im Aufsichtsrat vgl. *Thienel*, in: Dehnen, Professioneller Aufsichtsrat, S. 119 (S. 127ff.).

857 BT-Drs. 17/10974, S. 88 („bedarfsgerechte Nachfolgeplanung“) mit Verweis auf die EBA-Leitlinien zur Internen Governance (GL44), dort Titel II, B.2, Nr. 11, Tz. 3. Vgl. auch *Hönsch/Kaspar*, AG 2014, 297 (302); *Scholz*, in: Luz, KWG, § 25d, Rn. 60.

858 *Bronnert-Härle*, Aufsichtsratsausschüsse, S. 305ff.

859 Zum wichtigen Aspekt der Diskretion bei der Auswahl neuer Organmitglieder *Fonk*, in: Semler/v. Schenck, § 10, Rn. 22ff.

860 § 25d Abs. 11 S. 3 und 4 KWG.

861 *Hönsch/Kaspar*, AG 2014, 297 (302).

Aufgaben des Ausschusses eigenständig wahrnehmen zu können. Vielmehr sollen durch die Einschaltung externer Personalvermittler die Möglichkeiten bei der Kandidatensuche erweitert werden, etwa indem Kontakte genutzt werden können, über die der Aufsichtsrat alleine nicht verfügt, oder indem potentielle Kandidaten diskreter angesprochen werden können als durch einen Repräsentanten des Unternehmens selbst[862].

Die zweite große Aufgabe des Nominierungsausschusses ist die mindestens jährliche Evaluierung der Struktur, Größe, Zusammensetzung und Leistung der Geschäftsleitung und des Aufsichtsrats[863] sowie der Kenntnisse, Fähigkeiten und Erfahrungen der einzelnen Vorstands- und Aufsichtsratsmitglieder sowie des jeweiligen Organs in seiner Gesamtheit[864]. Die Evaluierung bezieht sich sowohl auf die Rechtmäßigkeit als auch auf die Zweckmäßigkeit der jeweiligen Tätigkeit, wobei die Letztere im Fokus steht[865].

Um die Struktur, Größe, Zusammensetzung und Leistung des Vorstands beurteilen zu können, müssen den Mitgliedern des Nominierungsausschusses die strategischen Vorgaben und Ziele des Unternehmens bekannt sein. Außerdem müssen sie beurteilen können, in welcher Art und Weise die Aufgaben von Vorstand und Aufsichtsrat am besten erledigt werden können. Dies betrifft etwa die Aufteilung und den Zuschnitt der Ressorts im Vorstand oder die Ausschussbildung im Aufsichtsrat[866].

Die Beurteilung der einzelnen Organmitglieder setzt voraus, dass Ausschussmitglieder mit den konkreten Anforderungen an das jeweilige Mitglied, etwa aus dem Gesetz oder den der Auswahl des Mitglieds zu Grunde gelegten Erwartungen, vertraut sind[867]. Darüber hinaus ist eine gute Menschenkenntnis erforderlich um „Soft-Skills" wie Durchsetzungsvermögen, Teamfähigkeit, Kompromissbereitschaft, Kritik- und Konfliktfähigkeit etc. bewerten zu können[868]. Zur Bewertung sollen auch Leitlinien der EBA[869] sowie Merkblätter der

---

862 Vgl. *Altenhain/Gade*, in: Hdb. AR in Kreditinstituten, S.425 (S.434ff.).

863 § 25d Abs. 11 S. 2 Nr. 3 KWG.

864 § 25d Abs. 11 S. 2 Nr. 4 KWG.

865 *Hönsch/Kaspar*, Kreditwesen 2014, 380 (380f.); *dies.*, AG 2014, 297 (304); *Scholz*, in: Luz, KWG, § 25d, Rn. 64.

866 Vgl. *Hönsch/Kaspar*, Kreditwesen 2014, 380 (381).

867 Vgl. *Hönsch/Kaspar*, Kreditwesen 2014, 380 (381f.).

868 Vgl. *Scholz*, in: Luz, KWG, § 25d, Rn. 69.

869 Beispielsweise die EBA-Leitlinien zur Beurteilung der Eignung von Mitgliedern des Leitungsorgans und von Inhabern von Schlüsselfunktionen vom 22.11.2012 (EBA/GL/2012/06).

BaFin[870] herangezogen werden[871]. Dies setzt voraus, dass die Ausschussmitglieder auch mit diesen Regelwerken vertraut sind.

Ein Nominierungsausschuss ist heute in großen Gesellschaften, auch außerhalb der Finanzbranche, Standard[872]. Oft ist sein Zuständigkeitsbereich jedoch darauf beschränkt, dem Aufsichtsrat geeignete Kandidaten für die Unterbreitung von Wahlvorschlägen an die Hauptversammlung vorzuschlagen[873]. Die Vorbereitung der Auswahl von Kandidaten für einen Vorstandsposten obliegt hingegen meist dem häufig eingerichteten Personalausschuss[874]. Die Besetzung von Vorstand und Aufsichtsrat mit geeignetem Personal ist eine essentielle Voraussetzung für den Erfolg eines Unternehmens. Entsprechend hoch ist der Wettbewerb um die besten Kandidaten. Die Vorbereitung von Personalentscheidungen durch einen spezialisierten Ausschuss erscheint daher auch für Unternehmen außerhalb der Finanzbranche interessant.

Im Aktienrecht ist die Evaluierung der Organe und ihrer Mitglieder nicht gesetzlich vorgeschrieben. Lediglich Ziffer 5.6 DCGK empfiehlt dem Aufsichtsrat die regelmäßige Prüfung seiner eigenen Effizienz. Dennoch gehört die Evaluierung der Besetzung und Organisation des Vorstands zur allgemeinen Überwachungsaufgabe des Aufsichtsrats[875]. Deutlich wird dies auch daran, dass der Aufsichtsrat die Vorstandsmitglieder auswählt und bestellt, sowie durch den Erlass einer Geschäftsordnung gemäß § 77 Abs. 2 AktG Einfluss auf die Organisation des Vorstands nehmen kann. Hierzu muss der Aufsichtsrat den jeweiligen Status des Vorstands laufend überprüfen, um feststellen zu können, wann Veränderungsbedarf besteht. Die Überprüfung der Effizienz der eigenen Organe ist somit keine Besonderheit der Bankenbranche.

---

870 Beispielsweise das Merkblatt zu den Geschäftsleitern gemäß KWG, ZAG und KAGB vom 4.1.2016, abrufbar unter http://www.bafin.de/SharedDocs/Veroeffentlichungen/DE/Merkblatt/mb_160104_GL_KWG_ZAG_ KAGB.html, oder das Merkblatt zu den Mitgliedern von Verwaltungs- und Aufsichtsorganen gemäß KWG und KAGB vom 4.1.2016, abrufbar unter http://www.bafin.de/SharedDocs/Veroeffentlichungen/DE/Merkblatt/mb_160104_AR_KWG_KAGB.html.

871 *Hönsch/Kaspar*, AG 2014, 297 (305); *Scholz*, in: Luz, KWG, § 25d, Rn. 60, 69.

872 *Langenbucher*, ZHR 176 (2012), 652 (659).

873 Dies empfiehlt auch Ziff. 5.3.3 DCGK. Vgl. auch *Habersack*, in MüKo-AktG, § 107, Rn. 107; *Lutter/Krieger/Verse*, Rechte und Pflichten, Rn. 758. Dieses Verständnis liegt wohl auch bei *Langenbucher*, ZHR 176 (2012), 652 (659) zu Grunde.

874 Vgl. *Hoffmann-Becking*, in Münchener Hdb. AG, § 32, Rn. 6; *Lutter/Krieger/Verse*, Rechte und Pflichten, Rn. 750.

875 *Habersack*, in: MüKo-AktG, § 111, Rn. 51; *Hambloch-Gesinn/Gesinn*, in: Hölters, AktG, § 111, Rn. 11, 17; *Hopt/Roth*, in: Großkomm. AktG, § 111, Rn. 167ff.

d) *Vergütungskontrollausschuss*

Schließlich müssen auch die Mitglieder eines nach § 25d Abs. 12 KWG zu bildenden Vergütungskontrollausschusses über erhöhte Kenntnisse, Fähigkeiten und Erfahrungen verfügen. Ein solcher Ausschuss soll eine effektivere Überwachung der Vergütungssysteme auf Basis einer tiefergehenden Auseinandersetzung mit Detailfragen der Vergütung sicherstellen[876]. Die Aufgaben des Vergütungskontrollausschusses, zu deren Wahrnehmung jedes Mitglied im Stande sein muss, bestimmen sich nach § 25d Abs. 12 KWG, sowie § 15 InstitutsVergV[877]. Der Gesetzgeber geht davon aus, dass grundsätzlich alle Institute, die bedeutend im Sinne von § 1 Abs. 2 i.V.m. § 17 InstitutsVergV sind[878], einen Vergütungskontrollausschuss einzurichten haben[879]. Dessen Hauptaufgabe liegt in der Ausgestaltung und Überwachung der Vergütungssysteme für die Geschäftsleiter und Mitarbeiter, sowie der Vorbereitung der entsprechenden Beschlüsse des Plenums[880]. Dazu ist ein besonderes Verständnis für Vergütungssysteme und die Angemessenheit der Höhe der Vergütung erforderlich. Dies setzt voraus, dass den Ausschussmitgliedern die einschlägigen rechtlichen Vorschriften bekannt sind. Erforderlich sind aber auch Kenntnisse im Bereich Risikomanagement, um die angemessene Ausgestaltung der Vergütungen für Mitarbeiter, die einen wesentlichen Einfluss auf das Gesamtrisikoprofil des Instituts haben[881], sowie die Auswirkungen der Vergütungssysteme auf das Risiko-, Kapital- und Liquiditätsmanagement[882], sowie die Auswirkungen der Beschlüsse über die Vergütung der

876 *Leuschner/Wolfgarten*, WPg 2015, 375 (381f.). Ausführlich zu den aufsichtsrechtlichen Vorgaben für den Vergütungskontrollausschuss *Bronnert-Härle*, Aufsichtsratsausschüsse, S. 201ff.

877 Verordnung über die aufsichtsrechtlichen Anforderungen an Vergütungssysteme von Instituten vom 16. Dezember 2013, BGBl. I, S. 4270 (InstitutsVergV).

878 Bedeutend sind demnach Institute deren Bilanzsumme in den letzten drei Geschäftsjahren durchschnittlich 15 Mrd. Euro erreicht oder überschritten hat, Institute die von der EZB beaufsichtigt werden, Institute die als systemrelevant gelten, sowie Institute die von der BaFin als bedeutend eingestuft wurden.

879 Vgl. BT-Drs. 17/10974, S. 88; so auch die Auslegungshilfe zur InstitutsVergV der BaFin, abrufbar unter http://www.bafin.de/SharedDocs/Veroeffentlichungen/DE/Auslegungsentscheidung/BA/ae_140101_institutsvergv.html sowie *BHWW*, InstitutsVergV; S. 154.

880 Vgl. *Merkelbach*, WM 2014, 1990 (1997).

881 § 23d Abs. 12 S. 2 Nr. 1 KWG.

882 § 25d Abs. 12 S. 2 Nr. 1 KWG a.E.

Geschäftsleiter auf die Risiken und das Risikomanagement des Unternehmens[883] bewerten zu können.

Das erhöhte Qualifikationserfordernis wird auch durch § 25d Abs. 12 S. 3 KWG deutlich, wonach mindestens ein Ausschussmitglied über ausreichend Sachverstand und Berufserfahrung im Bereich Risikomanagement und Risikocontrolling, insbesondere im Hinblick auf Mechanismen zur Ausrichtung der Vergütungssysteme an der Gesamtrisikobereitschaft und -strategie und an der Eigenmittelausstattung des Unternehmens verfügen muss.

Der § 25d Abs. 12 KWG zu Grunde liegende Art. 95 der CRD IV-Richtlinie[884] spricht lediglich davon, dass der Ausschuss die „Vergütungspolitik und -praxis und die für das Risiko-, Kapital- und Liquiditätsmanagement geschaffenen Anreize sachkundig und unabhängig bewerten" können muss. Mithin ist das besondere Sachverstands- und Berufserfahrungserfordernis eine Besonderheit des nationalen Rechts sowie eine überschießende Umsetzung der Vorgaben der Richtlinie. Sinn und Zweck der vorgeschriebenen Einrichtung eines Vergütungskontrollausschusses sprechen jedoch dafür, von jedem Mitglied höhere Kenntnisse, Fähigkeiten und Erfahrungen auch im Bereich Risikomanagement zu fordern als von gewöhnlichen Aufsichtsratsmitgliedern. So enthält ein Großteil der Aufgaben des Ausschusses Schnittstellen zum Risikomanagement[885]. Es wäre widersinnig, einen Ausschuss einzurichten, in dem nur ein einziges Mitglied über ausreichend Sachkunde zur Wahrnehmung dieser Aufgaben verfügt. Anders verhält es sich mit der Berufserfahrung. Diese soll es dem Ausschuss ermöglichen, potentielle Probleme und Risiken sowie Wechselwirkungen zwischen einer erfolgsabhängigen Vergütung und dem mit der Tätigkeit verbundenen Risikopotential zu identifizieren[886]. Dabei ist es ausreichend, wenn ein Ausschussmitglied seine praktische Berufserfahrung einbringen kann. Die Lösung der so identifizierten Schwierigkeiten und die Beseitigung oder Verringerung der erkannten Risiken obliegt hingegen dem gesamten Ausschuss, der durch die entsprechende Sachkunde aller seiner Mitglieder hierzu im Stande sein muss. Diese Sachkunde muss selbstverständlich auch das Mitglied aufweisen, das die Berufserfahrung in den Ausschuss einbringt, um die Verknüpfung

883 § 25d Abs. 12 S. 2 Nr. 2 KWG.

884 Richtlinie 2013/36/EU des Europäischen Parlamentes und des Rates vom 26. Juni 2013 über den Zugang zur Tätigkeit von Kreditinstituten und die Beaufsichtigung von Kreditinstituten und Wertpapierfirmen, zur Änderung der Richtlinie 2002/87/EG und zur Aufhebung der Richtlinien 2006/48/EG und 2006/49/EG.

885 Siehe nur die Aufzählungen in § 25d Abs. 12 KWG und § 15 Abs. 4 InstitutsVergV.

886 Vgl. *Leuschner/Wolfgarten*, WPg 2015, 375 (382).

zwischen praktischen Problemen und Risiken und den theoretischen Fragestellungen herzustellen. Somit ist der besondere Regelungsgegenstand von § 25d Abs. 12 S. 3 KWG die besondere Betonung der kumulierten Sachkunde und Berufserfahrung bei einem Mitglied.

Ferner verlangt § 25d Abs. 12 S. 4 KWG, dass dem Vergütungskontrollausschuss mindestens ein Arbeitnehmervertreter angehören muss, sofern die Mitbestimmungsgesetze Arbeitnehmervertreter im Aufsichtsrat vorschreiben. Dies spricht jedoch nicht gegen die These, dass alle Ausschussmitglieder über ein höheres Qualifikationsniveau verfügen müssen als einfache Aufsichtsratsmitglieder[887]. Selbst wenn die Arbeitnehmervertreter nach den Mitbestimmungsgesetzen Arbeitnehmer des Unternehmens sein müssen[888], besteht die Möglichkeit solche Arbeitnehmer in den Aufsichtsrat zu wählen, die sich Qualifikationen im Bereich Risikomanagement durch ihre berufliche Tätigkeit angeeignet haben. Die erforderlichen Kenntnisse, Fähigkeiten und Erfahrungen im Bereich der Vergütungssysteme können etwa im Wege einer Fortbildung erworben werden, bei der das Mitglied finanziell wie organisatorisch vom Institut zu unterstützen ist[889].

II) Anforderungen des VAG

Auch das Versicherungsaufsichtsrecht enthält besondere Vorschriften bezüglich der Qualifikation und der Zuverlässigkeit von Aufsichtsratsmitgliedern[890]. Durch die Umsetzung der Solvency II-Richtlinie[891] in nationales Recht hat das

887 Grundsätzlich gelten für alle Aufsichtsratsmitglieder die gleichen Anforderungen, vgl. BGHZ 85, 293 = NJW 1983, 991 (991); *Habersack*, in: MüKo-AktG, § 116, Rn. 12; *Hopt/Roth*, in: Großkomm. AktG, § 116, Rn. 56; *Spindler*, in: Spindler/Stilz, AktG, § 116, Rn. 9.

888 Vgl. etwa § 7 Abs. 2 MitbestG, § 4 Abs. 2 DrittelbG, § 6 Abs. 1 MontanMitbestG.

889 § 25d Abs. 4 KWG.

890 Anders als Institute sind Versicherungsunternehmen jedoch gemäß § 6 Abs. 1 S: 2 GewO von der allgemeinen Wirtschaftsaufsicht nach der GewO ausgenommen.

891 Richtlinie 2009/138/EG des Europäischen Parlaments und des Rates vom 25. November 2009 betreffend die Aufnahme und Ausübung der Versicherungs- und der Rückversicherungstätigkeit (Solvabilität II) (Neufassung), zuletzt geändert durch die Richtlinie 2014/51/EU des Europäischen Parlaments und des Rates vom 16. April 2014 zur Änderung der Richtlinien 2003/71/EG und 2009/138/EG und der Verordnungen (EG) Nr. 1060/2009, (EU) Nr. 1094/2010 und (EU) Nr. 1095/2010 im Hinblick auf die Befugnisse der Europäischen Aufsichtsbehörde (Europäische Aufsichtsbehörde für das Versicherungswesen und die betriebliche Altersversorgung) und der Europäischen Aufsichtsbehörde (Europäische Wertpapier- und Marktaufsichtsbehörde) (Omnibus II). Im Folgenden wird diese Richtlinie zur Vereinfachung als Solvency II bezeichnet.

Versicherungsaufsichtsrecht zahlreiche Änderungen erfahren, die sich auch in den für den Aufsichtsrat relevanten Vorschriften zeigen.

Für das Verständnis des neuen VAG ist es jedoch erforderlich, sich mit der zuvor geltenden Rechtslage auseinanderzusetzen. Aus diesem Grund wird zunächst die Rechtslage vor dem 1. Januar 2016 skizziert, bevor auf die in Folge der Umsetzung von Solvency II geltende Rechtslage eingegangen wird.

1) Rechtslage vor dem 1. Januar 2016

Bis zum Inkrafttreten des Gesetzes zur Modernisierung der Finanzaufsicht über Versicherungen[892] am 1. Januar 2016 enthielt das VAG ausdrücklich branchenspezifische Anforderungen an Aufsichtsratsmitglieder von Versicherungsunternehmen, Pensionsfonds, Versicherungs-Holdinggesellschaften oder gemischten Finanzholding-Gesellschaften, sowie Rückversicherungsunternehmen und Versicherungs-Zweckgesellschaften unabhängig von deren Rechtsform[893]. § 7a Abs. 4 S. 1 VAG a.F. verlangte, dass Aufsichtsratsmitglieder zuverlässig sind und über die zur Wahrnehmung der Kontrollfunktion sowie zur Beurteilung und Überwachung der Geschäfte, die das Unternehmen betreibt, erforderliche Sachkunde besitzen. Daneben enthielt das Gesetz Hinderungsgründe, die der Ausübung eines Aufsichtsratsmandats entgegenstehen.

Wie im Bankaufsichtsrecht[894] wurde auch hier im Gesetz nicht näher definiert, unter welchen Umständen ein Aufsichtsratsmitglied als zuverlässig angesehen werden kann. Auch die Begründung des Regierungsentwurfs[895], sowie die Beschlussempfehlung und der Bericht des Finanzausschusses[896] äußern sich hierzu nicht ausdrücklich. Letzterer enthält jedoch einen Anhaltspunkt für die Begriffsbestimmung. Danach orientiert sich die Formulierung des § 7a Abs. 4 VAG a.F. an der Parallelnorm des KWG[897], weshalb auf die Begründung zu dieser Norm verwiesen wird[898]. Wie im KWG wurde der Zuverlässigkeitsbegriff

892 BGBl. I 2015, S. 434.

893 Versicherungsgeschäfte durften gemäß § 7 Abs. 1 VAG a.F. nur in der Rechtsform der Aktiengesellschaft, der SE, des VVaG sowie der Körperschaft oder Anstalt des öffentlichen Rechts betrieben werden. Zur Vereinfachung werden im Folgenden alle diese Unternehmen als Versicherungsunternehmen bezeichnet.

894 Hierzu oben Kapitel 3 D)I)2).

895 BT-Drs. 16/12783.

896 BT-Drs. 16/13684.

897 Im Bericht des Finanzausschusses wird auf § 36 Abs. 3 KWG verwiesen. Heute findet sich die Regelung in § 25d Abs. 1 KWG.

898 BT-Drs. 16/13684, S. 31.

des § 7a Abs. 4 S. 1 VAG a.F. daher im gewerberechtlichen Sinne verstanden und ausgelegt[899] und ein Gleichlauf mit den Zuverlässigkeitsanforderungen an Geschäftsleiter angenommen[900]. Inhaltlich bedeutet dies, dass nach § 7a Abs. 4 S. 1 VAG a.F. Unzuverlässigkeit anzunehmen war, wenn persönliche Umstände nach der allgemeinen Lebenserfahrung die Annahme rechtfertigten, dass diese die sorgfältige und ordnungsgemäße Wahrnehmung des Kontrollmandats beeinträchtigen können. Solche Umstände können sowohl die dem gewerberechtlichen Unabhängigkeitsbegriff zu Grunde liegenden Umstände, als auch solche Umstände, die sich aus der besonderen Rolle des Aufsichtsrats in der Gesellschaftsverfassung ergeben, wie etwa Interessenkonflikte, sein.

Neben der Zuverlässigkeit verlangte § 7a Abs. 4 S. 1 VAG a.F., dass Aufsichtsratsmitglieder von Versicherungsunternehmen die zur Wahrnehmung der Kontrollfunktion sowie zur Beurteilung und Überwachung der Geschäfte, die das Unternehmen betreibt, erforderliche Sachkunde besitzen. Die konkreten Qualifikationserfordernisse waren hierbei unternehmensspezifisch, je nach Umfang und Komplexität des betriebenen Geschäfts, sowie den Besonderheiten des Unternehmens, zu ermitteln[901]. Grundlage der Beurteilung waren die Aufgaben des Aufsichtsrats. Aufsichtsratsmitglieder mussten daher in Anlehnung an die Hertie-Entscheidung des BGH in der Lage sein, alle normalerweise anfallenden Geschäftsvorgänge zu verstehen und sachgerecht beurteilen zu können[902]. Hierzu war ein Verständnis der wirtschaftlichen und rechtlichen Abläufe im Tagesgeschehen erforderlich[903].

Ebenso wie für das KWG sah der Regierungsentwurf des Gesetzes zur Stärkung der Finanzmarkt- und der Versicherungsaufsicht zunächst vor, dass Aufsichtsratsmitglieder über eine fachliche Eignung verfügen müssen, die nach einer Regelvermutung anzunehmen sei, wenn zuvor eine leitende Tätigkeit bei einem Versicherungsunternehmen von vergleichbarer Größe und Geschäftsart ausgeübt wurde[904]. Erst in der Beschlussempfehlung des Finanzausschusses wurde

---

899 *Bürkle/Scheel*, in: Bähr, Hdb. Versicherungsaufsicht, § 13, Rn. 36; *Hersch*, Anforderungen, S. 170; *Kaulbach*, in: FKBP, VAG, § 7a, Rn. 35 i.V.m. Rn. 4; *Krauel/Broichhausen*, VersR 2012, 823 (826).

900 *Hersch*, Anforderungen, S. 170f.; *Kaulbach*, in: FKBP, VAG, § 7a, Rn. 35; *Krauel/Broichhausen*, VersR 2012, 823 (826); wohl auch *Bürkle/Scheel*, in: Bähr, Hdb. Versicherungsaufsicht, § 13, Rn. 36.

901 *Bürkle/Scheel*, in: Bähr, Hdb. Versicherungsaufsicht, § 13, Rn. 37f.

902 *Dreher*, ZGR 2010, 496 (509); *Kaulbach*, in: FKBP, VAG, § 7a, Rn. 36.

903 Beschlussempfehlung und Bericht des Finanzausschusses, BT-Drs. 16/13684, S. 29; *Dreher*, ZGR 2010, 495 (511); *Kaulbach*, in; FKBP, VAG, § 7a, Rn. 36.

904 BT-Drs. 16/12783, S. 8.

auch hier die fachliche Eignung durch Sachkunde ersetzt, die Regelvermutung gestrichen und zur Begründung auf die entsprechende Änderung im Entwurf der parallelen Vorschrift des KWG verwiesen[905]. Nach der Beschlussempfehlung des Finanzausschusses sollte Sachkunde jedoch regelmäßig bei Personen anzunehmen sein, die über Erfahrungen im Bereich der Rechnungslegung oder Abschlussprüfung verfügen, ein Institut oder ein Unternehmen geleitet haben oder an herausgehobener Stelle in einem Institut oder einem Unternehmen tätig waren[906]. Darüber hinaus konnten aber auch berufliche Erfahrungen in anderen Branchen oder der öffentlichen Verwaltung, sowie die Aneignung der erforderlichen Kenntnisse durch Fortbildungen ausreichend sein. Daraus wurde in der Literatur geschlossen, dass allein theoretische Kenntnisse gefordert waren, da nur solche durch Fortbildungen erworben werden könnten[907]. Zeitlich sollte es dabei ausreichen, wenn die Fortbildung nach der Wahl in den Aufsichtsrat erfolgte[908].

Konkretisiert wurde das Sachkundeerfordernis durch das BaFin-Merkblatt zur Kontrolle von Mitgliedern von Verwaltungs- und Aufsichtsorganen gemäß VAG[909]. Danach sollte Sachkunde bedeuten, dass ein Aufsichtsratsmitglied fachlich in der Lage ist, die Geschäftsleiter angemessen zu kontrollieren, zu überwachen und die Entwicklung des Versicherungsunternehmens aktiv zu begleiten, wozu es die getätigten Geschäfte verstehen und deren Risiken beurteilen können, sowie mit den für das Unternehmen wesentlichen gesetzlichen Regelungen vertraut sein muss[910]. Die erforderliche Sachkunde konnte dabei auch nach Ansicht der BaFin durch eine Vortätigkeit als Geschäftsleiter eines Versicherungsunternehmens oder in anderen Branchen oder der öffentlichen Verwaltung erworben werden. Eine solche müsse aber über einen längeren Zeitraum maßgeblich auf wirtschaftliche und rechtliche Fragestellungen ausgerichtet und nicht von völlig untergeordneter Natur gewesen sein[911].

---

905 BT-Drs. 16/13684 S. 13 und S. 31.

906 BT-Drs. 16/13684, S. 29.

907 *Hersch*, Anforderungen, S. 175.

908 BT-Drs. 16/13684, S. 29.

909 *BaFin*, Merkblatt zur Kontrolle von Mitgliedern von Verwaltungs- und Aufsichtsorganen gemäß VAG vom 3.12.2014 (Im Folgenden „Merkblatt Aufsichtsorgan VAG"). Bezug genommen wird hier auf die Anfang 2015 zur Konsultation gestellte Fassung, abrufbar unter http://www.bafin.de/SharedDocs/Veroeffentlichungen/DE/Konsultation/2015/kon_0115_merkblaetter-gl-ar_ba_va.html.

910 *BaFin*, Merkblatt Aufsichtsorgan VAG, S. 11.

911 *BaFin*, Merkblatt Aufsichtsorgan VAG, S. 11f.

Auch nach Ansicht der BaFin konnte die Sachkunde durch Fortbildungen nach Antritt des Aufsichtsratsmandats erworben werden. Diese muss bezogen auf den jeweiligen Einzelfall und die anzuwendenden Kriterien die grundlegenden wirtschaftlichen und rechtlichen Abläufe des Tagesgeschäfts vergleichbarer Unternehmen, das Risikomanagement sowie die Funktion und die Verantwortung der Mitglieder des Verwaltungs- oder Aufsichtsorgans auch in Abgrenzung zur Geschäftsleitung umfassen, sowie auf die Grundzüge der Bilanzierung sowie des Aufsichtsrechts eingehen[912]. Darüber hinaus sollte die Fortbildung binnen sechs Monaten nach der Bestellung erfolgen[913].

2) Änderungen durch die Umsetzung von Solvency II

Mit Inkrafttreten des Gesetzes zur Modernisierung der Finanzaufsicht über Versicherungen am 1. Januar 2016 wurde die eindeutige Bezugnahme auf den Aufsichtsrat aus dem VAG entfernt. Stattdessen bestimmt nunmehr § 24 Abs. 1 S. 1 VAG, dass Personen, die ein Versicherungsunternehmen tatsächlich leiten oder andere Schlüsselaufgaben wahrnehmen, zuverlässig und fachlich geeignet sein müssen. Das Gesetz dient der Umsetzung der Solvency II-Richtlinie in nationales Recht, weshalb die Richtlinie bei der Auslegung des Gesetzes zu berücksichtigen ist. Hierbei gilt es zu beachten, dass die Solvency II-Richtlinie eine Vollharmonisierung des Versicherungsaufsichtsrechts in den Mitgliedsstaaten der Europäischen Union zum Ziel hat[914]. Daher darf der nationale Gesetzgeber bei der Umsetzung der Richtlinie in nationales Recht weder hinter den Vorgaben der Richtlinie zurückbleiben, noch strengere Regelungen treffen[915].

a) Anwendungsbereich der Regelung

Infolge der Neuregelung stellt sich zunächst die Frage, ob Aufsichtsratsmitglieder auch ohne ausdrückliche Nennung in den Anwendungsbereich des § 24 Abs. 1 VAG fallen oder ob die Anforderungen an Aufsichtsratsmitglieder abgesenkt werden sollten. Ohne dass sich dies im Wortlaut der Norm widerspiegelt, geht der Gesetzgeber davon aus, dass Aufsichtsratsmitglieder unter den Begriff „Personen, die andere Schlüsselaufgaben wahrnehmen" gefasst werden können[916]. Für diese sollen sich trotz des Abstellens auf die fachliche Eignung statt

912 *BaFin*, Merkblatt Aufsichtsorgan VAG, S. 12.

913 *BaFin*, Merkblatt Aufsichtsorgan VAG, S. 13.

914 Erwägungsgrund Nr. 2 der Solvency II-Richtlinie, hierzu *Bürkle*, ZVersWiss 2012, 493 (494f.); *Grote/Schaaf*, VersR 2012, 17 (17).

915 *Ernst*, Rechtsstaatlichkeit, S. 144f.

916 BT-Drs. 18/2956, S. 240.

auf die Sachkunde wie bisher nach § 7a Abs. 4 VAG a.F. keine geänderten Anforderungen ergeben.

Diese Aussage des Gesetzgebers überrascht, war doch erst im Jahr 2009 noch die Formulierung „fachliche Eignung" durch „Sachkunde" ersetzt worden um die Unterschiede zwischen der erforderlichen Qualifikation der Geschäftsleiter und der Aufsichtsratsmitglieder zu verdeutlichen[917]. Damals ging der Gesetzgeber offensichtlich von einem Unterschied zwischen fachlicher Eignung und Sachkunde aus.

Art. 42 Solvency II enthält selbst keine weiteren Hinweise zum Anwendungsbereich der Norm. Auch hier findet sich lediglich die vom deutschen Gesetzgeber übernommene Formulierung.

In der Literatur wird daher teilweise bezweifelt, dass Art. 42 Abs. 1 Solvency II auch Aufsichtsratsmitglieder erfasst[918]. Die Auslegung des deutschen Gesetzgebers würde damit gegen die Vorgaben der Richtlinie verstoßen. Diese Ansicht argumentiert, der Regelungsansatz des Art. 42 Abs. 1 Solvency II gehe grundsätzlich von einem monistischen Board-System aus[919]. Da dieses ein separates Aufsichtsorgan nicht kenne, sei davon auszugehen, dass der Begriff der Personen mit Schlüsselaufgaben ausschließlich Personen des Leitungsorgans erfasse[920]. Daneben wird diese Ansicht mit einem systematischen Argument begründet: Da Art. 248 Abs. 1 lit. d) Solvency II für den Bereich der Gruppenaufsicht ausdrücklich anordne, dass die Organmitglieder gruppenangehöriger Unternehmen die Anforderungen der Art. 42 und 257 der Richtlinie erfüllen müssen, könne Art. 42 Abs. 1 Solvency II nicht für alle Aufsichtsratsmitglieder gelten ohne dass dieser Verweis überflüssig wäre[921].

Diese Argumentation ist jedoch nicht zwingend. Der Wortlaut der Richtlinie spricht weder für die eine noch für die andere Ansicht[922]. Eine Definition der Personen, die Schlüsselaufgaben wahrnehmen, enthält die Richtlinie nicht. Auch für die Aussage, der Richtliniengeber gehe von einer monistischen Board-Struktur aus, finden sich keine klaren Anhaltspunkte. Vielmehr ist das dualistische Board-System in Europa bekannt[923]. Dies wird auch durch die Nennung des

---

917 Hierzu die Stellungnahme des Bundesrates zum Entwurf eines Gesetzes zur Stärkung der Finanzmarkt- und der Versicherungsaufsicht, BT-Drs. 16/13113, S. 2 sowie die Empfehlungen der Ausschüsse, BR-Drs. 277/1/09, S. 5.

918 So etwa *Dreher/Lange*, ZVersWiss 2011, 211 (220ff.).

919 *Dreher/Lange*, ZVersWiss 2011, 211 (221).

920 *Dreher/Lange*, ZVersWiss 2011, 211 (222).

921 *Dreher/Lange*, ZVersWiss 2011, 211 (222); *Grote/Schaaf*, VersR 2012, 17 (22).

922 *Pohlmann*, in: Looschelders/Michael, S. 29 (S. 37).

923 *Pohlmann*, in: Looschelders/Michael, S. 29 (S. 37f.).

„Verwaltungs-, Management- oder Aufsichtsorgans“ in der Richtlinie deutlich[924]. Es ist somit davon auszugehen, dass dem Richtliniengeber die Unterschiede der Board-Systeme bekannt waren.

Würde man Aufsichtsratsmitglieder einer dualistisch organisierten Gesellschaft vom Anwendungsbereich der Norm ausnehmen wollen, so müssten auch die *non-executive directors* in Gesellschaften mit monistischer Board-Struktur ausgenommen sein[925]. Für eine derartige Unterscheidung liefert die Richtlinie jedoch keinerlei Hinweise.

Gegen das systematische Argument von *Dreher/Lange* wird in der Literatur vorgebracht, Art. 248 Abs. 1 lit. d) der Richtlinie enthalte lediglich eine Zuständigkeitsregelung, stelle jedoch keine eigenen Anforderungen auf[926]. Inhaltlich könne die Norm auch als lediglich klarstellende Regelung verstanden werden, was auch deren amtliche Überschrift nahelege[927]. Überdies wäre es systemwidrig, wenn die Norm für Versicherungsholdinggesellschaften, die keine Versicherungsunternehmen sind, für die jedoch Art. 257 der Richtlinie materielle Anforderungen aufstellt, als bloße Zuständigkeitsnorm verstanden würde, während sie für Versicherungsunternehmen, auf die Art. 42 der Richtlinie Anwendung findet, eine materiell-rechtliche Vorschrift darstellen soll[928]. Ferner wird vorgebracht, es seien keine Hinweise auf eine Absicht des Richtliniengebers erkennbar, Unternehmen die der Gruppenaufsicht unterliegen anders zu behandeln, als sonstige Versicherungsunternehmen[929].

Es ist zuzugeben, dass die Formulierung in Art. 248 Abs. 1 lit. d) Solvency II das Verständnis zulässt, das Verwaltungs-, Management- bzw. Aufsichtsorgan müsse lediglich diejenigen Anforderungen des Art. 42 erfüllen, die für das jeweilige Organ gelten. Auch Art. 257 Abs. 2 lässt sich in diesem Sinne verstehen. Da jedoch Art. 42 die Differenzierung nach dieser Trias nicht aufgreift, wäre nach diesem Verständnis auch nicht eindeutig, welche Anforderungen das Verwaltungs- bzw. Managementorgan zu erfüllen hat.

Ein weiterer Hinweis findet sich in der von der Kommission auf Level 2 des Lamfalussy-Verfahrens erlassenen delegierten Verordnung[930]. In deren Art. 273

924 Z.B. in Art. 40 Solvency II-Richtlinie.

925 *Pohlmann*, in; Looschelders/Michael, S. 29 (S. 37f.).

926 *Krauel/Broichhausen*, VersR 2012, 823 (824); *Pohlmann*, in: Looschelders/Michael, S. 29 (S. 38).

927 *Ernst*, Rechtsstaatlichkeit, S. 145.

928 *Pohlmann*, in: Looschelders/Michael, S. 29 (S. 38).

929 *Pohlmann*, in: Looschelders/Michael, S. 29 (S. 39).

930 Delegierte Verordnung (EU) 2015/35 der Kommission vom 10. Oktober 2014 zur Ergänzung der Richtlinie 2009/138/EG des Europäischen Parlaments und des Rates

wird auf Art. 42 Solvency II verwiesen und die Formulierung „Personen, die das Unternehmen tatsächlich leiten oder andere Schlüsselfunktionen innehaben" aufgegriffen. Im Rahmen der Spezifizierung der Beurteilung der fachlichen Qualifikation in Abs. 3 wird hingegen die Trias „Verwaltungs-, Management- oder Aufsichtsorgan" genannt. Dies spricht dafür, dass insofern keine Unterscheidung erfolgen soll. Auch der Entwurf technischer Regulierungsstandards von CEIOPS aus dem Oktober 2009 fasst Aufsichtsratsmitglieder in den Anwendungsbereich von Art. 42 Abs. 1 Solvency II, indem ausdrücklich die „members of the supervisory board" genannt werden[931]. Hiernach sollen Aufsichtsratsmitglieder sogar als Personen, die das Unternehmen tatsächlich leiten anzusehen sein[932].

Ein ähnliches Bild zeigt sich bei einer Betrachtung der auf Level 3 erlassenen Leitlinien zum Governance System der EIOPA[933]. In deren Ziffer 1.42 wird die Formulierung der Richtlinie wiederholt. In Ziffer 1.43 wird dagegen spezifiziert, dass das Unternehmen dafür Sorge tragen sollte, dass die Mitglieder des Verwaltungs-, Management- oder Aufsichtsorgans in ihrer Gesamtheit über angemessene Qualifikationen, Erfahrungen und Kenntnisse verfügen. Da Angehörige des Verwaltungs- bzw. Managementorgans sowohl im monistischen als auch im dualistischen Board-System eindeutig zu den Personen, die das Unternehmen tatsächlich leiten, gehören, wäre es inkonsequent, wenn Ziffer 1.43 zusätzlich Aufsichtsratsmitglieder erfassen würde, in Ziffer 1.42 jedoch nur Geschäftsleiter angesprochen wären. Für dieses Verständnis spricht auch die eindeutige Begriffsbestimmung in Ziffer 1.21, welche Mitglieder des Aufsichtsorgans ausdrücklich den „Personen, die das Unternehmen tatsächlich leiten" zurechnet.

All dies spricht dafür, dass Art. 42 Abs. 1 Solvency II auch Aufsichtsratsmitglieder einer Gesellschaft mit dualistischem Board-System erfassen soll[934].

---

betreffend die Aufnahme und Ausübung der Versicherungs- und der Rückversicherungstätigkeit (Solvabilität II).

931 CEIOPS-DOC 29/09, CEIOPS' Advice for Level 2 Implementing Measures on Solvency II: System of Governance, October 2009, abrufbar unter https://eiopa.europa.eu/CEIOPS-Archive/Documents/ Advices/CEIOPS-L2-Final-Advice-on-System-of-Governance.pdf Ziff. 3.38 und 3.42; vgl. auch *Pohlmann*, in: Looschelders/Michael, S. 29 (S. 41).

932 CEIOPS-DOC 29/09, CEIOPS' Advice for Level 2 Implementing Measures on Solvency II: System of Governance, October 2009, Ziff. 3.38 „persons who effectively run the undertaking"; vgl. auch *Krauel/Broichhausen*, VersR 2012, 823 (827).

933 EIOPA-BoS-14/253 DE, Leitlinien zum Governance System, abrufbar unter https://eiopa.europa.eu/publications/eiopa-guidelines/guidelines-on-system-of-governance-solvency-ii.

934 So im Ergebnis auch *Thaten*, Ausstrahlung, S. 269.

Fraglich bleibt aber, ob die Umsetzung durch den deutschen Gesetzgeber in § 24 VAG den Vorgaben der Richtlinie genügt. Problematisch ist dabei die genaue Erläuterung des Begriffs der „Personen, die das Unternehmen tatsächlich leiten" in § 24 Abs. 2 VAG, wonach dies neben den Geschäftsleitern auch solche Personen sind, die für das Unternehmen wesentliche Entscheidungen zu treffen befugt sind. Laut der Begründung des Regierungsentwurfs sollen hiermit Personen unterhalb der Ebene der Geschäftsleitung gemeint sein[935]. Vorstand und Aufsichtsrat stehen jedoch hierarchisch auf derselben Stufe. Insbesondere ist der Aufsichtsrat dem Vorstand nicht untergeordnet. Auch übt der Aufsichtsrat keinerlei Leitungsaufgaben aus, sondern überwacht und berät die Geschäftsleiter[936]. Soweit der Aufsichtsrat den Vorstand berät, etwa hinsichtlich der Strategie des Unternehmens, gehört dies zur zukunftsgerichteten Überwachung und stellt keine eigene Beteiligung an Leitungsaufgaben dar[937]. Die Formulierung lässt es daher nicht zu, Aufsichtsratsmitglieder als solche Personen anzusehen. Jedoch ist es möglich, Aufsichtsratsmitglieder unter den Begriff „Personen, die andere Schlüsselaufgaben wahrnehmen" zu fassen. Die Formulierung „Schlüsselaufgaben" impliziert, dass auch andere Personen als die Inhaber von Schlüsselfunktionen angesprochen sind[938].

Auch wenn die Auslegung der Richtlinie dafür spricht, dass der Richtliniengeber Aufsichtsratsmitglieder als Personen, die das Unternehmen tatsächlich leiten ansieht, kommt der deutsche Gesetzgeber seiner Umsetzungspflicht auch

---

935 BT-Drs. 18/2956, S. 240.

936 Siehe oben Kapitel 2 A)V)2). Anders *Krauel/Broichhausen*, VersR 2012, 823 (827f.), die europäische Tendenzen, Aufsichtsräte in stärkerem Umfang auch in einer Leitungsfunktion zu sehen, erkennen. Für die europäische Ebene mag dies grundsätzlich zutreffen, jedoch kann dies auf Grund der ausdrücklich gesetzlich angeordneten Funktionstrennung in 105 Abs. 1 AktG, des Verbots der Übertragung von Geschäftsführungsmaßnahmen auf den Aufsichtsrat in § 111 Abs. 4 S. 1 AktG sowie die Zuweisung der Leitungsaufgaben an den Vorstand in § 76 Abs. 1 AktG de lege lata nicht für eine nationale Vorschrift gelten. Wie hier auch *Bürkle*, ZVersWiss 2012, 493 (506).

937 Hierzu oben Kapitel 2 A)V)2)a)aa). So auch *Hersch*, Anforderungen, S. 326.

938 So auch die Begründung des Regierungsentwurfs, BT-Drs. 18/2956, S. 240 sowie die BaFin in ihrer Erläuterung zur Vorbereitung auf Solvency II vgl. *BaFin*, Vorbereitung auf Solvency II: Prüfung der fachlichen Eignung und Zuverlässigkeit, abrufbar unter http://www.bafin.de/SharedDocs/Veroeffentlichungen/DE/Berichte/vorbereitung_solvency_II_02_fit_proper_va.html, Rn. 2 und nunmehr in der Auslegungsentscheidung zur Prüfung der fachlichen Eignung und Zuverlässigkeit vom 30. Dezember 2015, abrufbar unter http://www.bafin.de/SharedDocs/Downloads/DE/Auslegungsentscheidung/dl_ae_151230_fachliche_eignung_va.pdf, Rn. 9 und Rn. 16.

mit der aktuellen Fassung von § 24 Abs. 1 VAG nach. Der Zweck der Norm der Richtlinie, Aufsichtsratsmitglieder den Anforderungen an ihre Zuverlässigkeit und fachliche Eignung zu unterwerfen, wird durch die deutsche Norm erfüllt[939]. Ein Gebot, die Richtlinie wortlautgetreu umzusetzen, besteht nicht[940]. Eine etwaige unterschiedliche Auslegung des Begriffs Schlüsselaufgaben in anderen Normen des VAG steht diesem Verständnis nicht entgegen.

Ist damit die Anwendbarkeit der besonderen Anforderungen des § 24 Abs. 1 VAG auf Aufsichtsratsmitglieder geklärt, stellt sich die Frage, was konkret unter den Begriffen Zuverlässigkeit und fachliche Eignung zu verstehen ist. Auf Grund der Vollharmonisierung durch die Solvency II-Richtlinie sind die Begriffe richtlinienkonform und ohne Rückgriff auf das nationale Recht auszulegen[941]. Dabei muss das nationale Recht im Lichte des Wortlauts und des Zwecks der Richtlinie ausgelegt werden[942].

b) Zuverlässigkeit

Der Wortlaut des § 24 Abs. 1 VAG enthält keine näheren Anhaltspunkte, wann die Zuverlässigkeit gegeben sein soll. Die Begründung des Regierungsentwurfs zum Gesetz zur Modernisierung der Finanzaufsicht über Versicherungen enthält lediglich den Hinweis, dass in Bezug auf die persönliche Zuverlässigkeit alle Personen im Anwendungsbereich des § 24 VAG den gleichen Anforderungen unterliegen[943]. Der Proportionalitätsgrundsatz kommt demnach bei der

---

939 Trotz der sprachlichen Unklarheiten ebenfalls für die Anwendung der Zuverlässigkeits- und Qualifikationsanforderungen auf Aufsichtsratsmitglieder *Grote/Schaaf*, VersR 2012, 17 (22).

940 *Nettesheim*, in: GHN, Art. 288 AEUV, Rn. 120.

941 *Bürkle*, ZVersWiss 2012, 493 (513). Vgl. auch *Dreher*, VersR 2012, 1061 (1068) mit dem Beispiel der künftigen Nichtberücksichtigung der gewerberechtlichen Interpretation des Zuverlässigkeitsbegriffs.

942 Ständige Rechtsprechung des EuGH, vgl. *Ruffert*, in: Callies/Ruffert, EUV/AEUV, Art. 288 AEUV, Rn. 77 m.w.N. Zur Richtlinienkonformen Auslegung auch *Nettesheim*, in: GHN, Art. 288 AEUV, Rn. 133ff.

943 BT-Drs. 18/2956, S. 240. Ebenso der Explanatory Text der EIOPA zu den Leitlinien zum Governance System, deutsche Übersetzung abrufbar unter http://www.bafin.de/SharedDocs/Downloads/DE/Leitfaden/VA/dl_lf_solvency_erlaeuterung_governance.pdf, Ziff. 1.39. Siehe auch *BaFin*, Vorbereitung auf Solvency II: Prüfung der fachlichen Eignung und Zuverlässigkeit, abrufbar unter http://www.bafin.de/SharedDocs/Veroeffentlichungen/DE/Berichte/vorbereitung_solvency_II_02_fit_proper_va.html, Rn. 26, nunmehr Auslegungsentscheidung zur Prüfung der fachlichen Eignung und Zuverlässigkeit vom 30. Dezember 2015, abrufbar unter

Beurteilung der Zuverlässigkeit nicht zur Anwendung. Dies lässt vermuten, dass das es klare Vorgaben geben wird, wann ein Aufsichtsratsmitglied als zuverlässig angesehen werden kann.

In der Begründung des Regierungsentwurfs fällt auf, dass bereits von „persönlicher Zuverlässigkeit" gesprochen wird. Dies legt den Schluss nahe, dass das Zuverlässigkeitsmerkmal stärker personenbezogen auszulegen ist als nach der bisherigen gewerberechtlichen Interpretation.

Der Begriff „persönliche Zuverlässigkeit" findet sich auch in Art. 42 Abs. 1 lit. b) Solvency II. Er dient hier als Klammerzusatz der Beschreibung der Anforderung, dass die betroffenen Personen jederzeit zuverlässig und integer sein müssen. Das Merkmal der Integrität spricht hier ebenfalls für eine stärker personenbezogene Interpretation. Näher spezifiziert wird der Zuverlässigkeitsbegriff in der delegierten Verordnung auf Level 2 des Gesetzgebungsverfahrens. Hiernach soll eine Bewertung der Redlichkeit, sowie der Solidität der finanziellen Verhältnisse einer Person auf Grundlage von Nachweisen, die den Charakter, das persönliche Verhalten und das Geschäftsgebaren einer Person betreffen, einschließlich strafrechtlicher, finanzieller und aufsichtlicher Aspekte, die für die Zwecke der Beurteilung relevant sind, erfolgen[944]. Auch hier werden also die personenbezogenen Aspekte in den Fokus gerückt.

Ausgangspunkt der Beurteilung ist das frühere Verhalten einer Person, welches daraufhin überprüft werden soll, ob die Person möglicherweise nicht in der Lage ist, ihren Pflichten im Einklang mit den geltenden Regeln, Vorschriften und Leitlinien nachzukommen[945]. Hierzu soll auf Auszüge aus Strafregistern, Finanzunterlagen und das frühere Geschäftsgebaren zurückgegriffen werden[946].

Die Begriffe Redlichkeit und finanzielle Solidität sind für sich genommen zu unbestimmt, um daraus auf genaue Anforderungen zu schließen. Eine finanziell stabile Situation der Aufsichtsratsmitglieder soll Interessenkonflikten vorbeugen und vermeiden, dass Individualinteressen dem Unternehmensinteresse vorgezogen werden. Jedoch kann sich die Prüfung auch hier nur auf zugängliche Informationen beschränken. Denkbar ist daher zu prüfen, ob Insolvenzverfahren oder Verfahren auf Abgabe eidesstattlicher Versicherungen anhängig sind oder waren[947].

---

http://www.bafin.de/SharedDocs/Downloads/DE/Auslegungsentscheidung/dl_ae_151230_fachliche_eignung_va.pdf; Rn. 7. Kritisch *Dreher*, VersR, 2012, 1061 (1068).

944 Art. 273 Abs. 4 Delegierte VO (EU) 2015/35.

945 Erwägungsgrund 100 Delegierte VO (EU) 2015/35.

946 Erwägungsgrund 100 Delegierte VO (EU) 2015/35.

947 *Pohlmann*, in: Looschelders/Michael, S. 29 (S. 64f.).

Die Betonung strafrechtlicher Aspekte spricht dafür, Verurteilungen wegen Vermögens-, Eigentums- oder Insolvenzstraftaten in die Betrachtung einfließen zu lassen. Die Leitlinien der EIOPA auf Level 3 des Gesetzgebungsverfahrens weisen diesbezüglich darauf hin, dass zu berücksichtigen sei, dass die Dauer der Vorwerfbarkeit der strafbaren Handlung oder des sonstigen Verhaltens im Einklang mit dem nationalen Recht zu beurteilen sei[948]. Die Liste der für die Beurteilung relevanten Straftaten deckt sich dabei nicht mit den in § 76 Abs. 3 AktG aufgeführten Delikten, da Solvency II insoweit keine Einschränkung enthält und eine Beschränkung auf die in § 76 Abs. 3 AktG genannten Delikte ein Zurückbleiben hinter den unionsrechtlichen Vorgaben bedeuten würde[949].

Aufschlussreich ist die Erläuterung der EIOPA zu ihren Leitlinien zum Governance System[950]. Hiernach umfassen die relevanten strafbaren Handlungen alle Vergehen nach auf das Bank-, Finanz-, Wertpapier- oder Versicherungsgeschäft anwendbaren Gesetzen, sowie nach Gesetzen über Wertpapiermärkte, Wertpapiere oder Zahlungsinstrumente, wie Geldwäsche, Marktmanipulationen, Insiderhandel, Wucher, Betrug und Finanzstraftaten und ferner strafbare Handlungen nach gesellschafts-, insolvenz- und verbraucherschutzrechtlichen Vorschriften[951]. Relevant können aber auch andere Straftaten sein, da sie zur Beurteilung der Integrität einer Person hilfreich sein können[952]. Daneben sollen auch tätigkeitsbezogene disziplinar- oder verwaltungsrechtliche Verstöße, sowie

---

948 EIOPA-BoS-14/253 DE, Leitlinien zum Governance System, Leitlinie 12 (Ziff. 1.44). Die BaFin hat erklärt, die EIOPA-Leitlinien diesbezüglich zu befolgen, sodass sie Einzug in die nationale Aufsichtspraxis halten. Vgl. *Compliance Table*, abrufbar unter https://eiopa.europa.eu/publications/eiopa-guidelines/guidelines-on-system-of-governance-solvency-ii.

949 Bereits nach altem Recht wurde die Heranziehung von § 76 Abs. 3 AktG abgelehnt, da die Zuverlässigkeit nach § 7a Abs. 4 VAG nach gewerberechtlichen Grundsätzen zu beurteilen war und somit einen vom AktG abweichenden Regelungsgegenstand hatte, vgl. *Hersch*, Anforderungen, S. 171.

950 Explanatory Text der EIOPA zu den Leitlinien zum Governance System, deutsche Übersetzung abrufbar unter http://www.bafin.de/SharedDocs/Downloads/DE/Leitfaden/VA/dl_lf_solvency_erlaeuterung_governance. pdf. Nach Art und Umfang ähnelt die Erläuterung der EIOPA hinsichtlich den Anforderungen an die Zuverlässigkeit den EBA Leitlinien zur Beurteilung der Eignung von Mitgliedern des Leitungsorgans und von Inhabern von Schlüsselfunktionen, hierzu oben Kapitel 3 D)I)2)b).

951 Explanatory Text der EIOPA zu den Leitlinien zum Governance System (Fn. 938), Rn. 1.32.

952 Explanatory Text der EIOPA zu den Leitlinien zum Governance System (Fn. 938), Rn. 1.33.

laufende Ermittlungen, Zwangsmaßnahmen oder Sanktionen wegen der Nichteinhaltung branchenspezifischer Vorschriften von Bedeutung sein[953]. Letztlich muss eine Gesamtbetrachtung erfolgen, bei der die genannten Aspekte in das Ergebnis einfließen[954]. Allein das Vorliegen solcher Hinweise führt nicht automatisch zur Unzuverlässigeit. Die Erläuterungen der EIOPA zeigen jedoch, dass der Kreis möglicher Hinweise für eine Unzuverlässigkeit sehr weit zu ziehen ist und deshalb eine umfassende individuelle Prüfung und Abwägung erfolgen muss[955].

Im Hinblick auf mögliche Ausstrahlungen bleibt zu berücksichtigen, dass bei der Beurteilung der Zuverlässigkeit nach dem VAG in erster Linie auf die Berücksichtigung von Verstößen gegen branchenspezifische Vorschriften abgestellt wird[956].

c) *Fachliche Eignung*

Neben der Zuverlässigkeit verlangt § 24 Abs. 1 S. 1 VAG die fachliche Eignung der Personen, die ein Versicherungsunternehmen tatsächlich leiten oder andere Schlüsselaufgaben wahrnehmen. Nach der hier vertretenen Einordnung sind damit auch Aufsichtsratsmitglieder erfasst[957]. Anders als beim Zuverlässigkeitserfordernis spezifiziert das Gesetz hier selbst näher was unter fachlicher Eignung zu verstehen ist. Im Einklang mit dem Wortlaut der Solvency II-Richtlinie setzt fachliche Eignung berufliche Qualifikationen, Kenntnisse und Erfahrungen voraus, die eine solide und umsichtige Leitung des Unternehmens gewährleisten, was angemessene theoretische und praktische Kenntnisse in Versicherungsgeschäften erfordert[958]. Die delegierte Verordnung spezifiziert dies weiter und verlangt von Versicherungsunternehmen, dass sie gewährleisten, dass sowohl die Mitglieder des Aufsichtsrats in ihrer Gesamtheit über die Qualifikationen, Kompetenzen, Fähigkeiten und Berufserfahrung in den relevanten Geschäftsbereichen verfügen, die erforderlich sind, um das Unternehmen effektiv und professionell

953 Explanatory Text der EIOPA zu den Leitlinien zum Governance System (Fn. 938), Rn. 1.34 – 1.36.

954 Explanatory Text der EIOPA zu den Leitlinien zum Governance System (Fn. 938), Rn. 1.37

955 Kritisch in Bezug auf die weitgehende Einbeziehung privater Verhältnisse bereits *Dreher* VersR 2012, 1061 (1067f.).

956 Ebenso bei der Beurteilung der Zuverlässigkeit nach dem KWG, dazu oben Kapitel 3 D)I)2).

957 Oben Kapitel 3 D)II)2)a).

958 § 24 Abs. 1 S. 2, 3 VAG.

zu leiten und zu überwachen, als auch dass jedes Aufsichtsratsmitglied individuell über die Qualifikationen, Kompetenzen, Fähigkeiten und Berufserfahrung verfügt, die es zur Erfüllung der ihm übertragenen Aufgaben benötigt[959]. Bei der Beurteilung der fachlichen Qualifikation einer Person soll grundsätzlich eine Bewertung ihrer beruflichen und formalen Qualifikationen, Kenntnisse und einschlägigen Erfahrung im Versicherungssektor, anderen Finanzsektoren oder anderen Unternehmen, wobei die der betreffenden Person jeweils übertragenen Aufgaben und, soweit relevant, die Qualifikationen der Person auf den Gebieten Versicherung, Finanzen, Rechnungslegung, Versicherungsmathematik und Management zu berücksichtigen sind, erfolgen[960].

Die Begründung zum Regierungsentwurf verweist darauf, dass sich für Aufsichtsratsmitglieder trotz des Abstellens auf die fachliche Eignung, statt wie bisher in § 7a Abs. 4 VAG a.F. auf die Sachkunde, keine geänderten Anforderungen ergeben[961]. Dies würde bedeuten, dass die jetzige Form der fachlichen Eignung mit der früheren Sachkunde gleichgesetzt werden kann. § 24 Abs. 1 VAG fordert fachliche Eignung sowohl von Geschäftsleitern als auch von Aufsichtsratsmitgliedern, sodass insofern begrifflich nicht mehr unterschieden wird. Da keine Absicht des Gesetzgebers erkennbar ist, die Anforderungen an Geschäftsleiter auf das Niveau der bislang für Aufsichtsratsmitglieder geltenden Sachkunde abzusenken, muss der Begriff fachliche Eignung in § 24 Abs. 1 S. 1 VAG für Geschäftsleiter und Aufsichtsratsmitglieder unterschiedlich ausgelegt werden[962].

Inhaltlich überrascht die Aussage der Regierungsbegründung insofern, als nach bisherigem Recht die erforderliche Sachkunde nicht unmittelbar bei Amtsantritt vorliegen musste sondern binnen sechs Monaten erworben werden konnte[963]. Zwar sieht auch § 24 Abs. 1 VAG keinen zeitlichen Bezugspunkt für das Vorliegen der fachlichen Eignung vor. Der eindeutige Wortlaut von Art. 42 Abs. 1 Solvency II sowie von Art. 273 Abs. 1 der Durchführungsverordnung[964] wonach die dort aufgeführten Anforderungen jederzeit erfüllt sein müssen, zwingt jedoch zu einer richtlinienkonformen Auslegung[965]. Insofern

959 Art. 258 Abs. 1 lit. c) und d) Delegierte VO (EU) 2015/35.

960 Art. 273 Abs. 2 Delegierte VO (EU) 2015/35.

961 Hierzu bereits oben Kapitel 3 D)II)2)a).

962 *Grote/Schaaf*, VersR 2012, 17 (22).

963 BT-Drs. 16/13684, S. 29; *BaFin*, Merkblatt zur Kontrolle der Mitglieder von Verwaltungs- und Aufsichtsorganen gemäß VAG, S. 12f.

964 Delegierte VO (EU) 2015/35.

965 *Pohlmann*, in: Looschelders/Michael, S. 29 (S. 69) hält die Regelung in § 25 VAG wegen des Verzichts auf jederzeitige Qualifikation und Zuverlässigkeit sogar für nicht mit dem EU-Recht vereinbar. Dem ist entgegenzuhalten, dass der Gesetzgeber nicht

überraschend ist auch die Auslegungsentscheidung der BaFin, welche noch immer im Einzelfall eine von der Verantwortung der Person für das Unternehmen abhängige Einarbeitungszeit für möglich hält[966]. Jedoch bezieht sich diese offenbar lediglich auf das allgemeine Geschäfts-, Wirtschafts- und Marktumfeld, in dem das Unternehmen tätig ist und damit auf die besonderen Umstände des jeweiligen Unternehmens, nicht jedoch auf die fachliche Eignung als solche und damit nicht auf die aktienrechtliche Mindestqualifikation. Überdies hat eine von der BaFin eingeräumte Karenzzeit keine Auswirkungen auf das aktienrechtliche Haftungsregime.

Deutlicher werden die Aussagen der Regierungsbegründung durch den Verweis auf den Proportionalitätsgrundsatz, wonach es keine absoluten Anforderungen gebe, sondern diese nach den Umständen des Einzelfalls zu beurteilen seien[967]. So richten sich die konkreten Anforderungen an die fachliche Eignung nach der jeweiligen Schlüsselaufgabe und den Zuständigkeiten einer Person im Rahmen ihrer Erfüllung. Diese Spezifizierung des Kriteriums findet sich auch in der delegierten Durchführungsverordnung. Danach sind die jeweils übertragenen Aufgaben zu berücksichtigen, um eine angemessene Vielfalt der Qualifikationen, Kenntnisse und Erfahrungen zu gewährleisten und sicherzustellen, dass das Unternehmen professionell geführt und überwacht wird[968]. Ähnlich äußert sich ferner die EIOPA in ihren auf Level 3 erlassenen Leitlinien[969].

Darüber hinaus fordert die EIOPA im Rahmen der fachlichen Eignung, dass die Mitglieder des Aufsichtsrats in ihrer Gesamtheit über angemessene Qualifikationen, Erfahrungen und Kenntnisse zumindest in den Bereichen Versicherungs- und Finanzmärkte, Geschäftsstrategie und Geschäftsmodell, Governance-System, Finanzanalyse und versicherungsmathematische Analyse sowie regulatorischer Rahmen und regulatorische Anforderungen verfügen[970].

---

ausdrücklich auf das jederzeitige Vorliegen der Anforderungen verzichtet sondern den Zeitpunkt schlicht nicht regelt. Im Wege der richtlinienkonformen Auslegung lässt sich jedoch ein eindeutiges Ergebnis ermitteln.

966 Auslegungsentscheidung zur Prüfung der fachlichen Eignung und Zuverlässigkeit vom 30. Dezember 2015 (Fn. 931), Rn. 25.

967 BT-Drs. 18/2956, S. 240.

968 Art. 273 Abs. 3 Delegierte VO (EU) 2015, 35.

969 EIOPA-BoS-14/253 DE, Leitlinien zum Governance System, Leitlinie 11 (Ziff. 1.42).

970 EIOPA-BoS-14/253 DE, Leitlinien zum Governance System, Leitlinie 11 (Ziff. 1.43). Missverständlich insofern die Auslegungsentscheidung zur Prüfung der fachlichen Eignung und Zuverlässigkeit der BaFin vom 30. Dezember 2015 (Fn. 931), Rn. 26ff., welche die einzelnen Bereiche nur im Zusammenhang mit der fachlichen Eignung der Geschäftsleitung aufführt und von Aufsichtsratsmitgliedern verlangt, dass diese

Damit werden zwei Dinge deutlich: Zum einen wird durch die Betonung der Angemessenheit die Geltung des Proportionalitätsgrundsatzes verdeutlicht[971]. Was angemessen ist kann für Aufsichtsratsmitglieder und Geschäftsleiter unterschiedlich zu beurteilen sein. Während die Geschäftsleiter dazu in der Lage sein müssen, in allen Bereichen eigenverantwortlich operative Entscheidungen zu treffen, sind für den Aufsichtsrat Grundkenntnisse und vor allem ein Verständnis der Materie erforderlich um eine professionelle Überwachung zu gewährleisten. Zum anderen wird die Unterscheidung zwischen Gesamt- und Individualqualifikation deutlich. Daher muss nicht jedes Aufsichtsratsmitglied über Qualifikationen, Erfahrungen und Kenntnisse auf allen genannten Gebieten verfügen, solange die zur Überwachung der Geschäftsleitung hinsichtlich aller genannten Bereiche erforderlichen Qualifikationen, Erfahrungen und Kenntnisse im Aufsichtsrat insgesamt vorhanden sind. Insofern besteht tatsächlich kein Unterschied zur bisherigen Rechtslage.

Hingegen ist damit auch gesagt, dass die Kenntnisse und Erfahrungen der jeweils anderen Organmitglieder nicht die eigene angemessene fachliche Eignung ersetzen[972]. Vielmehr muss jedes Mitglied seinen Teil zur Erfüllung der Gesamtqualifikation beitragen.

Ferner fordert die EIOPA hinsichtlich der Bewertung von Vermögenswerten und Verbindlichkeiten, dass unter anderem das Aufsichtsorgan ein Gesamtverständnis der Bewertungskonzepte und der mit dem Bewertungsprozess verbundenen Unsicherheiten nachweisen kann, das eine ordnungsgemäße Überwachung des Risikomanagementprozesses in Zusammenhang mit der Bewertung ermöglicht[973].

Inhaltlich bedeutet „Qualifikationen, Erfahrungen und Kenntnisse im Bereich Versicherungs- und Finanzmärkte", dass Aufsichtsratsmitglieder die aktuellen Entwicklungen und Tendenzen der Märkte verfolgen müssen. Dazu gehören

---

über die erforderlichen Kenntnisse, Fähigkeiten und Erfahrungen verfügen um ihrer Kontrollfunktion gerecht zu werden. Inhaltlich dürfte sich hierdurch jedoch kein Unterschied ergeben.

971 So auch die BaFin in ihrer Auslegungsentscheidung zur Prüfung der fachlichen Eignung und Zuverlässigkeit vom 30. Dezember 2015 (Fn. 931),Rn. 4ff.

972 *BaFin*, Vorbereitung auf Solvency II: Prüfung der fachlichen Eignung und Zuverlässigkeit, Rn. 25, abrufbar unter http://www.bafin.de/SharedDocs/Veroeffentlichungen/DE/Berichte/vorbereitung_solvency_II_02_fit_ proper_va.html. Nunmehr auch die Auslegungsentscheidung zur Prüfung der fachlichen Eignung und Zuverlässigkeit vom 30. Dezember 2015 (Fn. 931), Rn. 30.

973 EIOPA-BoS-14/253 DE, Leitlinien zum Governance System, Leitlinie 56 (Ziff. 1.109).

ferner ein Verständnis des allgemeinen Geschäfts-, Wirtschafts- und Marktumfelds, in dem das Unternehmen tätig ist, sowie Wissen um den Kenntnisstand und die Bedürfnisse der Versicherungsnehmer[974]. Relevant können diese Fähigkeiten bei der Beratung der Geschäftsleitung bezüglich der Strategie und Ausrichtung des Unternehmens sein. Dennoch handelt es sich hierbei auf Grund der Bedeutung des Marktgeschehens für operative Entscheidungen eher um einen für die Qualifikation der Geschäftsleiter relevanten Aspekt.

Ähnlich verhält es sich mit der Geschäftsstrategie und dem Geschäftsmodell. Mitglieder des Aufsichtsrats müssen wissen, welche Strategie und welches Geschäftsmodell das Unternehmen verfolgt[975]. Sie müssen ferner über ein Verständnis für Veränderungen der Strategie und deren Auswirkungen auf das Unternehmen verfügen um den Vorstand in dieser Hinsicht beraten zu können. Die hierzu erforderlichen Informationen über die Strategie und das Geschäftsmodell erhalten sie im Rahmen der Berichterstattung des Vorstands[976]. Insofern bestehen hier keine Besonderheiten gegenüber Unternehmen anderer Branchen.

Qualifikationen, Erfahrungen und Kenntnisse im Bereich Governance-System sind für Aufsichtsratsmitglieder in mehrfacher Hinsicht von Bedeutung. Zum einen müssen sie ihre eigene Rolle im Governance-System kennen. Dazu gehören die anwendbaren Rechtsvorschriften, sowie Organisation und Aufbau der Governance-Struktur. Ferner müssen sie mit den Aufgaben und Zuständigkeitsbereichen des Vorstands, sowie der Inhaber der Schlüsselfunktionen vertraut sein. Darüber hinaus müssen sie in der Lage sein, die Wirksamkeit der Vorkehrungen des Unternehmens zu bewerten, eine wirksame Governance und Beaufsichtigung, sowie wirksame Kontrollen in der Geschäftstätigkeit bereitzustellen und Änderungen in diesen Bereichen zu beaufsichtigen[977].

Der Bereich Finanzanalyse und versicherungsmathematische Analyse betrifft den Aufsichtsrat insofern, als die Fähigkeit, die Finanz- und versicherung-

---

974 Explanatory Text der EIOPA zu den Leitlinien zum Governance System, deutsche Übersetzung abrufbar unter http://www.bafin.de/SharedDocs/Downloads/DE/Leitfaden/VA/dl_lf_solvency_erlaeuterung_governance. pdf. Ziff. 1.27.

975 Explanatory Text der EIOPA zu den Leitlinien zum Governance System (Fn. 962), Ziff. 1.28.

976 Zur Vorstandsberichterstattung an den Aufsichtsrat bereits oben Kapitel 2 A)V)2)a)cc)(1). Dies gilt unmittelbar für Unternehmen in der Rechtsform der Aktiengesellschaft. Auf Versicherungsvereine auf Gegenseitigkeit ist § 90 AktG gemäß § 188 Abs. 1 S. 2 VAG entsprechend anwendbar.

977 Explanatory Text der EIOPA zu den Leitlinien zum Governance System (Fn. 962), Ziff. 1.29.

smathematischen Informationen des Unternehmens zu interpretieren, Schlüsselthemen zu identifizieren, angemessene Kontrollen einzurichten und auf Grundlage dieser Informationen die notwendigen Schritte zu unternehmen[978], erforderlich sind, um die Vorstandsarbeit sachgerecht und professionell beurteilen und überwachen zu können. Sie sind Voraussetzung für das Verstehen und Auswerten der Berichte des Vorstands. Da sich die Rolle des Aufsichtsrats aber auf die Überwachung beschränkt, kann nicht eine mit der von Geschäftsleitern verlangten vergleichbare Qualifikation gefordert werden. Insbesondere ein versicherungswirtschaftliches Studium ist nicht erforderlich.

Auch der regulatorische Rahmen bzw. die regulatorischen Anforderungen sind in mehrfacher Hinsicht relevant. Aufsichtsratsmitglieder müssen zunächst wissen, welche Anforderungen das Aufsichtsrecht an sie selbst stellt. Hierzu gehören die Anforderungen an Qualifikation und Zuverlässigkeit, ebenso wie die Hinderungsgründe. Ferner sind aber auch die Anforderungen des Aufsichtsrechts an die Unternehmensorganisation, insbesondere das Governance-System von Bedeutung. Hierzu gehört auch die Fähigkeit, auf Änderungen des regulatorischen Rahmens zu reagieren[979]. Schließlich muss der Aufsichtsrat in der Lage sein, die Einhaltung der besonderen Solvabilitätsvorschriften durch den Vorstand zu überwachen.

Insgesamt tragen die Anforderungen an die fachliche Eignung der gestiegenen Verantwortlichkeiten des Aufsichtsrats in Versicherungsunternehmen Rechnung. An verschiedenen Stellen wird eine professionelle Überwachung betont. Damit gehen die Anforderungen über die Hertie-Grundsätze hinaus, da von jedem Mitglied mehr erwartet wird als lediglich die Geschäftsabläufe zu verstehen. Die Betonung des Proportionalitätsgrundsatzes und der Hinweis auf die jeweils übertragenen Aufgaben sorgen dafür, dass bezüglich der Anforderungen eine Abgrenzung zum Vorstand möglich bleibt.

d) Zeitliche Verfügbarkeit

Die zeitliche Verfügbarkeit der Aufsichtsratsmitglieder spricht § 24 VAG nur mittelbar in Abs. 4 an und bestimmt, dass dem Aufsichtsrat höchstens zwei ehemalige Geschäftsleiter angehören und Aufsichtsratsmitglieder höchstens fünf Kontrollmandate bei durch die BaFin beaufsichtigten Unternehmen gleichzeitig

978 Explanatory Text der EIOPA zu den Leitlinien zum Governance System (Fn. 962), Ziff. 1.30.

979 Explanatory Text der EIOPA zu den Leitlinien zum Governance System (Fn. 962), Ziff. 1.31.

ausüben dürfen, wobei jedoch ein Gruppenprivileg besteht. Ein grundsätzliches Erfordernis eines ausreichenden Zeiteinsatzes findet sich im VAG nicht.

III) Anforderungen des KAGB

Vorschriften hinsichtlich der Qualifikation von Aufsichtsratsmitgliedern finden sich auch im Kapitalanlagegesetzbuch. Diese erstrecken sich auf die Bereiche Sachkunde und persönliche Eignung, sowie Unabhängigkeit.

1) Sachkunde und persönliche Eignung

Gemäß § 18 Abs. 4 S. 1 KAGB sollen die Mitglieder des Aufsichtsrats oder eines Beirats von externen Kapitalverwaltungsgesellschaften ihrer Persönlichkeit und ihrer Sachkunde nach die Wahrung der Interessen der Anleger gewährleisten. Die Regelung wurde mit dem Inkrafttreten des KAGB im Juli 2013 eingefügt, entspricht jedoch mit Ausnahme des klarstellenden Verweises auf den Beirat der Vorgängerregelung in § 6 Abs. 3 S. 1 InvG, welche in Anlehnung an die entsprechenden Vorschriften des KWG geschaffen wurde[980]. Auch wenn der Wortlaut mit dem Begriff „sollen" den Anschein erweckt, Sachkunde und persönliche Eignung müssten nicht zwingend vorliegen, wird in der Literatur stets von einer zwingenden Vorschrift ausgegangen[981].

Die erforderliche Sachkunde soll regelmäßig vorliegen, wenn das Mitglied eine dreijährige Berufserfahrung im Bereich des Bank- und Börsenwesens oder des Investmentsgeschäfts, die vorrangig praktische Kenntnisse vermittelt hat, vorweisen kann[982]. Dies macht deutlich, dass im Zentrum des Sachkundebegriffs praktische Erfahrungen und nicht lediglich theoretische, in Fortbildungen erworbene Kenntnisse stehen.

Mit Persönlichkeit meint das Gesetz die charakterliche Eignung einer Person[983]. Sie wird grundsätzlich vermutet, sofern keine Tatsachen vorliegen, die an der Geeignetheit Zweifel aufkommen lassen. Sie kann aber widerlegt werden,

---

980 *Winterhalder*, in: WBA, KAGB, § 18, Rn. 24.

981 Vgl. *Simons*, in: Hölters, AktG, § 100, Rn. 14; *Winterhalder*, in: WBA, KAGB, § 18, Rn. 26. So auch für die Vorgängerregelung in § 6 Abs. 3 S. 1 InvG *Steck/Gringel*, in: BSL, InvG, § 6, Rn. 26.

982 *Winterhalder*, in: WBA, KAGB, § 18, Rn. 26. Für die Vorgängerregelung in § 6 Abs. 3 S. 1 InvG auch *Steck/Gringel*, in: BSL, InvG, § 6, Rn. 28. Kritisch *Zetzsche*, AG 2013, 613 (620).

983 *Winterhalder*, in; WBA, KAGB, § 18, Rn. 25. Für die Vorgängerregelung in § 6 Abs. 3 S. 1 InvG auch *Steck/Gringel*, in: BSL, InvG, § 6, Rn. 27.

etwa durch eine Verurteilung wegen Eigentums- oder Vermögensdelikten[984]. Inhaltlich ähnelt das Erfordernis der persönlichen Eignung somit dem in KWG und VAG verwendeten Zuverlässigkeitsbegriff[985].

Gemäß § 18 Abs. 5 KAGB gelten die genannten Anforderungen nicht für Arbeitnehmervertreter im Aufsichtsrat. Dennoch sind auch sie als Aufsichtsratsmitglieder mittelbar an die Anlegerinteressen gebunden[986]. Überdies haben Kapitalverwaltungsgesellschaften üblicherweise weniger als 500 Arbeitnehmer, sodass sie die Grenze für die Anwendbarkeit des DrittelbG meist nicht überschreiten[987].

Ähnliche Regelungen finden sich in § 119 Abs. 3 S. 1 KAGB für Investmentaktiengesellschaften mit veränderlichem Kapital sowie in § 147 Abs. 3 S. 1 KAGB für Investmentaktiengesellschaften mit fixem Kapital. Im Unterschied zu § 18 Abs. 3 S. 1 KAGB ist hier der Wortlaut bezüglich der Verbindlichkeit der Anforderungen durch die Verwendung des Begriffs „müssen" eindeutig. Sachkunde bedeutet hier, dass der Aufsichtsrat in der Lage sein muss, Geschäftsabläufe und -aktivitäten in der Investmentaktiengesellschaft nachzuvollziehen und zu würdigen, sowie die Vorstandsberichte zu würdigen und zu bewerten[988]. Auch diese Regelungen finden gemäß § 119 Abs. 3 S. 4 KAGB bzw. § 147 Abs. 3 S. 4 KAGB auf Arbeitnehmervertreter keine Anwendung.

2) *Unabhängigkeit*

Neben der Sachkunde und der persönlichen Eignung fordert das KAGB die Wahl eines unabhängigen Aufsichtsratsmitglieds durch die Hauptversammlung. Eine diesbezügliche Regelung findet sich sowohl für externe Kapitalverwaltungsgesellschaften[989] als auch für Investmentaktiengesellschaften mit veränderlichem Kapital[990], wie auch für solche mit fixem Kapital[991]. Dabei muss das Aufsichtsratsmitglied unabhängig von den Aktionären, den mit ihnen verbundenen Unternehmen und den Geschäftspartnern der Gesellschaft sein.

---

984 *Winterhalder*, in; WBA, KAGB, § 18, Rn. 25. Für die Vorgängerregelung in § 6 Abs. 3 S. 1 InvG auch *Steck/Gringel*, in: BSL, InvG, § 6, Rn. 27.

985 Vgl. zur Vorgängerregelung in § 6 Abs. 3 S. 1 InvG *Steck/Gringel*, in: BSL, InvG, § 6, Rn. 27.

986 Vgl. *Winterhalder*, in: WBA, KAGB, § 18, Rn. 29.

987 *Winterhalder*, in: WBA, KAGB, § 18, Rn. 29.

988 *Lorenz*, in: WBA, KAGB, § 119, Rn. 12.

989 § 18 Abs. 3 S. 1 KAGB.

990 § 119 Abs. 3 S. 2 i.V.m. § 18 Abs. 3 S. 1 KAGB.

991 § 147 Abs. 3 S. 2 i.V.m. § 18 Abs. 3 S. 1 KAGB.

Die hier angesprochene Unabhängigkeit ist primär als wirtschaftliche Unabhängigkeit zu verstehen[992]. Diese liegt regelmäßig vor, wenn die Einnahmen des Aufsichtsratsmitgliedes aus seiner Tätigkeit für einen Aktionär, ein mit ihm verbundenes Unternehmen oder einen Geschäftspartner der Gesellschaft in den letzten vier Jahren vor seiner Bestellung durchschnittlich höchstens 30 Prozent seiner Gesamteinnahmen darstellen[993]. Daneben kann die Unabhängigkeit aber auch durch persönliche oder verwandtschaftliche Beziehungen gefährdet sein[994].

Das Unabhängigkeitserfordernis gilt hingegen nicht für Mitglieder des Aufsichtsrats von externen Kapitalverwaltungsgesellschaften, die ausschließlich Spezial-AIF verwalten, da in solche gemäß § 1 Abs. 6 KAGB nur (semi-) professionelle Anleger investiert sind, bei denen nicht im selben Maße ein Schutzbedürfnis besteht wie bei Privatanlegern[995].

IV) Grünbuch der EU-Kommission

Die Verbesserung der Aufsichtsratsarbeit durch eine Professionalisierung steht nicht erst seit der Finanzkrise und nicht ausschließlich im Hinblick auf Banken und Versicherungen auf der Agenda der EU-Kommission[996]. Branchenspezifisch mit Unternehmen der Finanzbranche befasst sich das Grünbuch Corporate Governance in Finanzinstituten und Vergütungspolitik aus dem Jahr 2010[997]. Darin wird festgestellt, dass die Aufsichtsräte oftmals weder die Art noch den Umfang der Risiken verstanden haben, mit denen sie konfrontiert waren und dass das Fehlen wirksamer Kontrollmechanismen wesentlich dazu beigetragen hat, dass Finanzinstitute überhöhte Risiken eingegangen sind[998]. Insbesondere haben Aufsichtsratsmitglieder weder die notwendigen Ressourcen noch die notwendige Zeit zur Wahrnehmung ihrer Aufgaben aufgewandt und waren mangels technischer Sachkenntnis und/oder ausreichenden Durchsetzungsvermögens

---

992 *Winterhalder*, in: WBA, KAGB, § 18, Rn. 21. So auch die Gesetzesbegründung zur Vorgängerregelung in § 6 Abs. 2a InvG, BT-Drs. 16/5576, S. 60.

993 BT-Drs. 16/5576, S. 60. Nach der Begründung zum KAGB entspricht § 18 Abs. 3 KAGB dem früheren § 6 Abs. 2a InvG, weshalb auf dessen Begründung verwiesen werden kann.

994 Vgl. *Winterhalder*, in: WBA, KAGB, § 18, Rn. 21.

995 *Winterhalder*, in: WBA, KAGB, § 18, Rn. 23.

996 Hierzu bereits oben Kapitel 2 C).

997 Corporate Governance in Finanzinstituten und Vergütungspolitik vom 2.6.2010, KOM(2010) 284 endg. (Im Folgenden „Grünbuch 2010“).

998 Grünbuch 2010, S. 2.

nicht in der Lage, die Geschäftspolitik gegenüber einem oftmals omnipräsenten und teils autoritären Vorstand anzufechten oder zumindest zu hinterfragen[999].

Als Lösungsansätze werden unter anderem eine Steigerung der fachlichen Kompetenz, sowie eine Begrenzung der Anzahl der Mandate zur Gewährung eines ausreichenden Zeiteinsatzes vorgeschlagen[1000]. Überdies wird überlegt, den Interessen anderer Beteiligter als der Aktionäre, insbesondere der Einleger und Gläubiger stärker Rechnung zu tragen[1001].

---

999 Grünbuch 2010, S. 7.
1000 Grünbuch 2010, S. 12ff.
1001 Grünbuch 2010, S. 12f.

Kapitel 4 Dogmatik und Methodik der Ausstrahlung

Nachdem geklärt ist, welche Anforderungen das Aktienrecht in Form des Aktiengesetzes und der Empfehlungen des DCGK an Aufsichtsratsmitglieder stellt und beleuchtet wurde, welche branchenspezifischen Regelungen es bezüglich der Qualifikation von Aufsichtsratsmitgliedern gibt, soll zunächst erörtert werden, was unter einer Ausstrahlung zu verstehen ist und welche Voraussetzungen erfüllt sein müssen, um von Ausstrahlungen sprechen zu können.

A) Der Begriff der Ausstrahlung

Der Begriff Ausstrahlung oder Ausstrahlungswirkung bedarf zunächst einer Präzisierung. Zwar wird er an zahlreichen Stellen in der Rechtswissenschaft benutzt[1002], eine einheitliche Bedeutung kann ihm dabei jedoch auf den ersten Blick nicht zugesprochen werden. Vielmehr handelt es sich um einen methodisch schillernden Begriff[1003], der lediglich eine bildhafte Wendung aus der Umgangssprache darstellt und entsprechend vage ist[1004].

Die Ausstrahlung ist ferner bislang kein Instrument der anerkannten juristischen Methodenlehre[1005], auch wenn sie durchaus Ähnlichkeiten und Berührungspunkte mit solchen Instrumenten aufweist. In der Literatur wurde daher die Frage gestellt, ob es der Ausstrahlung methodisch überhaupt bedürfe oder ob nicht die diskutierten Problemkreise mit den hergebrachten rechtsmethodischen Mitteln zu lösen seien[1006].

Darüber hinaus wird der Begriff in der Literatur uneinheitlich verwendet[1007]. Teilweise werden Ausstrahlungswirkungen unter der allgemeinen Prämisse des Rückgriffs auf spezielle Regelungen bei der Anwendung allgemeiner Regelungen

---

1002 Dazu unten Kapitel 4 A)II).

1003 Vgl. *Fleischer*, NZG 2014, 321 (325).

1004 Vgl. *Canaris*, Grundrechte und Privatrecht, S. 30.

1005 Vgl. *AKIEÜ*, Der Betrieb 2016, 1118; *Claussen/Korth*, in: FS-Lutter, S. 327 (S. 338); *Dreher*, ZGR 2010, 496 (501); *Klöhn*, Abfindungsansprüche, S. 60f.; *Leinekugel*, Ausstrahlungswirkungen, S. 3.

1006 Vgl. für den Bereich des Umwandlungsrechts *Hörtnagl*, in: Schmitt/Hörtnagl/Stratz, § 1 UmwG, Rn. 69; Zweifelnd in diesem Zusammenhang auch *Klöhn*, Abfindungsansprüche, S. 62 mit Verweis auf *Wiedemann*, ZGR 1999, 857 (863).

1007 Ein Überblick über denkbare methodische Einordnungen der Ausstrahlung findet sich bei *AKIEÜ*, Der Betrieb 2016, 1118.

diskutiert[1008]. Andere sprechen von einer Ausstrahlung, wenn allgemeine Rechtsbegriffe oder Normen im Lichte spezieller Normen ausgelegt, interpretiert und konkretisiert werden[1009]. Ferner ist von Ausstrahlungen die Rede, wenn die Rechtsgedanken oder Wertungen, die hinter einer Norm stehen, bei der Auslegung anderer Normen herangezogen werden[1010]. Schließlich wird auch die Konkretisierung zivilrechtlicher (vor-)vertraglicher Pflichten durch eine Heranziehung des Inhalts spezialgesetzlicher Pflichten als Ausstrahlung bezeichnet[1011]. An anderer Stelle wird Ausstrahlung als als normative oder nicht-normative Anwendung bzw. Befolgung von Spezialregelungen außerhalb ihres eigentlichen Anwendungsbereichs sowohl durch Regelsetzer (Gesetzgeber, normsetzende Behörden) als auch durch Regelanwender (etwa Gerichte) und insb. auch durch die Regelunterworfenen (Unternehmen) selbst, definiert[1012]. Damit sei bereits an dieser Stelle vorweggenommen, dass von einem einheitlichen Begriffsverständnis nicht die Rede sein kann. Ein Grund dafür ist die bislang nicht hinreichend vorgenommene rechtsmethodische Einordnung des Phänomens der Ausstrahlung.

Im diesem Kapitel soll untersucht werden, ob sich der Begriff Ausstrahlung rechtsmethodisch einordnen und somit präzisieren lässt. Eine kurze allgemeine methodische Einordnung nimmt ersichtlich bislang nur *Dreher* vor, der dabei jedoch den Blick speziell auf die Ausstrahlung des Aufsichtsrechts auf das allgemeine Aktienrecht richtet[1013]. Hier soll der Begriff der Ausstrahlungswirkung zunächst als rechtsmethodisches Phänomen im Allgemeinen untersucht werden.

1008 Vgl. *Konopatzki*, Funktionsauslagerung, S. 294 für den Rückgriff auf das spezielle Aufsichtsrecht bei der Anwendung des Aktienrechts; *Tröger*, ZIP 2001, 2029 (2033) im Bezug auf die Heranziehung der Verfahrensregeln des UmwG bei in ihren wirtschaftlichen Folgen vergleichbaren Sachverhalten außerhalb des UmwG.

1009 Vgl. *Leyens/Schmidt*, AG 2013, 533 (533); *Konopatzki*, Funktionsauslagerung, S. 295; *Priester*, ZHR 163 (1999), 187 (197).

1010 Vgl. *Dreher*, ZGR 2010, 496 (505); *Joost*, ZHR 163 (1999), 164 (165); *Klöhn*, Abfindungsansprüche, S. 61; *Weber-Rey*, ZGR 2010, 543 (565f.).

1011 *Rothenhöfer*, in: Perspektiven, S. 70ff.

1012 *AKIEÜ*, Der Betrieb 2016, 1118.

1013 *Dreher*, ZGR 2010, 496 (501ff.); vgl. auch *Konopatzki*, Funktionsauslagerung, S. 295ff., der jedoch unter der Überschrift der methodischen Begründung vor allem das „Ob“ einer Ausstrahlungswirkung des Aufsichts- auf das Aktienrecht sowie deren Legitimation untersucht; vgl. auch *Schnorbus*, Gestaltungsfreiheit, S. 78ff., der jedoch Ausstrahlung mit Rechtsfortbildung gleichsetzt und sich dabei auf eine Begründung, also das „ob“ der Ausstrahlungswirkung des UmwG unter Berücksichtigung der Besonderheiten des UmwG konzentriert.

I) Der Wortsinn des Begriffs Ausstrahlung

In einem ersten Schritt sollen juristische Methoden beiseite gelassen und der Begriff von seinem Wortsinn her beleuchtet werden. Wortsinn meint in diesem Zusammenhang die Bedeutung eines Ausdrucks oder einer Wortverbindung im allgemeinen Sprachgebrauch oder, falls ein solcher feststellbar ist, im besonderen Sprachgebrauch des jeweils Redenden[1014].

1) Der umgangssprachliche Wortsinn als taugliches Kriterium

Dabei stellt sich allerdings zunächst die Frage, ob der umgangssprachliche Wortsinn eines Begriffs zur Ermittlung seiner Bedeutung im juristischen Sprachgebrauch überhaupt eine taugliche Grundlage darstellen kann. Lehnt man dies ab, so erübrigt sich eine umgangssprachliche Deutung. Für den Bereich der Gesetzesauslegung finden sich ablehnende Stimmen in der Literatur: Teilweise wird kritisiert, der Wortsinn im umgangssprachlichen Gebrauch sei nur begrenzt zur Bestimmung der juristischen Bedeutung eines Begriffs tauglich[1015]. Dieser Kritik liegt die Annahme zu Grunde, nicht jeder Begriff einer Fachsprache finde eine Entsprechung in der Umgangssprache. Der Wortsinn im juristischen Sinne könne daher auch über den umgangssprachlichen Wortsinn hinausgehen, eine „Wortlautgrenze" bestehe nicht. Die Grenze der Auslegung ergebe sich vielmehr aus dem Sinn des Gesetzes[1016]. Dem stellt sich jedoch die in Literatur und Rechtsprechung überwiegend vertretene Ansicht entgegen, wonach der Wortlaut die Grenze der Auslegung darstelle[1017].

Auf die Einzelheiten dieses Meinungsstreits kann und soll an dieser Stelle nicht vertiefend eingegangen werden, da ein anderer Fall zur Diskussion steht: Für die hier anzustellende Untersuchung bedarf es nicht der Auslegung eines gesetzlichen Begriffs, sondern der Bestimmung der Bedeutung des Begriffs

---

1014 *Larenz*, Methodenlehre, S. 320; In diesem Sinne auch *Wittgenstein*, Philosophische Untersuchungen, § 43: „Die Bedeutung eines Wortes ist sein Gebrauch in der Sprache".

1015 Vgl. *Wank*, Auslegung, S. 39ff.

1016 Vgl. zu dieser „Gesetzessinntheorie" *Wank*, Auslegung, S. 41ff.; *ders.*, RdA 1987, 129 (131f.); *ders.* ZGR 1988, 314 (317f.).

1017 BVerfG 71, 108 (115); 73, 206 (242); 87, 224; *Bydlinski*, Methodenlehre, S. 441; *Franzen*, Privatrechtsangleichung, S. 375ff.; *Larenz*, Methodenlehre, S. 322; *Voßkuhle*, AöR 125 (2000), 177 (193f.); *Zippelius*, Methodenlehre, S. 39; vgl. auch *Engisch*, Juristisches Denken, S. 130f.; zur Grenzfunktion des Wortlauts allgemein *Depenheuer*, Wortlaut, passim.

„Ausstrahlung" im juristischen Sinne. Den „besonderen Sprachgebrauch des jeweils Redenden" nach obiger Definition, also gewissermaßen die spezifische juristische Bedeutung, gibt es für den hier interessierenden Begriff gerade noch nicht. Die Grenzfunktion des Wortsinns ist von seiner Konkretisierungsfunktion zu unterscheiden. Letztere wird erst bei der Frage, welcher Stellenwert dem Wortsinn neben den anderen Kriterien im Rahmen der Auslegung eines Begriffs zukommt, relevant[1018].

Bezogen auf gesetzliche Begriffe wird der umgangssprachliche Wortsinn auch bei der Begriffsbestimmung als nur begrenzt geeignetes Hilfsmittel angesehen. Daher könne die Heranziehung von Wörterbüchern der deutschen Sprache nur wenig weiterhelfen[1019].

Selbst wenn aber der umgangssprachliche Wortlaut für die Bestimmung der juristischen Bedeutung des Begriffs nicht bindend ist und nach der „Gesetzessinntheorie" auch nicht die äußere Grenze der möglichen Bedeutung darstellt, kann er dennoch zumindest einen groben Anhaltspunkt dafür liefern, in welche Richtung sich die teleologische Bestimmung des Begriffs bewegen könnte. Schließlich ist die juristische Sprache – auch wenn sie eine Fachsprache darstellt – kein von der allgemeinen deutschen Sprache vollständig losgelöstes Gebilde[1020]. Rechtssätze sollen menschliches Verhalten regeln, sie müssen daher möglichst allgemeinverständlich formuliert sein[1021]. Dies erschließt sich bereits aus der Prämisse, dass es Zweck der Gesetze ist, das geordnete Zusammenleben von Menschen zu ermöglichen, dass also die Gesetze um der Menschen Willen existieren und nicht umgekehrt die Menschen um der Gesetze Willen. Den Erfordernissen der Fachsprache wird ferner dadurch Genüge getan, dass neben dem Wortsinn noch weitere Kriterien zur Bestimmung der Bedeutung eines Begriffs heranzuziehen sind. Ziel dieser Untersuchung ist es nicht, einen bestehenden vom Gesetzgeber vorgegebenen Begriff auf seine Bedeutung zu untersuchen. Vielmehr geht es gerade darum zu prüfen, ob dem umgangssprachlichen Begriff „Ausstrahlung" auch eine spezifische, von der umgangssprachlichen Bedeutung

---

1018 Vgl. *Depenheuer*, Wortlaut, S. 17ff.; *Franzen*, Privatrechtsangleichung, S. 376.

1019 Vgl. *Wank*, Auslegung, S. 46.

1020 Vgl. *Larenz*, Methodenlehre, S. 320; *Lübbe-Wolff*, Rechtsfolgen und Realfolgen, S. 82f.; *Rüthers/Fischer/Birk*, Rechtstheorie, Rn. 150: „Ohne Sprache sind das Recht und die Juristen sprachlos".

1021 *Rüthers/Fischer/Birk*, Rechtstheorie, Rn. 191; vgl. auch *Larenz*, Methodenlehre, S. 320: „Auch diese Kunstsprache lehnt sich indessen noch an die allgemeine Sprache an, da das Recht, das sich an alle wendet und alle angeht, nicht auf ein Mindestmaß an Allgemeinverständlichkeit verzichten kann".

abweichende, juristische Bedeutung beizumessen ist. Um diese Abgrenzung vornehmen zu können, bedarf es zunächst aber einer genauen Bestimmung der umgangssprachlichen Bedeutung. Schließlich erfolgt eine Vereinheitlichung der Verwendung von Begriffen in einem juristischen Sinne dadurch, dass Begriffe definiert werden[1022]. Eine Definition erlaubt es, einem Begriff eine juristische Bedeutung zu geben, die nicht mit der umgangssprachlichen Hauptbedeutung des Begriffs übereinstimmt. Für den Begriff „Ausstrahlung" existiert bislang jedoch keine endgültige juristische Bedeutung. Vielmehr soll hier erst untersucht werden, ob eine solche gefunden werden kann. Als erste Idee, an welchen Stellen gesucht werden muss und kann, ist die Heranziehung des umgangssprachlichen Wortsinnes daher sehr wohl geeignet[1023]. Zumindest im Hinterkopf muss jedoch die Einschränkung verbleiben, dass die juristische Bedeutung nicht deckungsgleich mit der umgangssprachlichen Bedeutung sein muss[1024].

2) Die Bestimmung des umgangssprachlichen Wortsinnes

Zunächst lässt sich „ausstrahlen" im Sinne von auf etwas oder jemanden einwirken verstehen[1025]. Dies bedeutet, dass eine Sache, ein Wort oder auch eine Norm auf eine andere Sache, ein anderes Wort oder eine andere Norm ausstrahlt, wenn sie auf diese einwirkt und damit eine Beeinflussung oder eine Veränderung des „Ausstrahlungsempfängers" hervorruft. Nimmt man nun wieder rechtliche Überlegungen in den Blick, so lässt sich – ohne den Begriff der Norm näher zu definieren – festhalten, dass eine Ausstrahlung dem Wortsinn nach voraussetzt, dass eine Norm auf eine andere Norm einwirkt.

Zweitens kann „ausstrahlen" als „etwas ausleuchten, etwas vollständig mit Licht erfüllen" verstanden werden[1026]. Juristisch betrachtet erinnert dieses Verständnis der Ausstrahlung an die Auslegung von Gesetzen oder die Konkretisierung von unbestimmten Rechtsbegriffen und Generalklauseln. Demnach könnte eine Ausstrahlung im juristischen Sinne auch dann vorliegen, wenn eine

1022 Zur Präzision durch Definition vgl. *Rüthers/Fischer/Birk*, Rechtstheorie, Rn. 195ff.

1023 Vgl. *Larenz*, Methodenlehre, S. 324; Auch in der Rechtsprechung wird oftmals auf eine „natürliche Betrachtungsweise" (BGH, NJW 1976, S. 698), oder den „allgemeinen Sprachgebrauch" (BVerfGE 12, 45 (54f.); BAGE 6, 321 (353)) abgestellt; kritisch zu diesen Beispielen *Wank*, Begriffsbildung, S. 19ff.

1024 Vgl. *Lübbe-Wolff*, Rechtsfolgen und Realfolgen, S. 81ff.

1025 Vgl. Duden, S. 420.

1026 Vgl. Duden, S. 420.

Norm eine andere Norm derart „mit Licht erfüllt“, dass ihre Bedeutung und ihr Inhalt sichtbar werden.

Drittens kann „ausstrahlen“ bedeuten, dass etwas strahlenförmig von einem bestimmten Punkt ausgeht[1027]. Ein Strahl beschreibt dabei eine gerade Linie, welche entweder auf einen bestimmten Punkt eines anderen Objekts trifft oder sich im leeren Raum verliert. Ferner weist ein solcher Strahl die Eigenart auf, dass er mit zunehmender Entfernung von seiner Quelle an Stärke bzw. an Strahlkraft verliert. Juristisch betrachtet kann diese Deutung des Begriffs so verstanden werden, dass ein bestimmter Aspekt einer Norm in einer Weise auf eine bestimmte andere Norm einwirkt, dass diese in einem bestimmten Punkt (nämlich in dem Punkt, in welchem der Strahl auf sie trifft), verändert oder zumindest beeinflusst wird. Die Stärke des Einflusses ist dabei von der Entfernung der beiden Normen – sei es eine inhaltliche oder eine systematische Entfernung – abhängig.

Schließlich kann „ausstrahlen“ auch als „nach allen Seiten wie in Strahlen aussenden oder verbreiten“ verstanden werden[1028]. Wie es z.B. bei Radioaktivität der Fall ist, wird dabei alles, was sich im Wirkungskreis der Strahlung befindet, durch sie beeinflusst. Unter einem juristischen Blickwinkel ließe diese Auslegung des Wortsinns darauf schließen, dass eine Norm derart auf ihr Umfeld ausstrahlt, dass sie alle anderen Normen in ihrer Umgebung, die durch die Ausstrahlung beeinflussbar sind, beeinflusst. Dabei bleibt aber offen, wie eine Norm im einzelnen beschaffen sein muss, damit sie in dieser Weise auf Normen in ihrem Umkreis einwirken kann und umgekehrt, wie eine Norm beschaffen sein muss, damit sie von der Ausstrahlung einer anderen Norm beeinflusst werden kann.

Der umgangssprachliche Wortsinn bietet somit zahlreiche Anhaltspunkte für die mögliche Funktionsweise einer Ausstrahlung. Bei der Bestimmung der Bedeutung juristischer Begriffe ist der Wortlaut bzw. Wortsinn jedoch nur eines unter mehreren Kriterien[1029]. Auch ist für die Ermittlung der juristischen Bedeutung eines Begriffs nicht ausschließlich dessen umgangssprachlicher Gebrauch maßgeblich[1030]. Da nicht einmal feststeht, dass dem Begriff „Ausstrahlung“

1027 Vgl. Duden, S. 420.

1028 Vgl. Duden, S. 420.

1029 Vgl. *Larenz,* Methodenlehre, S. 320ff.

1030 *Fischer*, Topoi, S. 39f. Fn. 42, der zumindest gesetzliche Begriffe als normative Tatbestandsmerkmale definiert, deren Bedeutung sich nach dem historischen Regelungszweck bestimme. Darüber hinaus dürfte aber allgemein für rechtliche Begriffe gelten dass der juristische Sprachgebrauch bestimmte Wertungen voraussetzt und daher nicht mit dem umgangssprachlichen Gebrauch eines Begriffs gleichgesetzt werden kann. Da es hier jedoch darum geht, die juristische Bedeutung des Begriffs

überhaupt eine spezifisch juristische Bedeutung in einem Sinne, dass sie als Instrument der juristischen Methodenlehre verstanden werden kann, zukommt, bedarf es hier erst recht weiterer Kriterien.

II) Der Begriff der Ausstrahlung in Literatur und Rechtsprechung im Überblick

Der Begriff der Ausstrahlung ist trotz seiner inhaltlichen Unbestimmtheit der juristischen Literatur und der Rechtsprechung nicht fremd. Daher erscheint es möglich, aus einer Betrachtung der unterschiedlichen Verwendung des Begriffs Kriterien gewinnen zu können, die zur Begriffsbestimmung verwendet werden können. Zunächst soll dazu in einem kurzen Überblick dargestellt werden, in welchen Bereichen des Rechts Ausstrahlungen von Literatur und/oder Rechtsprechung diskutiert werden, um – sofern diese bereits feststellbar sind – Kriterien für die Annahme einer Ausstrahlungswirkung aufzuzeigen.

1) Die Ausstrahlungswirkung der Grundrechte

Als prominentestes Beispiel ist die Ausstrahlungswirkung der Grundrechte zu nennen. Oft wird dieses Phänomen auch unter der Überschrift „mittelbare Drittwirkung“ diskutiert[1031]. Grundlage hierfür ist die Lüth-Entscheidung des BVerfG aus dem Jahr 1958[1032]. Darin spricht das Gericht von den Grundrechten als objektive Wertordnung[1033], welche als verfassungsrechtliche Grundentscheidung für alle Bereiche des Rechts gelte und aus welcher Gesetzgebung, Verwaltung und Rechtsprechung „Richtlinien und Impulse“ empfangen[1034]. So beeinflusse die objektive Wertordnung der Grundrechte auch das bürgerliche Recht, indem alle bürgerlich-rechtlichen Vorschriften im ihrem Lichte auszulegen seien. Eine besondere Bedeutung kommt den Grundrechten daher bei der Auslegung von Generalklauseln und unbestimmten Rechtsbegriffen, die ein Einfallstor für die Wertungen der Grundrechte in das Privatrecht darstellen, zu[1035].

„Ausstrahlung“ überhaupt erst zu ermitteln, kann der umgangssprachliche Wortsinn zumindest als Anhaltspunkt für mögliche juristische Deutungen dienen.

1031 z.B. bei *Epping*, Grundrechte, Rn. 347ff, vgl. auch *Dreier*, in Dreier, GG, Vorb. Rn. 96ff.; *Lerche*, in FS-Odersky, S. 215 (S. 222f.); zur Drittwirkung der Grundrechte allgemein s. *Papier*, in: Hdb. d. Grundrechte, § 55 passim.

1032 BVerfGE 7, 198 – Lüth; s. dazu *Papier*, in: Hdb. d. Grundrechte, § 55 Rn. 29ff.

1033 Zum Wertesystem des GG s. *Di Fabio*, in: Hdb. d. Grundrechte, § 46 passim.

1034 Dazu *Stern*, Staatsrecht III/1 , S. 927f.

1035 Vgl. *Epping*, Grundrechte, Rn. 348; *Papier*, in: Hdb. d. Grundrechte, § 55, Rn. 23.

Rechtsmethodisch setzt die Ausstrahlungswirkung der Grundrechte auf das Privatrecht demnach bei der Auslegung privatrechtlicher Normen an und legt den Wertmaßstab für die Auslegung fest[1036]. Es müssen also die Wertungen der Grundrechte Einfluss in die auszulegenden Normen finden[1037]. Damit deckt sich die Ausstrahlungswirkung der Grundrechte mit der zweiten dem Wortsinn nach möglichen Deutungsvariante[1038] des Begriffs „Ausstrahlung".

2) Ausstrahlung im Arbeits- und Sozialrecht

Ein gesetzlich normierter Fall der Ausstrahlung findet sich im Bereich des Arbeits- und Sozialrechts. § 4 SGB IV ordnet dabei unter der Überschrift „Ausstrahlung" die Geltung sozialversicherungsrechtlicher Vorschriften auf Arbeitnehmer an, die in ein Gebiet außerhalb des räumlichen Geltungsbereichs des SGB IV entsandt werden[1039]. In Ausnahme zu dem in § 3 SGB IV normierten Territorialitätsprinzip[1040] sollen unter den in § 4 SGB IV näher beschriebenen Voraussetzungen also ganze Normen und nicht bloß Wertungen oder Rechtsgedanken auf Sachverhalte angewendet werden, die grundsätzlich nicht in den Geltungsbereich des SGB IV fallen[1041]. Ziel der Regelung ist es, Arbeitnehmer vor Nachteilen in der Sozialversicherung, die durch die Anforderungen an die internationale Mobilität der Arbeitnehmer entstehen können, zu schützen[1042]. Die Besonderheit besteht bei dieser Form der Ausstrahlung darin, dass sie unmittelbar vom Gesetzgeber angeordnet ist. Es ist daher fraglich, ob der dabei zu Grunde gelegte Ausstrahlungsbegriff mit dem in anderen Fällen, in denen eine Ausstrahlungswirkung von Rechtsprechung oder Literatur entwickelt wurde, vergleichbar ist.

1036 Vgl. *Konopatzki*, Funktionsauslagerung, S. 296; *Stern*, Staatsrecht III/1, S. 924.

1037 Vgl. *Jarass*, VVDStRL 50 (1991), 238 (254).

1038 Siehe oben Kapitel 4 A)I).

1039 Vgl. *Seewald*, in: Kass. Komm., Vorb. zu §§ 4-6 SGB IV, Rn. 2f.; Hänlein, in: KSW, §§ 1-6 SGB IV, Rn. 19; *Laufersweiler*, Ausstrahlung, S. 14, S. 43f.

1040 Dazu *Hänlein*, in: KSW, §§ 1-6 SGB IV, Rn. 17f.; *Seewald*, in: Kass. Komm., § 3 SGB IV, Rn. 2; *Wietek*, in: Winkler, SGB IV, § 3 Rn. 2f.; zur Entwicklung der Ausstrahlung im Sozialrecht s. *v. Maydell*, in: GK-SGB IV, § 4, Rn. 1-6.

1041 *Laufersweiler*, S. 53, spricht von einer Versicherungspflicht und -berechtigung im gleichen Umfang wie bei einer Inlandsbeschäftigung, so auch *v. Maydell*, in: GK-SGB IV, § 4, Rn. 19; *Wietek*, in: Winkler, SGB IV, § 4, Rn. 18.

1042 BT-Drs. 7/4122, S. 30.

Rechtsmethodisch bewirkt diese Form der Ausstrahlungswirkung eine Erweiterung des Anwendungsbereichs von Normen auf Fälle, die vom eigentlichen Anwendungsbereich der Normen nicht erfasst werden.

3) *Ausstrahlungswirkungen des UmwG auf wirtschaftliche Umwandlungen?*

Dem Umwandlungsgesetz wird in der Literatur teilweise eine Ausstrahlungswirkung auf bestimmte sogenannte wirtschaftliche Umwandlungen zugesprochen[1043]. Wirtschaftliche Umwandlungen sind Gestaltungsformen, die im wirtschaftlichen Ergebnis einer Verschmelzung, einer Spaltung oder einem Formwechsel gleichkommen[1044]. Der Unterschied zu Maßnahmen nach dem UmwG besteht in den Rechtsfolgen: Während nach dem UmwG eine Gesamtrechtsnachfolge[1045] eintritt, wird durch wirtschaftliche Umwandlungen lediglich eine Einzelrechtsnachfolge erreicht[1046]. Eine Sperrwirkung des UmwG gegenüber solchen Gestaltungen besteht dabei nicht[1047]. Zwar verbietet § 1 Abs. 2 UmwG, die Vorzüge – insbesondere die Rechtsfolge einer Gesamtrechtsnachfolge – der §§ 20 Abs. 1, 131 Abs. 1 oder 202 Abs. 1 UmwG auf Umstrukturierungen außerhalb des UmwG zu übertragen, dabei wird die Möglichkeit solcher wirtschaftlicher Umwandlungen jedoch gerade vorausgesetzt[1048].

Die Gegner einer Ausstrahlungswirkung stützen ihre Kritik meist auf das Argument, dass der Gesetzgeber die §§ 251, 252 des Diskussionsentwurfs zum

1043 Vgl. *Kallmeyer*, in: FS-Lutter, S. 1245 (S. 1246ff.); *Leinekugel*, Ausstrahlungswirkungen, S. 3; *Lutter*, in: Lutter, UmwG, Einl. I, Rn. 57ff.; a.A. *Schnorbus*, Gestaltungsfreiheit, S. 188.

1044 *Lutter*, in: Lutter, UmwG, Einl. I, Rn. 56; vgl. auch *Kallmeyer*, in: FS-Lutter, S. 1245 (S. 1246ff.); *Klöhn*, Abfindungsansprüche, S. 61.

1045 Z.B. gemäß §§ 20 Abs. 1, 131 Abs. 1 oder 202 Abs. 1 UmwG.

1046 vgl. *Kallmeyer*, in: FS-Lutter, S. 1245 (S. 1246); *Kollmar*, Ausstrahlungen, S. 144.

1047 LG Hamburg, Urt. v. 21.1.1997 – 402 O 122/96; *Hörtnagl*, in: Schmitt/Hörtnagl/Stratz, § 1 UmwG, Rn. 66; *Kallmeyer*, in: Kallmeyer, UmwG, § 1 Rn. 16f.; *Reichert*, Ausstrahlungswirkungen, S. 25 (S. 35f.); *Semler*, in: Semler/Stengel, UmwG, § 1, Rn. 59; *Semler/Stengel*, in: Semler/Stengel, UmwG, Einl. A, Rn. 82; Es besteht insofern also eine Wahlfreiheit, Umwandlungen nach dem UmwG durchzuführen oder auf die Vorteile der Universalsukzession zu verzichten und den Weg über das Schuld- und Gesellschaftsrecht zu wählen, vgl. *Leinekugel*, Ausstrahlungswirkungen, S. 2; *Priester*, ZHR 163 (1999), 187 (190f.).

1048 So auch *Lutter*, in: Lutter, UmwG, Einl. I, Rn. 56; zum Fall der Ausgliederung vgl. auch LG Karlsruhe, Beschl. v. 6.11.1997 – O 43/97 KfH I = NZG 1998, 393 (395); *Joost*, ZHR 163 (1999), 164 (179f.).

UmwG, die eine umfassende Ausstrahlungswirkung anordneten[1049], nicht in die endgültige Gesetzesfassung übernommen hat[1050]. Dagegen wird jedoch argumentiert, der Gesetzgeber habe die Frage Rechtsprechung und Literatur überlassen wollen[1051].

Inhaltlich geht es bei der Ausstrahlung des UmwG auf wirtschaftliche Umwandlungen um den Schutz der Anteilsinhaber, Gläubiger und Arbeitnehmer einer Gesellschaft. Werden wesentliche Teile eines Unternehmens gegen die Gewährung von Anteilen nach dem UmwG veräußert, so sind insbesondere die Minderheitseigner, Gläubiger und Arbeitnehmer durch die Informationsrechte und Zustimmungspflichten des UmwG geschützt[1052]. Das Schutzinteresse ist aber bei der Einzelrechtsübertragung nicht geringer als bei der Gesamtrechtsnachfolge nach dem UmwG[1053], da aus Sicht der betroffenen Anteilsinhaber der gewählte Übertragungsvorgang austauschbar erscheint. Dies führt zu der Frage, ob solche Vorgänge in den Rechtsfolgen gleich behandelt werden müssen, obwohl die *lex scripta* derartiges nicht ausdrücklich anordnet[1054]. Die Diskussion erinnert damit an die Frage nach ungeschriebenen Hauptversammlungszuständigkeiten bei strukturändernden Maßnahmen, zu welcher der BGH in seiner Holzmüller-Entscheidung[1055] Stellung bezieht.

In der Literatur wird meist differenzierend argumentiert und nur die Anwendung solcher Normen des UmwG, die nicht lediglich Ausdruck der umwandlungsrechtlichen Gesamtrechtsnachfolge sind, sondern die vielmehr den Konsequenzen des Umwandlungsvorgangs als solchem Rechnung tragen, befürwortet[1056].

1049 Vgl. *K. Schmidt*, in: FS-Heinsius, S. 715 (S. 716f.).

1050 Vgl. z.B. *Schnorbus*, Gestaltungsfreiheit, S. 86f.

1051 *Kollmar*, Ausstrahlungen, S. 142f.; *Klöhn*, Abfindungsansprüche, S. 69; *Reichert*, Ausstrahlungswirkungen, S. 25 (S. 32); a.A. *Schnorbus*, Gestaltungsfreiheit, S. 105.

1052 Vgl. *Reichert*, Ausstrahlungswirkungen, S. 25 (S. 28); zu Aspekten des Schutzes von Aktionären durch das UmwG vgl. *Lutter/Drygala*, in: FS-Kropff, S. 191 (S. 197).

1053 BayOblG, Beschl. v. 17.9.1998 – 3Z BR 37/98 (LG München I) = NZG 1998, 1001 (1002); LG Karlsruhe, Beschl. v. 6.11.1997 – O 43/97 KfH I = NZG 1998, 393 (395); *Joost*, ZHR 163 (1999), 164 (182); *Kallmeyer*, in: FS-Lutter, S. 1245 (S. 1248); *Klöhn*, Abfindungsansprüche, S. 71; *Kollmar*, Ausstrahlungen, S. 141f., S. 145.

1054 *Lutter*, in: Lutter, UmwG, Einl. I, Rn. 57.

1055 BGH, Urt. v. 25.2.1982 – II ZR 174/80 („Holzmüller") = BGHZ 83, 122.

1056 Vgl. *Kollmar*, Ausstrahlungen, S. 144ff.

Schnorbus lehnt hingegen jegliche Ausstrahlungswirkung unter Verweis auf das Fehlen einer planwidrigen Gesetzeslücke,[1057] sowie auf verfassungsrechtliche Bedenken[1058] ab.

Im Einzelnen ungeklärt ist ferner die Frage, auf welche wirtschaftlichen Umwandlungsvorgänge Ausstrahlungswirkungen des UmwG anzunehmen sind. Die Beiträge in der Literatur beziehen sich meist auf die übertragende Auflösung[1059] oder die Ausgliederung durch Einzelrechtsübertragung[1060]. Einigkeit scheint jedenfalls darüber zu bestehen, dass nicht jede Veräußerung von Vermögensgegenständen ausreichend sein kann[1061]. Der Diskussionsentwurf sah dazu in § 204 noch eine Ausnahme von der zwingenden Hauptversammlungszuständigkeit in der AG für den Fall vor, dass der Wert der zu übertragenden Vermögensgegenstände weniger als 10% des Überschusses der Aktivseite der Schlussbilanz über deren Passivseite oder weniger als 10% des Grundkapitals der AG beträgt. Das UmwG macht diesbezüglich hingegen keine Einschränkungen, etwa in Form einer Bagatellklausel, sodass selbst die Ausgliederung eines Bündels gebrauchter Kugelschreiber gegen Erwerb einer Aktie[1062] den strengen Anforderungen des UmwG unterliegt, sofern eine Ausgliederung nach diesem Gesetz mit der Gesamtrechtsnachfolge als Ergebnis gewählt wird. Dagegen wird jedoch vorgebracht, dass das formalisierte Verfahren des UmwG mit qualifiziertem Mehrheitsbeschluss, Umwandlungsbericht und Umwandlungsprüfung für solche, die Mitgliedschaftsrechte der Anteilsinhaber nur unwesentlich berührende Vorgänge, überzogen sei, das Gesetz aber keine offensichtlich unsinnigen Regelungen schaffen wolle, woraus sich ergebe, dass das UmwG derartige Vorgänge nicht vor Augen habe[1063]. Theoretisch sind solche Kleinstumwandlungen also nach dem Umwandlungsgesetz durchführbar, rein praktisch scheinen derartige Fälle jedoch nur schwer denkbar. *Lutter* spricht in diesem Zusammenhang von einem umwandlungsgesetzlichen Selbstverständnis[1064]. Eine Übertragung von Wertungen oder gar Regelungen des UmwG auf wirtschaftliche Umwandlungen

---

1057 *Schnorbus*, Gestaltungsfreiheit, S. 127ff.

1058 *Schnorbus*, Gestaltungsfreiheit, S. 141ff.

1059 *Kallmeyer*, in: Kallmeyer, UmwG, § 1 Rn. 19.

1060 *Lutter*, in: Lutter, UmwG, Einl. I, Rn. 57; vgl. auch *Joost*, ZHR 163 (1999), 164 (179ff.); *Priester*, ZHR 163 (1999), 187 (197f.).

1061 Vgl. *Joost*, ZHR 163 (1999), 164 (181f.); *Lutter*, in: Lutter, UmwG, Einl. I, Rn. 60; *Priester*, ZHR 163 (1999), 187 (192, 197).

1062 *Joost*, ZHR 163 (1999), 164 (183).

1063 Vgl. *Lutter*, in: Lutter, UmwG, Einl. I, Rn. 59.

1064 *Lutter*, in: Lutter, UmwG, Einl. I, Rn. 59.

komme daher nur in Betracht, sofern es sich um Strukturentscheidungen und nicht lediglich um Geschäftsführungsmaßnahmen handele[1065].

Unklar ist darüber hinaus, auf welchem rechtsmethodischen Weg die Übertragung des durch das UmwG gewährten Schutzes erfolgen soll. Oft wird zunächst eine Analogie diskutiert[1066], zumeist aber wegen des Fehlens einer planwidrigen Regelungslücke abgelehnt[1067]. Soweit dann eine Berücksichtigung zumindest der hinter den Normen des UmwG stehenden Wertungen auch im Rahmen von wirtschaftlichen Umwandlungen vorgeschlagen wird, ist von einer Konkretisierung bzw. Fortbildung der allgemeinen Regeln durch das Umwandlungsrecht[1068], einem Transfer von Wertungen bzw. einer Heranziehung und Berücksichtigung dieser Wertungen bei der Lückenfüllung[1069], einer entsprechenden Anwendung[1070] sowie der Bestimmung der ungeschriebenen Aktionärsrechte im Lichte des UmwG und der §§ 293ff. AktG, §§ 320ff. AktG sowie §§ 5ff. LwAnpG[1071] die Rede[1072]. Dabei sollen jedoch nicht sämtliche Regelungen des UmwG unbesehen auf andere vergleichbare Fälle übertragen werden, sondern jeweils im Einzelfall geprüft werden, ob Lücken in den für sonstige Strukturentscheidungen

1065 Vgl. *Lutter*, in: Lutter, UmwG, Einl. I, Rn. 60, der die Unterscheidung zwischen Strukturentscheidungen und Geschäftsführungsmaßnahmen nach der Erforderlichkeit der Zustimmung der Hauptversammlung zu einer Maßnahme gemäß den Grundsätzen der Holzmüller-Entscheidung des BGH (BGHZ 83, 122) vornimmt; vgl. auch LG Karlsruhe Beschl. v. 6.11.1997 – O 43/97 KfH I = NZG 1998, 393 (396).

1066 Vgl. *Joost*, ZHR 163 (1999), 164 (179ff.); *Kallmeyer*, in: FS-Lutter, S. 1245 (S. 1248f.); *Priester*, ZHR 163 (1999), 187 (191ff.); *Schlitt*, in: Semler/Stengel, UmwG, Anh. § 173, Rn. 10 für den Fall der Einbringung durch Einzelrechtsübertragung; kritisch zur Unterscheidung von Ausstrahlungswirkung und Analogie *Klöhn*, Abfindungsansprüche, S. 61 Fn. 414; auch *Kollmar*, Ausstrahlungen, S. 139ff., S. 143 setzt Analogie und Ausstrahlung gleich.

1067 Eingehend: LG München I, Urt. v. 8.6.2006 – 5 HK O 5025/06 = NZG 2006, 873 (874); S. auch *Aha*, AG 1997, 345 (356); *Bungert*, NZG 1998, 367 (368); *Joost*, ZHR 163 (1999), 164 (181); *Priester*, ZHR 163 (1999), 187 (192); *Semler*, in: Semler/Stengel, UmwG, § 1 Rn. 67; unklar *Kallmeyer*, in: FS-Lutter, S. 1245 (1249f.); anders das LG Karlsruhe, Beschl. v. 6.11.1997 – O 43/97 KfH I, welches eine Analogie bejaht.

1068 *Priester*, ZHR 163 (1999), 164 (197).

1069 *Kallmeyer*, in: FS-Lutter, S. 1245 (S. 1250).

1070 *Koerfer*, in: Semler/Stengel, UmwG, Anh. § 119, Rn. 9ff. allerdings für den Sonderfall der Bestandsübertragung nach dem VAG.

1071 *Lutter*, in: Lutter, UmwG, Einl. I, Rn. 57.

1072 Ablehnend aber: *Semler*, in: Semler/Stengel, UmwG, § 1 Rn. 58.

geltenden Bestimmungen existieren, die eine Übertragung der Wertungen des UmwG rechtfertigen[1073].

Zusammenfassend zeigt sich, dass die Ausstrahlung des UmwG auf wirtschaftliche Umwandlungen eine umstrittene Frage darstellt. Soweit eine Ausstrahlungswirkung anerkannt wird, folgen jedoch unterschiedliche Auslegungen und Deutungen des Begriffs Ausstrahlung. Eine einheitliche Verwendung im Sinne einer rechtsmethodischen Figur kann dabei nicht ausgemacht werden.

4) Die Ausstrahlung der Verhaltensregeln der §§ 31ff. WpHG auf das Zivilrecht

Ausstrahlen sollen nach einer in der Literatur vertretenen Ansicht auch die Verhaltenspflichten der §§ 31ff. WpHG[1074]. In diesem Zusammenhang meint Ausstrahlung eine Beeinflussung der zivilrechtlichen Pflichten aus dem zwischen Wertpapierdienstleister und Kunde geschlossenen Vertrag durch die im WpHG normierten Verhaltenspflichten. Konkret geht es dabei also nicht um die Beeinflussung von Normen durch andere Normen, sondern um die Ausgestaltung vertraglicher Pflichten, wie z.B. Aufklärungs- und Interessenwahrungspflichten. Die Diskussion hat ihren Ursprung in der lebhaft umstrittenen Frage nach der rechtlichen Einordnung der Pflichten aus §§ 31ff. WpHG[1075]. Sieht man die §§ 31ff. WpHG als zivilrechtliche Normen an, so ergibt sich aus ihnen ohne weiteres eine Konkretisierung der vertraglichen Pflichten. Problematisch ist dabei aber, dass die §§ 31ff. WpHG auf die MiFID[1076] sowie die durch die MiFID abgelöste WpDRiL[1077] zurückgehen, der Europäischen Union jedoch eine Gesetzgebungskompetenz zur Harmonisierung des Zivilrechts fehlt[1078]. Oftmals wird auch eine Doppelnatur diskutiert, wonach die aufsichtsrechtlichen Pflichten

1073 *Reichert*, Ausstrahlungswirkungen, S. 25 (S. 36).

1074 Eingehend Forschner, Wechselwirkungen, S. 113ff. Vgl. auch *Schäfer*, in: Heidel, Vor §§ 31-37 WpHG, Rn. 4; *Schwark*, in: KMRK, Vorb. §§ 31ff. WpHG, Rn. 16f.

1075 Vgl. zu dieser Diskussion *Forschner*, Wechselwirkungen, S. 63ff. *Lang*, Zivilrechtliche Haftung, S. 53ff.; *Schwark*, in: KMRK, Vorb. §§ 31ff. WpHG, Rn. 12ff.

1076 Richtlinie 2004/39/EG des Europäischen Parlaments und des Rates vom 21. April 2004 über Märkte für Finanzinstrumente, zur Änderung der Richtlinien 85/611/EWG und 93/6/EWG des Rates und der Richtlinie 2000/12/EG des Europäischen Parlaments und des Rates und zur Aufhebung der Richtlinie 93/22/EWG des Rates

1077 Richtlinie 93/22/EWG des Rates vom 10. Mai 1993 über Wertpapierdienstleistungen.

1078 *Rothenhöfer*, in: Perspektiven, S. 68.

sowohl zivilrechtlich, als auch öffentlich-rechtlich zu qualifizieren seien[1079]. Im Zentrum steht dabei die Frage, ob die aufsichtsrechtlichen Verhaltenspflichten die vertraglichen Pflichten abschließend konkretisieren und somit ein höheres Schutzniveau auf vertraglicher Ebene ausschließen[1080]. Die Befürworter einer solchen Begrenzung argumentieren, dass sonst die Festlegung gemeinschaftsrechtlicher Obergrenzen für strengeres nationales Recht praktisch ins Leere ginge[1081]. Dagegen wird jedoch neben dem bereits angesprochenen Kompetenzproblem hervorgebracht, dass lediglich die Durchführungsrichtlinie zur MiFID strengeres nationales Recht verbiete. Als solche diene sie jedoch nur der Konkretisierung der MiFID, also der Konkretisierung von öffentlichem Recht, sodass davon auszugehen sei, dass die Beschränkung lediglich strengeres Aufsichtsrecht verbiete[1082]. Eine unmittelbare Begrenzung zivilrechtlicher Pflichten geht daher nach verbreiteter Ansicht von den §§ 31ff. WpHG nicht aus[1083]. Im Ergebnis werden die §§ 31ff. WpHG daher meist als öffentlich-rechtliche Normen angesehen[1084].

Damit ist aber die Frage aufgeworfen, ob eine Beeinflussung und Konkretisierung der zivilrechtlichen Pflichten durch die aufsichtsrechtlichen Regelungen der §§ 31ff. WpHG nicht auf einem anderen Weg, nämlich mittels einer Ausstrahlung der aufsichtsrechtlichen Normen, erfolgt. Dahinter steht der Gedanke, dass es dem Normadressaten möglich sein muss, sowohl die Anforderungen des Aufsichtsrechts als auch die des allgemeinen Zivilrechts zu erfüllen[1085]. Dazu bedürfe es eines Gleichlaufs beider Teilrechtsordnungen, damit die jeweiligen Verhaltenspflichten nicht im Widerspruch zueinander stehen[1086].

1079 Vgl. *Lang*, Zivilrechtliche Haftung, S. 60ff.; *Veil*, WM 2007, 1821 (1825f.); *Weichert/Wenninger*, WM 2007, 627 (635); *Seiler/Kniehase*, in: Schimansky/Bunte/Lwowski, § 104, Rn. 204f.; ablehnend: *Rothenhöfer*, in: Perspektiven, S. 66ff.

1080 Bejahend: *Mülbert*, WM 2007, 1149 (1157); ablehnend: *Rothenhöfer*, in: Perspektiven, S. 69f.; *Schwark*, in: KMRK, Vorb. §§ 31ff. WpHG, Rn. 12ff.

1081 *Mülbert*, ZHR 172 (2008), 170 (183).

1082 *Rothenhöfer*, in: Perspektiven, S. 67f.

1083 *Rothenhöfer*, in: Perspektiven, S. 70.

1084 *Forschner*, Wechselwirkungen, S. 97; *Rothenhöfer*, in: Perspektiven, S. 63; *Schäfer*, in: Heidel, Vor §§ 31-37 WpHG, Rn. 3; *Schwark*, in: KMRK, Vorb. §§ 31ff. WpHG, Rn. 15.

1085 *Rothenhöfer*, in: Perspektiven, S. 59.

1086 Vgl. *Rothenhöfer*, in: Perspektiven, S. 59f.; kritisch *Ekkenga*, in: MüKo HGB, Effektengeschäft, Rn. 74f., der auf die Gefahr einer „Prärogative der aufsichtsrechtlichen

Dies soll jedoch nicht dazu führen, dass die Regelungen deckungsgleich sind[1087].

Welche Art von Ausstrahlung in diesem Fall zum tragen kommen soll, ist in der Literatur nicht abschließend geklärt. Vorgeschlagen werden sowohl eine lediglich faktische als auch eine rechtlich verbindliche Ausstrahlung[1088]. Bei Letzterer wird zwischen einer durch Ausstrahlung des Aufsichtsrechts geschaffenen zwingenden Untergrenze für die privatrechtlichen Vertragspflichten als auch einer Obergrenze für die zivilrechtlichen Pflichten differenziert[1089].

Dogmatisch wird die Ausstrahlung meist mit einer durch die aufsichtsrechtliche Praxis entstehenden Verkehrssitte begründet[1090]. Ausstrahlen sollen dabei aber nur solche Normen, die eine Konkretisierung der Interessenwahrungspflicht des Wertpapierhandelsunternehmens gegenüber ihrem Kunden darstellen[1091] und bei denen ein durch Gesetzesauslegung zu ermittelnder gesetzgeberischer Wille für eine Ausstrahlungswirkung feststellbar ist[1092].

Damit zeigt sich hier eine Spielart der Ausstrahlung, die durch die Literatur bereits in weitem Maße ausgeformt wurde, auch wenn vieles umstritten bleibt. Auch wird über die Figur der Verkehrssitte versucht, einen dogmatischen Anknüpfungspunkt für eine Ausstrahlungswirkung zu finden. Im Unterschied zu anderen Ausstrahlungswirkungen muss bei diesem Beispiel beachtet werden, dass die Adressaten der §§ 31ff. WpHG ohnehin gegenüber der Aufsichtsbehörde an diese

---

Normgebung“ und einer damit verbundenen Überregulierung des Vertragsrechts hinweist.

1087 *Ekkenga*, in: MüKo HGB, Effektengeschäft, Rn. 74; *Rothenhöfer*, in: Perspektiven, S. 60.; dagegen für eine Einheit von Aufsichtsrecht und zivilrechtlichen Pflichten auf Grund einer Maximalharmonisierung durch die MiFID *Mülbert*, WM 2007, 1149 (1157); *ders.* ZHR 172 (2008), 170 (183ff.).

1088 Siehe den Überblick bei *Forschner*, Wechselwirkungen, S. 113ff.

1089 *Forschner*, Wechselwirkungen, S. 117ff.

1090 Vgl. *Möllers/Ganten*, ZGR 1998, 773 (807); *Rothenhöfer*, in: Perspektiven, S. 70. Ablehnend *Forschner*, Wechselwirkungen, S. 118f., der stattdessen eine Beeinflussung des objektiven Empfängerhorizonts der Kunden durch aufsichtsrechtliche Vorschriften vorschlägt (S. 142ff.).

1091 *Rothenhöfer*, in: Perspektiven, S. 75ff.; ähnlich, allerdings zur Frage der Auswirkungen auf das Kommissionsrecht *Köndgen*, in: FS-Canaris, S. 183 (S. 206); zur Konkretisierung der kommissions- und auftragsrechtlichen Normen durch die §§ 31ff. WpHG *Seiler/Kniehase*, in: Schimansky/Bunte/Lwowski, § 104, Rn. 204, die auf den gesetzgeberischen Willen, die grundsätzlichen Elemente einer Wertpapierdienstleistung festzulegen, verweisen.

1092 *Rothenhöfer*, in: Perspektiven, S. 73.

Normen gebunden sind. Gegenstand der diskutierten Ausstrahlungswirkung ist hier folglich nicht die Ausdehnung des Anwendungsbereichs dieser Normen, sondern vielmehr die Frage, ob den Kunden auf der Grundlage ihrer vertraglichen Rechte der strenge Schutz der §§ 31ff. WpHG zugutekommt und sich aus den aufsichtsrechtlichen Normen zivilrechtliche Ansprüche herleiten lassen.

5) Die Ausstrahlung des § 91 Abs. 2 AktG auf das Recht der GmbH

Ein weiteres Beispiel für eine vom Gesetzgeber vorgesehene Ausstrahlung stellt § 91 Abs. 2 AktG dar. Diese Norm verpflichtet den Vorstand der Aktiengesellschaft, geeignete Maßnahmen zur frühen Erkennung den Fortbestand der Gesellschaft gefährdender Entwicklungen zu treffen[1093]. Ausweislich der Gesetzesbegründung zum KonTraG wurde im GmbHG bewusst auf eine § 91 Abs. 2 AktG entsprechende Regelung verzichtet, da davon auszugehen sei, dass „für Gesellschaften mit beschränkter Haftung je nach ihrer Größe, Komplexität ihrer Struktur usw. nichts anderes gilt und die Neuregelung Ausstrahlungswirkung auf den Pflichtenrahmen der Geschäftsführer auch anderer Gesellschaftsformen hat“[1094]. Was dogmatisch mit „Ausstrahlungswirkung“ gemeint ist, wird in der Gesetzesbegründung nicht näher erläutert.

Teilweise wird daraus auf eine analoge Anwendung des § 91 Abs. 2 AktG auf die GmbH geschlossen[1095]. Jedoch hat der Gesetzgeber bewusst auf eine Regelung im GmbHG verzichtet, weshalb eine Analogie mangels planwidriger Regelungslücke ausscheidet[1096]. Vielmehr geht es – davon scheint auch der Gesetzgeber ausgegangen zu sein – um die Konkretisierung eines allgemeinen Grundsatzes bezüglich der Sorgfaltspflichten der Geschäftsleiter, der von der konkreten Rechtsform der Gesellschaft unabhängig ist.

1093 Zur Ausgestaltung solcher Maßnahmen aus betriebswirtschaftlicher Sicht vgl. *Lück*, in: Dörner/Menold/Pfitzer/Oser, S. 329; ebenfalls aus betriebswirtschaftlicher Sicht aber mit besonderem Fokus auf die Sorgfaltspflichten des Geschäftsführers *Scharpf*, Der Betrieb 1997, 737; sowie bezogen auf den Finanzbereich *Scharpf*, in Dörner/Menold/Pfitzer/Oser, S. 377.

1094 BT-Drs. 13/9712, S. 15; kritisch *Hommelhoff*, in: FS-Sandrock, S. 373 (S. 376ff.).

1095 *Zöllner/Noack*, in: Baumbach/Hueck, GmbHG, § 35, Rn. 33; vgl. auch *Altmeppen*, ZGR 1999, 291 (300ff.), der in der Überschrift die Frage nach einer Analogie aufwirft, im weiteren Text jedoch nur von einer Klarstellung hinsichtlich ohnehin bestehender Pflichten des Geschäftsleiters, die gleichermaßen für die GmbH gelten ausgeht; kritisch *Schaefer/Baumann*, NJW 2011, 3601.

1096 So auch *Bork*, ZIP 2011, 101 (105); *Drenckhan*, Gläubigerschutz, S. 59f.; *Fleischer*, in: MüKo-GmbHG, § 43, Rn. 61; *Spindler*, in: MüKo-AktG, § 91, Rn. 80.

Entgegen dem ausdrücklich in der Gesetzesbegründung geäußerten Willen des Gesetzgebers lehnen manche Stimmen in der Literatur eine Ausstrahlung unter Verweis auf die konzeptionellen Unterschiede zwischen AG und GmbH, sowie das gesetzliche Grundkonzept der GmbH, nach dem die Geschäftsführer den Gesellschaftern hierarchisch untergeordnet sind, weshalb Letztere im Gegensatz zu Aktionären der AG nicht schutzwürdig seien, generell ab[1097]. Eine Pflicht, ein Risikoüberwachungssystem einzurichten, bestehe daher nur für solche Gesellschaften mbH, die den Kapitalmarkt in Anspruch nehmen oder bei denen auf Grund paritätischer Mitbestimmung ein Aufsichtsrat mit weitreichenden Kompetenzen, ähnlich denen des Aufsichtsrates der AG zu bilden ist[1098]. Nach dieser Ansicht soll § 91 Abs. 2 AktG nur Auswirkungen für solche Gesellschaften mbH entfalten, bei denen die Organisationsverfassung dem gesetzlichen Modell der AG angenähert ist oder gewichtige Interessen, wie beispielsweise der Anlegerschutz, die Einrichtung eines Risikoüberwachungssystems gebieten.

Andere kritisieren, dass die strengen Anforderungen an die Sorgfaltspflichten, wie sie für den Vorstand der AG bestehen, nicht auf „kleine, gut überschaubare Unternehmen mit geringer Risikoexposition“[1099] in der Rechtsform der GmbH passen[1100]. Jedoch hat der Gesetzgeber dieses Problem gesehen und daher die Einschränkung „je nach ihrer Größe, Komplexität ihrer Struktur“[1101] formuliert. Von einer unreflektierten Übernahme von Sorgfaltspflichten des Aktienrechts in das Recht der GmbH kann daher nicht gesprochen werden. Der durch § 91 Abs. 2 AktG präzisierte Grundsatz bezieht sich lediglich auf Gesellschaften, welche die Größen- und Strukturmerkmale erfüllen.

Auch solch eine differenzierende Lösung stößt jedoch in der Literatur auf Kritik[1102]. Insbesondere die Folge einer Schadensersatzpflicht der Geschäftsführer für den Fall, dass die erforderliche Einrichtung eines Risikoüberwachungssystems unterlassen wurde, lässt es als zu große und schwerwiegende Rechtsunsicherheit erscheinen, bei der Frage nach der Erforderlichkeit der Einrichtung eines Risikoüberwachungssystems in der GmbH auf die Umstände des jeweiligen Einzelfalls abzustellen[1103]. Dies könne zu der Gefahr führen, dass ein solches

1097 *Hommelhoff*, in: FS-Sandrock, S. 373 (S. 377).
1098 *Hommelhoff*, in: FS-Sandrock, S. 373 (S. 377).
1099 *Fleischer*, in: MüKo-GmbHG, § 43 Rn. 61.
1100 *Fleischer*, in: MüKo-GmbHG, § 43 Rn. 61; *Spindler*, in: MüKo-AktG, § 91, Rn. 80.
1101 BT-Drs. 13/9712, S. 115.
1102 Siehe nur *Drygala/Drygala*, ZIP 2000, 297 (301f.).
1103 Vgl. *Bork*, ZIP 2011, 101 (105f.); *Drygala/Drygala*, ZIP 2000, 297 (302).

System präventiv und nur zum Zwecke der Minimierung von Haftungsrisiken eingerichtet würde, was wiederum eine deutliche Erhöhung des Verwaltungsaufwandes mit sich bringen würde[1104]. Als Lösung wird daher eine Kategorisierung anhand der Größe einer GmbH in Anlehnung an die Größenklassen des § 267 HGB vorgeschlagen[1105].

Ihren Anknüpfungspunkt finden die Pflichten des GmbH-Geschäftsführers in § 43 Abs. 1 GmbHG[1106], der – zugegebenermaßen wenig bestimmt – die Sorgfalt eines ordentlichen Geschäftsmannes als Maßstab vorgibt, den genauen Inhalt der Pflichten jedoch in das Ermessen des Geschäftsleiters legt[1107]. Der Pflichtenkatalog für den Geschäftsführer bedarf daher einer weiteren Konkretisierung, wozu nach dem Willen des Gesetzgebers auch § 91 Abs. 2 AktG ermessenslenkend herangezogen werden soll.

Methodisch sei die Ausstrahlungswirkung ein Vorgang unterhalb der Analogiebildung, bei welchem eine bestimmte Norm auf einen bestimmten Regelungskomplex zwar nicht analog angewendet werde, diese Norm den Regelungskomplex aber allein durch ihre Existenz dahin gehend beeinflusse, dass Rechtsfragen gleich oder zumindest ähnlich entschieden werden, wie in dem Regelungskomplex, für den die fragliche Norm unmittelbar gilt[1108]. Grund dafür sei das Verlangen nach systematischer Geschlossenheit des Rechts[1109]. Durch die Ausstrahlung einer Norm oder Rechtsregel werde mittelbar das Verständnis anderer rechtlicher Regelungen – meist im Sinne eines Zuwachses an Regelungsdichte – verändert, was die Gefahr der Entwicklung eines Eigenlebens einer ursprünglich als punktuell konzipierten Regelung in sich berge[1110].

1104 *Drygala/Drygala*, ZIP 2000, 297 (302); kritisch auch *Hoffmann-Becking*, ZGR 1998, 497 (513f.).

1105 *Drygala/Drygala*, ZIP 2000, 297 (302ff.); *Spindler*, in: MüKo-AktG, § 91, Rn. 80; ähnlich *Fleischer*, in: MüKo-GmbHG, § 43, Rn. 61; ähnlich auch *Drenckhan*, Gläubigerschutz, S. 62f. die aber die von der Literatur herausgearbeiteten Fallgruppen lediglich als Maßstab bei einer Einzelfallbetrachtung heranziehen will, von denen im Einzelfall abgewichen werden kann und muss.

1106 Vgl. *Drenckhan*, Gläubigerschutz, S. 61, *Fleischer*, in: MüKo-GmbHG, § 43, Rn. 61; *Spindler*, in: MüKo-AktG, § 91, Rn. 80.

1107 Vgl. *Drenckhan*, Gläubigerschutz, S. 61ff.

1108 *Drenckhan*, Gläubigerschutz, S. 60; *Drygala/Drygala*, ZIP 2000, 297 (300).

1109 *Drygala/Drygala*, ZIP 2000, 297 (300).

1110 *Drygala/Drygala*, ZIP 2000, 297 (300); vgl. zu dieser Gefahr auch *Röhricht*, ZGR 1999, 445 (452).

Sieht man hingegen § 91 Abs. 2 AktG als Klarstellung ohnehin bestehender Pflichten[1111] an, so geht es bei dieser Form der Ausstrahlung lediglich um das Auffinden und Präzisieren eines allgemeinen Grundsatzes, der im Wege der Ausstrahlung Einfluss auf andere Rechtsformen nimmt sofern eine vergleichbare Interessenlage gegeben ist.

Rechtsmethodisch hat diese Form der Ausstrahlungswirkung die Ausfüllung unbestimmter und auslegungsbedürftiger Rechtsbegriffe zum Gegenstand. Mit Hilfe der aktienrechtlichen Norm sollen die Aufgaben des Geschäftsführers der GmbH konkretisiert werden ohne dass es einer Analogiebildung bedarf.

6) *Die Ausstrahlungswirkung des Aufsichtsrechts auf das allgemeine Aktienrecht*

Des Weiteren wird eine Ausstrahlung von Normen des Aufsichtsrechts, insbesondere von Banken und Versicherungen, auf das allgemeine Aktienrecht diskutiert[1112]. Im Kern dreht sich die Diskussion um die Frage nach dem Verhältnis des Aufsichtsrechts zum Aktienrecht und um Einflüsse, die das Aufsichtsrecht auf das Aktienrecht zeigt[1113].

Angestoßen wurde die Diskussion von *Fleischer*, der dem Aufsichtsrecht gegenüber dem Aktienrecht eine „Schrittmacherrolle" zusprach und anmerkte, dass Regelungen des Aufsichtsrechts das Aktienrecht in vielen Bereichen überholt haben und ihrerseits auf das Aktienrecht zurückwirken[1114]. Damit ist jedoch nicht gemeint, aufsichtsrechtliche Regelungen unbesehen in das allgemeine Gesellschaftsrecht zu übernehmen[1115]. Sie können aber im Rahmen der Auslegung und Konkretisierung des allgemeinen Aktienrechts herangezogen werden.

Kritisch wird angemerkt, dass der Gesetzgeber, indem er eine Regelung im Aufsichtsrecht verortet und damit den Regelungsgegenstand nur für die jeweils beaufsichtigte Branche normiert, zum Ausdruck bringen kann, dass diese

---

1111 *Altmeppen*, ZGR 1999, 291 (300, 302); vgl. auch *Hommelhoff*, in: FS-Sandrock, S. 373; *Seibert*, in: Dörner/Menold/Pfitzer/Oser, S. 239 (S. 247).

1112 Siehe v.a. die Beiträge auf dem ZGR-Symposion 2010 von *Dreher*, ZGR 2010, 496 und *Weber-Rey*, ZGR 2010, 543, sowie den Bericht über die Diskussion von *Thomas*, ZGR 2010, 591. Vgl. ferner *Bachmann*, AG 2011, 181 (183); *Hopt*, ZGR 2013, 1793 (1797).

1113 Vgl. *Dreher*, ZGR 2010, 496 (499f.); *Weber-Rey*, ZGR 2010, 543 (544).

1114 *Fleischer*, ZIP 2003, 1 (10). Allgemein zur Vorreiterrolle von Sonderprivatrecht *Bydlinski*, System und Prinzipien, S. 413.

1115 Vgl. *Hopt*, ZIP 2013, 1793 (1804, 1806); *Scharpf*, in: Dörner/Menold/Pfitzer, Oser, S. 377 (S. 380).

Regelung auch nur innerhalb dieser Branche zur Wirkung kommen soll[1116]. Insofern kann von einer negativen Abgrenzung oder negativen Ausstrahlungswirkung[1117] gesprochen werden. Dabei darf nicht übersehen werden, dass in verschiedenen Branchen oftmals unterschiedliche Interessenkonflikte auftreten, denen der Gesetzgeber mit speziellen Regeln zu begegnen versucht. Eine treffende Beschreibung dafür liefert *Hopt* mit dem Satz „banks are special, so is governance of financial institutions“[1118]. Es sind also gerade die unterschiedlichen Interessen, die es rechtfertigen, eine Regelung nur für eine Branche und nicht für das gesamte Aktienrecht zu treffen.

Dem ist jedoch entgegenzuhalten, dass Interessenlagen zwar durchaus verschieden sein können, eine ähnliche Behandlung aber dennoch sinnvoll erscheint. Dem Gesetzgeber zu unterstellen, durch eine branchenspezifische Regelung die Berücksichtigung des Regelungsgegenstandes auch in anderen Branchen ausschließen zu wollen erscheint als ein vorschneller Schluss. Versteht man die Ausstrahlung rechtsmethodisch als ein von der Analogie verschiedenes Instrument, so kommt es gerade nicht auf das Vorliegen einer planwidrigen Regelungslücke an, da Ausstrahlung nicht bedeutet, ganze Normen auf ein anderes Regelungsgebiet zu übertragen. Bezüglich der Übertragung von Wertungen oder Gedanken, die hinter einer branchenspezifischen Regelung stehen, kann jedoch keine Sperrwirkung angenommen werden.

Ein problematischer Aspekt der Ausstrahlung des Aufsichtsrechts liegt in der Frage nach der Verbindlichkeit aufsichtsrechtlicher Regelungen[1119]. Soweit Aufsichtsrecht – wie z.B. im KWG, VAG oder KAGB – gesetzlich normiert ist, ergeben sich keine Besonderheiten zu anderem Gesetzesrecht. Jedoch ist das Aufsichtsrecht geprägt von untergesetzlichen Regelungen, wie z.B. den Verlautbarungen der BaFin, die nicht auf der Rangstufe eines Gesetzes stehen und daher für ihre Adressaten nicht in gleicher Weise verbindlich sind[1120]. Sie dienen der Auslegung und Konkretisierung gesetzlicher Anforderungen, um den aufsichtsunterworfenen Unternehmen die jeweilige Aufsichtspraxis der BaFin zu verdeutlichen und stellen daher nach verbreiteter Auffassung normkonkretisierende

---

1116 *Dreher*, ZGR 2010, 496 (502f.).

1117 *Dreher*, ZGR 2010, 496, (503).

1118 *Hopt*, ZIP 2013, 1793 (1795).

1119 Zur Frage des für eine Ausstrahlung erforderlichen Grades der Verbindlichkeit einer Norm unten Kapitel 4 C)III).

1120 Vgl. zu solchen „mittelbar verpflichtenden Regelungssätzen“ *Weber-Rey*, ZGR 2010, 543 (555ff.).

Verwaltungsvorschriften dar[1121]. Jedoch hat die BaFin auch die Befugnis, bei Verstößen gegen gesetzliche Anforderungen Sanktionen zu verhängen[1122]. Damit vereinigen sich die Auslegungs- und Deutungshoheit sowie die Sanktionsbefugnis unter einem Dach. Die BaFin legt also das Recht, bei dessen Nichtbeachtung sie Sanktionen verhängen kann, selbst aus und konkretisiert damit dessen Inhalt. Für die aufsichtsunterworfenen Unternehmen hat dies zur Folge, dass die Verlautbarungen doch nicht gänzlich ohne Bindung wären. Vielmehr wird von einer faktischen Bindungswirkung[1123] gesprochen, die dadurch entsteht, dass Unternehmen, wollen sie Sanktionen vermeiden, kein anderer Ausweg verbleibt, als die Auslegung der Gesetze durch die BaFin zu akzeptieren und zu befolgen. *Weber-Rey* hält eine Ausstrahlungswirkung solcher faktisch verpflichtender Regelungssätze für möglich[1124].

Rechtsmethodisch versucht sich *Dreher* an einer Einordnung der Ausstrahlungswirkung und nimmt eine solche an, wenn aufsichtsrechtliche Elemente die Aktienrechtsanwendung mitprägen[1125]. Entscheidend sei die Vorfindlichkeit eines allgemein aktienrechtlichen Grundsatzes, welcher durch die aufsichtsrechtliche Regelung konkretisiert wird[1126].

Auch die Rechtsprechung befasste sich bereits mit der Ausstrahlung des Aufsichtsrechts auf das allgemeine Aktienrecht. Als prominentestes Beispiel ist das Bruderhilfe-Urteil des VG Frankfurt aus dem Jahr 2004 zu nennen[1127]. Das der Entscheidung zugrunde liegende Verfahren hatte Anfechtungsklagen gegen zwei Verfügungen der BaFin, durch welche diese vom Aufsichtsrat zweier Versicherungsunternehmen verlangte, den Kläger als jeweiliges Vorstandsmitglied abzuberufen, zum Gegenstand. Das Gericht stellte dabei fest, dass § 91 Abs. 2 AktG von der Verweisung des § 34 S. 2 VAG erfasst sei und daher auch bei einem

---

1121 Vgl. *Braun/Wolfgarten*, in: Boos/Fischer/Schulte-Mattler, KWG, § 25a, Rn. 47f.; *Weber-Rey*, ZGR 2010, 543 (556); *Weber-Rey/Baltzer*, in: Hdb. CG Banken, S. 431 (S. 456f.); ähnlich *Bürkle*, VersR 2009, 866.

1122 z.B. nach § 36 Abs. 3 S. 1 KWG oder § 8 Abs. 1 S. 1 Nr. 5 VAG.

1123 *Weber-Rey*, ZGR 2010, 543 (556)

1124 *Weber-Rey*, ZGR 2010, 543 (567); vgl. auch *Dreher*, ZGR 2010, 496 (506) der die Rechtsqualität einer Regelung ebenfalls als Voraussetzung einer Ausstrahlungswirkung ansieht, weshalb aufsichtsbehördliches Aufsichtsrecht nur ganz ausnahmsweise und im Rahmen einer besonders zurückhaltenden Ableitung mittelbar auf das Aktienrecht ausstrahlen könne.

1125 *Dreher*, ZGR 2010, 496 (503).

1126 *Dreher*, ZGR 2010, 496 (504); vgl. zu einem Beispiel an selber Stelle auch S. 535ff.

1127 VG Frankfurt, Urt. v. 8.7.2004 – 1 E 7363/03 = WM 2004, 2157.

VVaG zur Anwendung kommt. Daraus eröffnete sich die Frage nach der Auslegung des § 91 Abs. 2 AktG. Das Gericht führte dazu aus, § 91 Abs. 2 AktG und § 25a KWG liege eine Gesamtintention des Gesetzgebers zugrunde, der mit der Einführung von § 91 Abs. 2 AktG und § 25a KWG die Verpflichtung der Geschäftsleitung habe hervorheben wollen, Risikofrüherkennungs- und Risikoüberwachungssysteme in den Unternehmen einzurichten, weshalb davon ausgegangen werden könne, dass sich § 91 Abs. 2 AktG und § 25a KWG in ihrer rechtlichen Bedeutung entsprechen[1128]. Daraus schließt das Gericht, dass § 25a KWG zur Auslegung von § 91 Abs. 2 AktG herangezogen werden könne. In der Literatur ist diese Auffassung verbreitet auf Kritik gestoßen[1129]. Neben der geäußerten inhaltlichen Kritik lassen sich auch formelle Aspekte gegen die Annahme des Gerichts anführen. So führt *Braun* in der vom VG Frankfurt als Beleg genannten Kommentierung aus, die Anforderungen des KWG gingen in Ausgestaltung und Präzisierung, wie auch hinsichtlich ihres Inhalts, über die aktienrechtlichen Anforderungen deutlich hinaus[1130]. Damit wird deutlich, dass AktG und KWG unterschiedliche Anforderungen aufstellen, über eine Heranziehung der einen Norm zur Auslegung der anderen ist damit freilich nichts gesagt. Auch soweit auf eine Entsprechung der rechtlichen Bedeutung von § 91 Abs. 2 AktG und § 25a KWG abgestellt wird, lässt sich kein sicheres Ergebnis formulieren. Im unmittelbar folgenden Satz der Kommentierung von *Braun* heißt es, die von § 91 Abs. 2 AktG und § 25a KWG aufgestellten Pflichten ließen sich bereits aus den allgemeinen Leitungs- und Organisationspflichten des Vorstands aus § 76 AktG ableiten[1131]. Dann kann die „Entsprechung der rechtlichen Bedeutung" aber auch dahingehend verstanden werden, dass beiden Normen lediglich für ihren jeweiligen Bereich eine klarstellende Funktion im Bezug auf die auch nach allgemeinen aktienrechtlichen Grundsätzen bereits bestehende Pflicht zukommt.

Insgesamt stellt sich die Ausstrahlung des Aufsichtsrechts auf das allgemeine Aktienrecht als eine bislang nicht durchdringend untersuchte Materie dar, in der viele Fragen und Differenzierungen aus der unterschiedlichen Verwendung von

---

1128 VG Frankfurt, WM 2004, 2157 (2160) mit Verweis auf *Braun*, in: Boos/Fischer/Schulte-Mattler, KWG (2. Aufl., 2004), § 25a, Rn. 5 (entspricht wortgleich Rn. 4. der hier zitierten 4. Auflage) und auf *Preußner/Zimmermann*, AG 2002, 657 (660).

1129 Vgl. nur *Bürkle*, WM 2005, 1496 (1496ff.); *Fleischer*, in: Spindler/Stilz, AktG, § 91, Rn. 42f.; *Weber-Rey*, ZGR 2010, 543 (571).

1130 *Braun*, in: Boos/Fischer/Schulte-Mattler, KWG, § 25a, Rn. 4 (ebenso in Rn. 5 der vom VG Frankfurt zitierten 2. Auflage).

1131 *Braun*, in: Boos/Fischer/Schulte-Mattler, KWG, § 25a, Rn 4 (ebenso in Rn. 5 der vom VG Frankfurt zitierten 2. Auflage).

Begriffen resultieren. Inhaltlich geht es aber auch hier im Kern darum, die Wertungen der branchenspezifischen Regelungen auf das allgemeine Aktienrecht zu übertragen. Ob eine Ausstrahlungswirkung feststellbar ist, muss jedoch anhand einzelner konkreter Normen beurteilt werden[1132].

7) Ausstrahlungswirkungen aufsichtsrechtlicher Regelungen untereinander

Anknüpfend an die soeben beleuchtete Diskussion um eine Ausstrahlung des Aufsichtsrechts auf das allgemeine Aktienrecht, wird auch eine Ausstrahlungswirkung aufsichtsrechtlicher Normen untereinander erörtert[1133]. Den Ausgangspunkt bilden dabei ebenfalls die Aussagen des VG Frankfurt im Bruderhilfe-Urteil. In dem der Entscheidung zugrunde liegenden Verfahren war der Kläger bis zu seiner Abberufung Vorstandsmitglied mehrerer Versicherungsunternehmen, also von Unternehmen einer Branche, die selbst einer staatlichen Aufsicht und Regulierung unterliegt[1134]. Unabhängig von der Frage nach der Ausstrahlung des KWG auf den aktienrechtlichen Pflichtenkatalog tritt daher die Frage auf, ob eine direkte Ausstrahlung des Bankaufsichtsrechts auf das Versicherungsaufsichtsrecht besteht. Nicht zuletzt aufgrund der im Jahr 2002 durch das FinDAG[1135] eingeführten gemeinsamen Aufsicht über Banken und Versicherungen durch die BaFin erscheint eine Annäherung beider Aufsichtsbereiche denkbar.

Gegen eine solche Ausstrahlungswirkung werden jedoch die unterschiedlichen Aufsichtszwecke von Banken- und Versicherungsaufsicht angeführt[1136]. Gemäß § 6 Abs. 2 KWG verfolgt die Bankenaufsicht das Ziel, Missständen im Kreditwesen entgegenzuwirken, die die Sicherheit der den Instituten anvertrauten Vermögenswerte gefährden, die ordnungsgemäße Durchführung der

1132 So auch *Dreher*, ZGR 2010, 496 (500f.).

1133 *Bürkle*, WM 2005, 1496 (1499ff.).

1134 Die für das Bruderhilfe-Urteil hypothetisch relevante Fragestellung nach einer Ausstrahlungswirkung des § 25a KWG auf das Versicherungsaufsichtsrecht stellt sich heute nicht mehr in dieser Dringlichkeit. Mit § 64a wurde durch das Neunte Gesetz zur Änderung des Versicherungsaufsichtsgesetzes eine § 25a KWG ähnliche Vorschrift in das VAG eingefügt, sodass hier eine eigene Regelung zur Einrichtung eines Risikomanagementsystems existiert. Mit der Einführung von Solvency II wurde die Regelung in § 23 VAG überführt.

1135 Gesetz über die integrierte Finanzdienstleistungsaufsicht, BGBL. I vom 25.4.2002, S. 1310, siehe dazu auch *Fricke*, NVersZ 2002, 337

1136 Vgl. Bürkle, WM 2005, 1496 (1500).

Bankgeschäfte beeinträchtigen oder erhebliche Nachteile für die Gesamtwirtschaft nach sich ziehen können[1137]. Damit nimmt die Bankenaufsicht den Schutz des Kreditwesens und des Systems der Finanzdienstleistungen in den Fokus. Hingegen ist der Verbraucherschutz kein vorrangiges Ziel der Aufsicht nach dem KWG, jedoch wurde die Bankenaufsicht in der jüngeren politischen und öffentlichen Diskussion vermehrt mit derartigen Zielsetzungen in Verbindung gebracht[1138]. Anders zeigt sich der Zweck der Aufsicht über Versicherungsunternehmen nach dem VAG. Hier steht der Schutz der Interessen der Versicherten im Mittelpunkt[1139]. Als untergeordnetes Ziel wird jedoch auch der Erhalt eines funktionsfähigen Versicherungswesens genannt[1140]. Damit zeigt sich eine gewisse Überschneidung der Zwecke der jeweiligen Aufsicht von Banken und Versicherungen. Beide haben sowohl den Schutz des jeweiligen Systems, als auch den Schutz der beteiligten Personen zum Ziel. Der Unterschied besteht jedoch in der Schwerpunktsetzung und damit in der Gewichtung der Schutzgüter. Während die Bankenaufsicht hauptsächlich den Schutz des Systems verfolgt, bezweckt die Versicherungsaufsicht vorrangig den Schutz der Versicherten[1141]. Dieser Zusammenhang mag mit der von *Hopt* für das Verhältnis von Anlegerschutz und Funktionenschutz des Kapitalmarktes durch das WpHG aufgestellten These zu begründen sein, Individualschutz und Funktionenschutz seien zwei Seiten einer Medaille, sodass sich der eine nicht ohne den anderen verwirklichen lasse[1142]. Jedoch kann nicht alleine aus dieser Überschneidung der Schutzgüter auf eine Ausstrahlungswirkung geschlossen werden[1143]. Auch hier bedarf es

1137 *Schelm*, in: Kümpel/Wittig, Rn. 2.3. Ausführlicher hierzu bereits oben Kapitel 3 C) II)1).

1138 *Fischer*, in: Boos/Fischer/Schulte-Mattler, KWG, Einl. KWG Rn. 124; vgl. auch die Antwort der Bundesregierung auf eine kleine Anfrage der Bundestagsfraktionen von SPD und FDP, BT-Drs. 8/3047, Ziff. 3; vgl. ferner die Ansicht der Bundesbank, wonach es Ziel des KWG sei „die Funktionsfähigkeit des Finanzsektors, der besonders vertrauensempfindlich ist, durch Gläubigerschutz zu sichern", http://www.bundesbank.de/Navigation/DE/Aufgaben/Bankenaufsicht/Motive_und_Ziele/motive_und_ziele.html.

1139 *Kaulbach/Pohlmann*, in: FKBP, VAG, Vor § 1, Rn. 5; vgl. zu den unterschiedlichen Schutzzwecken von Banken- und Versicherungsaufsicht auch *Fricke*, NVersZ, 2002, 337 (338). Ausführlich zum Schutzzweck des VAG oben Kapitel 3 C)II)2).

1140 BT-Drs. 17/1291, S. 1; vgl. auch *Kaulbach/Pohlmann*, in: FKBP, VAG, Vor § 1, Rn. 5.

1141 *Bürkle*, WM 2005, 1496 (1500).

1142 *Hopt*, ZHR 159 (1995), 135 (158ff.); vgl. dazu auch *Hopt*, Kapitalanlegerschutz, S. 334ff.

1143 Kritisch auch *Bürkle*, WM 2005, 1496 (1500).

weiterer Rechtfertigungsgründe, wie etwa gemeinsamer Grundsätze, die sowohl im Banken- als auch im Versicherungsaufsichtsrecht zu finden sind, um eine Ausstrahlungswirkung nachweisen zu können.

8) *Ausstrahlungswirkungen des Deutschen Corporate Governance Kodex*

Schließlich stellt auch eine mögliche Ausstrahlung von Empfehlungen des Deutschen Corporate Governance Kodex (DCGK) auf das allgemeine Aktienrecht einen Gegenstand der Diskussion in der Literatur dar[1144]. Dabei sind unterschiedliche Ebenen zu trennen.

Zum einen kommt eine Heranziehung von Kodexempfehlungen zur Konkretisierung ausfüllungsbedürftiger gesetzlicher Regelungen in Betracht[1145]. Auf Grund der Rechtsnatur des DCGK[1146] sind die Empfehlungen jedoch nicht bindend. Sie können jedoch im Rahmen der Auslegung als Interpretationshilfe dienen, sofern keine anderen Quellen zur Verfügung stehen[1147]. In diesen Bereich gehört auch die Frage, ob Empfehlungen des DCGK auch Anwendung auf Unternehmen, die nicht börsennotiert sind und folglich nicht der Pflicht zum comply-or-explain des § 161 Abs. 1 AktG unterliegen, finden kann[1148].

Zum anderen können Empfehlungen des DCGK eine Vorlage für zukünftige Gesetze darstellen[1149]. Dabei wird eine Kodexempfehlung sinnbildlich als „Testballon“[1150] verwendet.

9) *Stellungnahme*

Die in diesem Abschnitt dargestellten Beispiele zeigen, dass eine einheitliche Verwendung des Begriffs „Ausstrahlung“ nicht existiert. Teilweise zeigt sich

---

1144 Vgl. *Fleischer*, in: Hdb. Vorstand, § 7, Rn. 32ff.; *Koch*, in: Hüffer, AktG, § 161, Rn. 26f.; *Spindler*, in: MüKo-AktG, § 93, Rn. 31ff.

1145 *Weiß*, Regulierungsinstrumente, S. 53.

1146 Zur Rechtsqualität des DCGK vgl. *Ringleb*, in: Ringleb, DCGK, Vorbemerkung Rn. 63ff.

1147 *Weiß*, Regulierungsinstrumente, S. 87.

1148 Vergleiche zur Übertragbarkeit und zum Sinn einer Übertragung von Kodexvorschriften auf nicht börsennotierte Gesellschaften *Just*, Anwendbarkeit, S. 88ff.; *v. Werder*, in: Ringleb, DCGK, Präambel, Rn. 146ff.

1149 *Weiß*, Regulierungsinstrumente, S. 116f.; vgl. auch die von *Dreher*, ZGR 2010, 496 (507) angesprochenen Ausstrahlungen de lege ferenda.

1150 *Vetter*, ZIP 2004, 1527, der jedoch nicht auf die Tatsache eingeht, dass der Kodex nicht unmittelbar durch den Gesetzgeber, sondern durch die Kodex-Kommission aktualisiert wird, vgl. dazu *Ringleb*, in: Ringleb, DCGK, Präambel, Rn. 149ff.

die Ausstrahlung als Kunstgriff der Rechtswissenschaft, während er an anderer Stelle in Gesetzesbegründungen auftaucht oder sogar vom Gesetzgeber selbst verwendet wird. Dies macht es schwierig zu bestimmen, wie die Figur der Ausstrahlung rechtsmethodisch einzuordnen ist und welche Voraussetzungen und Rechtsfolgen für sie bestehen. Dennoch scheinen allen Beispielen auch Gemeinsamkeiten zu Grunde zu liegen. So geht es beispielsweise in allen Fällen um die Übertragung von Rechtsgedanken und Wertungen oder sogar von Normen auf andere Bereiche, die nicht in ihrem eigentlichen Anwendungsbereich liegen, in denen derartige Regelungen fehlen und eine Übertragung sinnvoll und angemessen erscheint. Auch zeigen manche Beispiele, dass eine Ausfüllung allgemeiner Begriffe oder allgemein gehaltener Regelungen durch Wertungen anderer Rechtsbereiche, in denen eine detailliertere Regelung existiert, Fälle der Ausstrahlungswirkung sein können.

Führt man sich parallel dazu die möglichen Auslegungen des Wortsinns vor Augen, so scheinen diese Gemeinsamkeiten von den möglichen Deutungen des Begriffs erfasst zu sein.

Problematisch erscheint in einigen Fällen die Rechtfertigung vor dem Hintergrund der Gewaltenteilung. Nach diesem Grundsatz ist die Gesetzgebung der Legislative zugewiesen. Die Feststellung einer Ausstrahlung erfolgt hingegen in den meisten Fällen durch den Rechtsanwender.

All dies macht es erforderlich zu untersuchen, ob sich die Ausstrahlung als ein allgemeines rechtsmethodisches Phänomen begreifen lässt und wie dabei den angesprochenen Problemen begegnet werden kann.

III) Merkmale der Ausstrahlung

Im Folgenden soll zunächst herausgearbeitet werden, welche Merkmale der Ausstrahlung sich aus den diskutierten Fällen ableiten lassen. Dazu ist es erforderlich, die Beispiele für Ausstrahlungen auf Gemeinsamkeiten und Unterschiede zu untersuchen.

1) Gegenstand der Ausstrahlung

In den meisten Fällen geht es um die Übertragung von Wertungen, Rechtsgedanken oder Konkretisierungen von Prinzipien. Eine Ausnahme stellt lediglich die gesetzlich angeordnete Ausstrahlung im Arbeits- und Sozialrecht[1151] dar, bei der gesamte Normen kraft Anordnung des Gesetzgebers über ihren eigentlichen

1151 Hierzu oben Kapitel 4 A)II)2).

räumlichen Anwendungsbereich ausgedehnt werden. Da dies jedoch keine unmittelbare Beeinflussung von anderen Normen zur Folge hat, kann insofern nicht von einer Ausstrahlungswirkung nach dem Verständnis dieser Untersuchung gesprochen werden.

Die Frage, wie deutlich der zu übertragende Grundsatz in der ausstrahlenden Norm konkretisiert sein muss, lässt sich anhand der besprochenen Beispiele nicht eindeutig beantworten. Während etwa die Verhaltenspflichten des WpHG oder die Regelungen des UmwG bereits im Gesetz vergleichsweise detailliert sind, enthalten die Grundrechte oder § 91 Abs. 2 AktG allgemeiner gefasste Regelungen, die ihrerseits der Konkretisierung bedürfen[1152]. Hierzu kann auf die entsprechende Rechtsprechung und Rechtspraxis zurückgegriffen werden. Dennoch ist auch bei den allgemeineren Regelungen ein gewisser Mindestgrad der Konkretisierung erkennbar. Die Grundrechte haben eine deutliche Ausgestaltung durch die Rechtsprechung des Bundesverfassungsgerichts erfahren. § 91 Abs. 2 AktG enthält wenigstens den Hinweis, dass „geeignete Maßnahmen" zumindest die Einrichtung eines Überwachungssystems umfassen.

Ohne ein Mindestmaß der Konkretisierung ließe sich eine Ausstrahlungswirkung einer bestimmten Norm weder feststellen noch begründen[1153]. Beispielsweise lässt sich die in § 91 Abs. 2 AktG beschriebene Pflicht zur Ergreifung geeigneter Maßnahmen zur Früherkennung von Risiken auf die allgemeine Pflicht des Vorstands zur ordnungsgemäßen Unternehmensorganisation herunterbrechen[1154]. Da es sich bei dieser um eine allgemeine Organisationspflicht handelt, die beispielsweise auch in § 831 BGB zum Ausdruck kommt[1155], könnte ohne eine weitere Konkretisierung nicht auf die „Herkunft" der Ausstrahlungswirkung geschlossen werden. Ähnlich verhält es sich bei der diskutierten Ausstrahlung der Verhaltenspflichten des WpHG. Durch sie wird die allgemeine und auch in den Vorschriften des Auftragsrechts vorfindliche Pflicht zur Wahrung der Interessen des Auftraggebers konkretisiert. Würden sie keinen über den

---

1152 Die in Art. 93 Abs. 1 Nr. 4a GG vorgesehene Feststellung von Grundrechtsverletzungen durch das BVerfG setzt gerade eine Konkretisierung der Grundrechte durch das Gericht voraus. Gemäß § 31 Abs. 1 BVerfGG sind die Verfassungsorgane von Bund und Ländern sowie Gerichte und Behörden an diese Konkretisierung gebunden. Vgl. hierzu *Schlaich/Korioth*, BVerfG, Rn. 476ff.

1153 In diese Richtung auch *Weber-Rey*, ZGR 2010, 543 (567), die davon ausgeht dass die Ausstrahlungsfähigkeit eines Rechtssatzes von dessen Konkretisierungsgrad abhängt.

1154 *Spindler*, in: MüKo-AktG, § 91, Rn. 18.

1155 *Spindler*, in: MüKo-AktG, § 91, Rn. 18.

allgemeinen Grundsatz hinausgehenden Konkretisierungsgrad aufweisen, wäre eine Ausstrahlung nicht denkbar.

Als Ergebnis lässt sich somit festhalten, dass Gegenstand der Ausstrahlung die Übertragung von rechtlichen Wertungen ist. Diese wiederum müssen in der ausstrahlenden Norm ein Mindestmaß an Konkretisierung erfahren haben.

2) Betroffene Regelungen und Richtung der Ausstrahlung

Mit Ausnahme der Ausstrahlungswirkung von Empfehlungen des DCGK handelt es sich bei allen Beispielen bei den ausstrahlenden Normen um verbindliche gesetzliche Regelungen.

Hingegen sind die von der Ausstrahlungswirkung einer Norm erfassten „Ziele" von unterschiedlicher Rechtsnatur. Meist handelt es sich auch hierbei um gesetzliche Vorschriften. Im Rahmen der Ausstrahlung der Verhaltenspflichten des WpHG kommen auch vertragliche Beziehungen als Ausstrahlungsziel in Betracht. Jedoch finden auch diese ihre Begründung in gesetzlichen Vorschriften[1156].

Unterschiede zeigen sich auch bei der Richtung der Ausstrahlung. Feststellbar sind dabei drei verschiedene Richtungen: In Betracht kommt erstens eine Ausstrahlung spezieller Normen auf allgemeinere Normen oder Grundsätze, wie z.B. bei der diskutierten Ausstrahlung des Aufsichtsrechts auf das Aktienrecht oder der Ausstrahlung von Vorschriften des UmwG auf wirtschaftliche Umwandlungen. Zweitens zeigt sich eine Ausstrahlung allgemeiner Grundsätze auf speziellere Normen – so bei der Ausstrahlungswirkung der Grundrechte. Schließlich ist drittens – wie im Fall der Ausstrahlung des § 91 Abs. 2 AktG auf das GmbH-Recht – eine Ausstrahlungswirkung auf derselben Normebene möglich.

Dies legt die These nahe, dass es auf das hierarchische Verhältnis der Normen grundsätzlich nicht ankommt, sondern eine Ausstrahlungswirkung in alle Richtungen und über alle Ebenen der Normenhierarchie hinweg bestehen kann. Jedoch ist hierbei in doppelter Hinsicht Vorsicht geboten: Zum einen muss die Sonderstellung der Grundrechte beachtet werden. Geht man davon aus dass es sich bei ihnen um allgemeinere Normen handelt, die der Konkretisierung bedürfen, so wäre es ein Zirkelschluss, hierzu einfaches Gesetzesrecht heranzuziehen. Das einfache Gesetzesrecht muss vielmehr das Ziel verfolgen, die Grundrechte zu wahren und ihnen zur Geltung zu verhelfen. Darüber hinaus stellt sich eine

---

1156 Zur dogmatischen Begründung der vertraglichen Aufklärungspflichten *Forschner*, Wechselwirkungen, S. 101ff.

ähnliche Problematik bei der Ausstrahlung von Normen niedrigeren Ranges auf höherrangige Normen allgemein. Solche Normen müssen stets mit dem höherrangigen Recht vereinbar sein. Umgekehrt muss sich das höherrangige Recht nicht entsprechend anpassen. Zum anderen ist zu bedenken, dass die Grundrechte auf Grund ihrer exponierten Stellung in der Normenhierarchie stets bei der Auslegung des rangniedrigeren Rechts zu beachten sind[1157]. Meist wird dies im Rahmen der systematischen Auslegung erfolgen[1158]. Somit spielt sich die „Ausstrahlung" hier im Bereich der anerkannten Rechtsmethodik ab.

Umgekehrt gilt, dass im Fall der Konkretisierung einer ranghöheren durch eine rangniedrigere Norm nur die rangniedrigere Norm anzuwenden ist[1159]. Hier spielt eine Ausstrahlungswirkung daher keine Rolle.

Als Untersuchungsgegenstand verbleibt damit die Ausstrahlungswirkung von Normen auf der gleichen Hierarchieebene. Eine Unterscheidung kann demnach nur nach dem Spezialisierungsgrad der jeweiligen Normen vorgenommen werden.

Als Ergebnis lässt sich festhalten, dass die Ausstrahlung eine Rolle für allgemeine und spezielle Normen spielen kann, sofern nicht die Normenhierarchie eine Ausstrahlung ausschließt.

3) Schutzzweck und geschützter Personenkreis

Des Weiteren lohnt ein Blick auf den Schutzzweck der diskutierten Ausstrahlungen und den jeweils durch sie geschützten Personenkreis.

Die Ausstrahlung der Grundrechte dient der Verwirklichung der Grundrechte als objektive Wertordnung. Durch sie soll sichergestellt werden, dass jedes Rechtssubjekt den Schutz der Grundrechte genießt. Damit erfüllt der Staat die Schutzgebotsfunktion der Grundrechte, die ihn dazu verpflichtet, die durch die Grundrechte verbürgten Rechte in allen Bereichen und auch gegenüber Privaten zu schützen. Einander entgegenstehende Rechtspositionen müssen im Wege der praktischen Konkordanz zu einem gerechten Ausgleich geführt werden. Die Ausstrahlung der Grundrechte lässt sich folglich mit der überragenden Bedeutung der Grundrechte für die gesamte Rechtsordnung begründen.

1157 Vgl. *Wank*, Auslegung, S. 61. Insofern wird von den Grundrechten als objektive Werteordnung gesprochen, vgl. BVerfGE 7, 198.

1158 *Rüthers/Fischer/Birk*, Rechtstheorie, Rn. 749; Zur Bedeutung der Normenhierarchie für die Auslegung unten Kapitel 4 A)IV)1)a)dd).

1159 *Wank*, Auslegung, S. 61.

Im Gegensatz hierzu haben die Ausstrahlung im Arbeits- und Sozialrecht, sowie die Ausstrahlungswirkung des UmwG und der Wohlverhaltensregeln des WpHG primär den Schutz von Minderheiten, die sich verglichen mit ihrem jeweiligen Vertragspartner in einer schwächeren Position befinden, zum Ziel. So bescheinigte im Zusammenhang mit der Frage nach der Ausstrahlung von Normen des UmwG das LG Karlsruhe ein Schutzbedürfnis der Minderheitsaktionäre bei Strukturmaßnahmen in der AG, wobei die Interessenlage bei Strukturmaßnahmen außerhalb des UmwG der Interessenlage bei Umwandlungen innerhalb des UmwG entspreche[1160].

Geschützt werden hierdurch Arbeitnehmer, Minderheitsgesellschafter, Gläubiger oder Anleger. Mittelbar wird durch sie jedoch auch die Funktionsfähigkeit der Märkte geschützt.

Inhaltlich dient die Ausstrahlung in den diskutierten Beispielen meist dem Schutz vor der Umgehung von Schutzvorschriften. Besonders deutlich wird dies am Beispiel der Ausstrahlungswirkung des UmwG. Hier besteht die Gefahr, dass die strengen Vorschriften des UmwG zum Schutz von Minderheitsaktionären und Gläubigern – etwa durch Zustimmungsvorbehalte oder den Anspruch auf Sicherheitsleistung – umgangen werden, indem statt einer Gestaltung nach dem UmwG eine Einzelrechtsübertragung gewählt wird.

Eine Systematik dergestalt, dass eine Ausstrahlungswirkung immer im Hinblick auf bestimmte Schutzgüter oder zum Schutz bestimmter Personenkreise in Frage kommt, lässt sich anhand der Beispiele nicht feststellen.

4) Folgen der Ausstrahlung

Abschließend soll der Blick auf die Folgen der in den Beispielen besprochenen Ausstrahlungen gelegt werden. Meist besteht die Folge in der Berücksichtigung der Rechtsgedanken und Wertungen der ausstrahlenden Normen in anderen Regelungen.

Die Ausstrahlungswirkung der Grundrechte bewirkt zunächst, dass diese bei der Auslegung von Normen des Privatrechts zu berücksichtigen sind. Darüber hinaus ist auch der Zivilgesetzgeber an die Grundrechte gebunden, sodass er keine Normen erlassen darf, die den Grundrechten zuwiderlaufen[1161].

Im Bereich des Arbeits- und Sozialrechts bewirkt die in § 4 SGB IV gesetzlich angeordnete Ausstrahlungswirkung eine Geltung sozialversicherungsrechtlicher Normen über ihren eigentlichen Anwendungsbereich hinaus. Tätigkeiten eines

---

1160 LG Karlsruhe, Beschl. v. 6.11.1997 – O 43/97 KfH I = NZG 1998, 393 (395).

1161 Art. 1 Abs. 3 GG.

Arbeitnehmers im Ausland sind demnach sozialversicherungsrechtlich so zu behandeln wie Tätigkeiten im Inland. Hier werden also nicht lediglich Grundsätze berücksichtigt, sondern ganze Normen übertragen.

Sofern sie anerkannt wird, hat die Ausstrahlungswirkung des UmwG zur Folge, dass die hinter den minderheiten- und gläubigerschützenden Vorschriften des UmwG stehenden Wertungen auf Vorgänge ohne Gesamtrechtsnachfolge anzuwenden sind. Die Rechtsprechung ist hingegen in den bislang ergangenen Entscheidungen eher von einer Analogiebildung ausgegangen[1162]. Eine solche hätte zur Folge, dass die Rechtsfolge einer Norm und nicht lediglich die hinter ihr stehenden Wertungen übertragen werden[1163].

Die Ausstrahlungswirkung der WpHG-Pflichten hat hingegen die Schaffung von Mindeststandards zur Folge. Wertpapierhandelsunternehmen dürften in Folge des durch die Ausstrahlung geschaffenen Gleichlaufs von Aufsichts- und Vertragsrecht in den Verträgen mit ihren Kunden nicht hinter den aufsichtsrechtlichen Standards zurückbleiben.

Bei der Ausstrahlung des § 91 Abs. 2 AktG auf die GmbH wird eine Analogie diskutiert und mangels planwidriger Regelungslücke verworfen. Es bleibt daher, den Gedanken des § 91 Abs. 2 AktG bei der Auslegung und Bestimmung der in § 43 GmbHG geregelten Pflichten der Geschäftsführer zu berücksichtigen. Wollen diese ihren Pflichten nachkommen um sich nicht der Gefahr einer Haftung auszusetzen, besteht für sie auch bei einer GmbH in Folge der Ausstrahlungswirkung des § 91 Abs. 2 AktG die Pflicht, ein Risikofrüherkennungssystem einzurichten.

Aus der Ausstrahlung des Aufsichtsrechts auf das allgemeine Aktienrecht folgt eine Konkretisierung aktienrechtlicher Grundsätze durch aufsichtsrechtliche Normen. Ähnlich verhält es sich mit der Ausstrahlungswirkung der Empfehlungen des DCGK. Auch hier besteht die Folge in der Konkretisierung aktienrechtlicher Grundsätze durch Empfehlungen des Kodex, sodass Wertungen des Kodex auch über dessen eigentlichen Anwendungsbereich hinaus zur Geltung kommen.

Akzeptiert man die diskutierten Ausstrahlungen, so sind diese auch rechtlich verbindlich. Es stellt sich nicht mehr die Frage, ob Normen aus anderen Rechtsgebieten oder Regelungswerken eine unmittelbare Wirkung entfalten. Vielmehr

---

1162 LG Karlsruhe, Beschl. v. 6.11.1997 – O 43/97 KfH I; eine Analogie mangels planwidriger Regelungslücke ablehnend hingegen LG München I, Urt. v. 8.6.2006 – 5 HK O 5025/06 = NZG 2006, 873 (874).

1163 Vgl. *Zippelius*, Methodenlehre, S. 55.

werden durch Ausstrahlungen Normen des fraglichen Rechtsgebiets selbst verändert. Dass diese rechtlich verbindlich bleiben steht außer Frage.

5) Zwischenergebnis

Die Untersuchung der in Rechtsprechung und Literatur diskutierten Beispiele für Ausstrahlungen zeigen, dass es an einer einheitlichen Systematik fehlt. Oft wird zwar einheitlich von Ausstrahlungswirkungen gesprochen, gemeint sind damit jedoch unterschiedlichste Sachverhalte.

Als Leitlinie hat sich herauskristallisiert, dass Ausstrahlung in der Regel die Übertragung von Rechtsgedanken oder Wertungen meint. Dies kann einerseits innerhalb der anerkannten Grenzen der Rechtsmethodik geschehen, etwa im Rahmen der Auslegung oder der Analogiebildung, oder darüber hinausgehen. Beispielsweise kommt eine Übertragung der Rechtsgedanken oder Wertungen in Betracht, wenn eine Analogie mangels planwidriger Regelungslücke ausscheidet oder bei der Auslegung die Wortlautgrenze erreicht ist. Ausstrahlungen können somit auch im Bereich der Rechtsfortbildung von Bedeutung sein.

Um ausstrahlen zu können, müssen Normen eine gewisse Konkretisierung von Rechtsgrundsätzen enthalten. Ist eine Norm zu unbestimmt, fällt es schwer, die Ausstrahlungswirkung auf gerade diese Norm zurückzuführen.

Die Ausstrahlung bewegt sich schließlich in der Regel innerhalb derselben Ebene der Normenhierarchie. Für das Verhältnis von Normen unterschiedlicher Hierarchieebenen enthält das Recht Regeln, die einer Ausstrahlung entgegenstehen.

IV) Unterschiede und Gemeinsamkeiten von Ausstrahlung und anerkannten Instrumenten der Methodenlehre

Sind damit die Merkmale der Ausstrahlungswirkung im Allgemeinen beleuchtet, gilt es nun, eine Einordnung in den Kanon der Methodenlehre vorzunehmen. Hierbei soll aufgezeigt werden, wie sich die Ausstrahlung zu anderen Instrumenten der Methodenlehre verhält und auf diese Einfluss nimmt. Gemäß den bisherigen Ergebnissen der Untersuchung stehen dabei die Bereiche Auslegung und Rechtsfortbildung im Fokus.

1) Die Auslegung von Gesetzen

Ist der Inhalt einer Norm auf den ersten Blick nicht klar erkennbar, behilft sich der Rechtsanwender mit der Auslegung. Hierzu gibt ihm das Gesetz Auslegungsregeln an die Hand, welche die Bedeutung bestimmter Handlungen für den Fall bestimmen, dass sich die Bedeutung aus der Handlung selbst nicht eindeutig ergibt[1164].

Bevor die Ausstrahlung mit der Auslegung von Gesetzen verglichen werden kann, bedarf es zunächst eines Blickes auf die methodischen Grundlagen der Auslegung[1165].

a) Grundlagen der Auslegung

Die Auslegung dient der Ermittlung des Sinnes und der Bedeutung einer Norm[1166]. Erforderlich ist sie auf den ersten Blick nur, wenn eine Norm mehrere Deutungsmöglichkeiten zulässt. Doch auch wenn eine Norm klar und eindeutig formuliert zu sein scheint, kommt die Auslegung zur Anwendung[1167]. Ein Grund dafür ist das unterschiedliche Verständnis jedes Gesetzesanwenders von der Bedeutung der im Normtext verwendeten Begriffe[1168]. Ein solches besteht dabei nicht nur bei Generalklauseln und unbestimmten Rechtsbegriffen, vielmehr bedarf es zur Rechtsanwendung der Ermittlung der Bedeutung jedes einzelnen Wortes einer Norm[1169]. Dies bezieht sich jedoch nicht nur auf den Wortlaut, sondern auf alle Merkmale, welche die Bedeutung einer Norm prägen. Daraus folgt, dass jeder Normanwendung ein Akt der Auslegung der Norm vorausgeht.

1164 Vgl. nur §§ 329, 330, 336, 2084, 2097, 2137, 2304 BGB

1165 Ausführlich zu Fragen der Auslegung *Engisch* Juristisches Denken, Kapitel V; *Coing/Honsell*, in: Staudinger BGB, Einl. BGB, Rn. 114ff.; *Larenz*, Methodenlehre, Kapitel 4; *Rüthers/Fischer/Birk*, Rechtstheorie, § 22 , passim; *Säcker*, in: MüKo-BGB, Einl. Rn. 74ff.; *Wank*, Auslegung, passim; *Zippelius*, Methodenlehre, § 4 II sowie Kapitel III.

1166 *Sprau*, in: Palandt, Einl., Rn. 40.

1167 Vgl. zum Verstehen des Inhalts einer Rechtsnorm unter anderem durch Heranziehung anderer Vorschriften mit interpretierender Funktion *Engisch*, Juristisches Denken, S. 115ff.

1168 *Larenz*, Methodenlehre, S. 320ff.; *Säcker*, in: MüKo-BGB, Einl. Rn. 136ff.; zu semantischen Aspekten vgl. *Säcker*, in: MüKo-BGB, Einl. Rn. 130f., wonach der Verfasser eines Textes darüber entscheide, in welcher Bedeutung ein Wort verwendet wird, weshalb es nicht im Belieben des Lesers stehe, den verwendeten Worten eine andere Bedeutung zu geben. Insofern muss bei jeder Norm das eigene Begriffsverständnis des Lesers ausgeschaltet und im Wege der Auslegung das Verständnis des Gesetzes bzw. des Gesetzgebers erfragt werden.

1169 Für die Rechtsgewinnung bedarf es jedoch nicht der Subsumtion unter einen einzelnen Begriff sondern unter einen ganzen Normsatz, *Bydlinski*, System und Prinzipien, S. 62.

aa) Das Ziel der Auslegung

Ziel der Auslegung ist es, die Bedeutung des Gesetzes herauszufinden[1170]. Welcher Vorstellungshorizont dabei maßgeblich ist, wird unterschiedlich beurteilt. Nach einer subjektiven Theorie besteht das Ziel der Gesetzesauslegung darin, den „historisch-psychologischen Willen des Gesetzgebers“ zu ermitteln[1171]. Dabei ist umstritten, auf welchen Zeitpunkt zu diesem Zweck abzustellen ist. Oft wird dabei eine Fortschreibung der im Gesetz verkörperten Wertungen in die Gegenwart, ohne dabei die Wertungen des heutigen Gesetzgebers als Maßstab heranzuziehen, vertreten[1172].

Nach der objektiven Sichtweise kommt es hingegen auf „die Erschließung des dem Gesetz selbst innewohnenden Sinnes“[1173], also den Willen des Gesetzes anstelle des Willens des Gesetzgebers, an[1174]. Dieser Theorie liegt die Annahme zugrunde, das Gesetz habe einen eigenen Willen und sei oft klüger als diejenigen, die es schufen[1175]. Daran wird kritisiert, dass das Gesetz selbst über keine eigene Intelligenz verfügen könne, sodass eine objektive Auslegung lediglich den subjektiven Regelungswillen des Normanwenders verwirkliche[1176].

In aller Strenge lassen sich beide Theorien nicht sinnvoll durchhalten und werden daher in ihren überspitzten Formen auch nicht mehr vertreten. Vielmehr gewinnen vermittelnde Theorien, wie die Andeutungstheorie, der zwischenzeitlich auch das BVerfG zuneigte, an Bedeutung. Nach ihr soll der Wille des Gesetzgebers nur insoweit berücksichtigt werden, „als er in dem Gesetz selbst

---

1170 *Wank*, Auslegung, S. 27f.

1171 *Coing/Honsell*, in: Staudinger, BGB, Einl. BGB, Rn. 133; *Larenz*, Methodenlehre, S. 316.; vgl. auch *Rüthers/Fischer*/Birk, Rechtstheorie, Rn. 796; *Wank*, Auslegung, S. 30; *Zippelius*, Methodenlehre, S. 17.

1172 *Wank*, Auslegung, S. 30.

1173 *Larenz*, Methodenlehre, S. 316.

1174 Vgl. *Coing/Honsell*, in: Staudinger, BGB, Einl. BGB, Rn. 134; *Wank*, Auslegung, S. 30; *Zippelius*, Methodenlehre, S. 17; vgl. auch *Rüthers/Fischer/Birk*, Rechtstheorie, Rn. 797.

1175 *Rüthers/Fischer/Birk*, Rechtstheorie, Rn. 797; vgl. auch *Engisch*, Juristisches Denken, S. 164 mit Verweis auf *Mezger*, ZStW 59 (1940), 573 („Das Gesetz geht, sobald es in die Erscheinung getreten ist, in ein *soziales Kräftefeld* ein, dem es von nun ab ... seine inhaltliche Weiterbildung entnimmt“. Schon darum kommen wir in die Lage, das Gesetz „besser zu verstehen“, als es der historische Gesetzgeber selbst verstanden hat.).

1176 *Rüthers/Fischer/Birk*, Rechtstheorie, Rn. 797; vgl. auch *Larenz*, Methodenlehre, S. 319; *Wank*, Auslegung, S. 32f.

einen hinreichend bestimmten Ausdruck gefunden hat“[1177]. Um dem Wortlaut des Normtextes kein zu großes Gewicht beizumessen, sollen Anhaltspunkte für diesen Willen mit Hilfe aller Auslegungskriterien gefunden werden können[1178].

Einen weiteren Mittelweg beschreitet *Larenz*. Nach der von ihm vertretenen Ansicht liegt jeder der beiden Theorien eine Teilwahrheit zugrunde[1179]. Die Wahrheit an der subjektiven Theorie sei, dass der Gesetzgeber mit einem Gesetz eine bestimmte Regelungsabsicht verfolge und die verfassungsmäßige Bindung an das Gesetz sowohl den Gesetzestext, als auch die hinter dem Gesetz stehenden Absichten und Wertungen umfasse. Richtig an der objektiven Theorie sei hingegen, dass ein Gesetz – je weiter seine Veröffentlichung zurückliegt – ein sich immer weiter verselbstständigendes Eigenleben entwickele und sich damit von den Vorstellungen des historischen Gesetzgebers immer weiter entferne. Daraus folgert *Larenz*, dass das Ziel der Auslegung nur die Ermittlung des heute rechtlich maßgeblichen Sinnes des Gesetzes, der unter Berücksichtigung auch der Regelungsabsichten und konkreten Vorstellungen des historischen Gesetzgebers festzustellen sei, sein könne[1180].

Eine ähnliche Linie vertritt neuerdings auch das BVerfG, welches im Jahr 2011 äußerte, der Richter dürfe sich nicht dem vom Gesetzgeber festgelegten Sinn und Zweck des Gesetzes entziehen, er müsse die gesetzgeberische Grundentscheidung respektieren und den Willen des Gesetzgebers unter gewandelten Bedingungen möglichst zuverlässig zur Geltung bringen[1181]. Damit vertritt das BVerfG nun eine Mischform, die objektive und subjektive Kriterien miteinander kombiniert und auf den objektivierten Willen des Gesetzgebers abstellt.[1182].

Ein derartiger „Bedeutungswandel der Gesetze“[1183] kann auch darin bestehen, dass neu in das Gesetz aufgenommene Bestimmungen ihre Sinnkraft auf ältere Bestimmungen ausstrahlen und diese umgestalten, da das Gesetz Bestandteil der gesamten Rechtsordnung ist und daher an deren ständiger Umbildung kraft der Einheit der Rechtsordnung teilnimmt[1184].

1177 BVerfGE 11, 126 (130)

1178 *Wank*, Auslegung, S. 31; zu den anerkannten Auslegungskriterien sogleich in Kapitel 4 A)IV)1)a)bb).

1179 *Larenz*, Methodenlehre, S. 316ff.

1180 *Larenz*, Methodenlehre, S. 318.

1181 BVerfG, Beschl. v. 25.1.2011 – 1 BvR 918/10 = NJW 2011, 836ff.

1182 BVerfGE 10, 234 (244); vgl. zu einem solchen *objektivierten* Willen des Gesetzgebers auch *Huttner*, Auslegung des DCGK, S. 54.

1183 *Zippelius*, Methodenlehre, S. 19ff.

1184 *Engisch*, Juristisches Denken, S. 163.; vgl. auch *Wank*, Auslegung, S. 55.

bb) Die anerkannten Auslegungskriterien

Um die Auslegung praktisch handhabbar zu machen und dabei subjektive und objektive Kriterien und Merkmale der Auslegung zu gewichten, haben Literatur und Rechtsprechung Auslegungskriterien entwickelt. Zurückgehend auf den von *Savigny*[1185] entwickelten Methodenkanon sind dies der Wortlaut[1186], die Systematik, die Entstehungsgeschichte sowie der Sinn und Zweck[1187]. Unterschiedliche Auffassungen bestehen dabei bezüglich der Einzelheiten der Ausgestaltung der Kriterien, sowie bezüglich ihrer Gewichtung und ihres Verhältnisses zueinander[1188]. Nicht zuletzt ergeben sich diese Unterschiede aus den unterschiedlichen Auffassungen über das Ziel der Auslegung.

(1) Der Wortlaut als Auslegungskriterium

Dem Wortlaut kommt eine Doppelfunktion zu: „Er ist Ausgangspunkt für die richterliche Sinnermittlung und steckt zugleich die Grenzen seiner Auslegungstätigkeit ab“[1189]. Er legt zwar den Grundstein für die weitere Auslegungsarbeit und ist dennoch nur eines unter mehreren Auslegungskriterien. Dies liegt darin begründet, dass Rechtssätze niemals so eindeutig formuliert sind, dass nur ein einziges Verständnis in Frage kommt. Darüber hinaus verändert sich der Aussagegehalt einer sprachlichen Formulierung mit dem Wandel des Umfeldes, in dem sie formuliert und später rezipiert wird[1190]. Daraus folgt, dass jeder Rechtssatz auslegungsbedürftig ist[1191].

1185 *Savigny*, System des heutigen Römischen Rechts, Bd. I, S. 212ff.

1186 Zur begrifflichen Klarstellung sei angemerkt, dass mit „Wortlaut“ die Bedeutung eines Begriffs und nicht der Laut als solcher gemeint ist. Treffender erscheint daher die Bezeichnung „Wortsinn“ zu sein. Beide Begriffe sind aber synonym zu gebrauchen.

1187 Vgl. *Coing/Honsell*, in: Staudinger, BGB, Einl. Rn. 138ff.; *Wank*, Auslegung, S. 39.

1188 Vgl. zu Letzterem *Larenz*, Methodenlehre, S. 343ff. sowie *Walz*, ZJS 2010, 482 (486ff.).

1189 *Meier-Hayoz*, Der Richter als Gesetzgeber, S. 42. Vgl. auch BVerfG 71, 108 (115); 73, 206 (242); 87, 224; *Coing/Honsell*, in: Staudinger, BGB, Einl. BGB Rn. 114 sowie Rn. 141; *Franzen*, Privatrechtsangleichung, S. 375ff.; *Larenz*, Methodenlehre, S. 321f.; *Voßkuhle*, AöR 125 (2000), 177 (193f.); *Zippelius*, Methodenlehre, S. 37ff; *Wank*, Auslegung, S. 39; vgl. auch *Engisch*, Juristisches Denken, S. 130f.; zu der auf den Gesetzessinn abstellenden Gegenansicht s. oben Kapitel 4 A)I)1) sowie die Nachweise in Fn. 1002.

1190 *Rüthers/Fischer/Birk*, Rechtstheorie, Rn. 732 sowie Rn. 171ff.; *Zippelius*, Methodenlehre, S. 39; Darüber hinaus werden juristische Begriffe auch in verschiedenen Gesetzen mit abweichender Bedeutung gebraucht, vgl. dazu *Lübbe-Wolff*, Rechtsfolgen und Realfolgen, S. 84f.

1191 Vgl. *Rüthers/Fischer/Birk*, Rechtstheorie, Rn. 731.

Die Anknüpfung an den Wortlaut erfordert es ferner zu entscheiden, aus welcher Perspektive der maßgebliche Wortlaut zu ermitteln ist. So kann das Verständnis des Sprechenden, bei der Gesetzesauslegung, also das Verständnis des Gesetzgebers, ein anderes als das Verständnis des Gesprächspartners, hier also des Gesetzesanwenders, sein. Auch kann zum Zeitpunkt der Entstehung einer Norm ein anderes Begriffsverständnis herrschen als zum Zeitpunkt der Normanwendung[1192]. Die Antwort liegt in der Problematik der Bestimmung des Auslegungsziels. Anhänger der subjektiven Theorie werden dabei eher auf den entstehungszeitlichen Wortlaut abstellen, während die Verfechter der objektiven Theorie eher einem geltungszeitlichen Wortsinnverständnis den Vorzug geben werden.

Zu differenzieren ist schließlich zwischen dem Wortlaut im umgangssprachlichen Sinn und dem Wortlaut im besonderen juristischen Sinn. So haben zahlreiche Begriffe eine besondere juristische Bedeutung, die von der umgangssprachlichen Bedeutung abweicht. Aber auch in der Umgangssprache ist die Bedeutung eines Begriffs nicht immer eindeutig. So können einem Begriff mehrere Bedeutungen zugeordnet sein, die sich in ihrem Gewicht voneinander unterscheiden[1193]. Existiert bereits eine besondere juristische Bedeutung eines Begriffs, hat diese Vorrang vor der umgangssprachlichen Bedeutung. Auf Letztere kann aber zurückgegriffen werden, wenn eine spezifische juristische Bedeutung nicht ermittelt werden kann[1194].

(2) Die systematische Auslegung

Als zweites Kriterium ist die Systematik zu nennen. Dabei wird nach dem Wortlaut eines Rechtsbegriffs nun dessen Stellung im System der Rechtsordnung und damit der Kontext, in dem der Begriff verwendet wird, in die Auslegung

---

1192 Insofern werden der entstehungszeitliche und der geltungszeitliche Wortlaut unterschieden, vgl. *Wank*, Auslegung, S. 39; vgl. auch *Coing/Honsell*, in: Staudinger, BGB, Einl. BGB, Rn. 142; *Larenz*, Methodenlehre, S. 323f.

1193 In diesem Zusammenhang wird regelmäßig die auf *Heck* (Gesetzesauslegung, S. 66) zurückgehende Unterscheidung von „Begriffskern" und „Begriffshof" bemüht. Demnach gehören zum Begriffskern solche Deutungen, die sicher einem Begriff zugeordnet werden können. Das Gegenstück bilden solche Bedeutungen, die anerkanntermaßen nicht zu dem fraglichen Begriff gehören. Zwischen diesen beiden Positionen existieren aber auch Zweifelsfälle, bei denen die Zuordnung nicht eindeutig ist. Darunter werden diejenigen, die zwar dem Begriff zugeordnet werden könnten, ihm aber nicht zwingend zugeordnet werden müssen, dem Begriffshof zugerechnet. Vgl. dazu auch *Rüthers/Fischer/Birk*, Rechtstheorie, Rn. 167.

1194 Vgl. *Bydlinski*, Methodenlehre, S. 439f.; *Wank*, Auslegung, S. 41.

einbezogen. Damit wird dem Grundsatz, dass keine Rechtsnorm alleine steht, sondern jede Norm als Teilelement der Gesamtrechtsordnung verstanden werden muss[1195], Rechnung getragen.

Zur Ermittlung eines Systems im Recht wird zwischen dem äußeren System und dem inneren System unterschieden[1196]. Das äußere System beschreibt das Umfeld, in dem eine Norm zu finden ist. So kann z.B. aus der amtlichen Überschrift, aus dem Abschnitt eines Gesetzes, in dem die Norm zu finden ist, oder aus dem Regelungsgegenstand des Gesetzes selbst bereits ein Eindruck davon gewonnen werden, wie eine bestimmte Norm verstanden werden kann.

Das innere System befasst sich hingegen mit der Kohärenz der Rechtsordnung. Danach sind Normen so auszulegen, dass keine Widersprüche zu anderen Normen oder zum gesamtem System der Rechtsordnung entstehen. Damit wird der Inhalt einer Norm in den Fokus genommen und der Zusammenhang mit anderen Normen und deren Verhältnisse untereinander beleuchtet.

Ziel der systematischen Auslegung ist es, ein Auslegungsergebnis zu finden, das widerspruchsfrei mit dem übrigen Recht derart harmoniert, dass eine einheitliche Gesetzesanwendung gewährleistet wird. Dem liegt die Prämisse zugrunde, dass „der Gesetzgeber sachlich Zusammenhängendes so geregelt hat, dass die gesamte Regelung einen durchgehenden, verständlichen Sinn ergibt[1197].

(3) Die Berücksichtigung der Entstehungsgeschichte einer Norm

Die rechtshistorische Auslegung dient einerseits der Ermittlung der juristischen Terminologie und Begriffsbildung zum Zeitpunkt des Erlasses einer Norm, andererseits umfasst sie die Klärung der ursprünglichen ratio legis[1198]. Damit umfasst sie die Feststellung des maßgeblichen Wortsinns ebenso wie die Aufklärung des ursprünglich vom Gesetzgeber verfolgten, objektivierten[1199] Gesetzeszwecks. Dabei geht es um die Ermittlung der Umstände, unter denen eine Norm entwickelt wurde und unter denen sie letztendlich verabschiedet wurde. Hierzu sind auch die zur Zeit des Normerlasses vorherrschenden Wertvorstellungen zu berücksichtigen[1200].

1195 *Coing/Honsell*, in: Staudinger, BGB, Einl. BGB Rn. 143; *Rüthers/Fischer/Birk*, Rechtstheorie, Rn. 745.

1196 Vgl. *Bydlinski*, Methodenlehre, S. 443ff.; *Rüthers/Fischer/Birk*, Rechtstheorie, Rn. 139ff.; *Wank*, Auslegung, S. 55ff.

1197 BVerfGE 48 246 (257).

1198 *Bydlinski*, Methodenlehre, S. 450f.; *Coing/Honsell*, in: Staudinger, BGB, Einl. BGB, Rn. 161.

1199 Dazu oben Kapitel 4 A)IV)1)a)aa).

1200 *Coing/Honsell*, in: Staudinger, BGB, Einl. BGB, Rn. 161.

Der Wille des Gesetzgebers lässt sich aus den Gesetzesmaterialien, dem Anlass der Normsetzung, den Umständen des Normerlasses, den Unterschieden zu früheren Normtexten oder aus der Gesetzesbegründung ableiten[1201]. Problematisch ist dabei, dass an der Ausarbeitung eines Gesetzes zahlreiche verschiedene Personen und Gremien beteiligt sind, deren Willen voneinander abweichen kann. Anerkannt ist jedoch, dass sich das Parlament die von den an der Ausarbeitung der Gesetze Beteiligten in der Gesetzesbegründung festgehaltenen Vorstellungen zu eigen macht, sodass diese zum Willen des Gesetzgebers wird (sog. Paktentheorie)[1202].

(4) Die Auslegung nach der ratio legis (teleologische Auslegung)

Unter ratio legis ist der Zweck einer Norm als Teil einer gerechten und zweckmäßigen Ordnung zu verstehen[1203]. Teleologische Auslegung meint daher eine Auslegung gemäß den erkennbaren Zwecken und dem Grundgedanken einer Regelung. Die einzelne Bestimmung ist dabei im Rahmen ihres möglichen Wortsinns und in Übereinstimmung mit dem Bedeutungszusammenhang des Gesetzes in dem Sinne auszulegen, der den Zwecken der gesetzlichen Regelung und dem Rangverhältnis dieser Zwecke optimal entspricht[1204].

Ursprünglich gehörte die teleologische Auslegung nicht zum klassischen Auslegungskanon[1205]. Inzwischen ist die teleologische Auslegung jedoch zu einem bedeutenden und gewichtigen Auslegungskriterium, insbesondere der Rechtsprechung[1206], gewachsen. Teilweise wird sogar ein „Primat der teleologischen

---

1201 Vgl. *Bydlinski*, Methodenlehre, S. 449; *Larenz*, Methodenlehre, S. 330; *Wank*, Auslegung, S. 65ff.

1202 *Englisch* Juristisches Denken, S. 171; *Säcker*, in: MüKo-BGB, Einl., Rn. 128; ablehnend *Larenz*, Methodenlehre, S. 329, nach dessen Ansicht die Meinungen der an der Ausarbeitung der Gesetze Beteiligten zwar nicht den Willen des Gesetzgebers darstellen, für die Auslegung aber dennoch von erheblichem Wert seien, „weil angenommen werden kann, dass sie sich bei der Wahl der Ausdrücke über deren Tragweite Gedanken gemacht haben und dass sie bestrebt waren, sie so zu wählen, dass sie der von ihnen geteilten und weiter durchdachten Regelungsabsicht des Gesetzgebers möglichst nahe kämen".

1203 *Coing/Honsell*, in: Staudinger, BGB, Einl. BGB, Rn. 149.

1204 *Larenz*, Methodenlehre, S. 332.

1205 *Savigny*, System des heutigen Römischen Rechts, Bd. I, S. 216ff. „Ungleich bedenklicher und nur mit großer Vorsicht zulässig, ist der Gebrauch des Gesetzesgrundes zur Auslegung der Gesetze".

1206 BGHZ 17, 276: „Höher als der Wortlaut des Gesetzes steht sein Sinn und Zweck".

Methode“ angenommen, gegenüber der die anderen Methoden lediglich Hilfsmittel darstellen[1207].

cc) Das innere Verhältnis der Auslegungskriterien

Der Darstellung der Auslegungskriterien schließt sich die Frage an, in welchem Verhältnis diese zueinander stehen und wie die einzelnen Kriterien im Gesamtergebnis der Auslegung zu gewichten sind.

Zunächst scheint es einhellige Meinung zu sein, dass der Wortsinn den Ausgangspunkt der Auslegung darstellt. Der überwiegende Teil der Literatur sieht ihn zugleich als äußere Grenze der Auslegung an[1208]. Innerhalb des Wortsinns geht ein besonderer Sprachgebrauch dem allgemeinen Sprachgebrauch vor[1209]. Dem Wortlaut kommt zwar eine Begrenzungsfunktion bezüglich der möglichen Auslegungsvarianten zu, ein Vorrang kann aber daraus nicht abgeleitet werden.

Systematische Erwägungen können zwar wichtige Hinweise auf die sachliche Zusammengehörigkeit der Vorschriften ergeben, „sie dürfen jedoch nicht überschätzt werden, weil sich das Gesetz keineswegs immer an diese Systematik hält und weil sich manche Regelungen dem begrifflichen System nicht oder nicht vollständig einordnen lassen“[1210].

Unklar ist vor allem die Einordnung der teleologischen Auslegung. Während einige Autoren ein Primat der teleologischen Auslegung[1211] annehmen, wollen andere Stimmen teleologische Aspekte nur dann berücksichtigen, wenn die übrigen Kriterien zu keinem eindeutigen Ergebnis führen[1212]. Dieser Ansicht ist zuzugeben, dass die Berücksichtigung teleologischer Aspekte die Gefahr in sich trägt, dass mit ihr das individuelle Gerechtigkeitsempfinden des Normanwenders zu großen Einfluss findet[1213]. Soweit sich der Zweck einer Norm jedoch aus anderen Normen, einer Präambel oder Erwägungsgründen ergibt, oder aus der Norm selbst oder den ihren Erlass begleitenden Materialien herausgelesen werden kann, kommt der teleologischen Auslegung besonderes Gewicht zu.

1207 *Coing/Honsell*, in: Staudinger, BGB, Einl. BGB, Rn. 153, die dies jedoch sogleich (Rn. 154) relativieren: „Kein Interpretationstopos sollte a priori vernachlässigt werden“.

1208 Oben Kapitel 4 A)I)1), insb. Fn. 1003.

1209 *Larenz*, Methodenlehre, S. 343.

1210 *Larenz*, Methodenlehre, S. 344.

1211 *Coing/Honsell*, in: Staudinger, BGB, Einl. BGB, Rn. 153.

1212 *Koch/Rüßmann*, Begründungslehre, S. 176ff, S. 182.

1213 Vgl. Walz, ZJS 2010, 482 (488f.)

Das Gewicht der historischen Auslegungsmethode hängt davon ab, welche Materialien verfügbar sind und inwieweit eine Änderung der Umstände seit dem Erlass der Regelung eingetreten ist. Bei „jüngeren" Gesetzen hat das historische Auslegungsargument daher eine umfangreichere Bedeutung als bei „älteren" Gesetzen.

Teilweise wird von einer Stufenfolge gesprochen, bei der die jeweils nächsthöhere Stufe nur betreten werden darf, wenn auf den vorigen Stufen kein eindeutiges Ergebnis gefunden werden kann[1214]. Damit ist jedoch nicht gemeint, dass eine Rangordnung dergestalt, dass eine bestimmte Auslegungsmethode stets ausschlaggebend ist, besteht. Vielmehr kommt es im jeweiligen Einzelfall darauf an, welche Methode ein klares und eindeutiges Ergebnis liefert.

Ein starres Rangverhältnis der Kriterien besteht daher nicht.[1215] Die unterschiedlichen Gewichtungen folgen letztendlich aus der jeweiligen Vorstellung vom Ziel der Auslegung[1216].

dd) Auslegung und Normenhierarchie

Wurden mit Hilfe der Auslegungskriterien eine oder mehrere Auslegungsvarianten ermittelt, so tritt eine weitere Einschränkung hinzu. Aus dem Stufenbau der Normenhierarchie folgt das Gebot, dass eine Norm stets mit höherrangigem Recht im Einklang stehen muss. Normen sind daher so auszulegen, dass sie den Normen der höheren Rangstufen nicht widersprechen[1217]. Solche Stufenverhältnisse bestehen dabei auf verschiedenen Ebenen. Beispielsweise muss eine Rechtsverordnung mit ihrer Ermächtigungsgrundlage sowie dem übrigen Gesetzesrecht in Einklang stehen. Ferner muss einfaches Gesetzesrecht mit den Vorgaben der Verfassung konform sein[1218]. Schließlich muss sich die Auslegung nationalen Rechts am Unionsrecht ausrichten. Die rangkonforme Auslegung wird oftmals auch als Teil der systematischen[1219] Auslegung angesehen.

1214 *Looschelders/Roth*, Juristische Methodik, S. 193; *Walz*, ZJS 2010, 482 (489).

1215 So im Ergebnis auch *Huttner*, Auslegung des DCGK, S. 59; *Larenz*, Methodenlehre, S. 345; *Walz*, ZJS 2010, 482 (489).

1216 Dazu oben Kapitel 4 A)IV)1)a)aa).

1217 *Bydlinski*, Methodenlehre, S. 456.

1218 Zur verfassungskonformen Auslegung *Voßkuhle*, AöR 125 (2000), S. 177ff.

1219 So z.B. *Säcker*, in: MüKo-BGB, Einl. BGB, Rn. 140; vgl. auch *Rüthers/Fischer/Birk*, Rechtstheorie, Rn. 763ff.; *Wank*, Auslegung, S. 57ff.; *Zippelius*, Methodenlehre, S. 36.

b) *Vergleich der Auslegung mit der Ausstrahlung*

Die Auslegung von Gesetzen entspringt im Vergleich mit der Ausstrahlung einem anderen Ausgangspunkt. Sie will den Inhalt bestehender Normen rechtsverbindlich mit Hilfe anderer Normen und Umstände ermitteln[1220]. Ihr sind daher mit den genannten Auslegungskriterien Grenzen gesetzt. Von einer Ausstrahlung kann dagegen gesprochen werden, wenn diese Grenzen verschoben werden. So kann etwa der Wortlaut einer Norm dadurch verändert und neu geprägt werden, dass ein bestimmter Begriff in einer branchenspezifischen Vorschrift anders verwendet wird, als in einer branchenunabhängig gültigen Vorschrift.

Im Rahmen der systematischen Auslegung können Ausstrahlungen ebenfalls von Bedeutung sein[1221]. Zum einen kann durch spezialgesetzliche oder branchenspezifische Regelungen das äußere System verändert werden. Bei der systematischen Auslegung einer Norm ist dann zu berücksichtigen, dass eine Regelung, die den gleichen oder einen ähnlichen Regelungsgegenstand betrifft, auch an anderer Stelle zu finden ist. Darüber hinaus kann auch das innere System durch ausstrahlende Regelungen verändert werden, indem beispielsweise eine spezialgesetzliche Regelung dazu führt, dass ein sonst bei einer bestimmten Auslegung auftretender Widerspruch nicht mehr besteht.

Auch die historische Auslegung einer Norm kann durch Ausstrahlungen anderer Normen beeinflusst werden. So kann der Gesetzgeber etwa im Zuge der Entstehung einer Norm auf andere Normen Bezug genommen haben. Auch kommt umgekehrt in Betracht, dass der Gesetzgeber für bestimmte Branchen einen korrigierenden Eingriff vornimmt und damit zum Ausdruck bringt, dass die spezielle Regelung nur für diese Branche gelten soll. Schließlich kann auch die Gesetzesbegründung einer speziellen Regelung zeigen, dass ein Wandel der tatsächlichen Umstände stattgefunden hat, der auch für andere Regelungen – die jedoch nicht geändert werden – von Bedeutung ist.

Schließlich kann auch die ratio legis einer Norm durch Ausstrahlungswirkungen anderer Normen beeinflusst werden[1222]. Denkbar erscheint, dass durch eine spezialgesetzliche Regelung ein bestimmter Adressatenkreis oder eine bestimmte Fallkonstellation dem Anwendungsbereich der allgemeinen Norm entzogen wird, indem sie durch die Spezialregelung verdrängt wird. Dann muss

---

1220 Insbesondere im Bereich des Wirtschaftsrechts ist ein verständiger Seitenblick auf die ökonomischen Hintergründe und Wirkweisen bestimmter Regelungen unerlässlich, *Thaten*, Ausstrahlung, S. 161.

1221 *Dreher*, ZGR 2010, 496 (505); *Weber-Rey*, ZGR 2010, 543 (565f.).

1222 Vgl. *Weber-Rey*, ZGR 2010, 543 (565f.).

von neuem überlegt werden, welchen Sinn und Zweck die allgemeine Norm für den verbliebenen Anwendungsbereich verfolgt. Darüber hinaus können spezialgesetzliche Normen auch zur Ausfüllung allgemeiner Rechtsprinzipien beitragen und so die teleologische Auslegung einer Norm beeinflussen[1223].

Somit kann von Ausstrahlungen gesprochen werden, wenn spezielle bzw. branchenspezifische Normen die Auslegung allgemeiner Normen beeinflussen. Darüber hinaus kommen Ausstrahlungen in Betracht, wo nicht direkt auf spezielle Normen zurückgegriffen wird, sondern allgemeine Rechtsgrundsätze konkretisiert werden, die wiederum zur Auslegung allgemeiner Normen herangezogen werden.

2) Rechtsfortbildung

Thematisch gehört die Rechtsfortbildung in den Bereich der Lückenfüllung[1224]. Sie kommt zur Anwendung, wo mit den Mitteln der Auslegung im Gesetz keine Lösung gefunden werden kann, da mangels Regelung der Rechtsfrage kein Anknüpfungspunkt für eine Auslegung identifiziert werden kann[1225]. Da die positivrechtlich geregelte Rechtsordnung nicht lückenlos sein kann, ist es Aufgabe der Rechtsprechung, das Recht zu identifizieren, welches zwar Teil der verfassungsmäßigen Rechtsordnung als einem Sinnganzen ist, jedoch nicht im geschriebenen Recht zu finden ist[1226].

a) Grundlagen der Rechtsfortbildung

Nach Auffassung des BVerfG besteht die richterliche Tätigkeit nicht nur im Erkennen und Aussprechen von Entscheidungen des Gesetzgebers, sondern kann es vielmehr erfordern, Wertvorstellungen, die der verfassungsmäßigen

---

1223 *Dreher*, ZGR 2010, 496 (505). Ähnlich *Thaten*, Ausstrahlung, S. 163f., die davon ausgeht, dass sich im Aufsichtsrecht zumindest im einzelfall verallgemeinerbare Gedanken guter Corporate Governance finden lassen, die positiv bei der Auslegung des Aktienrechts berücksichtigt werden können.

1224 BVerfGE 3, 225; *Wiedemann*, NJW 2014, 2407 (2411); *Zippelius*, Methodenlehre, S. 64. Ausführlich zum Begriff der Rechtsfortbildung *Fischer*, Topoi, S. 34ff.

1225 Vgl. *Larenz*, Methodenlehre, S. 366; *Rüthers/Fischer/Birk*, Rechtstheorie, Rn. 824. Umstritten ist in diesem Zusammenhang ob die Rechtsfortbildung die Fortsetzung der Auslegung darstellt (so *Larenz*, Methodenlehre, S. 366ff.) oder von dieser wesensverschieden und daher streng zu trennen ist (so *Rüthers/Fischer/Birk*, Rechtstheorie, Rn. 831; *Wiedemann*, NJW 2014, 2407 (2407f.)).

1226 Vgl. BVerfGE 34, 269 (287). Auch dieses ist Teil des Systems der Rechtsordnung, vgl. *Bydlinski*, System und Prinzipen, S. 60.

Rechtsordnung immanent, aber in den Texten der geschriebenen Gesetze nicht oder nur unvollkommen zum Ausdruck gelangt sind, in einem Akt des bewertenden Erkennens, dem auch willenhafte Elemente nicht fehlen, ans Licht zu bringen und in Entscheidungen zu realisieren[1227].

Grundlegendes Erfordernis für eine Rechtsfortbildung ist demnach eine Lücke im Gesetz. Hierbei kommen verschiedene Arten von Lücken in Betracht[1228]: Zunächst bestehen unbewusste, planwidrige Regelungslücken, wo der Gesetzgeber eine regelungsbedürftige Rechtsfrage übersehen hat[1229]. Solche Lücken können innerhalb einer einzelnen Norm, eines Gesetzes oder der Rechtsordnung insgesamt auftreten[1230].

Daneben kann es aber auch bewusste Lücken geben. Zum einen sind dies die Fälle, in denen der Gesetzgeber eine Rechtsfrage nicht selbst beantwortet sondern, sie der Rechtsprechung und Praxis überlässt[1231]. Ein solches Vorgehen muss jedoch deutlich aus den Materialien des Gesetzes hervorgehen[1232]. Zum anderen kann der Gesetzgeber eine Regelung auch als abschließend betrachten und damit die nicht geregelten Fälle bewusst ungeregelt lassen[1233].

Schließlich kommt auch eine bewusste Lücke in Betracht, wenn der Gesetzgeber sich für die Verwendung von Generalklauseln und unbestimmten Rechtsbegriffen entscheidet[1234]. Diese bedürfen einer Konkretisierung durch den Rechtsanwender und ermöglichen die Berücksichtigung sich verändernder gesellschaftlicher Gegebenheiten und Wertvorstellungen[1235].

Im Gegensatz zur Auslegung geht es nach der Ansicht von *Larenz* bei der Rechtsfortbildung neben der Ausfüllung von Gesetzeslücken auch um die Aufnahme neuer Rechtsgedanken, die im Gesetz lediglich durch Andeutungen

---

1227 BVerfGE 34, 269 (287). Zur Bedeutung dieser Entscheidung für die Rechtsfortbildung *Fischer*, Topoi, S. 214ff.

1228 Zur Unterscheidung verschiedener Lückenarten *Canaris*, Lückenfeststellung, S. 134ff.; *Larenz*, Methodenlehre, S. 370ff.; *Rüthers/Fischer/Birk*, Rechtstheorie, Rn. 841ff.; *Wank*, Grenzen, S. 69ff.; *Wiedemann*, NJW 2014, 2407 (2411); *Zippelius*, Methodenlehre, S. 52ff.

1229 *Rüthers/Fischer/Birk*, Rechtstheorie, Rn. 852; *Schnorbus*, Gestaltungsfreiheit, S. 79.

1230 Zur Unterscheidung von Norm-, Regelungs- und Gebietslücken *Canaris*, Lückenfeststellung, S. 137f.

1231 *Rüthers/Fischer/Birk*, Rechtstheorie, Rn. 835; *Schnorbus*, Gestaltungsfreiheit, S. 79.

1232 *Schnorbus*, Gestaltungsfreiheit, S. 79.

1233 *Rüthers/Fischer/Birk*, Rechtstheorie, Rn. 838; *Schnorbus*, Gestaltungsfreiheit, S. 80.

1234 *Rüthers/Fischer/Birk*, Rechtstheorie, Rn. 836; *Schnorbus*, Gestaltungsfreiheit, S. 79.

1235 Hierzu sogleich Kapitel 4 A)IV)2)b).

angelegt sind[1236]. Dies darf jedoch nicht dahingehend missverstanden werden, dass Gerichte bzw. Normanwender Rechtspolitik betreiben dürften. Vielmehr muss deutlich zwischen Rechtsanwendung, Rechtsfortbildung und Gesetzesberichtigung, also der Abweichung vom gesetzgeberischen Regelungsplan[1237] unterschieden werden[1238].

Aufgabe der Gerichte ist neben der Lückenfüllung auch, das Gesetzesrecht im Rahmen der erkennbaren Regelungszwecke und der Wertordnung des Grundgesetzes auszudifferenzieren und fortzubilden, wenn die gewandelten Faktenstrukturen und Wertvorstellungen sowie die Bedürfnisse des Rechtsverkehrs eine solche Fortbildung erfordern[1239].

Da die Aufgabe der Gesetzgebung originär der Legislative zufällt, muss sich eine Aufnahme neuer Rechtsgedanken zwingend im Einklang mit den leitenden Prinzipien der Gesamtrechtsordnung halten[1240]. Es muss also grundsätzlich der Regelungsplan des Gesetzgebers verwirklicht und nicht durch einen abweichenden Regelungsplan des Gerichts ersetzt werden. Gerichte sind bei der Rechtsfortbildung daher nicht so frei wie der Gesetzgeber[1241]. Daraus folgt, dass ein Richter ohne Rechtfertigung durch eine allgemeine gesetzliche Wertentscheidung nicht einfach neues Recht schaffen darf. Eine Bindung besteht in erster Linie an die Verfassung und deren Grundsätze. Darüber hinaus muss aber auch der Einheit der Rechtsordnung und ihrem inneren System Beachtung geschenkt werden[1242]. Rechtsfortbildung darf nicht zu Systemwidrigkeiten oder einer Inkohärenz der Rechtsordnung führen, sondern muss sich in diese einfügen.

Schließlich sollen auch die „fernwirkenden Wertungen einschlägiger Rechtsnormen" zu Grunde gelegt werden[1243]. Zum einen ist damit wieder das System gemeint. Fernwirkende Wertungen bestehen hierbei insofern, als sich Rechtsfortbildungen in das bestehende System der Rechtsordnung einfügen müssen.

1236 *Larenz*, Methodenlehre, S. 366. Allgemein zu richterlichen Rechtsfortbildung *Wiedemann*, NJW 2014, 2407.

1237 Hierzu *Rüthers/Fischer/Birk*, Rn. 936ff.

1238 *Rüthers/Fischer/Birk*, Rn. 831.

1239 BVerfGE 34, 269 (286ff.); 49, 304 (318ff.); *Rüthers/Fischer/Birk*, Rechtstheorie, Rn. 854.

1240 Dies erkennt auch *Larenz*, Methodenlehre, S. 366 an. Siehe ferner kritisch *Rüthers/Fischer/Birk*, Rechtstheorie, Rn. 831 sowie Rn. 910. Zur verfassungsrechtlichen Kompetenzverteilung bei der Rechtsfortbildung *Wank*, ZGR 1988, 314 (321ff.).

1241 *Rüthers/Fischer/Birk*, Rechtstheorie, Rn. 910.

1242 *Rüthers/Fischer/Birk*, Rechtstheorie, Rn. 910.

1243 *Rüthers/Fischer/Birk*, Rechtstheorie, Rn. 910.

Interessanter für die vorliegende Untersuchung ist aber, dass hiernach inhaltlich die Wertungen von Normen zu berücksichtigen sind, welche im Rang unter der Verfassung stehen. Über die Systematik der Normen hinaus können sich umgekehrt gedacht also „einschlägige Rechtsnormen“ auf andere Rechtsbereiche auswirken und damit auf diese ausstrahlen, wenn es in diesen Bereichen zu einer richterlichen Rechtsfortbildung kommt.

Rechtsfortbildung durch die Rechtsprechung erfolgt durch Präzisierung, Ergänzung oder Berichtigung des Rechts[1244]. Hierbei besteht jedoch ein erheblicher Rechtfertigungszwang, der immer weiter ansteigt je weiter sich die Rechtsfortbildung von den Ausgangsnormen entfernt[1245].

Methodisch kann Rechtsfortbildung zum einen erfolgen, indem ein bestimmter Fall aus dem Anwendungsbereich einer allgemeinen Norm herausgenommen wird, also Ausnahmetatbestände geschaffen werden. Umgekehrt kann Rechtsfortbildung jedoch auch darin bestehen, Ausnahmetatbestände zu verallgemeinern und – über die Analogie hinaus – deren Rechtsgedanken auf eine größere Anzahl von Fallkonstellationen zu erstrecken[1246]. Letzteres ist auch für die Ausstrahlung branchenspezifischer Regelungen auf allgemeineres Recht von Bedeutung. Enthält das allgemeine Recht eine Lücke, so kann diese möglicherweise durch die Verallgemeinerung eines speziellen Ausnahmetatbestands geschlossen werden. Spezielle Normen, deren Anwendungsbereich beispielsweise nicht sämtliche Aktiengesellschaften, sondern nur solche der Bankenbranche erfasst, können folglich dem Grunde nach als Vorlage für die Lückenfüllung im allgemeinen Aktienrecht dienen. Problematisch ist hierbei jedoch, dass die Gesetzgebung nach der Gewaltenteilung der Legislative zugewiesen ist[1247]. Gerichte dürfen gerade nicht nach eigener rechtspolitischer Überzeugung schöpferisch tätig werden, sondern haben den Normzweck des Gesetzes oder der Rechtsordnung zu erforschen[1248]. Ziel der Rechtsfortbildung ist die Rechtsfindung innerhalb des Systems der Rechtsordnung und nicht die Entwicklung neuen Rechts. Auch im Rahmen eines legitimen Sinneswandels auf Grund geänderter gesellschaftlicher Rahmenbedingungen hat der Richter die Zwecksetzungsprärogative des Gesetzgebers zu berücksichtigen[1249]. Demnach darf die Übertragung der Rechtsgedanken spezieller Regelungen nicht lediglich gerecht sein, sondern sie

1244 *Zippelius*, Methodenlehre, S. 63.

1245 Vgl. *Zippelius*, Methodenlehre, S. 57.

1246 *Zippelius*, Methodenlehre, S. 56. Zur Analogie sogleich Kapitel 4 A)IV)2)c).

1247 Zum Gewaltenteilungsgrundsatz noch unten Kapitel 4 D)1).

1248 *Rüthers/Fischer/Birk*, Rechtstheorie, Rn. 883.

1249 *Zippelius*, Methodenlehre, S. 67.

muss vielmehr der gesetzgeberischen Intention entsprechen, deren Ermittlung die Aufgabe des Gerichts ist. Somit kann auch eine Übernahme spezieller Regelungen nur ein besonders begründungsbedürftiger Ausnahmefall sein. Neben der Bildung von Analogien oder teleologischen Reduktionen und Extensionen können Gerichte bei der Lückenfüllung jedoch auf allgemeingültige Rechtsgrundsätze und Prinzipien zurückgreifen[1250].

b) *Die Konkretisierung unbestimmter Rechtsbegriffe*

Unbestimmte Rechtsbegriffe stellen „planvolle" Regelungslücken im Gesetz dar, deren Ausfüllung der Gesetzgeber bewusst der richterlichen Normsetzung überlässt[1251]. Ihre Konkretisierung ist somit Lückenfüllung und damit Rechtsfortbildung. Spezielle branchenspezifische Normen können hierbei ein Teil des Materials, welches zur Konkretisierung herangezogen wird, sein.

Bei unbestimmten Rechtsbegriffen stoßen die klassischen Auslegungskriterien an ihre Grenzen. Der Grund dafür ist, dass sich unbestimmte Rechtsbegriffe nicht in einzelne Merkmale untergliedern lassen, die ihrerseits der Auslegung zugänglich sind[1252]. Unbestimmte Rechtsbegriffe werden deshalb häufig durch die Bildung von Fallgruppen handhabbar gemacht[1253]. Diese sollen dem Rechtsanwender verdeutlichen, welche Arten von Sachverhalten von einem unbestimmten Rechtsbegriff erfasst sein sollen. Diese Fallgruppen sind jedoch nicht in Stein gemeißelt, sondern können sich durch eine sich verändernde politische oder rechtliche Lage den jeweils aktuellen Gegebenheiten anpassen[1254]. In diesem Zusammenhang ist es denkbar, dass spezielle Normen die Entwicklung von Fallgruppen beeinflussen. Zum einen könnten spezialgesetzliche Normen bestimmte Tatbestände aus dem Anwendungsbereich einer unbestimmten Generalklausel ausklammern, indem der Gesetzgeber deutlich macht, dass eine bestimmte Regelung nur für den geregelten Bereich von Bedeutung sein soll und andere Bereiche gerade nicht geregelt sein sollen. Umgekehrt können aber

---

1250 Vgl. *Betti*, Auslegungslehre, S. 648, 654; *Canaris*, Lückenfeststellung, S. 93ff.; *Larenz*, Methodenlehre, S. 426; *Zippelius*, Methodenlehre, S. 67.

1251 *Rüthers/Fischer/Birk*, Rechtstheorie, Rn. 835f. m.W.n. zu Kritik an dieser Einordnung in Rn. 837.

1252 *Wank*, Auslegung, S. 51.

1253 *Wank*, Auslegung, S. 51. So etwa zur Konkretisierung des Begriffs der Unzumutbarkeit in § 313 Abs. 1 BGB; hierzu *Finkenauer*, in: MüKo-BGB, § 313, Rn. 183ff. Ein weiteres Beispiel ist die Konkretisierung des Sittenwidrigkeitsbegriffs in § 138 BGB; hierzu *Armbrüster*, in: MüKo-BGB, § 138, Rn. 27ff.

1254 Vgl. *Wiedemann*, NJW 2014, 2407 (2410).

auch neue Fallgruppen entstehen, wenn der Gesetzgeber sich zur Regelung eines Sachverhalts für einen bestimmten Bereich entscheidet.

Ferner wird zur Konkretisierung unbestimmter Rechtsbegriffe auf allgemeine Grundsätze und Prinzipien des Rechts zurückgegriffen[1255]. Diese können durch spezielle Regelungen verändert und konkretisiert werden, sodass die Rechtsgedanken der speziellen Regelung über den Umweg über die durch sie näher spezifizierten allgemeinen Rechtsgrundsätze auf die Konkretisierung unbestimmter allgemeiner Normen durchschlagen[1256].

c) Die Analogie

Ein wichtiges Instrument zur Ausfüllung von Gesetzeslücken und damit der Rechtsfortbildung[1257] ist die Bildung von Analogien. Unter einer solchen ist die Übertragung der für einen Tatbestand im Gesetz gegebenen Regel, auf einen vom Gesetz nicht geregelten, ähnlichen Tatbestand zu verstehen[1258]. Voraussetzung hierfür sind das Vorliegen einer planwidrigen Regelungslücke, sowie die Vergleichbarkeit der Interessenlagen in beiden Fällen[1259].

Als Grundlage dient die Tatsache, dass beiden Tatbeständen ein einheitliches rechtliches Prinzip zu Grunde liegt und beide Tatbestände daher gleich zu behandeln sind[1260]. Hier geht es also im Kern um die Übertragung eines hinter einer Norm stehenden Grundsatzes, Prinzips oder einer Wertung auf einen Tatbestand, der nicht in den unmittelbaren Anwendungsbereich der Norm fällt, weil er nicht alle ihre Merkmale erfüllt.

Bei den oben dargestellten Beispielen wird im Bereich der Ausstrahlung des UmwG auf wirtschaftliche Umwandlungen, sowie bei der Ausstrahlung des § 91 Abs. 2 AktG auf die GmbH eine Analogie angesprochen. In beiden Bereichen

---

1255 *Looschelders/Roth*, Juristische Methodik, S. 200. Vgl. *Bydlinski*, System und Prinzipien, S. 57; ferner *Larenz*, Methodenlehre, S. 223ff., der von „wertorientiertem Denken" spricht. Die Wertung darf dabei nicht nach dem Empfinden des Urteilenden erfolgen sondern muss sich an rechtlichen Gesichtspunkten gemäß den Anforderungen und Wertmaßstäben der Rechtsordnung orientieren, vgl. *Larenz*, Methodenlehre, S. 290f.

1256 Weiter trägt jede Konkretisierung eines unbestimmten Rechtsbegriffs dazu bei, dass dieser wiederum zur Konkretisierung und Auslegung der ihm zu Grunde liegenden Prinzipien und Grundsätze beiträgt, vgl. *Larenz*, Methodenlehre, S. 223f.

1257 BVerfGE 82, 6; *Wiedemann*, NJW 2014, 2407 (2408f.).

1258 *Larenz*, Methodenlehre, S. 381.

1259 *Rüthers/Fischer/Birk*, Rechtstheorie, Rn. 889.

1260 Vgl. *Larenz*, Methodenlehre, S. 381: *Rüthers/Fischer/Birk*, Rechtstheorie, Rn. 889ff.

wird eine solche jedoch mehrheitlich auf Grund des Fehlens einer planwidrigen Regelungslücke abgelehnt[1261].

Meist wird man bei einer Ausstrahlung dergestalt, dass spezielle Normen im Wege der Analogie zur Ausfüllung von Lücken im allgemeineren Recht herangezogen werden, auf Schwierigkeiten beim Nachweis der Planwidrigkeit einer Lücke stoßen. Besonders deutlich wird dies bei der Ausstrahlung des § 91 Abs. 2 AktG auf die GmbH, da hier der Gesetzgeber ausdrücklich von einer Ausstrahlungswirkung ausgeht und aus diesem Grund bewusst von einer entsprechenden Regelung im GmbHG abgesehen hat.

Ferner ist auch die Ausfüllungsfähigkeit der speziellen Normen oftmals fraglich. In einem Fall wie bei § 91 Abs. 2 AktG mag dies kein Problem darstellen, da hier die Ausstrahlungswirkung von einer gesetzlichen Vorschrift ausgeht. Anders ist dies hingegen häufig im Aufsichtsrecht, wo sich zahlreiche Regelungen in von Behörden erlassenen Verlautbarungen finden. Hier stellt sich die Frage, ob auch solche Regelungen ausstrahlen können oder ob es sich dafür um rechtlich und nicht lediglich faktisch verbindliche Vorschriften handeln muss[1262].

Schließlich wird es auch oft an der Vergleichbarkeit der Interessenlagen fehlen, da spezielle branchenspezifische Regelungen meist auf Grund einer besonderen Interessenlage in der geregelten Branche erlassen werden.

d) Vergleich der Rechtsfortbildung mit der Ausstrahlung

Ausstrahlungen können im Rahmen der Rechtsfortbildung zum Ausdruck kommen. Der offensichtlichste Fall ist die Übertragung einer spezialgesetzlichen Regelung in das allgemeine Recht im Wege der Analogie. Dies stößt jedoch an verschiedenen Stellen auf Probleme. Ferner kann von Ausstrahlungen gesprochen werden, wenn unbestimmte Rechtsbegriffe und Generalklauseln unter Zuhilfenahme branchenspezifischer Regelungen konkretisiert werden. Doch auch über diese klassischen Fälle der Rechtsfortbildung hinaus können Ausstrahlungen auftreten. So kann etwa der Gesetzgeber allgemeine Prinzipien durch den Erlass branchenspezifischer Regelungen konkretisieren. Diese Prinzipien können wiederum über Rechtsfortbildungen in allgemeine Regelungen einfließen. Im Ergebnis können Ausstrahlungen im Gegensatz zu Analogiebildungen

---

1261 Für die Ausstrahlung des Aufsichtsrechts auf das allgemeine Aktienrecht verneint auch *Dreher*, ZGR 2010, 496 (503) das Vorliegen einer planwidrigen Regelungslücke sowie die Ausfüllungsfähigkeit des Aufsichtsrechts.

1262 Zur Ausstrahlungsfähigkeit und deren Voraussetzungen noch unten Kapitel 4 C)III).

auch dann erfolgen, wenn eine gesetzliche Regelung des betroffenen Tatbestands bereits besteht.

3) Zwischenergebnis

Wie die Untersuchung gezeigt hat, bewegt sich die Ausstrahlung nah an anerkannten Instrumenten der Methodenlehre. Insbesondere die Auslegung von Normen sowie die Rechtsfortbildung sind hierfür von Bedeutung.

Die Ausstrahlungswirkung spezieller Normen kann sich im Rahmen dieser Instrumente bewegen, etwa wenn der Rechtsgedanke spezieller Vorschriften zur Auslegung oder Konkretisierung allgemeiner Vorschriften herangezogen wird. Ebenso wenn im Rahmen der Rechtsfortbildung auf spezielle Normen als Vorbild zurückgegriffen wird. Die Ausstrahlung kann jedoch auch über die Grenzen der anerkannten Instrumente der Methodenlehre hinausgehen. Dies wäre etwa der Fall, wenn bei der Auslegung die Wortlautgrenze verschoben werden muss, weil eine spezielle Norm die Auslegung einer allgemeinen Norm in ihrem bisherigen Wortlaut unmöglich macht.

Im Unterschied zu Auslegung und Rechtsfortbildung geht es bei der Ausstrahlung nicht nur um die Übernahme einzelner Tatbestandsmerkmale, Rechtsfolgen oder ganzer Normen. Vielmehr hat die Ausstrahlung lediglich die Konkretisierung von Rechtsgrundsätzen, die sowohl hinter einer allgemeinen als auch hinter einer speziellen Norm stehen, zum Gegenstand. Sie kommt demnach auch dort in Betracht, wo Regelungen im allgemeinen Recht lediglich aus Prinzipien abgeleitet werden, nicht aber ausdrücklich im Gesetz zu finden sind. Hierdurch sind der Ausstrahlung jedoch auch Grenzen gesetzt. Neben den verfassungsrechtlichen Grenzen muss hinter jeder Ausstrahlung außerhalb der klassischen Methodenlehre die Verwirklichung eines allgemeinen Rechtsgrundsatzes stehen.

B) Die Funktionsweisen der Ausstrahlung

Die diskutierten Beispiele für Ausstrahlungen erfolgen auf unterschiedliche Art und Weise. Im Folgenden soll daher überlegt werden welche Arten von Ausstrahlungswirkungen es geben kann. Grundsätzlich kommen Ausstrahlungen auf Gesetzes-, Kodex- oder Richterrecht in Betracht[1263].

1263 *Hopt*, ZIP 2013, 1793 (1797).

I) Die Ausstrahlung de lege lata

Die Analyse der Instrumente der Methodenlehre hat gezeigt, dass zunächst eine Ausstrahlung de lege lata in Betracht kommen kann. Da es sich bei speziellem Recht, wie etwa dem Bank- oder Versicherungsaufsichtsrecht, um eigene Rechtsgebiete mit einem gesondert definierten Anwendungsbereich handelt, hat dieses nicht als solches generell einen Leitbildcharakter oder eine Indizfunktion für das allgemeine Aktienrecht[1264]. Vielmehr existieren beide Rechtsbereiche nebeneinander. Wechselwirkungen und damit auch Ausstrahlungen einzelner Normen sind damit jedoch nicht ausgeschlossen. Eine solche ist zunächst feststellbar, wenn spezielle Normen zur Auslegung allgemeiner Normen, etwa im Rahmen der systematischen oder teleologischen Auslegung, herangezogen werden[1265]. Dies vollzieht sich mittels allgemeiner Rechtsgrundsätze, die auch in speziellen Normen aufgefunden und dort konkretisiert werden. Ferner kommt auch eine Berücksichtigung bei der Analogiebildung in Betracht, wenn Lücken in allgemeinen Regelungen durch die analoge Anwendung spezieller Regelungen gefüllt werden. Oft wird es hierfür jedoch an einer planwidrigen Regelungslücke fehlen[1266]. Auch im Wege der Rechtsfortbildung können Ausstrahlungen auftreten.

Methodisch vollzieht sich eine Ausstrahlung de lege lata dadurch, dass eine spezielle Regelung den hinter ihr stehenden allgemeinen Grundsatz bzw. das ihr zu Grunde liegende Prinzip konkretisiert und dieses wiederum zur Auslegung, Konkretisierung oder Fortbildung anderer, allgemeiner Vorschriften herangezogen wird.

Teilweise wird argumentiert, der Gesetzgeber habe mit der Beschränkung auf spezielle Regelungen gerade zum Ausdruck bringen wollen, dass nur die jeweiligen Normadressaten den zusätzlichen Rechtsbindungen des speziellen Rechts unterliegen sollen[1267]. Richtig an dieser Argumentation ist, dass eine direkte Geltung der speziellen Normen über ihren definierten Anwendungsbereich hinaus ausscheidet. Auch kann es Fälle geben, in denen der Gesetzgeber bewusst nur einen speziellen Fall regelt, etwa weil sich eine allgemeine

---

1264 *Dreher*, ZGR 2010, 496 (502).

1265 In diese Richtung auch *Konopatzki*, Funktionsauslagerung, S. 301, der von einem Lernprozess des allgemeinen Gesellschaftsrechts spricht. Für die Auslegung als methodischen Ansatzpunkt der Ausstrahlung de lege lata auch *Dreher*, ZGR 2010, 496 (503); *Weber-Rey*, ZGR 2010, 543 (565).

1266 Hierzu mit Beispielen oben Kapitel 4 A)IV)2)c). Vgl. auch *Dreher* ZGR 2010, 496 (503).

1267 *Dreher*, ZGR 2010, 496 (502); vgl. auch *AKIEÜ*, Der Betrieb 2016, 1118.

Regelung gleichermaßen anbieten würde oder eine spezielle Regelung in kurzem zeitlichen Abstand zu einer allgemeinen Regelung erlassen wurde[1268]. Mit dem Verweis auf den entgegenstehenden gesetzgeberischen Willen eine Ausstrahlungswirkung per se abzulehnen, würde jedoch zu weit führen. Dann müsste dem Gesetzgeber unterstellt werden, er habe sich beim Erlass einer speziellen Norm über alle nur in Betracht kommenden Anwendungsbereiche und Auswirkungen Gedanken gemacht und positiv entschieden, diese nicht zu regeln. Diese Annahme erscheint angesichts der großen Zahl denkbarer Ausstrahlungswirkungen realitätsfern.

Unabhängig von der dogmatischen Begründung einer Ausstrahlung haben alle Fälle gemeinsam, dass die Ausstrahlung auf der Ebene der Rechtsanwendung stattfindet. Es bedarf dabei nicht des Tätigwerdens des Gesetzgebers, sondern der Feststellung der Ausstrahlung durch den Rechtsanwender. Typischerweise wird dies der Richter sein, der Normen des allgemeinen (Aktien-)Rechts zur Entscheidungsfindung heranzuziehen hat.

II) Die Übernahme spezieller Regelungen oder der hinter solchen stehenden Rechtsgedanken in allgemeineres Recht als Ausstrahlung de lege ferenda

Im Rahmen einer Ausstrahlung bedeutsam kann auch der Fall sein, dass der Gesetzgeber spezielle Regelungen aufgreift, aus diesen die speziellen Merkmale entfernt und sie in allgemeineres Recht einfügt. Ein Beispiel hierfür ist die Übernahme der Pflicht zur Einrichtung eines Überwachungssystems in § 91 Abs. 2 AktG. Für Kreditinstitute regelten bereits die am 23. Oktober 1995 vom Bundesaufsichtsamt für Kreditwesen veröffentlichten „Mindestanforderungen an das Betreiben von Handelsgeschäften der Kreditinstitute", welche Maßnahmen Kreditinstitute mindestens treffen mussten[1269]. Durch den im Jahr 1997 durch die 6. KWG-Novelle[1270] eingefügten § 25a Abs. 1 Nr. 1 KWG waren Banken und Finanzdienstleistungsinstitute gesetzlich verpflichtet, ein Risikomanagementsystem einzuführen. Mit Inkrafttreten des KonTraG im Jahr 1998 wurde diese Verpflichtung in § 91 Abs. 2 AktG und damit in das allgemeine Aktienrecht überführt[1271].

1268 Vgl. *Konopatzki*, Funktionsauslagerung, S. 299f.

1269 *Scharpf*, in: Dörner/Menold/Pfitzer/Oser, S. 377 (S. 379).

1270 Gesetz zur Umsetzung von EG-Richtlinien zur Harmonisierung bank- und wertpapieraufsichtsrechtlicher Vorschriften vom 22.10.1997, BGBl. I 1997, S. 2518.

1271 Zu dieser Entwicklung *Weber-Rey*, ZGR 2010, 543 (568ff.); zur Ausstrahlung des § 91 Abs. 2 AktG auf die GmbH siehe oben Kapitel 4 A)II)5).

Dreher bezeichnet diesen Vorgang als Ausstrahlung de lege ferenda[1272]. Spezialgesetzliche Regelungen könnten einen Steinbruch bilden, aus dem sich der Gesetzgeber im Sinn innerstaatlicher *legal transplants* bedienen könne[1273].

In diesem Kontext stellen sich keine Probleme bezüglich der Legitimation. Dem Gesetzgeber ist es unbenommen, sich bei der Ausarbeitung neuer Regelungen am bestehenden Recht zu bedienen. Dies bedeutet nicht, dass spezielle Regelungen unbesehen in allgemeineres Recht übernommen werden sollten, eröffnet jedoch die Möglichkeit einer Übernahme, wo sie dem Gesetzgeber sinnvoll erscheint.

Darüber hinaus kommt auch eine Ausstrahlung de lege ferenda in Betracht, wenn der Gesetzgeber bestehende Regelungen in einem Rechtsgebiet zum Anlass nimmt, ein anderes Rechtsgebiet zu ändern[1274]. Dies kann etwa geschehen, um die Systemkohärenz wiederherzustellen nachdem sich in Folge der Umsetzung von Unionsrecht Unstimmigkeiten ergeben haben. Dabei muss jedoch nicht zwingend eine spezielle Regelung übernommen werden. Eine Änderung kann auch darin bestehen, dass ein Rechtsgebiet bewusst anders geregelt wird als ein anderes Rechtsgebiet.

III) Positive und negative Ausstrahlungswirkung

Eine Ausstrahlungswirkung kann es sowohl im positiven als auch im negativen Sinne geben[1275].

Von einer positiven Ausstrahlungswirkung kann gesprochen werden, wenn eine spezialgesetzliche Norm die Interpretation und Auslegung einer allgemeinen Norm derart beeinflusst, dass die Voraussetzungen der speziellen Norm eine allgemeinere Gültigkeit entfalten[1276]. Ebenfalls denkbar ist eine positive Ausstrahlungswirkung de lege ferenda, wenn der Gesetzgeber Voraussetzungen branchenspezifischer Vorschriften in das allgemein für Aktiengesellschaften geltende Recht überführt, also deren Anwendungsbereich erweitert oder inhaltsgleiche Vorschriften in allgemeineren Gesetzen erlässt.

1272 *Dreher*, ZGR 2010, 496 (507). Zu legal transplants eingehend *Fleischer*, NZG 2004, 1129.

1273 *Dreher*, ZGR 2010, 496 (507).

1274 *Weber-Rey*, ZGR 2010, 543 (567); vgl. auch *Hübner*, in: FS-Univ. Köln, S. 235 (S. 235): „[...] zum anderen sind die aufsichtsrechtlichen Regelungen Indikatoren für sensible Bereiche, über die rechtspolitisch auch im Gesellschafts- und Unternehmensrecht nachgedacht werden muß“.

1275 *Dreher*, ZGR 2010, 496 (503).

1276 *Dreher*, ZGR 2010, 496 (503).

Eine negative Ausstrahlungswirkung lässt sich hingegen feststellen, wenn eine spezielle Vorschrift als Argument dafür herangezogen wird, dass eine allgemeinere Vorschrift gerade nicht in einem bestimmten Sinn verstanden und ausgelegt werden soll[1277]. Ein Grund hierfür kann der (vermeintliche) Wille des Gesetzgebers, bestimmte Aspekte nur für bestimmte Branchen, nicht aber allgemeingültig zu regeln, sein. Aber auch systematische Erwägungen können hierbei eine Rolle spielen, ebenso wie eine entstehungsgeschichtliche Argumentation wenn argumentiert wird, der Gesetzgeber hätte die Gelegenheit zur Änderung allgemeiner Vorschriften gehabt, da ihm auf Grund des Erlasses der branchenspezifischen Regelung bewusst gewesen sei, dass die Regelung nicht allgemein gültig sei.

Bei der Feststellung negativer Ausstrahlungswirkungen ist größte Vorsicht angebracht. Es darf nicht leichtfertig unterstellt werden, der Gesetzgeber habe sich beim Erlass einer branchenspezifischen Regelung detaillierte Gedanken über alle nur denkbaren Auswirkungen auf andere Rechtsbereiche gemacht und positiv entschieden, alle anderen Rechtsbereiche nicht entsprechend zu regeln. Selbst wenn man davon ausgeht, dass der Gesetzgeber das geltende Recht kennt und daher Auswirkungen einer Regelung auf andere Rechtsbereiche oder das System der Rechtsordnung erkennen können sollte, erscheint eine solche Unterstellung realitätsfern und idealistisch. Nur wenn ein expliziter gesetzgeberischer Wille, andere Rechtsbereiche unangetastet zu lassen, erkennbar ist, kann über negative Ausstrahlungswirkungen nachgedacht werden.

IV) Ausstrahlung auf die juristische Diskussion

Eine Vorstufe zur Ausstrahlung de lege ferenda ist die Ausstrahlung branchenspezifischer Regelungen auf die juristische Diskussion in Bezug auf die Frage, ob ähnliche Regelungen auch im Allgemeinen sinnvoll und daher übertragbar sein können. Daran anknüpfend kann sich ein Aufruf an den Gesetzgeber, entsprechende Regelungen zu erlassen oder sich zumindest mit der Möglichkeit entsprechender Regelungen zu befassen, erfolgen.

1277 Als Beispiel nennt *Dreher*, ZGR 2010, 496 (530ff.) die Intensität des Risikomanagements gemäß § 91 Abs. 2 AktG, welche durch die im Aufsichtsrecht betonten Grundsätze der Materialität und der Proportionalität auch allgemein im Aktienrecht vor einer Uferlosigkeit bewahrt wird.

Diese Art der Ausstrahlung ist bei der Frage nach einer Professionalisierung von Aufsichtsräten zu beobachten[1278]. Zwar ist dies keine neue Frage, jedoch wird in neuerer Zeit in Folge der Veränderung der Anforderungen an die Qualifikation von Aufsichtsratsmitgliedern im Bank- und Versicherungsaufsichtsrecht vermehrt auf eine Übertragbarkeit der aufsichtsrechtlichen Regelungen auf das allgemeine Aktienrecht bzw. die allgemeine Corporate Governance eingegangen[1279]. Selbstverständlich führt das Erwähnen einer speziellen Regelung in der allgemeinen Corporate Governance Diskussion nicht zu rechtlichen Bindungswirkungen. Werden jedoch Überschneidungen bei Regelungszielen erkannt, können spezielle Regelungen durchaus dem Gesetzgeber oder Gremien wie der Kodexkommission als Vorlage für allgemeine Regelungen dienen[1280]. Darüber hinaus ist nicht ausgeschlossen, dass sich die juristische Diskussion auf das Verständnis der Unternehmen von guter Corporate Governance auswirkt und bestimmte Standards freiwillig gesetzt und befolgt werden.

V) Übernahme branchenspezifischer Vorgaben durch Unternehmen anderer Branchen

Schließlich kann auch die freiwillige Übernahme branchenspezifischer Vorgaben durch Unternehmen anderer Branchen einen Aspekt der Ausstrahlung darstellen[1281]. Der Hintergrund hierfür kann sein, dass Unternehmen in anderen Branchen verbindliche Standards als Ausdruck guter Corporate Governance verstehen und sich durch die Übernahme positive Effekte für ihre Außendarstellung erhoffen.

Ein Beispiel für eine derartige Vorgehensweise ist die Einrichtung eines Vergütungsausschusses durch den Aufsichtsrat der Siemens AG im Jahr 2013[1282]. Da die Beschlussfassung bezüglich der Vorstandsvergütung gemäß § 107 Abs. 3 S. 3 AktG i.V.m. § 87 Abs. 1 AktG nicht an einen Ausschuss delegiert werden

1278 Vgl. etwa die Überlegungen von *Hemeling*, Referat DJT, N 31 (N39ff.) sowie von *Weber-Rey*, Referat DJT, N 51 (N70ff.). In diese Richtung auch *Merkelbach*, Der Konzern 2013, 227 (228ff.).

1279 Vgl. *Dreher*, ZGR 2010, 496 (496ff.); *Merkelbach*, Der Konzern 2013, 227 (228ff.); *Ruhwedel*, BOARD 2014, 131 (131ff.); *Weber-Rey*, ZGR 2010, 543 (543ff.). Für die Übertragung branchenspezifischer Qualifikationsanforderungen an Vorstände, *Behme/Zickgraf*, AG 2015, 841 (848ff.).

1280 Zu diesem Vorgehen bereits oben Kapitel 4 B)II).

1281 *AKIEÜ*, Der Betrieb 2016, 1118.

1282 Siehe hierzu die Pressemitteilung der Siemens AG vom 31.7.2013, abrufbar unter http://www.siemens.com/press/pi/AXX20130750d.

darf, hat der Vergütungsausschuss der Siemens AG die Aufgabe, sich mit dem Vergütungssystem und seiner Weiterentwicklung sowie mit der Höhe und der Angemessenheit der Vorstandsvergütung zu befassen und dem Aufsichtsratsplenum entsprechende Empfehlungen für seine Entscheidungsfindung zu unterbreiten[1283].

Als Grund für die Einrichtung eines Vergütungsausschusses werden regulatorische und gesetzliche Anforderungen, sowie der Stellenwert von Vergütungsthemen im gesellschaftlichen Dialog genannt[1284]. Damit ist jedoch nicht eine rechtliche Verpflichtung zur Einrichtung eines Vergütungsausschusses, sondern die steigende Komplexität von Vergütungsfragen gemeint, mit deren alleiniger Behandlung ohne Vorbereitung durch einen Ausschuss das Plenum überfordert wäre[1285]. Ferner sind *Remuneration Committees* auch in anderen Ländern verbreitet und üblich. Dies ist jedoch eher durch die dort vorherrschende monistische Boardstruktur bedingt, die eine Befassung eines unabhängigen Ausschusses mit Vergütungsfragen erfordert[1286].

In Deutschland ist die Einrichtung eines derartigen Ausschusses nur für Kreditinstitute rechtlich verpflichtend[1287]. Außerhalb der Bankenbranche sind Vergütungsausschüsse des Aufsichtsrats bislang eher unbekannt[1288]. Die unabhängige Befassung mit Vergütungsfragen durch einen mit fachlich qualifizierten Mitgliedern besetzten Ausschuss kann aber vor dem Hintergrund der öffentlichen Debatte über die Vergütung von Vorständen zu mehr Vertrauen für Aktionäre, Mitarbeiter, Kunden, Politik und Öffentlichkeit führen[1289].

Eine Ausstrahlung erfolgt hier in zweifacher Hinsicht: Zum einen wird die für Kreditinstitute vorgeschriebene Einrichtung eines Vergütungsausschusses als Ausdruck guter Corporate Governance angesehen. Zum anderen kann der Hinweis auf steigende regulatorische Anforderungen jedoch auch so verstanden

---

1283 Pressemitteilung der Siemens AG vom 31.7.2013, abrufbar unter http://www.siemens.com/press/pi/AXX20130750d; ferner *Mannert/Kramarsch*, Aufsichtsrat 2015, 112 (113).

1284 Pressemitteilung der Siemens AG vom 31.7.2013, abrufbar unter http://www.siemens.com/press/pi/AXX20130750d.

1285 Vgl. *Mannert/Kramarsch*, Aufsichtsrat 2015, 112 (112).

1286 *Mannert/Kramarsch*, Aufsichtsrat 2015, 112 (112).

1287 § 25d Abs. 12 KWG i.V.m. § 15 InstitutsVergV; hierzu oben Kapitel 3 D)I)8)d).

1288 In deutschen Industrieunternehmen liegt die Vorbereitung von Vergütungsentscheidungen bislang verbreitet bei einem Personalausschuss oder dem Aufsichtsratspräsidium vgl. *Mannert/Kramarsch*, Aufsichtsrat 2015, 112 (112).

1289 *Mannert/Kramarsch*, Aufsichtsrat 2015, 112 (113).

werden, dass mit der freiwilligen Einrichtung des Ausschusses einer weiteren Regulierung vorgebeugt werden soll.

C) Voraussetzungen der Ausstrahlung

Nachdem nun sowohl der Begriff der Ausstrahlung als auch deren Funktionsweisen geklärt sind, stellt sich die Frage nach den einzelnen Voraussetzungen, die erfüllt sein müssen, um eine Ausstrahlung außerhalb der von Rechtsprechung und Literatur bereits diskutierten Fällen[1290] annehmen zu können. Ersichtlich haben sich in der Literatur bislang nur *Dreher* und *Thaten* um eine methodische Aufarbeitung des Phänomens Ausstrahlung bemüht[1291]. Deren Gedanken sollen im Folgenden einer kritischen Würdigung unterzogen und durch eigene Gedanken ergänzt werden.

I) Der Grundsatz der Vorfindlichkeit eines allgemeinen Prinzips

Wie oben herausgearbeitet wurde, besteht der über die anerkannten Instrumente der Methodenlehre hinausgehende Teil der Ausstrahlung in der Konkretisierung und Ausgestaltung allgemeiner Prinzipien und Rechtsgrundsätze durch spezielles Recht und deren Heranziehung bei der Auslegung, Konkretisierung oder Fortbildung allgemeinen Rechts[1292]. *Thaten* bezeichnet die Ableitung allgemeiner Prinzipien sogar als den Schlüssel zur Abstimmung und Harmonisierung der aktien- und aufsichtsrechtlichen Corporate Governance[1293]. Grundlegende Voraussetzung für die Existenz einer Ausstrahlungswirkung ist demnach, dass ein solches Prinzip überhaupt besteht. *Dreher* spricht insofern von der Vorfindlichkeit entsprechender Grundsätze als Voraussetzung für eine Ausstrahlungswirkung[1294]. Ferner ist vorausgesetzt, dass die Regelungen im speziellen Recht lediglich allgemein gültige Konkretisierungen von Prinzipien sind, die ohnehin im allgemeinen Recht gelten[1295].

1290 Dazu oben Kapitel 4 A)II).

1291 Vgl. *Dreher*, ZGR 2010, 496 (501ff.); *Thaten*, Ausstrahlung, S. 156ff. *Schnorbus*, Gestaltungsfreiheit, S. 78ff. betrachtet die Ausstrahlungswirkung des UmwG hingegen lediglich unter dem Gesichtspunkt der Rechtsfortbildung.

1292 Allgemein zu Prinzipien und deren Gewinnung *Höpfner*, Systemkonforme Auslegung, S. 91ff. Zu allgemeinen Prinzipien im Gesellschaftsrecht *K. Schmidt*, Gesellschaftsrecht, § 3 III 2, der dies als „Institutionenbildung" bezeichnet.

1293 *Thaten*, Ausstrahlung, S. 168.

1294 *Dreher*, ZGR 2010, 496 (504).

1295 *Dreher*, ZGR 2010, 496 (503).

Die wichtigste Voraussetzung ist, dass das Prinzip im allgemeinen Recht bereits auffindbar und als solches anerkannt ist. Schwierigkeiten bestehen hingegen – wie sich an der Diskussion über die Entstehung allgemeiner unionsrechtlicher Rechtsgrundsätze zeigt – wenn ein allgemeines Prinzip aus speziellen Regelungen erst abgeleitet werden soll. So reichten dem EuGH spezielle Vorschriften zum Schutz von Minderheitsaktionären nicht aus, um daraus einen allgemeinen Rechtsgrundsatz zu entwickeln[1296]. Die Herleitung eines allgemeinen Grundsatzes ist umso plausibler, je breiter seine Basis in den Werten der Rechtsordnung dargelegt werden kann[1297]. Ähnliches gilt auch für die Identifizierung allgemeiner Grundsätze und Prinzipien des Aktienrechts. Diese müssen allgemein im Aktienrecht vorhanden sein, um durch die Ausstrahlung spezieller Regelungen konkretisiert werden zu können. Allein die Tatsache, dass es eine Vielzahl von speziellen, z.B. branchenspezifischen Vorschriften zu einem bestimmten Thema gibt, genügt für sich genommen noch nicht für den Nachweis eines allgemeinen Grundsatzes, insbesondere wenn ihr Anwendungsbereich auf genau festgelegte, besondere Sachverhaltskonstellationen beschränkt ist[1298]. Spezielle Ausnahmevorschriften können nicht allein die Basis für ein allgemeines Prinzip oder einen Grundsatz sein. Würde man eine Ausnahme zum Grundsatz erklären, so würde man gleichermaßen das vom Gesetzgeber vorgegebene System verändern und sich so eine Rolle anmaßen, die dem Gesetzgeber vorbehalten ist[1299].

Eine Konkretisierung eines allgemeinen Prinzips kann ausdrücklich durch den Gesetzgeber angeordnet oder beabsichtigt sein, etwa wenn der Gesetzgeber in der Gesetzesbegründung zu einer speziellen Regelung zum Ausdruck bringt, dass damit nur allgemeine Prinzipien für einen bestimmten Sachverhalt konkretisiert werden[1300]. Ein Beispiel hierfür ist die Ausstrahlung des § 91 Abs. 2 AktG auf das GmbH-Recht, welche vom Gesetzgeber ausdrücklich in der Gesetzesbegründung angenommen wird[1301].

1296 EuGH, Urt. v. 15.10.2009, Rs. C-101/08 „Audiolux" = EuZW 2009, 894; hierzu *Metzger*, RabelsZ 75 (2011), 845.

1297 *Beaucamp*, DÖV 2013, 41 (46); ähnlich *Looschelders/Roth*, Juristische Methodik, S. 312. Die einzelnen Rechtsnormen spiegeln die allgemeinen Grundsätze auf die sie sich stützen jeweils nur teilweise wider, vgl. *Betti*, Auslegungslehre, S. 649.

1298 Vgl. in diese Richtung EuGH, Urt. v. 15.10.2009, Rs. C-101/08 „Audiolux" = EuZW 2009, 894.

1299 Vgl. BVerfGE 126, 286 (306); 128, 193 (209ff.); *Beaucamp*, DÖV 2013, 41 (46); in diese Richtung auch *Rüthers/Fischer/Birk*, Rechtstheorie, Rn. 910.

1300 *Dreher*, ZGR 2010, 496 (503).

1301 BT-Drs. 13/9712, S. 15. Hierzu bereits oben Kapitel 4 A)II)5).

Möglich sind aber auch Ausstrahlungswirkungen die nicht ausdrücklich beabsichtigt sind. Oft wird die Konkretisierung eines allgemeinen Grundsatzes vom Gesetzgeber auch nicht als solche erkannt. Voraussetzung ist aber auch hierfür, dass die spezielle Regelung in solchen Grundsätzen wurzelt[1302]. Ferner muss im Einzelfall sorgfältig geklärt werden, dass der Gesetzgeber nicht nur einen bestimmten Fall regeln wollte, andere Fälle bewusst ungeregelt gelassen hat und auch eine Ausstrahlung auf andere Rechtsbereiche nicht ausschließen wollte.

II) Die Vergleichbarkeit der Interessenlagen

Ist damit geklärt, dass sich Ausstrahlungen im Bereich der Übertragung von Prinzipien und deren Konkretisierungen abspielen stellt sich die Frage, ob hierfür – ähnlich wie bei der Analogie[1303] – die Vergleichbarkeit der hinter der ausstrahlenden und der von der Ausstrahlung betroffenen Regelung stehenden Interessenlagen eine Voraussetzung darstellt[1304].

Dreher verneint diese Frage und erklärt die Vergleichbarkeit der Interessenlagen ebenso wie die Sachnähe der Sektoren bei branchenspezifischen Regelungen für unerheblich[1305]. Als Begründung führt *Dreher* die Entscheidung des Gesetzgebers, nur einen bestimmten Bereich zu regeln, an[1306]. Folgt man *Drehers* Ansicht, so ist dieser Schluss folgerichtig. Wie oben bereits angesprochen, ist eine solche Deutung einer speziellen Regelung jedoch nicht zwingend[1307]. Geht man demnach, wie hier vertreten, davon aus, dass sich der Gesetzgeber nicht über jede nur denkbare Auswirkung Gedanken gemacht hat, so gilt es Kriterien zu entwickeln, nach denen eine Ausstrahlung in Betracht kommt.

Ausgehend von der Annahme, dass Ausstrahlung eine Konkretisierung allgemeingültiger Prinzipien darstellt, kann die Vergleichbarkeit der Interessenlagen nicht einfach beiseite geschoben werden. Sieht man wie *Dreher* die Vorfindlichkeit eines allgemeinen Prinzips als Voraussetzung der Ausstrahlung an, so muss dieses allgemeine Prinzip auch in der speziellen Regelung zum Ausdruck

1302 *Dreher*, ZGR 2010, 496 (503).

1303 Hierzu bereits oben Kapitel 4 A)IV)2)c).

1304 In diese Richtung wohl *Hemeling*, Referat DJT, N 31 (N40). Allein die Tatsache, dass ein Ergebnis „passt“ kann allerdings nicht ausreichen, vgl. *Bydlinski*, System und Prinzipien, S. 65f.

1305 *Dreher*, ZGR 2010, 496 (503).

1306 *Dreher*, ZGR 2010, 496 (503).

1307 Oben Kapitel 4 B)I).

kommen wenn es durch diese konkretisiert werden soll. Dasselbe Prinzip kann zwei verschiedenen Regelungen jedoch nur dann zu Grunde liegen, wenn hinter beiden Regelungen eine vergleichbare Interessenlage steht. Folglich ist die Vergleichbarkeit der Interessenlagen bereits eine Voraussetzung für die Vorfindlichkeit eines allgemeinen Grundsatzes in einer speziellen Regelung.

Darüber hinaus muss die Interessenlage selbstverständlich nicht identisch sein. Es sind vielmehr oft abweichende Interessenlagen, die eine spezielle Regelung erforderlich machen. Beispielsweise sind aufsichtsrechtliche Regelungen zur Qualifikation von Aufsichtsratsmitgliedern in Kreditinstituten erforderlich, da neben den Aktionären und den Gläubigern die Kapitaleinleger eine weitere große und besonders schutzbedürftige Interessengruppe darstellen, die in anderen Aktiengesellschaften nicht in einer solchen Ausprägung besteht[1308]. Ob die Interessenlage in der Aktiengesellschaft allgemein mit der in einem Kreditinstitut derart vergleichbar ist, dass eine Ausstrahlung angenommen werden kann, muss daher im Einzelfall geklärt werden.

Ferner muss die Vergleichbarkeit der Interessenlagen im Einzelfall auf Grund der unterschiedlichen Größen und Ausgestaltungen von Aktiengesellschaften geprüft werden. Spezielle Regelungen, etwa für Kreditinstitute, können der Interessenlage nach zu großen börsennotierten Aktiengesellschaften passen, aber beispielsweise für kleinere Gesellschaften zu streng sein. Zwar finden sich solche Differenzierungen auch im Aufsichtsrecht selbst[1309], jedoch muss auch hier die Interessenlage im Einzelfall überprüft werden um eine sachgerechte Konkretisierung allgemeiner Prinzipien für die jeweils passenden Fälle zu erreichen.

Auch *Dreher* relativiert seinen Standpunkt an späterer Stelle wenn er davon spricht, dass Ausstrahlungswirkungen bestehen können wo spezielle Regelungen lediglich sachgerechte allgemein gültige Konkretisierungen von ohnehin allgemein gültigen Prinzipien sind[1310]. Sachgerecht auch für den allgemeinen Fall kann eine Konkretisierung aber nur sein, wenn sich die Interessenlagen des allgemeinen und des speziellen Falls ähneln. Die pauschale und undifferenzierte Übertragung einer Konkretisierung eines allgemeinen Prinzips ohne Berücksichtigung der Interessenlage wäre hingegen nicht sachgerecht[1311]. Eine

---

1308 Hierzu bereits oben Kapitel 3 C)I)1)b).

1309 So beispielsweise die besonderen Regelungen für kleine Versicherungsvereine und -unternehmen in §§ 210ff. VAG.

1310 *Dreher*, ZGR 2010, 496 (503).

1311 Vgl. *Konopatzki*, Funktionsauslagerung, S. 300.

durch eine besondere Interessenlage getriebene Spezialregelung kann daher im Umkehrschluss nicht auf eine allgemeine Regelung ausstrahlen.

Ferner muss *Dreher* anerkennen, dass sich die Wertungsmodelle spezieller Regelungen jedenfalls in ihrer Prinzipienbasierung wertend auf vergleichbare Fragestellungen in der Normal-AG übertragen lassen. Wenn vergleichbare Fragestellungen existieren, macht dies deutlich, dass ähnliche Situationen bestehen können. Ob dann eine Ausstrahlung möglich und sachgerecht ist, bleibt eine Frage der Vergleichbarkeit der Interessenlagen.

III) Ausstrahlungsfähigkeit von Regelungen

Damit eine Ausstrahlung de lege lata zu rechtlich verbindlichen Auswirkungen auf andere Normen führen kann, bedarf es einer ausstrahlungsfähigen Regelung[1312]. Insbesondere im Bank- und Versicherungsaufsichtsrecht geht die gesetzliche Regelung – vorgegeben durch das Unionsrecht – oft nicht über die Normierung von Prinzipien hinaus. So beschränkt sich die Regelung in § 25d Abs. 1 S. 1 KWG auf die Forderung nach der erforderlichen Sachkunde für Aufsichtsratsmitglieder, anstatt etwa durch Regelbeispiele bestimmte Qualifikationen vorzugeben[1313]. Ein solches prinzipienbasiertes Recht[1314] ist jedoch für die Praxis nur schwer handhabbar und bedarf daher der Konkretisierung[1315]. Dabei gilt, dass die Ausstrahlungsfähigkeit einer Regelung mit deren Konkretisierungsgrad zunimmt, denn mit zunehmendem Konkretisierungsgrad steigt auch der Erkenntnisgewinn für das allgemeine Recht[1316]. Eine Grenze bildet aber die Schwelle zwischen der Konkretisierung eines Prinzips und der Regelung eines Sonderfalls. Dann wäre die Grenze zwischen prinzipienbasiertem und

---

1312 Grundlegend zur Ausstrahlungsfähigkeit von Regelungssätzen *Weber-Rey*, ZGR 2010, 543 (567f.).

1313 Entsprechendes gilt im Versicherungsaufsichtsrecht für § 24 Abs. 1 VAG, wobei hier das Gesetz selbst bereits nähere Hinweise dafür liefert was zur Erfüllung der geforderten fachlichen Eignung erforderlich ist.

1314 Zur Unterscheidung von regelbasiertem und prinzipienbasiertem Recht *U.H. Schneider*, in: GS-Gruson, S. 369ff.; *Weber-Rey*, ZGR 2010, 543 (563f.). Zu prinzipienbasiertem (Versicherungs)-Aufsichtsrecht *Eilert*, ZVersWiss 2012, 621; *Wandt/Sehrbrock*, ZVersWiss 2011, 193 (203ff.). Zum Begriff prinzipienbasierten Rechts *Black/Hopper/Band*, LFMR Vol. 1 Iss. 3 (Mai 2007), S. 191 (S. 191ff.); *Wandt/Sehrbrock*, ZVersWiss 2011, 193 (203ff.).

1315 Vgl. *U.H. Schneider*, in: GS-Gruson, S. 369 (S. 373); *Weber-Rey*, ZGR 2010, 543 (564).

1316 Die Ausstrahlungsfähigkeit prinzipienbasierten Rechts bejaht grundsätzlich auch *Thaten*, Ausstrahlung, S- 188.

regelbasiertem Recht überschritten, sodass die Regelung nicht mehr lediglich ein allgemeines Prinzip enthielte.

Die Konkretisierung kann auf verschiedenen rechtlichen Ebenen erfolgen und damit verschiedene Intensitäten rechtlicher Verbindlichkeit aufweisen. In Betracht kommen etwa unmittelbar rechtlich verbindliche Konkretisierungen in Gesetzen oder Rechtsverordnungen. Daneben kann es aber auch zwar nicht unmittelbar rechtlich, jedoch faktisch verbindliche Konkretisierungen geben. Hierzu zählen die Empfehlungen des DCGK aber auch die zahlreichen von Behörden, wie etwa der BaFin, der EBA oder der EIOPA, in verschiedenen Verlautbarungen veröffentlichten Leitlinien oder Auslegungshilfen, die das rechtliche Verständnis der jeweiligen Behörde darlegen und folglich die Grundlage für die Aufsichtspraxis darstellen.

Daneben stellt sich aber auch unabhängig von der Konkretisierung prinzipienbasierten Rechts die Frage, welche Rechtsqualität eine Regelung zur Qualifikation von Aufsichtsratsmitgliedern aufweisen muss, um ausstrahlungsfähig zu sein. Solche Regelungen finden sich im nationalen Gesetzesrecht[1317], im Unionsrecht[1318], sowie in nationalem[1319] wie auch internationalem *soft-law*[1320].

Führt man sich vor Augen, dass Ausstrahlungen Recht verändern können und damit in die der Legislative zugewiesenen Kompetenzen eingreifen, so wird deutlich, dass der Knackpunkt der Ausstrahlungsfähigkeit in der demokratischen Legitimation einer Regelung liegt. Wurde eine Regelung durch den Gesetzgeber selbst erlassen, so steht einer Ausstrahlung unter dem Aspekt der Gewaltenteilung nichts entgegen. Da der Gesetzgeber nur die ausstrahlende Regelung erlassen hat ohne die Regelungen die von der Ausstrahlung erfasst werden abweichend zu regeln, ist die Ausstrahlung in der ausstrahlenden Regelung selbst angelegt, auch wenn sie nicht explizit erwähnt ist. Dahinter steht der Gedanke, dass auch die hinter den Normen stehenden allgemeinen Prinzipien

---

1317 So etwa § 25d Abs. 1 KWG sowie § 24 Abs. 1 VAG.

1318 Art. 92 Abs. 1 Richtlinie 2013/36/EU (CRD IV), Art. 42 Abs. 1 Richtlinie 2009/138/EG (Solvency II).

1319 *BaFin*, Merkblatt zu den Mitgliedern von Verwaltungs- und Aufsichtsorganen gemäß KWG und KAGB vom 4.1.2016, abrufbar unter http://www.bafin.de/SharedDocs/Veroeffentlichungen/DE/Merkblatt/mb_160104_ AR_KWG_KAGB.html; *BaFin*, Auslegungsentscheidung zur Prüfung der fachlichen Eignung und Zuverlässigkeit vom 30. Dezember 2015, abrufbar unter http://www.bafin.de/SharedDocs/Downloads/DE/Auslegungsentscheidung/dl_ae_151230_fachliche_eignung_va.pdf.

1320 EIOPA-BoS-14/253 DE, Leitlinien zum Governance System; EBA-Leitlinien zur Internen Governance (GL44).

auf Entscheidungen des Gesetzgebers zurückführbar sind[1321]. Soweit der Gesetzgeber keinen anderweitigen Willen erkennen lässt, enthält die Konkretisierung eines Prinzips daher auch die Entscheidung, dass diese Konkretisierung für andere Fälle, in denen das Prinzip zum Tragen kommt, von Bedeutung sein kann.

Anders sieht dies jedoch bei Regelungen aus dem *soft-law* aus. Solche Regelungen werden nicht durch den Gesetzgeber selbst, sondern meist durch Behörden erlassen und beruhen nicht immer auf einer gesetzlichen Ermächtigung. Eine unmittelbare Ausstrahlung de lege lata solcher Regelungen würde dazu führen, dass Institutionen ohne demokratische Legitimation zum Erlass von Gesetzen dazu in der Lage wären, gesetzliche Regelungen zu verändern, indem sie Regelungen im Bereich des *soft-law* erlassen, die wiederum auf allgemeine Regelungen ausstrahlen. Dies erscheint nicht nur unter dem Aspekt der Gewaltenteilung[1322] bedenklich. Darüber hinaus könnte eine Behörde somit auch Recht schaffen, welches über den eigentlichen Zuständigkeitsbereich der Behörde hinaus wirkt, wenn etwa die BaFin als Aufsichtsbehörde der Finanzbranche Regelungen erlassen könnte, die sich rechtlich verbindlich auf das allgemeine Aktienrecht auswirken und somit auch Aktiengesellschaften betreffen, die nicht der Aufsicht durch die BaFin unterliegen[1323]. Unmittelbar ausstrahlungsfähig sind somit nur Regelungen, die der Gesetzgeber selbst erlassen hat.

Soft-law kann jedoch für die davon angesprochenen Unternehmen einen erheblichen faktischen Befolgungszwang entfalten[1324]. *Weber-Rey* spricht in diesem Zusammenhang von mittelbar bzw. faktisch verbindlichen Regelungssätzen[1325]. Die Leitlinien von EBA und EIOPA sind rechtlich grundsätzlich unverbindlich. Zwar kann in den Leitlinien für die Unternehmen eine Pflicht zur Erklärung, ob die Leitlinien befolgt werden, vorgesehen werden[1326]. Die hier betrachteten Leitlinien zum Governance System der EIOPA bzw. Leitlinien zur Internen Governance der EBA enthalten jedoch keinen solchen Mechanismus. Hingegen sind die nationalen Aufsichtsbehörden verpflichtet zu erklären, ob

---

1321 *Höpfner*, Systemkonforme Auslegung, S. 93.

1322 Hierzu noch unten Kapitel 4 D)1).

1323 Von einer Gefahr der Verdrängung der im Aktienrecht noch bestehenden Freiheiten spricht *Dreher*, ZGR 2010, 496 (539).

1324 Zum faktischen Zwang zur Befolgung der Empfehlungen des DCGK oben Kapitel 2 B)II)2)b). Dazu auch *Hoffmann-Becking*, in: Münchener Hdb. AG, § 34, Rn. 12; *Wernsmann/Gatzka*, NZG 2011, 1001 (1006).

1325 *Weber-Rey*, ZGR 2010, 543 (555ff.); *Weber-Rey/Baltzer*, in: Hdb. CG Banken, S. 431ff.

1326 Art. 16 Abs. 3 Unterabs. 4 VO (EU) 1093/2010 (EBA-VO) bzw. Art. 16 Abs. 3 Unterabs. 4 VO (EU) 1094/2010 (EIOPA-VO).

sie die Leitlinien befolgen und eventuelle Abweichungen zu begründen, wobei Abweichungen sowie ggf. die Gründe dafür von der EBA bzw. EIOPA veröffentlicht werden[1327]. Durch die von der Veröffentlichung ausgehende Prangerwirkung entsteht für die nationalen Aufsichtsbehörden ein faktischer Zwang, die Leitlinien der eigenen Aufsichtspraxis zu Grunde zu legen[1328]. Hierdurch entfalten sie ferner faktische Wirkungen für die beaufsichtigten Unternehmen, welche die Aufsichtspraxis in der Regel ihrem Verhalten zu Grunde legen um Sanktionen der Aufsichtsbehörden zu vermeiden.

Ähnlich verhält es sich mit den Verlautbarungen der BaFin. Als normkonkretisierende Verwaltungsvorschriften dienen sie einer Vereinheitlichung der Verwaltungspraxis, ohne jedoch für die betroffenen Unternehmen rechtlich verbindlich zu sein[1329]. Zur Vermeidung von aufsichtsbehördlichen Sanktionen, Reputationsschäden oder einer möglichen persönlichen Haftung der Geschäftsleiter besteht für die beaufsichtigten Unternehmen auch hier ein faktischer Befolgungszwang[1330].

Aus diesem faktischen Befolgungszwang folgt jedoch nicht per se die Ausstrahlungsfähigkeit de lege lata solcher Regelungen[1331]. Zum einen konkretisieren sie keine allgemeinen aktienrechtlichen Prinzipien, sondern dienen allein der Ausgestaltung prinzipienbasierter oder auslegungsbedürftiger Regelungen im Hinblick auf die beaufsichtigte Branche. Ein darüber hinausgehender Zweck würde den Rahmen der auszulegenden Regelungen überschreiten und damit außerhalb der Kompetenzen der Behörde liegen. Zum anderen werden die Regelungen des *soft-law* nicht durch den Gesetzgeber erlassen, sodass gerade keine – unter dem Aspekt der Gewaltenteilung erforderliche – Konkretisierung von Grundsätzen durch den Gesetzgeber erfolgt[1332].

1327 Art. 16 Abs. 3 Unterabs. 3 VO (EU) 1093/2010 (EBA-VO) bzw. Art. 16 Abs. 3 Unterabs. 3 VO (EU) 1094/2010 (EIOPA-VO).

1328 Vgl. *Burgard/Heimann*, in: Dauses, Hdb. EU-WirtschaftsR, E. IV. Bankrecht, Rn. 38; *Michel*, DÖV 2011, 728 (732); *Weber-Rey/Baltzer*, in: Hdb. CG Banken, S. 446ff. Kritisch *Thaten*, Ausstrahlung, S. 182.

1329 Vgl. VGH Kassel, Urt. v. 31.5.2006, 6 UE 3256/05 = WM 2007, 392 (393); *Weber-Rey*, ZGR 2010, 543 (556); *Weber-Rey/Baltzer*, in: Hdb. CG Banken, S. 456f.

1330 *Michael*, VersR 2010, 141 (143); *Weber-Rey*, ZGR 2010, 543 (556f.); *Weber-Rey/Baltzer*, Hdb. CG Banken, S. 457f. Zu einer persönlichen Haftung der Geschäftsleiter kann es kommen, wenn die Auslegung der Behörde sich als Branchenstandard etabliert hat, vgl. BGH, Urt. v. 3. 12. 2001 – II ZR 308/99 = NZG 2002, 195 (196); *Bürkle*, VersR 2009, 866 (872).

1331 Kritisch zur Ausstrahlungsfähigkeit von *soft-law Thaten*, Ausstrahlung, S. 183f.

1332 Zu diesem Aspekt sogleich in Kapitel 4 D)2).

Soft-law kann jedoch an einer Ausstrahlung de lege lata zumindest teilhaben, wenn dieses branchenspezifische gesetzliche Vorschriften konkretisiert und zu deren Auslegung herangezogen wird. Hat der Gesetzgeber – ausdrücklich oder indem er lediglich prinzipienbasiertes Recht geschaffen hat – die detaillierte Ausgestaltung einer Regelung der Wissenschaft und Praxis überlassen, so sind auch behördliche Auslegungen und Konkretisierungen heranzuziehen, solange sie nicht gegen die Regelung selbst verstoßen und sich in deren gesetzlichen Rahmen bewegen. Dies gilt umso mehr, wenn die Behörde die Nichtbefolgung ihrer Auslegung sanktionieren kann[1333]. Die Ausstrahlungswirkung geht in diesen Fällen von der gesetzlichen Regelung selbst aus, allerdings in der Gestalt, die dieser durch die Konkretisierung verliehen wurde. Insofern können an sich rechtlich nicht verbindliche Regelungen des *soft-law* mittelbar auf allgemeine gesetzliche Regelungen ausstrahlen. Die Grenzen hierfür sind insofern höher als bei der unmittelbaren Ausstrahlung, als dass sich die Regelung des *soft-law* innerhalb der Vorgaben einer gesetzlichen Regelung halten muss[1334].

Ferner kann *soft-law* zur Auslegung branchenspezifischer Regelungen und damit zur Beantwortung der Frage, ob diese einen allgemeingültigen Grundsatz beinhalten oder lediglich einen speziellen Inhalt aufweisen, der nicht verallgemeinerbar ist[1335].

Darüber hinaus können Regelungen des *soft-law* freilich auf die juristische Diskussion ausstrahlen, von Unternehmen freiwillig angewendet werden oder im Rahmen einer Ausstrahlung de lege ferenda dem Gesetzgeber als Orientierung für allgemeine gesetzliche Regelungen dienen.

Letztlich ist damit *Weber-Rey* zuzustimmen, die feststellt, dass die Ausstrahlungsfähigkeit einer Regelung von deren Bindungswirkung und Konkretisierungsgrad abhängig ist[1336].

D) Verfassungsrechtliche Aspekte der Ausstrahlung

Schließlich kann eine Ausstrahlung nur im Rahmen der durch die Verfassung gezogenen Grenzen erfolgen. Insbesondere die konzeptionell mit der Ausstrahlung branchenspezifischer Regelungen zum Aufsichtsrat vergleichbare

1333 *Weber-Rey*, ZGR 2010, 543 (567).
1334 Vgl. *Weber-Rey*, ZGR 2010, 543 (560).
1335 *Thaten*, Ausstrahlung, S. 184.
1336 *Weber-Rey*, ZGR 2010, 543 (567).

Ausstrahlung des UmwG auf wirtschaftliche Umwandlungen[1337] wird in der Literatur teilweise unter Verweis auf verfassungsrechtliche Bedenken abgelehnt[1338].

Relevant sind hier insbesondere der Grundsatz der Gewaltenteilung, die Rechtsfortbildung contra legem, sowie die Grundrechtsbetroffenheit von Aufsichtsratsmitgliedern und Aktiengesellschaften, die keinen branchenspezifischen Regeln unterliegen.

I) Der Grundsatz der Gewaltenteilung

Unter Zugrundelegung der Prämisse, dass die Identifizierung von Ausstrahlungswirkungen de lege lata ein Element der Rechtsanwendung darstellt[1339], stellt sich die Frage, ob Ausstrahlungswirkungen mit dem Gewaltenteilungsgrundsatz[1340] vereinbar sind. Danach ist die Gesetzgebung den Gesetzgebungsorganen zugewiesen[1341] während die anderen Gewalten – also auch die Judikative – gemäß Art. 20 Abs. 3 GG an diese Gesetze gebunden sind. Dies legt den Schluss nahe, dass ein Richter nur zur Rechtsanwendung befugt ist, nicht jedoch dazu, allgemeine Rechtsgrundsätze herauszuarbeiten, diese mittels der Identifizierung von Ausstrahlungen zu konkretisieren und seiner Rechtsanwendung zu Grunde zu legen, da so der ursprüngliche Regelungswille des Gesetzgebers verfälscht werden könnte[1342]. Aus dem in Art. 20 Abs. 1 und 2 GG niedergelegten Demokratieprinzip ergibt sich, dass dem unmittelbar demokratisch legitimierten Gesetzgeber die Entscheidung über alle wesentlichen Fragen des Gemeinwesens vorbehalten bleiben muss[1343]. Ferner ist der Richter nicht befugt, das Gesetz nach seinen Gerechtigkeitsvorstellungen zu korrigieren oder gar nach seinen (gesellschafts-) politischen Wertungen fortzubilden[1344]. Vielmehr dürfen Rechtsfortbildungen nur im Rahmen der Gesetze und somit orientiert an den

---

1337 Hierzu bereits oben Kapitel 4 A)II)3).

1338 Etwa von *Schnorbus*, Gestaltungsfreiheit, S. 141ff.

1339 Hierzu oben Kapitel 4 B)I).

1340 Allgemein zum Grundsatz der Gewaltenteilung *Jarass*, in: Jarass/Pieroth, GG, Art. 20, Rn. 23ff.; *Sommermann*, in: v. Mangoldt/Klein/Stark, GG II, Art. 20, Rn. 197ff.; *Stern* Staatsrecht I, S. 792ff.

1341 *Jarass*, in: Jarass/Pieroth, GG, Art. 20, Rn. 24.

1342 Diese Bedenken erkennen auch *Looschelders/Roth*, Juristische Methodik, S. 250ff.; ähnlich *Rüthers/Fischer/Birk*, Rechtstheorie, Rn. 940.

1343 *Sommermann*, in: v. Mangoldt/Klein/Stark, GG II, Art. 20, Rn. 273.

1344 BVerfGE 126, 286 (306); *Beaucamp*, DÖV 2013, 41 (46); *Looschelders/Roth*, Juristische Methodik, S. 251; *Stern*, Staatsrecht I, S. 801.

normativen Wertentscheidungen des Gesetzgebers erfolgen[1345]. Ähnlich sieht dies das BVerfG wenn es feststellt, der Richter dürfe sich bei der Fortentwicklung des Rechts nicht dem vom Gesetzgeber festgelegten Sinn und Zweck des Gesetzes entziehen, sondern seine Aufgabe beschränke sich darauf, diesen unter gewandelten Bedingungen möglichst zuverlässig zur Geltung zu bringen[1346].

Bei der Identifizierung und Konkretisierung allgemeiner Prinzipien und Grundsätze ist jedoch genau dies der Fall. Die Entwicklung allgemeiner Rechtsgrundsätze ist gerade ein Teil der Rechtsanwendung und Rechtsfindung der Gerichte[1347]. Dabei werden die Grundsätze nicht vom Richter nach seiner eigenen Überzeugung erfunden, sondern aus den Gesetzen abgeleitet. Auch die Konkretisierung solcher Grundsätze erfolgt durch die Wertungen der Rechtsordnung. Ändert sich die Auslegung einer Norm in Folge eines geänderten Verständnisses eines hinter dieser stehenden allgemeinen Grundsatzes, so geht diese Änderung gerade vom Gesetzgeber aus, wenn dieser den fraglichen Grundsatz mittels einer Änderung spezieller Normen konkretisiert hat, die wiederum auf den allgemeinen Grundsatz konkretisierend zurückwirken. Der Richter, der die speziellen Ausprägungen zur Konkretisierung des Grundsatzes heranzieht und diesen sodann einer allgemeineren Norm zu Grunde legt, handelt folglich gerade im Rahmen der Wertentscheidungen des Gesetzgebers.

Ausstrahlungen sind in der Form des hier zu Grunde gelegten Verständnisses somit unter dem Blickwinkel des Gewaltenteilungsgrundsatzes grundsätzlich unbedenklich. Probleme könnten hingegen entstehen, wenn unter Überschreitung der Grenzen von Auslegung, Analogie und Rechtsfortbildung Norminhalte oder Wertungen übertragen würden, ohne dass den Normen ein gemeinsames Prinzip zu Grunde liegt. In diesen Fällen würde sich der Rechtsanwender die dem Gesetzgeber exklusiv zugeschriebene Position anmaßen[1348] und damit gegen den Grundsatz der Gewaltenteilung verstoßen.

1345 Vgl. BVerfGE 34, 269 (288); *Looschelders/Roth*, Juristische Methodik, S. 251; *Sommermann*, in: v. Mangoldt/Klein/Stark, GG II, Art. 20, Rn. 286; *Stern*, Staatsrecht I, S. 801.

1346 BVerfGE 96, 375 (394).

1347 BVerfGE 95, 48 (62); *Jarass*, in: Jarass/Pieroth, GG, Art. 20, Rn. 25. Vgl. auch *Betti*, Auslegungslehre, S. 659.

1348 Vgl. BVerfGE 96, 375 (394) mit Verweis auf BVerfGE 4, 219 (234).

II) Erkennbarkeit des gesetzgeberischen Willens als Voraussetzung

Aus dem soeben Gesagten folgt, dass die Erkennbarkeit des gesetzgeberischen Willens, einen allgemeinen Grundsatz oder ein Prinzip zu konkretisieren, eine weitere Voraussetzung der Ausstrahlung ist. Nur wenn ein solcher Wille erkennbar ist, kann der Richter den Regelungswillen und die Wertentscheidungen des Gesetzgebers verwirklichen. Dementsprechend findet sich dieses Kriterium auch bei den in der Literatur diskutierten Ausstrahlungen. Bezüglich der Ausstrahlung der Wohlverhaltenspflichten des WpHG wird festgestellt, dass nur solche Normen ausstrahlen können, bei denen ein feststellbarer Wille des Gesetzgebers hinsichtlich einer Ausstrahlung besteht[1349]. Vor allem aber findet sich das Kriterium des erkennbaren gesetzgeberischen Willens in der Diskussion um die Ausstrahlung des Aufsichtsrechts auf das Aktienrecht[1350].

III) Keine Rechtsfortbildung contra legem

Aus dem oben Gesagten folgt auch, dass es keine Rechtsfortbildung contra legem geben darf. Die Grenze der Rechtsfortbildung ist erreicht, wenn sich eine Antwort auf eine Rechtsfrage nicht mit spezifischen rechtlichen Erwägungen innerhalb der Rechtsordnung finden lässt, insbesondere wenn die konkrete Frage in erster Linie eine rechtspolitische Frage darstellt[1351].

Ausstrahlungswirkungen führen jedoch – wie oben herausgearbeitet[1352] – lediglich zur Übertragung von Wertungen, die ohnehin in der Rechtsordnung bereits angelegt sind und bestehen darüber hinaus auch nur zwischen Regelungen, denen dasselbe allgemeine Prinzip zu Grunde liegt. Da es eine Entscheidung des Gesetzgebers ist, welches Prinzip er welcher Regelung zu Grunde legt, handelt es sich bei der Identifizierung von Ausstrahlungen nicht um eine Rechtsfortbildung contra legem, sofern die Voraussetzungen der Ausstrahlung erfüllt sind.

1349 *Rothenhöfer*, in: Perspektiven, S. 73; hierzu bereits oben Kapitel 4 A)II)4).

1350 So etwa bei *Langenbucher*, ZHR 176 (2012), 652 (666f.). Unklar *Dreher*, ZGR 2010, 493 (502, 503f.).

1351 Vgl. BVerfGE 34, 269 (287); *Larenz*, Methodenlehre, S. 426f.; *Looschelders/Roth*, Juristische Methodik, S. 251; *Sommermann*, in: v. Mangoldt/Klein/Stark, GG II, Art. 20, Rn. 286.

1352 Oben Kapitel 4 B)I).

IV) Grundrechtsbetroffenheit

Schließlich ist zu bedenken, dass Ausstrahlungen des Aufsichtsrechts auf das Aktienrecht im Bereich des Aufsichtsrats zu einer unmittelbaren Grundrechtsbetroffenheit sowohl der Aufsichtsratsmitglieder als auch der Aktionäre führen können. Die Regelungen, die durch Ausstrahlungen beeinflusst werden, müssen daher auch in der Gestalt, die sie durch die Ausstrahlungswirkung annehmen, verfassungsmäßig sein, um Beeinträchtigungen von Grundrechten rechtfertigen zu können.

Für die einzelnen Aufsichtsratsmitglieder beeinträchtigen beispielsweise Regelungen zu ihrer Qualifikation als subjektive Berufswahlregelung die in Art. 12 Abs. 1 GG garantierte Berufsfreiheit. Daneben kann auch die durch Art. 12 Abs. 1 GG geschützte Freiheit der unternehmerischen Betätigung der juristischen Person selbst durch solche Regelungen betroffen sein[1353]. Auch in diesem Kontext stellen Regelungen der Unternehmensorganisation eine subjektive Berufswahlregelung dar[1354]. Eine solche ist nach der Dreistufentheorie[1355] des Bundesverfassungsgerichts nur dann angemessen und damit verhältnismäßig, wenn sie zum Schutze überragender Gemeinschaftsgüter erfolgt[1356]. Insbesondere dürfen die gesetzlich vorgeschriebenen Kenntnisse und Fähigkeiten nicht außer Verhältnis zu der geplanten Tätigkeit der Aufsichtsratsmitglieder stehen[1357]. Während daher ein gewisser Überschuss an Ausbildungsanforderungen toleriert wird, ist das Erfordernis einer unzumutbaren Überqualifikation nicht zulässig[1358].

Derartige Regelungen können ferner das durch Art. 14 Abs. 1 GG geschützte Eigentum der Aktionäre beeinträchtigen. Nach der Rechtsprechung des Bundesverfassungsgerichts umfasst der Eigentumsschutz auch das sogenannte Anteilseigentum[1359]. Diese Rechtsposition kann durch die Ausgestaltung der

---

1353 Vgl. *Thaten*, Ausstrahlung, S. 172ff.

1354 *Thaten*, Ausstrahlung, S. 172ff.

1355 BVerfGE 7, 377 (403ff.); 25, 1 (11f.); hierzu *Jarass*, in: Jarass/Pieroth, GG, Art. 12, Rn. 33ff. Kritisch *Manssen*, in: v. Mangoldt/Klein/Stark, GG I, Art. 12, Rn. 141ff.

1356 Vgl. BVerfGE 55, 185 (196), 69, 209 (218); 103; 172 (183); *Jarass*, in: Jarass/Pieroth, GG, Art. 12, Rn. 46.

1357 Vgl. BVerfGE 54, 301 (331); 119, 59 (90); *Jarass*, in: Jarass/Pieroth, GG, Art. 12, Rn. 47; *Manssen*, in: v. Mangoldt/Klein/Stark, GG I, Art. 12 Rn. 147.

1358 BVerfGE 13, 97 (117f.); 54, 301 (330f.); 73; 301 (320); *Jarass*, in: Jarass/Pieroth, GG, Art. 12, Rn. 47.

1359 BVerfGE 100, 289 (301); 50, 290 (341); *Depenheuer*, in: v. Mangoldt/Klein/Stark, GG I, Art. 14, Rn. 142; *Spindler*, in: Spindler/Stilz, AktG, § 96, Rn. 4. Eingehend hierzu *Schmidt-Aßmann*, in: FS-Badura, S. 1009; kritisch *Leuschner*, NJW 2007, 3248.

Unternehmensorganisation durch gesetzliche Regelungen beeinträchtigt werden, beispielsweise indem Aktionären vorgegeben wird, über welche Qualifikationen Personen verfügen müssen, um von der Hauptversammlung als Aufsichtsratsmitglied gewählt werden zu können[1360].

Auf Grund der verschiedenen Arten von potentiell ausstrahlenden Regelungen lassen sich zu der Frage nach der Beeinträchtigung grundrechtlich geschützter Rechte keine pauschalen Aussagen treffen[1361]. Es muss vielmehr im konkreten Einzelfall geprüft werden, ob und wenn ja, welche Grundrechte betroffen sind und ob gegebenenfalls eine Rechtfertigung in Betracht kommt. Hierbei darf jedoch nicht übersehen werden, dass die Ausstrahlung nach dem hier zu Grunde gelegten Verständnis nicht die Übertragung einzelner Tatbestandsmerkmale zum Gegenstand hat, sondern sich auf der Ebene der Konkretisierung von allgemeinen Prinzipien und Grundsätzen abspielt, die auch der allgemeinen Regelung zu Grunde liegen. Derart weitreichende Veränderungen durch Ausstrahlungen, dass sogar die Verfassungsmäßigkeit einer Regelung in Frage gestellt werden muss, sind daher eher nicht zu erwarten.

E) Ergebnis

Die Untersuchung hat gezeigt, dass Ausstrahlungen methodisch von den anerkannten Instrumenten der Methodenlehre grundsätzlich zu unterscheiden sind. Dennoch weisen sie Berührungspunkte auf, indem z.B. von Ausstrahlungen gesprochen werden kann, wenn spezielle Regelungen zur Auslegung allgemeiner Regelungen herangezogen werden. Festzuhalten ist, dass es verschiedene Arten von Ausstrahlungen geben kann. In ihrem eigentlichen Kern erfolgen Ausstrahlungen durch die Konkretisierung von Grundsätzen und Prinzipien, die sowohl im speziellen als auch im allgemeinen Recht zu finden sind.

Um verfassungsrechtlich unbedenklich zu sein, müssen Ausstrahlungen jedoch bestimmten Regeln folgen und alle Voraussetzungen erfüllen, die für

---

1360 Vgl. *Thaten*, Ausstrahlung, S. 170ff., die jede Abweichung vom durch das Gesellschaftsrecht festgelegten Idealbild der Gesellschaftsformen durch branchenspezifische Regelungen als begründungsbedürftige Einschränkung des Eigentumsrechts ansieht.

1361 Anders *Thaten*, Ausstrahlung, S. 172, die davon ausgeht, dass für eine Ausstrahlung nur solche Normen in Betracht kommen, die dem Schutz der Aktionäre und der Kapitaleinleger gleichermaßen dienen. Da an das dadurch geschützte Unternehmensinteresse Aktiengesellschaften sämtlicher Branchen gebunden seien, stelle die Ausstrahlung keine unverhältnismäßige Beeinträchtigung des Anteilseigentums dar.

sie herausgearbeitet wurden. Zu diesen gehören die Vorfindlichkeit eines allgemeinen Grundsatzes, der durch spezielle Regelungen konkretisiert wird, die Erkennbarkeit des gesetzgeberischen Willens, nicht lediglich eine abschließende Konkretisierung für einen Sonderfall vornehmen zu wollen, die Vergleichbarkeit der Interessenlagen, sowie die Ausstrahlungsfähigkeit der Regelung.

Die Eingangs gestellte Frage kann somit positiv beantwortet werden: Die Ausstrahlung lässt sich als rechtsmethodisches Phänomen begreifen und durch das Herausarbeiten von Voraussetzungen für sie handhabbar machen.

Kapitel 5 Ausstrahlungen branchenspezifischer Regelungen für den Aufsichtsrat auf das allgemeine Aktienrecht

Abschließend soll nun untersucht werden, ob und wenn ja, welche branchenspezifischen Anforderungen an die Qualifikation von Aufsichtsratsmitgliedern nach den bisherigen Erkenntnissen dieser Arbeit auf das Aktienrecht ausstrahlen.

A) Anknüpfungspunkte für Ausstrahlungswirkungen

Um feststellen zu können, ob die oben dargestellten branchenspezifischen Regelungen zum Aufsichtsrat auf das allgemeine Aktienrecht ausstrahlen, müssen zunächst mit Hilfe der soeben herausgearbeiteten Kriterien Anknüpfungspunkte für eine Ausstrahlung gefunden werden[1362]. Ausstrahlungswirkungen können nicht pauschal festgestellt werden, sondern lassen sich nur anhand von Einzelfragen erörtern[1363]. Zunächst müssen Prinzipien identifiziert werden, die sowohl dem Aktienrecht als auch den branchenspezifischen Regelungen zu Grunde liegen. Anschließend muss erörtert werden, ob die branchenspezifischen Regelungen detaillierter sind, als die des Aktienrechts, sodass sie das allgemeine Prinzip überhaupt konkretisieren können. Dabei darf eine Ausstrahlungswirkung nicht bereits auf Grund der bloßen Existenz einer detaillierten branchenspezifischen Regelung angenommen werden[1364]. Vielmehr muss auch die korrespondierende Regelung im Aktienrecht so gestaltet sein, dass sie für eine Ausstrahlung empfänglich ist[1365]. Insbesondere darf sie nicht selbst so detailliert sein, dass die branchenspezifische Regelung lediglich eine andere Ausgestaltung, jedoch denselben Konkretisierungsgrad aufweist.

Im Schrifttum werden zahlreiche Anknüpfungspunkte für Ausstrahlungen identifiziert[1366]. Oft wird aber in diesem Zusammenhang lediglich auf die

---

1362 Zur Vorfindlichkeit von Prinzipien bereits oben Kapitel 4 C)I). Ausführlich dazu *Dreher*, ZGR 2010, 496 (503ff.).

1363 *Dreher*, ZGR 2010, 496 (500f.).

1364 *Konopatzki*, Funktionsauslagerung, S. 301.

1365 Vgl. *Konopatzki*, Funktionsauslagerung, S. 301.

1366 Allgemein *Leyens/Schmidt*, AG 2013, 533 (533ff.); siehe ferner die Nachweise in den folgenden Fußnoten.

allgemeine Entwicklung verwiesen, ohne näher auf konkrete Ausstrahlungswirkungen einzugehen. Inhaltlich erstrecken sich die diskutierten Ausstrahlungen im Kern auf die Professionalisierung des Aufsichtsrats[1367], die Bildung von Fachausschüssen[1368], die zeitliche Verfügbarkeit von Aufsichtsratsmitgliedern[1369], sowie die Aus- und Fortbildung von Aufsichtsratsmitgliedern[1370]. Dabei muss jeweils sowohl im branchenspezifischen Recht eine ausstrahlungsfähige Regelung existieren als auch im allgemeinen Aktienrecht eine Regelung identifizierbar sein, die durch dasselbe Prinzip konkretisiert werden kann.

I) Professionalisierung des Aufsichtsrats

Am ausführlichsten werden Ausstrahlungen im Bereich der Professionalisierung des Aufsichtsrats diskutiert[1371]. Die Diskussion um eine Professionalisierung existiert jedoch bereits lange Zeit[1372]. Meist wird unter dem Oberbegriff der Professionalisierung eine Ausweitung der Anforderungen an die Sachkunde und Zuverlässigkeit der Aufsichtsratsmitglieder verstanden.

1) Sachkunde

Wie oben bereits festgestellt, äußert sich das Aktiengesetz nicht ausdrücklich zur erforderlichen Qualifikation der Aufsichtsratsmitglieder. Im DCGK werden zwar Anforderungen an das Gesamtorgan angesprochen[1373], Regelungen zur individuellen Sachkunde fehlen jedoch auch hier. Es ist daher zu untersuchen, an welchen Stellen des Aktiengesetzes eine Anknüpfung erfolgen kann.

1367 Vgl. *Hemeling*, Referat DJT, N 41 (N 33); *Kruchen*, ZCG 2011, 21 (24); *Leuschner/Wolfgarten*, WPg 2015, 375 (375); *Lutter/Krieger/Verse*, Rechte und Pflichten, Rn. 24; *Merkelbach*, Der Konzern 2013, 227 (228ff.); *Ruhwedel*, BOARD 2014, 131 (134); *Velte/Buchholz*, ZBB 2013, 400 (408); *Weidenbach/Kumpf*, Aufsichtsrat 2013, 106 (107). Ausführlich hingegen *Dreher*, ZGR 2010, 496 (507ff.) sowie *Weber-Rey*, ZGR 2010, 543 (582ff.). Die beiden letztgenannten Beiträge stammen jedoch aus der Zeit vor CRD IV und Solvency II.

1368 Vgl. *Leuschner/Wolfgarten*, WPg 2015, 375 (375); *Mannert/Kramarsch*, Aufsichtsrat 2015, 112; *Ruhwedel*, BOARD 2014, 131 (134).

1369 Vgl. *Velte/Buchholz*, ZBB 2013, 400 (408).

1370 Vgl. *Leuschner/Wolfgarten*, WPg 2015, 375 (375); *Ruhwedel*, BOARD 2014, 131 (133).

1371 Etwa von *Dreher*, ZGR 2010, 496 (507ff.) sowie von *Weber-Rey*, ZGR 2010, 543 (582ff.).

1372 Vgl. *Habersack*, in: MüKo-AktG, § 116, Rn. 24 m.w.N.

1373 Ziff. 5.4.1 DCGK, hierzu oben Kapitel 2 B)III)1).

a) Anknüpfung an allgemeine Prinzipien im Aktienrecht

Im Zusammenhang mit der Sachkunde wird stets auf die Hertie-Entscheidung des BGH[1374] verwiesen. Der BGH stützt seine Argumentation auf das Gebot eigenverantwortlicher und höchstpersönlicher Aufgabenwahrnehmung[1375]. Dieses sieht das Gericht in dem Verbot, Aufgaben durch andere Personen wahrnehmen zu lassen[1376] verankert. Daneben kommt es aber auch in § 101 Abs. 3 S. 1 AktG zum Ausdruck, wonach für Aufsichtsratsmitglieder keine Stellvertreter bestellt werden dürfen[1377].

Ferner identifiziert der BGH gestützt auf § 109 Abs. 1 S. 2 AktG und § 111 Abs. 2 S. 2 AktG, die Sonderfälle der Hinzuziehung Dritter regeln, den Grundsatz, dass Aufsichtsratsmitglieder ihre Funktionen nicht generell auf Dritte abwälzen dürfen[1378]. Wenn der Aufsichtsrat zur Erfüllung der ihm durch das Aktiengesetz übertragenen Aufgaben in der Lage sein soll, müssen die Aufsichtsratsmitglieder selbst die hierzu erforderliche Qualifikation aufweisen.

Aus den vom BGH angesprochenen Punkten folgt also, dass es einen allgemeinen aktienrechtlichen Grundsatz gibt, nach dem Aufsichtsratsmitglieder zur Wahrnehmung ihrer Aufgaben hinreichend qualifiziert sein müssen[1379].

Dieser Grundsatz wird auch durch die Regelungen zur Haftung der Aufsichtsratsmitglieder gestützt. Grundsätzlich ist ein Aufsichtsratsmitglied gemäß §§ 116, 93 AktG verpflichtet, die Sorgfalt eines ordentlichen und gewissenhaften Überwachers anzuwenden. Übernimmt ein Aufsichtsratsmitglied sein Amt, ohne zur Wahrnehmung der dabei anfallenden Aufgaben ausreichend qualifiziert zu sein, ist zwar die Bestellung nach herrschender Ansicht nicht unwirksam[1380], jedoch trifft das Mitglied im Schadensfall ein Übernahmeverschulden[1381]. Mangels einer

---

1374 Hierzu bereits oben Kapitel 2 A)V)1)b).

1375 BGH, Urt. v. 15.11.1982 - II ZR 27/82 = NJW 1983, 991 (991).

1376 Heute § 111 Abs. 6 AktG.

1377 Vgl. *Habersack*, in: MüKo-AktG, § 111, Rn. 132; *Spindler*, in: Spindler/Stilz, AktG, § 111, Rn. 78.

1378 BGH, Urt. v. 15.11.1982 – II ZR 27/82 = NJW 1983, 991 (992).

1379 Grundlegend *Hommelhoff*, ZGR 1983, 551 (559ff.), der jedoch ein noch über den Aspekt der Qualifikation hinausgehendes „Autarkiegebot“ als aktienrechtliches Prinzip identifiziert.

1380 *Drygala*, in: K. Schmidt/Lutter, AktG, § 100, Rn. 30; *Habersack*, in: MüKo-AktG, § 100, Rn. 22; *Simons*, in: Hölters, AktG, § 100, Rn. 13.

1381 *Drygala*, in: K. Schmidt/Lutter, AktG, § 116, Rn. 7; *Habersack*, in: MüKo-AktG, § 100, Rn. 22; *Lutter/Krieger/Verse*, Rechte und Pflichten, Rn. 1009; *Simons*, in: Hölters, AktG, § 100, Rn. 13.

unternehmerischen Entscheidung kann es sich hierbei auch nicht auf die Business-Judgement-Rule[1382] berufen. Die Tatsache, dass die Haftung die Aufsichtsratsmitglieder persönlich und nicht die Gesellschaft trifft, zeigt, wie ernst das AktG das Erfordernis der Mindestqualifikation nimmt. Die persönliche Haftung ist daher ein Ausdruck der Eigenverantwortlichkeit. Hierdurch entsteht für die Aufsichtsratsmitglieder ein persönliches Interesse, die Anforderungen der Mindestqualifikation zu erfüllen und so einem Haftungsrisiko zu entgehen.

Ein Indiz für das Bestehen eines solchen Grundsatzes lässt sich auch aus den branchenspezifischen Regelungen zum Aufsichtsrat ableiten. Sowohl das KWG als auch das VAG oder das KAGB erkennen die gesellschaftsrechtlichen Vorschriften des Aktiengesetzes an. Um ein eigenes „Bankgesellschaftsrecht" zu formen[1383] wird zu großen Teilen auf die Vorschriften des Aktiengesetzes verwiesen und nur punktuelle Abweichungen geregelt[1384]. Dass in diesen Abweichungen besondere Anforderungen an Aufsichtsräte und deren Mitglieder geregelt werden spricht dafür, dass auch das Aufsichtsrecht eine bestimmte Qualifikation fordert, die nur für branchenspezifische Zwecke in ihrer Strenge vom Aktienrecht abweichend geregelt wird[1385]. Für diese Sichtweise spricht auch, dass der Gesetzgeber selbst davon ausgegangen ist, dass durch die Verankerung der Sachkunde im KWG lediglich die bislang nach den hergebrachten kaufmännischen Grundsätzen anerkannten Anforderungen teilweise gesetzlich geregelt wurden[1386].

1382 Zur Anwendbarkeit der Business-Judgement-Rule auf Entscheidungen des Aufsichtsrats *Cahn*, WM 2013, 1293; *Habersack*, in: MüKo-AktG, § 116, Rn. 39ff.; *Lutter/Krieger/Verse*, Rechte und Pflichten, Rn. 989.

1383 §§ 18 Abs. 1, 108 Abs. 1, 140 Abs. 1 S. 1 KAGB, § 2b Abs. 1 KWG, § 8 Abs. 2 VAG. Zu Begriff und Entstehung eines „Bankgesellschaftsrechts" *Langenbucher*, ZHR 176 (2012), 652 (662ff.). Von einem „diffusen europäischen Bankenorganisationsrecht" sprechen *Schneider/Schneider*, NZG 2016, 41 (43). Ähnlich *Ludwig*, Wirtschaftsaufsicht, S. 294 „Sondergesellschaftsrecht"; *Mülbert/Wilhelm*, ZHR 178 (2014), 502 (541f.). Kritisch zu branchenspezifischem Sondergesellschaftsrecht, *Michael*, Auflösung von Kollisionen, S. 15 (S. 37).

1384 So ausdrücklich für die Regelungen zum Aufsichtsrat § 18 Abs. 2 KAGB, der sogar die aktienrechtlichen Vorschriften für die Zusammensetzung sowie die Rechte und Pflichten des Beirats einer Kapitalverwaltungskommanditgesellschaft für anwendbar erklärt. Ebenso §§ 108 Abs. 2, 140 Abs. 1 S. 2 KAGB.

1385 *Thaten*, Ausstrahlung, S. 282 hält die Zielsetzung sowie den Regelungsgehalt von Aufsichts- und Aktienrecht hinsichtlich der Qualifikationsanforderungen für weitgehend kongruent. Auch *Bronnert-Härle*, Aufsichtsratsausschüsse, S. 253 erachtet die aktienrechtlichen Anforderungen sowie das aufsichtsrechtliche Sachkundeerfordernis für im materiell-rechtlichen Gehalt übereinstimmend.

1386 So die Regierungsbegründung zum FMVAStG, BT-Drs. 16/12783, S. 16.

Vergegenwärtigt man sich schließlich die Funktion des Aufsichtsrats, als Kontrollgremium die Wahrung der Belange der Aktionäre – sowie in mitbestimmten Gesellschaften auch der Arbeitnehmer – zu gewährleisten und somit das durch den Ausschluss der Hauptversammlung von unternehmerischen Entscheidungen entstandene Kontrolldefizit auszugleichen, so wird deutlich, dass die Sicherung der effektiven Überwachung des Vorstands durch qualifizierte Aufsichtsratsmitglieder letztlich dem Schutz der Aktionäre dient. Gerade bei börsennotierten Gesellschaften gibt es oft eine Vielzahl an Gesellschaftern, die Aktien nur zu Anlagezwecken halten und nicht selbst an den unternehmerischen Entscheidungen mitwirken wollen. Ihrem Interesse entspricht es in erster Linie, dass ihr angelegtes Vermögen durch sachverständige und sorgfältige Personen verwaltet wird[1387]. Hintergrund ist hier die Principal-Agent-Situation zwischen Vorstand einerseits und Aktionären andererseits. Der Aufsichtsrat übernimmt die Überwachung des Vorstandes, die der einzelne Aktionär nicht leisten kann. Somit dient die Professionalisierung des Aufsichtsrats auch der Verwirklichung eines hohen Anlegerschutzniveaus[1388]. Zwar wird kritisiert, der Aufsichtsrat könne die „Kontrollmacht" über die „Verwaltungsinhaber" auf Grund der Entwicklung hin zu einem beratenden Leitungsorgan, dessen Interessenausrichtung mit derjenigen der Geschäftsleitung parallel laufe, nicht leisten[1389]. Gegen diesen Einwand spricht jedoch, dass Aufsichtsratsmitglieder im Fall der Pflichtverletzung persönlich haften und daher ein eigenes Interesse an einer wirksamen Kontrolle haben. Auch wenn der Aufsichtsrat beratend tätig wird, ändert dies nichts an der rechtlichen Funktionsteilung zwischen Vorstand und Aufsichtsrat[1390]. Dass der Aufsichtsrat auch den Vorstand berät ist dem Schutz der Aktionäre sogar zuträglich, wenn man die Beratung als vorbeugende Kontrolle versteht, die es dem Aufsichtsrat ermöglicht, bereits vor dem Treffen unternehmerischer Entscheidungen durch den Vorstand für eine Orientierung der Unternehmenspolitik an den Interessen der Aktionäre zu sorgen. Somit ist auch das Prinzip des

---

1387 Vgl. *Wiedemann*, Gesellschaftsrecht I, S. 489. Zur Schutz der Aktionäre in ihrer Rolle als Anleger durch Aufsicht *Merkt*, in: Hdb. Corporate Governance, S. 683 (S. 699).

1388 Der aktienrechtliche Anlegerschutz ist nicht zu verwechseln mit dem des KAGB. Im Gegensatz zu Anlagen bei Kapitalanlagegesellschaften, die die Einlagen der Anleger als Sondervermögen verwalten, werden die „Anleger" bei der börsennotierten AG selbst Gesellschafter. Zum Anlegerschutz als Prinzip des Gesellschaftsrechts vgl. *Bydlinski*, System und Prinzipien, S. 474; *Wiedemann*, Gesellschaftsrecht I, S. 477ff.

1389 *Wiedemann*, Gesellschaftsrecht I, S. 492.

1390 *K. Schmidt*, Gesellschaftsrecht, S. 869.

Aktionärsschutzes bzw. Anlegerschutzes in den Regelungen des Aktiengesetzes über den Aufsichtsrat verankert.

Indem der Gesetzgeber lediglich das vom BGH angesprochene Verbot, Aufgaben durch Andere wahrnehmen zu lassen, sowie die Haftung des Aufsichtsrats und dessen Rolle in der Aktiengesellschaft geregelt hat, hat er nur Prinzipien vorgegeben, die ihrerseits ausfüllungsbedürftig sind. Damit hat der Gesetzgeber – was die Qualifikation von Aufsichtsratsmitgliedern angeht – im allgemeinen Aktienrecht prinzipienbasiertes Recht geschaffen[1391].

Die durch den BGH in der Hertie-Entscheidung aufgestellten Grundsätze sind jedoch nur eine Deutungsmöglichkeit. Mangels einer gesetzlichen Niederlegung ist es denkbar, dass sich diese Auslegung mit sich verändernden gesellschaftlichen Umständen ändert und so den aktuellen Umständen anpasst.

b) Methodische Vorgehensweise

Methodisch betrachtet kommen Ausstrahlungen branchenspezifischer Regelungen im Wege der Auslegung von Regelungen des Aktiengesetzes nicht in Betracht, da das Aktiengesetz keine ausdrückliche Regelung der Qualifikation des Aufsichtsrats enthält[1392]. Zwar hat der BGH in der Hertie-Entscheidung an den heutigen § 111 Abs. 6 AktG angeknüpft, dabei hat er sich jedoch nicht zur Methodik seines Vorgehens geäußert. Allerdings sieht der BGH die Mindestqualifikation lediglich als durch das Gebot persönlicher und eigenverantwortlicher Amtsausübung vorausgesetzt an[1393]. Damit macht der BGH deutlich, dass der Grundsatz der Mindestqualifikation nicht im Gebot persönlicher und eigenverantwortlicher Amtsausübung enthalten, sondern von diesem zu unterscheiden ist[1394]. Eine schlichte Auslegung würde damit den Wortlaut des Gesetzes übersteigen.

1391 Zur Unterscheidung von prinzipienbasiertem und regelbasiertem Recht bereits oben Kapitel 4 C)III).

1392 Für eine Heranziehung zur Auslegung des Aktienrechts im Allgemeinen jedoch *Thaten*, Ausstrahlung, S. 283.

1393 BGHZ 85, 293 = NJW 1983, 991 (991)

1394 In diese Richtung wohl auch *Lutter*, in: Bayer/Habersack, S. 389 (S. 419), der feststellt, dass in der Hertie-Entscheidung Eigenverantwortlichkeit und Mindestqualifikation miteinander verknüpft wurden. Ähnlich auch *Hommelhoff*, ZGR 1983, 551 (571f.), der die Mindestqualifikation als „folgerichtig aus dem Autarkiegebot hergeleitete Forderung" versteht.

In Betracht kommt daher eine Ausstrahlung im Wege der Rechtsfortbildung. Nach dem oben[1395] Gesagten erfordert dies die Feststellung einer Lücke im gesetzgeberischen Regelungsplan des Aktiengesetzes.

aa) Regelungsplan des historischen Gesetzgebers

In den ursprünglichen aktienrechtlichen Regelungen des ADHGB waren Anforderungen an die Sachkunde von Aufsichtsratsmitgliedern nicht vorgesehen. Der Aufsichtsrat war zu dieser Zeit als Ausschuss der Aktionäre konzipiert. Aus diesem Grund mussten die Aufsichtsratsmitglieder selbst Aktionäre sein, sodass die Aktionäre selbst den Vorstand überwachten[1396]. Erst mit der Novelle des ADHGB im Jahr 1884 wurden zur Stärkung der fachlichen Kompetenz auch Nichtaktionäre zugelassen[1397]. Erstmals wurde hierbei auf die Notwendigkeit fachlicher Kompetenz im Aufsichtsrat eingegangen, ohne jedoch eine ausdrückliche Regelung zu treffen. Darüber hinaus wurde erstmals die Übertragung der Aufgaben auf andere Personen untersagt[1398] und damit der höchstpersönliche Charakter des Amtes begründet[1399]. Für eine weitergehende Regelung hat der Gesetzgeber offenbar keine Notwendigkeit gesehen. Später wurde darauf hingewiesen, dass es auf Grund des Umfangs der Geschäftstätigkeit praktisch unmöglich sei, dass alles durch den Aufsichtsrat überprüft werden könne, zumal die Aufsichtsratsmitglieder auf dem Gebiet ihres Unternehmens keine Sachverständigen seien[1400]. Diese Feststellung führte jedoch ebenfalls nicht zu einem Tätigwerden des Gesetzgebers.

Selbst wenn man den Gesetzgeber des AktG 1965, welches die Grundlage für das heutige Aktiengesetz bildet, als historischen Gesetzgeber ansieht, findet sich kein Beleg dafür, dass der Gesetzgeber in seinem Regelungsplan eine besondere Vorschrift zur Qualifikation der Aufsichtsratsmitglieder vorgesehen hätte, die nicht in das Gesetz aufgenommen wurde. Der Aufsichtsrat ist nach der

1395 Zur Rechtsfortbildung bereits oben Kapitel 4 A)IV)2).

1396 Vgl. *Lieder*, AR im Wandel, S. 80, 107.

1397 So die „Allgemeine Begründung" zur Aktienrechtsnovelle 1884, abgedruckt bei *Schubert/Hommelhoff*, Hundert Jahre modernes Aktienrecht, S. 458; hierzu *Lieder*, AR im Wandel, S. 148f.; *Passow*, Die Aktiengesellschaft, S. 408; vgl. auch *Lutter*, in: Bayer/Habersack, S. 389 (S. 392).

1398 Art. 225 Abs. 4 ADHGB 1884, abgedruckt bei *Schubert/Hommelhoff*, Hundert Jahre modernes Aktienrecht, S. 594; vgl. auch *Lieder*, AR im Wandel, S. 170ff.

1399 *Lutter*, in: Bayer/Habersack, S. 389 (S. 392).

1400 Vgl. *Lutter*, in: Bayer/Habersack, S. 389 (Rn. 396f.); *Passow*, Die Aktiengesellschaft, S. 442ff.

ursprünglichen Konzeption des AktG 1965 ein rein überwachendes Organ[1401]. Seine Aufgaben, sowie seine Rechte und Pflichten, sind im AktG 1965 gesetzlich normiert. Die Regelung betreffend den Grundsatz der eigenverantwortlichen und höchstpersönlichen Aufgabenwahrnehmung in § 111 Abs. 5 AktG 1965 wurde jedoch ohne inhaltliche Änderung aus dem AktG 1937 übernommen[1402]. Hätte der Gesetzgeber hier ein Klarstellungsbedürfnis erkannt, so hätte er eine entsprechende Regelung treffen können. Darüber hinaus finden sich auch im AktG 1965 bereits die Regelungen zur Haftung und gerichtlichen Abberufung von Aufsichtsratsmitgliedern, sodass das Sanktionsregime für eine fehlende Qualifikation aus Sicht des Gesetzgebers ausreichte.

bb) Regelungsplan des zeitgenössischen Gesetzgebers

Die Anforderungen an Aufsichtsratsmitglieder haben in der Geschichte des Aktiengesetzes seit 1965 stetig zugenommen[1403]. Insbesondere die Ausweitung der Aufgaben des Aufsichtsrats hat zu einer Intensivierung seiner Tätigkeit, hin zu einer Mitunternehmerschaft beigetragen[1404]. Dieser Wandel des gesetzgeberischen Regelungsplans vollzog sich sowohl in der Gesetzgebung als auch in der Rechtsprechung. Wichtige Schritte sind hierbei die Aufnahme der Planung in die Informationspflichten des Vorstands mit der Folge, dass sie Teil der Überwachung des Aufsichtsrats wurde[1405], die Einrichtung des Überwachungssystems gemäß § 91 Abs. 2 AktG mit der korrespondierenden Überwachung durch den Aufsichtsrat, sowie eine Stärkung der Rolle des Aufsichtsrats bei der Abschlussprüfung durch das KonTraG[1406] und ferner die Pflicht zur Aufstellung von Zustimmungserfordernissen, sowie die Mitwirkung bei der Abgabe der Entsprechenserklärung nach § 161 Abs. 1 S. 1 AktG durch das TransPuG[1407]. Auch

---

1401 *Hopt/Roth* in: Großkomm. AktG, § 95, Rn. 10. Zur Stärkung der Überwachungsfunktion auch *Lieder*, AR im Wandel, S. 423, 461ff.

1402 Vgl. Begründung zum RegE AktG 1965, abgedruckt bei *Kropff*, AktG, S. 154.

1403 Eingehend *Lutter*, in: Bayer/Habersack, S. 389 (S. 416ff.); *ders.*, Der Betrieb 2009, 775 (775ff.); *Weber-Rey*, ZGR 2010, 543 (582f.).

1404 Vgl. *Lutter*, Der Betrieb 2009, 775 (775).

1405 Die Beratung des Vorstands hat auch der BGH zur Aufgabe des Aufsichtsrats erklärt, vgl. BGH, Urt. v. 25.3.1991 – II ZR 188/89 = BGHZ 114 S. 127.

1406 Gesetz zur Kontrolle und Transparenz im Unternehmensbereich (KonTraG) vom 27. April 1998, BGBl. 1998 I S. 786.

1407 Transparenz- und Publizitätsgesetz (TransPuG) vom 19. Juli 2002, BGBl. 2002 I, S. 2681. Zu dieser Entwicklung *Lutter*, Der Betrieb 2009, 775 (775).

die Änderungen im DCGK beschreiten deutlich den Weg hin zu einer Professionalisierung der Aufsichtsratstätigkeit[1408].

Die Übertragung neuer und weiterreichender Aufgaben geht vor dem Hintergrund des aktienrechtlichen Haftungsregimes mit dem Erfordernis einer höheren Qualifikation in Form einer größeren Sachkunde einher. Dennoch führt dies nicht dazu, dass eine besondere gesetzliche Regelung zur Sachkunde der Aufsichtsratsmitglieder erforderlich wäre um den gewandelten Regelungsplan des Gesetzgebers zu verwirklichen. Zum einen sind die unbestimmten Grundsätze der Hertie-Entscheidung flexibel genug um sich an die gewandelte Rolle des Aufsichtsrats anzupassen[1409]. So wäre es denkbar dass der BGH heute strengere Anforderungen formulieren würde, als er dies 1983 getan hat. Zum anderen enthält das Aktiengesetz mit den Regelungen zur Haftung sowie zur Abberufung ausreichende Mittel um einer unzureichenden Sachkunde entgegenzuwirken. Anders als im Aufsichtsrecht gibt es hier jedoch keine außergesellschaftliche Instanz, welche die Abberufung verlangen könnte[1410]. Somit bliebe lediglich die Möglichkeit, die Sachkunde als persönliche Anforderung in § 100 AktG zu verankern mit der Folge der Nichtigkeit einer gegen sie verstoßenden Wahl gemäß § 250 Abs. 1 Nr. 4 AktG[1411]. Vor dem Hintergrund der grundsätzlichen Wahlfreiheit der Hauptversammlung[1412], der Schwierigkeit die Sachkunde vor Antritt des Amtes festzustellen und den Möglichkeiten der Abberufung nach § 103 AktG[1413] passt eine solche Regelung jedoch nicht in den Regelungsplan des Gesetzgebers.

1408 Vgl. *Regierungskommission DCGK*, Pressemitteilung vom 11.5.2015, abrufbar unter http://www.dcgk.de/ de/kommission/die-kommission-im-dialog/deteilansicht/ kodexaenderungen-2015-beschlossen.html; *Rubner/Fischer*, NZG 2015, 782.

1409 Anders wohl *Opitz*, BKR 2013, 177 (178f.).

1410 Im Bank- und Versicherungsaufsichtsrecht kommt diese Rolle der BaFin zu, vgl. § 36 Abs. 3 KWG, § 303 Abs. 2 VAG.

1411 So weit gehen selbst die aufsichtsrechtlichen Regelungen nicht. Als Folge fehlender Sachkunde ordnen sie lediglich aufsichtsbehördliche Befugnisse an, vgl. § 36 Abs. 3 KWG, § 303 Abs. 2 VAG.

1412 Hierzu *Habersack*, in: MüKo-AktG, § 101, Rn. 7ff.; *Hopt/Roth*, in: Großkomm. AktG, § 101, Rn. 20ff.

1413 Auch die fehlende Mindestqualifikation kann ein Grund für eine Abberufung sein, vgl. *Habersack*, in: MüKo-AktG, § 100, Rn. 13; *Simons*, in: Hölters, AktG, § 100, Rn. 13

cc) Würdigung

Somit könnte man davon ausgehen, der Gesetzgeber habe bewusst keine Regelung getroffen und die Frage nach der erforderlichen Qualifikation Rechtsprechung und Wissenschaft überlassen[1414]. Hierfür fehlt es jedoch an Anhaltspunkten in den Materialien zum Aktiengesetz oder dessen Vorgängerregelungen. Näher liegt die Vermutung, dass der Gesetzgeber die Regelung des Aktiengesetzes für ausreichend gehalten hat und noch immer hält. Hierfür spricht auch, dass ein Fehlverhalten auf Grund mangelnder Qualifikation des Aufsichtsratsmitglieds keineswegs sanktionslos bleibt sondern die Haftung nach §§ 116, 93 AktG sowie die Abberufung aus wichtigem Grund gemäß § 103 Abs. 3 AktG droht.

Auch der BGH hat in der Hertie-Entscheidung erkannt, dass das Aktiengesetz insofern keine Lücke aufweist sondern der Grundsatz der Mindestqualifikation den dem Aktiengesetz zu Grunde gelegten Grundsätzen entnommen werden kann. Er hat damit lediglich den im Gebot eigenverantwortlicher und persönlicher Aufgabenwahrnehmung, dem Verbot der Stellvertretung, aber auch dem Haftungsregime oder den Regeln zur Abberufung von Aufsichtsratsmitgliedern immanenten Grundsatz der Mindestqualifikation als allgemeines aktienrechtliches Prinzip identifiziert.

Ausstrahlungen im Bereich der Anforderungen an die Sachkunde von Aufsichtsratsmitgliedern sind daher insofern denkbar, als dass der Grundsatz der Mindestqualifikation in branchenspezifischen Regelungen abweichend von der Deutung des BGH konkretisiert wird[1415]. Diese Konkretisierung kann dann auf den Grundsatz im allgemeinen Aktienrecht zurückwirken und somit auch für Aufsichtsratsmitglieder in anderen Branchen von Bedeutung sein.

c) Ausgestaltung der Prinzipien durch branchenspezifische Regelungen

Branchenspezifische Regelungen zur Sachkunde von Aufsichtsratsmitgliedern finden sich sowohl im KWG[1416] als auch im VAG[1417] und im KAGB[1418]. Alle drei

---

1414 Zu diesem Vorgehen *Rüthers/Fischer/Birk*, Rechtstheorie, Rn. 835.

1415 So für die Qualifikation von Vorstandsmitgliedern *Behme/Zickgraf*, AG 2015, 841 (848ff.), die allerdings keine dogmatische Begründung für eine Ausstrahlung liefern sondern die Übertragung davon abhängig machen, dass die Vorschriften des Aufsichtsrechts in einer Weise modifiziert werden können, die sie „branchenunabhängig operabel" macht. Auch *Thaten*, Ausstrahlung, S. 278 hält eine Ausstrahlung für grundsätzlich denkbar.

1416 § 25d Abs. 1 S. 1 und Abs. 2 S. 1; hierzu oben Kapitel 3 D)I)1).

1417 § 24 Abs. 1 VAG; hierzu oben Kapitel 3 D)II)2)c).

1418 §§ 18 Abs. 4 S. 1, 119 Abs. 3 S. 1, 147 Abs. 3 S. 1; hierzu oben Kapitel 3 D)III)1).

Gesetze haben die Gemeinsamkeit, dass sie grundsätzlich die Rechtsform der Aktiengesellschaft sowie die diesbezüglichen gesellschaftsrechtlichen Regelungen des Aktiengesetzes anerkennen und nur punktuell gesellschaftsrechtliche Abweichungen anordnen[1419]. Im Grundsatz erkennen die branchenspezifischen Gesetze damit auch die aktienrechtlichen Grundsätze und Prinzipien an.

Im Gegensatz zum Aktiengesetz regeln die genannten Vorschriften die Anforderungen an die Qualifikation der Aufsichtsratsmitglieder ausdrücklich, wenn auch in unterschiedlicher Intensität. Während das KAGB sich darauf beschränkt, die Wahrung der Interessen der Anleger zu fordern und das KWG lediglich die erforderliche Sachkunde zur Wahrnehmung der Kontrollfunktion sowie zur Beurteilung und Überwachung der Geschäfte als Anforderung statuiert, enthält das VAG sogar nähere Hinweise zum konkreten Inhalt der Sachkundeanforderung. Zur grundsätzlichen Identifizierung von Anforderungen an die Sachkunde muss damit bei allen drei Regelungen nicht auf einen an anderen Vorschriften festzumachenden Grundsatz zurückgegriffen werden.

Somit kann auch in diesen Vorschriften der Grundsatz der Mindestqualifikation vorgefunden werden. Dass der Gesetzgeber diesen Grundsatz beim Erlass zumindest von § 25d KWG vor Augen hatte zeigt sich auch an dem Verweis auf die hergebrachten kaufmännischen Grundsätze, die durch die Vorgängerregelung in § 36 Abs. 3 KWG zumindest teilweise gesetzlich geregelt werden sollten[1420].

Wie oben erörtert beschränken sich die branchenspezifischen Vorschriften auch nicht lediglich auf die klarstellende Wiedergabe der allgemeinen aktienrechtlichen Grundsätze sondern enthalten strengere Anforderungen an die Sachkunde von Aufsichtsratsmitgliedern[1421].

Der durch die aufsichtsrechtlichen Regelungen strenger ausgestaltete Grundsatz der Mindestqualifikation der Aufsichtsratsmitglieder stellt somit einen ersten Anknüpfungspunkt für eine Ausstrahlung dar.

1419 Während im KAGB teilweise Vorschriften des AktG für anwendbar erklärt werden können die dem KWG bzw. VAG unterliegenden Unternehmen zumindest in der Rechtsform der Aktiengesellschaft geführt werden. Für den Aufsichtsrat eines VVaG verweist § 189 Abs. 3 VAG ebenfalls auf die entsprechende Anwendung aktienrechtlicher Vorschriften.

1420 BT-Drs. 16/12783, S. 16.

1421 Oben Kapitel 3 D)I)1)e), Kapitel 3 D)II)2)c) und Kapitel 3 D)III)1). Hingegen hält *Thaten*, Ausstrahlung, S. 283f., die aufsichtsrechtlichen Normen nicht für spezieller.

2) *Zuverlässigkeit*

Zur Professionalisierung des Aufsichtsrats im Aufsichtsrecht gehört auch die Sicherstellung der Zuverlässigkeit der Aufsichtsratsmitglieder. Zuverlässigkeit wird in diesem Zusammenhang meist als die Gewähr, das Amt ordnungsgemäß auszuüben, verstanden und in der Regel verneint, wenn persönliche Umstände – insbesondere die strafrechtliche Verurteilung wegen bestimmter Delikte – die Annahme rechtfertigen, dass die fragliche Person ihr Amt gerade nicht sorgfältig und ordnungsgemäß ausüben wird[1422].

Das Aktiengesetz enthält hingegen keine Regelung zur Zuverlässigkeit[1423]. Auch der DCGK äußert sich hierzu nicht. Mangels eines gesetzlichen Anknüpfungspunktes kommt eine Ausstrahlung im Wege der Auslegung somit nicht in Betracht. Denkbar wäre hingegen eine Ausstrahlung im Wege der Rechtsfortbildung oder mittels der Konkretisierung eines auch dem Aktienrecht immanenten Prinzips.

a) *Regelungslücke im Aktiengesetz*

Wie oben erörtert, setzt eine Rechtsfortbildung das Bestehen einer Lücke im Gesetz voraus[1424].

Wie auch heute gab es im ursprünglichen Aktiengesetz von 1965 keine ausdrückliche Regelung zur Zuverlässigkeit von Aufsichtsratsmitgliedern. In dieser Fassung des Gesetzes waren ferner auch keine derartigen Anforderungen für Vorstandsmitglieder enthalten. Erst durch die GmbH-Novelle 1980 wurden der heute in § 76 Abs. 3 S. 2 Nr. 2 AktG enthaltene Verweis auf die gewerberechtliche Zuverlässigkeit, sowie die Ausschlussgründe der Verurteilung wegen bestimmter Straftaten in das Aktiengesetz eingefügt[1425]. Durch das MoMiG wurden die

---

1422 Zum gewerberechtlichen Zuverlässigkeitsbegriff sowie zu abweichenden unionsrechtlichen Auslegungen der Zuverlässigkeit in KWG und VAG oben Kapitel 3 D)I)2) und Kapitel 3 D)II)2)b). Ähnlich ist der Begriff der persönlichen Eignung im KAGB, hierzu oben Kapitel 3 D)III)1).

1423 Rechtspolitische Kritik hierzu findet sich bei *Habersack*, Gutachten DJT, S. E 83f.; *Hopt/Roth*, in: Großkomm. AktG, § 100, Rn. 19; *Wirth*, ZGR 327 (330ff.).

1424 Oben Kapitel 4 A)IV)2)a).

1425 Art. 3 Nr. 3 des Gesetzes zur Änderung des Gesetzes betreffend die Gesellschaften mit beschränkter Haftung und anderer handelsrechtlicher Vorschriften vom 4.7.1980 (BGBl. 1980 I S. 836). Die Regelung im Aktiengesetz erfolgte um einen Gleichlauf mit der ebenfalls entsprechend geänderten Vorschrift des § 6 Abs. 2 GmbHG herzustellen, vgl. die Begründung zum RegE, BT-Drs. 8/1347, S. 59.

Ausschlussgründe nochmals verschärft[1426]. Aus der Gesetzesbegründung geht hervor, dass die Regelung zunächst der Bekämpfung von Wirtschaftskriminalität dienen soll[1427]. Darüber hinaus macht die Begründung zum RegE des MoMiG deutlich, dass Personen, die wegen eines Missbrauchs ihrer Befugnis über fremdes Vermögen zu verfügen oder wegen der Verletzung einer ihr obliegenden Vermögensbetreuungspflicht verurteilt wurden, als Geschäftsleiter ungeeignet sind, da diese Position gerade mit solchen Befugnissen und Pflichten einhergeht[1428]. Damit zeigt sich, dass die Vorschriften bezüglich der Zuverlässigkeit von Vorstandsmitgliedern auch dem Schutz der Gesellschafter, welche die Herrschaft über Teile ihres Vermögens in fremde Hände legen, vor Missbrauch dienen.

Anders als beim Vorstand ist das Amt des Aufsichtsrats nicht unmittelbar mit Vermögensverfügungsbefugnissen oder -betreuungspflichten verbunden. Der Aufsichtsrat vertritt die Gesellschaft üblicherweise nicht nach außen und tätigt in der Regel nur Geschäfte die seine eigene Organisation betreffen[1429]. Bezüglich der unternehmerischen Entscheidungen, von denen die beschriebenen Missbrauchsgefahren ausgehen, beschränkt sich die Tätigkeit des Aufsichtsrats auf die Überwachung. Auch soweit der Aufsichtsrat beratend tätig wird, ist er nicht unmittelbar an unternehmerischen Entscheidungen beteiligt. Daher geht von Aufsichtsratsmitgliedern keine mit dem Vorstand vergleichbare Missbrauchsgefahr aus.

Diesem Schutzgedanken muss ferner die grundsätzliche Wahlfreiheit der Hauptversammlung gegenübergestellt werden[1430]. Eine zusätzliche Einschränkung dieses Grundsatzes durch ein Zuverlässigkeitserfordernis bedarf einer besonderen Rechtfertigung. Mangels einer Vergleichbarkeit der Rolle des Aufsichtsrats mit der des Vorstands und einer vergleichbaren Missbrauchsgefahr ist eine solche Rechtfertigung nicht ersichtlich.

1426 Art. 5 Nr. 6 des Gesetzes zur Modernisierung des GmbH-Rechts und zur Bekämpfung von Missbräuchen (MoMiG) vom 23.10.2008 (BGBl. 2008 I S. 2026). Auch hier sollte ein Gleichlauf mit dem GmbH-Recht gewahrt werden, vgl. die Begründung zum RegE, BT-Drs. 16/6140, S. 52.

1427 BT-Drs. 8/1347, S. 31.

1428 BT-Drs. 16/6140, S. 32f.

1429 Eine Ausnahme ist insoweit die Vertretung gegenüber Vorstandsmitgliedern gemäß § 112 AktG.

1430 Hierzu *Habersack*, in: MüKo-AktG, § 101, Rn. 7ff.; *Hopt/Roth*, in: Großkomm. AktG, § 101, Rn. 20ff. Bei der Wahl von Arbeitnehmervertretern gelten neben den aktienrechtlichen Voraussetzungen die zusätzlichen Grenzen des § 7 Abs. 2 bis 5 MitbestG bzw. § 4 Abs. 2 bis 4 DrittelbG.

Auch die Regelung der Zuverlässigkeit von Aufsichtsratsmitgliedern im Aufsichtsrecht liefert kein Indiz für eine Regelungslücke im allgemeinen Aktienrecht. Zwar erkennt das Aufsichtsrecht die gesellschaftsrechtlichen Rechtsformen an und modifiziert diese nur punktuell für aufsichtsrechtliche Zwecke, jedoch ist die Regelung der Zuverlässigkeit genau eine solche spezifisch aufsichtsrechtliche Modifikation. Dies zeigt sich erstens an dem Schutzzweck der Regelungen. Sowohl bei Banken als auch bei Versicherungen besteht im Vergleich zu Unternehmen anderer Branchen durch die besondere Rolle der Einleger und Versicherten eine besondere Interessenkonstellation[1431]. Mangels gesellschaftsrechtlicher Einwirkungsbefugnisse der einzelnen Einleger und Versicherten kommt der Wahrung ihrer Interessen durch die Aufsicht eine besondere Bedeutung zu. Sowohl die CRD IV-Richtlinie als auch die Solvency II-Richtlinie und die jeweiligen nationalen Umsetzungsgesetze haben den Schutz dieser Interessengruppen zum Ziel[1432]. Die Regelungen entspringen daher nicht der durch das Aufsichtsrecht anerkannten aktienrechtlichen Organisationsordnung, sondern fügen sich als spezifisch aufsichtsrechtliche Bausteine lediglich in diese ein.

Zweitens lässt sich dies auch anhand der Rechtsfolgen einer fehlenden Zuverlässigkeit belegen. Ist ein Aufsichtsratsmitglied unzuverlässig, so kann die BaFin lediglich dessen Abberufung verlangen und ihm die Tätigkeit untersagen[1433]. Originär gesellschaftsrechtliche Konsequenzen ordnet das Aufsichtsrecht hingegen nicht an. Mangels einer außergesellschaftlichen Instanz, welche über derartige Konsequenzen entscheiden könnte, erscheint eine Regelung der Zuverlässigkeit im Aktienrecht nicht erforderlich.

Somit weist das Aktiengesetz hinsichtlich der Zuverlässigkeit der Aufsichtsratsmitglieder keine Lücke auf.

b) Allgemeines aktienrechtliches Prinzip

Die Darstellung der unterschiedlichen Interessenlagen im Aktien- und Aufsichtsrecht zeigt ferner, dass im Aktienrecht, im Unterschied zur Sachkunde, kein allgemeines Prinzip auffindbar ist, nach welchem Aufsichtsratsmitglieder besonderen Zuverlässigkeitsanforderungen unterliegen. Im Aktienrecht erfolgt im Gegensatz zum Aufsichtsrecht keine präventive Kontrolle der Eigenschaften der Aufsichtsratsmitglieder anhand abstrakter Anforderungen. Stattdessen wird

---

1431 Hierzu oben Kapitel 3 C)I)1)b) und Kapitel 3 C)I)2).

1432 Vgl. Erwägungsgrund 47 der CRD IV-Richtlinie sowie Erwägungsgrund 16 der Solvency II-Richtlinie. Hierzu auch oben Kapitel 3 C)II)1) und Kapitel 2 C)II)2).

1433 § 36 Abs. 3 Nr. 1 KWG, § 303 Abs. 2 Nr. 1 i.V.m. § 24 Abs. 1 S. 1 VAG.

die Erfüllung der erforderlichen Anforderungen grundsätzlich über die Haftung für Pflichtverletzungen sichergestellt. Die Anforderungen, die nach dem Aktienrecht an die Zuverlässigkeit der Aufsichtsratsmitglieder zu stellen sind, ergeben sich aus den allgemeinen Sorgfaltspflichten. Anders als ein bestimmtes Mindestmaß an Sachkunde ist die Zuverlässigkeit insbesondere im Sinne fehlender strafrechtlicher Verurteilungen auch nicht *conditio sine qua non* für die ordnungsgemäße Wahrnehmung der Aufgaben eines Aufsichtsrats.

c) Folgerung

Die Untersuchung hat gezeigt, dass im Aktiengesetz hinsichtlich der Zuverlässigkeit von Aufsichtsratsmitgliedern weder eine auslegungsfähige Regelung noch eine Lücke, die im Wege der Rechtsfortbildung geschlossen werden könnte, existiert. Auch ist kein allgemeines Prinzip auffindbar, auf welches sich eine Regelung der Zuverlässigkeit stützen ließe. Somit fehlt es im allgemeinen Aktienrecht an einem Anknüpfungspunkt für eine Ausstrahlung der aufsichtsrechtlichen Regelungen. Eine Ausstrahlung de lege lata ist in diesem Bereich folglich nicht nachweisbar.

Nicht ausgeschlossen ist damit jedoch eine Ausstrahlung de lege ferenda, wenn der Gesetzgeber sich entschließen sollte, die aufsichtsrechtlichen Regelungen als Vorbild für eine Neuregelung im Aktiengesetz heranzuziehen[1434].

II) Bildung von Fachausschüssen im Aufsichtsrat und Qualifikation der Ausschussmitglieder

Ausstrahlungen erscheinen grundsätzlich auch im Bereich der Bildung von Ausschüssen möglich. Regelungen zu Ausschüssen finden sich sowohl im Aktiengesetz als auch im KWG. Im VAG sowie im KAGB finden sich solche Vorschriften hingegen nicht.

1) Ausschussbildung

Ausstrahlungen können zunächst im Bereich der Bildung von Ausschüssen bestehen. Da bereits nach dem Aktienrecht Ausschussmitglieder höheren Qualifikationsanforderungen unterliegen als einfache Aufsichtsratsmitglieder[1435],

---

1434 Anlass hierzu könnte die in der Literatur geäußerte rechtspolitische Kritik bieten, vgl. *Habersack*, Gutachten DJT, S. E 83f.; *Hopt/Roth*, in: Großkomm. AktG, § 100, Rn. 19; *Wirth*, ZGR 327 (330ff.).

1435 Oben in Kapitel 2 A)V)1)e).

würde sich eine Beeinflussung der aktienrechtlichen Vorschriften zur Ausschussbildung auch auf die Qualifikation der Aufsichtsratsmitglieder auswirken.

a) Anknüpfungspunkt im Aktienrecht

Im Aktienrecht ist die Einrichtung von Ausschüssen möglich aber nicht zwingend vorgeschrieben. Gemäß § 107 Abs. 3 S. 1 AktG kann der Aufsichtsrat aus seiner Mitte einen oder mehrere Ausschüsse bestellen. So kann und soll allein der Aufsichtsrat nach pflichtgemäßem Ermessen beurteilen, wie er seine Arbeit zweckmäßigerweise einrichtet, um seinen gesetzlichen Funktionen und seiner Allgemeinverantwortung am besten gerecht zu werden[1436]. Hieraus wird allgemein der Grundsatz der Organisationsautonomie des Aufsichtsrats abgeleitet[1437].

Demnach steht dem Aufsichtsrat auch hinsichtlich der Einrichtung und Besetzung von Ausschüssen ein pflichtgemäßes Ermessen zu. Dieses kann sich im Hinblick auf die mit der Organisationsautonomie einhergehende Pflicht zur sachgerechten und effizienten Organisation seiner Tätigkeit zu einer Pflicht zur Ausschussbildung verdichten, etwa auf Grund der Größe des Aufsichtsrats oder der Komplexität der zu behandelnden Themen[1438].

Zwischen der völligen Entscheidungsfreiheit und der Verdichtung zu einer Ausschusspflicht besteht jedoch ein weiter Raum des Ermessens, welches von unterschiedlichen Einflüssen geleitet sein kann. Wann die pflichtgemäße Ermessensausübung die Ausschussbildung erfordert, ist anhand der konkreten Situation des konkreten Unternehmens zu beurteilen.

1436 BGH, Urt. v. 25.2.1982 – II ZR 123/81 = BGHZ 83, 106 = NJW 1982, 1525 (1527).

1437 BGH, Urt. v. 25.2.1982 – II ZR 123/81 = BGHZ 83, 106 = NJW 1982, 1525 (1527); BGH, Urt. v. 17.5.1993 – II ZR 89/92 = BGHZ 122, 342 = NJW 1993, 2307 (2310); *Habersack*, in: MüKo-AktG, § 107, Rn. 93; *Hopt/Roth*, in: Großkomm. AktG, § 107, Rn. 242ff.; *Lutter/Krieger/Verse*, Rechte und Pflichten, Rn. 743; *Plagemann*, NZG 2013, 1293 (1294ff.); *Rellermeyer*, Ausschüsse, S. 67ff. Kritisch zu diesem Begriff *Rellermeyer*, Ausschüsse, S. 68f.

1438 *Drygala*, in: K. Schmidt/Lutter, AktG, § 107, Rn. 35; *Gittermann*, i: Semler/v. Schenck, § 6, Rn. 3; *Habersack*, in: MüKo-AktG, § 107, Rn. 93; *Hopt/Roth*, in: Großkomm. AktG, § 107, Rn. 262; *Lutter/Krieger/Verse*, Rechte und Pflichten, Rn. 743; *Plagemann*, NZG 2013, 1293 (1296); *Rellermeyer*, Ausschüsse, S. 14f. Zur Selbstorganisationspflicht *Thümmel*, AG 2004, 83 (89). *Behme/Zickgraf*, AG 2015, 841 (843) gehen davon aus, dass die Ausschussbildung bei mehr als zwölf Aufsichtsratsmitgliedern zwingend ist.

Grundsätzlich orientiert sich die Organisation des Aufsichtsrats an sachlichen Kriterien mit dem Ziel, die Aufgabenwahrnehmung effizient zu gestalten[1439]. Für die Ermessensausübung kommt es folglich darauf an, ob die Ausschussbildung sachgerecht und zweckmäßig erscheint[1440]. Die Unbestimmtheit des Ermessensbegriffs macht es jedoch denkbar, auch Gedanken der aufsichtsrechtlichen Regelungen bei der Ermessensausübung heranzuziehen und als Vorbild zu nutzen.

Im Aktienrecht wird die Einrichtung von Ausschüssen trotz der Organisationsautonomie grundsätzlich befürwortet[1441]. So legt etwa § 107 Abs. 3 S. 2 AktG die Einrichtung eines Prüfungsausschusses nahe, indem die Aufgaben, die auf diesen übertragen werden können, genannt werden. Ferner empfiehlt der DCGK in Ziffer 5.3.1 die Einrichtung fachlich qualifizierter Ausschüsse in Abhängigkeit von den spezifischen Gegebenheiten des Unternehmens und der Größe des Aufsichtsrats[1442]. Insbesondere werden die Einrichtung eines Prüfungsausschusses[1443], sowie eines Nominierungsausschusses[1444] empfohlen. Die Betonung der fachlichen Qualifikation soll darauf hinweisen, dass die für die Mitgliedschaft im Ausschuss erforderliche Qualifikation über die Mindestqualifikation im Sinne der Hertie-Entscheidung hinausgeht[1445].

Auch im Schrifttum wird davon ausgegangen, dass Ausschüsse weiter an Bedeutung gewinnen und zum festen Bestandteil guter Corporate Governance werden[1446]. Dies spricht dafür, den Begriff des pflichtgemäßen Ermessens als Anknüpfungspunkt für Ausstrahlungen anzusehen.

1439 Zum Beitrag von Ausschüssen zur Effizienz des Aufsichtsrats *Hopt/Roth*, in: Großkomm. AktG, § 107, Rn. 229; *Lutter/Krieger/Verse*, Rechte und Pflichten, Rn. 743; *Spindler*, in: Spindler/Stilz, AktG, § 107, Rn. 81; *Vetter*, in: Marsch-Barner/Schäfer, § 28, Rn. 1.

1440 *Plagemann*, NZG 2013, 1293 (1295). Zweckmäßig ist die Ausschussbildung hierbei, wenn eine bestimmte Aufgabe im Ausschuss besser als im Plenum erledigt werden kann, vgl. *Plagemann*, NZG 2013, 1293 (1295); *Rellermeyer*, Ausschüsse, S. 15.

1441 Kritisch *Bronnert-Härle*, Aufsichtsratsausschüsse, S. 123, die bezweifelt dass den gesetzlichen Vorgaben „Anreize" für die „Förderung der Ausschussbildung" entnommen werden können.

1442 Hierzu *Kremer*, in: Ringleb, DCGK, Rn. 929ff. Die Empfehlung verletzt nach Ansicht von *Kremer* nicht die Organisationsautonomie, da kein rechtlicher Befolgungszwang besteht. *Bronnert-Härle*, Aufsichtsratsausschüsse, S. 123f., sieht hierin zumindest eine Förderung der Ausschussbildung.

1443 Ziff. 5.3.2 DCGK, hierzu *Kremer*, in: Ringleb, DCGK, Rn. 940ff.

1444 Ziff. 5.3.3 DCGK, hierzu *Kremer*, in: Ringleb, DCGK, Rn. 962ff.

1445 *Kremer*, in: Ringleb, DCGK, Rn. 956.

1446 *Vetter*, in: Marsch-Barner/Schäfer, § 28, Rn. 2. In diese Richtung auch *Lutter*, Der Betrieb 2009, 775 (777); *Plagemann*, NZG 2013, 1293 (1293ff.).

b) Branchenspezifische Regelungen

Ausdrückliche gesetzliche Regelungen zu Aufsichtsratsausschüssen finden sich in § 25d Abs. 7 – 12 KWG. Hiernach sollen die dem KWG unterliegenden Unternehmen abhängig von der Größe, der internen Organisation und der Art, des Umfangs, der Komplexität und dem Risikogehalt der Geschäfte des Unternehmens je einen Risiko-, Prüfungs-, Nominierungs- und Vergütungskontrollausschuss bestellen[1447]. Als Richtschnur zur Beurteilung, ob Ausschüsse einzurichten sind, kann die Anzahl der Aufsichtsratsmitglieder dienen. Dem Gesetzgeber des CRD IV-Umsetzungsgesetzes erschien die Ausschussbildung erst ab einer Anzahl von zehn Mitgliedern im Aufsichtsrat sinnvoll und notwendig, sodass unterhalb dieser Schwelle ohne Zustimmung der BaFin auf die Einrichtung von Ausschüssen verzichtet werden kann[1448]. Eine Pflicht zur Einrichtung von Ausschüssen ohne Abweichungsmöglichkeit besteht hingegen für CRR-Institute von erheblicher Bedeutung[1449].

Inhaltlich enthält § 25d Abs. 7 – 12 KWG detaillierte Vorgaben zu den auf die Ausschüsse zu übertragenden Aufgaben.

Damit enthält das KWG in mehrfacher Hinsicht vom Aktiengesetz abweichende Vorschriften. Zum einen nennt das KWG bezüglich des „ob" der Einrichtung von Ausschüssen klare Orientierungspunkte, die in die Prüfung einfließen müssen. Sind die Anforderungen des § 25d Abs. 7 KWG erfüllt, müssen die Ausschüsse gebildet werden, da andernfalls die BaFin deren Bildung verlangen kann[1450]. Das Aktiengesetz hingegen bestimmt nur mittelbar, dass der

---

1447 *Bronnert/Härle*, Aufsichtsratsausschüsse, S. 126ff., geht von einer allgemeinen Pflicht zur Einrichtung von Aufsichtsratsausschüssen aus, von der Institute auf Grund der Kriterien des § 25d Abs. 7 S. 1 KWG im Einzelfall befreit sein können. Zu den Ausschüssen und der für eine Mitgliedschaft erforderliche Qualifikation oben Kapitel 3 D)I)8). Zur Auslegung der Kriterien Größe, interne Organisation sowie Art, Umfang, Komplexität und Risikogehalt der Geschäfte des Unternehmens *Bronnert-Härle*, Aufsichtsratsausschüsse, S. 131ff.

1448 BT-Drs. 17/10974, S. 88; hierzu *Hönsch/Kaspar*, ZfgK 2014, 380; *dies.*, AG 2014, 297 (298); *Scholz*, in: Luz, KWG, § 25d, Rn. 33. Kritisch *Bronnert-Härle*, Aufsichtsratsausschüsse, S. 132f.

1449 Nach einigen redaktionellen Unklarheiten in Folge mehrerer Gesetzesänderungen wurde dies durch das Gesetz zur Anpassung des nationalen Bankenabwicklungsrechts an den Einheitlichen Abwicklungsmechanismus und die europäischen Vorgaben zur Bankenabgabe (Abwicklungsmechanismusgesetz) vom 2.11.2015, BGBl. I 2015, S. 1864, klargestellt, vgl. BT-Drs. 18/5009, S. 74f.

1450 Ausführlich zum Umfang der Eingriffsbefugnis der BaFin *Bronnert-Härle*, Aufsichtsratsausschüsse, S. 139ff.

Aufsichtsrat die Entscheidung nach pflichtgemäßem Ermessen zu treffen hat[1451]. Zum anderen ist das „wie" der Ausschussbildung strenger geregelt, indem das KWG ausdrücklich vorschreibt, welche Aufgaben einem gebildeten Ausschuss übertragen werden müssen[1452].

Für die Bankenbranche enthalten ferner die EBA Leitlinien zur Internen Governance Empfehlungen zur Einrichtung von Ausschüssen. Hiernach sollte der Aufsichtsrat unter Berücksichtigung der Größe und Komplexität eines Instituts, Fachausschüsse, wie einen Prüfungsausschuss, einen Risikoausschuss, einen Vergütungsausschuss, einen Nominierungs- oder einen Personalausschuss und/ oder einen Governance- bzw. Ethik- bzw. Compliance-Ausschuss, einrichten[1453].

Für Versicherungsunternehmen findet sich im VAG hingegen keine entsprechende Vorschrift. Hier sprechen lediglich die EIOPA Leitlinien zum Governance System die Einrichtung von Ausschüssen an[1454]. Weitere Hinweise finden sich in den Erläuterungen der EIOPA zu diesen Leitlinien, sowie in der Auslegungsentscheidung zu den allgemeinen Governance-Anforderungen an Versicherungsunternehmen der BaFin. Hiernach wird vom Aufsichtsrat erwartet, dass er die Einrichtung von Ausschüssen zumindest in Erwägung zieht[1455]. Eine Pflicht zur Einrichtung von Ausschüssen soll durch sie jedoch nicht etabliert

---

1451 Ziff. 5.3.1 S. 1 DCGK empfiehlt neben der Anzahl der Mitglieder auch die spezifischen Gegebenheiten des Unternehmens zu berücksichtigen, dies dürfte den in § 25d Abs. 7 KWG aufgezählten Aspekten entsprechen.

1452 *Bronnert-Härle*, Aufsichtsratsausschüsse, S. 203. Die Ausschusszuständigkeit ergibt sich hierbei nicht bereits aus dem Gesetz, sondern bedarf einer konkreten Aufgabendelegation durch den Aufsichtsrat, vgl. *Bronnert-Härle*, Aufsichtsratsausschüsse, S. 160. Abweichende Aufgabenzuschnitte der im KWG genannten Ausschüsse werden als unzulässig angesehen, vgl. *Scholz*, in: Luz, KWG, § 25d, Rn. 42. Im Aktienrecht ist die Zuweisung der Aufgaben hingegen Bestandteil der Organisationsautonomie, sodass der Aufsichtsrat auch einen Prüfungsausschuss einrichten kann, dessen Aufgaben von den in § 107 Abs. 3 S. 2 AktG abweichen, vgl. *Habersack*, in: MüKo-AktG, § 107, Rn. 110.

1453 EBA Leitlinien zur Internen Governance (GL 44), S. 19.

1454 EIOPA-BoS-14/253 DE, Ziff. 1.24, sowie insbesondere zum Vergütungsausschuss Ziff. 1.41.

1455 Explanatory Text der EIOPA zu den Leitlinien zum Governance System, deutsche Übersetzung abrufbar unter http://www.bafin.de/SharedDocs/Downloads/DE/Leitfaden/VA/dl_lf_solvency_erlaeuterung_gover nance.pdf, Ziff. 1.2; Auslegungsentscheidung zur Prüfung der fachlichen Eignung und Zuverlässigkeit vom 30. Dezember 2015, abrufbar unter http://www.bafin.de/SharedDocs/Downloads/DE/Auslegungsentscheidung/ dl_ae_151230_fachliche_eignung_va.pdf, Rn. 82ff.

werden. Nach Ansicht der BaFin bietet sich die Einrichtung von Ausschüssen insbesondere bei Unternehmen mit komplexem Risikoprofil sowie großen Aufsichtsräten an.

Problematisch ist bei letzteren Regelungen jedoch die Ausstrahlungsfähigkeit, da sie nicht durch den Gesetzgeber sondern durch Behörden erlassen wurden[1456]. Auch handelt es sich bei ihnen nicht um technische Standards, die zumindest mittelbar demokratisch legitimiert sind, indem ihre Ausarbeitung in der Richtlinie angeordnet wird. Eine Ausstrahlung de lege lata käme damit nur in Betracht, soweit solche Leitlinien gesetzliche Regelungen konkretisieren. Da das VAG jedoch keine entsprechenden Regelungen enthält, haben die Leitlinien diesbezüglich, ebenso wie die Auslegungsentscheidung der BaFin, lediglich einen Empfehlungscharakter. Ausstrahlungen kommen daher nur in Form der Beeinflussung der juristischen Diskussion oder des Begriffs guter Corporate Governance, sowie de lege ferenda als Anreiz oder Vorlage für ein gesetzgeberisches Tätigwerden in Betracht.

2) Qualifikation von Ausschussmitgliedern

Den zweiten Anknüpfungspunkt für Ausstrahlungen in diesem Bereich stellt die Qualifikation der Ausschussmitglieder dar. Im Aktienrecht müssen Ausschussmitglieder generell eine höhere Qualifikation aufweisen als normale Aufsichtsratsmitglieder[1457]. Zwar regelt das Aktiengesetz dies nicht ausdrücklich, zurückzuführen sind die gesteigerten Anforderungen jedoch auf den Grundsatz des arbeitsteiligen Zusammenwirkens. Dieser ermöglicht es, die Aufgaben des Aufsichtsrats auf die dafür jeweils besonders qualifizierten Mitglieder zu verlagern. Damit gehen jedoch auch höhere Anforderungen an die Ausschussmitglieder einher, was sich insbesondere an einem strengeren Haftungsmaßstab zeigt[1458]. Erfüllen die Ausschussmitglieder nicht die erhöhten Qualifikationsanforderungen, die auf Grund der besonderen Aufgaben an sie zu stellen sind, haften sie auf der Grundlage eines Übernahmeverschuldens[1459]. Die Annahme erhöhter Qualifikationsanforderungen an Ausschussmitglieder ist somit ein Ausdruck des Grundsatzes des arbeitsteiligen Zusammenwirkens in gesellschaftsrechtlichen Organen. Dahinter steht der Gedanke der effizienten Aufgabenerledigung zur

---

1456 Zur Ausstrahlungsfähigkeit oben Kapitel 4 C)III).

1457 Zu den Auswirkungen der Ausschussbildung auf die Qualifikation oben Kapitel 2 A)V)1)e).

1458 *Habersack*, in: MüKo-AktG, § 107, Rn. 168.

1459 *Habersack*, in: MüKo-AktG, § 116, Rn. 26.

Gewährleistung einer effektiven Überwachung[1460]. Dieser bildet als Ausprägung des Grundsatzes der Selbstverantwortung der Aufsichtsratsmitglieder die Kehrseite der Organisationsautonomie[1461].

Auch der allgemeine aktienrechtliche Grundsatz der gleichen Rechte und Pflichten aller Aufsichtsratsmitglieder[1462] ist für die Qualifikation von Aufsichtsratsmitgliedern von Bedeutung. Die Effizienzsteigerung durch die Arbeitsteilung in Form der Bildung von Ausschüssen rechtfertigt eine Einschränkung dieses Grundsatzes dergestalt, dass an Ausschussmitglieder höhere Anforderungen zu stellen sind[1463]. Somit ist diese allgemein anerkannte Einschränkung ein Teil des Grundsatzes.

Das KWG befasst sich hingegen ausdrücklich mit der Qualifikation der Mitglieder verschiedener Ausschüsse, wenn es in § 25d Abs. 7 S. 3 heißt, dass die Mitglieder der Ausschüsse die zur Erfüllung der jeweiligen Ausschussaufgaben erforderlichen Kenntnisse, Fähigkeiten und Erfahrungen haben müssen[1464]. Wieder knüpft das KWG hiermit an eine allgemeine aktienrechtliche Regelung an und modifiziert diese für besondere branchenspezifische Zwecke. Grundsätzlich gehen jedoch auch hier die erhöhten Anforderungen an Ausschussmitglieder auf den Grundsatz des arbeitsteiligen Zusammenwirkens zurück. Auch die Ausschussbildung nach dem KWG dient der Steigerung der Effektivität der Überwachung[1465]. Aus diesem Grund sind auch im KWG die Anforderungen an Ausschussmitglieder abweichend von den Anforderungen an alle Aufsichtsratsmitglieder gestaltet. Damit zeigt sich auch in der aufsichtsrechtlichen Regelung die oben beschriebene Einschränkung des Grundsatzes der gleichen Rechte und Pflichten aller Aufsichtsratsmitglieder aus Gründen der Effizienzsteigerung.

Folglich liegen sowohl der aktienrechtlichen als auch der aufsichtsrechtlichen Regelung die identischen Grundsätze des arbeitsteiligen Zusammenwirkens

1460 Vgl. *Lutter/Krieger/Verse*, Rechte und Pflichten, Rn. 889; Zur Effizienzsteigerung durch die Bildung von Ausschüssen *Hopt/Roth*, in: Großkomm. AktG, § 107, Rn. 229; *Lutter/Krieger/Verse*, Rechte und Pflichten, Rn. 743; *Spindler*, in: Spindler/Stilz, AktG, § 107, Rn. 81; *Vetter*, in: Marsch-Barner/Schäfer, § 28, Rn. 1.

1461 *Habersack*, in: MüKo-AktG, Vorbem. zu §§ 95ff., Rn. 16f. sowie § 116, Rn. 16.

1462 Hierzu *Hopt/Roth*, in: Großkomm. AktG, § 116, Rn. 41ff.

1463 Vgl. *Drygala*, in: K. Schmidt/Lutter, AktG, § 116, Rn. 44; *Hopt/Roth*, in: Großkomm. AktG, § 107, Rn. 273; *Lang/Balzer*, WM 2012, 1167 (1172); *Peltzer*, in: Wellhöfer/Peltzer/Müller, § 20, Rn. 86f.; *Thümmel*, AG 2004, 83 (90); *Velte/Buchholz*, ZBB 2013, 400 (403). Einschränkend *Mertens/Cahn*, in: Köln. Komm. AktG, § 116, Rn. 8.

1464 Oben Kapitel 3 D)I)8).

1465 Beispielhaft für den Vergütungskontrollausschuss BT-Drs. 17/10974, S. 88.

sowie der Einschränkung der gleichen Rechte und Pflichten für Ausschussmitglieder zu Grunde.

Die aufsichtsrechtliche Regelung geht auch in mehrfacher Hinsicht über die aktienrechtlichen Grundsätze hinaus. Zum einen fordert das KWG die erhöhten Kenntnisse, Fähigkeiten und Erfahrungen aller Mitglieder und geht damit über das Konzept der Mindestqualifikation des allgemeinen Aktienrechts hinaus. Zum anderen bedingt es der zwingende Aufgabenzuschnitt der Ausschüsse nach dem KWG, dass die Anforderungen auch nicht mittels einer Änderung der Aufgaben des Ausschusses abgesenkt werden können.

Somit besteht auch hier ein Anknüpfungspunkt für eine Ausstrahlung.

III) Zeitliche Verfügbarkeit von Aufsichtsratsmitgliedern

Ausstrahlungen sind auch im Bereich der zeitlichen Verfügbarkeit von Aufsichtsratsmitgliedern denkbar. Im Aktiengesetz findet sich keine ausdrückliche Regelung zur zeitlichen Verfügbarkeit. Jedoch wird bereits aus der allgemeinen Sorgfaltspflicht gemäß §§ 116, 93 AktG auf das Prinzip, dass Aufsichtsratsmitglieder eine ausreichende zeitliche Verfügbarkeit schulden, geschlossen[1466]. Ferner ist dieses Prinzip in den Mandatsbeschränkungen des § 100 Abs. 2 AktG verankert.

Im Aufsichtsrecht befasst sich abermals nur das KWG ausdrücklich mit der zeitlichen Verfügbarkeit von Aufsichtsratsmitgliedern und fordert, dass diese der Wahrnehmung ihrer Aufgaben ausreichend Zeit widmen[1467]. Mit dieser pauschalen Forderung geht das KWG jedoch nicht über die Anforderungen des aktienrechtlichen Grundsatzes hinaus und muss daher als lediglich klarstellende Regelung verstanden werden[1468]. Eine Ausstrahlung de lege lata erfolgt daher nicht. Zwar könnte der Gesetzgeber de lege ferenda die aufsichtsrechtlichen Regelungen zum Anlass nehmen, auch im Aktiengesetz eine klarstellende Regelung zu treffen, jedoch erscheint dies vor dem Hintergrund der Verankerung in der allgemeinen Sorgfaltspflicht und damit der engen Verknüpfung mit der Haftung der Aufsichtsratsmitglieder weder erforderlich noch geboten. Im Gegenteil könnte eine solche Regelung als Bestellungsvoraussetzung missverstanden werden und damit mehr Fragen aufwerfen als beantworten. Überdies fehlt es im

---

1466 *Langenbucher*, ZHR 176 (2012), 652 (654); *Merkelbach*, Der Konzern 2013, 227 (230); *Plagemann*, WM 2014, 2345 (2345); *Rubner/Fischer*, NZG 2015, 782 (787).

1467 § 25d Abs. 1 S. 1 KWG, hierzu oben Kapitel 3 D)I)3).

1468 So auch *Langenbucher*, ZHR 176 (2012), 653 (654), welche die Regelung als kodifizierte Selbstverständlichkeit ansieht.

Aktienrecht an einer außergesellschaftlichen Instanz, die – wie die BaFin – zur Durchsetzung von Verstößen befugt wäre.

Als Ansatzpunkt kommt auch die Forderung nach einer schriftlichen Fixierung des mindestens zu erwartenden zeitlichen Aufwands[1469]. nicht in Betracht. Unabhängig von der Frage nach der Ausstrahlungsfähigkeit der EBA Leitlinien lässt sich die Forderung nicht auf das Prinzip ausreichender zeitlicher Verfügbarkeit zurückführen. Sie dient lediglich als Anknüpfungspunkt für mögliche aufsichtsbehördliche Sanktionen, indem ein objektiv nachprüfbarer Anknüpfungspunkt für das Abberufungsverlangen der BaFin nach § 36 Abs. 3 S. 1 Nr. 3 KWG geschaffen wird. Im Aktienrecht wird die ausreichende zeitliche Verfügbarkeit hingegen über die Haftung der Aufsichtsratsmitglieder sichergestellt[1470]. Damit verfolgt die Forderung allein aufsichtsrechtliche Zwecke ohne ein aktienrechtliches Prinzip zu konkretisieren.

Schließlich dienen auch die sowohl in § 100 Abs. 2 S. 1 Nr. 1 AktG als auch in KWG[1471] und VAG[1472] enthaltenen Mandatsbeschränkungen der Sicherstellung eines ausreichenden Zeiteinsatzes[1473]. Sie sollen der Gefahr vorbeugen, dass Aufsichtsratsmitglieder durch eine hohe Anzahl an Mandaten nicht mehr ausreichend Zeit für jedes einzelne Mandat aufbringen können[1474]. Jedoch bilden auch sie keinen Anknüpfungspunkt für eine Ausstrahlung. Die aktienrechtliche Regelung enthält selbst klare Vorgaben, die hinsichtlich der Zahl der gleichzeitig zulässigen Mandate nicht auslegungsbedürftig sind. Die zahlreichen gescheiterten Vorschläge einer Verschärfung in der Vergangenheit zeigen zudem, dass der Gesetzgeber keine strengere Regelung beabsichtigt[1475]. Überdies hat der Gesetzgeber in der Begründung des Regierungsentwurfs des KonTraG ausdrücklich

1469 EBA Leitlinien zur internen Governance (GL 44), S. 15.

1470 *Rubner/Fischer*, NZG 2015, 782 (787).

1471 § 25d Abs. 3 S. 1 Nr. 3, 4 und Abs. 3a Nr. 2 KWG.

1472 § 24 Abs. 4 S. 2 VAG.

1473 Erwägungsgrund 58 der CRD IV-Richtlinie 2013/36/EU; *Habersack*, in: MüKo-AktG, § 100, Rn. 17; *Langenbucher*, ZHR 176 (2012), 652 (654f.); *Plagemann*, WM 2014, 2345 (2347); *Scholz*, in: Luz, KWG, § 25d, Rn. 20. Siehe hierzu auch das Grünbuch Europäischer Governance-Rahmen der EU-Kommission, KOM (2011), 164 endg, S. 9.

1474 *Plagemann*, WM 2014, 2345 (2347); vgl. auch *Peltzer*, NZG 2011, 961 (963).

1475 Vgl. Ziff. 5.4.5 Abs. 1 S. 2 DCGK; BT-Drs. 13/9716, S. 4 und S. 11; Antrag von Mitgliedern der FDP-Fraktion des Bundestages BT-Drs. 16/10885; *Habersack*, Gutachten DJT, S. E 83; *Lutter*, AG 1994, 176 (177); *ders.*, ZHR 159 (1995), 287 (302); *Scheffler*, AG 1995, 207 (209). Vgl. ferner die Nachweise bei *Hopt/Roth*, in: Großkomm. AktG, § 100, Rn. 48.

betont, dass eine strengere pauschale Beschränkung der Anzahl der Mandate im Aktiengesetz der unterschiedlichen Gestaltung von Aktiengesellschaften nicht gerecht werde[1476]. Wollte man nun etwa im Wege der Rechtsfortbildung die strengeren aufsichtsrechtlichen Regelungen in das Aktienrecht einfließen lassen, so müsste man die aktienrechtliche Regelung durchbrechen und sich unzulässigerweise[1477] über den ausdrücklichen Willen des Gesetzgebers hinwegsetzen. Dass dies unter Gewaltenteilungsaspekten unmöglich erscheint, liegt auf der Hand.

Im Aufsichtsrecht ist daher die gleiche Rechtsfrage schlicht abweichend zum allgemeinen Aktienrecht geregelt. Möglich – wenn auf Grund der gescheiterten Initiativen auch unwahrscheinlich – erscheint somit allenfalls, dass sich der Gesetzgeber zu einer strengeren Neuregelung von § 100 Abs. 2 AktG entscheidet. Darüber hinaus könnte sich angesichts der Empfehlung der Ziff. 5.4.5 Abs. 1 S. 2 DCGK eine geringere Anzahl gleichzeitig wahrgenommener Mandate als Ausdruck guter Corporate Governance etablieren[1478].

IV) Aus- und Fortbildung von Aufsichtsratsmitgliedern

Schließlich finden sich Anknüpfungspunkte für mögliche Ausstrahlungen auch im Bereich der Aus- und Fortbildung von Aufsichtsratsmitgliedern. In diesem Kontext sind vor allem die Fragen nach dem Zeitpunkt, zu dem ein Aufsichtsratsmitglied die erforderliche Qualifikation aufweisen muss, die Verantwortlichkeit für die Fortbildung sowie die Kostentragung von Interesse.

Erneut enthält das Aktiengesetz keine ausdrücklichen Regelungen. Jedoch hat der BGH in der Hertie-Entscheidung[1479] entschieden, dass ein Aufsichtsratsmitglied die erforderlichen Mindestkenntnisse und -fähigkeiten besitzen oder sich aneignen muss. Daraus wird auf eine Fortbildungsverantwortung der Aufsichtsratsmitglieder geschlossen[1480]. Jedes Aufsichtsratsmitglied muss eigenverantwortlich dafür Sorge tragen, dass es über die erforderliche Mindestqualifikation

---

1476 Vgl. Begründung zum RegE des KonTraG, BT-Drs. 13/9712, S. 15.

1477 Zur Zulässigkeit richterlicher Gesetzeskorrekturen *Rüthers/Fischer/Birk*, Rechtstheorie, Rn. 949ff.

1478 Vgl. *Thaten*, Ausstrahlung, S. 284. Die Empfehlung weist insgesamt eine hohe Befolgungsquote von knapp 80%, unter den DAX-Unternehmen sogar von 100% auf, s. *v. Werder/Bartz*, Der Betrieb 2014, 905 (910).

1479 Hierzu oben Kapitel 2 A)V)1)b).

1480 Vgl. *Habersack*, in: MüKo-AktG, § 113, Rn. 24; *Hoffmann-Becking*, in: Münchener Hdb. AG, § 33, Rn. 14; *Kremer*, in: Ringleb, DCGK, Rn. 1058; *Leyendecker-Langner/Huthmacher*, NZG 2012, 1415 (1416); *Lutter/Krieger/Verse*, Rechte und Pflichten,

verfügt. Dazu gehört auch die Fortbildung wenn die Sachkunde eines Mitglieds Lücken aufweist oder die Anforderungen beispielsweise durch Gesetzesänderungen steigen. In diese Richtung geht eindeutig Ziff. 5.4.5 Abs. 2 DCGK, welche die eigenverantwortliche Aus- und Fortbildung als Wiedergabe der gesetzlichen Regelung formuliert[1481]. Deutlich wird dies auch an der Regelung der Haftung für ein Übernahmeverschulden bei mangelnder Sachkunde.

An dieser zeigt sich auch, dass die Mindestqualifikation grundsätzlich bereits bei Beginn des Mandats vorliegen muss[1482]. Der BGH hat sich in der Hertie-Entscheidung diesbezüglich missverständlich ausgedrückt. Er geht gerade nicht darauf ein, ob das „sich aneignen" vor oder nach der Übernahme des Mandats erfolgen kann. Bezüglich der Haftung wird jedoch nicht unterschieden, ob ein Mitglied erst kürzlich in den Aufsichtsrat bestellt wurde oder sein Amt bereits länger ausübt. Überdies wäre auch eine Grenzziehung schwierig, etwa wenn ein Mitglied bereits in einem Unternehmen dem Aufsichtsrat angehört, im Hinblick auf ein anderes Unternehmen jedoch Neumitglied ist[1483]. Ferner wäre auch die Arbeitsfähigkeit des Aufsichtsrats insgesamt gefährdet[1484].

Die aktienrechtliche Eigenverantwortlichkeit der Aufsichtsratsmitglieder für ihre Fortbildung hat zur Folge, dass die Aufsichtsratsmitglieder die Kosten

---

Rn. 935; Merkelbach, Der Konzern 2013, 227 (231); *Vetter*, in: Marsch-Barner/Schäfer, § 29, Rn. 51.

1481 Hierzu *Kremer*, in: Ringleb, DCGK, Rn. 1058.

1482 *Dreher*, in: FS-Boujong, S. 71 (S. 75); *Habersack*, in: MüKo-AktG, § 116, Rn. 24; *Hommelhoff*, ZGR 1983, 551 (574f.); wohl auch *Drygala*, in: K. Schmidt/Lutter, AktG, § 116, Rn. 7, der auf den Zeitpunkt der Übernahme des Mandats abstellt. A.A wohl *Hopt/Roth*, in: Großkomm. AktG, § 100, Rn. 26. Ablehnend auch *Opitz*, BKR 2013, 177 (178f.), der die angesichts der Verhältnisse jedenfalls bei international tätigen Großunternehmen bestehende praktische Unmöglichkeit, bereits bei Mandatsbeginn über alle erforderlichen Kenntnisse zu verfügen, betont, jedoch anerkennt, dass zumindest „diejenigen allgemeinen Fähigkeiten und Kenntnisse [...], die [ein Mitglied] generell als vorstands- bzw. aufsichtsratsfähig ausweisen", bereits von Beginn an vorhanden sein müssen. Damit ist nichts anderes gesagt, als dass nur die über die Mindestqualifikation hinausgehenden Kenntnisse und Fähigkeiten nachträglich erworben werden können.

1483 Der von *Opitz*, BKR 2013, 177 (179) vorgeschlagenen Berücksichtigung der Einarbeitungszeit im Bereich des persönlichen Verschuldens steht der objektive Haftungsmaßstab, welcher aus der einheitlichen Verantwortung aller Aufsichtsratsmitglieder folgt, entgegen, vgl. *Habersack*, in: MüKo-AktG, § 116, Rn. 23; *Peltzer*, in: Wellhöfer/Peltzer/Müller, § 16, Rn. 5.

1484 Vgl. *Hommelhoff*, ZGR 1983, 551 (574f.).

hierfür grundsätzlich selbst zu tragen haben. Soweit jedoch ein unternehmensspezifischer Bezug vorliegt und die konkrete Maßnahme nicht dem Erreichen oder Aufrechterhalten der Mindestqualifikation dient, kommt auch eine Kostenübernahme durch die Gesellschaft in Betracht[1485].

Insgesamt wird deutlich, dass die Aus- und Fortbildung von Aufsichtsratsmitgliedern eng mit den Anforderungen an ihre Qualifikation verknüpft ist. So basiert auch die Aus- und Fortbildung auf dem aktienrechtlichen Grundsatz eigenverantwortlicher Aufgabenwahrnehmung und spezifiziert diesen näher. Insbesondere die Ausgestaltung durch Ziff. 5.4.5 Abs. 2 DCGK zeigt, dass die Unternehmen mehr und mehr in die Pflicht genommen werden sollen, sich an der Fortbildung zu beteiligen.

Im Aufsichtsrecht finden sich lediglich für die Bankenbranche Regelungen zur Aus- und Fortbildung von Aufsichtsratsmitgliedern[1486]. § 25d Abs. 4 KWG verlangt von Instituten den Einsatz angemessener personeller und finanzieller Ressourcen um den Aufsichtsratsmitgliedern die Amtseinführung zu erleichtern und die Aufrechterhaltung der erforderlichen Sachkunde zu ermöglichen. Damit setzt das KWG voraus, dass grundsätzlich die Aufsichtsratsmitglieder selbst für ihre Aus- und Fortbildung verantwortlich sind[1487]. Somit liegt der Regelung ebenfalls der Grundsatz eigenverantwortlicher Aufgabenwahrnehmung zu Grunde, der jedoch für das Bankaufsichtsrecht besonders ausgestaltet wird. Hierzu wird eine gewisse Mitverpflichtung der Institute konstituiert, indem sie auf Grund des Erfordernisses angemessene Ressourcen bereitzustellen verpflichtet werden, sich mit der Frage, was im einzelnen erforderlich ist, zu befassen[1488]. Indem § 25d Abs. 4 KWG im Unterschied zu Ziff. 5.4.5 Abs. 2 S. 2 DCGK nicht lediglich die angemessene Unterstützung, sondern konkret den Einsatz personeller und finanzieller Ressourcen fordert, geht die Regelung über das hinaus, was bereits Bestandteil des allgemeinen Aktienrechts ist.

Auch nach dem Aufsichtsrecht muss die Mindestqualifikation bereits bei Amtsantritt des jeweiligen Mitglieds erfüllt sein. Zwar fordert dies das KWG nicht ausdrücklich, jedoch folgt dieses Erfordernis bereits daraus, dass die Tatsachen,

---

1485 Hierzu oben Kapitel 2 B)III)4).

1486 Hierzu oben Kapitel 3 D)I)6). Die BaFin hat eine Weiterbildungsverpflichtung bereits vor der Verankerung einer solchen Pflicht im KWG angenommen, vgl. Merkblatt zur Kontrolle der Mitglieder von Verwaltungs- und Aufsichtsorganen gemäß KWG und VAG vom 3. Dezember 2012. *Opitz*, BKR 2013, 177 (180) sieht darin jedoch eher einen Vorgriff auf die Umsetzung der CRD IV-Richtlinie.

1487 So auch *Apfelbacher/Metzner*, AG 2013, 773 (778); *Opitz*, BKR 2013, 177 (181f.).

1488 Vgl. *Apfelbacher/Metzner*, AG 2013, 773 (778); *Ruhwedel*, BOARD 2014, 131 (133).

die zur Beurteilung der Zuverlässigkeit, Sachkunde und der ausreichenden zeitlichen Verfügbarkeit notwendig sind, der BaFin bereits in der Anzeige der Bestellung mitgeteilt werden müssen[1489]. Überdies fordert auch Art. 91 Abs. 1 S. 1 CRD IV-Richtlinie, dass die erforderlichen Kenntnisse, Fähigkeiten und Erfahrungen „allzeit" vorliegen[1490]. Zwar gewährt die BaFin eine sechsmonatige „Kulanzfrist", diese hat jedoch – wie die BaFin selbst anerkennt – keinen Einfluss auf die gesellschaftsrechtliche Haftung[1491]. Somit besteht hinsichtlich des Zeitpunkts, zu dem die erforderliche Mindestqualifikation vorliegen muss kein Unterschied zwischen Aktien- und Aufsichtsrecht.

Im Hinblick auf die Kostentragung ist zu differenzieren. Bezüglich der Einführung in das Amt und damit der Ausbildung sagt § 25d Abs. 4 KWG lediglich, dass die Institute angemessene Ressourcen einsetzen müssen um den Mitgliedern die Amtseinführung zu erleichtern. Dies bedeutet nicht zwingend, dass die Institute die Kosten für die Ausbildung zum Erwerb der erforderlichen Mindestqualifikation tragen müssen. Die Amtseinführung kann auch durch einfache Maßnahmen, wie etwa das Zusammenstellen von Dokumenten und Informationen, die Einrichtung von Informations- und Kommunikationstechnologie oder einem Zugang zum „Electronic Boardroom" oder einer Einführung in den Betriebsablauf und die wichtigsten Organisationseinheiten erleichtert werden[1492]. Solche Einführungsveranstaltungen müssen von den Instituten organisiert und die Kosten für sie getragen werden. Im Aktiengesetz existiert eine solche Pflicht hingegen nicht[1493]. Jedoch ist denkbar, § 25d Abs. 4 KWG zur Konkretisierung der angemessenen Unterstützung bei der eigenverantwortlichen Wahrnehmung der erforderlichen Aus- und Fortbildungsmaßnahmen gemäß Ziff. 5.4.5 S. 2 DCGK heranzuziehen.

Eindeutig ist die Aussage des KWG hingegen bezüglich der Kostentragung für Fortbildungsmaßnahmen. Hier müssen die Institute die Kosten für solche Maßnahmen, die zur Aufrechterhaltung der Mindestqualifikation erforderlich

---

1489 § 24 Abs. 1 Nr. 15 KWG.

1490 Für das Versicherungsaufsichtsrecht ebenso Art. 42 Abs. 1 Solvency II-Richtlinie.

1491 *BaFin*, Merkblatt zu den Mitgliedern von Verwaltungs- und Aufsichtsorganen gemäß KWG und KAGB, S. 20. Die Kritik von *Opitz*, BKR 2013, 177 (180) ist daher zwar rechtspolitisch bedenkenswert, sie vermag jedoch de lege lata nichts an der Rechtslage zu ändern.

1492 Zu den vorgeschlagenen Maßnahmen im Einzelnen *Theisen*, BOARD 2015, 58.

1493 Vorschläge in diese Richtung, vgl. etwa *Lutter/Krieger/Verse*, Rechte und Pflichten, Rn. 64, sind lediglich rechtspolitischer Natur.

sind tragen[1494]. Damit hat der Gesetzgeber für Unternehmen der Bankenbranche eine eindeutige Entscheidung in einer im Aktienrecht umstrittenen Frage getroffen und den Grundsatz eigenverantwortlicher Aufgabenwahrnehmung entsprechend eingeschränkt. Auch hier kommt eine Berücksichtigung im Rahmen der Angemessenheit i.S.v. Ziff. 5.4.5 S. 2 DCGK in Betracht.

B) Prüfung der Ausstrahlungswirkungen der genannten Regelungen

Anknüpfungspunkte für Ausstrahlungen branchenspezifischer Regelungen auf das allgemeine Aktienrecht konnten in den Bereichen Sachkunde, Bildung von Ausschüssen, Qualifikation der Ausschussmitglieder sowie Aus- und Weiterbildung von Aufsichtsratsmitgliedern identifiziert werden. Im Folgenden gilt es nun zu klären, ob in diesen Bereichen tatsächlich Ausstrahlungen de lege lata nachweisbar sind. Dies setzt voraus, dass im konkreten Fall eine vergleichbare Interessenlage besteht und die branchenspezifische Regelung nicht lediglich der branchenspezifischen Interessenlage Rechnung trägt. Darüber hinaus muss sich der Wille des Gesetzgebers, mit der branchenspezifischen Regelung lediglich allgemeine Grundsätze zu konkretisieren, nachweisen lassen.

Eine solche Konkretisierung darf jedoch nicht als Übernahme aller Details der branchenspezifischen Regelung missverstanden werden[1495]. Vielmehr geht es um die grundsätzliche Ausrichtung des allgemeinen Grundsatzes.

I) Sachkunde

Hinsichtlich der Sachkunde der Aufsichtsratsmitglieder wurde ein Anknüpfungspunkt für Ausstrahlungen im Grundsatz der Mindestqualifikation identifiziert. Dieser auch im Aktienrecht vorfindliche Grundsatz kann durch das Aufsichtsrecht konkretisiert werden.

1494 Im Aktienrecht ist dies umstritten, vgl. dafür *Leyendecker-Langner/Huthmacher*, NZG 2012, 1415 (1416f.); a.A. hingegen *Bosse/Malchow*, NZG 2010, 972 (973); *Habersack*, in: MüKo-AktG, § 113, Rn. 24; *Lutter/Krieger/Verse*, Rechte und Pflichten, Rn. 937; *Vetter*, in: Marsch-Barner/Schäfer, § 29, Rn. 51. Differenzierend *Hopt/Roth*, in: Großkomm. AktG, § 113, Rn. 20.

1495 *Dreher*, ZGR 2010, 496 (504f.). Vorsichtig auch *Langenbucher*, ZHR 176 (2012), 552 (667f.); *Weber-Rey*, ZGR 2010, 543 (546ff.). Für den Bereich der Organhaftung ebenso *Hopt*, ZIP 2013, 1793 (1804). Für eine Berücksichtigung der „im Begriff enthaltenen Abgrenzungskriterien" auch *Bydlinski*, System und Prinzipien, S. 65f.

1) *Vergleichbarkeit der Interessenlage*

Im Aktienrecht dient das vom BGH formulierte Konzept der Mindestqualifikation der Aufsichtsratsmitglieder der Sicherstellung einer effektiven Überwachung des Vorstands durch eine effektive und funktionierende Aufsichtsratsarbeit. Daneben dient die Mindestqualifikation der Wahrung der Vertraulichkeit, indem die Aufgaben des Aufsichtsrats von dessen eigenen Mitgliedern erledigt werden können, ohne fremde Hilfe in Anspruch zu nehmen. Die Überwachung erfolgt zur Wahrung des Unternehmensinteresses und damit auch im Interesse und zum Schutz der Aktionäre[1496]. Besonderes Augenmerk ist dabei auf die Minderheitsaktionäre, insbesondere in Publikumsgesellschaften, zu legen, die selbst keine Möglichkeit zur Einflussnahme auf die Besetzung des Vorstands sowie zu dessen effektiver Kontrolle haben. Zwar haben sie auch selbst keine Möglichkeit, eigene Vertreter im Aufsichtsrat zu installieren; die Haftungsregeln halten die von der Hauptversammlungsmehrheit gewählten oder die entsendeten Aufsichtsratsmitglieder jedoch dazu an, das Unternehmensinteresse insgesamt, welches auch die Interessen der Minderheitsaktionäre umfasst, zu wahren[1497].

In mitbestimmten Gesellschaften treten neben die Interessen der Aktionäre die Belange der Arbeitnehmer als vom Aufsichtsrat zu berücksichtigender Faktor bei der Bestimmung des Unternehmensinteresses. Hier gilt es den Bestand und die dauerhafte Rentabilität des Unternehmens zu sichern[1498]. Das Unternehmensinteresse geht damit über das Konzept bloßer *Shareholder Value* hinaus und bezieht auch die konfligierenden Interessen weiterer *Stakeholder* mit ein, ohne einer Gruppe dabei den Vorzug einzuräumen[1499]. Welche dies im Einzelfall sind,

---

1496 Vgl. *Witt*, in: Hdb. Corporate Governance, S. 303 (S. 307).

1497 Zum Zweck der Haftungsregeln *Habersack*, in: MüKo-AktG, § 116, Rn. 2; *Hambloch-Gesinn/Gesinn*, in: Hölters, AktG, § 116, Rn. 3; *Spindler*, in: Spindler/Stilz, AktG, § 116, Rn. 2. Zum Begriff des Unternehmensinteresses *Habersack*, in: MüKo-AktG, Vorbem. zu §§ 95ff., Rn. 13; *Ludwig*, Wirtschaftsaufsicht, S. 54ff.; *Spindler*, in: Spindler/Stilz, AktG, § 116, Rn. 29; kritisch hingegen *ders.* in: MüKo-AktG, § 76, Rn. 63ff. Vgl. ferner Abs. 2 der Präambel des DCGK, hierzu *Kremer*, in: Ringleb, DCGK, Rn. 1087. Zur Entwicklung *Fleischer*, in: Hdb. Corporate Governance, S. 185 (S. 189f.).

1498 *Fleischer*, in: Spindler/Stilz, AktG, § 76, Rn. 27.

1499 Vgl. BGH, Urt. v. 5.6.1975 – II ZR 156/73 = BGHZ 64, 325 (329); *Raiser/Veil*, § 14, Rn. 13. Der Begriff Shareholder Value geht zurück auf die Schrift von *Rappaport*, Creating Shareholder Value – The New Standard for Business Performance aus dem Jahr 1986. Der Begriff Stakeholder Value entspringt den Arbeiten von Robert Edward Freeman, vgl. *Freeman*, Strategic Management: A Stakeholder Approach, Boston 1984.

lässt sich pauschal nicht beantworten. Aus diesem Grund wird in der Literatur die Unbestimmtheit des „schillernden Begriffs“ Unternehmensinteresse kritisiert[1500]. Als zu weitgehend wird es jedenfalls angesehen, das Unternehmensinteresse im Sinne eines *Stakeholder Value* Ansatzes mit der Berücksichtigung der Interessen sämtlicher denkbarer Interessengruppen zu verstehen[1501].

Die aktienrechtlichen Sachkundeanforderungen stützen sich noch immer auf die über 30 Jahre alte Hertie-Entscheidung des BGH[1502]. Der Wandel der tatsächlichen Umstände in dieser Zeit, insbesondere hin zu einer Internationalisierung der Tätigkeit vieler Unternehmen, der Schnelllebigkeit des Geschäfts durch die Vernetzung und Nutzung von Informationstechnologie und der immer weiter steigenden Komplexität von Geschäftsabläufen fordern jedoch eine stetige Neubetrachtung dieser Anforderungen[1503]. In vielen Bereichen scheinen die damaligen Umstände überholt zu sein[1504].

Bei Kreditinstituten, Versicherungsunternehmen und Kapitalverwaltungsgesellschaften existiert noch ein weiterer besonders relevanter *Stakeholder*: Neben den Belangen der Aktionäre und der Arbeitnehmer müssen zusätzlich die Interessen der Einleger bzw. der Versicherten berücksichtigt und geschützt werden[1505]. Der *Debt Governance* kommt bei den genannten Unternehmen folglich eine besondere Rolle zu. Diese wird in den aktienrechtlichen Regelungen zum Aufsichtsrat nicht ausreichend repräsentiert, um ihrer Bedeutung angemessen Rechnung zu tragen[1506]. In der Literatur wird vorgeschlagen, diesem Problem durch eine auf die Besonderheiten der *Debt Governance* abgestimmte Zusammensetzung und Qualifikation des Aufsichtsrats sowie entsprechende Befugnisse und Anreize entgegenzuwirken[1507].

1500 *Spindler*, in: Spindler/Stilz, AktG, § 116, Rn. 29. Hierzu auch *Fleischer*, in: Spindler/Stilz, AktG, § 76, Rn. 28; *ders.* in: Hdb. Corporate Governance, S. 185 (S. 190).

1501 Vgl. *Breuer*, in: Hdb. CG Banken, S. 517. Kritisch auch *Fleischer*, in: Spindler/Stilz, AktG, § 76, Rn. 34. Zum Begriff Stakeholder Value *Fleischer*, in: Spindler/Stilz, AktG, § 76, Rn. 29.

1502 Hierzu bereits oben Kapitel 2 A)V)1)b).

1503 Vgl. auch *Buhleier/Krowas*, Der Betrieb 2010, 1165 (1167).

1504 In diese Richtung auch *Opitz*, BKR 2013, 177 (178f.).

1505 Zum Schutzzweck einer *Debt-Governance* vgl. *Wohlmannstetter*, in: Hdb. Corporate Governance, S. 905 (S. 917). Zur Zieldisparität zwischen Aufsichts- und Gesellschaftsrecht *Binder*, ZGR 2015, 667 (704).

1506 Zu den diesbezüglichen Interessenlagen ausführlich *Wohlmannstetter*, in: Hdb. CG Banken, S. 58ff. Vgl. auch *ders.*, in: Hdb. Corporate Governance, S. 905 (S. 919f.).

1507 *Wohlmannstetter*, in: Hdb. CG Banken, S. 58.

Die Aufsicht in den genannten Branchen dient dazu, den Schutz sowohl der Einleger, Versicherten und Anleger als auch die Funktionsfähigkeit und Stabilität des Finanzsystems insgesamt sicherzustellen[1508]. Als *Stakeholder* von besonderem Interesse kommen daher auch das Finanzsystem als solches sowie die Öffentlichkeit in Betracht. Somit tritt bei den genannten Unternehmen der Systemschutz als relevantes Kriterium hinzu[1509]. Um diesen als Ziel der Überwachung durch den Aufsichtsrat verwirklichen zu können, kann auch eine diesbezügliche Qualifikation der Aufsichtsratsmitglieder hilfreich sein.

All dies lässt auf den ersten Blick darauf schließen, dass lediglich auf Grund der besonderen Funktion von Banken, Versicherungsunternehmen und Kapitalverwaltungsgesellschaften, besondere Anforderungen an die Sachkunde der Aufsichtsratsmitglieder gestellt werden[1510]. Insbesondere die stärkere Ausrichtung hin zu einer *Stakeholder Value* Konzeption in den branchenspezifischen Vorschriften für Institute und Versicherungsunternehmen kann ein Hinweis auf die gesetzgeberische Intention sein, nicht ein allgemeines Prinzip der Mindestqualifikation zu konkretisieren, sondern mit den branchenspezifischen Sachkunde-anforderungen dem weiteren Feld der zu beachtenden Interessen Rechnung zu tragen.

Dennoch sind die allgemeinen Sachkundeanforderungen in § 25d Abs. 1 KWG und § 24 Abs. 1 VAG Ausdruck des allgemeinen Prinzips der Mindestqualifikation und gerade nicht einer besonderen Interessenlage geschuldet. Sie sind auch nicht spezifisch auf die *Debt Governance* oder den Systemschutz zugeschnitten[1511]. Für beide Bereiche finden sich im Hinblick auf den Aufsichtsrat sowohl im KWG als auch im VAG eigene Regelungen. Insbesondere ist der Aufsichtsrat stärker als bei Aktiengesellschaften unregulierter Branchen in das Risikomanagement des Unternehmens eingebunden, indem er wichtige Aufgaben im Bereich der Informationsorganisation des Unternehmens übernimmt[1512]. Dies folgt für Institute hauptsächlich aus den Regelungen der MaRisk[1513], welche

1508 Zum jeweiligen Schutzzweck bereits oben Kapitel 3 C)II). Zu den Schutzkonzepten von Aktien- und Aufsichtsrecht *Michael*, Auflösung von Kollisionen, S. 15 (S. 21).

1509 Für das Beispiel der Kreditinstitute oben Kapitel 3 C)I)1)b)bb).

1510 *Thaten*, Ausstrahlung, S. 282f. sieht die aktienrechtlichen Qualifikationsanforderungen hingegen nicht als von den aufsichtsrechtlichen Schutzzwecken überformt an.

1511 Zur Rolle der Debt Governance *Gann/Rudolph*, in: Hdb. CG Banken, S. 603.

1512 Vgl. *Kaetzler/Hoops*, BKR 2013, 192 (193f.); *Weber-Rey/Baltzer*, in: Hdb. CG Banken, S. 461. Für das Risikomanagement unter Solvency II auch *Pelzer*, in: Gründl/Kraft, Solvency II, S. 77f.

1513 BaFin Rundschreiben 10/2012 (BA) über die Mindestanforderungen an das Risikomanagement (MaRisk).

§ 25a KWG konkretisieren. Nach deren AT 1 Ziff. 1 wird durch die Einbindung des Aufsichtsrats in das Risikomanagement die Grundlage für die sachgerechte Wahrnehmung seiner Überwachungsfunktion gelegt[1514]. Inhaltlich gestehen die MaRisk dem Aufsichtsrat zahlreiche Informations- und Mitwirkungsrechte zu[1515]. Für die Versicherungsbranche fanden sich diesbezügliche Regelungen bislang in den MaRisk (VA), die mit Inkrafttreten von Solvency II am 1.1.2016 jedoch in Folge des Wegfalls ihrer Rechtsgrundlage aufgehoben wurden[1516]. Stattdessen führt die BaFin ihre zur Vorbereitung auf Solvency II erstellten Verlautbarungen als Auslegungsentscheidungen fort[1517]. Auch hiernach obliegt die Überwachung der Einrichtung eines angemessenen und wirksamen Risikomanagementsystems dem Aufsichtsrat[1518].

Aus dieser Konzeption folgt, dass zum Schutz der besonderen Interessen spezielle Regelungen bereitgestellt sind. Die allgemeinen aufsichtsrechtlichen Sachkundeanforderungen können zwar zum Schutz der besonderen Interessen beitragen, sie dienen diesem Zweck jedoch nicht ausschließlich. Die grundlegende Interessenkonstellation in Instituten und Versicherungsunternehmen entspricht hinsichtlich der allgemeinen Sachkundeanforderungen vielmehr der in Aktiengesellschaften allgemein vorfindlichen Interessenlage. Insofern spricht der Vergleich der Interessenlagen nicht gegen eine Übertragung der höheren Sachkundeanforderungen auf das allgemeine Aktienrecht.

Insbesondere entsprechen sich die Interessenlagen in Instituten bzw. Versicherungsunternehmen und börsennotierten Gesellschaften. Der zahlenmäßig nicht überschaubare Kreis an Aktionären rechtfertigt bei diesen strengere Anforderungen an die Professionalität des Aufsichtsrats[1519]. Ebenfalls aus diesem Grund richtet sich auch der DCGK primär an börsennotierte Gesellschaften.

1514 Vgl. *Kaetzler/Hoops*, BKR 2013, 192 (193).

1515 Vgl. etwa AT 4.3 Ziff. 5, AT 4.4.1 Ziff. 5, AT 4.4.2 Ziff. 6 und Ziff. 7; AT 4.4.3 Ziff. 2 und Ziff. 6, BT 2.4 Ziff. 5 und Ziff. 6; näher hierzu *Kaetzler/Hoops*, BKR 2013, 192 (193); *Weber-Rey/Baltzer*, in: Hdb. CG Banken, S. 461. Ausführlich zur Einbindung des Aufsichtsrats in das Risikomanagement von Kreditinstituten *Wiedemann*, in: Hdb. AR in Kreditinstituten, S. 1027.

1516 Vgl. http://www.bafin.de/DE/Aufsicht/VersichererPensionsfonds/Governance/governance_node.html.

1517 Vgl. Auslegungsentscheidung zum Risikomanagement in Versicherungsunternehmen vom 1.1.2016 sowie Auslegungsentscheidung zu den allgemeinen Governance-Anforderungen an Versicherungsunternehmen vom 1.1.2016.

1518 Auslegungsentscheidung zum Risikomanagement in Versicherungsunternehmen vom 1.1.2016, Rn. 12.

1519 *Heider*, in: MüKo-AktG, § 3, Rn. 42.

Ähnlich wie die Einleger bzw. die Versicherten sind auch bei börsennotierten Aktiengesellschaften zahlreiche Aktionäre lediglich aus finanziellen Gründen an der Gesellschaft beteiligt, ohne sich an der unternehmerischen Tätigkeit aktiv beteiligen zu wollen. Dies erfordert wiederum einen besonderen Schutz durch eine umfangreiche Überwachung durch den Aufsichtsrat.

2) Wille des Gesetzgebers

Hinsichtlich der Regelungen im KAGB, nach welchen Aufsichtsratsmitglieder ihrer Persönlichkeit und ihrer Sachkunde nach die Wahrung der Interessen der Anleger gewährleisten müssen, trifft der Gesetzgeber eine deutliche Entscheidung: Indem hier ausdrücklich die Wahrung der Anlegerinteressen in Verbindung mit der Sachkunde angesprochen wird, macht das Gesetz deutlich, dass das Sachkundeerfordernis allein der branchenspezifischen Interessenlage[1520] geschuldet ist[1521]. Daher konkretisieren die Vorschriften des KAGB nicht in allgemeingültiger Art und Weise den Grundsatz der Mindestqualifikation, sodass von ihnen auch keine Ausstrahlungswirkung ausgeht.

Weniger eindeutig ist die Lage hingegen bei Instituten und Versicherungsunternehmen. Hier ist im Gegensatz zu den Vorschriften des KAGB jedoch ein Wille des Gesetzgebers, allgemeine Grundsätze zu konkretisieren, erkennbar.

Bereits als der deutsche Gesetzgeber durch das FMVAStG zum ersten Mal besondere Anforderungen an die Sachkunde von Bank- und Versicherungsaufsichtsräten normiert hat, ist er davon ausgegangen, lediglich die nach den hergebrachten kaufmännischen Grundsätzen anerkannten Anforderungen gesetzlich zu regeln[1522]. *Dreher* schließt daraus, dass die besonderen Anforderungen nicht über das was zuvor schon branchenunabhängig von allen Aufsichtsratsmitgliedern gefordert wurde hinausgehen[1523]. Die Untersuchung hat jedoch gezeigt, dass die heutigen Anforderungen an Aufsichtsratsmitglieder von Instituten oder Versicherungsunternehmen über die Mindestqualifikation im Sinne der Hertie-Rechtsprechung hinausgehen, indem sie neben den grundlegenden Kenntnissen und Fähigkeiten hinsichtlich der typischerweise im Aufsichtsrat anfallenden Aufgaben, auch unternehmensspezifische Kenntnisse, Fähigkeiten und Erfahrungen, sowie eine aktivere Rolle der Aufsichtsratsmitglieder fordern.

1520 Hierzu oben Kapitel 3 C)I)3) und Kapitel 3 C)II)3).

1521 Vgl. *Winterhalder*, in: WBA, KAGB, § 18, Rn. 3; *Lorenz*, in: WBA, KAGB, § 119, Rn. 12.

1522 Regierungsbegründung zum FMVAStG, BT-Drs. 16/12783, S. 16.

1523 *Dreher*, ZGR 2010, 493 (510ff.).

Aufsichtsratsmitglieder solcher Unternehmen müssen insbesondere dazu in der Lage sein, den Vorstand hinsichtlich der Einhaltung branchenspezifischer Vorschriften zu überwachen[1524].

Dennoch basieren beide Fälle auf dem identischen Grundsatz. Daher ist die Äußerung in der Regierungsbegründung eher dahingehend zu verstehen, dass der Gesetzgeber den allgemeinen Grundsatz so versteht, wie er im KWG und VAG geregelt wurde.

Diesem Verständnis steht auch nicht entgegen, dass die aufsichtsrechtlichen Regelungen durch das Inkrafttreten von CRD IV und Solvency II nunmehr unionsrechtlich unterlegt sind. Bei der Umsetzung der Richtlinien hat der Gesetzgeber jeweils betont, dass sich hinsichtlich der Qualifikation keine abweichenden Anforderungen ergeben[1525]. Da der Gesetzgeber bei den Vorgängerregelungen davon ausging, lediglich hergebrachte Grundsätze in das Gesetz aufzunehmen, ist dies dahingehend zu verstehen, dass der Gesetzgeber auch nach der Umsetzung der Richtlinien in den allgemeinen Qualifikationsanforderungen eine Normierung dieser Grundsätze sieht.

3) Folgen der Ausstrahlung

Die Feststellung, dass im Bereich der Sachkunde eine vergleichbare Interessenlage sowie ein Konkretisierungswille des Gesetzgebers besteht führt nicht dazu, dass den Vorschriften des KWG bzw. des VAG unmittelbare Geltung für Unternehmen anderer Branchen zukommt. Rechtsverbindlich kommt nur eine Übertragung der dahinter stehenden Überlegung, dass auf Grund der gewandelten Umstände von Aufsichtsratsmitgliedern ein höheres Sachkundeniveau zu fordern ist, als noch der BGH in der Hertie-Entscheidung forderte, in Betracht. Auch müssen Aufsichtsratsmitglieder in anderen Branchen nicht zwingend über alle Kenntnisse, die von Aufsichtsratsmitgliedern von Banken und Versicherungen gefordert werden, verfügen.

Von Bedeutung für das Aktienrecht ist jedoch der Gedanke, dass Aufsichtsratsmitglieder nicht lediglich über Grundkenntnisse hinsichtlich der anfallenden Aufgaben, sondern darüber hinaus grundsätzlich über erhöhte unternehmens- und branchenspezifische Kenntnisse verfügen müssen. Solche sind vor dem Hintergrund der gewandelten tatsächlichen Umstände, insbesondere zur Erfüllung

---

1524 So ausdrücklich § 25d Abs. 6 S. 1 KWG; hierzu oben Kapitel 3 D)I)7).

1525 Regierungsbegründung zum CRD IV-Umsetzungsgesetz, BT-Drs. 17/10974, S. 87 sowie Regierungsbegründung zum Entwurf eines Gesetzes zur Modernisierung der Finanzaufsicht über Versicherungen, BT-Drs. 18/2956, S. 240.

der Beratungsfunktion[1526] des Aufsichtsrats, aber auch für die retrospektive Überwachung, unabdingbar. Dies bezieht sich sowohl auf die rechtliche als auch auf die tatsächliche Ebene. Aufsichtsratsmitglieder müssen daher mit branchenspezifischen oder solchen Vorschriften, die sich auf das Geschäft des Unternehmens beziehen, vertraut sein. Daneben gilt es aber auch die Entwicklung der Branche sowie die Stellung des eigenen Unternehmens im Markt beurteilen zu können. Hingegen darf sich die Überwachung nicht lediglich auf die Auswertung von Zahlen beschränken, sodass es nicht ausreicht wenn ein Aufsichtsratsmitglied lediglich eine Bilanz lesen kann. Vielmehr wird von Aufsichtsratsmitgliedern eine aktive Rolle im Unternehmen erwartet. Neben der bloßen passiven Überwachung müssen sie daher auch selbst tätig werden können und aus den Ergebnissen ihrer Kontrolle für sich selbst Handlungsanweisungen ableiten. Dies erfordert nicht nur ein Verständnis der jeweiligen Aufgaben, sondern ferner die darüber hinausgehende Kompetenz, die Aufgaben auch selbst wahrnehmen zu können.

Die zu fordernde Qualifikation ist jedoch gleich in mehrfacher Hinsicht begrenzt. Zum einen muss ein Aufsichtsratsmitglied nicht über dieselben branchen- und unternehmensspezifischen Kenntnisse verfügen wie ein Vorstandsmitglied. Noch immer ist das Aufsichtsratsmandat – auch in beaufsichtigten Branchen – ein Nebenamt, wie die Möglichkeit mehrere Mandate gleichzeitig auszuüben zeigt. Daneben muss die Sachkunde in den Bereichen Rechnungslegung und Abschlussprüfung nicht der des unabhängigen Finanzexperten i.S.d. § 100 Abs. 5 AktG entsprechen[1527]. Hier hat der Gesetzgeber für das Aktienrecht eine ausdrückliche Entscheidung getroffen, dass nur ein Mitglied über diesen besonderen Sachverstand verfügen muss.

Schließlich ist auch das im Aufsichtsrecht herrschende Proportionalitätsprinzip auf das Aktienrecht zu übertragen. Daher ist das Maß der erforderlichen Sachkunde anhand von Größe, Art, Branche und konkreter Geschäftstätigkeit des jeweiligen Unternehmens zu beurteilen. Zwar wurde dies in der Literatur bereits in die Hertie-Entscheidung hineingelesen[1528], nunmehr findet sich im Aufsichtsrecht jedoch eine ausdrückliche gesetzgeberische Entscheidung, welche die Ansicht der Literatur stützt. Die Ausstrahlung führt hier also nicht dazu,

1526 Hierzu oben in Kapitel 2 A)V)2)a)aa).

1527 Hierzu oben Kapitel 2 A)I)5).

1528 Vgl. *Habersack*, in: MüKo-AktG, § 116, Rn. 24; *Mertens/Cahn*, in: Köln. Komm. AktG, § 116, Rn. 7; *Simons*, in: Hölters, AktG, § 100, Rn. 13.

dass ein neuer Gedanke Einzug in das Aktienrecht hält, sondern dass ein bislang bestehender aber nicht gesetzlich geregelter Gedanke bestätigt wird.

Im Rahmen der Proportionalität ist auch die Unterscheidung zwischen börsennotierten und nicht-börsennotierten Gesellschaften von Bedeutung. An die Aufsichtsratsmitglieder börsennotierter Gesellschaften sind hier auf Grund des unüberschaubaren Kreises an Aktionären, welcher mangels eigener Überwachung durch die Aktionäre eine besonders umfangreiche Überwachung erfordert, strengere Anforderungen zu stellen. Überdies hat der Gesetzgeber in zahlreichen Regelungsinitiativen der Vergangenheit an die Börsennotierung angeknüpft und damit die besonderen Verhältnisse in diesen Gesellschaften verdeutlicht[1529].

Schließlich sind nicht zwingend von jedem Aufsichtsratsmitglied branchenspezifische Berufserfahrungen zu fordern. Dass dies insbesondere im VAG angelegt ist, dient der Nachprüfbarkeit der Qualifikation durch die Aufsichtsbehörden. Im Aktienrecht, wo eine solche Instanz nicht existiert, sondern die Befolgung der Anforderungen allein über die Haftung sowie die Möglichkeit der Abberufung geregelt wird, bedarf es nicht zwingend einer festgelegten Berufserfahrung.

Die Einschränkungen tragen auch dazu bei, dass die strengeren Anforderungen hinsichtlich der Grundrechtsbetroffenheit der Aufsichtsratsmitglieder nicht unverhältnismäßig sind. Zum Schutz der (Minderheits-)Aktionäre erscheint die geringe Verschärfung, die sich im Übrigen nicht auf die rechtliche Möglichkeit ein Aufsichtsratsamt zu übernehmen auswirkt, gerechtfertigt. Das grundrechtlich geschützte Aktieneigentum der Aktionäre ist hingegen nicht betroffen, da die Sachkunde im Aktienrecht wie auch im Aufsichtsrecht keine Bestellungsvoraussetzung ist.

Zu beachten ist schließlich, dass die Anforderungen nach wie vor eine Mindestqualifikation darstellen. Auch die Ausstrahlung der aufsichtsrechtlichen

---

1529 So zuletzt etwa die Einführung der eingeschränkten Zulässigkeit von Inhaberaktien in § 10 Abs. 1 AktG, eingeführt durch das Gesetz zur Änderung des Aktiengesetzes vom 22.12.2015 (Aktienrechtsnovelle 2016), BGBL. I 2015, S. 2565, hierzu *Götze*, NZG 2016, 48 (48); *Paschos/Goslar*, NJW 2016, 359 (359f.). Ebenso die Einführung einer Geschlechterquote für Aufsichtsräte börsennotierter oder der Mitbestimmung unterliegender Gesellschaften durch das Gesetz für die gleichberechtigte Teilhabe von Frauen und Männern an Führungspositionen in der Privatwirtschaft und im öffentlichen Dienst vom 24.4.2015, BGBl. I 2015, S. 642; hierzu *Teichmann/Rüb*, BB 2015, 898 (898ff.). Zu weiteren durch das KonTraG, TransPuG und UMAG eingeführten Sondervorschriften *Heider*, in: MüKo-AktG, § 3, Rn. 41.

Regelungen führt nicht dazu, dass der Aufsichtsrat künftig nur mit Spezialisten besetzt sein muss und kann. Strengere Anforderungen sind gerade nicht gleichzusetzen mit Spezialkenntnissen auf allen Gebieten. Neben einer hohen Sachkunde kann auch eine durch Diversität in der Zusammensetzung des Organs geförderte Diskussionskultur mit zahlreichen unterschiedlichen Ansichten und Blickwinkeln zu einer Verbesserung der Überwachung beitragen[1530].

Die strengeren Anforderungen in Folge der Ausstrahlung äußern sich nicht unmittelbar im Gesetz. Nach wie vor ist die Qualifikation keine Bestellungsvoraussetzung. Sie können jedoch Bedeutung erlangen wenn ein Gericht erneut – wie in der Hertie-Entscheidung – über die Sachkunde der Aufsichtsratsmitglieder zu entscheiden hat[1531]. Überdies wird man im Rahmen der Unterbreitung von Kandidatenvorschlägen an die Hauptversammlung gemäß § 124 Abs. 3 AktG davon ausgehen können, dass die Aufsichtsratsmitglieder pflichtgemäß handeln, wenn sie Kandidaten vorschlagen, welche über die durch die Ausstrahlung konkretisierte Sachkunde verfügen[1532].

II) Ausschüsse

Im Bereich der Regelungen zu Aufsichtsratsausschüssen ist hinsichtlich der Ausstrahlung zwischen der Bildung von Ausschüssen und der Qualifikation ihrer Mitglieder zu unterscheiden.

1) Ausschussbildung

Die Bildung von Ausschüssen dient sowohl im Aktienrecht als auch im Aufsichtsrecht grundsätzlich der Effektivitäts- und Effizienzsteigerung[1533]. Während im KWG die Kriterien zur Beurteilung, ob Ausschüsse einzurichten sind, vorgegeben werden, entscheidet der Aufsichtsrat nach dem Aktiengesetz nach pflichtgemäßem Ermessen. Bei der Ermessensausübung im Rahmen seiner

1530 Vgl. etwa die Ausführungen der EU-Kommission im Grünbuch Europäischer Corporate Governance Rahmen, KOM(2011) 164 endg., S. 5ff.

1531 Ausstrahlungswirkungen auf das Richterrecht sagt auch *Hopt*, ZIP 2013, 1793 (1797) voraus.

1532 Ähnlich für die Auswahl von Kandidaten für den Vorstand *Behme/Zickgraf*, AG 2015, 841 (850f.).

1533 *Habersack*, in: MüKo-AktG, § 107, Rn. 103; *Hoffmann-Becking*, in: Münchener Hdb. AG, § 32, Rn. 1; *Koch*, in: Hüffer, AktG, § 107, Rn. 18; *Lutter/Krieger/Verse*, Rechte und Pflichten, Rn. 743; *Raiser/Veil*, § 15, Rn. 74; *Spindler*, in: Spindler/Stilz, AktG, § 107, Rn. 81.

Organisationsautonomie wird sich der Aufsichtsrat an ähnlichen Kriterien wie den im KWG vorgegebenen orientieren, da solche Kriterien auch durch Ziff. 5.3.1 S. 1 DCGK empfohlen werden[1534]. Dabei ist anerkannt, dass im Einzelfall auch eine Pflicht zur Ausschussbildung bestehen kann[1535]. Eine generelle Pflicht, Ausschüsse einzurichten oder bereits ein gebundenes Ermessen wie im KWG würden dem Grundsatz der Organisationsautonomie jedoch zuwiderlaufen und den vielschichtigen Gestaltungen von Aktiengesellschaften nicht gerecht werden.

Bei Instituten hat der Abschlussprüfer zu beurteilen, ob die Anforderungen an die Ausschussbildung eingehalten wurden[1536]. Überdies wird die Entscheidung in Instituten durch die BaFin überwacht, welcher die Möglichkeit zusteht, die Bildung bestimmter Ausschüsse zu verlangen[1537]. In unbeaufsichtigten Gesellschaften ist hingegen keine Instanz ersichtlich, welche diese Aufgabe übernehmen könnte.

Die strengeren Anforderungen an das „ob" der Ausschussbildung in Instituten sind ferner den besonderen Aufgaben, die auf Grund der branchenspezifischen Regelungen zu Organisation, Risikomanagement aber auch der Geschäftstätigkeit bestehen, geschuldet. Eine grundsätzliche Pflicht besteht dabei jedoch nur für CRR-Institute von besonderer Bedeutung, die auf Grund ihrer Größe oder Bilanzsumme potentiell systemgefährdend sind[1538]. Der Gedanke des Systemschutzes ist jedoch ein branchenspezifischer Gedanke, der im Aktienrecht keine Stütze findet. Dort erfolgt die Ausschussbildung allein vor dem Hintergrund einer wirksamen und effektiven Überwachung. Insofern sind die Interessenlagen in Aktien- und Aufsichtsrecht bezüglich des „ob" der Einrichtung von Ausschüssen nicht miteinander vergleichbar, sodass die Regelungen des KWG nicht ermessensleitend für die Entscheidung in Unternehmen anderer Branchen sind.

Auch bezüglich des „wie" der Einrichtung von Ausschüssen sind die Interessenlagen nicht vergleichbar. Im Aktienrecht unterliegt auch die Zuweisung von

1534 Hierzu *Kremer*, in: Ringleb, DCGK, Rn. 933. Einen regelmäßigen Gleichlauf erkennt auch *Bronnert-Härle*, Aufsichtsratsausschüsse, S. 144.

1535 Vgl. die Nachweise in Fn. 1412.

1536 § 11 Abs. 5 der Verordnung über die Prüfung der Jahresabschlüsse der Kreditinstitute und Finanzdienstleistungsinstitute sowie über die darüber zu erstellenden Berichte (Prüfungsberichtsverordnung) vom 11. Juni 2015, BGBl. I 2015, S. 930; vgl. *Schneider/Schneider*, NZG 2016, 41 (46).

1537 § 25d Abs. 7 S. 5 KWG. Verlangt die BaFin die Einrichtung eines Ausschusses, muss dieser verpflichtend eingerichtet werden, vgl. BT-Drs. 18/5009, S. 75.

1538 Zum Begriff der CRR-Institute von erheblicher Bedeutung vgl. § 25d Abs. 3 S. 7 KWG.

Aufgaben an Ausschüsse der Organisationsautonomie[1539]. Dementsprechend hat der Aufsichtsrat nach pflichtgemäßem Ermessen zu entscheiden, welche Aufgaben in welchem Umfang übertragen werden. Eine starre Aufgabenzuweisung wie in § 25d Abs. 8-12 KWG geregelt, ist damit nicht vereinbar.

Ferner sind die nach dem KWG jeweils den Ausschüssen zugewiesenen Aufgaben auf die spezifische Geschäftstätigkeit von Instituten zugeschnitten[1540]. Sie folgen aus den zahlreichen branchenspezifischen Vorschriften, etwa zum Risikomanagement. Darüber hinaus dient der starre Aufgabenzuschnitt einer nachvollziehbaren Kontrolle durch die Aufsichtsbehörden. Damit wird schließlich auch den Erfordernissen des Einleger- und Systemschutzes Rechnung getragen.

Für Institute mag diese Aufgabenverteilung dem Effizienzgebot entsprechen. Für Aktiengesellschaften anderer Branchen kann es hingegen im Sinne der effektiven und effizienten Aufgabenwahrnehmung erforderlich sein, den Ausschüssen andere Aufgaben zuzuweisen. Hier entspricht es daher eher der Interessenlage, die Ausschüsse flexibel und nach den konkreten Umständen des jeweiligen Unternehmens einzurichten und ihnen Aufgaben zuzuweisen. Im Einzelfall können die Vorschriften des § 25d Abs. 7-12 KWG als Vorlage und Anregung für die Bildung von Ausschüssen dienen. Für eine rechtsverbindliche Ausstrahlung de lege lata fehlt es jedoch an der vergleichbaren Interessenlage.

Schließlich ist auch ein Wille des Gesetzgebers, Regelungen zu schaffen, die auf andere Rechtsbereiche übertragbar sind, nicht ersichtlich. In der Gesetzesbegründung wird deutlich, dass der Grund der Regelungen in der Umsetzung der CRD IV-Richtlinie sowie der EBA-Leitlinien zur Internen Governance liegt[1541]. Beide Regelungswerke befassen sich ausschließlich mit der spezifischen Corporate Governance von Instituten. Vor dem Hintergrund der grundsätzlichen Organisationsautonomie hätte eine allgemeingültige Regelung eines eindeutigen Hinweises des Gesetzgebers bedurft.

Denkbar erscheint allein eine Ausstrahlung auf die allgemeine Corporate Governance Debatte[1542]. Aber auch hier sollte die Flexibilität des Grundsatzes der Organisationsautonomie nicht einer detaillierten aber starren Regelung zum Opfer fallen.

1539 *Habersack*, in: MüKo-AktG, § 107, Rn. 126; *Hambloch-Gesinn/Gesinn*, in: Hölters, AktG, § 107, Rn. 120; *Rellermeyer*, Ausschüsse, S. 68.

1540 Vgl. insbesondere § 25d Abs. 8 KWG.

1541 Vgl. Begründung zum Regierungsentwurf des CRD IV-Umsetzungsgesetzes, BT-Drs. 17/10974, S. 87.

1542 Vgl. *Leuschner/Wolfgarten*, WPg 2015, 375 (375, 382).

2) *Qualifikation der Ausschussmitglieder*

Ähnlich wie die Sachkunde aller Aufsichtsratsmitglieder findet auch die besondere Qualifikation der Ausschussmitglieder keinen ausdrücklichen Niederschlag im Aktiengesetz[1543]. Eine Ausstrahlung ist daher im Wege der allgemeingültigen Konkretisierung des aktienrechtlichen Prinzips der Selbstverantwortlichkeit als Kehrseite der Organisationsautonomie sowie der gleichen Rechte und Pflichten aller Aufsichtsratsmitglieder denkbar.

Die im Rahmen der Aufarbeitung der Finanzmarktkrise erlassenen Regelungen der CRD IV-Richtlinie sowie der EBA-Leitlinien zur Internen Governance, welche den Regelungen des § 25d KWG zu Ausschüssen zu Grunde liegen, dienen der Beseitigung von Schwächen in der Corporate Governance von Instituten, die zur Entstehung der Krise beigetragen haben[1544]. In erster Linie verfolgen sie damit Ziele des Systemschutzes[1545]. Eine effektive Überwachung, insbesondere der Risiken, der internen Überwachungs-, und Risikomanagementsysteme, der Abschlussprüfung, der Auswahl von Geschäftsleitern und Aufsichtsratsmitgliedern, sowie deren Bewertung, aber auch der Vergütung, als Anreiz, Risiken einzugehen, durch sachkundig besetzte Ausschüsse, trägt erheblich zu einer Verringerung von Risiken und einer Verbesserung der Corporate Governance der Institute bei[1546]. Die durch die zahlreichen branchenspezifischen Vorschriften der Bankenbranche bedingte Komplexität der Überwachung erfordert es dabei, dass nicht nur Ausschüsse eingerichtet werden müssen, sondern dass deren Mitglieder darüber hinaus besonders qualifiziert sein müssen. Gerade hinsichtlich der

---

1543 Im juristischen Schrifttum ist sie jedoch Gegenstand einer regen Diskussion, vgl. *Drygala*, in: K. Schmidt/Lutter, AktG, § 116, Rn. 44; *Habersack*, in; MüKo-AktG, § 116, Rn. 26; *Hoffmann/Preu*, Aufsichtsrat, Rn. 515; *Meyer*, Finanzexperte, S. 171; *Spindler*, in: Spindler/Stilz, AktG, § 116, Rn. 15; einschränkend und differenzierend für verschiedene Ausschüsse *Dreher*, in: FS-Boujong, S. 71 (S. 86ff.); ähnlich *Vetter*, in: Marsch-Barner/Schäfer, § 29, Rn. 60; zurückhaltender auch *Hopt/Roth*, in: Großkomm. AktG, § 107, Rn. 273, nach deren Ansicht bei Fachausschüssen Spezialkenntnisse nur in eingeschränktem Umfang vorauszusetzen seien. A.A *Mertens/Cahn*, in: Köln. Komm. AktG, § 116, Rn. 8, die jedoch anerkennen, dass die Ausschussmitglieder ohne spezifische Sachkunde in der Lage sein müssen, die Argumente und Gesichtspunkte der mit der Materie vertrauten Ausschussmitglieder einzuschätzen.

1544 Vgl. Begründung zum Regierungsentwurf des CRD IV-Umsetzungsgesetzes, BT-Drs. 17/10974, S. 63.

1545 Zum Systemschutz als Ziel des Bankaufsichtsrechts bereits oben in Kapitel 3 C)II)1).

1546 Zur Rolle der Arbeit des Risikoausschusses für die Corporate Governance eingehend *Hartmann*, in: Hdb. CG Banken, S. 527 (527ff.).

Einbeziehung des Aufsichtsrats in das Risikomanagement der Institute besteht die Gefahr, dass sich nicht ausreichend qualifizierte Ausschussmitglieder auf die inhaltlich hochwertige Aufbereitung von Risikoentscheidungen durch den Vorstand verlassen oder auf die verantwortungsbewusste Entscheidung anderer Ausschussmitglieder vertrauen[1547].

Diese besondere Interessenlage rechtfertigt es, den Grundsatz der Organisationsautonomie für Institute so einzuschränken, dass nur Aufsichtsratsmitglieder die über die zur Erledigung der Ausschussaufgaben erforderlichen Kenntnisse, Fähigkeiten und Erfahrungen verfügen, Ausschüssen angehören dürfen. Überdies gebietet auch der Schutz der Einleger, die selbst keine aktive Möglichkeit zur Kontrolle der Geschäftsleitung haben, die Überwachung durch den Aufsichtsrat so wirksam wie möglich zu organisieren.

Bei Aktiengesellschaften anderer Branchen, in denen eine derartige Interessenlage nicht besteht, ist hingegen eine Einschränkung der Organisationsautonomie weder geboten noch gerechtfertigt. Aktionäre dieser Gesellschaften haben, selbst wenn sie nur zu Kapitalanlagezwecken an der Gesellschaft beteiligt sind, die ihnen durch das Aktiengesetz eingeräumten Rechte und Kontrollmöglichkeiten[1548]. Ein darüber hinausgehender Schutz durch besonders qualifizierte Ausschussmitglieder würde das Gleichgewicht in der Gesellschaft stören.

Gegen dieses Verständnis der Interessenlagen spricht auch nicht die Tatsache, dass das Versicherungsaufsichtsrecht keine Vorschriften hinsichtlich der Ausschussbildung und der Qualifikation von Ausschussmitgliedern enthält. Bei Versicherungsunternehmen werden Risikomanagement, Compliance, interne Revision und Versicherungsmathematik von den Schlüsselfunktionen ausgeübt[1549]. Die Personen, die solche Funktionen ausüben unterliegen unmittelbar der Aufsicht durch die Aufsichtsbehörde, welche sie verwarnen und anschließend ihre Abberufung verlangen kann, wenn sie ihre Pflichten verletzen[1550]. Durch dieses System werden eine ordnungsgemäße Geschäftsorganisation und damit die Interessen der Versicherten bereits ausreichend geschützt.

1547 Vgl. *Wohlmannstetter*, in: Hdb. Corporate Governance, S. 905 (S. 923).

1548 So etwa das Recht auf Teilnahme an der Hauptversammlung, das Rederecht oder das Auskunftsrecht gem. § 131 Abs. 1 AktG, hierzu *Kubis*, in: MüKo-AktG, § 118, Rn. 35ff. Kritisch bezüglich der Fähigkeit und Motivation der Kleinaktionäre zur Überwachung *Wohlmannstetter*, in: Hdb. Corporate Governance, S. 905 (S. 910f.).

1549 Zu den Schlüsselfunktionen nach Solvency II *Pelzer*, in: Gründl/Kraft, Solvency II, S. 81ff.

1550 § 303 Abs. 2 VAG.

Die besondere Betonung der spezifischen Interessenlage in Kreditinstituten zeigt schließlich, dass der Gesetzgeber nicht den Willen hatte, aktienrechtliche Grundsätze allgemeingültig zu konkretisieren. Aus diesem Grund ist auch im Bereich der Qualifikation der Ausschussmitglieder de lege lata keine Ausstrahlung feststellbar.

III) Aus- und Fortbildung

Im Hinblick auf die immer weiter steigende Regelungsdichte und die damit einhergehenden Haftungsgefahren für Aufsichtsratsmitglieder nicht nur in regulierten Branchen, ist die Aus- und Weiterbildung eine wichtige Voraussetzung für eine wirksame Überwachung[1551]. Die Pflicht hierzu geht auf den Grundsatz eigenverantwortlicher Aufgabenwahrnehmung zurück und wird durch das aktienrechtliche Haftungsregime gestützt.

Im Aktienrecht dient die Weiterbildungsverpflichtung der Aufrechterhaltung der erforderlichen Qualifikation und deren Anpassung an sich verändernde Umstände. So soll sichergestellt werden, dass Aufsichtsratsmitglieder stets in der Lage sind, ihre Aufgaben zu erfüllen. Dies dient letztlich dem Zweck einer wirksamen Überwachung, welche dem Schutz der Aktionäre zugutekommt.

Im Aufsichtsrecht treten zu diesen Grundsätzen entscheidende Aspekte hinzu, die eine abweichende Regelung erfordern. Zunächst äußert sich auch hier die besondere branchenspezifische Interessenlage. Die volkswirtschaftliche Bedeutung von Kreditinstituten, sowie insbesondere der Schutz der Einleger erfordern es mehr als in anderen Branchen, dass Aufsichtsratsmitglieder stets auf dem neuesten Stand sind um den Vorstand angemessen überwachen zu können. Darüber hinaus bedingt auch der dem Bankaufsichtsrecht zu Grunde liegende Gedanke des Systemschutzes, dass sich der Aufsichtsrat gewissermaßen keine Fehler erlauben kann[1552]. Indem § 25d Abs. 4 KWG die Unterstützung der Aufsichtsratsmitglieder durch den Einsatz personeller und finanzieller Ressourcen zur Aufgabe der Gesellschaft erklärt und damit der Überwachung durch den Aufsichtsrat unterstellt, wird einerseits die Bedeutung der laufenden Weiterbildung betont und andererseits ein Mechanismus, der sicherstellt, dass die Aufsichtsratsmitglieder ihrer Weiterbildungspflicht auch nachkommen, eingeführt. Eine alleinige Verantwortlichkeit und damit verbundene Kostentragungspflicht

---

1551 Vgl. *Bosse/Malchow*, NZG 2010, 972 (972); *Opitz*, BKR 2013, 177 (180).

1552 Vgl. *Opitz*, BKR 2013, 177 (182), der feststellt, dass es den Instituten im Nachhinein wenig nützt, dass sich die Organmitglieder *lege artis* an sich hätten fortbilden müssen.

der Aufsichtsratsmitglieder würde die Gefahr in sich bergen, dass Aufsichtsratsmitglieder aus Kostengründen von Weiterbildungsmaßnahmen absehen[1553].

Ein wesentlicher Grund für die besondere aufsichtsrechtliche Regelung liegt ferner in der hohen Anzahl komplexer branchenspezifischer Vorschriften, die überdies einer der Finanzmarktkrise geschuldeten stetigen Veränderung und Weiterentwicklung unterliegen. Wäre hier die Weiterbildung in die alleinige Verantwortung des Aufsichtsratsmitglieds gestellt, so müsste es mehr Zeit für seine Fortbildung als für die Überwachung selbst aufwenden, was auch dem im Gesetz betonten Grundsatz, dass Aufsichtsratsmitglieder der Erfüllung ihrer Aufgaben ausreichend Zeit widmen müssen, zuwider liefe. In unregulierten Branchen ist eine derartige Dynamik hingegen nicht zu beobachten.

Überdies lässt sich ein eindeutiger Wille des Gesetzgebers, durch die Regelung der Aus- und Fortbildung im KWG eine auf das Aktienrecht übertragbare Regelung zu schaffen, nicht nachweisen. Bevor die Regelung durch das CRD IV-Umsetzungsgesetz in das KWG eingefügt wurde, existierte keine vergleichbare Regelung. Lediglich die BaFin wies in dem zu diesem Zeitpunkt gültigen Merkblatt zur Kontrolle der Mitglieder von Verwaltungs- und Aufsichtsorganen gemäß KWG und VAG auf eine Weiterbildungspflicht der Aufsichtsratsmitglieder hin[1554]. Dies erfolgte jedoch vermutlich weniger auf Grundlage von § 116 AktG und Ziff. 5.4.1 DCGK als in Antizipierung von Art. 87 des CRD IV-Entwurfs[1555] und § 25d Abs. 4 KWG i.d.F. des darauf beruhenden CRD IV-Umsetzungsgesetzes[1556].

In der Regierungsbegründung zum CRD-IV Umsetzungsgesetz wird lediglich darauf verwiesen, dass § 25d Abs. 4 KWG der Umsetzung von Art. 91 Abs. 9 der CRD IV-Richtlinie dient[1557]. Indem er auf eine eigene nationale Begründung verzichtet bringt der Gesetzgeber zum Ausdruck, dass die Regelung allein der

---

1553 Vgl. *Leyendecker-Langner/Huthmacher*, NZG 2012, 1415 (1416). In Instituten drohen dann freilich Sanktionen der Aufsichtsbehörden. Dies setzt aber voraus, dass eine fehlende Qualifikation auf Grund einer unterlassenen Weiterbildung überhaupt auffällt.

1554 BaFin, Merkblatt zur Kontrolle der Mitglieder von Verwaltungs- und Aufsichtsorganen gemäß KWG und VAG vom 3.12.2012, abrufbar unter http://www.bafin.de/SharedDocs/Veroeffentlichungen/DE/Merkblatt/mb_121203_kontrolle_ar_vr_ba_va.html.

1555 Heute findet sich diese Regelung in Art. 91 Abs. 9 CRD IV-Richtlinie.

1556 *Opitz*, BKR 2013, 177, Fn. 30.

1557 Die abweichende Bezifferung im CRD IV-Umsetzungsgesetz resultiert auf dem Verweis des Gesetzes auf eine Entwurfsfassung der CRD IV-Richtlinie.

Umsetzung der Richtlinie geschuldet ist und er damit kein eigenes Ziel verfolgt. Aus diesem Grund ist im Bereich der Aus- und Fortbildung der Aufsichtsratsmitglieder eine Ausstrahlung de lege lata nicht feststellbar, auch wenn eine klare Regelung rechtspolitisch wünschenswert wäre. Denkbar erscheint allenfalls, dass § 25d Abs. 4 KWG auf die Diskussion um die Kostentragungspflicht in der juristischen Literatur ausstrahlt und dort als Argument für eine Pflicht der Unternehmen dient.

Kapitel 6 Zusammenfassung der Ergebnisse

1) Das Aktiengesetz selbst enthält kaum Regelungen hinsichtlich der Qualifikation von Aufsichtsratsmitgliedern. Allgemein beschränkt es sich auf die persönlichen Anforderungen und Ausschlussgründe in § 100 Abs. 1 und 2 AktG. Im Wesentlichen stützen sich die Anforderungen an die Qualifikation auf die Hertie-Entscheidung des BGH, wonach jedes Aufsichtsratsmitglied diejenigen Mindestkenntnisse und -fähigkeiten besitzen oder sich aneignen muss, die es braucht, um alle normalerweise anfallenden Geschäftsvorgänge auch ohne fremde Hilfe verstehen und sachgerecht beurteilen zu können. Damit umreißt der Bundesgerichtshof die von jedem Aufsichtsratsmitglied geforderte Mindestqualifikation, welche durch im Aufsichtsrat als Gremium vorliegende weitere Qualifikationen erweitert wird.
   Spezifische aktiengesetzliche Qualifikationsanforderungen bestehen nur für ein einzelnes Mitglied des Aufsichtsrats, welches als unabhängiger Finanzexperte über Sachverstand auf den Gebieten Rechnungslegung oder Abschlussprüfung verfügen muss.

2) Der Deutsche Corporate Governance Kodex befasst sich mit der Zusammensetzung des gesamten Organs. Spezifische Qualifikationsanforderungen an einzelne Mitglieder stellt er nicht auf. Darüber hinaus enthält der Kodex Empfehlungen hinsichtlich der zeitlichen Verfügbarkeit, sowie der Aus- und Fortbildung von Aufsichtsratsmitgliedern.

3) Die besonderen Interessenlagen in der Banken-, Versicherungs- und Kapitalanlagebranche machen besondere Regelungen für die Unternehmen dieser Branchen erforderlich. Um die besonders schützenswerten Interessen der Einleger, Versicherten und Kapitalanleger zu schützen, wird auch die interne Corporate Governance abweichend vom allgemeinen Gesellschaftsrecht geregelt. Hierzu gehören auch besondere Anforderungen an die Qualifikation der Aufsichtsratsmitglieder.

4) Das Bankaufsichtsrecht enthält zahlreiche Anforderungen an die Qualifikation von Aufsichtsratsmitgliedern. Neben einem allgemeinen Sachkunde- und Zuverlässigkeitserfordernis finden sich im KWG besondere Anforderungen an das Organ insgesamt, an die Mitglieder von Ausschüssen, an die zeitliche Verfügbarkeit sowie an die Aus- und Fortbildung. Neben den gesetzlichen Anforderungen existieren zahlreiche Konkretisierungen in Leitlinien und Merkblättern der Aufsichtsbehörden, welchen für die

Unternehmen eine faktische Verbindlichkeit zukommt. Ähnlich ist die Situation im Versicherungsaufsichtsrecht. Darin sind die gesetzlichen Anforderungen schwächer ausgeprägt als im KWG und beschränken sich auf ein allgemeines Sachkunde- und Zuverlässigkeitserfordernis. Ebenso existieren hier aufsichtsbehördliche Konkretisierungen mit faktischer Bindungswirkung. Für die Kapitalanlagebranche besteht ein gesetzliches Sachkunde- und Zuverlässigkeitserfordernis, welches durch die BaFin aufsichtsbehördlich konkretisiert wird. Die sich teils überschneidenden Regelungen an unterschiedlichen Stellen und mit unterschiedlicher Bindungswirkung machen die Anforderungen insgesamt unübersichtlich. Darüber hinaus befindet sich die Rechtsetzung im Aufsichtsrecht in einem stetigen Fluss.

5) Die Untersuchung hat gezeigt, dass die aufsichtsrechtlichen Sachkundeanforderungen an zahlreichen Stellen über das hinausgehen, was das allgemeine Aktienrecht von allen Aktiengesellschaften verlangt. Von Aufsichtsratsmitgliedern wird hier eine aktivere Rolle gefordert. Insbesondere die erforderliche Sachkunde ist deutlich branchen- und unternehmensbezogener als im Aktienrecht.

6) Der Begriff „Ausstrahlung" oder „Ausstrahlungswirkung" wird bislang nicht einheitlich verwendet. In der Literatur findet er sich im Zusammenhang mit verschiedenen Regelungsebenen. Als Instrument der Methodenlehre ist die Ausstrahlung bislang nicht anerkannt.

7) Als Ergebnis der Untersuchung hat sich gezeigt, dass sich die Ausstrahlung auf einheitliche Regeln und Voraussetzungen herunterbrechen lässt. Dabei sind verschiedene Arten der Ausstrahlung denkbar. Neben einer Ausstrahlung de lege lata, die vorliegt wenn spezielle Regelung zur Auslegung von allgemeinen Regelungen oder zur Konkretisierung unbestimmter Rechtsbegriffe oder allgemeiner Grundsätze und Prinzipien herangezogen werden, existieren Ausstrahlungen de lege ferenda, Ausstrahlungen auf die juristische Diskussion sowie die freiwillige Befolgung spezieller Regelungen durch Personen die nicht zu deren Adressatenkreis gehören. Ausstrahlungen können positiver oder negativer Natur sein.

8) Die Feststellung einer Ausstrahlung de lege lata setzt voraus, dass ein Grundsatz oder Prinzip identifiziert werden kann, welches sowohl einer allgemeinen als auch einer speziellen Regelung immanent ist. Ferner müssen die hinter beiden Regelungen stehenden Interessenlagen vergleichbar sein, da andernfalls die spezielle Regelung das Prinzip oder den Grundsatz nicht allgemeingültig konkretisieren kann. Die spezielle Regelung muss außerdem

einen höheren Konkretisierungsgrad als die allgemeine Regelung aufweisen um einen Erkenntnisgewinn zu erzielen, wie der Grundsatz oder das Prinzip zu konkretisieren ist. Daneben muss die ausstrahlende Regelung einen bestimmten Grad der Verbindlichkeit aufweisen. *Soft-law* kann hingegen nur insoweit ausstrahlen, wie es gesetzliche Regelungen konkretisiert und es sich in den durch sie vorgegebenen Grenzen bewegt. Schließlich erfordert der Grundsatz der Gewaltenteilung dass ein Wille des Gesetzgebers, mit einer speziellen Regelung einen Grundsatz oder ein Prinzip allgemeingültig zu konkretisieren, erkennbar ist.

9) Anknüpfungspunkte für Ausstrahlungen des Aufsichtsrechts hinsichtlich der Qualifikation der Aufsichtsratsmitglieder konnten in den Bereichen der Sachkunde, der Zuverlässigkeit, der Bildung von Ausschüssen und der Qualifikation von Ausschussmitgliedern, der zeitlichen Verfügbarkeit, sowie der Aus- und Fortbildung von Aufsichtsratsmitgliedern identifiziert werden. In diesen Bereichen bestehen im Aktienrecht ausfüllungsbedürftige Regelungen, während das Aufsichtsrecht näher konkretisierte Regelungen enthält, die auf demselben Grundsatz oder Prinzip basieren bzw. zur Auslegung aktienrechtlicher Vorschriften herangezogen werden können.

10) Eine Ausstrahlung de lege lata konnte hingegen nur im Bereich der Anforderungen an die Sachkunde der Aufsichtsratsmitglieder festgestellt werden. In den übrigen Bereichen war der erforderliche Wille des Gesetzgebers nicht nachweisbar.

Literaturverzeichnis

Adler, Hans/Düring, Walther/Schmaltz, Kurt (Begr.): Rechnungslegung und Prüfung der Unternehmen, Kommentar zum HGB, AktG, GmbHG, PublG nach den Vorschriften des Bilanzrichtlinien-Gesetzes, Teilband 4, 6. Aufl., neu bearbeitet von Karl-Heinz Forster, Reinhard Goerdeler, Josef Lanfermann, Hans-Peter Müller, Günter Siepe und Klaus Stolberg, Stuttgart 1997, Schäffer-Poeschel Verlag. (zit. A/D/S)

Aha, Christof: Einzel- oder Gesamtrechtsnachfolge bei der Ausgliederung? AG 1997, 345.

Altenhain, Thomas/Gade, Christel: Die Besetzung von Aufsichtsorganen in Kreditinstituten, in: Handbuch Aufsichts-und Verwaltungsräte in Kreditinstituten, Rechtlicher Rahmen – Betriebswirtschaftliche Herausforderungen – Best Practices, herausgegeben von Reinhold Hölscher und Thomas Altenhain, Berlin 2013, Erich Schmidt Verlag, S. 575. (zit. *Altenhain/Gade*, in: Hdb. AR in Kreditinstituten)

Altmeppen, Holger: Die Auswirkungen des KonTraG auf die GmbH, ZGR 1999, 291.

Altmeppen, Holger: Der Prüfungsausschuss – Arbeitsteilung im Aufsichtsrat, ZGR 2004, 390.

Apfelbacher, Gabriele/Metzner, Manuel: Mitglied im Aufsichtsrat eines Kreditinstituts im Jahr 2013 – Aktuelle Rechtsentwicklungen bei den Anforderungen an die interne Organisation, die Qualifikation und die Überwachungsfunktion der Mitglieder des Aufsichtsorgans von Kreditinstituten, AG 2013, 773.

Arbeitskreis *„Externe und interne Überwachung der Unternehmung" der Schmalenbach-Gesellschaft für Betriebswirtschaftslehre e.V.*: Prüfungsausschüsse in deutschen Aktiengesellschaften, Der Betrieb 2000, 2281. (zit. *AKEIÜ*)

Arbeitskreis *„Externe und interne Überwachung der Unternehmung" der Schmalenbach-Gesellschaft für Betriebswirtschaftslehre e.V.*: Best Practice des Aufsichtsrats der AG - Empfehlungen zur Verbesserung der Effektivität und Effizienz der Aufsichtsrattätigkeit, Der Betrieb 2006, 1625. (zit. AKEIÜ)

Arbeitskreis *„Externe und interne Überwachung der Unternehmung" der Schmalenbach-Gesellschaft für Betriebswirtschaftslehre e.V.*: Zur Frage der Ausstrahlung branchenspezifischer Corporate Governance-Anforderungen auf das allgemeine Unternehmensrecht am Beispiel der Bankenregulierung, Der Betrieb 2016, 1118. (zit. AKEIÜ)

Armbrüster, Christian: Aufsichtsrecht überlagert Aktienrecht, KSzW 2013, 10.

Bachmann, Gregor: Corporate Governance nach der Finanzkrise, AG 2011, 181.

Bähr, Gunne W. (Hrsg.): Handbuch des Versicherungsaufsichtsrechts, München 2011, C.H. Beck. (zit. *Bearbeiter*, in: Bähr, Hdb. Versicherungsaufsicht)

Bassen, Alexander/Kleinschmidt, Maik/Prigge, Stefan/Zöllner, Christine: Deutscher Corporate Governance Kodex und Unternehmenserfolg, DBW 2006, 375.

Baumbach, Adolf (Begr.)/*Hueck, Alfred*: GmbHG, 20. Aufl., München 2013, C.H. Beck. (zit. *Bearbeiter*, in: Baumbach/Hueck, GmbHG)

Baums, Theodor: Der fehlerhafte Aufsichtsratsbeschluß, ZGR 1983, 300.

Baums, Theodor: Stellungnahme zur Aktienrechtsreform 1997 von Prof. Dr. Theodor Baums, AG Sonderheft August 1997, S. 26.

Bayer, Walter: Aktuelle Entwicklungen im Europäischen Gesellschaftsrecht, BB 2004, 1.

Bayer, Walter: Grundsatzfragen der Regulierung der aktienrechtlichen Corporate Governance, NZG 2013, 1.

Bayer, Walter/Habersack, Mathias: Aktienrecht im Wandel, Band II, Grundsatzfragen des Aktienrechts, Tübingen 2007, Mohr Siebeck. (zit. *Bearbeiter*, in: Bayer/Habersack)

Baxmann, Ulf G.: Die Transformationsleistung der Kreditinstitute, WISU 1993, 112.

Bea, Franz Xaver/Scheurer, Steffen: Die Kontrollfunktion des Aufsichtsrats, Der Betrieb 1994, 2145.

Beaucamp, Guy: Allgemeine Rechtsgrundsätze als methodisches Problem, DÖV 2013, 41.

Behme, Caspar/Zickgraf, Peter: Rechtspflichten des Aufsichtsrats bei der Auswahl geeigneter Mitglieder von Vorstand und Aufsichtsrat, AG 2015, 841.

Behle, Rainer: Die besonderen Anforderungen der Bankenaufsicht an die Mitglieder von Aufsichts- und Verwaltungsräten von Kreditinstituten, in: Handbuch Aufsichts- und Verwaltungsräte in Kreditinstituten, Rechtlicher Rahmen – Betriebswirtschaftliche Herausforderungen – Best Practices, herausgegeben von Reinhold Hölscher und Thomas Altenhain, Berlin 2013, Erich Schmidt Verlag, S. 575. (zit. *Behle*, in: Hdb. AR in Kreditinstituten)

Berg, Stefan/Stöcker, Mathias: Anwendungs- und Haftungsfragen zum Deutschen Corporate Governance Kodex, WM 2002, 1569.

Berger, Hanno/Steck, Kai-Uwe/Lübbehusen, Dieter (Hrsg.): Investmentgesetz, Investmentsteuergesetz, München 2010, C.H. Beck. (zit. *Bearbeiter*, in: BSL, InvG)

Betti, Emilio: Allgemeine Auslegungslehre als Methodik der Geisteswissenschaften, Tübingen 1967, J.C.B. Mohr (Paul Siebeck). (zit. *Betti*, Auslegungslehre)

Bieg, Hartmut/Krämer, Gregor/Waschbusch, Gerd: Bankenaufsicht in Theorie und Praxis, 4. Aufl., Frankfurt am Main 2011, Frankfurt School Verlag. (zit. *Bieg/Krämer/Waschbusch*, Bankenaufsicht)

Bihr, Dietrich/Philippsen, Martin Josef: Qualitätsaspekte bei der Arbeit von Aufsichtsratsgremien – Grundsätze ordnungsgemäßer Überwachung für Aufsichtsräte, DStR 2011, 1133.

Binder, Jens-Hinrich: Vorstandshandeln zwischen öffentlichem und Verbandsinteresse – Pflichten- und Kompetenzkollisionen im Spannungsfeld von Bankaufsichts- und Gesellschaftsrecht, ZGR 2013, 670.

Binder, Jens-Hinrich: Organisationspflichten und das Finanzdienstleistungs-Unternehmensrecht: Bestandsaufnahme, Probleme, Konsequenzen, ZGR 2015, 667.

Bitz, Michael/Stark, Gunnar: Finanzdienstleistungen, 9. Aufl., Berlin, München, Boston 2015, Walter de Gruyter

Black, Julia/Hopper, Martyn/Band, Christa: Making a success of Principles-based regulation, Law and Financial Markets Review (LFMR), Vol. 1 Iss. 3 (Mai 2007), S. 191.

Blumer, Andreas: Bankenaufsicht und Bankenprüfung, Bern, Stuttgart, Wien 1996, Verlag Paul Haupt. (zit. *Blumer*, Bankenaufsicht)

Boehmer, Gustav: Grundlagen der Bürgerlichen Rechtsordnung, Zweites Buch, Erste Abteilung, Dogmengeschichtliche Grundlagen des bürgerlichen Rechts, Tübingen 1951, J.C.B. Mohr (Paul Siebeck). (zit. *Boehmer*, Grundlagen II/1)

Boos, Karl-Heinz/Fischer, Reinfried/Schulte-Mattler, Hermann (Hrsg.): Kreditwesengesetz, Kommentar zu KWG und Ausführungsvorschriften, 4. Aufl., München 2012, C.H. Beck. (zit. *Bearbeiter*, in: Boos/Fischer/Schulte-Mattler, KWG)

Borges, Georg: Selbstregulierung im Gesellschaftsrecht – zur Bindung an Corporate Governance-Kodizes, ZGR 2003, 508.

Bork, Reinhard: Pflichten der Geschäftsführung in Krise und Sanierung, ZIP 2011, 101.

Bosse, Christian/Malchow, Silke: Unterstützung und Kostentragung für die Aus- und Fortbildung von Aufsichtsratsmitgliedern – Der Kodex bezieht Stellung, NZG 2010, 972.

Brandes, Stephan M.: Europäische Aktiengesellschaft: Juristische Person als Organ? NZG 2004, 642.

Brandi, Tim Oliver/Gieseler, Konrad: Der Aufsichtsrat in Kreditinstituten – Persönliche Voraussetzungen, Sanktionen und Ausschüsse nach geltendem Recht und CRD IV, NZG 2012, 1321.

Bröcker, Norbert/Mosel, Raoul: Der unabhängige Finanzexperte – Neue Herausforderungen bei der Besetzung des Aufsichtsrats durch das BilMoG, GWR 2009, 132.

Bronnert-Härle, Caroline: Aufsichtsratsausschüsse als neue Akteure der internen Corporate Governance von Banken, Diss. Univ. Münster 2015, Baden-Baden 2016, Nomos Verlagsgesellschaft. (zit. *Bronnert-Härle*, Aufsichtsratsausschüsse)

Buhleier, Claus/Krowas, Nina: Persönliche Pflicht zur Prüfung des Jahresabschlusses durch den Aufsichtsrat, Der Betrieb 2010, 1165.

Bundesaufsichtsamt für das Versicherungs- und Bausparwesen: Motive zum VAG, Berlin 1963. (zit. *BAV*, Motive zum VAG)

Bungert, Hartwin: Ausgliederung durch Einzelrechtsübertragung und analoge Anwendung des Umwandlungsgesetzes – Anmerkung zu LG Karlsruhe, Beschl. v. 6.11.1997 – O 43/97 KfH I, NZG 1998, 367.

Burghof, Hans-Peter/Rudolph, Bernd: Bankenaufsicht: Theorie und Praxis der Regulierung, Wiesbaden 1996, Gabler. (zit. *Burghof/Rudolph*, Bankenaufsicht)

Buscher, Arne Martin/Hannemann, Ralf/Wagner, Astrid/Weigl, Thomas: Verordnung über die aufsichtsrechtlichen Anforderungen an Vergütungssysteme von Instituten (Institutsvergütungsverordnung – InstitutsVergV), Kommentar, 1. Aufl., Stuttgart 2014, Schäffer-Poeschel. (zit. *BHWW*, InstitutsVergV)

Butzke, Volker: Interessenkonflikte von Aufsichtsratsmitgliedern als Thema der Hauptversammlung, in: Festschrift für Michael Hoffmann-Becking, zum 70. Geburtstag, herausgegeben von Gerd Krieger, Marcus Lutter und Karsten Schmidt, München 2013, C.H. Beck, S. 229. (zit. *Butzke*, in: FS-Hoffmann-Becking)

Bürgers, Tobias/Körber, Torsten: Aktiengesetz, Heidelberger Kommentar, 3. Aufl., Heidelberg, München, Landsberg, Frechen, Hamburg 2014, C.F: Müller. (zit. *Bearbeiter*, in: Bürgers/Körber, AktG)

Bürgers, Tobias/Schilha, Ralph: Die Unabhängigkeit des Vertreters des Mutterunternehmens im Aufsichtsrat der Tochtergesellschaft, AG 2010, 221.

Bürkle, Jürgen: Auswirkungen der Unternehmensaufsicht nach dem KWG auf organisatorische Pflichten von Versicherungsunternehmen, WM 2005, 1496.

Bürkle, Jürgen: Die rechtlichen Auswirkungen der MaRisk VA auf die Geschäftsorganisation von Versicherungsunternehmen, VersR 2009, 866.

Bürkle, Jürgen: Neues Aufsichtsrecht für Aufsichtsräte durch den Regierungsentwurf zum 10. VAG-Änderungsgesetz, ZVersWiss 2012, 493.

Bydlinski, Franz: Juristische Methodenlehre und Rechtsbegriff, 2. Aufl., Wien, New York 1991, Springer-Verlag. (zit. *Bydlinski*, Methodenlehre).

Bydlinski, Franz: System und Prinzipien des Privatrechts, Wien, New York 1996, Springer-Verlag. (zit. *Bydlinski*, System und Prinzipien)

Cahn, Andreas: Aufsichtsrat und Business Judgement Rule, WM 2013, 1293.

Cahn, Andreas: Professionalisierung des Aufsichtsrats, in: Unternehmensrecht in der Reformdiskussion, herausgegeben von Rüdiger Veil, Tübingen, 2013, Mohr Siebeck, S. 139. (zit. *Cahn*, in: Reformdiskussion)

Callies, Christian/Ruffert, Matthias (Hrsg.): EUV/AEUV: Das Verfassungsrecht der Europäischen Union mit Europäischer Grundrechtecharta, Kommentar, 4. Aufl., München 2011, C.H. Beck. (zit: *Bearbeiter*, in: Callies/Ruffert, EUV/AEUV)

Canaris, Claus-Wilhelm: Die Feststellung von Lücken im Gesetz, Eine methodologische Studie über Voraussetzungen und Grenzen der richterlichen Rechtsfortbildung praeter legem, 2. Aufl., Berlin 1983, Duncker & Humblot. (zit. *Canaris*, Lückenfeststellung)

Canaris, Claus-Wilhelm: Grundrechte und Privatrecht – eine Zwischenbilanz, Berlin 1999, de Gruyter. (zit. *Canaris*, Grundrechte und Privatrecht)

Canaris, Claus-Wilhelm: Handelsrecht, 24. Aufl., München 2006, C.H. Beck. (zit. *Canaris*, Handelsrecht)

CDU/CSU/FDP: Wachstum. Bildung. Zusammenhalt. Koalitionsvertrag zwischen CDU, CSU und FDP, 17. Legislaturperiode, abrufbar unter http://www.bmi.bund.de/SharedDocs/Downloads/DE/Ministerium/koalitionsvertrag.pdf?__blob =publicationFile. (zit. Koalitionsvertrag 2009)

CDU/CSU/FDP: Deutschlands Zukunft Gestalten, Koalitionsvertrag zwischen CDU, CSU und SPD, 18. Legislaturperiode, abrufbar unter https://www.cdu.de/sites/default/ files/media/dokumente/koalitionsvertrag.pdf. (zit. Koalitionsvertrag 2013)

Claussen, Carsten Peter/Bröcker, Norbert: Der Corporate Governance Kodex aus der Perspektive der kleinen und mittleren Börsen-AG, Der Betrieb 2002, 1199.

Claussen, Carsten Peter/Korth, H.-Michael: Anforderungen an ein Risikomanagementsystem aus der Sicht des Aufsichtsrates, in: Festschrift für Marcus Lutter zum 70. Geburtstag, herausgegeben von Uwe H. Schneider, Peter Hommelhoff, Karsten Schmidt, Wolfram Timm, Barbara Grunewald und Tim Drygala, Köln 2000, Verlag Otto Schmidt, S. 327. (zit. *Claussen/Korth*, in: FS-Lutter)

Clemm, Hermann: Abschlußprüfer und Aufsichtsrat, ZGR 1980, 455.

Coombes, Paul/Watson, Mark: Three surveys on corporate governance, McKinsey Quarterly 2000 Number 4, 74 ff.

Dauner-Lieb, Barbara: Harte oder weiche Quote? – Wege zum Ziel, Der Betrieb 2010, Standpunkte S. 45.

Dauses, Manfred: Handbuch des EU-Wirtschaftsrechts, Loseblatt, Stand: September 2015 (38. Ergänzungslieferung), München 2015, C.H. Beck. (zit. *Bearbeiter*, in: Dauses, Hdb. EU-WirtschaftsR)

Deckert, Martina: Der Aufsichtsrat nach der Reform, NZG 1998, 710.

Deilmann, Barbara/Albrecht, Frauke: Corporate Governance und Diversity – was empfiehlt der neue Kodex? AG 2010, 727.

Depenheuer, Otto: Der Wortlaut als Grenze, Heidelberg 1988, R. v. Decker & C.F. Müller. (zit. *Depenheuer*, Wortlaut)

Di Fabio, Udo: Zur Theorie eines grundrechtlichen Wertesystems, in: Handbuch der Grundrechte, herausgegeben von Detfef Merten und Hans-Jürgen Papier, Band II Grundrechte in Deutschland: Allgemeine Lehren I, Heidelberg 2006, C.F. Müller, § 46. (zit. *Di Fabio*, in: Hdb. d. Grundrechte)

Diekmann, Hans/Bidmon, Katja: Das „unabhängige" Aufsichtsratsmitglied nach dem BilMoG – insbesondere als Vertreter des Hauptaktionärs, NZG 2009, 1089.

Dietz, Rolf: Anspruchskonkurrenz bei Vertragsverletzung und Delikt, Bonn, Köln, 1934, Ludwig Röhrscheid Verlag. (zit. *Dietz*, Anspruchskonkurrenz)

Dreher, Meinrad: Die Qualifikation der Aufsichtsratsmitglieder – Rechtliche Anforderungen und Folgerungen unter besonderer Berücksichtigung der Aufsichtsratsausschüsse bei der Aktiengesellschaft, in: Verantwortung und Gestaltung, Festschrift für Karlheinz Boujong zum 65. Geburtstag, herausgegeben von Carsten Thomas Ebenroth, Dieter Hesselberger und Manfred Eberhard Rinne, München 1996, C.H. Beck'sche Verlagsbuchhandlung, S. 71. (zit. *Dreher*, in: FS-Boujong)

Dreher, Meinrad: Ausstrahlungen des Aufsichtsrechts auf das Aktienrecht – Unter besonderer Berücksichtigung des Risikomanagement, ZGR 2010, 496.

Dreher, Meinrad: Die Gesamtqualifikation des Aufsichtsrats, in: Festschrift für Michael Hoffmann-Becking, zum 70. Geburtstag, herausgegeben von Gerd

Krieger, Marcus Lutter und Karsten Schmidt, München 2013, C.H. Beck, S. 313. (zit. *Dreher*, in: FS-Hoffmann-Becking)

Dreher, Meinrad/Häußler, Hendrik: Die Aufsicht über Versicherungsunternehmen durch die BaFin und die Überwachungsaufgabe des Aufsichtsrats, ZGR 2011, 471.

Dreier, Horst (Hrsg.): Grundgesetz Kommentar, Bd. I, Präambel, Artikel 1-19, 3. Aufl., Tübingen 2013, Mohr Siebeck. (zit. *Bearbeiter*, in: Dreier, GG)

Drenckhan, Helke: Gläubigerschutz in der Krise der GmbH, Diss. Univ. Heidelberg 2005, Baden-Baden, 2006, Nomos. (zit. *Drenckhan*, Gläubigerschutz)

Drygala, Tim/Drygala, Anja: Wer braucht ein Frühwarnsystem? Zur Ausstrahlungswirkung des § 91 Abs. 2 AktG, ZIP 2000, 297.

Dutzi, Andreas: Der Aufsichtsrat als Instrument der Corporate Governance, Diss. Univ. Frankfurt/Main 2005, Wiesbaden 2005, Deutscher Universitäts-Verlag/GWV Fachverlage GmbH. (zit. *Dutzi*, Aufsichtsrat als Instrument)

Ebenroth, Carsten Thomas/Boujong, Karlheinz (Begr.)/Joost, Detlev/Strohn, Lutz (Hrsg.): Handelsgesetzbuch, Band 1, §§ 1–342e, 3. Aufl., München 2014, Verlag Franz Vahlen/C.H. Beck. (zit. *Bearbeiter*, in: EBJS, HGB)

Ehren, Thomas/Gros, Marius: Anmerkungen zur Professionalisierung der Aufsichtsratstätigkeit, Der Konzern 2011, 277.

Eilert, Hergen: Anmerkungen zur Debatte über prinzipienbasiertes Aufsichtsrecht, besonders zum aufsichtsrechtlichen Prinzipienbegriff, ZVersWiss 2012, 621.

Engisch, Karl: Einführung in das juristische Denken, 11. Aufl., herausgegeben und bearbeitet von Thomas Würtenberger und Dirk Otto, Stuttgart 2010, Verlag W. Kohlhammer. (zit. *Engisch*, Juristisches Denken)

Epping, Volker: Grundrechte, 6. Aufl., Heidelberg, Dordrecht, London, New York, 2010, Springer. (zit. *Epping*, Grundrechte)

Ernst, Xenia: Rechtsstaatlichkeit im Versicherungsaufsichtsrecht, Diss. Univ. Düsseldorf 2012, Karlsruhe 2013, Verlag Versicherungswirtschaft. (zit. *Ernst*, Rechtsstaatlichkeit)

Fahr, Ulrich (Begr.)/*Kaulbach, Detlef/Bähr, Gunne W./Pohlmann, Petra/Bürkle, Jürgen/Göertz, Susann* (Hrsg.): Versicherungsaufsichtsgesetz – VAG – mit Solvabilität II, Anlageverordnung und Kapitalausstattungsverordnung, 5. Aufl., München, 2012, C.H. Beck. (zit. *Bearbeiter*, in: FKBP, VAG)

Fehling, Michael/Ruffert, Matthias (Hrsg.): Regulierungsrecht, Tübingen 2010, Mohr Siebeck. (zit. *Bearbeiter*, in: Fehling/Ruffert)

Feil, Stephan Martin: Basiswissen Aufsichtsrat: Grundlagen einer erfolgreichen Unternehmensüberwachung, Norderstedt 2008, Books on Demand GmbH. (zit. *Feil*, Basiswissen)

Fischer, Christian: Topoi verdeckter Rechtsfortbildungen im Zivilrecht, Habil.-Schr.- Univ. Bayreuth 2006, Tübingen, 2007, Mohr Siebeck. (zit. *Fischer*, Topoi)

Flannery, Mark J./Kwan, Simon H./Nimalendran, M.: Market evidence on the opaqueness of banking firms' assets, Journal of Financial Economics (JFE) 71 (2004), 419.

Fleischer, Holger: Zur Leitungsaufgabe des Vorstands im Aktienrecht, ZIP 2003, 1.

Fleischer, Holger: Legal Transplants im deutschen Aktienrecht, NZG 2004, 1129.

Fleischer, Holger: Das Gesetz zur Angemessenheit der Vorstandsvergütung (VorstAG), NZG 2009, 801.

Fleischer, Holger: Shareholders vs. Stakeholders: Aktienrechtliche Fragen, in: Handbuch Corporate Governance, Leitung und Überwachung börsennotierter Unternehmen in der Rechts- und Wirtschaftspraxis, herausgegeben von Peter Hommelhoff, Klaus J. Hopt und Axel v. Werder, 2. Aufl., Stuttgart, Köln 2009, Schäffer-Poeschel Verlag/Verlag Dr. Otto Schmidt KG, S. 185. (zit. *Fleischer*, in: Hdb. Corporate Governance)

Fleischer, Holger: Aktienrechtliche Compliance-Pflichten im Praxistest: Das Siemens/Neubürger-Urteil des LG München I, NZG 2014, 321.

Fleischer, Holger (Hrsg.): Handbuch des Vorstandsrechts, 1. Aufl., München 2006, C.H.

Fleischer, Holger/Goette, Wulff (Hrsg.): Münchener Kommentar zum Gesetz betreffend die Gesellschaften mit beschränkter Haftung – GmbHG, Band 2, §§ 35 – 52, 1. Aufl., München 2012, C.H. Beck. (zit. *Bearbeiter*, in: MüKo-GmbHG)

Fleischer, Holger/Wedemann, Frauke: Zur sogenannten Annexkompetenz im GmbH- und Aktienrecht, GmbHR 2010, 449.

Förschle, Gerhart/Grottel, Bernd/Schmidt, Stefan/Schubert, Wolfgang J./Winkeljohann, Norbert (Hrsg.): Beck'scher Bilanzkommentar, Handels- und Steuerbilanz, §§ 238 – 339, 342 – 342e HBG mit IFRS-Abweichungen, 9. Aufl., München 2014, C.H. Beck. (zit. *Bearbeiter*, in: Beck'scher Bilanzkommentar)

Forschner, Julius: Wechselwirkungen von Aufsichtsrecht und Zivilrecht, Diss. Univ. Tübingen 2013, Tübingen 2013, Mohr Siebeck. (zit. *Forschner*, Wechselwirkungen)

Forster, Karl-Heinz: Fragen der Prüfung des Jahresabschlusses durch den Aufsichtsrat, in: Aktien- und Bilanzrecht, Festschrift für Bruno Kropff, herausgegeben von Karl-Heinz Forster, Barbara Grunewald, Marcus Lutter und Johannes Semler, Düsseldorf 1997, IDW-Verlag GmbH, S. 71. (zit. *Forster*, in: FS-Kropff)

Franzen, Martin: Privatrechtsangleichung durch die Europäische Gemeinschaft, Habil.-Schr. Freie Univ. Berlin 1998/99, Berlin, New York 1999, Walter de Gruyter. (zit. *Franzen*, Privatrechtsangleichung)

Freeman, Robert Edward: Strategic Management: A Stakeholder Approach, Boston 1984, Pitman Publishing.

Fricke, Martin: Versicherungsaufsicht integriert – Versicherungsaufsicht unter dem Gesetz über die integrierte Finanzdienstleistungsaufsicht, NVersZ 2002, 337.

Friedrich-Ebert-Stiftung: Macht der Banken: eine Tagung der Friedrich-Ebert-Stiftung am 4. Mai 1995 in Frankfurt/Main, Bonn 1995, FES Library. (zit. *Friedrich-Ebert-Stiftung*, Macht der Banken)

Gernoth, Jan P.: Die Überwachungspflichten des Aufsichtsrats im Hinblick auf das Risikomanagement und die daraus resultierenden Haftungsfolgen für den Aufsichtsrat, DStR 2001, 299.

Geßler, Ernst/Hefermehl, Wolfgang/Eckardt, Ulrich/Kropff, Bruno: Aktiengesetz, Kommentar, Band III, §§ 148 – 178, München 1973, Verlag Franz Vahlen. (zit. *Bearbeiter*, in: G/H/E/K, AktG)

Gleitze, Wilfried/Krause, Peter/Baron v. Maydell, Bernd/Merten, Detlef: Gemeinschaftskommentar zum Sozialgesetzbuch – Gemeinsame Vorschriften für die Sozialversicherung (GK-SGB IV), 2. Aufl., Neuwied, Kriftel, Berlin 1992, Luchterhand. (zit. *Bearbeiter*, in: GK-SGB IV)

Goerdeler, Reinhard: Zur Überwachungsaufgabe des Aufsichtsrats, WPg 1982, 33.

Goette, Wulff/Habersack, Matthias/Kalss, Susanne (Hrsg.): Münchener Kommentar zum Aktiengesetz, Band 1, §§ 1–75, 4. Aufl., München 2016, C.H. Beck/Verlag Franz Vahlen. Band 2, §§ 76–117, MitbestG, DrittelBG, 4. Aufl., München 2014, C.H. Beck/Verlag Franz Vahlen. Band 3, §§ 118–178, 3. Aufl., München 2013, C.H. Beck/Verlag Franz Vahlen. (zit. *Bearbeiter*, in: MüKo-AktG)

Götz, Heinrich: Rechte und Pflichten des Aufsichtsrats nach dem Transparenz- und Publizitätsgesetz, NZG 2002, 599.

Götze, Cornelius: Aktienrechtsnovelle – und ein (vorläufiges) Ende!, NZG 2016, 48.

Gompers, Paul/Ishii, Joy/Metrick, Andrew: Corporate Governance and Equity Prices, The Quarterly Journal of Economics, February 2003, 107.

Grabitz, Eberhard (Begr.)/*Hilf, Meinhard/Nettesheim, Martin* (Hrsg.): Das Recht der Europäischen Union, Loseblatt, 56. Ergänzungslieferung, Stand April 2015, München 2015, C.H. Beck. (zit. *Bearbeiter*, in: GHN)

Grol, Thomas/Meyer-Ramloch, Dorothea/Eicke, Christian: Eigenkapital – neue Anforderungen nach Basel III, in: Bankenregulierung nach der Finanzmarktkrise, herausgegeben von Simon G. Grieser und Manfred Heemann, Frankfurt am Mai 2011, Frankfurt School Verlag. (zit. *Grol/Meyer-Ramloch/Eicke*, in: Finanzmarktkrise)

Grote, Joachim/Schaaf, Martin: Zum Referentenentwurf der 10. VAG-Novelle zur Umsetzung der Solvency-II-Richtlinie in deutsches Recht – eine erste Analyse, VersR 2012, 17.

Gruber, Johannes: Der unabhängige Finanzexperte im Aufsichtsrat nach dem Referentenentwurf des Bilanzrechtsmodernisierungsgesetzes, NZG 2008, 12.

Gründl, Helmut/Kraft, Mirko (Hrsg.): Solvency II – Eine Einführung, Karlsruhe 2015, Verlag Versicherungswirtschaft. (zit. *Bearbeiter*, in: Gründl/Kraft, Solvency II)

Habersack, Mathias: Aufsichtsrat und Prüfungsausschuss nach dem BilMoG, AG 2008, 98.

Habersack, Mathias: „Kirch/Deutsche Bank" und die Folgen – Überlegungen zu § 100 Abs. 5 AktG und Ziff. 5.4, 5.5 DCGK, in: Festschrift für Wulf Goette zum 65. Geburtstag, herausgegeben von Mathias Habersack und Peter Hommelhoff, München 2011, C.H. Beck, S. 121. (zit. *Habersack*, in: FS-Goette)

Habersack, Mathias: Staatliche und halbstaatliche Eingriffe in die Unternehmensführung, Gutachten E zum 69. Deutschen Juristentag 2012, in: Verhandlungen des 69. Deutschen Juristentages München 2012, Band I Gutachten, Teil E, herausgegeben von der Ständigen Deputation des Deutschen Juristentages, München 2012, C.H. Beck. (zit. *Habersack*, Gutachten DJT)

Hafke, Heinz Christian: Anmerkungen zur Corporate Governance in der Kreditwirtschaft, in: Festschrift für Walther Hadding zum 70. Geburtstag am 8. Mai 2004, herausgegeben von Franz Häuser, Horst Hammen, Joachim Hennrichs, Anja Steinbeck, Ulf R. Siebel und Reinhard Welter, Berlin 2004, De Gruyter. (zit. *Hafke*, in: FS-Hadding)

Hasselbach, Kai/Jakobs, Janis: Die Unabhängigkeit von Aufsichtsratsmitgliedern, BB 2013, 643.

Heck, Philipp: Gesetzesauslegung und Interessenjurisprudenz (1914), in: Studien und Texte zur Theorie und Methodologie des Rechts, Band 2, herausgegeben von Josef Esser, redigiert von Roland Dubischar, Bad Homburg v.d.H., Berlin, Zürich 1968 Verlag Gehlen. (zit. *Heck*, Gesetzesauslegung)

Hecker, Andreas/Peters, Marc: Die Änderungen des DCGK im Jahr 2010, BB 2010, 2251.

Heidel, Thomas (Hrsg.): Aktienrecht und Kapitalmarktrecht, 3. Aufl., Baden-Baden 2011, Nomos. (zit. *Bearbeiter*, in: Heidel)

Heitmann, Hendrik: Anforderungen an die Arbeitnehmer im Aufsichtsrat unter besonderer Berücksichtigung des Unternehmensinteresses, Diss. Univ. Frankfurt am Main 2013, Frankfurt am Main, 2013, PL Academic Research. (zit. *Heitmann*, Anforderungen)

Hemeling, Peter: Referat zum 69. Deutschen Juristentag, in: Verhandlungen des 69. Deutschen Juristentages München 2012, Band II/1 Sitzungsberichte – Referate und Beschlüsse, Teil N, herausgegeben von der Ständigen Deputation des Deutschen Juristentages, München 2013, C.H. Beck. (zit. *Hemeling*, Referat DJT)

Henn, Günter (Begr.)/*Frodermann, Jürgen/Jannott, Dirk* (Hrsg.): Handbuch des Aktienrechts, 8. Aufl., Heidelberg 2009, C.F. Müller Verlag. (zit. *Bearbeiter*, in: Henn/Frodermann/Jannott)

Hennrichs, Joachim: Corporate Governance und Abschlussprüfung: Zuständigkeiten, Interaktionen und Sorgfaltsanforderungen, in: Festschrift für Peter Hommelhoff zum 70. Geburtstag, herausgegeben von Bernd Erle, Wulf Goette, Detlef Kleindiek, Gerd Krieger, Hans-Joachim Priester, Christian Schubel, Martin Schwab, Christoph Teichmann und Carl-Heinz Witt, Köln 2012, Verlag Dr. Otto Schmidt, S. 383. (zit. *Hennrichs*, in: FS-Hommelhoff)

Henze, Hartwig: Prüfungs- und Kontrollaufgaben des Aufsichtsrates in der Aktiengesellschaft – Die Entscheidungspraxis des Bundesgerichtshofes, NJW 1998, 3309.

Henze, Hartwig: Leitungsverantwortung des Vorstands - Überwachungspflicht des Aufsichtsrats, BB 2000, 209.

Henze, Hartwig: Neuere Rechtsprechung zu Rechtsstellung und Aufgaben des Aufsichtsrats, BB 2005, 165.

Henze, Marc/Rosch, Christina: Diversity – Praktische Umsetzung der Vorgaben des DCGK für die Besetzung von Aufsichtsräten, Vorständen und Führungsfunktionen, ArbRAktuell 2010, 573.

Heremans, Dirk: Corporate Governance Issues for Banks: A Financial Stability Perspective (February 2007), abrufbar unter: http://ssrn.com/abstract=1024693. (zit. *Heremans*, CG)

Hersch, Hans-Gerd: Aufsichtsrechtliche Anforderungen an die Geschäftsleiter und Aufsichtsräte von Versicherungsunternehmen, Diss. Univ. Trier 2014, Frankfurt am Main 2015, PL Academic Research. (zit. *Hersch*, Anforderungen)

Hingst, Kai-Michael/Himmelreich, Thomas/Krawinkel, Arne C.: Neue rechtliche Rahmenbedingungen für die Kontrollorgane von Banken und Sparkassen, WM 2009, 2016.

Hirte, Heribert/Mülbert, Peter O./Roth, Markus (Hrsg.): Aktiengesetz Großkommentar, Vierter Band, Teilband 1 §§ 76–91, 5. Aufl., Berlin, München, Boston 2015, De Gruyter. (zit. *Bearbeiter*, in: Großkomm. AktG IV/1)

Hölscher, Reinhold/Dähne, Corina: Anforderungen an Aufsichtsorgane von Kreditinstituten im Rahmen des dualen Führungssystems, in: Corporate Governance von Kreditinstituten, herausgegeben von Karsten Paetzmann und Stephan Schöning, Berlin 2014, Erich Schmidt Verlag, S. 271. (zit. *Hölscher/Dähne*, in: Paetzmann/Schöning)

Hölters, Wolfgang (Hrsg.): Aktiengesetz Kommentar, 2. Aufl., München 2014, C.H. Beck/Verlag Franz Vahlen. (zit. *Bearbeiter*, in: Hölters, AktG)

Hönsch, Henning: Die Auswirkungen des BilMoG auf den Prüfungsausschuss, Der Konzern 2009, 553.

Hönsch, Henning/Kaspar, Martin: Der Nominierungsausschuss nach § 25d Abs. 11 KWG, AG 2014, 297.

Hönsch, Henning/Kaspar, Martin: Evaluierung von Geschäftsleitung und Aufsichtsrat nach § 25d KWG, Kreditwesen 2014, 380.

Höpfner, Clemens: Die systemkonforme Auslegung – Zur Auflösung einfachgesetzlicher, verfassungsrechtlicher und europarechtlicher Widersprüche im Recht, Diss. Univ. Konstanz 2007, Tübingen 2008, Mohr Siebeck. (zit. *Höpfner*, Systemkonforme Auslegung)

Hoffmann, Dietrich/Preu, Peter: Der Aufsichtsrat: Ein Handbuch für die Praxis, 5. Aufl., München 2003, C.H. Beck. (zit. *Hoffmann/Preu*, Aufsichtsrat)

Hoffmann-Becking, Michael: Der Aufsichtsrat im Konzern, ZHR 159 (1995), 325.

Hoffmann-Becking, Michael: Rechtliche Möglichkeiten und Grenzen einer Verbesserung der Arbeit des Aufsichtsrats, in: Internationale Wirtschaftsprüfung: Festschrift zum 65. Geburtstag von Prof. Dr. Dr. h.c.

Hans Havermann, herausgegeben von Josef Lanfermann, Düsseldorf 1995, IDW-Verlag. (zit. *Hoffmann-Becking*, in: FS-Havermann)

Hoffmann-Becking, Michael: Zur rechtlichen Organisation der Zusammenarbeit im Vorstand der AG, ZGR 1998, 497.

Hoffmann-Becking, Michael: Deutscher Corporate Governance Kodex – Anmerkungen zu Zulässigkeit, Inhalt und Verfahren, in: Festschrift für Uwe Hüffer zum 70. Geburtstag, herausgegeben von Peter Kindler, Jens Koch, Peter Ulmer und Martin Winter, München 2010, C.H. Beck, S. 337. (zit. *Hoffmann-Becking*, in: FS-Hüffer)

Hoffmann-Becking, Michael: Das Recht des Aufsichtsrats zur Prüfung durch Sachverständige nach § 111 Abs. 2 S. 2 AktG, ZGR 2011, 136.

Hoffmann-Becking, Michael: Zehn kritische Thesen zum Deutschen Corporate Governance Kodex, ZIP 2011, 1173.

Hoffmann-Becking, Michael: Unabhängigkeit im Aufsichtsrat, NZG 2014, 801.

Hoffmann-Becking, Michael (Hrsg.): Münchener Handbuch des Gesellschaftsrechts, Band 4, Aktiengesellschaft, 3. Aufl., München 2007, C.H. Beck. (zit. *Bearbeiter*, in: Münchener Hdb. AG)

Hoffmann-Becking, Michael/Krieger, Gerd: Leitfaden zur Anwendung des Gesetzes zur Angemessenheit der Vorstandsvergütung (VorstAG), NZG 2009, Beilage zu Heft 26, S. 1.

Hoffmann-Riem, Wolfgang/Schmidt-Aßmann, Eberhard/Voßkuhle, Andreas (Hrsg.): Grundlagen des Verwaltungsrechts, Band I, Methoden, Maßstäbe, Aufgaben, Organisation, München 2006, C.H. Beck. (zit. *Bearbeiter*, in: GVwR I)

Hommelhoff, Peter: Der aktienrechtliche Organstreit, ZHR 143 (1979), 288.

Hommelhoff, Peter: Die Autarkie des Aufsichtsrats – Besprechung der Entscheidung BGHZ 85, 293 „Hertie“, ZGR 1983, 551.

Hommelhoff, Peter: Die neue Position des Abschlußprüfers im Kraftfeld der aktienrechtlichen Organisationsverfassung (Teil I), BB 1998, 2567.

Hommelhoff, Peter: Risikomanagement im GmbH-Recht, in: Festschrift für Otto Sandrock zum 70. Geburtstag, herausgegeben von Klaus Peter Berger, Werner F. Ebke, Siegfried Elsing, Bernhard Großfeld und Gunther Kühne, Heidelberg, 2000, Verlag Recht und Wirtschaft GmbH. (zit. *Hommelhoff*, in: FS-Sandrock)

Hommelhoff, Peter/Mattheus, Daniela: Corporate Governance nach dem KonTraG, AG 1998, 249.

Hommelhoff, Peter/Schwab, Martin: Regelungsquellen und Regelungsebenen der Corporate Governance: Gesetz, Satzung, Codizes, unternehmensinterne

Grundsätze, in: Handbuch Corporate Governance, Leitung und Überwachung börsennotierter Unternehmen in der Rechts- und Wirtschaftspraxis, herausgegeben von Peter Hommelhoff, Klaus J. Hopt und Axel v. Werder, 2. Aufl., Stuttgart, Köln 2009, Schäffer-Poeschel Verlag/ Verlag Dr. Otto Schmidt KG, S. 71. (zit. *Hommelhoff/Schwab*, in: Hdb. Corporate Governance)

Hopt, Klaus J.: Der Kapitalanlegerschutz im Recht der Banken, Habil.-Schr. Univ. München 1973, München, 1975, C.H. Beck'sche Verlagsbuchhandlung. (zit. *Hopt*, Kapitalanlegerschutz)

Hopt, Klaus J.: Grundsatz- und Praxisprobleme nach dem Wertpapierhandelsgesetz – Insbesondere Insidergeschäfte und Ad-hoc-Publizität, ZHR 159 (1995), 135.

Hopt, Klaus J.: Europäisches Gesellschaftsrecht und deutsche Unternehmensverfassung – Aktionsplan und Interdependenzen, ZIP 2005, S. 461.

Hopt, Klaus J.: Die Verantwortlichkeit von Vorstand und Aufsichtsrat: Grundsatz und Praxisprobleme – unter besonderer Berücksichtigung der Banken, ZIP 2013, 1793.

Hopt, Klaus J.: Better Governance of Financial Institutions, ECGI Law Working Paper No. 207/2013, abrufbar unter http://ssrn.com/abstract=2212198.

Hopt, Klaus J./Wiedemann, Herbert (Hrsg.): Aktiengesetz Großkommentar, Vierter Band, §§ 95 – 117, 4. Aufl., Berlin 2006, De Gruyter Recht. (zit. *Bearbeiter*, in: Großkomm. AktG)

Hopt, Klaus J./Wohlmannstetter, Gottfried (Hrsg.): Handbuch Corporate Governance von Banken, München 2011, Verlag Franz Vahlen/C.H. Beck. (zit. *Bearbeiter*, in: Hdb. CG Banken)

Hübner, Ulrich: Die Fortschreibung von Gesellschafts- und Unternehmensrecht durch Wirtschaftsaufsichtsrecht, in: Festschrift der Rechtswissenschaftlichen Fakultät zur 600-Jahr-Feier der Universität zu Köln, herausgegeben von der Rechtswissenschaftlichen Fakultät der Universität zu Köln, Köln, Berlin, Bonn, München 1988, Carl Heymanns Verlag KG. (zit. *Hübner*, in: FS-Univ. Köln)

Hüffer, Uwe (Begr.): Aktiengesetz, begründet von Uwe Hüffer, bearbeitet von Jens Koch, 11. Aufl., München 2014, C.H. Beck. (zit. *Koch*, in: Hüffer, AktG)

Huthmacher, David: Pflichten und Haftung der Aufsichtsratsmitglieder, Diss. Univ. Köln, 2013, Berlin 2015, Duncker & Humblot. (zit. *Huthmacher*, Pflichten und Haftung)

Huttner, Kristen Ruth: Auslegung des Deutschen Corporate Governance Kodex und Rechtsfolgen einer "fehlerhaften Auslegung unter besonderer

Berücksichtigung der "Diversity"-Empfehlungen, Diss. Univ. Köln 2012, Frankfurt am Main 2013, PL Academic Research. (zit. *Huttner*, Auslegung des DCGK)

Huwer, Wolfram: Der Prüfungsausschuss des Aufsichtsrats: Aufgaben, Anforderungen und Arbeitsweise in der Aktiengesellschaft und im Aktienkonzern, Diss. TU Darmstadt, 2008, Berlin 2008, Duncker & Humblot. (zit. *Huwer*, Prüfungsausschuss)

Ihrig, Hans-Christoph/Meder, Manuel M.: Die Zuständigkeitsordnung bei Benennung der Ziele für die Zusammensetzung des Aufsichtsrats gem. Ziff. 5.4.1 DCGK n.F. in mitbestimmten Gesellschaften, ZIP 2010, 1577.

Ihrig, Hans-Christoph/Meder, Manuel M.: Zweifelsfragen bei der Zielbenennung zur Zusammensetzung des Aufsichtsrats nach dem Kodex, ZIP 2012, 1210.

Jahn, Daniel F./Rapp, Marc Steffen/Strenger, Christian/Wolff, Michael: Die Wirkungen des Deutschen Corporate Governance Kodex aus Investorenperspektive: Ergebnisse einer Studie, ZCG 2011, 64.

Jahn, Joachim: Das VorstAG: Neue Vorschriften gegen „unangemessene" Managerbezüge, GWR 2009, 135.

Jarass, Hans D.: Verwaltungsrecht als Vorgabe für Zivil- und Strafrecht, 2. Bericht, VVDStRL 50 (1991), 138.

Jarass, Hans D./Pieroth, Bodo: Grundgesetz für die Bundesrepublik Deutschland, Kommentar, 13. Aufl., München 2014, C.H. Beck. (zit. *Bearbeiter*, in: Jarrass/Pieroth, GG)

Jaspers, Philipp: Voraussetzungen und Rechtsfolgen der Unabhängigkeit eines Aufsichtsratsmitglieds nach dem BilMoG, AG 2009, 607.

Joost, Detlev: "Holzmüller 2000" vor dem Hintergrund des Umwandlungsgesetzes, ZHR 163 (1999), 164.

Jung, Stefanie: Tendenzen der Corporate Governance: Diskussion um die fachliche Qualifikation von Aufsichtsratsmitgliedern, WM 2013, 2110.

Jura, Melanie: Aktuelle Anforderungen an die Tätigkeit von Aufsichtsratsmitgliedern einer Pensionskasse, Betriebliche Altersversorgung 2013, 675.

Just, Susan: Die Anwendbarkeit des Deutschen Corporate Governance Kodex auf nicht börsennotierte Unternehmen, Diss. Univ. Rostock 2007, Hamburg 2007, Verlag Dr. Kovač. (zit. *Just*, Anwendbarkeit)

Kaiser, Gisbert A.: Bürgerliches Recht, 12. Auflage, Wien 2009, Facultas Verlags- und Buchhandels AG. (zit. *Kaiser*, Bürgerliches Recht)

Kallmeyer, Harald: Anwendung von Verfahrensvorschriften des Umwandlungsgesetzes auf Ausgliederungen nach Holzmüller,

Zusammenschlüsse nach der Pooling-of-interests-Methode und die sog. Übertragende Auflösung, in: Festschrift für Marcus Lutter zum 70. Geburtstag, herausgegeben von Uwe H. Schneider, Peter Hommelhoff, Karsten Schmidt, Wolfram Timm, Barbara Grunewald und Timm Drygala, Köln 2000, Verlag Otto Schmidt, S. 327. (zit. *Kallmeyer*, in: FS-Lutter)

Kallmeyer, Harald (Hrsg.): Umwandlungsgesetz, Kommentar, 4. Aufl., Köln 2010, Verlag Dr. Otto Schmidt. (zit. *Bearbeiter*, in: Kallmeyer, UmwG)

Kann, Jürgen van/Keiluweit, Anjela: Die aktuellen Änderungen des Deutschen Corporate Governance Kodex, Der Betrieb 2009, 2699.

Kirschbaum, Tom/Wittmann, Martin: Selbstregulierung im Gesellschaftsrecht: Der Deutsche Corporate Governance Kodex, JuS 2005, 1062.

Kirsten, Roland: Deutscher Corporate Governance Kodex: Die rechtmäßige Besetzung von Aufsichtsratsausschüssen am Beispiel des Prüfungsausschusses, BB 2004, 173.

Klöhn, Lars: Das System der aktien- und umwandlungsrechtlichen Abfindungsansprüche, Habil.-Schr. Univ. Göttingen 2007, Tübingen, 2009, Mohr Siebeck. (zit. *Klöhn*, Abfindungsansprüche)

Koch, Jens: Begriff und Rechtsfolgen von Interessenkonflikten und Unabhängigkeit im Aktienrecht, ZGR 2014, 697.

Koch, Hans-Joachim/Rüßmann, Helmut: Juristische Begründungslehre, München 1982, C.H. Beck. (zit. *Koch/Rüßmann*, Begründungslehre)

Kocher, Dirk: Die Diversity-Empfehlung des neuen Corporate-Governance-Kodex, BB 2010, 264.

Köndgen, Johannes: Preis- und Vergütungsgestaltung im Wertpapierhandel – zur Oboleszenz des Kommissionsrechts, in: Festschrift für Claus-Wilhelm Canaris zum 70. Geburtstag, Band II, herausgegeben von Andreas Heldrich, Jürgen Prölss und Ingo Koller, München 2007, C.H. Beck, S. 183. (zit. *Köndgen*, in: FS-Canaris)

Kollmar, Jens: Die Ausstrahlungen des Umwandlungsgesetzes auf Spaltungen nach traditionellem Recht, Diss. Univ. Heidelberg 1998, Frankfurt am Main, Berlin, Bern, New York, Paris, Wien 1999, Peter Lang. (zit. *Kollmar*, Ausstrahlungen).

Konopatzki, Volker: Funktionsauslagerung bei Kreditinstituten, Gesellschaftsrechtlicher und bankenaufsichtsrechtlicher Rahmen, Diss. Univ. Frankfurt (Main) 2006, Frankfurt am Main 2008, Peter Lang. (zit. *Konopatzki*, Funktionsauslagerung)

Krasberg, Peter: Der Prüfungsausschuss des Aufsichtsrats einer Aktiengesellschaft nach dem BilMoG, Diss. Univ. Freiburg, 2009, Berlin 2010, Duncker & Humblot. (zit. *Krasberg*, Prüfungsausschuss)

Krauel, Wolfgang/Broichhausen, Thomas: Zu den Qualifikationsanforderungen an Aufsichtsräte in Versicherungsunternehmen vor dem Hintergrund von Solvency II, VersR 2012, 823.

Kreikebohm, Ralf/Spellbrink, Wolfgang/Waltermann, Raimund (Hrsg.): Kommentar zum Sozialrecht, 3. Aufl., München 2013, C.H. Beck. (zit. *Bearbeiter*, in: KSW)

Kremer, Thomas: Der Deutsche Corporate Governance Kodex auf dem Prüfstand: bewährte Selbst- oder freiwillige Überregulierung? ZIP 2011, 1177.

Kropff, Bruno: Aktiengesetz, Textausgabe des Aktiengesetzes vom 6.9.1965 und des Einführungsgesetzes zum Aktiengesetz vom 6.9.1965 mit Begründung des Regierungsentwurfs, Bericht des Rechtsausschusses des Deutschen Bundestages, Verweisungen und Sachverzeichnis, Düsseldorf 1965, Verlagsbuchhandlung des Instituts der Wirtschaftsprüfer GmbH. (zit. *Kropff*, AktG)

Kropff, Bruno: Der unabhängige Finanzexperte in der Gesellschaftsverfassung, in: Festschrift für Karsten Schmidt zum 70. Geburtstag, herausgegeben von Georg Bitter, Marcus Lutter, Hans-Joachim Priester, Wolfgang Schön und Peter Ulmer, Köln 2009, Verlag Dr. Otto Schmidt, S. 1023. (zit. *Kropff*, in: FS-K. Schmidt)

Kruchen, Carsten: „Sachkunde“ von Aufsichtsratsmitgliedern im Spannungsfeld zwischen Aufsichtsrecht, Aktienrecht und DCGK, ZCG 2011, 21.

Kümpel, Siegfried/Wittig, Arne (Hrsg.): Bank- und Kapitalmarktrecht, 4. Aufl., Köln, 2011, Verlag Dr. Otto Schmidt. (zit. *Bearbeiter*, in: Kümpel/Wittig)

Kuhner, Christoph: Prozesse und Institutionen zur Kontrolle der periodischen Berichterstattung im deutschen Unternehmensrecht, ZGR 2010, 980.

Laars, Reinhard: Versicherungsaufsichtsgesetz, 3. Aufl., Baden-Baden 2015, Nomos. (zit. *Laars*, VAG)

Landmann, Robert von/Rohmer, Gustav: Gewerbeordnung und ergänzende Vorschriften, Band I, Gewerbeordnung, Kommentar, München 2015, Stand: Juni 2015 (70. Ergänzungslieferung), C.H. Beck. (zit. *Bearbeiter*, in: Landmann/Rohmer)

Lanfermann, Georg/Röhricht, Victoria: Pflichten des Prüfungsausschusses nach dem BilMoG, BB 2009, 887.

Lang, Norbert: Zivilrechtliche Haftung von Discount-Brokern wegen Verletzung der Informationspflichten aus § 31 Abs. 2 WpHG, Diss. Univ. Frankfurt am Main 2003, Aachen 2003, Shaker Verlag. (zit. *Lang*, Zivilrechtliche Haftung)

Lang, Volker/Balzer, Peter: Handeln auf angemessener Informationsgrundlage – zum Haftungsregime von Vorstand und Aufsichtsrat von Kreditinstituten, WM 2012, 1167.

Langenbucher, Katja: Bausteine eines Bankgesellschaftsrechts – Zur Stellung des Aufsichtsrats in Finanzinstituten, ZHR 176 (2012), 652.

Langenbucher, Katja: Zentrale Akteure der Corporate Governance: Zusammensetzung des Aufsichtsrats – Zum Vorschlag einer obligatorischen Besetzungserklärung, ZGR 2012, 314.

Larenz, Karl: Methodenlehre der Rechtswissenschaft, 6. Aufl. Berlin, Heidelberg, New York, London, Paris, Tokyo, Hong Kong, Barcelona, Budapest 1991, Springer Verlag. (zit: *Larenz*, Methodenlehre)

Laufersweiler, Jochen: Ausstrahlung im Arbeits- und Sozialrecht, Diss. FU Berlin 1995, Berlin 1999, Duncker & Humblot. (zit. *Laufersweiler*, Ausstrahlung)

Leinekugel, Rolf: Die Ausstrahlungswirkungen des Umwandlungsgesetzes, Diss. Univ. Bonn 2000, Köln, Berlin, Bonn, München, 2000, Heymanns. (zit. *Leinekugel*, Ausstrahlungswirkungen)

Leitherer, Stephan: Kasseler Kommentar Sozialversicherungsrecht, 81. Ergänzungslieferung, Mai 2014, München 2014, C.H. Beck. (zit. *Bearbeiter*, in: Kass. Komm.)

Lerche, Peter: Grundrechtswirkungen im Privatrecht, Einheit der Rechtsordnung und materielle Verfassung, in: Festschrift für Walter Odersky zum 65. Geburtstag am 17. Juli 1996, herausgegeben von Reinhard Böttcher, Götz Hueck und Burkhard Jähnke, Berlin, New York 1996, de Gruyter, S. 215. (zit. *Lerche*, in: FS-Odersky)

Leuschner, Carl-Friedrich/Wolfgarten, Wilhelm: Corporate Governance – Neue Anforderungen an Verwaltungs- und Aufsichtsräte von Kredit- und Finanzdienstleistungsinstituten, WPg 2015, 375.

Leuschner, Lars: Gibt es das Anteilseigentum wirklich? NJW 2007, 3248.

Leyendecker-Langner, Benjamin E./Huthmacher, David: Kostentragung für Aus- und Fortbildungsmaßnahmen von Aufsichtsratsmitgliedern, NZG 2012, 1415.

Leyens, Patrick C./Schmidt, Frauke: Corporate Governance durch Aktien-Bankaufsichts- und Versicherungsaufsichtsrecht – Ausgewählte Einflüsse, Impulse und Brüche, AG 2013, 533.

Lieder, Jan: Der Aufsichtsrat im Wandel der Zeit, Diss. Univ. Jena 2006, Jena 2006, JWV Jenaer Wissenschaftliche Verlagsgesellschaft mbH. (zit. *Lieder*, AR im Wandel)

Looschelders, Dirk/Roth, Wolfgang: Juristische Methodik im Prozeß der Rechtsanwendung, Berlin 1996, Duncker & Humblot. (zit. *Looschelders/Roth*, Juristische Methodik)

Louven, Christoph/Ernst, Sabine: Fit, Proper and „Compliant": Gesteigerte Sorgfaltsanforderungen an Vorstände und Aufsichtsräte in der Versicherungswirtschaft, VersR 2014, 151.

Ludwig, Jan: Branchenspezifische Wirtschaftsaufsicht und Corporate Governance, Diss. Univ. Freiburg, 2010, Berlin 2012, Duncker & Humblot. (zit. *Ludwig*, Wirtschaftsaufsicht)

Lübbe-Wolff, Gertrude: Rechtsfolgen und Realfolgen: Welche Rolle können Folgenerwägungen in der juristischen Regel- und Begriffsbildung spielen? Freiburg, München 1981, Verlag Karl Alber. (zit. *Lübbe-Wolff*, Rechtsfolgen und Realfolgen)

Lück, Wolfgang: Betriebswirtschaftliche Aspekte der Einrichtung eines Risikomanagementsystems und eines Überwachungssystems, in: Reform des Aktienrechts, der Rechnungslegung und der Prüfung, herausgegeben von Dietrich Dörner, Dieter Menold, Norbert Pfitzer und Peter Oser, 2. Aufl., Stuttgart 2003, Schäffer Poeschel. (zit. *Lück*, in: Dörner/Menold/Pfitzer/Oser)

Lutter, Marcus: Professionalisierung der Aufsichtsräte, NJW 1995, 1133.

Lutter, Marcus: Information und Vertraulichkeit im Aufsichtsrat, 3. Aufl., Köln, Berlin, München 2006, Carl Heymanns Verlag. (zit. *Lutter*, Information und Vertraulichkeit)

Lutter, Marcus: Anwendbarkeit der Altersbestimmungen des AGG auf Organpersonen, BB 2007, 725.

Lutter, Marcus: Der Aufsichtsrat im Wandel der Zeit – von seinen Anfängen bis heute, in: Aktienrecht im Wandel, Band II, Grundsatzfragen des Aktienrechts, herausgegeben von Walter Bayer und Mathias Habersack, Tübingen 2007, Mohr Siebeck, S. 389. (zit. *Lutter*, in: Bayer/Habersack)

Lutter, Marcus: Der Bericht des Aufsichtsrats an die Hauptversammlung, AG 2008, 1.

Lutter, Marcus: Die Empfehlungen der Kommission vom 14.12.2004 und vom 15.2.2005 und ihre Umsetzung in Deutschland, EuZW 2009, 799.

Lutter, Marcus: Professionalisierung des Aufsichtsrats, Der Betrieb 2009, 775.

Lutter, Marcus (Begr.)/*Bayer, Walter/Vetter, Jochen* (Hrsg.): Umwandlungsgesetz Kommentar, Band I §§ 1-122 l, 5. Aufl., Köln 2014, Verlag Otto Schmidt (zit. *Bearbeiter*, in: Lutter, UmwG)

Lutter, Marcus/Drygala, Tim: Die übertragende Auflösung: Liquidation der Aktiengesellschaft oder Liquidation des Minderheitenschutzes, in: Festschrift für Bruno Kropff, herausgegeben von Karl-Heinz Forster, Barbara Grunewald, Marcus Lutter und Johannes Semler, Düsseldorf 1997, IDW-Verlag GmbH, S. 191. (zit. *Lutter/Drygala*, in: FS-Kropff)

Lutter, Marcus/Krieger, Gerd/Verse, Dirk A.: Rechte und Pflichten des Aufsichtsrats, 6. Aufl., Köln 2014, Verlag Dr. Otto Schmidt. (zit. *Lutter/Krieger/Verse*, Rechte und Pflichten)

Luz, Günther/Neus, Werner/Schaber, Mathias/Schneider, Peter/Wagner, Claus-Peter/Weber, Max (Hrsg.): KWG und CRR, Kommentar zu KWG, CRR, FKAG, SolvV, WuSolvV, GroMiKV, LiqV und weiteren aufsichtsrechtlichen Vorschriften, 3. Aufl., Stuttgart 2015, Schäffer-Poeschel Verlag. (zit. *Bearbeiter*, in: Luz, KWG)

Mangoldt, Hermann v. (Begr.)/*Klein, Friedrich* (Fortf.)/*Starck, Christian*: Kommentar zum Grundgesetz, Band 1: Präambel, Artikel 1 bis 19, 6. Aufl., München 2010, Verlag Franz Vahlen. (zit. *Bearbeiter*, in: v. Mangoldt/Klein/Stark, GG I) Band 2: Artikel 20 bis 82, 6. Aufl., München 2010, Verlag Franz Vahlen. (zit. *Bearbeiter*, in: v. Mangoldt/Klein/Starck, GG II).

Mannert, Helmut/Kramarsch, Michael H.: Der Vergütungsausschuss – ein Novum in Industrieunternehmen, Der Aufsichtsrat 2015, 112.

Marsch-Barner, Reinhard/Schäfer, Frank A. (Hrsg.): Handbuch börsennotierte AG, Aktien- und Kapitalmarktrecht, 3. Aufl., Köln 2014, Verlag Dr. Otto Schmidt. (zit. *Bearbeiter*, in: Marsch-Barner/Schäfer)

Martens, Klaus-Peter: Der Aufsichtsrat im Konzern, ZHR 159 (1995), 567.

Mattheus, Daniela: Die gewandelte Rolle des Wirtschaftsprüfers als Partner des Aufsichtsrats nach dem KonTraG, ZGR 1999, 682.

Maul, Silja/Lanfermann, Georg: EU-Kommission nimmt Empfehlungen zu Corporate Governance an, Der Betrieb 2004, 2407.

Maunz, Theodor/Dürig, Günther (Begr.): Grundgesetz Kommentar, 70. Ergänzungslieferung, Dezember 2013, München 2013, C.H. Beck (zit. *Bearbeiter*, in: Maunz/Dürig, GG)

Meier-Hayoz, Arthur: Der Richter als Gesetzgeber, Habil.-Schr. Univ. Zürich 1951, Zürich 1951 Juris-Verlag. (zit. *Meier-Hayoz*, Der Richter als Gesetzgeber)

Mense, Christian/Klie, Marcus: Geplante Kodex-Änderungen für 2015 – Weitere Professionalisierung der Aufsichtsratsarbeit im Fokus der Kodex-Kommission, GWR 2015, 92.

Mense, Christian/Rosenhäger, Erik: Mehr Vielfalt wagen – Zu den jüngsten Anforderungen des Deutschen Corporate Governance Kodex, GWR 2010, 311.

Merkelbach, Matthias: Professionalisierung des Aufsichtsrats – CRD IV wirft ihren Schatten voraus, Der Konzern 2013, 227.

Merkelbach, Matthias: Neue Vergütungsregeln für Banken – Institutsvergütungsverordnung 2.0, WM 2014, 1190.

Merkt, Hanno: Unternehmenspublizität, Offenlegung von Unternehmensdaten als Korrelat der Marktteilnahme, Habil.-Schr. Univ. Hamburg 2000, Tübingen 2001, Mohr Siebeck. (zit. *Merkt*, Unternehmenspublizität)

Merkt, Hanno: Zum Verhältnis von Kapitalmarktrecht und Gesellschaftsrecht in der Diskussion um die Corporate Governance, AG 2003, 126.

Merkt, Hanno: Die Zukunft der privatrechtlichen Forschung im Unternehmens- und Kapitalmarktrecht, ZGR 2007, 532.

Merkt, Hanno: Selbstkontrolle und Staatsaufsicht bei der Corporate Governance, in: Handbuch Corporate Governance, Leitung und Überwachung börsennotierter Unternehmen in der Rechts- und Wirtschaftspraxis, herausgegeben von Peter Hommelhoff, Klaus J. Hopt und Axel v. Werder, 2. Aufl., Stuttgart, Köln 2009, Schäffer-Poeschel Verlag/Verlag Dr. Otto Schmidt KG, S. 683. (zit. *Merkt*, in: Hdb. Corporate Governance)

Merkt, Hanno: Der Syndikusanwalt und Corporate Governance, NJW 2014, 2310.

Merkt, Hanno/Mylich, Falk: Einlage eigener Aktien und Rechtsrat durch den Aufsichtsrat: Zwei aktienrechtliche Fragen im Lichte der ISION-Entscheidung des BGH, NZG 2011, 525.

Metzger, Axel: Allgemeine Rechtsgrundsätze in Europa – dargestellt am Beispiel des Gleichbehandlungsgrundsatzes, RabelsZ 75 (2011), 845.

Meyer, Thomas: Der unabhängige Finanzexperte im Aufsichtsrat, Diss. Univ. Köln, 2011, Baden-Baden 2012, Nomos. (zit. *Meyer*, Finanzexperte)

Michael, Lothar: Rechts- und Außenwirkungen sowie richterliche Kontrolle der MaRisk VA, VersR 2010, 141.

Michael, Lothar: Regeln zur Auflösung von Kollisionen zwischen Versicherungsaufsichts- und Gesellschaftsrecht, in: 32. Münsterischer Versicherungstag, herausgegeben von Heinrich Dörner, Dirk Ehlers, Petra Pohlmann, Martin Schulze Schwienhorst und Heinz-Dietrich Steinmeyer,

Karlsruhe 2015, Verlag Versicherungswirtschaft GmbH. (zit. *Michael*, Auflösung von Kollisionen)

Michel, Katja: Die neue Europäische Bankenaufsichtsbehörde, DÖV 2011, 728.

Mickel, Corinna/Fleischmann, Dermot: Die Höchstmandatszahl für Aufsichtsräte – Einberechnung des ausländischen Mandats, NZG 2010, 54.

Mülbert, Peter O.: Anlegerschutz bei Zertifikaten – Beratungspflichten, Offenlegungspflichten bei Interessenkonflikten und die Änderungen durch das Finanzmarkt-Richtlinie-Umsetzungsgesetz (FRUG), WM 2007, 1149.

Mülbert, Peter O.: Auswirkungen der MiFID-Rechtsakte für Vertriebsvergütungen im Effektengeschäft der Kreditinstitute, ZHR 172 (2008), 170.

Mülbert, Peter O.: Corporate Governance of Banks, European Business Organization Law Review (EBOR), Vol. 10 (2009), Iss. 03, S. 411.

Mülbert, Peter O./Wilhelm, Alexander: Grundfragen des Deutschen Corporate Governance Kodex und der Entsprechenserklärung nach § 161 AktG, ZHR 176 (2012), 286.

Mülbert, Peter O./Wilhelm, Alexander: Risikomanagement und Compliance im Finanzmarktrecht – Entwicklung der aufsichtsrechtlichen Anforderungen, ZHR 178 (2014), 502.

Müller, Helmut (Hrsg.): 100 Jahre materielle Versicherungsaufsicht in Deutschland, Band I und II, Bonn 2001, Bundesaufsichtsamt für das Versicherungswesen. (zit. *Bearbeiter*, in: 100 Jahre materielle Versicherungsaufsicht.

Müller, Klaus-Peter: Ausführungen von Klaus-Peter Müller, Vorsitzender der Regierungskommission Deutscher Corporate Governance Kodex anlässlich der 8. Konferenz Deutscher Corporate Governance Kodex am 19. Juni 2009 in Berlin, abrufbar unter http://www.dcgk.de/de/kommission/die-kommission-im-dialog/deteilansicht/ dokumentation-9-corporate-governance-konferenz-33.html?file=files/dcgk/usercontent/ de/download/2009/090619_Draft_Pressefassung_DCGK_Rede_Klaus-Peter_Mueller_ final.pdf. (zit. *Müller*, Rede anlässlich der 8. Konferenz DCGK am 19.6.2009)

Mullineux, Andy: The corporate governance of banks, Journal of Financial Regulation and Compliance, Vol. 14 (2006), S. 375.

Mutter, Stefan/Gayk, Thorsten: Wie die Verbesserung der Aufsichtsratsarbeit – wider jede Vernunft – die Haftung verschärft, ZIP 2003, 1773.

Mutze, Otto: Prüfung und Feststellung des Jahresabschlusses der Aktiengesellschaft sowie Beschlußfassung über die Gewinnverwendung, AG 1966, 173.

Nettesheim, Martin (Hrsg.): Das Recht der Europäischen Union, begründet von Eberhard Grabitz, fortgeführt von Meinhard Hilf, Band I: EUV/AEUV, 53. Ergänzungslieferung, Stand Mai 2014, München 2014, C.H. Beck. (zit. *Bearbeiter*, in: Grabitz/Hilf/Nettesheim)

Neuling, Jasper: Präsenzpflicht in der Bilanzsitzung des Aufsichtsrats, AG 2002, 610.

Nonnenmacher, Rolf/Pohle, Klaus/v. Werder, Axel: Aktuelle Anforderungen an Prüfungsausschüsse: Leitfaden für Prüfungsausschüsse (Audit Committees) unter Berücksichtigung der 8. EU-Richtlinie, Der Betrieb 2009, 1447.

Nowak, Claudia: Die Unabhängigkeit des Aufsichtsratsmitglieds nach § 100 Abs. 5 AktG, Diss. TU Darmstadt, 2010, Berlin 2010, Duncker & Humblot. (zit. *Nowak*, Unabhängigkeit)

Nowak, Eric/Rott, Roland/Mahr, Till G.: Rating börsennotierter Unternehmen auf Basis des Deutschen Corporate Governance Kodex – eine Empirische Untersuchung zur Akzeptanz und Qualität seiner Umsetzung in der Praxis, Die Wirtschaftsprüfung 2004, 998.

Nowak, Eric/Rott, Roland/Mahr, Till G.: Wer den Kodex nicht einhält, den Bestraft der Kapitalmarkt? Eine empirische Analyse der Selbstregulierung und Kapitalmarktrelevanz des Deutschen Corporate Governance Kodex, ZGR 2005, 252.

Ogorek, Markus: Ermessensausübung bei der gerichtlichen Bestellung von Aufsichtsratsmitgliedern, GWR 2013, 463.

Opitz, Peter: Zur Fortbildungsverantwortung von Vorstand und Aufsichtsrat – Zugleich ein Beitrag zu §§ 25c und 25d KWG i.d.F. von Art. 1 Nr. 48 CRD IV-UmsetzungsGE, BKR 2013, 177.

Palandt, Otto (Begr.): Bürgerliches Gesetzbuch, 75. Aufl., München 2016, C.H. Beck. (zit. *Bearbeiter*, in: Palandt)

Papier, Hans-Jürgen: Drittwirkung der Grundrechte, in: Handbuch der Grundrechte, herausgegeben von Detlef Merten und Hans-Jürgen Papier, Band II Grundrechte in Deutschland: Allgemeine Lehren I, Heidelberg 2006, C.F. Müller, § 55.: (zit. *Papier*, in: Hdb. d. Grundrechte).

Paschos, Nikolaos/Goslar, Sebastian: Die Aktienrechtsnovelle 2016 – Ein Überblick, NJW 2016, 359.

Passow, Richard: Die Aktiengesellschaft – Eine wirtschaftswissenschaftliche Studie, 2. Aufl., Jena 1922, Verlag von Gustav Fischer. (zit. *Passow*, Die Aktiengesellschaft)

Paudtke, Bernt/Glauer, Christian: Das registergerichtliche Ermessen bei der Aufsichtsratsbestellung, NJW-Spezial 2013, 719.

Peemöller, Volker/Warncke, Markus: Prüfungsausschüsse deutscher Aktiengesellschaften: Empirische Ergebnisse über ihre Einrichtung, innere Ordnung und Aufgabenwahrnehmung sowie die Zusammenarbeit mit der Internen Revision, Der Betrieb 2005, 401.

Peltzer, Martin: Corporate Governance Codizes als zusätzliche Pflichtenbestimmung für den Aufsichtsrat, NZG 2002, 10.

Peltzer, Martin: Trial and Error – Anmerkungen zu den Bemühungen des Gesetzgebers, die Arbeit des Aufsichtsrats zu verbessern, NZG 2009, 1041.

Peltzer, Martin: Das Grünbuch der EU-Kommission vom 5.4.2011 und die Deutsche Corporate Governance, NZG 2011, 961.

Pfitzer, Norbert/Oser, Peter/Orth, Christian (Hrsg.): Deutscher Corporate Governance Kodex, Ein Handbuch für Entscheidungsträger, 2. Aufl., Stuttgart 2005, Schäffer-Poeschel. (zit. *Bearbeiter*, in Pfitzer/Oser/Orth, DCGK)

Plagemann, Nikolaus: Der Aufsichtsratsausschuss für Integrität, Unternehmenskultur und Unternehmensreputation am Beispiel des Integritätsausschusses der Deutsche Bank AG, NZG 2013, 1293.

Plagemann, Nikolaus: Die zeitliche Verfügbarkeit von Organmitgliedern von Banken und Finanzdienstleistungsinstituten, WM 2014, 2345.

Pohlmann, Petra: Aufsichtsrechtliche Anforderungen an Schlüsselfunktionsträger in Versicherungsunternehmen, in: Düsseldorfer Vorträge zum Versicherungsrecht 2012, herausgegeben von Dirk Looschelders und Lothar Michael, Karlsruhe 2013, Verlag Versicherungswirtschaft, S. 29. (zit. *Pohlmann*, in: Looschelders/Michael)

Potthoff, Erich: Die Prüfung des Jahresabschlusses durch den Aufsichtsrat, in: Rechnungslegung und Beratung – Herausforderungen für den Wirtschaftsprüfer, Festschrift zum 70. Geburtstag von Professor Dr. Rainer Ludewig, herausgegeben von Jörg Baetge, Dietrich Börner, Karl-Heinz Forster und Lothar Schruff, Düsseldorf 1996, IDW-Verlag GmbH, S. 831. (zit. *Potthoff*, in: FS-Ludewig)

Potthoff, Erich/Trescher, Karl/Theisen, Manuel René: Das Aufsichtsratsmitglied: Ein Handbuch der Aufgaben, Rechte und Pflichten, 6. Aufl., Stuttgart 2003, Schäffer-Poeschel. (zit. *Potthoff/Trescher/Theisen*)

Preußner, Joachim/Zimmermann, Dörte: Risikomanagement als Gesamtaufgabe des Vorstandes, AG 2002, 657.

Priester, Hans-Joachim: Die klassische Ausgliederung – ein Opfer des Umwandlungsgesetzes 1994? ZHR 163 (1999), 187.

Prühs, Hagen: Der Sachverstand im Aufsichtsrat, AG 1970, 347.

Quinten, Daniel/Berger, Cornelia: Anforderungen an das Verwaltungs- und Aufsichtsorgan von Instituten, Revisionspraktiker 2013, 198.

Raiser, Thomas/Veil, Rüdiger: Recht der Kapitalgesellschaften, 6. Aufl., München 2015, Verlag Franz Vahlen. (zit. *Raiser/Veil*)

Rappaport, Alfred: Creating Shareholder Value, The New Standard for Business Performance, New York 1986, The Free Press, Macmillan Inc.

Rathenau, Walter: Vom Aktienwesen, Berlin 1918, E. Fischer. (zit. *Rathenau*, Vom Aktienwesen)

Reichert, Jochem: Ausstrahlungswirkungen der Ausgliederungsvoraussetzungen nach UmwG auf andere Strukturänderungen, in: Die Spaltung im neuen Umwandlungsrecht und ihre Rechtsfolgen, herausgegeben von Mathias Habersack, Ulrich Koch und Martin Winter, Heidelberg, 1999, Verlag Recht und Wirtschaft, S. 25. (zit. *Reichert*, Ausstrahlungswirkungen)

Rellermeyer, Klaus: Aufsichtsratsausschüsse, Diss. Univ. Bonn 1985, Köln, Berlin, Bonn, München 1986, Carl Heymanns Verlag KG. (zit. *Rellermeyer*, Ausschüsse)

Reuter, Alexander: Unternehmenslenkung im Dialog zwischen Geschäftsleitung und Aufsichtsgremium – Praktische Fragen der Berichterstattung aus gesellschaftsrechtlicher Sicht, NZG 2015, 249.

Rieder, Markus S./Holzmann, Daniel: Brennpunkte der Aufsichtsratsregulierung in Deutschland und den USA, AG 2010, 570.

Rieger, Norbert/Rothenfußer, Christoph: Zusammenwirken von Vorstand und Aufsichtsrat bei wesentlichen Unternehmensentscheidungen, NZG 2014, 1012.

Ringleb, Henrik-Michael/Kremer, Thomas/Lutter, Marcus/v. Werder, Axel: Die Kodex-Änderungen vom Mai 2010, NZG 2010, 1161.

Ringleb, Henrik-Michael/Kremer, Thomas/Lutter, Marcus/v. Werder, Axel: Kommentar zum Deutschen Corporate Governance Kodex, 5. Aufl., München, 2014, C.H. Beck. (zit. *Bearbeiter*, in: Ringleb, DCGK)

Röhricht, Volker: Von Rechtswissenschaft und Rechtsprechung, ZGR 1999, 445.

Roth, Günter H./Wörle, Ulrike: Die Unabhängigkeit des Aufsichtsrats – Recht und Wirklichkeit, ZGR 2004, 565.

Roth, Markus: Deutscher Corporate Governance Kodex 2012, WM 2012, 1985.

Rothenhöfer, Kay: Interaktion zwischen Aufsichts- und Zivilrecht, in: Perspektiven des Wirtschaftsrechts, Beiträge für Klaus J. Hopt aus Anlass seiner Emeritierung, herausgegeben von Harald Baum und Dirk H. Bliesener, Berlin 2008, de Gruyter, S. 55. (zit. *Rothenhöfer*, in: Perspektiven)

Rubner, Daniel/Fischer, Jan-Benedikt: Erneut: Professionalisierung des Aufsichtsrats, NZG 2015, 782.

Rubner, Daniel/Granrath, Katharina: Zeitlicher Einsatz von Aufsichtsratsmitgliedern, NJW-Spezial 2014, 719.

Rürup, Leberecht: Prüfung des Jahresabschlusses und des Lageberichts durch Aufsichtsrat und Abschlussprüfer, in: Rechenschaftslegung im Wandel, Festschrift für Wolfgang Dieter Budde, herausgegeben von Gerhart Förschle, Klaus Kaiser und Adolf Moxter, München 1995, C.H. Beck'sche Verlagsbuchhandlung, S. 543. (zit. *Rürup*, in: FS-Budde)

Rüthers, Bernd/Fischer, Christian/Birk, Axel Rechtstheorie, 8. Aufl. , München, 2015, C.H. Beck. (zit. *Rüthers/Fischer/Birk*, Rechtstheorie)

Ruhwedel, Peter: Weiterentwicklung der Corporate Governance durch das Kreditwesengesetz – Ein Vorbild für alle Unternehmen? BOARD 2014, 131.

Ruthig, Josef/Storr, Stefan: Öffentliches Wirtschaftsrecht, 4. Aufl., Heidelberg 2015, C.F. Müller. (zit. *Ruthig/Storr*, Öffentliches Wirtschaftsrecht)

Säcker, Franz Jürgen: Rechtliche Anforderungen an die Qualifikation und Unabhängigkeit von Aufsichtsratsmitgliedern, AG 2004, 180.

Säcker, Franz Jürgen/Rixecker Roland (Hrsg.): Münchener Kommentar zum Bürgerlichen Gesetzbuch, Band 1, §§ 1-240 BGB, ProstG, AGG, 6. Aufl., München, 2012, C.H. Beck. (zit. *Bearbeiter*, in: MüKo-BGB)

Savigny, Friedrich Carl von: System des heutigen Römischen Rechts, Band I, Berlin, 1840. (zit. *Savigny*, System des heutigen Römischen Rechts, Bd. I)

Schaefer, Hans/Baumann, Diethelm: Compliance-Organisation und Sanktionen bei Verstößen, NJW 2011, 3601.

Schäfer, Thomas/Rolker, Andreas: Bankenaufsicht im Spannungsfeld von Regulierung und Wettbewerb, in: Bankenaufsicht nach der Finanzmarktkrise, herausgegeben von Simon G. Grieser und Manfred Heemann, 1. Aufl., Frankfurt am Main 2011, Frankfurt School Verlag, S. 3. (zit. *Schäfer/Rolker*, in: Finanzmarktkrise)

Schaeffer, Klaus: Der Begriff der Unzuverlässigkeit in § 35 Abs. 1 GewO, WiVerw 1982, 100.

Scharpf, Paul: Die Sorgfaltspflichten des Geschäftsführers einer GmbH – Pflicht zur Errichtung eines Risikomanagement- und Überwachungssystems aufgrund der geplanten Änderung des AktG auch für den GmbH-Geschäftsführer, Der Betrieb 1997, 737.

Scharpf, Paul: Risikomanagement und Überwachungssystem im Finanzbereich, in: Reform des Aktienrechts, der Rechnungslegung und der Prüfung, herausgegeben von Dietrich Dörner, Dieter Menold, Norbert Pfitzer und Peter Oser, 2. Aufl., Stuttgart 2003, Schäffer Poeschel. (zit. *Scharpf*, in: Dörner/Menold/Pfitzer/Oser)

Scheffler, Eberhard: Betriebswirtschaftliche Überlegungen zur Entwicklung von Grundsätzen ordnungsgemäßer Überwachung der Geschäftsführung durch den Aufsichtsrat, AG 1995, 207.

Schenck, Kersten v. (Hrsg.): Arbeitshandbuch für Aufsichtsratsmitglieder, 4. Aufl., München 2013, C.H. Beck/Verlag Franz Vahlen. (zit. Bearbeiter, in: Semler/v. Schenck)

Schimansky, Herbert/Bunte, Hermann-Josef/Lwowski, Hans-Jürgen (Hrsg.): Bankrechts-Handbuch, 4. Aufl., München, 2011, C.H. Beck. (zit. *Bearbeiter*, in: Schimansky/Bunte/Lwowski)

Schlaich, Klaus/Korioth, Stefan: Das Bundesverfassungsgericht, 10. Aufl., München 2015, C.H. Beck. (zit. *Schlaich/Korioth*, BVerfG)

Schmalenbach, Dirk/Kiefner, Alexander: Die Befreiung einer Kapitalgesellschaft von der Pflichtabschlussprüfung nach § 264 Abs. 3 HGB – Besondere Sorgfaltspflichten des Tochter-Aufsichtsrats? Der Betrieb 2007, 1068.

Schmidt, Karsten: Wider eine „lex Holzmüller" - §§ 251, 252 des Diskussionsentwurfs eines neuen Umwandlungsrechts in der Kritik, in: Festschrift für Theodor Heinsius zum 65. Geburtstag am 25. September 1991, herausgegeben von Friedrich Kübler, Hans-Joachim Mertens und Winfried Werner, Berlin, New York 1991, Walter de Gruyter, S. 715. (zit. *K. Schmidt*, in: FS-Heinsius)

Schmidt, Karsten: Gesellschaftsrecht, 4. Aufl., Köln, Berlin, Bonn, München 2002, Carl Heymanns Verlag. (zit. *K. Schmidt*, Gesellschaftsrecht)

Schmidt, Karsten (Hrsg.): Münchener Kommentar zum Handelsgesetzbuch, Band 1, Erstes Buch. Handelsstand, §§ 1-104a, 3. Aufl., München 2010, C:H. Beck/Verlag Franz Vahlen. Band 5, Viertes Buch: Handelsgeschäfte, Erster Abschnitt: Allgemeine Vorschriften, §§343-372, Recht des Zahlungsverkehrs, Effektengeschäft, Depotgeschäft, Ottawa Übereinkommen über internationales Factoring, 2. Aufl., München 2009, C.H. Beck/Verlag Franz Vahlen. (zit. *Bearbeiter*, in: MüKo HGB)

Schmidt, Karsten/Lutter, Marcus (Hrsg.): Aktiengesetz Kommentar, I. Band, §§ 1 – 149, 3. Aufl., Köln 2015, Verlag Otto Schmidt. Aktiengesetz, Kommentar, II. Band, §§ 150 – 410, SpruchG, 3. Aufl., Köln 2015, Verlag Otto Schmidt. (zit. *Bearbeiter*, in: K. Schmidt/Lutter, AktG)

Schmidt, Sascha Henry: Videokonferenzen als Aufsichtsratssitzungen, Diss. Univ. Heidelberg 2011, Baden-Baden 2012, Nomos. (zit. *Schmidt*, Videokonferenzen als Aufsichtsratssitzungen)

Schmidt-Aßmann, Eberhard: Der Schutz des Aktieneigentums durch Art. 14 GG, in: Der Staat des Grundgesetzes – Kontinuität und Wandel, Festschrift für Peter Badura zum siebzigsten Geburtstag, herausgegeben von Michael Brenner, Peter M. Huber und Markus Möstl, Tübingen 2004, Mohr Siebeck, S. 1009. (zit. *Schmidt-Aßmann*, in: FS-Badura)

Schmidt-Aßmann, Eberhard/Schoch, Friedrich (Hrsg.): Besonderes Verwaltungsrecht, 14. Auflage, Berlin 2008, De Gruyter. (zit. *Bearbeiter*, in: Schmidt-Aßmann/Schoch, BVR)

Schmitt, Joachim/Hörtnagl, Robert/Stratz, Rolf-Christian: Umwandlungsgesetz, Umwandlungssteuergesetz, 6. Aufl., München 2013, C.H. Beck. (zit. *Bearbeiter*, in: Schmitt/Hörtnagl/Stratz)

Schneider, Jürgen: Erfolgsfaktoren der Unternehmensüberwachung: Corporate Governance aktienrechtlicher Aufsichtsorgane im internationalen Vergleich, Diss. Univ. Lodz 2000, Berlin 2000, Erich Schmidt Verlag. (zit. *Schneider*, Erfolgsfaktoren)

Schneider, Uwe H.: Der Aufsichtsrat des abhängigen Unternehmens im Konzern, in: Festschrift für Thomas Raiser zum 70. Geburtstag am 20. Februar 2005, herausgegeben von Reinhard Damm, Peter W. Heermann und Rüdiger Veil, Berlin 2005, De Gruyter Recht, S. 341. (zit. *U.H. Schneider*, in: FS-Raiser)

Schneider, Uwe H.: Kapitalmarktrecht – Principles-Based – oder Rules-Based Regulation? in: Gedächtnisschrift für Michael Gruson, herausgegeben von Stephan Hutter und Theodor Baums, Berlin 2009, De Gruyter Recht, S. 369. (zit. *U.H. Schneider*, in: GS-Gruson)

Schneider, Uwe H.: Interessenkonflikte im Aufsichtsrat, in: Festschrift für Wulf Goette zum 65. Geburtstag, herausgegeben von Mathias Habersack und Peter Hommelhoff, München 2011, C.H. Beck, S. 475. (zit. *U.H. Schneider*, in: FS-Goette)

Schneider, Uwe H./Schneider, Sven H.: Der Aufsichtsrat der Kreditinstitute zwischen gesellschaftsrechtlichen Vorgaben und aufsichtsrechtlichen Anforderungen, Ein Beitrag zur aufsichtsrechtlichen Corporate Governance der Kreditinstitute, NZG 2016, 41.

Schnorbus, York: Gestaltungsfreiheit im Umwandlungsrecht, Diss. Univ. Mainz 2000, Baden-Baden 2001, Nomos. (zit. *Schnorbus*, Gestaltungsfreiheit)

Schoch, Friedrich (Hrsg.): Besonderes Verwaltungsrecht, 15. Aufl., Berlin, Boston 2013, De Gruyter. (zit. *Bearbeiter*, in: Schoch)

Scholderer, Frank: Unabhängigkeit und Interessenkonflikte der Aufsichtsratsmitglieder – Systematik, Kodexänderungen, Konsequenzen, NZG 2012, 168.

Schröder, Jan: Recht als Wissenschaft, 2. Aufl., München 2012, C.H. Beck. (zit. *Schröder*, Recht als Wissenschaft)

Schubert, Claudia/Jacobsen, Gönke: Personelle Vielfalt als Element guter Unternehmensführung – die Empfehlung des Corporate Governance Kodex und die Rechtsfolgen ihrer unzureichenden Berücksichtigung, WM 2011, 726.

Schubert, Jan F.: Überwachungspflicht des Aufsichtsrats einer Aktiengesellschaft, Anmerkung zu BGH, Beschl. v. 6.11.2012 – II ZR 111/12, CCZ 2013, 175.

Schubert, Werner/Hommelhoff, Peter: Hundert Jahre modernes Aktienrecht, Berlin, New York 1985, Walter de Gruyter. (zit. *Schubert/Hommelhoff*, Hundert Jahre modernes Aktienrecht)

Schüppen, Matthias: To comply or not to comply – that's the question! „Existenzfragen" des Transparenz- und Publizitätsgesetzes im magischen Dreieck kapitalmarktorientierter Unternehmensführung, ZIP 2002, 1269.

Schulz, Stephan: Die Zielbenennung zur Zusammensetzung des Aufsichtsrats nach dem DCGK 2010, BB 2010, 2390.

Schulze-Osterloh, Joachim: Unternehmensüberwachung und Prüfung des Jahresabschlusses durch den Aufsichtsrat, ZIP 1998, 2129.

Schwark, Eberhard: Zum Haftungsmaßstab der Aufsichtsratsmitglieder einer AG, in: Festschrift für Winfried Werner zum 65. Geburtstag am 17. Oktober 1984: Handelsrecht und Wirtschaftsrecht in der Bankpraxis, herausgegeben von Walther Hadding, Ulrich Immenga, Hans-Joachim Mertens, Klemens Pleyer und Uwe H. Schneider, Berlin, New York 1984, Walter de Gruyter, S. 841. (zit. *Schwark*, in: FS-Werner)

Schwark, Eberhard/Zimmer, Daniel (Hrsg.).: Kapitalmarktrechtskommentar, Börsengesetz mit Börsenzulassungsverordnung, Wertpapierprospektgesetz, Verkaufsprospektgesetz mit Vermögensanlagen-Verkaufsprospektverordnung, Wertpapierhandelsgesetz, Wertpapiererwerbs- und Übernahmegesetz, 4 Aufl., München 2010, C.H. Beck. (zit. *Bearbeiter*, in: KMRK)

Schwennicke Andreas, Auerbach, Dirk (Hrsg.): Kreditwesengesetz (KWG) mit Zahlungsdiensteaufsichtsgesetz (ZAG), Kommentar, 2. Aufl., München 2013, C.H. Beck. (zit. *Bearbeiter*, in: Schwennicke/Auerbach, KWG)

Schwintowski, Hans-Peter (Hrsg.): Bankrecht, 4. Aufl., Köln 2014, Carl Heymanns Verlag. (zit. Bearbeiter, in: *Schwintowski*, Bankrecht)

Seibert, Ulrich: Im Blickpunkt: Der Deutsche Corporate Governance Kodex ist da, BB 2002, 581.

Seibert, Ulrich: Das Gesetz zur Kontrolle und Transparenz im Unternehmensbereich (KonTraG) – Die aktienrechtlichen Regelungen im Überblick, in: Reform des Aktienrechts, der Rechnungslegung und der Prüfung, herausgegeben von Dietrich Dörner, Dieter Menold, Norbert Pfitzer und Peter Oser, 2. Aufl., Stuttgart 2003, Schäffer Poeschel. (zit. *Seibert*, in: Dörner/Menold/Pfitzer/Oser)

Seibert, Ulrich: Finanzmarktkrise, Corporate Governance, Aufsichtsrat, DB 2009, 1167.

Seibt, Christoph H.: Deutscher Corporate Governance Kodex und Entsprechens-Erklärung (§ 161 AktG-E), AG 2002, 249.

Seidel, Wolfgang: Der Deutsche Corporate Governance Kodex – eine private oder doch eine staatliche Regelung? ZIP 2004, 285.

Selter, Wolfgang: Die Prüfung des Jahresabschlusses durch den Aufsichtsrat bei Fehlen einer Prüfung gem. § 316ff. HGB, AG 2013, 14.

Semler, Johannes: Anmerkung zu ÖOGH, Urt. v. 31.5.1977 – 5 Ob 306/76, AG 1983, 82.

Semler, Johannes: Leitung und Überwachung der Aktiengesellschaft: Die Leitungsaufgabe des Vorstands und die Überwachungsaufgabe des Aufsichtsrats, 2. Aufl., Köln, Berlin, Bonn, München 1996, Carl Heymanns Verlag KG. (zit. *Semler*, Leitung und Überwachung)

Semler, Johannes: Anforderungen an die Befähigung eines Aufsichtsratsmitglieds, in: Festschrift für Karsten Schmidt zum 70. Geburtstag, herausgegeben von Georg Bitter, Marcus Lutter, Hans-Joachim Priester, Wolfgang Schön und Peter Ulmer, Köln 2009, Verlag Dr. Otto Schmidt, S. 1489. (zit. *Semler*, in: FS-K. Schmidt)

Semler, Johannes: Der Aufsichtsrat – Die Karriere einer Einrichtung, NZG 2013, 771.

Semler, Johannes/Stengel, Arndt (Hrsg.): Umwandlungsgesetz mit Spruchverfahrensgesetz. 3. Aufl., München 2012, C.H. Beck. (zit. *Bearbeiter*, in: Semler/Stengel, UmwG)

Semler, Johannes/Wagner, Elisabeth: Deutscher Corporate Governance Kodex – Die Entsprechenserklärung und Fragen der gesellschaftsinternen Umsetzung, NZG 2003, 553.

Spindler, Gerald: Die Empfehlungen der EU für den Aufsichtsrat und ihre deutsche Umsetzung im Corporate Governance Kodex, ZIP 2005, 2033.

Spindler, Gerald/Stilz, Eberhard (Hrsg.): Kommentar zum Aktiengesetz, Band 1 §§ 1-149 AktG, 3. Aufl., München, 2015, C.H. Beck. Band 2 §§ 150-410 AktG, IntGesR, SpruchG, SE-VO, 3. Aufl., München 2015, C.H. Beck. (zit. *Bearbeiter*, in: Spindler/Stilz, AktG)

Staake, Marco: Der unabhängige Finanzexperte im Aufsichtsrat, ZIP 2010, 1013.

Staudinger, J. von (Begr.): Kommentar zum bürgerlichen Gesetzbuch mit Einführungsgesetz und Nebengesetzen, Einleitung zum BGB, Buch 1 Allgemeiner Teil §§ 1-14, VerschG (Einleitung zum BGB und Allgemeiner Teil 1, Neubearbeitung 2004, Berlin, 2004, Sellier – de Gruyter. (zit. *Bearbeiter*, in Staudinger BGB)

Stephanblome, Markus: Der Unabhängigkeitsbegriff des Deutschen Corporate Governance Kodex, NZG 2013, 445.

Stern, Klaus: Das Staatsrecht der Bundesrepublik Deutschland, Band I Grundbegriffe und Grundlagen des Staatsrechts, Strukturprinzipien der Verfassung, 2. Aufl., München 1984, C.H. Beck; (zit. *Stern*, Staatsrecht I) Band III/1 Allgemeine Lehren der Grundrechte, München 1988, C.H. Beck. (zit. *Stern*, Staatsrecht III/1)

Stiglbauer, Markus/Rieg, Robert/Chung, Jae Aileen: Größerer Erfolg durch mehr Diversität? – Eine Bestandsaufnahme, Der Aufsichtsrat 2015, 37.

Strenger, Christian: Wichtige Neuerungen im Deutschen Corporate Governance Kodex aus Sicht institutioneller Investoren, NZG 2010, 1401.

Stüber Katharina: Der Referentenentwurf zum Gesetz für die gleichberechtigte Teilhabe von Frauen und Männern an Führungspositionen in der Privatwirtschaft und im öffentlichen Dienst im Überblick, CCZ 2014, 264.

Stüber Katharina: Regierungsentwurf zur sog. „Frauenquote" – Eine Übersicht der Neuerungen, CCZ 2015, 38.

Sünner, Eckart: Diversity bei den Organen einer Aktiengesellschaft, CCZ 2009, 185.

Teichmann, Christoph/Rüb, Carolin: Die gesetzliche Geschlechterquote in der Privatwirtschaft, BB 2015, 898.

Tettinger, Peter J./Wank, Rolf/Ennuschat, Jörg: Gewerbeordnung, Kommentar, 8. Aufl., München 2011, C.H. Beck. (zit. *Bearbeiter*, in; Tettinger/Wank/Ennuschat, GewO)

Thaten, Marlen: Die Ausstrahlung des Aufsichts- auf das Aktienrecht am Beispiel der Coporate Governance von Banken und Versicherungen. Zugleich ein Beitrag zur Koordination von Privat- und Öffentlichem Recht, Diss. Bucerius Law School – Hochschule für Rechtswissenschaft Hamburg 2015, Berlin 2016, Duncker & Humblot. (zit. *Thaten*, Ausstrahlung)

Theisen, Manuel René: Überwachung der Unternehmensführung: Betriebswirtschaftliche Ansätze zur Entwicklung erster Grundsätze ordnungsgemäßer Überwachung, Habil.-Schr. Univ.

Regensburg 1987, Stuttgart 1987, C.E. Poeschel Verlag. (zit. *Theisen*, Überwachung)

Theisen, Manuel René: Onboarding neuer Aufsichtsratsmitglieder, BOARD 2015, 58.

Thienel, Albert: Teamplayer - Kommunikation und Qualifikationen des Aufsichtsrats, in: Der professionelle Aufsichtsrat, herausgegeben von Peter H. Dehnen, Frankfurt am Main 2011, Frankfurter Allgemeine Buch. (zit. *Thienel*, in: Dehnen, Professioneller Aufsichtsrat)

Thomas, David/Ely, Robin J.: Making differences matter: A new paradigm for managing diversity, Harvard Business Review, Nr. 5/1996, S. 79.

Thomas, Stefan: Bericht über die Diskussion, ZGR 2010, 591.

Thümmel, Roderich C.: Aufsichtsratshaftung vor neuen Herausforderungen – Überwachungsfehler, unternehmerische Fehlentscheidungen, Organisationsmängel und andere Risikofelder, AG 2004, 83.

Thümmel, Roderich C.: Die Abweichung von der Entsprechenserklärung nach § 161 AktG – Neue Risiken für Vorstände und Aufsichtsräte? CCZ 2008, 141.

Thüsing, Gregor/Stiebert, Tom: Altersgrenzen bei Organmitgliedern, NZG 2011, 641.

Tirole, Jean: Hierarchies and Bureaucracies: On the Role of Collusion in Organizations, Journal of Law, Economics and Organization (JoLEO) Vol. 2 (1986), S: 181.

Töller, Annette Elisabeth: Kooperation im Schatten der Hierarchie. Dilemmata des Verhandelns zwischen Staat und Wirtschaft, in: Governance in einer sich wandelnden Welt, herausgegeben von Gunnar Folke Schuppert und Michael Zürn, Wiesbaden 2008, VS Verlag für Sozialwissenschaften, S. 282. (zit. *Töller*, Kooperation)

Töller, Annette Elisabeth: Freiwillige Regulierung zwischen Staat und Markt: Der Deutsche Corporate Governance Kodex (DCGK), Der Moderne Staat 2009, 293.

Tröger, Tobias: Vorbereitung von Zustimmungsbeschlüssen bei Strukturmaßnahmen, ZIP 2001, 2029.

Ulmer, Peter: Der Deutsche Corporate Governance Kodex – ein neues Regulierungsinstrument für börsennotierte Aktiengesellschaften, ZHR 166 (2002), 150.

Veil, Rüdiger: Anlageberatung im Zeitalter der MiFID, WM 2007, 1821.

Velte, Patrick/Buchholz, Antje: Regulierung der Aufsichtsratstätigkeit durch das CRD IV-Umsetzungsgesetz, ZBB 2013, 400.

Velte, Patrick/Buchholz, Antje: Fortentwicklung der Überwachungstätigkeit deutscher Banken-Aufsichtsräte, in: Corporate Governance von Kreditinstituten, herausgegeben von Karsten Paetzmann und Stephan Schöning, Berlin 2014, Erich Schmidt Verlag, S. 271. (zit. *Velte/Buchholz*, in: Paetzmann/Schöning)

Vetter, Eberhard: Deutscher Corporate Governance Kodex, DNotZ 2003, 748.

Vetter, Eberhard: Der Deutsche Corporate Governance Kodex – nur ein Testballon für den Gesetzgeber? ZIP 2004, 1527.

Vetter, Eberhard: Der Deutsche Corporate Governance Kodex nur ein zahnloser Tiger? – Zur Bedeutung von § 161 AktG für Beschlüsse der Hauptversammlung, NZG 2008, 121.

Vetter, Eberhard: Der Tiger zeigt seine Zähne – Anmerkungen zum Urteil des BGH im Fall Leo Kirch/Deutsche Bank, NZG 2009, 561.

Vetter, Eberhard: Der Prüfungsausschuss in der AG nach dem BilMoG, ZGR 2010, 751.

Vetter, Eberhard: Neue Vorgaben für die Wahl des Aufsichtsrats durch die Hauptversammlung nach § 100 Abs. 2 Satz 1 Nr. 4 und Abs. 5 AktG, in: Festschrift für Georg Maier-Reimer zum 70. Geburtstag, herausgegeben von Barbara Grunewald und Harm Peter Westermann, München 2010, C.H. Beck, S. 795. (zit. *Vetter*, in: FS-Maier-Reimer)

Vetter, Eberhard: Aufsichtsratsvergütung und gewandelte Rolle des Aufsichtsrats, Der Aufsichtsrat 2015, 82.

Vogel, Wolfgang: Aktienrecht und Aktienwirklichkeit: Organisation und Aufgabenteilung von Vorstand und Aufsichtsrat; eine empirische Untersuchung deutscher Aktiengesellschaften, Baden-Baden 1980, Nomos. (zit. *Vogel*, Aktienwirklichkeit)

Voßkuhle, Andreas: Theorie und Praxis der verfassungskonformen Auslegung von Gesetzen durch Fachgerichte, AöR 125 (2000), S. 177.

Wagner, Dieter/Sepehri, Peyvand: Managing Diversity – alter Wein in neuen Schläuchen? Personalführung 5/1999, S. 18.

Walz, Christian: Das Ziel der Auslegung und die Rangfolge der Auslegungskriterien, ZJS 2010, 482.

Wandt, Manfred/Sehrbrock, David: Regelungsziele der Solvency II-Rahmenrichtlinie, ZVersWiss 2011, 193.

Wank, Rolf: Grenzen richterlicher Rechtsfortbildung, Diss. Univ. Köln, 1977, Berlin 1978, Duncker & Humblot. (zit. *Wank*, Grenzen)

Wank, Rolf: Die juristische Begriffsbildung, Habil.-Schr. Univ. Köln 1982/83, München 1985, C.H. Beck'sche Verlagsbuchhandlung. (zit. *Wank*, Begriffsbildung)

Wank, Rolf: Rechtsfortbildung im Kündigungsschutzrecht, RdA 1987, 129.

Wank, Rolf: Richterliche Rechtsfortbildung und Verfassungsrecht, ZGR 1988, 314.

Wank, Rolf: Die Auslegung von Gesetzen, 5. Aufl., München 2011, Verlag Franz Vahlen. (zit. *Wank*, Auslegung)

Wardenbach, Frank: Interessenkonflikte und mangelnde Sachkunde als Bestellungshindernis zum Aufsichtsrat der AG, Diss. Univ. Bonn 1996, Köln 1996, Verlag Dr. Otto Schmidt. (zit. *Wardenbach*, Interessenkonflikte)

Wardenbach, Frank: Ist die Aufsichtsratswahl bei fehlendem „Financial Expert" anfechtbar? GWR 2010, 207.

Warncke, Markus: Prüfungsausschuss und Corporate Governance, 2. Aufl., Berlin 2010, Erich Schmidt Verlag. (zit. *Warncke*, Prüfungsausschuss)

Waschbusch, Gerd: Bankenaufsicht, Habil.-Schr. Univ. Saarbrücken, 1997/1998, München, Wien 2000, Oldenbourg. (zit. *Waschbusch*, Bankenaufsicht)

Waschbusch, Gerd/Krämer, Gregor/Rolle, Andrea: Leverage Ratio – Konzeption einer risikoungewichteten Höchstverschuldungsquote für Banken, in: Bankenaufsicht nach der Finanzmarktkrise, herausgegeben von Simon G. Grieser und Manfred Heemann, Frankfurt am Main 2011, Frankfurt School Verlag. (zit. *Waschbusch/Krämer/Rolle*, in: Finanzmarktkrise)

Weber-Rey, Daniela: Änderungen des Deutschen Corporate Governance Kodex 2009, WM 2009, 2255.

Weber-Rey, Daniela: Ausstrahlungen des Aufsichtsrechts (insbesondere für Banken und Versicherungen) auf das Aktienrecht – oder die Infiltration von Regelungssätzen? ZGR 2010, 543.

Weber-Rey, Daniela: Der Aufsichtsrat in der europäischen Perspektive – Vorschläge und Ideen für eine wirksame Corporate Governance, NZG 2013, 766.

Weber-Rey, Daniela: Gesamtverantwortung und Sonderzuständigkeiten, Der Finanzexperte im Spannungsfeld Corporate Governance, in: Der unabhängige Finanzexperte im Aufsichtsrat, herausgegeben von Christian Orth, Rudolf X. Ruter und Bernd Schichold, Stuttgart 2013, Schäffer-Poeschel Verlag, S. 3. (zit. *Weber-Rey*, in: Orth/Ruter/Schichold)

Weber-Rey, Daniela: Referat zum 69. Deutschen Juristentag, in: Verhandlungen des 69. Deutschen Juristentages, Band II/1, München 2013, C.H. Beck, S. N 51. (zit. *Weber-Rey*, Referat DJT)

Weber-Rey, Daniela/Handt, Friederike: Vielfalt/Diversity im Kodex – Selbstverpflichtung, Bemühenspflicht und Transparenz, NZG 2011, 1.

Weichert, Tilman/Wenninger, Thomas: Die Neuregelung der Erkundigungs- und Aufklärungspflichten von Wertpapierdienstleistungsunternehmen gem. Art. 19 RiL 2004/39/EG (MiFID) und Finanzmarkt-Richtlinie-Umsetzungsgesetz, WM 2007, 627.

Weiß, Michael: Hybride Regulierungsinstrumente, Diss. Univ. Gießen 2010, Tübingen 2011, Mohr Siebeck. (zit. *Weiß*, Regulierungsinstrumente)

Weitnauer, Wolfgang/Boxberger, Lutz/Anders, Dietmar (Hrsg.): KAGB, Kommentar zum Kapitalanlagegesetzbuch und zur Verordnung über Europäische Risikokapitalfonds mit Bezügen zum AIFM-StAnpG, München 2014, C.H. Beck. (zit. *Bearbeiter*, in: WBA, KAGB)

Wellhöfer, Werner/Peltzer, Martin/Müller, Welf: Die Haftung von Vorstand Aufsichtsrat Wirtschaftsprüfer, 1. Aufl., München 2008, C.H. Beck. (zit. *Bearbeiter*, in: Wellhöfer/Peltzer/Müller)

Werder, Axel von: Qualifikation und Auswahl von Aufsichtsratsmitgliedern aus betriebswirtschaftlicher Sicht, in: Handbuch Corporate Governance, Leitung und Überwachung börsennotierter Unternehmen in der Rechts- und Wirtschaftspraxis, herausgegeben von Peter Hommelhoff, Klaus J. Hopt und Axel v. Werder, 2. Aufl., Stuttgart, Köln 2009, Schäffer-Poeschel Verlag/ Verlag Dr. Otto Schmidt KG, S. 331. (zit. *v. Werder*, in: Hdb. Corporate Governance)

Werder, Axel von/Bartz, Jenny: Corporate Governance Report 2013: Abweichungskultur und Unabhängigkeit im Lichte der Akzeptanz und Anwendung des aktuellen DCGK, Der Betrieb 2013, 885.

Werder, Axel von/Bartz, Jenny: Corporate Governance Report 2014, Erklärte Akzeptanz des Kodex und tatsächliche Anwendung bei Vorstandsvergütung und Unabhängigkeit des Aufsichtsrats, Der Betrieb 2014, 905.

Werder, Axel von/Böhme, Jenny: Corporate Governance Report 2011 - Zur tatsächlichen Anwendung ausgewählter Kodexbestimmungen für Hauptversammlung und Aufsichtsrat (Teil II), Der Betrieb 2011, 1345.

Werder, Axel von/Talaulicar, Till: Kodex Report 2006: Die Akzeptanz der Empfehlungen und Anregungen des Deutschen Corporate Governance Kodex, Der Betrieb 2006, 849.

Werder, Axel von/Wieczorek, Bernd J.: Anforderungen an Aufsichtsratsmitglieder und ihre Nominierung, Der Betrieb 2007, 297.

Wernsmann, Rainer/Gatzka, Ulrich: Der Deutsche Corporate Governance Kodex und die Entsprechenserklärung nach § 161 AktG – Anforderungen des Verfassungsrechts, NZG 2011, 1001.

Wiedemann, Arnd: Einbindung des Aufsichtsorgans in das Gesamtbankrisikomanagement von Kreditinstituten, in: Handbuch Aufsichts-und Verwaltungsräte in Kreditinstituten, Rechtlicher Rahmen – Betriebswirtschaftliche Herausforderungen – Best Practices, herausgegeben von Reinhold Hölscher und Thomas Altenhain, Berlin 2013, Erich Schmidt Verlag, S. 1027. (zit. *Wiedemann*, in: Hdb. AR in Kreditinstituten)

Wiedemann, Herbert: Gesellschaftsrecht, Band I, Grundlagen, München 1980, C.H. Beck'sche Verlagsbuchhandlung. (zit. *Wiedemann*, Gesellschaftsrecht I)

Wiedemann, Herbert: Richterliche Rechtsfortbildung, NJW 2014, 2407.

Wilsing, Hans-Ulrich (Hrsg.): Deutscher Corporate Governance Kodex, Kommentar, München 2012, Verlag C.H. Beck, Verlag Vahlen. (zit. *Bearbeiter*, in: Wilsing, DCGK)

Wilsing, Hans-Ulrich/Meyer, Daniel: Aktuelle Entwicklungen bei der Organberatung – Zur wachsenden Bedeutung des AGG und der AGB-Kontrolle im Zusammenhang mit der Tätigkeit von Leitungsorganen kapitalistischer Körperschaften, Der Betrieb 2011, 341.

Wind, Martina/Klie, Marcus: Beziehungen zum Mehrheitsaktionär als unabhängigkeitsgefährdender Interessenkonflikt von Aufsichtsratsmitgliedern? NZG 2010, 1413.

Winter, Gerrit: Zielsetzungen der Versicherungsaufsicht, ZVersWiss 2005, 105.

Wirth, Gerhard: Anforderungsprofil und Inkompatibilitäten für Aufsichtsratsmitglieder, ZGR 2005, 327.

Wissenschaftlicher Rat der Dudenredaktion (Hrsg.): Duden, Das große Wörterbuch der deutschen Sprache, In zehn Bänden, Band 1: A – Bedi, 3. Aufl., Mannheim, Leipzig, Wien, Zürich 1999, Dudenverlag. (zit. Duden)

Witt, Peter: Vorstand, Aufsichtsrat und ihr Zusammenwirken aus betriebswirtschaftlicher Sicht, in: Handbuch Corporate Governance, Leitung und Überwachung börsennotierter Unternehmen in der Rechts- und Wirtschaftspraxis, herausgegeben von Peter Hommelhoff, Klaus J. Hopt und Axel v. Werder, 2. Aufl., Stuttgart, Köln 2009, Schäffer-Poeschel Verlag/Verlag Dr. Otto Schmidt KG, S. 303. (zit. *Witt*, in: Hdb. Corporate Governance)

Witte, Jürgen Johannes/Indenhuck, Moritz: Wege aus der Haftung – Die Beauftragung externer Berater durch den Aufsichtsrat, BB 2014, 2563.

Wittgenstein, Ludwig: Werkausgabe in 8 Bänden, Band 1: Tractatus logico-philosophicus, Tagebücher 1914-1916, Philosophische Untersuchungen, 1. Aufl., Frankfurt a.M., 1984, suhrkamp taschenbuch wissenschaft. (zit. *Wittgenstein*, Philosophische Untersuchungen)

Wohlmannstetter, Gottfried: Corporate Governance von Banken, in: Handbuch Corporate Governance, Leitung und Überwachung börsennotierter Unternehmen in der Rechts- und Wirtschaftspraxis, herausgegeben von Peter Hommelhoff, Klaus J. Hopt und Axel v. Werder, 2. Aufl., Stuttgart, Köln 2009, Schäffer-Poeschel Verlag/Verlag Dr. Otto Schmidt KG, S. 905. (zit. *Wohlmannstetter*, in: Hdb. Corporate Governance)

Wolf, Christine: Profil eines Finanzexperten und die Relevanz der Besetzung von Ausschüssen, in: Der unabhängige Finanzexperte im Aufsichtsrat, herausgegeben von Christian Orth, Rudolf X. Ruter und Bernd Schichold, Stuttgart 2013, Schäffer-Poeschel Verlag, S. 211. (zit. *Wolf*, in: Orth/Ruter/Schichold)

Wolf, Martin: Corporate Governance - Der Import angelsächsischer „Self-Regulation" im Widerstreit zum deutschen Parlamentsvorbehalt, ZRP 2002, 59.

Wolff, Elisa/Jochum, Alexander: Anforderungen an die Sachkunde und Zuverlässigkeit von Aufsichts- und Verwaltungsräten, in: Bankenaufsicht nach der Finanzmarktkrise, herausgegeben von Simon G. Grieser und Manfred Heemann, 1. Aufl., Frankfurt am Main 2011, Frankfurt School Verlag, S. 363. (zit. *Wolff/Jochum*, in: Finanzmarktkrise)

Wolgast, Michael/Theis, Anja: Risiko, Unsicherheit, Versicherbarkeit – Möglichkeiten und Grenzen der privaten Versicherungswirtschaft, WiSt 2013, 29.

Wymeersch, Eddy: Enforcement of Corporate Governance Codes, ECGI Law Working Paper N° 46/2005, Juni 2005, abrufbar unter http://ssrn.com/abstract=759364. (zit. *Wymeersch*, Enforcement)

Wymeersch, Eddy: Corporate Governance Codes and Their Implementation, in: Zivil- und Wirtschaftsrecht im Europäischen und Globalen Kontext, Festschrift für Norbert Horn zum 70. Geburtstag, herausgegeben von Klaus Peter Berger, Georg Borges, Harald Herrmann, Andreas Schlüter und Ulrich Wackerbarth, Berlin 2006, De Gruyter Recht. (zit. *Wymeersch*, in: FS-Horn)

Zetzsche, Dirk: Das Gesellschaftsrecht des Kapitalanlagegesetzbuches, AG 2013, 613.

Ziemons, Hildegard: Was müssen Aktiengesellschaften nach Inkrafttreten des BilMoG beachten? GWR 2009, 106.

Zieske, Volker/Zenkic, Albina: Neuausrichtung der Internen Revision und die Anforderungen des § 107 Abs. 3 AktG an die Wirksamkeitsüberwachungsaufgaben des Prüfungsausschusses, Der Konzern 2011, 163.

Zippelius, Reinhold: Juristische Methodenlehre, 11. Aufl., München, 2012, C.H. Beck. (zit. *Zippelius*, Methodenlehre)

Zöllner, Wolfgang/Noack, Ulrich (Hrsg.): Kölner Kommentar zum Aktiengesetz, Band 2/2, §§ 95–117 AktG, 3. Aufl., Köln 2013, Carl Heymanns Verlag. (zit. Bearbeiter, in: Köln. Komm. AktG)

Zweifel, Peter/Eisen, Roland: Versicherungsökonomie, 2. Aufl., Berlin, Heidelberg, New York 2003, Springer-Verlag. (zit. *Zweifel/Eisen*, Versicherungsökonomie)

Zwingmann, Lorenz: Möglichkeiten zur Abbildung von personellen Verflechtungen im Konzernabschluss, Der Betrieb 2002, 231.

www.ingramcontent.com/pod-product-compliance
Ingram Content Group UK Ltd.
Pitfield, Milton Keynes, MK11 3LW, UK
UKHW021926290926
8980IPUK00016B/1472

9 783631 765524